국가 운영 철학

- 자유(평등), 정의, 공직윤리(정책윤리)

국가운영철학

초판 1쇄 인쇄 | 2022년 02월 28일
개정판 1쇄 인쇄 | 2024년 09월 10일
지은이 | 조기안
펴낸이 | 이재욱(필명:이승훈)
펴낸곳 | 해드림출판사
주　소 | 서울 영등포구 경인로82길 3-4(문래동1가 39)
　　　　센터플러스빌딩 1004호(우편07371)
전 화 | 02-2612-5552
팩 스 | 02-2688-5568
E-mail | jlee5059@hanmail.net

등록번호　제2013-000076
등록일자　2008년 9월 29일

ISBN　979-11-5634-593-0

개정판

국가운영철학

- 자유(평등), 정의, 공직윤리(정책윤리)

조기안 지음

해드림출판사

머리말

　책을 쓰고 발간한다는 것은 쉬운 일은 아니다. 평소에 많은 저술을 해본 경험이 있는 것도 아니었기 때문에 더욱 그렇다. 그동안 틈틈이 대학에서 강의의 주제로 삼았던 문제와 평소에 읽었던 것들을 중심으로 책으로 엮어 보았다. 그런데 이 책의 주제가 '국가 운영'과 관련된 '철학적·윤리적 문제'이기 때문에 더욱 어려웠다. 가벼운 주제도 많지만, 취향인지 나이 탓인지 모르겠으나 철학적·윤리적인 문제에 관심이 높아졌다. 하지만 국가의 운영은 단순하지 않고 복잡하다. 작은 이슈도 쉽게 해결되지 않는다. 민주주의가 발전할수록 국민의 의식 수준은 높아지고 각종 이슈에 대한 시각과 관점은 첨예하게 대립하기 마련이다. 어쩌면 국민이 다양하고 명확한 의견을 갖게 되는 것이 당연한지도 모르겠다. 또한, 이제는 각종 통신 수단의 발달로 지식과 정보의 교류가 활발해졌다. 그래서 책을 쓰는 데에도 정확성이 필요하고 설득력이 있어야 한다고 생각했다. '국가 운영'과 관련된 '철학적·윤리적 문제'라는 화두를 붙잡고(무거운 주제를 가지고) 씨름을 했다는 표현이 정확했는지도 모르겠다.

'국가 운영'과 관련된 '철학적·윤리적 문제'는 무수히 많다. 굳이 일일이 나열할 필요도 없지만, 흥미를 끄는 주제도 많다. 그중에서도 중요하다고 생각하는 세 가지 주제를 선택했다. 첫째는 정치철학적인 주제로서 '자유민주주의와 사회주의' 그리고 양대 이념에서 핵심 개념인 '자유와 평등'의 문제를 다루었다. 둘째는 정치철학적인 주제이자 법철학적인 주제인 '정의'의 문제를 다루었다. 정의란 무엇인가 하는 것은 그리스 철학 이래로, 오늘날까지 논의되고 있는 주제이다. 셋째는 국가 운영 특히, 행정에 있어서의 '윤리성' 문제를 다루었다. 여기에서는 '공익이론'과 '공공가치', '공직자 윤리'와 '정책과 관련된 규범적 기준'을 다루었다.

1990년대에 소련과 동구 공산권의 해체와 중국의 시장경제 체제의 도입으로 자유민주주의와 자본주의는 이미 사회주의에 대해 승리했고, 더 이상 사회주의는 이데올로기로서 효력을 잃었다고 볼 수 있다. 확실히 자유민주주의와 사회주의 이론, 좌파와 우파의 이론은 사회체제에 관한 이념으로서는 그 대립과 갈등이 약화되었다. 그래서 자유민주주의와 사회주의의 비교는 시대착오적이라고 주장할 수도 있다(물론 우리나라의 경우는 예외적으로 현실적인 문제로 남아 있다고 할 수 있다). 하지만 사회주의 이론은 자유민주주의와 자본주의에 대한 비판이론으로서는 아직도 그 역할과 기능을 충분히 발휘하고 있다고 볼 수 있다. 그래서 우리 사회는 자유를 어느 정도 보호하고 또 어떻게 '정당화'해야 하는지의 문제가 남아 있고, 평등을 어디까지 '확장'하고 한계지어야 하는가의 문제를 남기고 있다. 대한민국은 자유민주주의 체제이지만 자유주의와 민주주의는 같은 방향으로 가는 이념은 아니다. 자유주의는 당연히 자유 친화적인 이념이지만 민주주의는 아쉽게도 평등 친화적인 이념이다. 또한, 우리는 자유와 평등을 넘어서는 또 다른 가치를 추구해야만 하지 않는가? 하는 문제도 있다.

몇 해 전에 〈정의란 무엇인가〉라는 책이 우리나라를 휩쓴 적이 있었다. 정의(正義)는 역사적으로 오랫동안 논의된 주제이기 때문에 다양한 정의(定義)가 가능하다. 우리나라에서도 (역설적이라고 할 수 있을지라도) 정의로운 사회를 주장한 지 오래되었고, 정의는 정치권에서 선거 때마다 단골로 언급되는 정치적 수사(修辭)이다. 오늘날 정의론에서는 '자유주의적 정의론'이냐 '공동체주의적 정의론'이냐? 라고 하는 것이 일반적으로 가장 중심적인 논의이다. 그러나 우리는 넓게는 덕론·자연권 사상·공리주의 이론도 정의론에 포함시켜 논의해야 한다. 그리고 자유주의적 정의론도 '자유적 평등주의'나 '자유지상주의'로 나누어질 수 있고, 자유주의적 평등이론은 존 롤즈Rawls의 정의론·드워킨Dworkin의 자원평등론·센Sen의 역량 중심 이론 등이 주요한 이론이다. 자유지상주의적 정의론도 로버트 노직Nozick의 소유권리이론이 중심이지만, 하이에크Hyeck의 자생적 질서 이론도 있다. 공동체주의적 정의론에는 마이클 샌델Sandel·매킨타이어MacIntyre·테일러Tailer·왈쩌Walzer의 이론 등이 있다. 더욱이 하버머스Habermas의 담론이론도 정의론의 일부라고 할 수 있다.

국가 운영 특히 행정에서의 윤리성은 그동안 국민의 의식 수준의 향상과 함께 많이 제고되었다고 할 수 있다. 하지만 행정의 윤리성은 여전히 깨어지기 쉬운 속성the fragile nature of ethical behavior을 가지고 있다. 이론적인 차원에서도 공직자들의 행동(윤리) 기준을 덕, 결과, 의무 등 어디에 중점을 두어야 하는지의 문제도 있을 수 있다. 덕론은 광범위한 이슈에 적용될 수 있지만, 특정한 상황에서의 구체적인 행위 기준을 제시할 수 없다는 한계를 지닌다. 결과론은 가장 확실하고 객관적인 기준이지만, 무엇보다도 목적과 수단 논쟁 즉 행위의 목적이 그 달성 수단을 정당화할 수 있느냐의 논쟁을 일으킨다(이 논쟁은 수단적인 절차의 유지가 정치체제의 생존을 위해 중요한 입헌적 민주사회에서는 매우 신랄한 문제를 초래한다). 의무론(원칙론)은 규칙의 중요성과 정의의 원리를 강조한다는 점에서 옳은 것 같지만, 너무 가혹하거나 아니면 도덕의 주요 목적에 대한 초점을 잃어버리는 경향이 있을 수 있다. 또한, 국가가 정책을 수립하고 추진할 때 공익과 공공가치를 존중해야 하지만 자유민주주의 체제에서 사익이라고 완전히 무시할 수도 없다. 공익과 사익 사이에도 이익 형량이 필요하다. 그런데 공익 개념은 '유치한 신화'이며 그 모호성ambiguity 때문에 사회적으로 유용한 개념이라는 역설도 있다. 공익이나 '국민을 위한다'라는 표현도 자주 사용되는 정치적 수사라고 할 수 있다.

　이 책은 몇 가지 전제와 조건을 가지고 집필하였다. 기본적으로 이 책은 학문적인 연구보다는 지식과 정보의 전달을 주요 목표로 하였다. 그리하여 첫째로 모두가 잘 알고 있는 사항도 다시 정리한다는 차원에서 이를 소개하였다. 둘째로 다른 문헌에서 저자가 좋아하는 내용을 이 책에 옮겨 놓은 것도 일부 포함되어 있다. 그래서 일부 내용 사이에는 정합성이 떨어지고 모자이크적일 수 있다. 그럼에도 불구하고 복잡성을 피하려고 각주(출처)는 '저자와 출판연도' 위주로 간소하게 달았다. 셋째로 어려운 사항들을 가능하면 쉽고 재미있게 설명하려고 노력하였다. 예컨대 긴 문장은 괄호를 많이 활용해서 이해의 편리를 도모했다. (아무튼, 어려운 사항을 오히려 더 어렵게 만들지 않았기를 희망한다). 넷째로 이 책은 일부 독자들에게는 너무 쉬운 내용 또는 너무 세밀한 내용을 포함하고 있으므로 시간을 절약하고 싶은 독자들에겐 선별적인 독서를 권유한다. 다섯째로 이 책은 저자가 많은 토론이 없이 혼자서 집필했기 때문에 잘못된 서술이나 부족한 설명이 있을 수 있다고 생각한다. 좋은 의견을 주시면 저자는 언제든지 수정할 용의가 있음을 밝힌다.

끝으로 이 책은 우리나라의 국가 현안에 대한 어떤 명확한 방향이나 해결책을 제시하지는 못한다는 아쉬움을 남긴다. '미네르바의 부엉이는 밤이 되어야 날기 시작한다'라는 어느 철학자(그의 사상은 찬반 논란이 많고 쓸모없는 헛소리라는 혹평도 받았지만)의 명언이 생각난다. 그는 자기 시대를 사상으로 정리하는 일에 만족했다고 한다.

2022. 2.
조 기 안

개정판 머리말

제2판(개정판)은 제1판의 내용에 일부 이론을 추가해서 약간의 수정 및 보완을 했다. 또한 전체적으로 애매하거나 부정확한 표현을 바로 잡았고, 가능한 한 이해하기 쉽고 지루하지 않게 설명하려고 노력했다.

제일 중요한 수정 및 보완 사항은 '제3부 정의론'이다. 첫째로 구스타프 라드브루흐Gustav Radbruch의 정의론을 추가하는 등 몇 가지 작은 수정들이 있었다. 라드브루흐는 20세기 독일의 법철학을 대표하는 학자(신칸트학파)이며, 그의 법이념으로서의 정의 개념(협의의 정의, 합목적성, 법적 안정성)은 오늘날에도 계승되고 있기 때문에 이를 정의론에서 일부 소개했다. 또한 '정의와 형평'에 관한 애매한 표현을 분명하게 이해할 수 있도록 수정했다. 둘째로 독일의 비판이론가인 악셀 호네트Axel Honneth의 '인정이론'을 추가했다. 그의 초기의 대표적인 저작은 1992년에 출간된 「인정투쟁」이라고 할 수 있고, 최근의 대표적인 저작은 2011년에 출간된 「자유의 권리」라고 할 수 있다. 오늘날 철학자나 사회과학자들에 의해 자주 호명되는 학자인 호네트는 프랑크푸르트 학파의 제3세대를 대표하고 있다.

　프랑크푸르트 학파의 사회적 비판이론은 해방적 의도를 가진 학제적 사회이론이지만 그 중에서도 호네트는 자신만의 독특한 형태의 사회적 비판이론을 전개하고 있어 크게 주목을 받고 있다. 호네트 특유의 비판사회이론은 '인정이론'과 '사회적 자유'를 중심으로 해서 현대의 사회투쟁을 설명하고 있다. 특히 인정이론은 상호주관적 인정이라는 핵심 개념을 위주로 해서 사회적 정의를 설명하고 있다. 호네트의 인정이론은 오늘날의 사회과학자들에게 광범위하게 수용되고 있을 뿐만 아니라 새로운 패러다임에 대한 비판(낸시 프레이저 Nancy Fraser, 크리스토퍼 주언 Christopher Zurn 등)도 이어지고 있다. 프레이저는 호네트의 인정이론을 축으로 하는 '일원론적 사회이론'에 반대하여 분배정의와 인정을 구분하는 '정의에 대한 이차원적 이해' 및 양자를 동등한 참여라는 개념을 통해서 통합하는 '관점적 이원론'을 주장한다.

　한편 이와 더불어 호네트의 대표적인 저작인 「자유의 권리」에 포함된 사회적 자유 이론도 개략적으로 소개했다. 호네트는 '자유'가 현대의 사회적 삶의 중심을 이루는 도덕적 가치라고 확신하면서 '소극적 자유'와 '성찰적 자유'에 비해서 '사회적 자유'가 중요하다고 본다.

　'제2부 자유민주주의와 사회주의'에서는 우리나라 정부형태의 개편에 관한 의견을 간략하게 제시했다. 정부형태의 개편은 단기적이고 정략적인 관점의 '권력구조의 개편'이라는 차원보다는 장기적인 관점에서 '국가운영의 틀 또는 국가운영의 구조(협의)'를 효율적으로 재정비한다는 차원에서 접근해야 한다고 본다. '제4부 행정윤리론'에서는 우리나라의 공무원법 등 각종 법령에서 규정한 공무원의 의무와 책임에 관한 제도를 개괄적으로 설명했다.

또한 공익이론과 가치론은 불분명한 설명을 수정·보완해서 명확하게 기술했다. 아무튼 개정판의 내용이 제1판보다 더욱 충실하게 보강되고 독자들의 이해를 용이하게 하기를 희망한다.

2024. 7.

조 기 안

차례

머리말   04
제2판 머리말   09

제1부
철학적·윤리적 관점

   1) 철학적·윤리적 관점의 중요성   22
   2) 주요한 논의 사항   23

제2부
자유민주주의와 사회주의

   1) 예비적 검토   33
   2) 두 가지의 이념 : 자유민주주의와 사회주의   35
   3) 이상(理想)으로서의 민주주의   37

I. 자유민주주의

   1) 자유민주주의의 의의   44

2) 자유민주주의의 기본적 특성　　　　　　56
3) 자유민주주의의 운영방식　　　　　　　　61
　　가) 투입정치　　　　　　　　　　　　　62
　　나) 국가 조직의 이미지(모형)　　　　　　69
　　다) 국가 운영의 네 가지 측면　　　　　　73

4) 자유민주주의 이념에 대한 비판　　　　　80

5) 자유민주주의와 관련된 재미있는 이슈들　85
　　가) 불충분한 균열　　　　　　　　　　　85
　　나) 과잉 민주주의와 과소 민주주의　　　86
　　다) 지대 추구　　　　　　　　　　　　　88
　　라) 통나무 굴리기와 지역구 선심사업 정치　90
　　마) 정치적 적극주의와 사법 적극주의　　92

6) 자유민주주의의 계보와 분파들　　　　　94
　　가) 신고전 자유주의와 복지 자유주의　　94
　　나) 자유적 평등주의와 자유지상주의　　　97

7) 부가적 검토 : 평등의 문제　　　　　　　98
　　가) 평등의 유형　　　　　　　　　　　　99
　　나) 정치적 평등과 민주주의　　　　　　102
　　다) 능력주의　　　　　　　　　　　　　105
　　라) 운 평등주의　　　　　　　　　　　　112
　　마) 평등과 인센티브　　　　　　　　　　119
　　바) 평등의 미래　　　　　　　　　　　　121

II. 사회주의

1) 사회주의의 의의   124
2) 사회주의의 계보   128
3) 마르크시즘의 역할   130
4) 고전적 마르크시즘과 그 진화   132
  - 가) 고전적 마르크시즘   132
  - 나) 마르크스와 엥겔스가 본 국가 모형   142
  - 다) 마르크스 이후의 마르크스주의   143
5) 네오 마르크시즘의 서구 자유민주주의 사회에 대한 분석   151
6) 네오 마르크시즘의 국가 조직에 대한 설명   157
  - 가) 현대적 도구주의자 모형   158
  - 나) 중재자 모형   160
  - 다) 현대적 기능주의자 접근   164
  - 라) 국가의 상대적 자율성   169
7) 네오 마르크시즘에서 본 선진 자본주의의 위기   170
  - 가) 경제적 위기   170
  - 나) 합리성 위기   172
  - 다) 정당성 위기   174
  - 라) 동기화 위기   175

제3부
정의론

1) 정의의 정의 : 정의란 무엇인가   179

2) 정의론의 전개   183

3) 정의와 관련되는 개념들   186

    가) 정의와 형평   186
    나) 정의와 의무(도덕적 옳음과 도덕적 의무)   190

4) 예비적 검토   193

    가) 아리스토텔레스의 덕론   193
    나) 존 로크의 자연권 사상   197
    다) 공리주의적 결과론   202
       a) 공리주의의 매력
       b) 고전적 공리주의
       c) 다양한 효용의 정의
       d) 극대화의 원리
       e) 옳음의 기준으로서의 공리주의
       f) 공리주의의 정치

I. 자유주의적 정의론

1) 존 롤즈의 정의론   217

    가) 절차적 정의론   218
    나) 원초적 입장   220
    다) 정의의 두 원칙   223

라) 사유재산제적 민주주의　　　　　　　　　　228
　　　마) 정의론에 대한 평가　　　　　　　　　　　230
　　　바) 정치적 자유주의 – 롤즈의 정의론의 변천 과정　237
　　　사) 정치적 정의관에 대한 평가　　　　　　　　245

　2) 드워킨의 자원평등론　　　　　　　　　　　　249

　　　가) 드워킨의 주권적 평등관　　　　　　　　　249
　　　나) 윤리원칙에 기초한 자원평등론　　　　　　250
　　　다) 선택(소망)에 민감하고 여건에 둔감한 분배 원리　252
　　　라) 자유적 평등을 실현하는 급진적 방책들　　257

　3) 센의 역량 중심적 접근　　　　　　　　　　　261

　　　가) 정의의 아이디어　　　　　　　　　　　　261
　　　나) 롤즈와 드워킨에 대한 비판　　　　　　　263
　　　다) 사회적 선택이론　　　　　　　　　　　　267
　　　라) 역량 중심적 접근　　　　　　　　　　　　269

　4) 자유지상주의　　　　　　　　　　　　　　　276

　　　가) 노직의 소유권리론　　　　　　　　　　　277
　　　나) 소유권리의 근거　　　　　　　　　　　　278
　　　다) 노직의 최소국가론　　　　　　　　　　　283
　　　라) 하이에크의 자생적 질서　　　　　　　　285
　　　마) 자유지상주의에 대한 평가　　　　　　　289

II. 공동체주의의 덕론

　1) 정의와 공동체의 관계　　　　　　　　　　　293

　　　가) 정의의 한계와 공동체　　　　　　　　　　294
　　　나) 정의와 공유된 의미들　　　　　　　　　　294
　　　다) 개인의 권리와 공동선　　　　　　　　　　296
　　　라) 공동체주의와 공동선의 정치　　　　　　　299

2) 샌델의 공동체주의 이론　　　　　　　　　　300

    가) '좋음에 대한 옳음의 우선성' 비판　　　300
    나) '선험적 주체'와 '무연고적 자아' 비판　　301
    다) 차등의 원칙과 무연고적 자아의 논리　　303
    라) 공적인 삶으로서의 절차적 공화국(비판)　305

  3) 매킨타이어의 공동체주의 이론　　　　　　307

    가) 도덕 문화의 위기와 정서주의　　　　　307
    나) 합리적 도덕체계를 위한 '서사적 덕론'　309

  4) 테일러와 왈쩌의 이론　　　　　　　　　　314

    가) 테일러의 이론(자아의 원천)　　　　　314
    나) 왈쩌의 이론(복합평등론)　　　　　　　320

  5) 공동체주의의 정치　　　　　　　　　　　　325

III. 부가적 검토 : 담론이론과 인정이론

  1) 하버머스의 담론이론　　　　　　　　　　328

    가) 규범의 정당화　　　　　　　　　　　　328
    나) 이상적 담화 상황　　　　　　　　　　　330

  2) 호네트의 인정이론　　　　　　　　　　　　335

    가) 인정 개념의 체계화　　　　　　　　　　335
    나) 상호주관적 인정의 유형들 : 사랑, 권리, 연대　337
    다) 인정투쟁과 사회발전　　　　　　　　　344
    라) 비판적인 관점들　　　　　　　　　　　349

제4부
행정윤리론

1) 서론   357

2) 행정윤리와 관련된 문제들   360

    가) 행정윤리의 가능성   361
    나) 현대 행정에서의 윤리적 함의   363
    다) 행정윤리의 어려움   365

3) 행정윤리를 위한 배경적 검토   369

    가) 자연주의적 윤리설과 직각론적 윤리설   370
    나) 인성 중심의 이론과 행위 중심의 이론   374

4) 행정윤리의 주요 유형   379

    가) 몇 가지 유형   379
    나) 정책 중심의 윤리와 공직자 중심의 윤리   380

I. 공직자 중심의 윤리이론

1) 공직자의 책무   382

2) 공직자의 덕, 결과, 의무, 책임   391

    가) 덕론   391
    나) 결과론   395
    다) 원칙론   400
    라) 책임론   408

3) '더러운 손의 문제'와 '여러 손의 문제'   414

II. 정책 중심의 윤리이론

- 1) 공익 및 공공가치론 ... 422
  - 가) 공공 내지 공공성의 의의 ... 422
  - 나) 공익이론 ... 426
    - a) 공익이론의 거부와 부활
    - b) 공익 개념의 분류와 유형
    - c) 공익 개념의 한계와 활용
    - d) 실용주의적 공익이론
  - 다) 공공가치론 ... 444
    - a) 예비적 검토 : 가치론
    - b) 공공가치
  - 라) 공공성 관리 ... 464
- 2) 정책과 관련된 규범적 기준 ... 468
  - 가) 정책분석 및 평가 기준 ... 468
  - 나) 정책 과정별 윤리이론 ... 477

참고문헌 ... 482
찾아보기 ... 488

제1부

철학적·윤리적 관점

1) 철학적·윤리적 관점의 중요성

철학은 근본적인 문제에 대해서 성찰해 보는 학문이다. 그래서 철학은 우리가 지금 어디에 있는가를 확인해 주고, 어떻게 선택해야 하는지를 밝혀 주기 때문에 유익한 학문이라고 할 수 있다. 또한, '가치의 학' 또는 '당위의 학'으로서의 윤리학은 철학의 한 분과로 분류할 수 있지만, 우리들의 사회생활 속에서 항상 발생하는 결정이나 선택과 관련하여 '있어야 할 것(또는 해야 할 것)과 그 실천 문제'를 다루기 때문에 특별한 의의를 지닌다. 어떻든 철학이나 윤리는 고루하고 난해하며 접근하기가 어려운 학문이라고 생각하는 사람이 많다. 더구나 물질적인 풍요를 우선시하고 시간적으로도 바쁜 일상생활을 해야 하는 현대인들에게 현실 문제에 대해서 일일이 철학적·윤리적으로 접근하라고 권하는 것은 번잡스럽고 비생산적인 것으로 보이는 것이 사실이다.

그러나 다른 한편에서 보면 철학이나 윤리는 근본적인 문제를 다루기 때문에 한 번쯤은 검토해 볼 만한(너무 깊이 빠져들 필요는 없지만) 도전적이고 흥미 있는 여러 가지 주제를 가지고 있고, 철학 공부를 통해서 길러지는 통찰력과 사고력이 때로는 현실 문제의 해결에 유용한 수단을 제공할 수도 있다.[1] 그런데 특히 나라 운영에 대하여 철학적·윤리적인 관점이 왜 중요한가

---

1) 현실 세계에서의 문제는 '선과 악의 갈등'이 아니라 '선과 선의 갈등'이 많다. 적어도 양측 모두 선이라고 주장한다. 또는 양측 모두 비교 형량하기 어려울 정도의 장단점을 가지고 있다. 현실 세계에서의 문제는 선과 악이라는 이분법으로 쉽게 구분할 수 없기 때문에 선택하거나 지지하기가 어렵다. 우리가 보는 드라마에서는 '선과 악의 대결'이 많고 처음에는 애매하더라도 결국은 선과 악의 대결로 판명되기 마련이다. 그러나 현실 세계에서의 문제는 어느 쪽이 선이고 어느 쪽이 악인지 쉽게 식별할 수 없으며 영원히 식별되지 않을 수도 있다.

하는 점은 나라 운영의 근본적인 특성-민주주의(민주성), 자유와 평등, 정의, 법치주의, 공공성과 공익성, 효율성, 형평성 등-과 관련된 문제라고 할 수 있다. 하지만 이에 관해서는 화제를 복잡하게 만들지 않기 위해 여기서는 깊이 있게 논의하지 않기로 한다.

2) 주요한 논의 사항

나라 운영과 관련된 철학적·윤리적인 문제는 너무나 많고 복잡하지만 세 가지 측면에서 중요한 논의 사항을 추려보면 다음과 같다.

첫째, 정치철학적 측면에서 보는 이데올로기적 관점이다. 물론 정치철학적인 차원에서의 이데올로기의 분류는 학자들에 따라 복잡하고 다양하게 전개하고 있어서 간단하게 논의할 수 있는 문제는 아니다. 이론적인 차원에서 보더라도 그들 각각에 내포된 의미와 미묘한 차이를 소홀하게 취급할 수가 없다. 또한, 아직도 현실 정치에서 좌파와 우파, 보수와 진보 등으로 상당한 영향력을 미치고 있고 정책적인 함의에서도 많은 차이점을 나타내고 있으므로 그 중요성을 간과해서는 아니 된다. 그러나 여기서 모든 정치사상이나 정치철학을 자세하게 논의하거나 다시 정리해서 살펴볼 필요는 없다고 생각하며, 우리의 현실과 관련해서 필요한 최소한의 범위에서 중요한 이데올로기 즉 좌우의 정치적 스펙트럼에서의 이데올로기만 고려하는 것이 바람직하다고 생각한다. 참고로 좌우의 이데올로기적 스펙트럼에서 보는 정치철학적 관점에 관한 학자들의 분류를 간단히 살펴보면 다음과 같다.

로우N. P. Low는 자본주의적 민주주의를 긍정하느냐 부정 또는 비판하느냐에 따라서 긍정이론Assenting Theory과 부정이론Dissenting Theory으로 크게 나눈다. 그리고 긍정이론은 다시 막스 웨버 이론·다원주의·신조합주의·신자유주의로 구분하고, 부정이론은 신마르크시스트 이론·비판이론으로 구분한다.[2] 정치철학적 측면에서 보면 단순한 도식이면서도 가장 중요한 관점은 역시 좌파냐 우파냐 또는 자유민주주의냐 사회주의(인민민주주의)냐이다. 이데올로기적 스펙트럼을 좌우 중심으로 구분한다면 무엇을 기준으로 해서 좌우로 구분하느냐가 문제가 될 수 있을 것이다. 다소 나이브naive하지만 가장 손쉬운 기준은 좌익적 이데올로기를 평등우선주의적 이데올로기로 보고, 우익적 이데올로기를 자유우선주의적 이데올로기로 보는 것이다. 좌익적 이데올로기를 평등우선주의적 이데올로기로 본다면 여기에는 마르크시스트주의·네오 마르크시스트주의·비판이론 등이 있다고 할 수 있고, 우익적 이데올로기를 자유우선주의적 이데올로기로 본다면 여기에는 다원주의·신우익 이론(신자유주의)·엘리트주의·신다원주의 등이 포함될 수 있고 더 넓게는 자유적 평등주의·공동체주의·시민권 이론 등도 포함시킬 수 있을 것이다. 좌파냐 우파냐, 자유민주주의냐 사회주의냐 하는 문제는 진부한

---

2) 던리비(P. Dunleavy) 등은 자유주의적 이론으로서 다원주의·신우익 이론(The New Right)·엘리트 이론(Elite Theory)·신다원주의를, 좌파적 이론으로서 마르크시즘(Marxism)을 포함시킨다. 킴리카(Will Kymlicka)는 현대 정치철학을 공리주의(utilitarianism), 자유적 평등주의(liberal equality), 자유지상주의(libertarianism), 공동체주의(communitarianism), 시민권 이론(citizenship theory), 마르크시즘 등으로 구분한다. 그 밖에도 볼(Terence Ball) 등은 민주주의는 모든 이데올로기의 이상으로 보아 '이상으로서의 민주주의', 자유주의, 보수주의, 파시즘, 해방 이데올로기, 사회주의와 공산주의 등으로 구분한다. 한국정치학회(편)에서는 정치사상을 자유주의, 헌정주의(입헌주의), 보수주의, 공동체주의, 공화주의, 마르크스주의 등으로 구분한다.

주제이지만 무시할 수 없는 주제라고 할 수 있다. 양자는 적어도 그 지향하는 목표 차원에서는 모두 자유와 평등을 중요시하지만, 그 상대적인 비중에서는 자유민주주의는 자유우선주의이고, 사회주의는 평등우선주의라고 할 수 있다. 이와 관련해서 양대 이데올로기의 핵심 개념인 자유와 평등의 문제를 깊이 있게 논의하려고 한다. 우리는 자유의 가치는 무엇이고 이를 어디까지 보호해야 하는지를 검토하고, 민주주의 사회에서 평등을 어디까지 허용할 것인가를 검토해야 할 것이다. 자유와 평등의 문제에 관해서는 우리 사회의 장기적 발전 방향과 관련해서 좀 더 진지한 검토가 필요하다고 생각한다.

대한민국은 자유를 우선시하는 자유민주주의적 국가체제이지만 굳이 평등지향적인 사고를 배척하거나 사회주의 체제를 두려워할 필요는 없다. 이제는 자유와 평등의 문제는 우선성의 문제이자 상대적 선호의 문제라고 치부해도 좋을 듯하다. 또한, 근본적인 차원에서 보면(자유주의를 옹호하는 시민들은 아쉽게 생각할 수도 있겠지만) 민주주의 자체는 자유 친화적인 이념이라기보다는 1인 1표의 평등 친화적인 이념이라고 할 수 있다. 〈미국의 민주주의〉의 저자인 알렉시스 드 토크빌Alexis de Tocqueville도 일찍이 180년 전에 자유민주주의의 상징인 미국이라는 나라도 점점 더 평등지향적으로 나갈 것으로 예측한 바 있고, 오히려 자유민주주의가 중우정치 내지 '다수의 폭정'으로 흘러가는 것을 우려한 바가 있다는 것을 기억해야 한다. 요컨대 우리는 모든 정치철학적인 이론을 다루지는 않고 자유민주주의와 사회주의 또는 자유와 평등 양자에 관해서 집중적으로 논의하려고 한다.

둘째, 법철학적인 측면에서 보면 법치주의(합법성)와 정의의 문제가 중요하다. 법철학은 법과 관련된 일반적인 이론적인 문제와 젠더나 환경과 같은 특수한 분야와 관련된 실천적인 문제를 다루기 때문에 법철학적 측면에서 중요시해야 할 이슈는 학자에 따라 다양하다. 대부분은 일반적인 주제로는 자연법 사상과 법실증주의, 법과 도덕, 정의, 법치주의, 시민 불복종 등을 주로 논의한다. 이에 덧붙여서 사법 통제의 범위(사법 적극주의와 사법 소극주의)에 대해서 논의하는 것도 중요하다고 생각한다.

물론 제일 중요하게 다룰 이슈는 역시 정의론이다. 그래서 이 책에서는 정의론을 중심으로 설명하려고 한다. 우리나라의 법무부는 영어로는 Ministry of Legal Affairs가 아니고 Ministry of Justice(정의부)다. 그러나 불행히도 우리나라 국민은 우리나라의 법무행정 더 나아가서 사법제도가 정의롭다고 생각하지는 않는 것 같다. 정의란 넓은 의미에서 보면 합법성과 같은 의미를 뜻하지만, 현실 사회에서는 양자 간의 갈등이 없는 것도 아니다. 그래서 카우프만Arthur Kaufmann은 '법철학의 주제는 정의이며, 법철학은 곧 정의론'이라고 까지 말한다. 법철학은 '정당한 법(정의로운 법)'을 그 대상으로 하기에 간단히 말하면 법철학이 정의론이라고 할 수 있고, 오늘날 중심이 되는 '절차적 정의론'도 정당한 법을 찾아내는 '법발견절차의 산물'로서 파악할 수도 있다고 한다. 또한, 어떤 점에서 무엇이 정의냐 하는 문제는 법철학적인 문제일 뿐만 아니라 규범윤리학에서도 핵심 문제다. 윤리학은 좋은 것the good이 무엇이냐를 위주로 설명할 수도 있지만, 옳은 것the right이 무엇이냐를 중심으로 해서 설명할 수 있기 때문이다. 정의에 대해서는 아리스토텔레스 이래 존 롤즈 등 현재에 이르기까지 아직도 논쟁적이다. 존 롤즈John Rawls는 〈정의론The Theory of Justice〉에서 '공정으로서의 정의'를 주창해서 정의에 대한 논의를 활성화했다고 할 수 있다. 하지만 정의에 대한 논의는 여러 가지로 발전하고 있고, 그야말로 다양한 시각들이 있으므로 이를 조명해 보는 것이 중요하다고 할 수 있다.

존 롤즈는 공리주의[3]를 비판하면서 자신의 '정의론'을 정립하였다. 롤즈는 자신의 정의론을 포괄적인 이론에서 '정치적 자유주의'로 수정한다. 그리고 롤즈 이후의 이론가 대부분은 롤즈와의 대비를 통해 자신들의 이론적 입장을 설명한다(롤즈의 정의론에 대한 이해 없이는 정의에 관한 후대의 연구들을 이해하기가 어렵다).[4] 로널드 드워킨Ronald Dworkin은 롤즈의 정의론을 발전시켜 '자원평등론'을 주장한다. 마이클 샌델Michael Sandel 등 공동체주의자들은 롤즈의 정의론을 비판하면서 '공동체주의적 미덕'을 주장한다. 로버트 노직Robert Nozick은 롤즈 등의 자유적 평등주의에 반대하여 '자유지상주의'를 주장한다. 최근에는 아마르티아 센Amartiya sen은 롤즈와 드워킨의 자원 중심적 접근에 반대하여 '역량 중심적 접근'을 주장한다.

셋째, 행정의 철학적·윤리적 측면에서 중요시되는 것은 우선 효율성efficiency과 형평성equity이다. 이것이 바로 행정윤리의 핵심

---

[3] 행복이나 효용을 중시하는 공리주의도 그것이 등장할 초기에는 영국 사회의 운영 자체가 이성이 아닌 봉건적 미신의 소산이라고 믿고서 이들에 대한 재고를 주장했다는 점에서 철학적 급진론자들의 주장이었다. 당시의 공리주의는 진보적이고 개혁적인 정치프로그램으로 인식되었다. 반면에 현대의 공리주의는 '놀라울 정도로 체제 순응적'이라고(실제로 공리주의자들은 모든 것을 그대로 둔다는 것을 보여주기 위해 열심인 듯하다) 본다(Kymlicka, 2005). 아무튼, 공리주의는 여러 가지 문제점을 내포하고 있지만, 행복이나 효용이 우리 인간의 삶에 있어서 소중한 가치 중의 하나라는 것을 부인하기는 어렵다.

[4] 롤즈의 정의론은 직관주의와 공리주의의 교착 상태를 깼다는 데 있어서 그 역사적 중요성을 지닌다. 하지만 그의 이론은 또 다른 이유에서 중요하다. 롤즈의 정의론은 그의 이론에 대한 전체적인 동의를 하는 사람이 매우 적다는 점에서 중요하다. 즉 그의 이론은 사람들에게 지배적인 동의를 불러일으키기 때문에 탁월한 것이 아니라, 후대의 이론가들이 롤즈에 대한 반대를 통해 자신들의 입장을 규정짓고 있다는 점에서 탁월하다고 본다(Kymlicka, 2005).

적인 관심사이다. 국민의 일상에 가장 큰 영향을 미치는 행정은 여러 가지 특성을 갖지만, 무엇보다도 그 관리적 성격이 중요하다. 보통 정부의 효율성이 떨어지면 우리는 정부 실패government failure라고 하고 정부의 개입을 축소한다. 또한, 시장이 제대로 작동하지 않으면 시장실패market failure라고 보고 이를 보완하기 위해서 정부의 개입을 확대한다. 정부의 실패와 시장의 실패를 반복하면서 행정은 개혁하고 발전해 나간다고 할 수도 있다. 행정에 있어서 효율성의 개념이 낭비를 줄이는 것과 일치하는 것은 아니지만 간단히 상식적인 차원에서 보면 낭비의 제거와 관련이 있고 실제 행정에 있어서 낭비적인 요소는 상당히 많다. 또한, 더 근본적인 문제는 행정에서는 항상 효율성을 추구할 것인가, 형평성을 추구할 것인가의 문제에 봉착한다는 것이다. 물론 형평성의 문제는 앞에서 말한 정의의 문제와 관련된다.

또 다른 차원에서 보면 행정은 공공적 성격을 갖기 때문에 여러 가지 어려운 문제를 초래하게 된다. 이와 관련해서 공익이란 무엇인가(공익론)를 논의할 것이다. 행정을 기업경영처럼 운영하라는 주장은 일응의 추정으로 타당한 것처럼 보이지만, 사실은 올바른 주장은 아니다. 기업의 목표는 이윤추구와 같이 단순하지만, 행정의 목표는 복합적이고 다양하다. 간단한 예로 모든 도시에는 기본적으로 공설운동장이나 도서관과 학교와 같은 기본적인 공공인프라가 필요하다. 그런데 이러한 공공인프라는 그것의 건설과 운영에 불가피하게 큰 비용이 든다. 따라서 공공인프라를 이윤을 남길 수 있는 수익사업으로 운영한다는 것은 거의 불가능하다. 현실적으로 보면 이익은 고사하고 적자를 면하는 것이 최대의 목표가 될 수밖에 없다. 다만 공공분야에서 기업경영에서와 같은 혁신적인 자세와 낭비와 비능률을 제거하라는 주장이라면 수긍할 만하다. 좀 더 넓게 보면 정부와 시민 사이의 관계는 기업체로부터 자동차를 구매하는 것 같은 개별적인 거래 관계가 아니라 집합적lump sum으로 거래되는 관계이고, 기업의 대고객 관계가 아니라 대리인과 주인 사이의 관계(주권자 관계)이기 때문에 단순한 기업가적 정부 모형은 한계나 문제점을 가질 수밖에 없다. 또한, 정부가 제공하는 재화와 서비스를 공공재public goods라고 할 때 공공재는 사적 재(민간재 또는 사유재)와 달리 독특한 특성이 있으므로 그 관리에 있어서 특별한 주의를 요구한다. 공공재는 여러 가지 특성이 있지만, '비배제성'과 '비경합성'을 가지고 있으므로 일반적으로 '무임승차자free rider' 문제를 발생시킨다.[5]

---

5) 공공재는 여러 가지 특성을 가질 수 있다. 물론 제일 중요한 특성은 공공성 내지 공익성이다. 그러나 주로 공공재의 문제는 이를 시장에서 공급하기는 부적절하고 정부가 공급할 수밖에 없다는 점에서 발생하게 된다. 일반적으로 공공재는 사유재와는 달리 그 소비에 있어서 '비배제성(non-excludability)'과 '비경합성(non-rivalry)'이라는 특성을 가진다. 공공재의 '비배제성'은 재화나 서비스에 대해 그 대가를 지불하는 사람뿐만 아니라 지불하지 않는 사람도 이를 소비할 수 있는 특성을 말한다. 이러한 비배제성 때문에 '무임승차자(free rider)'가 발생하게 된다. 한편 공공재의 '비경합성'은 개인이 그 재화나 서비스의 소비에 참여하여 얻는 이득이 다른 사람들이 그것을 이용하여 얻는 이익을 감소시키지 않는 특성을 말한다(이를 '비경쟁성'이라고도 한다). 여기서 공공재의 비배제성이 비경합성보다 더 중요하고 본질적이라고 할 수 있다. 그런데 위의 두 가지 특성을 모두 갖춘 재화를 '순수공공재(pure public goods)'라 하고, 하나의 특성만 가진 공공재를 '준공공재(quasi-public goods)' 또는 혼합재라고 한다. 물론 두 가지 특성을 모두 갖추지 않는 재화는 '사유재(private goods)'이다.

① 순수공공재는 전형적인 예는 등대, 국방 서비스, 사법 서비스 등이며 사기업이 적극적으로 개입하는 것을 거의 생각하기 어렵다. 이러한 순수공공재는 정부가 공급하는 데 대해서 그 정당성을 부인할 수 없다. 그러나 비배제성 때문에 무임승차자 문제가 따른다. ② 준공공재는 두 가지로 나눌 수가 있다. 준공공재 중에서 비배재성은 없으나 비경합성이 있는(배제 가능성은 있으나 경합성이 없는) 재화는 비어있는 유료의 고속도로가 전형적인 예이다. 그러나 이러한 재화는 소비자의 수가 일정 수준을 초과해서 재화의 소비가 증가할 때마다 개인이 지불해야 하는 비용(시간, 불쾌감 등)이 점차로 증대될 경우(경합성이 증대되는 경우)에는 이를 '동시 소비의 과밀 가능성이 있는 재화'라고 할 수 있다. 이러한 유형의 재화에는 요금을 부과할 수 있다는 점에서 '요금재(toll goods)'라고도 부른다. ③ 준공공재 중에서 비배제성은 있으나 비경합성이 없는(배제 가능성은 없고 경합적인) 재화는 무료의 도로나 공원 등이 있고, 야생의 짐승·바다의 고기·원시림·석유와 같은 지하자원 등도 이러한 유형의 재화

또한, 행정에 있어서 공직자의 윤리성도 중요한 문제라고 할 수 있다. 행정의 윤리성은 정책적인 차원에서 보면(정책 중심의 접근) 정책의 효율성이나 형평성의 문제가 될 수 있지만, 공직자의 인격이나 행위를 중심으로 보면(공직자 중심의 접근) 덕론·결과론·의무론의 입장으로 나누어 설명할 수 있다.

다. 이러한 재화 중에는 사람들 사이에서의 자유로운 소비나 사용을 규제하지 않으면 과잉소비나 자원의 고갈을 초래할 우려가 발생한다. 이를 '공유지의 비극(tragedy of commons)'이라고 하며 공유지의 비극은 근본적으로는 '무임승차자 문제의 특수한 유형'이라고 할 수 있다. 정부는 이러한 재화에 대해서 배제성이 있는 조치를 취하게 되며 어로 지역·어획량·어획 기간 등 제한, 수렵 기간 및 지역 설정 등을 통해서 규제를 가하게 된다. 공유지의 비극을 해결하는 또 다른 방법은 공유지를 사유화해서 관리할 수 있는 주체를 두는 것이다(김항규, 2009).

제2부

자유민주주의와 사회주의

1) 예비적 검토

로우N. P. Low는 자본주의적 민주주의를 긍정하느냐 부정 또는 비판하느냐에 따라서 긍정이론Assenting Theory과 부정이론Dissenting Theory으로 크게 나눈다. 그리고 긍정이론은 다시 막스 웨버 이론·다원주의·신조합주의[6]·신자유주의[7]로 구분하고, 부정이론[8]은 신 마르크시스트 이론[9]·비판이론[10]으로 구분한다.

---

6) 신조합주의(neo-corporatism)는 모두 긍정이론이라고 할 수는 없다. 일부는 자본주의적 민주주의를 부정하는 이론도 있다. 대개는 자본주의 체제를 인정하며, 국가가 회사와 조직화된 노동자 간의 중재 기능을 수행한다고 본다. 또 다른 일부는 국가의 의사결정 과정에서의 이익집단의 조직화를 강조한다(Low, 1991).

7) 신자유주의(neo-liberalism)는 국가의 제한된 역할과 시장의 조직화 및 조정 기제를 강조하지만, 국가는 법의 지배를 보장하는 강력하고 응집력 있게 국가를 유지하여야 한다고 주장한다. 오스트리아 출신의 하이에크, 시카고학파의 프리드만 등이 주장하는 이론이며, 영국의 대처 정부, 미국의 레이건 정부가 대표적인 사례다. 이들과 유사하지만 구별되어야 할 이념은 신보수주의(neo-con)와 신우익(the new right)이다. 일반적으로 신보수주의는 경제적 영역에서는 자유주의적 입장(신자유주의와 동일)이지만, 기타 영역에서는 전통과 질서를 강조한다. 신우익은 신자유주의와 동일하게 사용하거나, 신자유주의와 신보수주의 등 우익적인 사상을 포괄하는 개념으로 사용한다(인터넷, 두산백과;인터넷, 시사상식 사전;인터넷, 21세기정치학대사전).

8) 로우는 부정이론 속에 고전적 마르크시즘은 생략하고, 신 마르크시스트 이론(neo-marxist theory)과 비판이론(critical Theory)만 포함시키고 있으나 필자는 고전적 마르크시즘을 추가해도 좋다고 생각한다.

9) 신 마르크시스트 이론은 다양한 계보를 가진다. 가장 큰 분파는 '자본의 발달'을 강조하는 입장과 '계급투쟁'을 강조하는 입장이 있다. 분명히 양자는 상당한 정도로 서로 겹친다. 또한 이들 각자의 입장 속에서도 '구조적 마르크스주의(structural Marxism)'와 '제도적 마르크스주의(institutional Marxism)'를 구분하기도 한다. '구조적 마르크스주의'는 정치가 주로 경제적인 힘이나 구조에 의하여 결정된다고 보는 관점이다. '제도적 마르크스주의'는 정치가 경제적 구조를 형성하는데 상당히 독립적인 역할을 한다고 보는 관점이며, 자본주의 체제는 국가나 지역 차원의 여러 가지 제도적인 변수에 의존한다는 것을 인정한다. 이탈리아 공산당의 창설자이자 헤게모니(hegemony) 이론을 주장한 그람시(Antonio Gramsci)는 제도적 마르크스주의의 발전에 크게 영향을 미쳤다. 그람시는 헤게모니의 개념을 통해서 이데올로기의 중요성을 강조하였다. 또한, 사회의 혁명전략에는 정면 대결 또는 기동전(war of manoeuvre)과 진지전(war of position) 두 가지가 있다고 한다. 그런데 처음에는 진지전을 통해서 대중의 지지를 확보하고, 결정적 기회가 왔을 때 기동전을 벌이면 확실한 혁명적 성공을 거둘 수 있다고 주장한다(Low, 1991).

10) 비판이론(critical theory)은 프랑크푸르트 학파인 호크하이머(Max Horkheimer)가 전

던리비P. Dunleavy 등은 자유주의적 이론으로서 다원주의·신우익 이론The New Right·엘리트 이론Elite Theory[11]·신다원주의[12]를, 좌파적 이론으로서 마르크시즘Marxism을 중요시 한다.

킴리카Will Kymlicka는 현대 정치철학을 공리주의utilitarianism, 자

통이론과 비판이론을 구분한 데서 유래한다. 프랑크푸르트 학파는 신 마르크스주의의 한 학파라고도 할 수 있다. 비판이론은 인간 인식의 두 가지 양식(데카르트와 마르크스)에 따라 사회에 대한 설명이론을 구분하면서, 사회생활을 지배하는 근원적인 요인이 무엇인지를 밝혀내고, 궁극적으로는 이성을 통해 인간의 자유를 실현하는 길을 모색하는 것을 목적으로 했다. 이들은 현존하는 사상·행위·사회적 조건 등을 습관적으로 수용하지 않고 비판적으로 검토하고, 지배로부터 벗어나는 인간의 해방을 위한 실천적인 노력을 중요시하고, 사회적 모순의 폭로와 사회적 가치의 구현을 통해서 인간 해방을 추구한다. 아도르노(T. W. Adorno), 마르쿠제(H. Marcuse), 하버마스(J. Habermas)가 비판이론의 대표자이다(Low, 1991).

11) 엘리트 이론은 사회적 엘리트의 지배를 강조하면서 정치적 현실주의에 초점을 맞추고 있다. 엘리트 이론은 '고전적 엘리트 이론(classical elite theory)', '민주적 엘리트 이론(democratic elite theory)', '급진적 엘리트 이론(radical elite theory)'으로 구분할 수 있다. ① '고전적 엘리트 이론'을 주장하는 사람은 모스카(Mosca), 파레토(Pareto), 미헬스(Michels) 등이다. 이들은 사회의 대다수를 지배하는 소수의 엘리트 집단에 의한 정부가 불가피하다는 것을 증명하는 과학적 이론을 세우려고 노력한다. 미헬스는 과두제의 철칙(the law iron of oligarchy, 어떤 조직에서나 관료주의적 특성과 지도자와 피지배자의 분리가 나타남)와 군중심리(crowd psychology, 대중은 심리적으로 복잡한 결정을 다룰 수 있는 능력이 없고, 리더를 필요로 함)에 관한 이론을 발전시킨다. ② '민주적 엘리트 이론'을 주장하는 사람은 웨버(Max Weber)와 슘페터(Joseph Schumpeter) 등이다. 민주적 엘리트 이론은 엘리트 이론과 다원주의의 종합이라고 할 수 있다. 이들의 주요 쟁점은 관료제와 민주주의의 양립 가능성과 엘리트 경쟁을 강조하는 것이다. 슘페터는 '민주주의'란 개인들이 국민들의 투표에 대한 경쟁적인 투쟁에 의해서 결정 권력을 획득하는 정치적 결정에 이르는 제도적 질서라고 정의하고, '자유민주주의'는 단순하게 보면 두 집단 이상의 정치지도자들이 국민의 선거적인 승인을 위하여 경쟁하는 것을 요구하는 하나의 통치방식이라고 했다(이에 비하여 조합주의에 있어서의 엘리트는 경쟁하기보다는 '공모'하거나 '협력'한다고 주장한다). ③ 급진적 엘리트 이론은 고전적 엘리트주의가 북미로 넘어가면서 기대하지 않는 방식으로 변형된 것이라고 본다. 번햄(Burnham)은 새로운 관리적 엘리트(managerial elite)의 대두를 강조하면서, 대기업에서의 통제력은 '자본의 소유자'로부터 (수동적인 주식소유자를 대신하여) 회사를 운영하는 '기업 관리자'에게로 옮겨 가고, 정부에서의 권력은 카리스마적인 정치지도자로부터 'committee men'으로 옮겨 갔다고 주장한다. 과거의 기업가적 자본주의는 이미 사라져 버렸다고 주장한다. 또한 밀즈(C. Wright Mills)는 파워 엘리트의 개념을 발전시켰다. 미국 사회에서의 파워 엘리트는 대기업, 군대, 미국 대통령을 둘러싼 정치적 파벌에서 나온 3가지 지도자 집단이라고 보았다(Dunleavy 외, 1987).

12) 신다원주의(neo-pluralism)는 엘리트 이론이나 마르크시즘과 신우익이론 등의 다원주의에 대한 공격에 다소 비판적인 방식으로 대응하면서 선진 산업사회의 발전에 따른 근본 문제에 더 많은 관심을 가진다, 이들은 '대기업'의 권력 중심으로서의 영향력, 시민의 직접적인 국가통제의 불가능성, 준기술관료적 정부의 존재를 인정하면서도 서구 민주주의의 현존하는 정치사회 체제를 최선의 사회 조직 형태로 본다(Dunleavy 외, 1987).

유적 평등주의liberal equality, 자유지상주의libertarianism, 공동체주의communitarianism, 시민권 이론citizenship theory[13], 마르크시즘 등으로 구분한다.

2) 두 가지의 이념 : 자유민주주의와 사회주의

우리 헌법 제1조는 ①'대한민국은 민주공화국이다. ②대한민국의 주권은 국민에게 있고, 모든 권력은 국민으로부터 나온다'라고 선언하고 있다. 이는 대한민국이 민주공화국임과 국민주권주의를 천명한 것으로 보고 있다.[14] 국가 형태론에서 볼 때 대한민국은 민주공화국이다. 대한민국은 공화국인 동시에 민주주의 체제라는 것이다. 엄격히 말해서 공화국 또는 공화주의는 군주국과 반대되는 개념으로서 통치자의 수가 군주 한 사람이 아니고 다수가 다스리는 나라를 의미해서 일인의 통치를 부정하는 것이다. 이에 반하여 민주주의는 국민주권주의를 의미하고 국가 운영의 정당성이 국민에게서 나온다는 것을 나타낸다. 과

---

13) 시민권 이론은 시민권이나 시민적 덕성을 강조하는 공화주의 이론이라고 말하기도 하며, 자유주의적 정의와 시민 정신·시민의식 등 공동체적 멤버십의 요구를 통합하려고 한다(Dunleavy 외, 1987).

14) 종래에는 국가형태론에서 볼 때 '국체'는 주권자가 누구이냐(주권의 소재)에 따라 구별하고, '정체'는 국가권력(통치권)의 행사방법에 따라 구별한다고 보고, 민주공화국의 의미에 대해서 일반적으로 대한민국의 '국체'는 공화국이고, '정체'는 민주주의라고 설명해 왔다. 그러나 오늘날에는 군주제도를 두고 있는 나라가 있으나 군주주권국은 사라졌기 때문에 국체나 정체의 구별이 큰 의미가 없고, 또 다른 측면에서는 공화주의보다는 민주주의가 보편화된 이데올로기가 되어버렸기 때문에 민주공화국 그 자체를 하나의 국가형태를 규정하는 것으로 보는 것이 타당하다. 따라서 대한민국의 국가형태를 민주공화국(군주제를 부정하고 국민주권주의 원리를 천명함)으로 보는 것이 바람직하다고 본다(성낙인, 2020). 민주주의 중에서 자유민주주의 체제냐 다른 형태의 민주주의냐 하는 것은 별개의 문제다.

거 로마제국 이래로 군주국이냐 공화국이냐가 중요했기 때문에 공화주의가 강조되었지만, 오늘날에 와서는 국민 모두가 주권자라는 민주주의가 보편적인 국가구성의 원리가 되어버렸기 때문에 공화주의보다는 민주주의의 이념이 더 중요하게 되었다고 할 수 있다. 그래서 공화국이냐 아니냐는 특별한 의미가 없고, 민주주의 체제이지만 어떤 민주주의 체제냐 하는 것이 더욱 중요하게 되었다.[15]

오늘날 모든 나라는 민주주의를 지향하고 민주주의를 표방하고 있다. 대한민국이 민주공화국이지만, 북한도 인민민주주의 공화국이라고 한다. 북한의 정식명칭은 '조선민주주의인민공화국'이고, 중국의 정식명칭도 '중화인민공화국'이다. 대한민국도 자유와 평등을 중요시하지만, 북한도 자기 나름대로 자유와 평등을 강조한다(물론 이념적인 측면과 현실적인 측면은 다를 수 있다). 그러나 대한민국은 평등보다는 자유를 우선하는 자유우선주의 사회이고, 북한은 공산주의와 사회주의를 지향하는 평등우선주의 사회라고 할 수 있다.[16] 대한민국은 자유민주주의 체제라고 하면, 북한은 인민민주주의(사회주의) 체제라는 점이다. 물론 여기서 자유민주주의 체제가 이상적인가? 사회주의 체제가 이상적인가? 하는 것은 실제적인 측면에서 어느 체제가 더

---

15) 대한민국이 자유민주주의 체제라는 것은 헌법에 나타나 있다. 헌법 전문과 제4조 통일 조항에 '자유민주적 기본질서'를 언급하고 있다.

16) 공산주의와 사회주의의 개념은 다양한 의미로 사용되어서 혼란이 야기되기도 한다. 첫째는 공산주의와 사회주의(광의)는 서로 같은 의미로 사용한다. 둘째는 공산주의를 사회주의와 공산주의로 세분하기도 한다. 사회주의는 '보다 낮은 단계의 공산주의'로서 프롤레타리아 혁명과 독재체제가 수립된 상태를 말하고, 공산주의는 '보다 높은 단계의 공산주의'로서 국가와 계급이 소멸하고 완전한 평등이 실현된 상태를 의미하기도 한다. 셋째로 어떤 사람들은 사회주의가 유(類)개념이고, 공산주의가 종(種)개념으로서 공산주의는 사회주의의 한 형태라고 주장한다(인터넷, 두산백과).

우월한가? 라고 하는 평가의 문제와 관련이 있고, 또한 양 체제에 있어서 자유와 평등의 실제 상황이 어떠한지도 다시 별도로 검토해야 할 문제다.[17]

3) 이상(理想)으로서의 민주주의

자유민주주의와 사회주의를 본격적으로 논의하기 전에 우리는 민주주의에 대해서 논의해보기로 한다. 왜냐하면, 거의 모든 이데올로기가 기본적으로 민주주의를 표방하고 있기 때문이다. 테렌스 볼Terence Ball은 이제 민주주의는 하나의 이데올로기가 아니라, 대부분 이데올로기가 서로 다른 방식으로 추구하는 이상이 되었다고 보고 있다. 물론 파시즘과 같이 민주주의를 전면적으로 거부하는 이데올로기도 있을 수 있지만, '현대정치에 있어서 가장 놀랄 만한 양상 중의 하나는 민주주의가 보편적인 인기를 누리고 있다는 사실'이라고 한다. 이러한 사실을 초래하는 이유에 대해서 몇 가지로 설명하고 있다. 첫째는 많은 사람이 민주

---

17) 자유·평등과 관련해서 항상 생각나는 것은 불란서 혁명의 이념이다. 불란서 혁명의 이념은 자유와 평등에 박애(fraternity)를 추가하고 있다. 자유와 평등은 인류의 역사가 추구해온 이상이며 지금도 현대 사회를 이끌어 가는 중요한 지표다. 그러나 자유와 평등만으로는 충분하지 않다는 것이다. 자유와 평등이라는 '권리성'을 넘어서 박애의 정신이 있어야 사회가 제대로 움직여 나갈 수 있다는 것이다. 참으로 간명하면서도 함축적이고 멋있는 혁명 이념이라고 할 수 있다. '박애'라는 개념은 '우애' 또는 '사랑'으로 번역되기도 하는데 이것은 '매우 특이한 개념'이라고 한다. '법적으로는 불명확하고 추상적인 개념이지만 연대(solidarity)의 개념과 연계된' 불란서 헌법상의 기본원리라고 한다. 불란서 혁명의 이념에 관해서는 애초에는 자유·평등·권리였다가 후에 자유·평등·박애로 바뀌었다는 설이 있고 또한 애초에는 여러 가지 구호들이 있었다가 후에 자유·평등·박애로 정착되었다는 설이 있다, 아무튼 자유·평등·박애는 불란서 제3공화국 헌법에서 국가의 공식 이념으로 채택되어, 지금은 현행 헌법에서 국시(헌법 제2조4항)로 규정되어 있고, 불란서의 3색 국기가 이러한 이념을 나타내고 있다고 한다(3색 국기는 그리스도교의 핵심교리인 삼위일체론을 나타낸다는 설도 있다)(성낙인, 2020 ; 이원복, 업그레이드 먼나라 이웃나라 프랑스).

주의가 아주 인기가 있으니까 자신의 이데올로기가 무엇이든지 간에 민주주의와 연결하려고 한다는 것이다. 실제로는 민주주의를 지향하지 않으면서 위선 혹은 속임수로 '민주주의'라는 말을 사용한다고 보는 것이다. 둘째는 상이한 이데올로기의 추종자들이 민주주의를 성취하는 방법을 놓고 저마다 다른 생각을 지니고 있다고 보는 것이다. 이들은 실제로 민주주의를 지향하지만, 민주주의를 달성하는 고유한 수단에 대해서 다양한 생각을 지니고 있을 수 있다고 보는 것이다. 즉 민주주의와 관련해서 목표에는 광범위한 동의를 하지만, 그 수단과 방법에는 서로 동의하지 않는다는 것이다. 예컨대 마오쩌둥도 중국이 민주주의로 가는 길을 준비하기 위해 인민민주주의적 독재가 필요하다고 보았다는 것이다. 셋째는 가장 근본적인 문제로 사람들이 민주주의의 의미를 서로 다르게 파악하고 있다는 것이다. 사람들은 민주주의를 지향하지만 민주주의의 본질적인 내용이 무엇인가를 서로 다르게 파악하고 있다는 것이다. 즉 민주주의가 이상적이라고 생각하지만, 그 이상에 관한 청사진이 상이하다는 것이다. 이러한 현상은 국가 간의 문제이기도 하지만, 한 국내의 정치적 분파 간에도 일어날 수 있는 문제라고 할 수도 있을 것 같다.

민주주의가 무엇이냐? 라는 데에 대해서 명확히 정의를 내리는 것이 쉽지는 않겠지만, 일반적으로 국민주권주의의 원칙에 입각해서 국가를 운영하는 체제라고 할 수 있다. 성낙인은 '주권'이란 국가의 의사를 시원적이고 자율적으로 결정하는 최고의 권력을 의미하며, 우리나라 헌법은 이러한 국민주권주의를 실현하기 위하여 다음과 같은 몇 가지 특성을 가지고 있다고 보고 있다. 첫째는 국민주권의 행사는 스스로 하는 것이 바람직하지만(직접민주주의), 현실적으로 이를 직접 행사할 수 없으므로 대표자의 선출을 통해서 이를 행사하게 된다(간접민주주의). 국민은 대표자를 선출하기 위해서 보통 선거권을 가진다는 것이다. 또한, 간접민주주의의 형태로 대의민주주의를 채택하고 있지만, 국민투표와 주민투표 등 직접민주주의적인 제도도 도입하고 있다. 앞으로 전자민주주의의 발전에 따라 직접민주주의적 제도는 획기적으로 향상될 수 있을 것으로 예상한다. 둘째로 국가는 국민주권의 주체인 국민의 자유와 권리를 인정하고 이를 실질적으로 보호하고 제도적으로 보장하는 장치를 마련하고 있다. 인간의 존엄과 가치를 존중하고 이에 기초한 기본권의 실현을 도모하기 위하여 신체의 자유·정신적 자유·사생활의 자유·경제적 자유·정치적 자유 등 자유권적 기본권과 차별금지 등 평등권 및 사회적 기본권 등을 보장해야 한다. 그러나 이러한 자유와 평등권의 범위는 어떤 형태의 국가체제이냐에 따라 달라질 수 있을 것이다. 셋째로 국가권력의 행사를 민주화하기 위해서 권력분립주의가 채택된다는 점이다. 전통적인 권력분립은 수평적인 권력분립으로서 입법·행정·사법 기능이 분리되어 서로 견제와 균형을 유지하는 것이다. 여기서 부연하고 싶은 것은 '견제와 균형'의 원리는 근본적으로는 인간의 본성에 대한 성악설적인 가정에 기초를 두고 있는 제도라는 점이다. 분립된 국가권력은 잘 운영될 때는 문제가 될 것이 없지만, 국가권력은 잘못 운영될 수도 있으며 이럴 때 서로 간의 견제를 통한 균형의 유지가 필요하다는 실용주의적 사고를 반영하고 있다고 하는 것이다. 또한, 오늘날 권력분립 이론에서는 의회 내에서의 여·야

간의 실질적인 권력분립을 통한 견제기능이나 풀뿌리민주주의에 기초해서 아래로부터의 민주주의를 정착하기 위한 수직적인 권력분립으로서 지방자치제의 보장도 강조한다. 넷째로 국민의 의사를 수렴하고 대의민주주의를 효율적으로 운영하기 위해서 정당제도의 확립이 불가피하다는 점이다. 물론 대의민주주의를 뒷받침하기 위해서는 복수정당제도가 불가결한 요소라고 할 수 있다. 그러나 복수정당제는 민주주의적 다원성을 반영하기 위한 제도이기 때문에 자유민주주의 체제에서는 불가결한 요소이지만 전체주의나 사회주의 체제에서는 일당독재 체제를 고수하고 있어 민주화의 정도에는 그 한계가 있다고 할 수 있다.[18](성낙인, 2020).

마이클 사워드Michael Saward는 민주주의는 여러 가지 의미가 있으므로 '함축적'이고, 관점에 따라 다른 여러 내용을 포함시킬 수 있다는 점에서 '구성적'이라고 본다. 그는 민주주의의 의미에 관해서 고전주의적 접근, 슘페터주의적 접근, 이에 대한 비판적 접근, 새로운 대안적 접근으로 구분해서 설명한다. '고전주의적 접근'은 공리주의 · 사회계약론 등 잡다하지만 '보호적 민주주의'가 대표적이다. 보호적 민주주의는 대의정부는 개인들 간에 그리고 정부 자체로부터 개인들의 이익을 보호하는 것이 목적이라고 본다.

'슘페터주의적 접근'은 첫째로 '민주주의는 이상이나 목적, 이를테면 정의의 성취나 인민 생활의 향상이 아니'고 민주주의란 그저 방법이라고 본다(민주주의는 '결정에 이르는 절차이지 목

---

18) 이 밖에도 국민 전체에 봉사하는 직업공무원제의 보장을 국민주권주의의 특징으로 보고 있다(성낙인, 2020).

표들이 아니'라고 본다). 둘째로 '민주주의에서는 지도자들이 자신들을 제안하고, 전체주의에서는 지도자들이 자신들을 강요한다는 것이다'. 셋째로 정치적 영역에서 엘리트들이 지배할 수밖에 없지만, 그들이 치열한 경쟁을 통해서 선출되면 민주적이라고 본다(정치인들은 정책 묶음을 유권자에게 판매하는 기업가와 같다고 본다). 넷째로 인민들은 투표를 통해서 지도자를 선출하지만, 정책을 결정하지는 않는다고 본다. 슘페터는 대의민주주의와 경쟁적인 엘리트 정치를 강조하고, 슘페터주의자인 아렌트 레이파르트Arend Lijphart는 다두제의 범주를 둘로 나누면서 민주주의의 두 모델로 '다수결주의 민주주의'(영국)와 '합의 민주주의'(벨기에, 스위스)를 구분한다.

'슘페터주의에 대한 비판적 접근'은 세 가지 관점에서 제기한다. 첫째로 참여민주주의는 국가를 민주화하는 것뿐만 아니라 사회를 민주화하는 것에도 관심을 가지고, 평등한 투표라는 정치적 평등에 덧붙여 사회경제적 평등도 중요한 것으로 간주한다. 둘째로 마르크스주의적 비판은 민주정치에 있어서 계급적 맥락을 중요시하고, 민주주의는 그 핵심에 동의뿐만 아니라 강압도 포함하고 있으며(그람시의 헤게모니 이론), 민주적 사회에는 통상적으로 심층적이고 지속적인 경제적·사회적인 불평등이 내재한다고 주장한다. 셋째로 여성주의적 비판은 근대의 자유주의적이고 민주적인 양상이 가부장적이며, 공사의 이분법이 정치적 영역에서 여성의 역할을 축소하였다고 본다.

'새로운 대안적 접근'으로는 '숙의 민주주의', '직접민주주의', '세계시민적 민주주의', '생태학적 민주주의(녹색 민주주의)', '차이의 정치', '결사체적 민주주의' 등이 있다. '숙의 민주주의'

는 민주주의의 실천에서 투표(집계적 민주주의)보다는 대화하고 토론하고 논쟁하는 것의 중요성을 강조하며 숙의가 집합적 결정의 질과 수용 가능성을 증진한다고 주장한다. '직접민주주의'는 집합적인 결정이 면대면의 회의나 국민투표로 이루어지는 즉 인민에 의한 직접적 결정을 선호하며, 이와 아울러 '중재되지 않는' 직접민주주의가 초래하는 문제(시민들의 결정능력, 포퓰리즘, 순환적 다수현상)를 피하려고 고심한다. '세계시민적 민주주의'는 지구화의 진전으로 인민들이 갈수록 국민국가를 초월한 결정과 조치에서 영향을 받고 있기에 그런 결정과 조치에 자신들의 발언권을 강화할 수 있어야 한다고 주장한다. '생태학적 민주주의'는 전통적으로 민주주의가 인간중심 주의였기 때문에 앞으로는 이것에서 벗어나 자연과 미래 세대의 이익도 대변해야 한다고 본다. '차이의 정치'는 자유민주주의가 그동안 민주적 시민을 근본적으로 서로 동일하다고 간주했지만, 그것은 평등한 대우라는 미명 아래 차이들을 은폐하고 사회적·문화적 배제와 불평등을 심화시킨다고 본다. '결사체적 민주주의'는 결사체들이 공적으로 기금을 지원받으면서 복지 서비스의 많은 부분을 전달하는 업무를 맡고 시민들은 그들이 원하는 대로 결사체에 자유롭게 가입하거나 탈퇴할 수 있도록 해야 한다고 주장한다.

  민주주의가 하나의 이상이라고 말하는 것은 사람들이 이를 추구하고 열망하는 어떤 것을 의미하지만 그것은 쉽게 찾을 수도 없고 심지어는 정의하기도 어려운 이상이다. 그럼에도 불구하고 국민주권주의에 입각한 통치라는 민주주의적 이상은 여진히 매력적이기 때문에 모든 정치 이데올로기는 민주주의적 이상에 대한 자기 고유의 해석을 하면서 이를 활용하고 있다고 보아야 한다.

I. 자유민주주의

1) 자유민주주의의 의의

　자유민주주의 체제는 대개 개인의 자유를 존중해서 개인들이 자신이 선택한 가치관에 따라 자신의 인생을 자유롭게 살아가는 데 초점을 두는 민주주의적 정치체제라고 할 수 있다. 이념적인 차원에서 볼 때 역사적으로 서양의 문명을 이끌어 온 대표적인 사조가 자유주의 사상이고, 오늘날 대부분 서구 사회의 국가들은 민주주의적 정치체제를 기반으로 하므로 서구의 민주주의 체제는 당연히 자유주의의 정치철학을 지향하고 있다고 보기도 하고, 또한 '자유민주주의'를 단순하게 '자유주의'와 같은 뜻으로 표현하기도 한다(이 책에서도 두 가지 용어를 편의에 따라 상호 교환적으로 사용하기도 할 것이다). 그런데 자유주의 자체도 매우 다의적으로 사용될 뿐만 아니라 그 표현방식도 여러 가지가 있다고 하겠다. 자유주의는 개인의 다양성에 초점을 맞추어 다양성의 존재를 인정하고 그 다양성을 가치 있게 평가한다는 점에서 '다원주의'라고도 불린다. 또한, 자유주의의 역사적 발전에 있어서 경제적 자유의 확보가 그 핵심이었기 때문에 사유재산제와 시장에서의 자유로운 거래를 통한 이윤추구를 중요시하는 자본주의가 발달하게 되었고, 자본주의는 자유주의의 경제적 측면을 강조하고 있다고 볼 수 있지만 (일반 사회의 상식적인 차원에서는) 자본주의를 자유주의와 동의어로 사용하는 경우가 흔하다고 할 수 있다.

자유주의의 형이상학적·존재론적 핵심은 개인주의individualism이다. 이 전제로부터 자유와 관용, 인권 등 자유주의적 관심사가 도출된다. 이것은 인간사회보다 개인을 우선시하고 개인이 '실제적'이고 근본적이라고 본다. 개인의 개념은 하나의 인간을 배경이나 환경이 되는 사회나 세계에서 분리된 존재로 보려 한다. 이 개념은 '분리와 자율'이 기초적인 인간 조건이라는 의미를 담고 있으며 하나의 인간이 매우 '자기완결적이고 자기충족적'이라고 본다. 이러한 자율과 자기완결성을 이루어낼 수 있는 것은 인간은 타고난 욕망과 욕구라는 자연스러운 에너지로 인해서 활동하는 존재이고, 이러한 욕구와 욕망을 충족하기 위해서 이성이라는 중대한 능력을 활용한다는 것이다. 인간의 욕망이라는 개념은 인간의 본성에 대한 자유주의적 개념 안에서 커다란 힘을 갖는다. 그래서 이를 '주권적 욕망'이라고 한다. 또한, 자유주의적 개인이 자기충족성self-sufficiency 내지 자기지시성self-direction을 가지기 위해서는 가져야 하는 능력 중에서 중요한 것이 합리성 혹은 이성이다(Arblaster, 2007).

자유민주주의와 자유주의가 중요시하는 가치들이 무엇인가에 대해서는 그다지 큰 견해 차이가 없다고 한다. 가장 핵심적인 가치는 '자유freedom or liberty'이고[19], 자유는 '관용toleration'[20]이나 '프라이버시privacy'[21]와 같은 가치와 연관되어 있으며 이러한 가치들은 자유로부터 연역되거나 확장된 것으로 볼 수 있다. 그리고 자유주의가 신봉하는 '입헌주의'라든지 '법의 지배'는 개인이나 시민의 자유를 보장하기 위한 실제적이고 제도적 원칙이다.[22] 개인의 자율성에 대한 자유주의의 신뢰는 '이성 혹은 합

---

19) 영어의 용례에서도 양자는 흔히 바꾸어 쓸 수 있다. 그러나 굳이 그 의미를 구분하자면 freedom은 '더 포괄적인 의미의 자유'로서 '방해·억압·구속·제약이 없는 상태'를 말하고, liberty는 '과거의 또는 잠재적인 억압·제약 등으로부터의 자유'를 의미한다고 본다(Arblaster, 2007). 또한, freedom은 문화나 경제의 영역에서 많이 사용되고, liberty는 정치나 법의 영역에서 많이 사용된다고 하기도 한다(네이버, 21세기 정치학대사전). 자유에 대해서는 뒤에 자세히 논의할 것이다.

20) '관용(toleration)'의 사전적인 의미는 남의 잘못 따위를 너그럽게 용서하고 용납하는 것이다. 관용은 어떤 신념이나 활동 그 자체가 타인의 동등한 권리를 침해하지 않는 한 비록 싫어하거나 받아들일 수 없다고 하더라도 그러한 신념이나 활동을 허용하고 방해하지 않아야 하는 의무라고 할 수 있다. 관용은 자유에서 파생되어 나온 것이며 자유를 더 정교하게 유지하기 위한 개념이다. 관용은 역사상으로는 종교개혁 이후의 종교적 대립이 정치적 위기를 초래하자 '정교분리'라는 소극적인 관용론이 확립되었고, 근대에 들어와서는 사회에 대한 다원주의적 개념이 등장함에 따라 관용에 대한 자유주의자들의 지지가 강화되었다고 볼 수 있다. 다원주의는 사회의 본래적인 불일치를 강조하고 사회 내의 일반의지 또는 공동이익의 결여를 강조한다. 그러나 관용을 덕성으로 생각하는 자유 사회에서도 그 사회 자체를 위협하는 존재에 대해서 '관용의 한계'를 어디까지로 할 것인가 하는 문제는 남게 된다(Arblaster, 2007).

21) 자유주의적 자유의 개념의 특질이 잘 드러나는 것이 프라이버시(privacy)의 개념이다. 프라이버시는 개인의 사생활에 대한 부당하거나 원치 않는 타인의 개입을 받지 않는 상태를 말한다. 프라이버시는 그 가치로 인해서 사람들이 공적 의무를 갖지 않는다는 것도 아니고 공적 생활에의 대규모 참여가 잘못되었다는 것을 의미하지는 않지만, 그럼에도 불구하고 자유주의가 사실상 사적 생활을 높이 평가하고 공적 생활을 낮게 평가한다는 것을 의미한다. 그 이면에는 '구원을 바랄 수 없는 정치의 세계'에 대한 불신을 반영하며, 자유주의적 가치들이 사적 영역에서 잘 보존될 수 있다고 생각한다. 그것은 일종의 '퇴각의 풍조'나 '퇴각의 윤리'로 표현하기도 하며. 자유주의는 프라이버시라는 피난처나 고립된 장소에서 그 가치들을 유지하는 선에서 타협하였다고 주장하기도 한다(Arblaster, 2007).

22) 전통적인 자유주의자들은 국가를 개인과 개인의 자유에 대한 주된 위협으로 간주했다. 몇 가지 수단을 통해서 이 위협에 대처했다. 첫째 기본원칙의 차원에서 국가나 정부의 힘과 권위는 절대적이 아니라 제한적이라고 단언하는 것이다. 이를 위해서 '동의'를 정부의 정당성의 기초로 삼는 것이고, 정부는 선거라는 장치를 통해 주기적으로 동의를 구해야 하고 책임을 묻는다. 둘째 국민의 동의 못지않게 중요한 다른 방법들이 있었다. 그중 가장 중요한 것은 헌법의 조문들이나 기본법의 틀 속에서 국가나 정부가 제약을 받도록 하는 것이다. 신생 미합중국의 헌법 조문 가운데 정부 권력을 제한하는 가장 중요한 것은 '권력분립' 장치였다. 셋

리성'이라는 능력을 전제로 하고 있다.[23] 그런데 '자유주의와 민주주의'는 자연스럽고 조화로운 파트너로 간주하지만 실제로는 조금 더 복잡하고 미묘하다.[24] 또한, 자유주의가 역사적으로

째 국가를 법률의 범위 내에서 활동하게 함으로써 국가권력을 더욱 제한하였다. 정부는 '법의 지배'에 따라 움직였다. 법의 지배는 절대주의의 특징인 자의성을 배제하고 일관성과 공평성을 최대화하는 것이었다. 그러나 국가권력과 법에 대한 자유주의적 태도에는 모호한 부분도 있다. 법 자체도 '족쇄'가 될 수 있고, 법을 통한 독재도 일어날 수 있기 때문에 법 그 자체의 올바름을 판단하는 정의의 개념이 등장하게 되었다. 또한, 국가와 국가권력을 신뢰할 수 없다고 주장하면서도 그것을 필요악으로 인정한다. 그리고 질서 있는 사회 속에서 개인이 누리도록 기대되는 자유에는 반드시 한계가 있다는 것도 인정한다(Arblaster, 2007).

23) 이성에는 두 가지의 일반적인 의미가 있다. '좁고 엄밀한 의미의 이성'은 논리적으로 생각하는 능력 즉 계산과 추론의 능력을 의미한다. 좁은 의미의 개념은 목적에는 적용될 수 없고 수단에만 적용될 수 있다. '넓은 의미의 이성'은 그렇게 제한적이지 않고 그 범위가 넓고 적극적이다. 그것은 수단뿐만 아니라 목적에 대해서도 언급한다. 이성의 두 개념은 모두 자유주의에 일정한 역할을 하였다. 넓은 의미의 이성에 의해서 독단적 종교를 배척하고 습관이나 편견의 영향력을 배제시켰다. 그러나 이성을 계산능력으로 정의하는 것은 자유주의에 다른 종류의 문제를 일으켰다. 이것은 자유주의가 감정에 어떤 가치를 부여하는가 하는 문제였다. 예술의 영역에서는 이성보다는 상상력에 큰 비중을 두었다. 또한, 자유방임 자유주의에서는 계산능력이 감정에 비해 명백히 우위를 누린다는 것에 대해 특히 불만스러워 했다. 20세기의 여러 가지 경험은 이성을 통한 연속적·단선적 진보를 믿기 어렵게 하였다. 그러나 아직도 이성을 과학과 기술 그리고 진보와 연계시키는 사고와 행동들은 명백히 강력하다. 또한, 이와는 차원이 다르지만, 자유주의자들은(평화주의자라고는 할 수 없지만) 정치·사회적 문제의 해결을 위한 접근방식에 있어서 힘의 사용보다 '이성적 논쟁'을 통한 설득을 중요시한다(Arblaster, 2007).

24) '자유민주주의'는 너무 흔한 용어라서 자연스럽게 이 신조어가 이를 구성하는 두 원칙 사이의 완벽하게 조화로운 결합을 나타내고 있다고 생각하기 쉽다고 한다. 그러나 이 두 원칙의 결합은 처음부터 타협과 양보의 산물이라고 한다. 자유주의가 항상 더 주저했으며, 제한 정부를 위한 동의의 사상이 보편주의적인 모습을 띠게 되어 민주주의로 확대되어 버렸다는 것이다(동의의 사상이 민주주의로 향하게 되었다). 자유주의자들은 점점 더 자승자박의 형국에 처하게 되었다. 전통적으로 민주주의는 '폭민(the mob)'의 지배를 의미하였으며, 민주주의 원칙에 따라 국민의 의사를 법제화했을 경우에는 그 정당성을 아무도 부정할 수 없는 '선출된 독재정'이 초래될 수 있기 때문이다. 미국의 건국자들은 민주주의에 대해서 부정적이었고 그래서 권력을 분할하고자 했다. 대중이 위험하다고 보았던 것은 재산만이 아니라 문화나 문명도 위태롭게 한다고 믿는 사람도 있었으며, 무엇보다도 민주주의는 개인의 자유에 대한 위협으로 간주했다. 국민주권도 다수결의 원칙도 모두 위협했다. 자유주의의 반대는 전체주의이고 민주주의의 반대는 권위주의이기 때문에 민주정부가 전체주의적일 수 있다는 것이다. 또한 민주주의가 다수결과 동일시되지 않고 인민민주주의와 결합되면 근심이 더 악화된다. 그래서 자유민주주의는 '인민'의 실체와 '일반이익' 또는 '일반의사'의 실체를 부정한다.

자유민주주의자들은 민주주의는 최악의 경우 즉 '극단적인 형태일 때' 자유, 재산, 문화에 대한 위협이 된다고 본다. 그러나 민주주의는 최선의 경우 자유를 가져오는 수단이 될 수도 있다. 민주주의를 자유민주주의로 전환함으로써 그렇게 할 수 있다. 이 경우 민주주의는 목적이 아니라 자유, 개성, 다양성을 보존하기 위한 수단으로 간주된다. 그래서 민주주의는 현

나 개념적으로 중요시하는 가치이지만 공개적으로 표방하지 않는 중요한 가치가 있는데, 이들은 주로 '자유주의와 자본주의'의 관계[25]와 관련된 것들이다. 이것은 계급, 빈곤과 같은 거북한 쟁점들을 포함하고 있으며 이러한 쟁점들은 자유주의를 당혹하게

재의 제한적 대의민주주의 체제 속에서 그러한 목적을 잘 수행한다고 믿는다. 그러나 무제한적 민주주의나 좌익적인 정부의 급진적인 정책을 방어하기 위해서 새로운 헌법적 장치를 마련해야 한다는 주장도 있다(Arblaster, 2007).

25) 자유주의는 서구의 자본주의와 함께 성장하였으며 자유민주주의의 정치체제는 오늘날에도 선진 자본주의 국가들에서 번성하고 있다. 그래서 자유주의를 자본주의와 동일시하는 경우도 많다. 그러나 자유주의와 자본주의의 관계는 자유주의의 이미지와 실제 사이의 괴리에 관한 문제를 제기한다. 자본주의는 사유재산, 계급, 불평등, 빈곤의 문제들을 포함하고 있다.

마르크스주의자들은 자본주의가 자유민주주의를 지지한다기보다는 자유민주주의를 내포하고 있으며, 자유민주주의는 자본주의 경제의 성격과 목적에 종속되어 있다고 보는 것이다. 자본주의가 허용하거나 허용할 수 있는 자유나 민주주의의 범위는 좁다고 본다. 그러나 하이에크(Hayek)나 프리드만(Friedman) 등은 자본주의는 자유민주주의를 발전시키는 중요한 요소이며 자본주의가 없으면 자유민주주의도 없고 개인의 자유도 없다고 주장한다. 자본주의는 보이지 않는 손에 의해서 조절되며, 경제력의 사적 소유는 국가권력을 제한함으로써 개인의 자유에 대한 중요한 안전장치가 된다고 본다. 이와는 달리 <자유방임의 종말>을 쓴 케인즈는 이익의 자연스러운 조화란 학설뿐만 아니라 실제에 있어서 복잡한 문제를 야기하고, 국가의 개입이 사태를 악화시킨다는 주장을 거부한다. 그는 국가의 개입은 자본주의가 더 합리적이고 안정된 형태로 존속할 수 있도록 조정하는 것이라고 본다. 그러나 케인즈는 부의 추구를 낮게 평가하지 않았으며 자본주의가 자유와 다양성을 보호하고 증진시킨다고 보았다.

후기 자유주의자들은 자본주의를 옹호하기 위해서 '혼합경제'라는 용어를 사용한다. 그들은 자본주의가 개인의 기업심과 창발성을 고무한다는 점을 중요시하며, 사람들이 아무런 물질적 보상을 받지 못하면서 노력을 다하리라고 기대하는 것은 비현실적이라고 본다. 물론 순수하게 경제적 유인 이외의 다른 유인들도 있지만 경제적 유인은 무시할 수 없다. 그러나 자유주의자들은 일정한 불평등은 불가피할 뿐만 아니라 적극적으로 바람직하다고 간주한다, 자유주의자들이 신봉하는 평등은 기회의 평등이다. 이에 반하여 민주주의 체제에 있어서 사람들은 적어도 '평등한 출발'을 하여야 한다고 생각한다. 일반적으로 자유주의자들은 재능은 보상을 받아야 한다는 관점을 가진다. 즉 태생이나 작위 또는 특권 등 세습에 의한 불평등은 용납할 수 없지만, 장점이나 단점에 의한 불평등은 용인되어야 한다고 본다. 그러나 현실적으로 부와 이점의 상속을 완전히 제거할 수 없다. 기회균등의 원칙을 진정으로(실질적으로) 받아들인다면 자본주의 핵심적인 두 제도 즉 개인적·경제적 유인들과 사유재산제도를 완화해야 하지만, 실제로는 두 제도가 (실질적) 기회균등의 원칙보다 우선시되고 있는 것이 분명하다. 자유주의자들이 부와 재산을 다음 세대로 물려주는 것을 진지하게 막으려 하지 않는 한 그들은 사실상 계급과 계급적 특권의 존속을 인정하는 것이 된다. 더구나 대다수가 빈곤과 기아에 허덕이는 사회에서는 착취나 특권을 폐지하고자 하는 사람들이 필연적으로 발생하며 생존과 관련된 긴급한 물질적 지원 문제에 부딪친다. 이들에게는 자유주의란 거의 아무런 적실성이 없는 것으로 보이며, 그리고 자유라는 단어가 흔히 경멸적으로 사용되기도 한다(Arblaster, 2007).

하고 있다(Arblaster, 2007).

자유주의는 자유에 최고의 중요성을 둔다는 점에서 다른 정치적 주의들과 다르다. 그러나 자유주의가 지향하는 자유는 다양한 의미를 지니고 있으므로 자세하게 논의할 필요가 있다.

먼저 (흔하게 논의되는 사항은 아니지만), 윤리학적 근본적인 차원에서 보면 자유의 개념은 자연 상태에서의 사람이 자연의 법칙 아래 종속하는 존재인가? 아니면 이성의 자율 체계인 도덕 법칙에 따르는 행위를 할 수 있는가? 라고 하는 인간성과 결정론 사이의 문제(자유와 필연의 문제)라고 볼 수 있다.[26] 그러나 정치철학적 측면에서는 자유의 문제는 개인과 개인, 개인과 사회 사이에서 생기는 충돌과 화해의 문제라고 할 수 있다. 사람들이 모여 사회를 형성하고 나면 이제는 단지 자연의 법칙에서 뿐만 아니라 사회의 법칙(규범) 아래에 놓이고 이때는 정치사회적인 의미에서의 자유가 중요한 문제가 된다.

정치사회적인 측면에서 보더라도 자유는 그 의미가 다의적이다. 대표적인 이론이 이사야 벌린Isaiah Berlin의 자유의 두 개념이다. 벌린은 자유를 '소극적 자유'와 '적극적 자유'로 분류한다. 소

---

26) 여기에 관해서는 두 가지의 입장이 있다. 자유와 부자유를 엄격하게 입증할 수 없다는 입장이 있으며, 이러한 입장에서는 자유의 문제는 궁극적으로 우리가 인간을 어떻게 볼 것인가, 즉 자유로운 존재로 볼 것인가 아니면 부자유스러운 존재로 볼 것인가에 대한 '결정(관점의 결정)'의 문제로 본다. 이와는 반대로 인간이 자유로운 행위자라는 사실은 환상이 아니라고 보는 입장이 있다. 후자의 입장에 있어서도 그 설명은 조금 상이하게 두 가지로 구분된다.

'자유'와 '결정론'을 양립(조화)시키는 입장은 '자유'와 '필연' 즉 '자유 의지'와 '인과율의 지배'를 모순 관계로 보지 않고, (복잡한 추론을 생략하고 간단히 말하면) '필연'의 모순 개념은 '우연'이고, '자유'의 모순 개념은 '구속'이기 때문에 '인간의 삶은 필연적이면서 자유로울 수 있다'고 본다(김태길, 1992). 또한, 곳프리 베이지(Godfrey Vesey) 등은 원인과 결과의 필연적 연결은 추정컨대 '정신적 실재'에 관한 것이 아니라 '물리적 실재'에 관한 것이며, 물리적 야기(causings)는 물리적으로 강제하는 것이지만, 정신적 야기에 있어서는 선택이 '경향성'은 있지만 '강제성'은 없다고 본다. 즉 자연의 필연성과 '인간 행위에 있어서의 필연성'의 의미는 상이하다(강제성은 없지만, 경향성은 있다)고 보며, 따라서 인간의 삶에 있어서 인간의 자유 의지가 영향을 미칠 공간이나 영역은 있다고 본다(Flew 외, 2006).

극적 자유는 '~에서의 자유'로서 강제에서의 자유를 말하는 것으로 타자의 간섭에서의 자유와 자기 내부의 강제상태(억제할 수 없는 충동이나 자유를 누릴 수 있는 능력의 부족)에서의 자유이고, 적극적 자유는 '~로의 자유'로서 자기 지배의 자유를 말하며 여기에는 개인이 자기를 규율하는 '자율'의 의미와 집단에 의해 집단을 규율하는 '자치'의 의미가 있다고 한다. 다시 말하면 소극적인 자유는 '개인 또는 집단이 제약을 받지 않는 영역' 또는 '다른 사람의 간섭이 없이 행동할 수 있는 영역'의 보장을 중요시하는 반면에, 적극적 자유는 '자신의 삶에 대해 스스로 결정할 수 있는 자율' 또는 '자신이 부여한 행위 규칙에 따라 실제로 삶을 영위할 수 있는 능력'을 강조하는 것이다.

벌린은 두 가지 자유의 개념 중에서 소극적 자유의 개념을 지지하였다고 한다. 왜냐하면, 적극적 자유는 역사적으로 보아 개인주의를 부정하는 집단 지배의 자유로 바뀌어 버릴 위험을 끊임없이 수반하고 있기 때문이라고 보았다.[27] 이에 반하여 에리히 프롬E. Fromm은 소극적 자유를 비판적으로 보았다고 한다. 사람들은 근대적인 많은 속박에서 해방되어 소극적 자유를 획득하자 오히려 고독과 불안을 느끼고 자유의 중압감을 견딜 수 없어서 도피하게 된다는 것이다. 그래서 나치즘 등 권위주의 체제가 발생하고 이에 복종하게 된다는 것이다. 소극적인 자유에서의 도피를 방지하기 위해서는 자율이나 자치의 적극적인 자유

---

27) 자유주의 사상의 주류 속에서는 자유를 주의 깊게 또는 지속적으로 '힘이나 능력'과 구분하였다. 벌린은 '힘이 없는 자유는 공허하다'는 반박에 대해서도 '우리가 무엇을 할 수 있는 힘'을 가지고 있지 않다면 '자유롭다'고 하는 것이 의미가 없다는 것을 인정하면서도 '그렇디고 해서 양자가 동일한 것은 분명 아니다'라고 주장한다. 이러한 자유의 개념은 방해나 장애의 부재 그리고 더 나아가서 기회의 존재를 의미한다고 보고, 반드시 그 기회를 사용할 수 있는 수단이 존재해야 한다는 것을 의미하는 것은 아니라고 보았다. 이것은 자유를 본질적으로 소극적이라고 보는 것이다(Arblaster, 2007).

가 중요하다고 보았다.

민경국(2021)도 '자유주의적 입장'에서 진정한 자유의 개념은 '강제의 부재'라고 보고, 경제적 자유가 모든 자유의 보루라고 주장한다. 그는 자유의 개념을 강제의 부재로 보지 않는 다른 다양한 자유론과 대비시킨다. 첫째는 존 스튜어트 밀 J. S. Mill의 자유론이다. 밀은 〈자유론〉에서 본격적으로 자유를 논의하지만, 그는 국가권력에 의한 자유의 제한에는 큰 관심을 두지 않았다고 한다. 영국의 빅토리아 시대에는 무소불위의 절대적 왕권에 의한 자유의 제한이 철폐되었기 때문이다. 그 대신 그는 사회문화적으로 성장한 '사회적 규범과 윤리적·도덕적 가치'가 자유를 억압하는 것으로 간주했다고 한다. 둘째로 자연권이론을 중요시한 로스바드 M. Rothbard의 자유 개념이다. 로스바드는 정부의 존재 자체를 근본적으로 의심하여 자유의 조건을 '공격의 부재 non-aggression principle'로 보았다. 그는 위기 상황에서 타인을 도와주어야 하는 것은 도덕적·심리적 의무에 불과하고, 자유 사회에서는 도와주어야 할 법적 의무가 있어서는 안 된다고 생각했다. 이러한 생각의 바탕에는 순수한 계약의 중요성을 전제하고 있으며, 계약이 없으면 의사도 위급환자를 돌보지 않아도 된다고까지 주장한다. 셋째는 '심리적 상태로서의 내적 자유'와 비교이다. 인간이 자유롭지 못한 것은, 국가나 타인의 강제가 아니라 도덕적 의지가 약해서 순간적인 충동이나 무지·미신에 사로잡혀서 하고 싶은 일을 하지 못하는 경우라고 보는 것이다. 이러한 자유의 개념은 인간의 심리상황에 초점을 맞추어 자유를 정의하고 있으며, 철학적인 자유의 개념에 가깝다고 할 수 있다. 넷째는 프랑스 계몽주의자 볼테르의 '권력으로서의 자유'의 개념이다. 볼테르는 자유를 '개인의 희망을 가로막는 모든 장애물이 없는 상태'라고 정의했다. 그는 자유가 타인에 의한 의도적인 행동 제한을 넘어서, 원하는 것을 무엇이든지 행할 효과적인 권력 즉 '특정한 일을 하기 위한 실질적인 힘'이라고 해석했다. 이러한 개념은 자유를 '외적 장애물의 부존(홉스)' 혹은 '욕구 실현을 막는 장애물의 부재(러셀)'로 보는 것과 비슷한 개념이다.

다섯째 '진보주의의 자유'로서의 '복지'와의 비교이다. 존 듀이J. Dewy를 비롯한 미국의 진보파 지식인들은 자유를 '능력'을 중심으로 해석하고, 자유를 강제가 없는 상태로 보는 것은 소극적이라고 보고 이를 폄하했다. 진보파의 자유 개념은 적극적인 자유의 개념으로서 '복지로서의 자유'이다. 이들은 개인의 자유가 허용하는 행동 가능성을 즐기려면 물질적인 수단이 필요한데 그것이 없으면 개인의 자유는 형식적인 공허한 자유가 된다는 것이다. 존 롤즈J. Rawls도 〈정의론〉에서 자유를 향유할 수 있는 '재정적 능력'을 중요시하면서 자유주의적 평등주의를 주장했다.

여섯째 아마르티아 센A. Senn의 '역량으로서의 자유'이다. 센은 실질적인 자유란 '인간이 가치가 있다고 여기는 삶을 선택할 수 있는 역량capabilities'이라고 정의한다. 그는 롤즈의 제도론적 정의론에 반대하여 선험주의보다는 비교론적 접근을 중요시하고 제도보다는 실현 중심적 이해를 강조한다. 그는 역량을 자신이 하고 싶은 일을 할 '권력'·'힘' 또는 '능력'이라고 보고 자유에 대한 역량적 접근을 주장한다. 센은 실질적인 자유로서 '역량'을 구성하는 다섯 가지 요소를 '정치적 자유', '경제적 용이성', '사회적 기회', '투명성'과 '안전보장'을 꼽는다고 한다. 민경국은 이 밖에도 공화주의의 '비지배로서의 자유'를 추가하고 있다. 그러나 민경국은 공화주의가 지배의 본질을 권력에서 찾는다면 자유란 '권력이 없는 상태'를 의미한다고 해석할 수 있고, 권력이 없는 상태를 국가의 강제로부터의 자유라고 본다면 결국 '비지배로서의 자유'는 '강제의 부재'라는 개념과 동일하게 볼 수 있다고 주장한다. 다만 공화주의는 시장을 지배하는 기업 특히 대기업의 존재도 자유에 부정적인 영향을 미친다는 시각을 가지고 있다는 점에서 '강제의 부재'라는 자유주의적 개념과 차이가 있다고 본다.[28](민경국, 2021).

여기서 왜 자유주의가 모든 다른 정치적 가치들보다도 개인의 자유에 대해서 그렇게 압도적인 중요성을 부여하는지를 언급할 필요가 있다. '자유의 정당화'의 문제다(Arblaster, 2007). 자유의 정당화의 문제는 자유주의자들이 노력해야 할 중요한 과제다. 인간의 역사는 자유를 확보하기 위한 투쟁이라고 할 수도 있다. 그러나 우리는 이미 상당한 정도로 자유를 확보했다. 하지만 평등은 아직도 그 확보가 미흡하다. 또한, 자유의 장점은 애매하고 평등의 장점은 명확하다. 따라서 자유의 정당성을 국민에게 명확하게 인식시키는 것이 중요하다. 아블라스터는 몇 가지 방법으로 정당화를 시도한다. 이들 중에는 근본적인 것도 있고 덜

---

[28] 곽준희(2008)는 '공화주의적 입장'에서 자유를 논의하면서 자유주의적인 소극적 자유와 공동체주의적인 적극적 자유를 극복할 수 있는 제3의 개념으로서 '비지배(non-domination)로서의 자유'를 제시한다. 소극적 자유는 '간섭의 부재'를 말하고 그 핵심은 '선택행위'에 있는 반면에, 적극적 자유는 '시민적 능력의 행사'를 말하고 그 핵심은 '자율(self-rule)'에 있다고 본다. 그러나 비지배로서의 자유는 '지배의 부재'를 말하고 그 핵심이 '비지배의 조건'에 있다. 여기서 비지배로서의 자유는 행위 자체보다는 어떤 행위의 '조건'에 초점을 두기 때문에 여전히 '행위'에 초점을 두는 소극적 자유와 구별된다. 또한, 비지배로서의 자유는 시민적 권리의 실질적 행사에도 관심을 두고 있지만, 시민적인 덕성이나 정치참여가 목적이 아니라 비지배의 조건을 유지하기 위해서 시민적 권리를 행사하는 점에서 적극적 자유와도 구별된다. 이렇듯 '조건으로서의 비지배의 자유'는 개인적인 선택과 공공성의 조화를 기대할 수 있다고 본다. 법의 지배도 비지배라는 조건에 기초한다면 더욱 안정적일 수 있고, 타인의 강제부터 스스로를 지키기 위한 노력을 축소시킬 수 있으며, 비지배의 조건을 유지하기 위한 국가의 역할도 제고시킬 수 있다고 본다(한국정치학회, 2008).

근본적인 것도 있다. 첫째는 개인의 자유는 창조성(창의성) 및 독창성과 필연적인 연관이 있다는 주장이다. 밀Mill과 그 외의 많은 사람이 내놓은 주장이다. 예술과 과학은 자유와 관용의 분위기 속에서 가장 건강하게 자라날 수 있다. 카뮤A. Camus도 1956년 헝가리의 반란이 무산된 후 '자유 없이 예술은 없다. 예술은 예술이 설정한 한계 내에서만 생존한다. 그것을 벗어나면 예술은 죽는다'라고 선언했다. 그러나 일반적인 정치적 의미에서의 자유는 위대한 예술적·과학적·지적 창조성(창의성)의 불가결한 전제조건은 아니다(러시아의 짜리즘 하의 문학과 음악, 1930년대의 쇼스타코비치 등).29) 둘째는 진리는 상반된 견해 사이의 공개된 토론을 통해서만 도달할 수 있으며 그러한 토론은 자유로운 상황에서만 가능하다는 주장이다. 밀Mill이 〈자유론〉에서 제시한 또 다른 주장이다. 진리에 도달하는 방법으로 토론의 기능을 부인하지 않는다. 그러나 이것이 시사하는 바는 일단 진리에 이르면 토론이 종료된다는 것이다. 또한, 자연과학과 인문과학 모두에서 결정적이고 최종적인 진리에 도달할 수 있다는 실증주의적 신조가 확립되면 사상과 토론의 자유는 그 의의가 줄어든다는 것이다. 셋째로 이와는 반대로 최종적인 진리에 대한 회의론 또는 인간의 오류 가능성이 오히려 정치적 자유를 옹호하는 강력한 근거가 된다. 밀Mill도 '우리가 제거하려고 애쓰는 견해가 잘된 것인지 확신할 수 없다'라고 했다. 햄프셔S. Hampshire는 설득력 있게 일반화가 가능한 '유토피아적' 계획과 청사진은 더 이상 가능하지 않기 때문에 그 대신에 하나의 가장 중요한 정치

---

29) 일반적으로는 자유와 자유민주주의는 각자의 개성과 다양성을 존중하기 때문에는 개인의 사회생활(행동)에 있어서의 창의성 또는 독창성을 증가시킬 것이라는 주장도 가능할 것이다.

적 목표는 개인에게 동등한 자유를 주는 것이라고 주장한다. 벌린I. Berlin도 '시대가 요구하는 것은 덜 메시아적 열정, 더 계몽적인 회의주의이다'라고 주장한다. 넷째는 개인주의에 직접 근거해서 모든 개인의 생활은 그 자신에 속한다고 주장한다(이것이 상당히 근본적이고 중요하다고 본다). 더 나아가서 자율성은 개인이 자연적으로 열망하는 것이라거나 개인은 자연권 또는 인권을 가진다고 본다. 권리라는 이론은 분명하게 자유주의적 개인주의의 소유적 성격을 드러내면서 어려움을 만들어낸다. 그럼에도 불구하고 권리나 정의와 같은 개념들은 (대부분 정부가 열망하는) 힘뿐만 아니라 도덕성의 독점에 관한 어떤 방어를 할 수 있게 한다. 그러나 이러한 권리의 개념에는 인간의 존엄과 인간에 대한 존중이라는 더 근본적인 개념을 숨기고 있다고 할 수 있다. 다섯째로 자유에 대한 가장 근본적인 정당화 방법은 '인간의 가치와 존엄성'을 존중한 논리적·정치적 결과라고 주장하는 것이다. 이것은 단순히 내버려 두는 '불개입'을 의미하는 것이 아니라 사람으로 자신의 능력과 취향을 가장 잘 발휘하도록 하는 수단과 기회를 보장하는 적극적인 활동을 의미할 수 있다는 것이다. 그래서 자유의 신봉자들은 개인은 자신의 삶을 만들어 나갈 독립의 능력이 있고, 동등한 가치를 가지는 독립의 권리를 가지고 있으며, 이러한 독립의 능력과 권리는 최종적인 진리에 대한 회의주의에 의해서 크게 강화된다고 주장한다.[30]

---

30) 자유의 정당화 문제와 관련하여 자유주의는 자유와 행복이나 자기실현 사이의 연관성 문제를 검토될 필요가 있다. 자유는 고독이나 불편 등과 같은 그 자체의 비용과 불이익도 있을 수 있으며, 자유주의자들은 자유가 자족적이라고 생각하지만 다른 사람들은 고독 속에서 만족을 찾지 않을 수도 있다. 또한, 부분적인 예외가 있지만, 자유주의는 그 이상 속에 공동체라는 개념을 포함하지 않고 있다. 자유주의는 공동체의 개념을 개인과 개인의 발달에 제약을 가하는 원천으로서 의심하고 있다. 이것은 사회 속에서의 인간의 삶과 관련해서 자유주의 사상의 치명적인 약점이라고 할 수 있다. 또한, 일반적으로 자유에 대한 자유주의의 개념은 사

2) 자유민주주의의 기본적 특성

자유민주주의가 지향하는 바는 시대에 따라 달라지고 있지만, 현대의 자유민주주의가 중요시하는 가치는 자유, 관용, 사생활 등이라고 할 수 있고 이를 구현하기 위한 몇 가지 기본적인 특성은 다음과 같다고 한다(장동진, 2008).

첫째 개인의 존엄성, 자유와 권리를 존중한다. 이것은 개인의 존엄성 및 자존감을 중심적 가치로 생각하고, 개인이 도덕적 판단의 주체가 되는 자율성에 우선적인 중요성을 부여한다. 또한, 신체의 자유, 정신적 자유, 사생활의 자유와 경제적 자유 등 개인의 자유를 광범위하게 인정하고 이들에 대해서 권리로서의 성격을 부여하여 그 실현을 보장한다. 이러한 특성들은 근본적으로 개인의 인격을 중요시하고 선택의 다양성을 존중하기 때문에 개인주의individualism적 특성을 나타낸다고 할 수 있다.

둘째로 자유주의는 기본적으로 도덕과 정치의 구분을 전제로 한다. 도덕과 정치는 무관할 수 없으며 도덕적 판단이 정치적 판단의 근거를 제공할 수 있고, 정치적 판단 속에 도덕적인 측면을 완전히 배제할 수는 없다. 하지만 이것은 정치적 정당성은 도덕적 판단과는 다른 고유한 영역을 이루고 있다는 것을 의미한다. 개인들은 동일한 정치공동체를 이루고 생활하지만, 국가는 개인의 가치관 및 도덕적 판단의 다양성을 인정한다. 이는 모든 개인에게 획일적인 가치관이나 생활방식을 요구하지 않는다는 점에서 다원주의pluralism라고 할 수 있다. 또한, 자유주의는 도덕적

회적 · 경제적인 것이 아니라 본질적으로 그리고 우선적으로 정치적·법적인 것으로 보고 있다(Arblaster, 2007).

불일치moral disagreement를 내재하고 있고 이러한 도덕적 불일치는 합당한 것으로 용인되어야만 한다는 점에서 이를 '합당한 불일치reasonable disagreement'라고도 한다.

그러나 국가의 중립성에 관해서는 정치철학적 견해에 따라서 서로 다른 입장을 취한다. 자유주의적 입장에서는 국가의 중립성을 인정하지만, 공동체주의적 입장에서는 이를 부인한다. 공동체주의는 공동체 사회에서의 공동선은 공동체의 생활방식을 규정하는 좋은 삶에 관한 실질적인 관념으로서 사람들의 선호를 평가하는 기준을 제공하고, 상이한 생활방식들의 가치에 대한 공적인 서열 – 현존하는 관습(미덕)들과 합치하는 정도에 따라 서열화 – 을 포함하고 있으므로 '중립 국가'가 성립할 수 없다고 본다. 또한, 테일러는 개인의 자기 결정을 위한 능력도 특정한 종류의 사회, 특정한 종류의 사회적 환경 안에서만 행사될 수 있고, '중립 국가'는 자기 결정에 필요한 사회적 환경을 적절히 보호할 수 없다고 본다.

셋째로 다양한 가치관과 화해 불가능한 신념 및 교리 간의 합당한 불일치는 '관용의 정신'과 '합의의 정치'를 요구한다. 자유주의가 가치관과 신념체계의 다양성을 인정한다는 것은 도덕적 불일치를 관용하면서 정치적 합의를 도출해 나간다는 것이다. 롤즈는 자유주의자들은 역사적으로 자유(자율성)와 관용을 동전의 양면으로 보고 개인이 집단에 대하여 반대할 수 있는 권리(예 : 개인의 양심의 자유)뿐만이 아니라, 국가에 의해서 집단들이 박해받지 않을 권리(예 : 집단적 예배의 자유)를 동시에 보호하였다고 한다. 특히 자유주의적 경계 안에서도 개인의 자율성을 중요시하지 않는 많은 집단도 있을 수 있다. 그러나 자율성에만 치중하게 하는 자유주의 이론(포괄적 자유주의)은 이러한 집단들을 소외시킴으로써 자유주의적 제도에 대한 이들의 충성심을 약화할 위험이 있다. 반면에 관용에 기반한 자유주의 이론(정치적 자유주의)은 정부의 정통성을 위한 좀 더 안전하고 넓은 기반을 제공할 수 있다고 보았다.

넷째로 이러한 도덕적 불일치가 내재하는 다원주의적 현실에서는 이를 정치적으로 해결할 수 있는 '정치적 정당성' 또는 '정의'의 개념을 필요로 한다. 정치적 정당성의 기준으로서 어떠한 정의의 관점 또는 정의의 원칙이 현실적인 제도로 구체화되어야 하는가? 가 중요성을 지니게 된다고 한다. 따라서 자유주의 정치철학의 논의는 정당한 국가 또는 정부 즉 정의의 원칙을 궁극적으로 모색하게 되며 정의의 개념이 정치공동체의 운영과 불가분의 관계를 지니게 된다고 본다.

다섯째로 자유주의는 궁극적으로는 정당한 정부 또는 정의를 현실적 제도 속에서 어떻게 구현할 것인가와 관련되는 이론적 논의이다. 이것은 인간세계에서 정치적 구현의 가능성을 염두에 두고 있다는 점에서 현실적이지만, 그 구현의 가능성에도 불구하고 최선의 이론적 모형을 추구한다는 점에서 이상적이라고 볼 수 있다. 따라서 자유주의 정치철학도 '현실주의적 유토피아 realistic utopia'의 성격을 지닌다고 주장한다.

존 드라이젝 John S. Dryzek 등은 자유민주주의에서 자유주의와 민주주의는 오랫동안 서로 긴장 관계를 유지해 왔으며, 자유주의는 제한된 국가원칙으로 신중하게 경계가 그어진 '헌법적 질서'에 기반하고 있고, 민주주의는 다수결 원칙과 사유 선거 원칙으로 '특권과 불평등의 제거'에 기반하고 있다고 보고 오늘날의 자유민주주의는 다음과 같은 특징을 가진 정치체제라고 정의할 수 있다고 주장한다.

자유민주주의가 존재하기 위해서는 민주주의 측면과 자유주의 측면 양자 모두가 있어야 한다. 첫째 민주주의 측면은 정기적인 선거에 의해서 입법부가 구성되고 누가 행정권을 가질 것인가를 결정하고(물론 행정부도 선거에 의해서 구성될 수 있다), 후보자와 정당 간에 자유롭고 공정한 경쟁이 존재해야 한다는 것이다. 둘째 자유주의적 측면은 근본적인 시민의 자유는 헌법과 법률적 안전장치에 의하여 보호되며 법령과 규칙은 사법부와 법률체계에 의해 공정하게 집행된다는 것이다. 셋째 이에 추가해서 헌법은 공직자와 정부 부처의 권한 그리고 그들 간의 관계를 구체적으로 밝힌다는 것이다.

그러나 그는 자유민주주의 국가 사이에도 제도적 다양성이 있으며, 국가의 핵심 기능도 변화되어 왔다고 본다. 자유민주주의 국가의 제도적 배열은 네 가지 차원에서 상당히 다양하게 나타난다고 한다. 첫째는 선거체제로 상이한 투표제도는 민주주의 내에서 매우 상이한 종류의 대중 통제를 만들어낸다. 단순다수제plurality rule 또는 first-past-the-post, 비례대표제proportional representation 그리고 수많은 혼성제도가 있다. 둘째는 행정부와 입법부의 구성이다. 입법부는 반드시 선출해야 한다. 그러나 완전한 대통령제에서는 대통령도 국민의 투표에 의해서 직접 선출되어 행정부의 수반이자 정부의 수반으로서 임무를 수행하지만, 순수 의회제는 의회의 과반을 차지하는 정당이 행정부를 구성한다. 이 밖에 혼성체제에서는 직접 선출된 대통령이 행정권을 보유하지만, 의회의 다수당이 총리와 장관을 임명하여 입법부에 대해 책임을 진다.[31] 셋째는 중앙집권화와 분권화의 차원이다. 단방제 국가unitary state는 중앙정부가 세입 조정과 세출에 있어서 지배적 위치를 차지하고 그 권력이 지방이나 도시 정부보다 훨씬 막강하다. 연방제 국가federal state는 전국적인 정부와 지역적인 정부(주 또는 도) 둘로 나누어지고 양 정부 간의 상대적인 권한이 헌법에 세심하게 명기된다. 서유럽의 추세는 보다 준연방제적이고 분권화된 체제의 방향으로 이동하고 있다. 넷째는 사법부의 역할이다. 법관은 정치적 통제로부터 독립적이어야 한다. 그리고 의회 주권을 특징으로 하는 일부 국가에서는 입법부의 결정을 무효화시킬 수 있는 권한을 가진 대법원이 존재하지 않지만, 대통령제나 혼성제 국가에서는 대법원이나 헌법재판소가 법률과 행정명령 등을 위헌으로 선언할 수 있는 권한을 가진다.

자유민주주의 국가들 사이에서 국가가 무슨 일을 해야 하는가, 즉 국가의 기능에서도 다양성이 발생하며 이는 국가가 통치하는 사회의 사회경제체제와의 관계와 관련된다. 여기에는 국가권력을 좁게 정의하려는 자유주의적 주장과 사회적 불평등을 해결하기 위해 정치 권력을 사용하려는 민주적 주장 간의 갈등

---

31) 우리나라의 경우 대통령중심제를 채택하면서 의원내각제적 요소를 혼합하고 있지만, 입법부와 행정부(대통령)의 관계에 있어서 특히 여소야대의 정국일 때 정책조정이나 국가운영에 있어서 많은 문제를 일으키고 있다. 정부형태의 개편은 단기적이고 정략적인 관점의 '권력구조 개편'이라는 차원보다는 장기적인 관점에서 '국가운영의 틀' 또는 '국가운영의 구조(협의)'를 효율적으로 재정비한다는 차원에서 접근해야 한다고 본다. 정부형태는 의원내각제, 분권형대통령제, 대통령중심제 등 다양하게 검토할 수 있다. 특히 입법부와 행정부의 관계 재정립, 선출직 공무원의 임기(예컨대 대통령중심제의 경우 대통령 4년 중임제 또는 6년 단임제) 및 각종 선거 일정의 합리적 조정(선거 주기를 4년 또는 그 중간 연도로 조정) 등이 중요하다. 국가운영의 틀(구조)을 개편하기 위한 다각적이고 심도 있는 검토는 가능한 한 조속한 시일 내에 이루어지는 것이 바람직하며 그렇게 해야 국력 낭비와 불필요한 갈등을 줄이고 국가 정책의 개혁을 촉진하며 국가운영의 예측 가능성을 높일 수 있을 것이라고 생각한다. 참고로 구조(structure)와 행위(action) - 상식적으로는 의식이라고 표현할 수도 있음 - 의 관계는 이론적으로나 현실적으로 중요한 문제이지만 너무 광범위한 설명이 필요하기 때문에 여기서 모두 논의할 수는 없다(조기안, 2003).

이 가장 강력하다. 현대 자유주의 국가의 핵심적인 기능은 '다섯 가지'로 요약할 수 있지만, 이러한 기능들은 역사적으로 누적되면서 변천하였다고 할 수 있다. 초기 근대국가에서는 '외부적인 안보 제공', '내부적인 질서 유지', '세입 조정' 등 세 가지가 핵심적 기능이었다. 자본주의가 발달하면서 자본주의 국가에서는 '경제성장 촉진'이 주요 기능으로 추가되었다. 그리고 현대의 복지국가에서는 '소득 보장과 사회적 복지혜택 제공'이 주요 기능으로 추가되었다. 물론 이러한 기능들은 때때로 서로 긴장 관계에 놓일 수도 있는데, 경제성장과 복지혜택의 우선순위 간에 갈등이 시장 자유주의자들에 의해서 강조된다. 시장 자유주의자들은 '복지국가의 재원을 마련하는 데 필요한 과세가 경제성장을 방해하는 주요 요인이며, 복지 그 자체가 역동적인 경제가 의존하고 있는 근면을 방해하는 요인'이라고 본다.

3) 자유민주주의의 운영방식

던리비P. Dunleavy 등은 '다원주의적 입장'에서 자유민주주의의 운영방식을 분석하고 설명한다. 다원주의는 다양성을 중요시하며 신념·제도·사회에서의 다자성multiplicity을 옹호하고 단일성monoism에 반대한다. 이처럼 정치적 다원주의는 사회적·제도적·이념적 실제에서의 다양성diversity의 존재를 인정하고 그 다양성을 높게 평가한다. 다원주의는 존 로크, 몽테스큐, 제임스 매디슨, 알렉시스 드 토크빌, 아서 벤틀리, 해롤드 라스키 등의 사상에서 그 지적 기원을 가진다.

가) 투입정치

먼저 투입정치input politics[32]의 차원에서 분석해 보면, 다원주의는 다른 이론들보다 선거·정당 경쟁·이익집단을 중요시하고 시민들이 정치적 지도자를 통제하고 공공정책을 발전시키는 다양한 채널의 존재와 그 중요성을 강조한다. 첫째 규모와 '대의제 정부'에 관한 문제다. 국민국가의 규모는 민주주의에서 중요한 변수이지만, 국가 규모의 크기가 정치체제의 효율적 운영을 방해하지는 않는다고 본다. 시민들은 다두체제에 있어서 정책형성을 직접 통제하지는 않지만 선출적 책임성electoral accountability이 중요한 장치가 된다. 그러나 대의제 정부에 대한 다원주의적 입장은 복잡하다. 대의제 정부에 대한 헌법적 구상이 결정적 요소라고 할 수 있지만, 대의제 정부라고 해도 나라에 따라 의원내각제나 대통령중심제 등 여러 가지 형태가 있을 수 있고 대표자의 역할이나 제도적인 견제와 균형, 다수의 폭정을 방지하는 다수결 원칙 등이 중요한 문제가 된다. 그러나 다원주의자들은 의원내각제에서는 정당적 리더십의 확립 이후의 의회의 미미한 역할을 인정할 수밖에 없고, 대통령중심제에서도 제도적인 배치만으로는 수긍할 만한 결과를 보증할 수 없다는 점을 강조한다. 달Robert Dahl은 현대적 다원주의와 관련해서 어떠한 대의 제도라도 그 자체만으로서는 다두체제의 효율성을 보장하는데 충분할 수 없다고 보았다. 전체적인 정치체제의 사회적 구성, 시민들 사이의 갈등의 성질, 민주적 관행을 지지하는 가치와 정치문화가

---

32) 투입정치는 원래는 시스템 이론적인 전문용어였지만 누가 국가에 대해서 요구를 하고 그 요구사항은 무엇이며 어떻게 그 요구사항이 만들어지는지에 대한 연구와 동의어가 되었다.

다두체제에 있어서 결정적인 요인이라고 한다.

둘째 제도와 '사회적 다원주의 및 문화'에 관한 문제다. 대의적인 제도는 자유민주주의의 존속을 위한 충분조건이 아니고 필요조건에 불과하다. 자유로이 선출되는 입법부나 자치적인 지방정부는 다두제에서 필수 불가결한 제도이고, 개인과 정당의 자유로운 선거 참여와 언론과 집회의 자유 등 기본권의 행사를 합법적으로 보장하는 것이 필수적이다. 하지만 일부 다원주의자들은 공식적·합법적 또는 제도적인 틀framework이 의도하지 않는 과정을 창출하기 때문에 그 다양한 측면에 관심을 가진다. 그래서 시민들이 정부와 정치가를 통제하는 방법은 의회나 헌법적인 제약보다는 '선거와 정당 경쟁'·'이익집단의 활동'이 중요하다고 보고, 정부에 대해서 공익을 보호하는 주요한 감시자watch dog로서는 법원보다는 '뉴스 미디어'가 중요하다고 본다. 이들의 운영은 정교하게 문서화된 규칙에 의해서 관리되기보다는 다두제적 문화polyarchial culture로부터 나오는 다두제의 일상화된 실제와 문서화되지 않은 관행에 의해서 관리된다. 다두제적인 문화에 있어서 시민은 정부의 결정을 의심하고 독립적인 기준으로 평가하기 때문에 순종하는 시민은 아니다. 아무튼, 민주적 자유의 기본적인 안전판은 스스로 조직화할 능력이 있고 정치적으로 의식화된 '시민들의 문화적 성향'이라고 본다.

셋째 '선거와 정당 경쟁'에 관한 문제다. 투표는 모든 시민의 자유민주주의에서의 정치적 참여의 주요한 경험이다. 다원주의자들은 다두제에 있어서 정치적 경쟁과 선거의 중요성에 동의한다. 그러나 선거 연구에서 다원주의적 접근은 세 가지로 나뉘진다. 초기의 관점은 선거에 있어서 시민참여의 질적 저수준에 관하여 냉철할 필요가 있음을 강조하는 한 가닥의 다원주의적 '현실주의realism'이다. 그러나 1960년대 초반의 두 번째 관점은 선거 과정에 대한 합리적 선택rational choice의 관점으로서 정치적 지도자에 대한 투표자의 영향력이 상승하였다고 본다. 최근의 다원주의자들의 관점은 다시 선거와 정당 시스템에 있어서 참여의 흠을 매우 결정적이라 본다.

초기의 관점은 투표자의 정치적 정보의 부족, 정치에 대한 무관심 등을 부각시켰다. 대부분 시민에게 정치는 주변적인 활동이며 정치철학자들이 때때로 가정하는 절실한 열정이 아니었다. 또한, 정당의 정체성identities의 역할에 대해서는 유럽의 학자들은 투표자의 결정에 긍정적인 것으로 보지만, 미국의 다원주의자들은 다른 인종적·종교적·경제사회적 집단의 다양성 등과 중첩되기 때문에 덜 결정적이라고 보았다. 두 번째 관점은 선거 과정에 대한 합리적 선택의 관점은 다운스Anthony Downs 등에 의해서 발전되었다. 그는 시민들은 '합리적 행위자'라고 가정하며, 투표자의 정당에 대한 정체성 확인은 정보 비용을 감소시키기 위해서 채택한 '주먹구구식 계산rule of thumb'이라고 할 수 있고, 이는 소비자들이 가지는 '상표 충성심brand loyalty'과 비슷한 것이라고 한다.[33] 또한, 정치지도자는 정부 내의 직위를 확보하기 위해서 득표를 최대화하는 합리적 행위자로서의 '순수한 공직 추

---

33) 페이지(Page) 등(1992)은 투표자의 능력과 관련해서는 시민들은 정치적 삶에 대한 완전한 안내서를 읽을 필요가 없으며 심지어 정부가 어떻게 작동하는가에 대해서도 세련된 견해를 가질 필요도 없다는 이론을 제기했다. 시민들은 자신들이 신경을 쓰는 몇 개의 이슈에 대한 일반적인 정치적 지각만 가지고 있으면 되고 그러면 유권자 전체로서는 '합리적인 공중(rational public)'이 될 수 있다고 본다. 어차피 '여론'은 여러 가지 상이한 이슈들에 대해서 신경을 쓰는 특정한 소수의 시민이 형성한다고 본다. 이는 시장에서는 소비자들이 완전한 정보를 가지고 있지 않지만, 공급자들이 더 좋은 상품을 제공하려고 노력하며, 시장은 정보력을 가진 소수의 소비자나 대중매체만 있으면 잘 움직일 수 있는 것과 같은 이치라고 본다(Dryzek 외, 2018).

구자pure office-seekers'라고 본다. 정치가들은 투표자가 원하는 것이 무엇인지를 발견하고 그들의 정책 프로그램에 다수의 시민적 선호를 포함하려고 노력한다. 양당제의 경우 중위 투표자의 위치가 정당 경쟁에서 승리하는 데 있어서 가장 결정적이기 때문에 정당의 입장이 중위투표자의 위치로 수렴하게 되는 데 이를 '중위투표자 수렴 현상median voter convergence'이라고 하며, 중위투표자 수렴 현상은 시민의 복지를 극대화하는 이상적인 결과를 가져온다고 한다. 미국과 같은 나라의 선거 경쟁에는 장기간의 예비선거·여론조사와 정책 마케팅의 중요성 때문에 다운스의 모형에 의해서 잘 설명될 수 있지만, 서유럽에서는 정치적 스펙트럼의 광범위성·정당 구성원의 안정성·비례대표제에 의한 다당제 등으로 인하여 중위투표자 수렴 현상이 적게 발생한다. 최근의 다원주의자들의 관점은 선거에서의 투입에 대해서 더욱 더 회의적으로 되었다. 다원주의자들은 정당 지도자의 투표인에 대한 책임감과 비례적인 투표시스템을 주장한다.[34] 특히 투표 참여율의 저하와 다수원칙 투표제plurality rule voting, 단순다수득표제에 따른 과반수 이하의 지지가 문제되고, 다수결 원칙으로서의 민주주의는 다수가 모든 것을 얻고 소수는 아무것도 얻지 못할 수도 있다는 것이다. 그래서 대부분 국가에서 다수결주의를 완화해 주는 '합의제'적 측면을 가지게 되고, 주요 결정에 모든 당

---

34) 투표제도는 크게 '다수원칙 투표제(plurality rule voting)', '비례대표제(proportional representation)'. '선호 과반수 투표제(preferential majority voting)' 등이 있다. '선호 과반수 투표제'에서는 1인 선거구제를 사용하고, 유권자가 모든 후보의 순위를 정한다. 제1순위의 표를 가장 적게 받은 후보를 탈락시켜 나간다. 표는 다음 순위에 기재된 다른 후보에게 재할당된다. 한 후보자가 50% 이상의 표를 얻어 승자로 선포될 때까지 이러한 절차를 반복한다. 이 제도는 호주에서 채택하고 있다고 한다. 군소 정당들은 (의석을 차지하지 못하면서도) 영향력을 행사할 수 있고, 양당제를 초래하는 데 있어서 효과적이라고 한다. 군소 정당들은 자신을 제1순위로 지지할 때 다른 우호적인 정당을 제2순위로 기재할 것을 권고할 수 있다고 한다(Dryzek 외, 2018).

사자를 포함하려고 노력하는 것이다.[35] 또한, 돈의 영향력에 대한 통제도 선거제도의 개혁을 위한 이슈이다.

넷째는 '이익집단 과정'에 관한 문제다. 선거는 일정한 시기가 있지만, 이익집단 과정은 계속적이다. 하지만 시민들의 이익집단에의 참여는 더 제한적이고, 집단적 로비는 선거에서의 변화보다는 정부에 대한 영향력이 덜 결정적이다. 그럼에도 불구하고 이익집단 과정은 다원주의 사상에 있어서 중심적이다.[36] 일반 시민들에게는 정치가 '멀고 낯선 보상이 없는 활동'이라고 한다면 정치적으로 활동적인 이익집단의 구성원 수는 소수일 것이다. 그리고 '관성의 가정presumption of inertia'에 따르면 사람들은 그들의 이익에 밀접히 관련된 이슈와 상당히 잘 아는 이슈에 관해서만 정치가에게 영향을 미치기 위해서 로비를 하거나 저항을 하는 데 참여한다고 본다. 또한, 투표는 선거인들 사이의 선호를 계산하고 광범위하게 분리된 이슈들에 대한 선호를 하나의 표로 묶는다. 그리고 효과적인 정책을 만들기 위해서는 선거에 나타난 것보다 더 많은 정보가 필요하다. 시민 선호의 깊이를 측정해야만 하고, 열렬한 소수자의 반대도 '무관심한' 다수의 소망도 헤아려야 하는 난점에 봉착한다. 그러나 이익집단의 활동은 이러한 문제들에 대해서 세 가지 해법을 제시한다. ① '이

---

[35] 다수제 민주주의가 궁극적으로는 '다수가 아닌 소수에 의한 정부'가 될 수 있다. 또한, 다수결주의를 완화하기 위해서 '합의제'적인 국가들이 채택하는 제도들은 다음과 같다. 첫째 사회의 모든 이익을 정부 안으로 조직화하는 '확장적 조합주의(expansive corporatism)', 둘째 비례대표제, 셋째 '최소승리연합'에 필요한 것보다 더 많은 정당을 포함하는 연립정부의 구성, 넷째 좌우의 '거대연합(grand coalition)'의 구성 등이다(Dryzek 외, 2018).

[36] 이익집단이라는 용어는 트루만(D. B. Truman, 1951)이 정치학 논의에 도입했다고 한다. 트루만은 집단에 관하여 그 구성원의 공통된 이익 특히 물질적 경제적 이익을 중요시했지만, 그 이전의 초기 다원주의자들은 집단에 대해서 이익보다는 '경험의 다양성'을 강조했다고 한다(Dryzek 외, 2018).

익집단의 규모'는 정부가 그들의 선호에 따르는 것이 선거에 있어서 얼마나 중요한지를 나타내는 지표를 제공한다. ② 정치가는 조직에 참여하는 공통의 이해를 지닌 사람들의 비율로 정의되는 '집단의 동원율'에 관심을 가질 수 있다. ③ 이익집단의 활동에는 로비나 저항을 위한 '낮은 비용부터 높은 비용'이 소요되는 활동들이 있는데 이는 집단 구성원의 특정 이슈에 대해서 느끼는 선호의 강도를 나타내는 지표가 된다. 이익집단 과정에 대한 낙관주의는 정부가 이익집단을 평가하는데 사용하는 세 가지 요인 - 구성원의 규모size, 동원율rate of mobilization, 구성원의 선호 강도intensity 등[37] - 이 정당한 민주적 기준이라는 다원주의자들의 판단에서 유래한다. 이 밖에도 이익집단 형성의 난이도(지리적 분산이나 낮은 자원 접근성 등), 갤브레이스의 '상쇄 권력 이론theory of countervailing power' 등 이익집단 과정에 대한 많은 보충적인 설명이 있다.[38] 무엇보다도 다원주의자들은 '관성의 가정' 때문에 이익집단 과정에 대해서 여전히 낙관적이다. 현존하는 이익집단 영향력의 불균형한 패턴은 빠르고 급속하게 변화될 수 있으며, 다두제에서의 이익집단 과정은 정책형성에 영향을 미치는 성공적인 이익의 동맹을 구축함에 있어서 계속적인 유동성을 나타낸다고 본다.

다섯째는 '매스 미디어'와 정치의 관련성에 관한 문제다. 자유

---

37) 던리비 등(1991)은 집단의 영향력 내지 효과성에 영향을 미치는 네 번째 요인으로 그 집단이 정치인의 승패 확률에 얼마나 중요한가를 의미하는 그 집단의 '중추적인(pivotal) 역할'을 포함시키고 있다(Dryzek 외, 2018).

38) '잠재적 집단(latent groups)'에 관한 이론도 있다. 이익을 공유한 사람들은 현재는 집단을 구성하지 않았더라도 언제든지 집단을 형성할 수 있기 때문에 정책결정자들은 이들에 대해서도 반응을 하게 된다는 것이다((Dryzek 외, 2018). 잠재적 집단의 개념은 '공익이론(잠재적 공익설)'과 관련이 있다.

언론 이론에 의하면 신문의 사적 소유는 정부의 의사소통 수단의 독점을 방지한다고 본다. 소유자가 개인적인 편견이나 연결고리를 가지고 있을지라도 독자들을 끌어들이기 위해서는 서로 간 경쟁을 해야 하기에 그들의 이윤 동기는 시민들에게 정치적 정보를 제공하는 '보이지 않는 손'으로서의 역할을 하게 된다고 한다(너무 낙관적인 견해라고도 할 수 있다). 또한, 민주적 가치의 보호막으로서 사적 소유보다는 전문적인 저널리즘을 강조하는 주장도 있다. 저널리즘이 점점 전문화되어 가고 전문적 저널리스트는 책임 있는 언론을 형성하게 된다는 것이다. 이와 더불어 방송 미디어의 성장 속에서 다원주의적 사상이 발전되었다고 주장한다. 방송 미디어의 결정적인 선전 수단으로서의 잠재력·라디오와 TV의 주파수 배분·방송 수준의 유지에 대한 엘리트적인 관심 등으로 정부 조직이 방송 미디어의 소유와 규제를 행사하고 있지만, 방송 미디어에 대한 소유와 규제에 있어서 정부의 관여는 중립성의 기준과 정치적 편견으로부터의 자유를 강화할 필요를 전제하고 있어서 뉴스의 보도 범위에 대한 간섭을 삼가고 방송조직의 운영에 상당한 정도의 자율성을 부여한다는 것이다. 자유 언론, 증가하는 저널리즘의 전문화, 미디어에서의 상쇄 권력 등 세 가지의 조합은 시민들의 정치가에 대한 효과적인 통제를 위해서 필요한 정보를 산출하는 체제를 만들고 있다. 그러나 보다 비판적인 다원주의자들은 매스 미디어의 정치적 역할의 확장은 시민의 정치가에 대한 간접적인 통제를 신장시킬 수도 있지만, 정책형성에 대하여 입법부나 정당을 통해서 행사되는 시민 통제의 질을 변화시켰다고 본다. 뉴스 미디어의 연출 필요성, 진부한 정치적 영웅에의 집중 등이 그 예이다

(Dunleavy 외, 1987).

나) 국가 조직의 이미지(모형)

다원주의적 이론에서 자유민주주의 국가에 있어서 국가 조직에 대한 이미지는 세 가지의 모형으로 구분해서 설명할 수 있다. 풍향계 모형weathervane model, 중립 국가 관점neutral state view, 중개인 국가모형broker state model 등이다. 먼저 이들 모형의 내용을 구별해서 검토해 보고, 국가 조직에 대한 몇 가지의 세부적인 측면에 이들 모형을 적용하면서 그들 간의 차이점과 유사성을 검토해 나가기로 한다.

역사적으로 다원주의는 보통 국가보다는 사회에 대한 이론이었다. 다원주의자들은 국가라는 관념에 대해서 많은 중요성을 부여하지 않았지만, 국가 조직의 존재나 합법적 폭력을 독점하는 조직으로서의 국가의 개념을 무시하지는 않는다. 또한, 다원주의자들은 대개 자유민주주의에서 국가란 '중립적으로' 행동한다는 소박한 이론을 가지고 있다. 다원주의자들의 텍스트에는 다원주의와 양립하는 자유민주주의 국가에 관한 세 가지의 이미지를 발견할 수 있다. 이들이 풍향계 모형, 중립 국가 관점, 중개인 국가모형 등이다.

첫째는 풍향계 모형weathervane model이다. 1950년대 미국의 다원주의자들은 자유민주주의 국가를 문자 그대로 중요성이 없는 사람인 '허수아비' 또는 투입물이 처리되는 수동적인 장치인 '코딩 기계'라고 생각했다. 국가는 '풍향계'를 닮았다고 보았다. 국가는 단순히 시민사회 내의 압력집단의 힘의 균형을 반영하거나mirror 그것에 반응한다respond. 라텀(Latham, 1953)은 국가를 여러 가지 압력집단들의 균형을 첨부해 가는 '현금등록기cash register'라고 묘사한다. 허수아비 모형(풍향계 모형)에 있어서 국가의 '중립성'은 국가 조직이 특정 분야에서 가장 강력한 압력집단에 반응적이며 편향적이고 식민지화되는 것을 의미한다. 달(Dahl, 1963)은 행위자가 국가를 통제할 때 국가의 도움으로 자기의 결정을 실행할 수 있으므로 국가를 '앞잡이pawn'라고까지 묘사했다. 여러 자유민주주의에서 국가 조직의 분산된 말끔하지 않은 모습과 그들의 조정 또는 방향타 능력의 결여는 다두제의 현실을 반영한다. 여러 집단은 서로 각기 상이한 정책 분야나 상이한 시기에 성공적이기 때문에 정부 조직의 구조는 이러한 동적인 불균형의 과정을 반영한다. 풍향계 이미지의 국가는 정당에 대해서 매우 반응적이다. 허수아비 모형은 전후 자유민주주의 국가에서의 국가 조직과 정부 활동의 규모에서의 성장에 대한 다원주의자들의 단순한 설명이다.

둘째는 중립 국가 관점neutral state view이다. 중립 국가 관점은 공공정책이 공익public interest에 대한 고려 속에서 수행된다는 것을 강조한다. 또한, 국가는 이상적으로나 현실적으로 적절한 다두정체 속에서 기능적으로 중립적일 수 있다고 주장한다. 중립 국가 관점에서의 국가의 중립성은 세 가지 방식으로 행사될 수 있다. 국가는 필요에 따라 단순히 구경만 하는 방관자by-stander, 게임의 공정성을 보장하기 위해서 관여하는 심판자refree, 실질적인 공정성을 증진하기 위해 관여하는 개입자interventionist로서 행동할 수 있다. 50년대 이후 다원주의자들에 있어서 국가의 규범적 이상 형태는 '공익의 차원에서' 비조직화되거나 약하게 조직된 단체를 보호하기 위해서 압력집단 간의 경쟁을 균형화하고

balance 재조정하고reweight 심판하는refree 국가였다. 일부 다원주의자들은 자유민주주의 국가가 실질적인 중립 국가의 이상에 가깝다고 믿게 되었다. 선출직이든 비선출직이든 이기적인 공무원도 다원주의적 민주주의의 안정성과 정당성을 유지하기 위해서 공익에 근거해서 행동할 수 있다고 보았다. 단기적으로는 비조직화된 투표자의 잠재적인 힘과 정기적인 선거 등이 정치가들이 여론을 존중하고 자신들의 정책을 공공의 필요가 시사하는 바에 따라 조정할 수 있게 한다. 중기적으로는 편파적인 제도 변화의 추구는 결국은 자기 정당의 미래 정부에도 영향을 미칠 수 있다는 점, 정당에 의한 대선거연합의 추구가 가장 잘 조직된 집단에의 단순한 복종을 방지하게 하는 점 등이 중요하다. 또한, 장기적으로는 정부는 이기적인 이유로 (예컨대 사회적 긴장을 두려워해서 20%의 실업률을 창출하는 경제정책을 회피하면서) 전반적인 체제의 정당성에 관심을 가져야만 한다고 본다. 그래서 자유민주주의 체제의 정부는 '합의'를 창출하려고 노력하고, 공공 관료제는 모든 '영향을 받는 이익affected interests'을 고려하려는 경향을 지니게 된다.

이익의 중재자mediator · 균형자balancer · 화합자harmonizer로서의 국가에 대한 이러한 그림은 다원주의적 국가의 개념을 중립적이라고 묘사할 때 이론가들이 생각한 바이다. 국가 관료제는 선거집단이나 압력집단의 경쟁에 반응적일 뿐만 아니라 비조직화된 사람들이 소외되지 않도록 보장하면서 이 과정에서의 보호자guardian로서 적극적 역할도 수행한다. 풍향계 모형과 같이 중립 국가 이미지는 전후 국가의 성장을 시민, 압력집단 그리고 정당들의 수요의 관점에서 설명한다. 그러나 정부 관료들은 이러한 수요를 창조적으로 해석하고 자유민주주의 국가를 가장 잘 조타한다는 개념에 맞게 정책·기관형성과 예산지출을 산출해나가는 타당한 이유를 지니고 있다고 본다.

셋째는 중개인 국가 모형broker state model이다. 벤틀리Bently 이래로 집단 이론가들은 자유주의적 대의 정부가 19세기 철학자들이 기술했던 방식대로 '공익'을 추구한다는 관념을 비웃어 왔다. 게다가 다두제의 유지에 중요한 공익과 국가 공직자들의 이익 사이의 조화로운 연결을 의심한다. 일부 중요한 정책 결정은 압력집단의 수요를 반영하지도 않고 공익을 반영하지도 않는다. 정당 정부의 선출직 공직자를 포함한 국가 공직자와 국가 기관은 비이타적인 정책 선호를 가지며, 정책은 외부에서의 경쟁의 산물일 뿐만 아니라 국가 기구 내에서의 이기적 경쟁의 산물이라는 것이다. 중개인broker은 중재자intermediary나 중간자middleman일 뿐만 아니라 자기 자신의 이익을 추구하는 사람이다. 중개인 국가는 그 사회를 단순히 반영mirror하지도 않고, 중립적으로 공익을 따르지도 않는다. 공직자들의 선호는 힘 있는 사람들이나 비조직화된 약자들underdogs 모두의 선호와는 명확히 구분된다. 중개인 모형의 국가에서 국가 공직자는 주요 집단 사이의 정책적 타협의 수용을 정교화하고 촉진한다. 공직자들은 여러 가지 기능적 또는 지역적 유권자들을 위해서 서로 간의 이익을 누르고 합병시키면서 변호인으로서 그리고 심판자로서 봉사한다. 중개인 모형의 국가에서 국가지출이나 기관의 성장에 대한 설명에는 호의적인 수요 조건뿐만 아니라 예컨대 '목표의 전도 현상' 속에서 작동하는 기관의 이기적 할거주의 등 공급 측면의 초점도 필요하다(Dunleavy 외, 1987).

다) 국가 운영의 네 가지 측면

이번에는 국가 조직의 운영에 있어서 4가지 세부적인 측면에 대해서 고려해 본다. 국가 조직의 운영에 관해서 '입법부와 집행부의 역할', '행정과 사법부 엘리트', '정책형성', '중앙집권화와 분권화' 등의 문제를 다룬다. 전자의 두 주제에 대해서는 세 가지 국가 모형의 관점이 명확하게 분산된다. 하지만 후자의 두 주제에 대해서는 모든 다원주의 이론가들이 기본적으로 유사한 입장을 취한다.

첫째는 입법부와 집행부 그리고 조정coordination에 관한 문제다. 스위스와 같은 일부 예외를 제외하면 현대적인 다두제는 기본적으로 국가의 집행부를 위한 두 가지 헌법적 디자인을 갖는다. 미국과 프랑스의 유형은 집행부의 대통령이 입법부와 분리해서 선출된다. 스칸디나비아 국가들과 영국의 유형은 선출된 입법부가 집행부나 내각을 산출한다. 전자의 유형(입법부와 집행부의 제도적 분리)은 다원주의와 정책의 잠재적인 단편화를 촉진하고, 후자의 유형(자율적인 집행부)은 정책개혁을 돕고 정치적 지지를 형성하는 능력을 갖추는 것에 장점을 갖는다. ① 풍향계 모형에서는 의회나 선출된 집행부는 인정된 외부압력을 등록하기 위한 '고무도장 포럼rubber-stamping forums' 이상이 아니라고 간주된다. 정책조정이 일어난다면 그것은 집단 간의 조정에 따른 의도하지 않은 결과이며, 시장에서의 '보이지 않는 손'의 정치적인 등가물이라고 할 수 있다. ② 중립 국가 모형은 조정자가 없는 조정을 불편하게 생각하며, 대통령·내각·'공익'으로 사회화된 행정 엘리트 등 공식적인 조정 기제의 회복에 눈을 돌린다. 학자들의 (내각·대통령·행정 엘리트의 방향타 능력과 조정 역할의 강화에 대한 끊임 없는) 처방적인 주장은 부분적으로는 일반적인 이익을 조정할 수 없는 제도에 대한 중립적 다원주의자들의 불행감의 산물로 이해되어야 한다. ③ 중개인 국가 모형은 어떤 헌법적 설계이든지 간에 내각이나 대통령은 법률이 자세하게 부여한 조정 능력을 지니고 있지 않다고 본다. 내각에서의 조정과 의사결정은 '불연속적인 정책공동체discrete policy communities'로 분할된다. 내각회의 전체는 대체로(공무원 수준·준자치적인 기관·영향받는 이익집단이 관계된) 하위 위원회나 부서 간 위원회에서 만들어진 결정에 대한 고무도장의 역할을 한다. 대통령제에서는 '철의 삼각iron triangles이 발달된다. 미국에서의 철의 삼각은 의회 위원회, 대통령에게 책임을 지는 기관 그리고 고객 로비 집단이다. 단편화되고 전투적인 기관들의 정글에서 나오는 정치적 조정은 대통령에 의해서 통제 가능한 전략이 아니라 각기 자신의 고객과 문화 그리고 의회의 동맹을 가진 기관들 사이의 의도치 않는 행복한 결과라고 본다(Seidman, 1980).

둘째 행정과 사법부 엘리트들에 관한 문제다. ① 허수아비 모형에서는 선출된 정치가나 행정 엘리트 모두 우세한 형태의 압력에 영향을 잘 받는 수동적인 사람들이다. 허수아비 모형은 공공 관료제를 분석한 막스 웨버의 이론을 많이 수용했다. 웨버의 두 가지 주요한 논의는 공공 관료제는 의회를 통해서 명료화된 민주적 압력에 잘 복종할 수 있고, 정치는 행정과 구분될 수 있다는 것이다. 허수아비 모형은 이와 비슷하게 사회의 가치는 이익집단, 매스 미디어, 선거적 경쟁에서 결정되는 반면에 공직자는 수동적으로 법률적 초안을 만들고 집행하는 역할을 한다고 본다. 풍향계 모형(허수아비 모형)에 있어서 안정된 다두제에 적합한 공공 관료제는 행정 조직의 아주 자세한 측면을 제외하면 근본적으로는 자기 자신의 선호가 없다고 간주된다. 그렇지 않으면 공공 관료제는 충원 형태가 계급·인종·성·민족성·종교나 성적 특성의 관점에 입각한 사회의 구성을 반영하는 '수동적 대표관료제passive representative bureaucracy'가 될 수도 있다. ② 중립국가 모형의 다원주의자들은 규범적으로 허수아비 모형의 행정 엘리트에 대해서 불만스럽게 생각하면서, 공직자는 사회적 이익의 조화자harmonizers이자 균형자equilibriators이어야 한다고 본다. 그들의 설명에 의하면 행정가는 정책의 형성과정에서 정치적으로 무시되고 비조직화된 사람들을 대변하고, 게임의 민주적 규칙을 유지하기 위해 적극적으로 노력하면서 공익을 보호해야 한다. 행정가들의 충성은 그 시기의 선출된 정부에 전적으로 복종적이어서는 안 된다. 그들은 서유럽의 특정한 자유민주주의에서처럼 전문화되고 신분이 보장되고 비당파적이어야 하며 헌법과 민주적 과정의 보호자로서 역할을 해야 한다(Dyson, 1980). 이 모형을 사용하는 다원주의자들은 공직자들이 충원에서는 실적주의적이지만 헌법·공익과 국가의 이익에 의해서 교육, 훈련된 '헌법적 관료제constitutional bureacracy'의 옹호자들이다. ③ 중개인 국가 모형을 사용하는 다원주의자들은 앞의 행정 엘리트에 대한 두 가지의 이미지에 대해서 냉소적이다. 행정적인 '환관'이나 높은 정신을 가진 플라톤적인 보호자의 존재는 다원주의 정치학의 주요 신조와는 맞지 않는다고 본다. 중개인 다원주의자들은 정부 부처, 전문조직, 준정부조직, 정부기업 등이 강한 집단적 이념을 산출하는 집단을 형성하는 풍요로운 기반이 될 것이라고 예상한다. 일부 중개인 다원주의자들은 행정가의 가치·성향과 행동이 그들의 계급·종교·인종이나 민족적 배경에 의해서 영향을 받을 수 있다는 것을 인정한다. 그래서 그들은 이러한 편향성이 인정되고 비례적으로 대표되는 다양한 사회집단에 의해서 공개적으로 관리되는 특히 아주 이질적인 사회를 위해 적당한 장치라고 할 수 있는 '적극적 대표관료제 active representative bureacracy'를 선호한다. 그러나 대부분 중개인 다원주의자들은 행정 엘리트의 사회적 출신성분이 (사람들의 현재의 역할과 이해에서 정해지는) 그들의 정치적 행위를 전적으로 결정한다는 것을 부인한다. 그래서 미국에서는 고위행정가의 정당 출신 임명이 오랜 정치적 관행의 일부였지만, 서유럽에서의 다원주의자들은 행정의 공공연한 정치화를 향한 최근의 경향에 무관심하다. 그러나 사회주의나 사회민주주의적 정치가들은 공직 서비스에 정치적 임명을 증가시킴으로써 국가 기구에 대한 정치적 통제를 강화해 왔으며 최근의 신우익 정치가들도 이를 모방했다.

벤틀리 이래로 다원주의자 대부분은 법률을 단순히 이해관계에 관한 전쟁의 해석이라고 간주했다. 국가가 허수아비라면 법률은 단순히 현존하는 압력의 풍향계 즉 현상 유지를 공식화하는 코딩 장치가 된다. 그러나 중립 국가 모형을 사용하는 다원주의자들은 이러한 상태가 일어날 수 있다고 인정은 하지만, 사법 체계의 자율성을 더 강조한다. 법관들은 법의 의미를 결정하는 데 있어서 공익이 존중되는 것을 보장하면서 사회적 심판자 social umpires나 보호자 guardians의 역할을 해야 한다고 본다. 중개인 다원주의자들은 사법부도 다른 집단처럼 그들 자신의 이익이 행동에 크게 영향을 미치는 집단으로 본다. 그러나 법관들은 그들의 이익이 사법적 평가에 있어서 자주 현안 문제가 되지는 않기 때문에 때때로 그들의 개인적인 성향에 따라 자율적인 결정을 할 수 있다. 법관은 행정부에 대한 공익 보호자의 자세를 취하면서 법률의 해석을 통해서 자신들의 실질적인 정책 선호를 확실히 나타낼 수 있는 능력을 지닌다. 이러한 '사법 적극주의judicial activism'는 특히 사법부가 입법의 합헌성을 검토하고 행정적 결정을 심사하는 광범위한 권한을 가질 때 촉진된다.

  셋째는 정책 결정에 관한 문제이다. 정책 결정에 관해서는 린드블룸(Lindbloom, 1965)에 의해서 처음으로 명확하게 제기된 네 가지 차원의 다원주의적 개념이 있다. ① 의사결정의 일반이론은 모든 가능한 대안을 평가하고 최선의 대안을 선택하는 '종합적인 합리적 의사결정comprehensive rational decision-making'은 불가능하다고 주장한다. 그러나 어떠한 의사결정도 예컨대 한 사람의 결정자가 아침 식사에 무엇을 먹을까를 결정하는 아주 일상적인 결정을 하는 경우조차도 점증적인 경향을 나타낸다는 것이다. 그리고 공공정책에 대한 합리적·종합적인 접근법은 정책 결정자에게 실행하기 어려운 계산의 부담을 주기 때문에 불가능하다고 본다. 다원주의자들은 경제학자나 엘리트 이론가들이 논의를 망치게 했다고 믿는 '영웅적인 합리성의 가정'을 탈피하는 행태주의적 의사결정 모형을 발전시키려고 했다. 조직이론가인 사이몬Herbert Simon은 정책결정자들이 '제한된 합리성bounded rationality'에 입각하여 최선의 대안을 선택하기보다는 '만족스러운satisfactory 대안'을 추구한다고 보고, 월다브스키(Wildavsky, 1964)는 연방 예산이 합리주의자들의 예산 기술보다는 일련의 비공식적 관행과 주먹구구식 경험 법칙rules of thumb을 통해 세워진다고 주장한다. 점증주의는 정책이 추구해 나갈 것에 관한 최선의 예측자는 과거에 추구되었던 정책이라고 주장한다. 정책 결정에서는 점증적인 변화만 일어날 뿐이라는 것이다. ② 다원주의자들은 당면 과제가 개인의 결정이 아니고 집단이나 전체 사회를 위해서 행해지는 집단적인 결정일 때는 많은 추가적인 복잡성이 따라온다고 한다. 로버트 달(Dahl, 1953)은 사회복지를 극대화하려고 하는 집합적 결정은 어떤 단일의 형태로 만들어질 수 없다는 것을 일찍 주장했다. 복지 경제학에서의 연구는 보편적으로 인정되는 가장 기본적인 기준을 충족시키는 절차조차도 불가능하다는 것이다. 그래서 투표·타협 그리고 관련되는 부수적인 문제들은 흠이 있지만, 집합적 결정에 이르는 필요한 방식이라는 것이다. ③ 린드블룸은 조직화된 이익들의 수용이 현실 세계에서는 민주적 요구 조건에 근접할 수 있는 (국가 수준의 결정을 위한) 가능한 유일한 방법이라고 주장한다. '당파적 상호조정partisan mutual adjustment'이 현대의 다두제에 있어서는 조정자가 없이 어느 정도 정책조정을 달성할 수 있는 중심적 방법이다. 다두제에 있어서 모든 의사결정은 집단 간 협상 과정의 산물이기 때문에 그리고 정책결정자가 전지적인 계획자가 될 수 없으므로 의사결정은 빈번하게 점증적일 뿐만 아니라 '불연속적disjointed'으로 된다. 정책결정자는 '그럭저럭 헤쳐나가는 muddling through' 기술을 발휘한다고 본다. ④ 다원주의자들은 초기에는 이익집단 과정에 대한 설명에서 낙관적으로 모든 핵심적인 집단들은 국가 기구의 어떤 부분에 접근할 수 있다는 주장을 펼쳤다. 거의 모든 집단이 정부 내부 기관이나 정치지도자를 발견해서 (당파적 조정이 특히 중요한) 행정이나 예산 과정에 그들의 목소리를 전달할 수 있다고 보고, 중요한 정책분야에 관해서는 덜 대표된 이익도 '정치적 기업가(이러한 이익들을 위해 깃발을 날리는 새로운 조직을 만든다)'에 의해서 보살펴질 수 있다고 보았다. 다원주의자들이 점증주의나 당파적 상호조정의 중요성을 알아보기 위한 가장 좋은 상황은 국가의 예산편성이다. 사람들이 집중화된 합리적인 의사결정을 기대하는 예산편성에 있어서 점증주의가 지배적이라면, 점증주의는 널리 확산되어 있는 것이다. 다원주의자들의 연구는 정부의 방대한 계속적인 프로그램(소위 기본예산base budget)은 미국이나 영국에서는 세부적으로는 거의 심사되지 않으며, 프랑스에서도 한 때는 현존 예산이 자동적으로 승인되었다고 한다. 오직 강력한 내각이나 힘이 센 대통령의 집행부만이 예산상의 점증주의를 일관성 있게 조정하고 이끌 수 있다고 보았다.

넷째는 집권화와 분권화에 관한 문제다. 모든 다원주의자들은 중앙집권화된 국가에 적대적이다. 집권화와 분권화의 의미는 아주 논쟁적이지만, 다원주의자들은 거의 모든 형태에 있어서 분권화가 미덕이다. 분권화는 '민주적 전제주의democratic despotism'를 방지하고, 압력집단 활동을 위한 다양한 접근 통로와 위치는 시민의 참여와 정치가에 대한 통제를 강화한다. 모든 다원주의자들은 특히 단일국가에서의 중앙정부나 연방체제에서의 주 정부에 의해서 지방적인 의사결정이 간섭을 받을 수 없는 '선출된 지방정부'를 강하게 옹호한다. 지방적 다두제는 중앙에 대한 견제 세력counterweight으로서 중요하며 생생한 교육적 역할도 수행한다. 지방정부는 중앙정부보다 더 참여적이고, 접근이 가능하고 반응적이다. 결국, 일부 다원주의자들은 의사결정의 집권화는 지방의 이니시어티브를 방해하고, '주변에서의 마비와 중심에서의 중풍을 일으키면서' 핵심에서의 과부담을 초래하기 때문에 지방정부가 행정적으로 더 효율적일 것이라고 기대한다. 또한, 다원주의자들은 일부 국가에서와 같이 자치정부를 중앙정부의 지방기관 이상으로는 만들지 않는 프랑스의 지사 체제profecture systems보다는 영미식 지방정부 모형을 선호하며, 준정부기관quasigovernmental agencies은 중앙정부의 확장으로 보고 다두체제의 과정에서 덜 반응적으로 보기 때문에 현대화된 지방정부의 구조에 흡수되어야 한다고 주장한다(Dunleavy 외, 1987).

4) 자유민주주의 이념에 대한 비판

이데올로기적인 차원에서 본다면 자유민주주의에 대한 가장 강력한 비판은 좌익적 이데올로기라고 할 수 있고, 좌익적 이데올로기는 자유민주주의의 위기에 대한 근본적인 진단과 처방을 제시하려고 노력했다고 할 수 있다. 그러나 좌익적인 이론은 별론으로 하더라도, 자유지향적 이데올로기 중에서도 다양한 이론들이 고전적 자유민주주의(정통 다원주의)의 위기에 대해서 다양한 진단과 비판이 제기하고 있다고 할 수 있다. 예컨대 신우익 이론(신자유주의)은 자유민주주의에서 자유의 불충분성을 지적하면서 시장의 조정 기제를 더 존중해야 한다는 주장이 있고, 엘리트 이론은 자유민주주의의 이상적인 작동방식보다는

'현실적인 작동방식'에 주목하면서 엘리트의 자유경쟁적 순환에 초점을 맞추고 있다. 신다원주의는 자유민주주의에서 대기업의 중요성이나 다국적 기업의 비중에 주의를 기울여야 한다고 강조하고 있다. 또한, 자유적 평등주의는 자유주의를 우선하지만 보다 실질적인 평등을 구현하고자 노력해야 한다고 주장하고, 공동체주의나 시민권 이론은 자유민주주의에서의 공동체의 미덕이나 시민적 덕성과 시민의식이 더 강화되어야 한다고 주장한다.

드라이젝J. S. Dryzek 등은 고전적 자유민주주의와 정통 다원주의 사상에 대한 위기와 변화에 대해서 다음 네 가지 역사적 발전이 중요성을 가진다고 주장한다. 미국과 영국식 정치체제와는 다른 성공적인 정치체제의 등장, 공공선택이론의 부상과 정치적 우파로서의 시장 자유주의자들의 도전, 전후의 국가의 규모와 역할 증대와 대기업의 정치적 우위와 중요성 증대, 1970년대 초반 미국과 유럽에서 발생한 전례가 없는 시민소요사태의 영향 등을 들고 있다.

첫째로 전후에는 자유민주주의 국가들에 있어서 자연스럽게 해야 할 일로서 영국과 미국식 정치체제를 중심으로 결집할 필요성이 줄어들었다. 독일·이탈리아·일본 등은 모두 독자적인 자유민주주의 체제를 성공적으로 설립했다. 또한, 비례대표제와 강력한 복지 체제를 갖춘 서유럽의 국가들도 영미계 국가들의 양당 경쟁 유형만큼이나 안정적인 정치체제를 유지하게 되었다. 그 밖에도 유럽연합의 탄생, 구 소비에트연방공화국의 해체와 소련 위성 국가들의 자유화, 중국 공산주의의 개혁개방 등 국제 사회의 변화는 국가형태에 여러 가지 변화를 초래하고 있다.

둘째로 공공선택이론의 부상과 이와 관련된 정치적 우파로서의 시장 자유주의의 도전이다. 미국의 경제학자 올슨(Olson, 1965)은 공동의 물질적 이익을 가진 사람들이 쉽게 혹은 자연스럽게 조직하여 정치에서 자신의 이익을 도모할 수 있다는 생각을 비판했으며, 이는 다원주의자들이 중요하게 생각했던 이익집단 과정에 대한 낙관론에 대한 도전이었다. 집단이 너무 커서 이길 가능성이 많거나 집단이 너무 작아서 이길 수 없을 때, 합리적인 개인은 다른 사람의 노력에 무임승차하려고 한다는 것이다.[39] 무임승차의 문제를 해결하기 위해서는 집단 구성원으로서의 가입을 강제하거나 가입하는 구성원에게 선택적 유인selective incentives을 제공해야 한다는 것이다. 이러한 집단행동의 논리는 강제나 선택적 유인을 제공할 수 있는 집단만 정치적으로 활성화될 수 있다는 것을 의미한다.[40] 또한, 하딘(Hardin, 1982)도 집합적 결정(행동)의 어려움을 나타내는 죄수의 딜레마 게임prisoner's dilemma game을 제시했다. 두 죄수가 경찰 앞에서 자백confess하느냐 묵비권stay silent을 행사하느냐를 결정할 때 서로 '협력'해서 묵비권을 행사하면 두 죄수의 합한 형량이 최소화될 수 있지만, 두 죄수는 서로 믿을 수 없으므로 모두 자백을 하게 되고 두 죄수의 형량은 최대가 된다는 것이다. 이러한 현상은 널리 다른 상황에도 적용될 수 있으며 어떤 사람들은 이러한 게임 이론이 일반적인 사회생활의 모형으로서 작용할 수 있다고 한다. 하딘은 모든 집합적 행동collective action의 문제들 - 개인들

---

39) 무임승차자의 문제는 공공재의 '비배제성'과 관련이 있다.

40) 물론 올슨의 주장은 이론상으로는 설득력이 있지만, 경험적 증거는 애매하다는 주장도 있다. 설문 조사에 따르면 아주 소수만이 무임승차를 인정하거나 집단의 가입을 결정할 때 선택적 유인에 큰 의미를 부여하고 있다고 답한다고 한다(Dryzek 외, 2018).

은 협력과 신뢰로부터 이익을 얻을 수 있지만, 개인적으로는 빠져나가는 것opt out이 합리적이라는 것을 발견한다 - 은 죄수의 게임의 논리가 뚜렷하게 보여준다고 한다.[41]

이러한 공공선택이론의 부상과 하이에크Hayek 등 오스트리아 학파의 영향으로 신우익의 시장 자유주의는 시장의 조직화 및 조정기제를 강조하고 국가는 제한된 역할과 기능을 수행해야 한다고 주장한다. (다만 신자유주의도 국가는 법의 지배를 보장하기 위해서는 강력하고 응집력 있는 국가가 되어야 한다고 주장한다). 시장 자유주의 또는 신자유주의는 영국의 대처 정부·미국의 레이건 정부가 대표적인 사례이며, 호주에서는 '경제적 합리주의'라고 불렀다.

셋째는 집단과 자발적인 결사체를 강조하는 다원주의의 신념은 전후의 규모가 커진 정부와 세계적인 기업의 시대에는 점점 더 시대착오적으로 보인다는 것이다. 정부와 기업 두 행위자는 모두 장기계획을 가지고 엄청난 자원을 동원해서 대규모 프로젝트를 수행했었다. 미국의 경우 1969년 사람을 달에 보내는 계획을 짜는 데 있어서 점진주의적 방법은 가능하지 않았고 막대한 무기체계의 구축에서는 어떠한 강력한 집단과정도 없었으며 심지어는 의회정치도 존재하지 않았다고 할 수 있다. 또한, 기업들의 영향력이 커져서 기업이 시민적 이슈와 가치판단을 조정하고 특히 다국적화된 대기업은 시민이 원하는 바를 창출해서 '시민의 욕구와 소망을 창출하기도 한다'고 보고 있다. 이러한

---

41) 이에 반하여 액설로드(Robert Axelrod, 1984)는 '반복적인' 죄수의 딜레마 게임을 할 때는 '당신은 상대방과 협력하지만, 상대방이 협력할 때만 협력하는' 선택적 대응(tit-for-tat)이 최선의 전략이라는 것을 보여준다고 한다. 그래서 사람들은 비협력이 한 차례 당장의 큰 이득을 가져올 수 있지만, 협력은 장시간에 걸쳐서는 지속적으로 이득을 만들어낸다는 것을 금방 배울 수도 있다고 한다(Dryzek 외, 2018).

변화들은 결국은 자유민주주의자들의 관심을 전통적 다우원주의에서 신다원주의로 이동하게 하였다.

넷째로 미국과 유럽에서 발생한 광범위한 소요사태는 다원주의에 대한 신뢰를 손상시켰다. 미국에서는 1950년대 후반에 남부 주에서 시작된 시민권 운동은 평화적 시민 불복종운동으로서 흑인 교회와 공동체 단체를 포함하는 전국적인 운동으로 확대되었으며, 미국의 베트남 전쟁 개입에 반대하는 학생들의 소요와 반문화counterculture라는 이름으로 함께 모인 다양한 분파의 저항 세력들은 전통적인 정치와 물질주의적 삶의 방식을 거부했다. 이러한 사태는 게임의 규칙에 대한 기본적인 합의, 집단의 요구에 대한 손쉬운 달램과 같은 다원주의적 사고를 거부하고 자유민주주의 체제에 대한 공격으로 확산되었다.[42] 유럽에서는 1967년 베트남 전쟁과 제한적인 교과목이나 구시대적 대학 운영에 반대하는 학생들의 시위를 시작으로 해서, 좌파 급진주의·반인종차별주의·여권운동 등 이념적 혼합이 프랑스·독일·이탈리아·스칸디나비아 국가에서 폭발했다. 이들은 다원주의가 상정했던 게임의 규칙을 거부하고, 민주정치가 제한적이고 엘리트에 의해서 운영된다는 점에서 더 심층적이고 포괄적인 민주주의를 요구했다(Dryzek 외, 2018).

---

[42] 특히 미국에서는 다원주의자들이 규범적인 주장과 설명적인 주장을 혼합하여 현 상태를 이상화하는 실수를 범했으며(Connolly, 1969), 그들은 공동체 권력의 구조와 이미 지난 시대에 끌어온 미시 수준에서의 이익집단 과정의 색다른 묘사를 통해 대의제도의 작동을 낭만적으로 보이게 만들었다고 한다(Dryzek 외, 2018).

5) 자유민주주의와 관련된 재미있는 이슈들

여기서는 자유민주주의와 관련해서 자유민주주의 체제에서 발생하는 현상을 재미있게 설명하는 개념들 몇 가지를 소개하고자 한다. 이들 중 대부분은 신우익 이론의 자유민주주의에 대한 비판적인 입장과 관련된 설명을 포함하고 있다.

가) 불충분한 균열 insufficient cleavages

다원주의자들은 단일한 계급투쟁의 과정이 국가 조직의 내부나 정책형성과 연관된 정당 체제에 있어서 (관찰할 수 있는) 모든 갈등의 기저에 있다는 마르크시즘의 단순한 생각을 일관되게 공격한다. 그들은 이러한 환원주의적 관점에 반대하여 경제적 이해관계는 다양하고 가변적이어서 이익집단이나 정당의 동원이 자본과 노동계급의 이분법적인 하나의 틈으로 양극화되기는 어렵다고 주장한다. 그러나 사회적 위기는 오히려 '불충분한 사회적 다원주의'가 있을 때 일어날 수 있다고 본다. 왜냐하면, 이 경우에는 계급적 이슈와 같이 협상될 수 없는 하나의 두드러진 사회적 틈만 있기 때문이다. 체제의 안정에 대한 주요한 위협은 인종, 민족, 종교, 언어의 틈에 의해서도 제기될 수 있다.

모든 사회는 사회적 틈에 의해서 분열되지만 그들의 유형이 사회적 안정에 결정적이다. 세 가지 기본적인 틈의 구조가 있다. '횡단적 cross-cutting', '중첩적 overlapping', '누적적 cumulative' 틈이다. 두 개의 틈 예컨대 노동계급과 중산층(소득 중심), 흑인과 백인(인종 중심)이 있다고 할 때, '누적적 틈'은 두 개의 주요 집단(백인 중산층, 흑인 노동계급)만 형성하게 된다. 그래서 틈의 유형이 서로를 강화시킨다(즉 사회의 분열이 강화된다). '중첩적 틈'은 예컨대 세 개의 주요 집단(백인 중산층, 백인 노동계급, 흑인 노동계급)으로 나눈다. 그래서 계급적인 틈이 인종적 틈에 의해서 완화될 수 있다. '횡단적 틈'은 네 개의 주요 집단을 형성한다. 그래서 횡단적인 틈은 각 틈의 영향을 단편화한다(즉, 사회 안정이 유지된다)[43](Dunleavy 외, 1987).

나) 과잉 민주주의too much democracy와 과소 민주주의too little democracy

과잉 민주주의too much democracy는 민주주의의 '과부담 문제the overload thesis'를 의미한다. 과부담 문제를 옹호하는 다원주의자들은 부분적으로 다두제 정치에 대해서 신뢰감을 잃었고, 지금은 정부 권위의 상실과 전통적 사회적 관행의 침식을 한탄한다. 이들은 문화적·제도적 쇠퇴가 자유주의적 문명에 장기적인 피해를 줄 수 있다고 믿게 되었다.[44] 이러한 과부담의 문제에 대한

---

43) '누적적 틈'을 가진 즉 모든 사회적 이슈를 압도하는 단일의 차원으로 강렬하게 분열된 사회에 있어서는 영국이나 뉴질랜드에서의 웨스트민스터 유형(Westminster pattern) 같은 부적절한 제도적인 형태의 도입은 국가적 정당성의 위기를 창출할 것이다. 이상적인 웨스트민스터 구조는 단순다수자에게 권력을 주도록 설계되어 있는데 이는 효율적인 입법과 집행권을 융합하고 국가의 조직기구를 비교적 통제하기 쉽게 하는 단일 정당의 내각에 공공정책의 형성 권한을 집중시킨다. 웨스트민스터 모형은 다수의 횡포를 초래할 가능성이 많기 때문에 (횡단적 틈이 없이) 누적적 틈으로 깊이 분열된 사회에서는 이러한 이상적인 통치 형태를 모방한 어떤 국가도 재앙을 맞이할 것이다. 이런 현상의 고전적인 예가 영국의 일부인 북아일랜드이며 그곳에는 두 개의 지배적인 틈인 종교와 민족이 단일한 차원의 분파들로 나누어졌다. 다수를 차지하는 친영국적인 개신교도들은 모든 지방의 선거에서 이겼고 소수자인 캐돌릭에 대해서 체계적으로 차별을 했으며 결국 1972년 이 체제는 격렬해진 시민들의 만성적인 폭동으로 무너졌다. 그러나 다원주의자들은 깊이 분열된 사회에서도 위기를 방지하는데 더 적합한 예컨대 '연합적 민주주의(consociational democracy)'와 같은 국가의 조직 형태가 있다고 믿는다. 연합적 민주주의는 대연합, 권력분립, 양원제, 비례대표제, 다당제, 연방제 또는 분권화, 특별정족수 등 여러 가지 제도를 통해서 달성될 수 있다(Dunleavy 외, 1987).

44) 첫째는 문화적 쇠퇴(cultural decay)이다. 문화적 쇠퇴는 사회 통합을 유지하는 기존 가치의 침식과 정치적 안정을 저해하는 새로운 가치의 출현으로 발생한다. 벨(Daniel Bell,

대처방안은 시민의 기대 수준의 억제, 오일쇼크에 의한 과도기적 현상의 해소, 기존 로비 집단의 과도한 요구의 삭감과 불편부당한 법의 지배로의 복귀 등이라고 한다.

과소 민주주의too little democracy는 '참여적 다원주의participatory pluralism'와 관련된다. 달(Dahl, 1982)은 과부담 문제에도 동의했지만, 조직적 다원주의가 이상적 통치체제를 만든다는데 의구심도 표시했다(참여의 문제).[45] 과소 민주주의는 '과부담'을 옹호하는 사람들의 귀에는 음악으로 들릴지 모르지만, 달은 여기에서 두 가지 근본적인 결론을 이끌어 낸다. 첫째는 이것은 해결할 수 있는 위기가 아니라 일련의 딜레마라는 것이다. 둘째는 서구의 시민들이 자신들의 경제적 장래에 관해서 결정하면서 너무 적은 통제력과 책임성을 보유하는 것이 근본적인 원인이라는 것이다. 그래서 참여적 다원주의자들은 서구사회에서의 불만감에 대한 해답을 정부의 저수준의 의욕 개념에 돌리는 것이 아니라, 경제적 생활영역에 대한 시민적 참여의 확대 추세를 쇄신하는 데에서 찾는다. 그들은 서구의 공산주의나 사회주의에서 여러 가지 형태로 옹호된 집중화된 국가적 전략을 거부하고, 그 대신에 시장 사회주의의 혼합물·회사 내의 산업 민주화·공

1976)은 자본주의와 다원주의의 성공이 그것들을 존재하게 하는 것을 도와준 전통적 가치를 침식했다고 주장한다. 청교도의 근로 윤리와 가족생활이 쾌락주의적 소비자 사회와 복지국가의 출현에 의해서 침식되었다고 본다. 둘째는 통치의 불가능성(ungovernability)이다. 통치의 불가능성은 비효과적인 국가 활동의 확장이 정부 개입에 대한 신뢰를 감소시키고 정부의 권위를 손상시켰다는 것이다. 국가에 대한 수요가 증가 되었지만, 정부의 협력을 전달하는 능력은 떨어지고 그 효과성도 손상되었다고 본다(Dunleavy 외, 1987).

45) 첫째는 '현존하는 불평등(특히 비조직화된 이익의 제외로 인한 불평등)의 고정화'는 비민주적이고, 사회적·경제적 관계의 동결과 침체를 초래할 수 있다는 것이다. 둘째는 공익과 파당적 이익을 동일시함으로써 '시민의식의 왜곡 현상'이 초래되었다는 것이다. 셋째는 조직적인 다원주의가 예산편성 과정에서 '왜곡된 공공의제'를 창출하기도 했다는 것이다. 넷째는 이익집단과 공적인 국가적 권위의 공유는 '무책임하고 비대표적인 정책 결정 형태'를 산출했다는 것이다(Dunleavy 외, 1987).

기업의 제한적 사용과 다른 형태의 사회적 소유·정부의 분권화 계획의 확장 등을 옹호한다(Dunleavy 외, 1987).

다) 지대 추구 rent seeking

신우익이론가 내지 시장 자유주의자는 다원주의자들이 이익집단에 대한 긍정적인 평가에 빠져 꿈의 세계에 살고 있다고 주장한다. 이익집단들이 정부 근처에 모여들도록 끌어당기는 요인은 집단 구성원들에게 돌아가는 사적인 혜택일 수밖에 없다. 이러한 사적 혜택도 '지대rent'라고 볼 수 있는데 지대는 정당한 노력 없이 경쟁을 조작하여(독과점적 지위를 통해서) 얻는 이득을 의미한다.[46] 정부는 이러한 이득을 위한 많은 기회를 제공한다. 기업들은 시장에서 경쟁하기보다는 정부에게 자신들을 경쟁으로부터 보호해 주도록 만들고자 노력한다. 이러한 경우에 지대추구 현상이 발생하게 된다. 지대추구는 여러 가지 형태로 이루어질 수 있는데 수입 관세, 건강·안전·환경 규제, 독점 거래, 면허나 프랜차이즈, 생산물에 대한 보조금 지급, 최소임금의 설정 등이다.[47]

이익집단·기업·부유한 개인들은 정당과 후보자에 대한 자금

---

46) 지대(地代)란 원래 토지소유자가 그 토지의 사용자로부터 징수하는 화폐 및 기타의 대가를 말하고 차액지대설(토지의 비옥도 등에 따른 생산비에 근거)과 절대지대설(토지의 우열이나 위치에 관계없이 토지의 소유에 근거) 등이 있다. 그런데 경제주체들이 면허취득 등을 통해 독과점적 지위를 얻게 되면 별다른 노력 없이 차액지대와 같은 초과 소득을 얻을 수 있으며 이같은 지대를 얻기 위해 정부를 상대로 경쟁을 벌이는 행위를 지대추구 행위라고 한다 (현대경제학사전, 1994).

47) 시장 자유주의자들은 심지어 '공익적 로비(public interest lobbies)'도 사실은 자신들만의 이익을 추구하고 있다고 수상한다. 예를 들어 직장에서 흡연을 금지하는 운동을 벌이는 집단은 비흡연자들에게 지대를 확보해 주는 것이며, 환경 보전을 위해 운동하는 친환경단체는 시골의 별장 소유자 등 실제로 자연에 대한 접근성을 가진 사람들의 이익을 위해서 작동하는 셈이라고 본다(Dryzek 외, 2018).

기부, 구성원들의 투표 동원, 홍보 캠페인, 법률적 행동, 정부 관료와의 협력관계 형성 등을 통해 영향력을 행사하고 그에 따른 지대를 추구한다. 그런데 시장 자유주의자는 지대 추구적인 정치 행동은 언제나 자유시장의 효율성을 손상시킨다고 믿는다. 소비자와 상대 기업들은 높은 제품가격이라는 형태로 제약적인 규제가 초래하는 비용을 지불해야 하고 납세자들은 다양한 범위의 특수 이익에 보조금을 지불하도록 강요된다. 지대추구의 누적 효과는 파괴적이어서 지속적으로 국가 예산을 끌어올리고 경제 질서를 교란하고 결국은 경제성장의 속도를 늦춘다고 본다. 또한, 사회의 시민 중에서 한 집단이 차지하는 비율이 낮을수록 그 집단의 지대 요구가 극단적으로 되기 쉽다. 작은 집단의 지대 요구를 부담하는 비용이 수많은 납세자 대중에게 분산되고 집단 구성원 자신들에게는 별로 큰 비용이 부가되지 않기 때문이다. 그래서 작은 집단들은 비효율적인 정책들이라도 이를 위해 압력을 가하는 것이 합리적이다. 한편 어떤 집단이 전체 인구의 상당히 높은 비율을 차지할 정도로 크다면, 자신이 추구하는 정책이 초래하는 전반적인 사회경제적 효과에 대해서 염려할 가능성이 커진다. 그러나 그렇게 큰 집단을 조직하는 것은 쉽지 않다[48](Dryzek 외, 2018).

---

[48] 올슨(Olson)은 어떤 한 사회가 안정적인 자유민주주의를 오랫동안 유지할수록 더 많은 지대추구 집단들이 조직되고 전반적인 경제성장을 희생해서 자신들만을 위한 사적 이익을 거두어 갈 수 있다고 주장하였다. 그래서 미국이나 영국과 같이 민주주의가 오래 지속된 국가들은 경화(sclerotic) 증세를 보이게 되고 정치적 혼란을 겪은 경제보다 더 느린 성장률을 보인다고 주장한다(Dryzek 외, 2018).

라) 통나무 굴리기 log-rolling와 지역구 선심사업 정치 pork barrel politics

입법부 내에서 대부분의 새로운 법률은 단지 하나의 정책 분야와 관련이 있지만 선출된 의원들과 의회 내 정당들은 자주 지지를 주고받으면서 다수의 이슈에 걸쳐서 연합을 창출한다. 통나무 굴리기 log-rolling or vote-trading는 서로 다른 소수집단들이 폭넓은 연합을 조직하여 다수를 만들어내는 과정을 의미하며 여기서 각 구성 집단들은 연합 내의 다른 집단들의 주요 제안을 지지해주기로 약속하고 다른 집단으로부터 지지를 받는다.[49] 이러한 접근법은 연합 내 서로 다른 집단들이 동일한 정책 분야에서 서로 경쟁하지 않을수록 더 잘 작동한다. 숙련된 정치인이라면 연합의 구성 집단에 무언가를 주는 예산 꾸러미를 만들어 낼 것이다. 그러한 소수들의 연합은 그 승리 연합에 들어가지 못해서 아무것도 받지 못하는 사회집단들이 존재하게 만들며, 승리자 연합의 지대는 모든 납세자가 부담하게 된다. 통나무 굴리기는 여당과 야당 또는 정치 집단 간에 이권이 결부된 서로의 법안을 상호 협력해서 통과시키기 때문에 '정치적 야합'이라고도 한다. 통나무 굴리기는 어느 한 편에서 밀어붙이기에는 정치적으로 부담이 큰 법안을 빅딜을 통해서 통과시키는 경우에 종종 사용된다(Dryzek 외, 2018).

입법부에서 의원들은 때때로 그들의 선거구민들이 지역적인 이익을 위해서 '베이컨을 집으로 가져오는 bring home the bacon' 의원들의 능력에 가장 관심이 있다는 것을 알고 있다. 의원들은 일

---

49) 통나무 굴리기는 벌채한 통나무(log)를 마을이나 공장으로 옮기기 위해 보조를 맞춰 굴리기(rolling)를 한데서 유래한 용어라고 한다(인터넷, 시사상식사전).

반적인 입법에 대해서 선거구민의 관심사에 꼬리표를 붙이려고 거래를 하고 정책집행 비용으로부터 지역의 이익을 보호하면서 지역 투표자에게 직접적인 서비스를 전달하는데 헌신한다. 또한, 자신들이 선호하는 사업을 추진하기 위해 의원들 간에 연합을 형성하기도 한다. 좋은 사례는 미국의 '재정 할당'이다. 입법부의 구성원들은 자신의 지역구를 위한 연방정부 지출을 확보할 동기를 가지는데 이러한 지출이 과연 세금 비용을 초과한 공적 혜택을 실제로 생산해 내는가는 중요하지 않다. 공익적 고려는 의원들의 지역적 관심에서 빈약한 이차적인 중요성을 지니게 된다. 지역구 선심 사업의 결과는 고속도로·교량·댐·군사기지·새로운 정부청사 등에 대한 낭비적인 정부 예산의 풍성함이다. 이처럼 특정 지역구를 위해서 법안들에 예산을 '구체적으로 지정하는earmarking' 관행이 만연해 있으며 의회의 다선 의원들은 이러한 관행에 능숙하다고 한다. 많은 공공정책 프로그램들이 의원들의 중재를 요청하는 방향으로 만들어지는 것은 의회의 의도적인 관행이며, 의원들은 자기 지역구의 이익을 확보함으로써 지역주민들이 자신에게 감사하게 만들고 자신의 재선 전망을 증대시키기 위함이다. 또한, 작은 예로서는 우리나라 국회의 예산심의 과정에서 나타나는 '쪽지예산'도 이에 해당한다고 할 수 있다. 국회의원들은 정부 예산의 증가를 비판하지만 자기 지역구의 예산법안을 서로 밀어주면서 예산안에 집어넣는다. 정부 예산이 효율적으로 집행되어야 하지만 정치 집단의 사익 추구는 비효율적인 자금 집행을 초래해서 사회 전체의 후생을 감소시킨다고 본다.

물론 이러한 유형의 문제들은 주로 미국 스타일의 의회에서 발생하며, 브라질·멕시코 등 라틴아메리카 국가들에서도 발견된다. 그러나 유럽이나 웨스트민스터 스타일의 의회제 국가에서는 정당 규율이 강할 경우 의원들이 지역구 선심 사업 정치 pork barrel politics, 구체적 예산 지정earmarking, 투표거래vote-trading에 관여하지 못한다(Dunleavy 외, 1978).

마) 정치적 적극주의political activism와 사법 적극주의judicial activism

보통의 국회의원이든지 중요한 정부 지도자든지 선출된 공직자들은 이익집단의 캠페인이나 언론의 비판적 관심을 일으키는 이슈들에 대해서는 '일이 잘 돌아가게 하려는getting things moving' 비슷한 편견을 보여준다. 정치가들과 로비 조직들은 그들이 어떤 문제에 대해서 지불한 에너지와 관심의 증거를 제시할 수 있기 위해서 '사업을 출범시키는' 데는 모두 관심을 가진다. 그러나 단기적인 시간적 지평을 가진 정치가들은 관료들에 의한 정책의 세부적인 집행을 추적하는 데는 덜 관심을 가지고, 그 실패나 결함의 비판적인 평가를 요청하는 데는 매우 무관심하다. 비슷하게 이익집단들은 정책 실패의 증거가 축적되기 시작할 때에는 간여의 확대와 자원의 증가를 위한 책무를 변호하면서 어렵게 얻은 성과를 잘 방어한다. 그러나 무엇보다도 정치가나 의원이나 로비스트들은 공공정책을 전체적으로 조정하는 데는 관심이 없다. 비록 결과적으로 많은 정부 간여의 효과가 서로 부작용을 일으키면서 걷잡을 수 없는 정책체계의 단편화를 초래한다고 해도 그들의 관심은 다양한 긴급한 요구에 대해서 신속한 반응을 창출하는 데만 잘 봉사한다. 선출된 정치가나 이익집단의 이러한 이해의 일치는 정치가에게는 우호적인 투표를 산출해 줄 수 있고 이익집단 구성원들에게는 그들의 조직이 효과적이고 '내부적인insider' 로비라는 것을 확신시키는 순수한 상징적인 정치적 제스처로까지 확장할 수 있다(Dunleavy 외, 1978).

사법 적극주의는 일반적으로 법해석과 판결에 있어서 법문언에만 그치지 않고 정치적 목표나 사회정의의 실현 등을 염두에 둔 적극적 법 형성이나 법 창조를 강조하는 태도를 말한다. 하지만 미국에서는 판사 개인의 정치 목표를 달성하기 위한 부정적 의미로 사용되기도 한다. 한편 사법 적극주의는 또 다른 의미로 삼권분립의 권력 관계에서 입법부나 행정부의 입법 활동이나 정책 활동에 대해서 사법부가 적극적으로 심사하여 위법 판결을 통해 사법 통제를 강화하는 태도를 말하기도 한다. 의회나 행정부가 진보성향일 경우 사법부는 보수성향을 띠거나 그 반대의 경우에도 사법부의 판결은 의회와 행정부의 정책성향과 다를 것이다. 미국의 경우 지난 1930년대의 '올드 코트Old Court'는 보수성향을 띠었고, 1960년대의 '뉴 코트New Court'는 진보성향의 판결을 내렸다고 한다.[50](정정길, 2012).

정책 과정과 관련해서는 사법부가 정책 과정에 어디까지 개입하여 판결할 수 있는지에 대해 합의된 해답을 찾기는 어렵다. 다만 미국의 연방 대법원의 경우 뉴딜 시대의 파동을 거친 후 '정

---

50) 사법 적극주의는 헌법 규범의 개방성과 추상성에 비추어 '헌법재판 기관'이 헌법을 해석함에 있어서 취해야 할 태도에 관한 이론이라고도 본다. 사법 적극주의는 진보적 헌법철학에 기초한 이론으로서 사법부도 단순히 선례에 기속되는 소극적인 재판작용에 만족할 것이 아니라 역사와 사회의 변화에 따라 헌법 규범을 능동적으로 해석하여 의회와 정부의 작용을 판단해야 한다는 이론이다. 사법 적극주의는 국가작용에서 야기되는 비민주적 행위에 대한 헌법 수호자로서 사법부의 적극적 기능을 강조한다. 이는 정당을 통한 의회와 정부 사이의 권력융화 및 행정국가화 현상에 따라 국민의 자유와 권리를 수호할 수 있는 유일한 견제 세력은 법원이라는 인식에 기초한 것이다(성낙인, 2020).

책적 판단'은 '국민의 이름으로' 최대한 존중하고, 대신 '기본권에 관한 문제'는 '법의 이름으로' 판결하는 탄력적인 입장을 취하고 있다고 한다. 사법부가 국민의 자유와 권리의 보장을 위한 최후의 보루로서 역할 등 입헌주의적 헌법 질서의 수호자로서 역할을 다해야 하지만, 사법의 본질적인 한계·전문기술적 한계·권력분립적 한계·민주적 정당성 문제에 의거해서 정책 활동에 대해서는 적절한 사법적 자제가 요구된다고 본다.[51] (정정길, 2012 ; 성낙인, 2020).

6) 자유민주주의의 계보와 분파들

가) 신고전 자유주의와 복지 자유주의

역사적으로 볼 때 자유민주주의는 여러 가지 형태로 발전하였다고 할 수 있다. 테렌스 볼Terence Ball 등은 자유주의 사이의 분열은 산업혁명의 사회적 효과에 대해 서로 다르게 반응을 함으로써 발생했다고 본다. 일부 자유주의자들은 정부가 인민을 빈곤, 무지, 질병에서 구제해야 한다는 주장을 폈다. 이들은 개인의 '번영well-being' 혹은 '복지well-faring'에 대한 관심을 가졌기 때문에 복지 자유주의자welfare librals 혹은 복지국가 자유주의자welfare-state

---

51) 더욱이 국가의 사법적 기능이 부가가치를 산출하는 생산적인 부문(기업의 활동)을 제약하는 것은 최대한 억제되어야 하며, 지나친 사법국가화도 국가 운영에 여러 가지 부작용을 초래할 수 있다고 생각한다(아무리 우수한 인력들이 사법적 기능을 담당하더라도 국가 운영에 있어서의 구조적 모순을 발생시킬 수 있다). 특히 상법, 형법 등 법률적 제약(법률의 규제 또는 그 복잡성) 때문에 자유로운 기업활동이 위축되거나 걸림돌로 작용해서는 아니 된다. 또한 사법 적극주의라고 할 수는 없지만, 정치권이나 시민사회단체의 '고발의 정치'가 정치의 사법화를 초래하면서 사법부의 부담을 가중시키고 사법부의 정치화를 초래하고 있다는 비판도 있다.

liberals라고 할 수 있다. 다른 자유주의자들은 여전히 이런 종류의 행보가 정부에게 지나치게 많은 권한을 부여할 것이라고 주장하면서 정부를 필요악이자 개인의 자유를 가로막는 주된 장애물의 하나라고 여겼다. 이들의 입장은 초기 자유주의자들과 매우 가깝기 때문에 신고전neo-classical or new classical 자유주의자라고 부를 수 있다.

19세기 후반기 이래에 나타난 신고전 자유주의자들은 개인의 자유가 행사될 여지를 남기기 위해서 정부는 되도록이면 작아야 한다고 주장하면서 국가나 정부는 '야경꾼nightwatchman' 이상이어서는 안 된다고 주장했다. 야경꾼으로서의 국가나 정부의 정당한 소임은 오직 폭력이나 사취로부터 개인과 그 재산을 보호하는 데 있을 뿐이다. 이들 중 일부는 자연권 논리에 입각해서 또 다른 일부는 효용성 논리에서 자유주의를 주장했다. 1800년대 말에 가서는 가장 영향력 있는 자유주의자들의 논변은 다윈Chales Darwin의 진화론theory of evolution[52)]에 입각한 사회적 다윈주의Social Darwinism였다. 사회적 다윈주의자들 가운데 가장 중요한 사람은 스펜서와 섬너였다. 스펜서Herbert Spencer는 인간의 종 내에서도 생존을 위한 자연적 투쟁이 존재하며, 가난한 자와 약자를 돕는 것은 강자를 뒤로 붙잡아둠으로써 개인을 방해하고 사회적 진보를 지체시키는 일이라고 보았다. 그는 '적자생존survival of the fittest'이라는 용어를 만들었다. 미국의 사회학자 섬너W. G. Sumner도 생존을 위한 경쟁에서 정부는 모든 사람이 공정하고 자

---

52) 다윈은 생명체의 진화를 설명하기 위해서 '자연 선택(natural selection)'이라는 관념을 사용했다. 자연은 특정한 돌연변이를 일으킨 특정 개체를 선택함으로써 진화의 길로 나간다는 것이다. 돌연변이는 우연한 변화이지만 선택된 변이는 종의 진화뿐만 아니라 생존을 결정한다고 보았다(Ball 외, 2019).

유롭게 경쟁하도록 하는 데만 신경을 써야 한다고 주장하였으며, 자유란 '경쟁할 자유'를 의미하고 거기에는 승리의 열매를 다른 사람들 특히 가난한 자들과 나누어 갖지 않고 유지하고 누릴 자유를 포함하였다.

복지 자유주의자들도 개인의 자유라는 가치를 신봉하였다. 그러나 정부는 그저 필요악은 아니라고 주장한다. 정부는 모든 사람이 평등한 삶의 기회를 향유하도록 보장함으로써 개인의 자유를 증진한다고 보았다. 초기의 복지 자유주의자 중의 한 사람인 그린Thomas H. Green은 자유를 소극적인 자유negative freedom와 적극적인 자유positive freedom로 구분하면서, 자유란 단순히 존재를 그냥 내버려 두는 그런 문제가 아니라 무엇을 '할 수 있는' 적극적인 힘 또는 능력이라고 주장했다. 개인의 자유를 존중하기 위해서는 빈곤과 질병 등 자유에 대해 무서운 장애물로 존재하는 상황을 극복하려는 조치가 필요하다고 주장했다. 그린과 같은 복지 자유주의자들은 정부가 공립학교와 병원을 건립하고 극빈자를 구제하며 노동자들의 건강과 번영을 증진하기 위해 노동조건을 규제해야 한다고 믿었다. 더욱이 근대 복지국가는 사적 소유를 선호하고 일반적으로 경쟁적인 자본주의 체제를 당연하게 받아들이지만, 자본주의적 경쟁으로 초래된 개인적 피해를 보상하고 사회적 병폐를 치유하기 위해서 경제적 경쟁도 규제하게 된다. 독일을 통일했던 비스마르크Otto von Bismark는 복지국가가 사회주의에 대항할 수 있는 최선의 길이라고 생각했다. 복지국가의 탄생은 대부분의 유럽 지역에서 투표권의 확대와 맞물렸으며, 노동자계급의 정치적 기반이 강화된 것이 복지국가의 성장을 촉진시켰다. 1930년대에 일어난 대공황은 한쪽에서는 사회주의와 공산주의, 다른 쪽에서는 파시즘이 부흥하고 발전하는 계기가 되었다. 그러나 영어권 국가에서는 주로 복지국가로 전환하여 공황에 대응했다. 영국의 경제학자 케인즈의 이론에 따라 정부가 경제를 관리하고 세밀히 조정하려고 노력해야 한다는 '능동적인 정부'에 대한 주장이 강화되었다. 제2차 세계대전 이후에도 서구의 자유주의는 국가가 사회구성원의 복지 증진을 중요한 임무로 생각하고 이를 위해서 국가의 자원을 사용하는 복지국가의 기능을 강화하였고 복지 자유주의는 서양 세계의 지배적인 이데올로기가 되었다(Ball 외, 2019).

나) 자유적 평등주의와 자유지상주의[53]

신고전 자유주의자와 복지 자유주의자들은 정치적 수준에서만이 아니라 철학적인 수준에서도 계속 논쟁을 진행하면서 자유주의 내에서 경쟁하고 있다고 할 수 있다. 대표적인 것이 자유적 평등주의(롤즈, 드워킨, 센)와 자유지상주의(노직)다. 자유적 평등주의liberal equality는 자유주의 내지 복지 자유주의를 좀 더 평등주의의 방향으로 나아가게 하는 것이며 롤즈J. Rawls의 정의론·드워킨R. Dworkin의 자원평등론·센A. Sen의 역량 중심 이론 등이 있다고 할 수 있다. 자유지상주의libertarianism는 국가의 기능이 최소한에 머무르는 것이 개인들의 자유를 최적으로 보장하는 체제라고 본다. 노직은 최소국가론the minimal state theory과 소유권리론the entitlement theory을 주장한다.

---

53) 자유적 평등주의와 자유지상주의에 대해서는 후에 정의론에서 자세히 다룰 것이다. 여기서는 자유주의의 분파로서 그 성격을 간략하게 비교하고자 한다.

7) 부가적 검토 : 평등의 문제

자유민주주의는 자유우선주의라고 설명하고, 사회주의는 평등우선주의라고 설명했다. 그러나 사회주의는 가장 이상적인 평등사회(계급 없는 사회, 생산수단의 공적 소유, 필요에 의한 분배 등)를 전제하고 있어서 일반적인 다양한 평등의 개념을 사회주의 이론에서 다루는 것이 오히려 부적합하고 어색해 보인다. 자유와 평등의 개념은 모두가 대단히 중요한 개념이지만 서로 대조를 이루면서 갈등하는 개념으로 볼 수도 있기에 여기서 다루어 본다. 우리는 자유의 의미에 대해서도 진지하게 생각해 보아야 하지만, 평등의 의미에 대해서도 진지하게 생각해 보아야 한다. 일반적으로 존 롤즈J. Rawls와 로널드 드워킨R. Dworkin은 자유적 평등주의자로 분류된다. 롤즈는 사회경제적 불평등을 허용하는 조건으로 '공평한 기회의 원칙'과 '차등의 원칙'을 제시했기 때문이고, 드워킨은 〈자유주의적 평등Soverign Virtue〉에서 '자원평등론'을 주장했기 때문이다. 그 밖에도 아마르티아 센A. Sen은 정의의 이론으로서 '역량 중심적 접근'을 주장하고 있다(그는 역량의 평등을 중요시하지만, 역량의 평등을 요구하지는 않는다. 그래서 그의 이론은 역량평등론이 아니라 역량 중심적 접근이다). 존 롤즈·로널드 드워킨·아마르티아 센의 이론은 후에 다시 검토할 것이므로 여기서는 스튜어트 화이트Stuart White의 평등에 관한 이론을 중심으로 평등을 논의하고자 한다. 화이트는 〈평등이란 무엇인가Equality〉에서 평등의 유형, 평등의 역할, 평등의 미래에 관해서 설명하고 있다.

가) 평등의 유형

현대 정치철학에서 평등은 가장 중요한 정치 이념의 하나이다. 그것은 지난 두 세기 동안 여러 중요한 정치적 투쟁들에 영감을 불어넣어 주었다(프랑스 대혁명, 영국의 차티스트 운동, 미국의 노예제 폐지 운동, 러시아 혁명 등). 그런데 평등에 대한 요구는 복잡하기도 하고 논쟁적이다. 평등에 대한 요구는 다양하고 복합적이며, 때로는 다른 중요한 가치들을 위협하는 것처럼 보인다. 먼저 평등의 형태를 구분해 본다. 화이트는 평등을 다섯 가지의 범주로 구분한다. '법적 평등', '정치적 평등', '사회적 평등', '경제적 평등', '도덕적 평등'이다. ① 법적 평등legal equality이다. 대규모 사회에서 효과적이고 공정한 사회적 협동은 사회적 관계가 법으로 조형되고 규율될 것이 요구된다. 이 경우 법적 평등은 누구나 법 앞에서는 평등하다는 것으로, 이는 '법 앞의 평등equality before the law'을 의미하며 누구도 법 위에 군림above the law해서는 안 된다는 것이다. ② 정치적 평등political equality이다. 정치적 평등은 한 국가의 통제에 복종하는 자들은 그러한 명령의 근거가 되는 법을 만드는 데 참여할 수 있는 평등한 (정치적) 권리를 가져야 한다는 것이다. 여기서 정치적 권리에는 선거권이나 공직에 나갈 권리를 포함한다. 정치적 평등을 생각할 때 '형식적인 정치적 권리'와 '효과적인 정치적 권리'를 구분하는 것이 중요하다(후보자에 대한 지원 문제 등). ③ 사회적 평등social equality이다. 화이트는 사회적 평등을 두 가지 의미로 사용한다. 첫째는 지위의 평등status equality으로서 여기서 지위란 '한 개인이 공적 제도와 다른 개인들에 의해서 취급받는 방식을 통해서 드러나는 사회 내에서의 개인의 기본 위상'을 의미한다. 지위의 불평등이 있는 사회에서는 어떤 사람들이 그들의 가족·사회계급·성gender이나 민족성에 의해서 타인의 삶에 비해 우월적 위치를 점한다는 인식이 널리 공유된다. 둘째는 사람들의 일상적인 사회관계에서의 '지배의 부재absence of domination'를 말한다. 여기서 지배란 어떤 사람이 다른 사람에게 명령을 내릴 수 있는 권력의 위치에 있는 상황을 말한다(전통적 혼인법에서 남편과 부인의 관계, 고용주와 근로자의 관계 등). 이러한 권력은 국가에 의해서 허용될 수 있고 다른 방식으로 나타날 수도 있다.[54] ④ 경제적 평등economic equality이다. 평등에 대한 근대 정치는 어떤 종류든지 경제적 평등의 요구에 엄청난 초점을 맞추어 왔다. 현재의 시점에서 경제 영역에서의 평등에 대한 요구는 대개 네 가지 시각으로 구분할 수 있다. 첫째는 '능력주의meritocracy'라고 부르는 것이다. 능력주의에 대해서는 뒤에서 깊이 있게 다룰 것이다. 봉건제 사회에서는 누군가의 사회적 지위는 전형적으로 상속되었다. 그러나 미국의 독립과 프랑스 혁명과 더불어 '재능에 따른 직업'이라는 이념을 내세우면서 전통적인 계급적 위계질서에 도전했다. 어느 정도까지 능력주의 정신은 새로운 산업자본주의와 호흡을 같이 하는 것이었다.[55] 둘째는 '토지 평등주의land egalitarianism'라고 부를 수 있다. 땅(토지와 다른 천연자원)은 중요한 의미에서 사회의 공동 소유라는 것이다. 빅토리아 시대의 저명한 철학자이자 사회학자인 허버트 스펜서H. Spencer

---

54) '지배의 부재'로서의 사회적 평등은 공화주의적 입장의 자유의 개념 즉 '비지배로서의 자유' 또는 '지배의 부재로서의 자유'와 상통한다.

55) 능력주의는 마이클 영(Michael Young)이 <The Rise of the Meritocracy>에서 처음 사용하였으나 그 의미는 약간 변화되었다. 영은 '능력주의 사회'를 (실질적인) 기회 평등의 조건 아래에서 최고의 자리에 오른 사람들의 '집단'을 의미하는 반면, 오늘날에는 기회의 평등을 구현한 '사회체제'를 지칭하는 것으로 많이 사용된다(White, 2017).

의 주장이다. 스펜서의 제안은 토지는 국가에 의해서 소유되어야 하고 상업적인 임대료를 받고 개인이 사용하도록 임대하여야 한다는 것이다. 헨리 조지Henry George는 스펜서와 비슷한 생각에서 사회의 구성원 모두에게 토지의 몫에 대한 그들의 정당한 요구를 회복시켜 주는 방편으로 토지 단일세(건물, 개인의 부가된 노력을 제외한 토지 자체에 매기는 누진적인 과세)를 주장한다. 셋째는 토지 평등주의를 포함한 '생산수단의 평등주의 means of production egalitarianism'라고 부르는 것이다. 생산수단이란 토지에 더해 공장이나 기술과 같은 것들도 포함하는 것이다. 카를 마르크스K. Marx와 프리드리히 엥겔스F. Engels는 자본주의가 사회를 두 개의 '적대 진영'으로 분열시킨다고 주장하면서, 생산수단을 소유한 '부르주아지'와 생산수단을 소유하지 못해서 자신의 노동력을 파는 '프롤레타리아'가 구분된다는 것이다. 마르크스는 토지와 자본에 따른 대가인 지대·이자·이윤을 잉여가치 surplus value라고 불렀으며(착취의 대상), 생산수단을 사회의 공동 소유로 전환할 것을 주장했다. 넷째는 '공산주의communism'라 부르는 것이다. 공산주의 사회에서는 더 높은 생산력을 가진 노동자들의 더 높은 산출물도 개별 노동자에게 귀속되어서는 안 되며, 필요에 기초해서 공동체 내에서 분배되어야 한다. 재능 있는 노동자들은 일종의 의무감이나 적합한 일의 내적 매력에 의해서 배치되고 그 생산물은 공유재(共有財)의 일부가 된다. 공산주의는 '필요'에 대한 사정(査定), 곤궁함에 대한 책임 문제, 노동자를 위한 인센티브 부여 문제를 남긴다.[56] ⑤ 도덕적 평등

---

56) 가장 해결하기 어려운 과제가 경제적 평등이다. 인간의 삶을 위해 필요한 조건 중에 경제적 평등은 중요하다는 점은 누구도 부인할 수 없다. 그러나 '부의 분배'나 경제적 평등의 목표에 관해서는 사람들 사이의 의견의 차이는 크며, 설령 그 목표가 설정되더라도 그것을

moral equality이다. 법적, 정치적, 사회적, 경제적 평등의 요구들은 모두 특정한 사회적 질서에 대한 요구이다. 그것들은 사회제도들을 설계하는 데에 지침이 되고자 한다. 그런데 이러한 제도적 요구와는 구분되지만 아마도 그것을 추동하는 것이 도덕적 평등의 원칙이다. 도덕적 평등의 원칙은 각각의 국가 구성원들이 평등한 가치를 가진다고 말한다. 나의 이익은 당신의 이익과 마찬가지로 고려되어야 한다는 것을 의미한다. 그러나 이것은 사회가 각각의 이익을 똑같이 만족시키기 위해서 설계되어야 한다는 것을 반드시 의미하지는 않는다. 하지만 불평등을 지지하는 자에게는 그 불평등을 정당화할 책임을 부담시킨다. 로널드 드워킨은 이것을 국가가 공동체 구성원 각자에 대한 '평등한 관심(배려)과 존중equal concern and respect'을 표현하는 것을 의미한다고 주장한다. 이는 '평등한 자로 대우'를 받는 것을 말하며, 더 구체적으로는 재산이나 기회가 어떻게 분배되어야 하는가를 정치적으로 결정할 때 평등한 배려와 존중을 받는 것을 의미한다[57](Dworkin, 2005 ; White, 2017).

나) 정치적 평등과 민주주의

정치적 평등의 요구는 민주주의와 관련된다. 민주적 정치체계들은 정치적 평등의 원칙에 기반을 두고 있다. 정치적 평등을 지

달성하는 데는 많은 제도적 실제적인 어려운 문제가 있다. 조지프 스티글리츠(Joseph E. Stiglitz)는 경제적 불평등을 다루는 것은 '질투의 정치학'이 아니라 우리의 근본적인 가치관에 더 부합하는 사회를 이룩하기 위한 '효율성과 공정성의 정치학'이라고 주장한다(Stiglitz, 2013).

57) 이러한 도덕적 평등의 원칙은 단지 동일한 정치적 권위에 복종하기로 한 사람들 사이에서만 적용되는 덕인가 아니면 (범세계적 평등주의자들이 주장하듯이) 전 지구적으로(인류 전체로) 적용되어야 하는가의 문제는 남아 있다(White, 2017).

지하는 논변을 검토하려고 하면(정치적 과정의) '투입 측면'과 '산출 측면' 즉 잠재적 법률 제정자로서의 시민의 관점과 법률의 수령자인 신민의 관점에서 쟁점들을 고려할 필요가 있다. 우리가 쟁점을 투입 측면에서 바라본다면, 정치적 평등은 '존중 논변respect argument'이라고 부르는 것에 의해서 옹호될 수 있다. 프로타고라스가 소크라테스에게 주장했듯이 모든 사람은 총명한 도덕적 판단을 할 능력(최소한의 잠재적 능력)을 지니고 있다는 것이다. 존 롤즈도 시민들이 정의감을 위한 능력capacity for sense of justice을 포함한 도덕적 권능moral power을 가지고 있다고 본다. 수평파[58]들도 각각의 인간은 신의 형상에 따라 만들어졌고 그러므로 사적·공적 맥락 모두에서 옳고 그름에 관한 판단할 (타고난) 능력을 지니고 있다고 보았으며 일부의 사람들을 정치적 권리로부터 배제함으로써 그 배제된 인간을 모욕하고 있다고 주장했다. 정치적 평등의 거부는 그 자체로 거의 틀림없이 모욕을 표출할 뿐만 아니라 그렇게 함으로써 그것은 광범위하게 개인의 사회적 지위에 영향을 미칠 수 있다. 정치적 과정의 산출 측면에서 보면, 정치적 평등은 '결과 논변consequence argument'이라고 부르는 것에 의해서 옹호될 수 있다. 정치적 평등에 기반을 둔 정치체계는 다른 체계에 비해서 사회에 더 좋은 결과를 가져오는 법과 정책의 산출을 생산하는 경향이 있다는 것이다.[59]

---

[58] 영국의 청교도혁명 과정에서 '왕당파'와 '의회파'가 분리되었으며, 의회파는 '장로파'와 '독립파'로 나누어졌고 의회파 중 제3의 급진파로서 '수평파(Levellers)'가 있었다. 이들은 '평등파'라고도 하며 소상인 등 소부르주아지의 이익을 주장한 정치적 당파로서 존 릴번(J. Lilburne) 등이 그들의 지도자였다. 이들은 일시적으로 독립파인 올리버 크롬웰(O. Cromwell)과 제휴하기도 하였으나 결국은 크롬웰과 대립하여 탄압을 당함으로써 쇠퇴하였다(인터넷, 두산백과).

[59] 이들 주장의 장점에 관하여 '결과 논변'부터 자세히 검토해 보면, (대의)민주주의에서는 정책 결정이 일반 시민들에게 더 많은 책임을 진다는 점에서 부분적으로 설명이 가능하다고

다수 지배majority rule의 위험을 최소화하면서 정치적 평등에 기반한 체계를 구성하는 방법은 두 가지가 있다. '귀족적 전략'과 '참여적 전략'이다. '귀족적 전략aristocratic strategy'은 다수의 전제를 막기 위해서 '헌정적' 또는 '자유'민주주의를 선택하자는 것이다. '헌정적' 민주주의에서는 다수 지배의 권력이 사법심사 제도에 의해서 지탱되는 헌법적 권리장전이나 기본법에서 제약을 받기 때문이다. 그러나 민주적 법률제정이 법원의 형태를 취하는 귀족정의 요소에 의해서 보완되지만, 그것은 귀족정의 요소에 의해서 근본적으로 타협을 당하지는 않는다. '참여적 전략participatory strategy'은 그 기본적 발상이 당신이 책임 있는 시민이 되고자 한다면 당신은 개인적인 삶에서의 책임이 아니라, 다른 시민과 함께 협력해서 행사해야 하는 공유된 공공사의 관리를

한다(기근의 해결, 전쟁의 억제 등). 또한 결과 논변에 대한 추가적인 지지는 프랑스의 정치사상가 마르퀴스 드 콩도르세(M. de Condorcet)에 의해서도 제공된다. 만약에 배심원 구성원들이 옳은 답을 찾을 가능성이 50% 이상이라고 한다면 배심원의 수가 늘어날수록 다수가 객관적으로 옳은 답에 투표할 가능성도 또한 증가해서 그것은 금방 100%에 다다르게 된다는 것이다. 이것이 유명한 콩도르세의 '배심원 정리(Jury Theorem)'라고 하는 것이다. 그런데 콩도르세의 정리에서 하나의 핵심적인 가정은 배심원들이 최소한 평균적으로 옳은 쪽에 투표할 개연성이 50%보다 높다는 것이다. 만약에 평균적 개연성이 50%보다 낮다면 그 논리는 역으로 작동하기 때문에 우리는 의사결정에 관여하는 사람을 제한하는 것이 좋다는 것이다. 또한 민주적 책임성에 관한 문제도 시민들에게 큰 비용을 부담시키는 많은 정책들이 나쁜 정책들이고 그래서 이를 방지한다면 민주주의는 좋은 결과를 가져온다고 할 수 있을 것이다. 그러나 시민들에게 중대한 희생을 함축하는 어떤 정책들이 채택되는 것이 옳을 수도 있다(희생보다도 더 가치 있는 것을 얻는다). 이 경우 민주적 책임성이 그러한 정책을 막는다면 민주주의는 나쁜 결과를 생산하는 데에 일조하는 것이다(환경정책 등). 이 경우 민주주의는 사회의 장기적인 복지에 반하여 작동할 수 있다. 또한 알렉시스 드 토크빌과 존 스튜어트 밀은 '불안해 하는 민주주의자'로 알려져 있다. 토크빌은 다수 지배의 원칙이 '다수의 전제(tyranny of the majority)'로 변질될 수 있다고 주장했고, 밀은 다수가 소수 시민들이 시도하는 '실험적 삶'을 억압할 수 있다고 주장했다. '존중 논변'을 검토해 보면 존중 논변에 대한 도전의 하나가 정치적 평등에 기초한 정치체계가 좋은 것만큼이나 매우 나쁜 결과를 가져올 수도 있다는 논점으로부터 직접 나온다. 이는 존중의 요구가 법률이나 정책을 만드는 투입을 시행하는 우리의 권력과 연결될 뿐만 아니라 정치적 산출과도 연결되기 때문이다. 만약에 산출들이 도덕적으로 매우 나쁘다면 그것들은 일부 사람들에게 그들이 응당 받아야 할 존중을 보이는 데 실패하는 것이다. 이 경우 투입 측면에서의 존중 요구가 산출 측면에서의 존중 요구와 갈등하는 상황에 봉착하며, 투입 측면에서의 존중 요구가 항상 산출 측면에서의 그것을 압도해야 하는지는 결코 분명하지 않다(민주적인 정치적 권리들이 다른 권리들을 희생시키면서까지 항상 보장되어야 하는가는 결코 분명치 않다)(White, 2017).

위한 책임을 부담해야 한다는 것이다. 그리고 민주적 의사결정 영역에의 참여는 희망컨대 사람들에게 민주적 시민 됨citizenship의 기예와 규범을 교육하는 효과를 거둘 수 있다는 것이다. 참여 민주주의 지지자들의 대부분은 전국적인 대의제도를 유지하는 정치체계 내에서 참여 민주주의의 영역을 구축하는 것이 바람직하다고 생각한다. 지역정부와 배심제도, 작업장에서의 의사결정 참여, 참여민주적 통치governance, 심의적 여론조사deliberative opinion poll 등이다.[60](White, 2017).

다) 능력주의meritocracy

능력주의의 이상은 전통적으로 직업이나 소득과 같은 경제적 재화의 분배가 개인들의 상대적 생산적인 '재능'과 '노력'이 반영된 '경제적 능력merit'에 의해서 지배되어야 함을 의미하는 것으로 이해되었다. 그러므로 개인적인 능력이 빛을 발하고 그것에 적합한 보상을 받기 위해서는 어떠한 적절한 의미에서 기회의 평등equality of opportunity이 존재해야 한다. 그래서 능력주의와 기회의 평등이라는 서로 다른 개념들에 관해서 면밀히 살펴보는 것이 무엇보다 중요하다.[61]

---

60) 귀족적 그리고 참여적 전략 양자 모두는 시민들이 공적 사안에 대한 식견 있고 도덕적 판단을 위한 능력을 계발하고 행사하는 데에 도움을 줌으로써 다수 전제의 위험을 감소시키려고 한다. 이런 점에서 귀족적 그리고 참여적 전략 모두는 심의 민주주의(deliberative democracy)로 일컬어지는 도덕화된 민주주의의 특정한 모델에 잘 들어맞는다(White, 2017).

61) 능력주의는 어원적으로는 '능력자 지배체제'를 의미하지만, '능력 중심 사회'·'실력주의 사회'·'업적주의 사회' 등 다양한 용어가 사용되고 있다. 정의론과 관련해서 보면 이것은 자유주의 내지 자본주의 사회 일반을 실제로 지배하고 있는 정의의 이념이다(능력이 정의다). '같은 것은 같게, 다른 것은 다르게'라는 분배적 정의에서 같은 것과 다른 것을 구분하는 기준을 '기여'라고 보는 것이며('기여의 원칙'), 여기서 기여는 '능력(merit)'을 의미하며, '능력(merit)'에는 '협의의 능력'과 '노력'이 포함된다. 상식적으로 말하자면 일한 만큼 벌고 노력한 만큼 보상받으며, 업적과 능력에 따라 평가받는다는 식의 원칙을 중요시하는 것이다. 그

우선 왜 능력주의인가? 그것은 능력주의가 '효율적'이고 또 '정의롭게' 보이기 때문이다. 효율성의 문제를 보면, 어떤 직업에 가장 능력 있는 사람을 배치하지 않으면 그 직업들은 효율적으로 수행되지 못할 것이다. 우선 그 직업에서 밀려나 버린 다른 유능한 사람이 피해를 볼 뿐만 아니라 공동체 전체(그 직업을 차지한 본인도 포함)가 명백한 피해를 볼 것이다. 또한, 정의의 문제를 보면, 한 직업을 두고 두 후보가 경쟁할 때 우리는 보통 가장 적격인 후보자가 선정되는 것이 정의롭다는 감sense을 가지고 있다. 우리는 가장 적격인 후보가 그 직업을 차지할 만한 가치가 있다고 말한다. 능력주의에 동조하는 자들은 전형적으로 이러한 '응분desert'의 개념을 확장하여 '직업의 배정'은 물론 '소득의 분배'에까지 적용하고자 한다. 사람들은 그들의 능력과 그들이 얼마나 열심히 일하는가에 따라서 불평등한 소득을 향유할 자격이 있다는 광범위한 믿음을 가지고 있다. 여기서 주의할 사항이 몇 가지가 있다. 유능한 자들에게 돈을 지급하는 것에 관한 추가적인 근거는 유능한 노동자에 대한 인센티브이다. 그러나 여기서는 인센티브를 고려하지 않고서도 유능한 노동자들은 더 높은 임금을 받아야 한다(받을 가치가 있다)는 것이다. 또한, 능력주의는 기회의 평등 형태를 수반하는 반면에 결과의 평등(즉 소득 또는 부의 평등)을 단연코 요구하지는 않는다는 것이다. 또한, 효율성의 가치와 정의의 가치를 구분할 수도 있다. 예

러나 이러한 능력주의는 민주주의적 평등이념과 결합된 어떤 특별한 전제인 기회균등의 원칙(기회평등의 원칙)의 기반 위에서만 온전하게 작동할 수 있다. 그러나 실제로 자본주의 사회에서는 기회균등의 원칙이 충분히 보장되고 있지 않다는 것이 문제가 된다. 그래서 자유적 평등주의자들은 실질적인 기회균등의 보장을 위해서는 차별(성별, 출신 지역, 출신 학교, 종교 등)뿐만 아니라 개인의 사회경제적 배경에 따른 불리함까지도 극복해야 한다고 주장한다(장은주, 2012).

컨대 한 직업에 가장 적합한 후보자를 고르는 것은 엄청난 비용을 요구한다고 상상해보자. 그 비용이 사실상 너무 많아서 최소한으로 인정해 줄 만한 능력이 있는 일군의 후보자 집단에서 무작위로 하나를 뽑는 것이 최상의 후보를 선택하는 것보다 더 좋을(경제적일) 수가 있다. 이 경우에는 효율성의 가치는 능력주의 규범의 엄격한 적용을 완화하기를 요청할 것이다. 그러나 응분의 측면에서 이해되는 정의는 이에 반대할 것이다.

마셜Gorden Marshall과 스위프트Adam Swift는 능력주의와 기회의 평등 관계 즉 능력주의가 수반하는 기회의 평등이 어떠한 종류의 기회 평등인가에 따라 상이한 능력주의의 개념을 도출할 수 있다고 한다. '약한 능력주의' 개념과 '강한 능력주의' 개념이다. '약한 능력주의'의 경우에 하나의 불리함의 원천은 국가와 공공기관 또는 사적 영역의 주체들에 의한 차별이다(상상적 예시 : 여성의 의료전문직 진출 금지, 특정 종교인의 명문대 진학 금지 등). 약한 능력주의의 요구는 국가 그 자체는 물론 사적 영역의 당사자(고용주나 교육기관 등)들은 이러한 차별을 삼가야 한다는 것이다.[62] '강한 능력주의'는 약한 능력주의의 목표를 지지하지만, 그 목표들에 개인이 자라나는 환경 그리고 그들이 끌어다 쓸 수 있는 초기적인 자원에 관한 관심을 추가한다. 강한 능력주의가 약한 능력주의보다 선호되는 합리적인 논거는 효율성과 정의라는 두 논거이다. 우선 약한 능력주의는 강한 능력주의에

---

62) 차별과 관련하여 경제학자들이 주장하는 '통계적 차별(statistical discrimination)'도 있다. 예컨대 어떤 종류의 직업은 일정한 신체적인 힘을 요구한다. 그런데 남자들은 평균적으로 그 정도의 힘을 가지고 있지만, 여성들은 그렇지 않다. 이 경우에 특정 고용주들은 이 일을 할 수 있는(그 정도의 힘을 가지고 있는) 여성들이 더러 있을 것이라는 점을 알면서도 단지 상업적인 이유(비용)로 남자들만 고용할 것이다. 본문(앞)에서 주목한 논점과 연관된다. 또한, 반차별법은 사회에 일정한 손실도 부과한다고 볼 수 있다(White, 2017).

비해 비효율적일 수 있다. 왜냐하면, 약한 능력주의는 차별에 의한 불평등을 제외하고는 재능을 개발하고 적용하는 데 작용하는 기회의 평등을 제대로 다루지 못하고, 그 결과 사회에 존재하는 선천적인 재능을 충분히 활용하지 못한 채로 남겨둘 것이기 때문이다. 또한, 약한 능력주의는 강한 능력주의에 비해 덜 공정하거나 덜 정의로워 보인다. 그것은 교육이나 상속의 불리함에 의해서 초래되는 불평등과 같은 기회의 불평등을 해결하지 못하기 때문이다.

강한 능력주의자들은 이제 '차별' 이외에도 우리가 '상속된 부', '교육', '가정환경'이라는 최소한 3개의 다른 영역에서의 불리함disadvantage에 대해서 대처할 필요가 있다고 믿는다. ① 영국이나 미국과 같은 나라들에서는 개인들이 가족이나 친구로부터 증여gift와 상속을 통해서 받는 부의 상당한 불평등이 존재한다. 이것은 강한 능력주의의 시각에서는 문제가 되는데, 왜냐하면 개인들이 경제생활을 시작하는 시점에서 처분할 수 있는 부가 이후의 삶에서 그들의 성공에 지대한 영향을 줄 수 있기 때문이다(사업을 차릴 가능성 등). 개인들이 가지고 있는 자산과 다양한 인생-결과들 사이의 상관관계를 보여 주는 많은 증거가 있다. 여기서 인생-결과란 육체적 및 심리적 건강, 취업의 개연성, 사회참여와 아이들의 교육적 성취 등도 포함한다. 그래서 우리가 기회의 평등을 바란다면 상속되는 부의 불평등을 완화시켜야 한다는 것이다. 토마스 페인T. Paine은 일종의 시민상속제도citizens' inheritance[63]를 주장한다. ② 강한 능력주의자들이 두 번째

---

63) 이것은 부동산 또는 부의 이전에 세금을 부과하고 이를 통해 획득한 기금을 '모두를 위한 자본 기금'의 재정 수입으로 하고, 각 개인은 성인이 될 때까지 일정한 양의 자본을 받게 한다는 것이다(White, 2017).

로 관심을 가지는 것은 교육에 관한 것이다. 기회의 평등을 위해서는 동일한 능력과 동기 즉 동일한 '잠재력'을 가진 아이들이 그들의 능력을 개발하고 또 잠재력을 실현하는 데에 평등한 전망을 누리도록 교육체계를 구조화하는 것이 필요하다는 것이다.[64] 이것은 사교육의 억제, 공공영역에서의 지나친 선별 및 능력별 교육의 억제, 공립학교들 사이의 자원의 형평성 보장 등과 관련된다. 오랫동안 강한 능력주의자들은 교육체계의 개혁들에 큰 희망을 걸었지만, 기회의 평등이 그다지 증대되지 않았다는 연구 결과가 있다. ③ 강한 능력주의자들이 세 번째로 관심을 가지는 것은 가정환경이다. 아이들이 특히 부모로부터 받은 영양·보살핌 및 자극은 인지 능력·동기부여 그리고 학교와 고용에서 좋은 성취를 얻는 데에 필요한 사회적 기예들을 포함한 '기본적인 인격적 능력'들의 개발에 지대한 영향을 줄 수 있다. 또한, 아이들의 지능개발에 영향을 끼치면서 작용하는 다른 요인은 부모들의 양육방식 및 '문화 자본cutural capital'의 차이들과 연관된다. 가난한 부모들은 양육을 '자연적인 성장의 성취'의 관점에서 보는 경향이 있지만, 흔히 중산층 부모들은 '협업적 양육concerted cultivation'의 방식을 택하고 이 방식은 아이들을 위한 수많은 '조직화된 활동'을 포함한다. 확실히 강한 능력주의는 가족을 폐지하지 않는 한 완전한 정도로 달성하기는 어렵다. 그러나 우리는 가능한 범위 내에서 그것을 이루기 위해서 노력해야 한다.[65]

---

64) 교육에서의 기회의 평등이 불평등한 잠재력을 가진 아이들에게 무엇을 의미하는지가 훨씬 덜 명확하다고 한다. 보통은 낮은 잠재력을 가진 학생들을 최대한 끌어올리기 위해서 자원을 투입해야 한다고 주장하지만, 높은 잠재력을 가진 학생들의 능력을 최대한 개발하는 데에 자원을 투입해야 한다는 논의도 가능하다(White, 2017).

65) 우리 사회가 실제로 어느 정도 능력주의적인가(기회의 평등에 접근해 있는가?)를 연구하기 위해서 사회적 이동성(social mobility)를 조사하는데, 사회학자들은 주로 '사회계층 간

능력주의에 대해서는 네 가지 반론을 제기할 수 있다. 첫 번째 반론은 '자유에 대한 위협'이라는 것이다. 능력주의가 비록 원칙적으로 바람직하다 할지라도 우리는 개인의 자유에 대한 존중이라는 측면에서 능력주의를 증진하려는 행동에 제한을 가해야 한다는 것이다. 하지만 미국의 연방 대법원은 이를 부인한다.[66) 두 번째 반론은 지위의 불평등을 초래할 수 있다는 것이다. 사회가 강한 능력주의로 갈수록 지위의 평등을 희생시킬 수 있다는 것이다. 강한 능력주의에서는 낮은 계층에 종착한 사람들이 기회의 결핍을 근거로 그들의 열등한 처지를 설명할 수 없기 때문에 발생한다. 그들은 짐작하건대 더 높은 곳으로 올라갈 수 있는 능력이 없기에 사회적 등급에서 그러한 처지에 놓이게 되었다는 것이다. 이것은 그들의 처지에서는 진정한 열등감을 불러일으킬 것이다. 동시에 더 높은 사회계층의 사람들은 그들이 고도의 능력을 지니고 있기에 그 지위를 차지하고 있다는 점을 알고

이동성의 비율'을 분석한다. (경제학자들이 애용하는)사회적 이동성의 또 다른 연구방법은 부모의 '수입'·'소득'·'부'와 자식의 그것들의 관계에 초점을 맞추는 것이다. 사회학자들은 사회적 이동성을 '절대적 이동성'과 '상대적 이동성'으로 구분하기도 한다. '절대적 이동성'은 어떤 계층으로부터 또 다른 계층에 진입하는 사람의 비율에 관심을 가지고, '상대적 이동성'은 한 계층에서 태어난 사람이 주어진 특정 계층에 종착할 가능성을 다른 계층에서 태어난 이들이 그 주어진 특정 계층에 종착할 가능성과 비교한 확률(상대적 비율)에 관심을 가진다(White, 2017).

66) 일련의 사업이나 전문직에 종사하는 사람들이 클럽이나 만찬 모임을 만들면서 여자 회원을 받아들이는 것을 거부했다고 상상해보자. 그 클럽으로부터의 배제는 분명히 남자들에 비해 여자들에 대한 기회의 평등을 훼손한다. 그러나 어떤 이들은 결사의 자유가 기본적인 권리이며 국가가 능력주의를 위해서 여자의 가입을 강제한다면 결사의 자유를 침해하는 것이라고 주장한다. 그런데 미국의 연방 대법원은 주 정부가 젊은 사업가들의 전국적인 모임(제이시스)이 여자들을 회원으로 받아들이도록 요구하는 것이 미국 헌법을 침해하고 있지 않다고 판결했다. 헌법이 보장하는 결사의 자유는 두 가지 - 친밀한 결사의 자유(가족 형성, 친구 모임 등)와 표현적 결사의 자유(종교적 또는 정치적 결사) - 가 있는데 제이시스가 여성을 회원으로 받아들이라고 하는 요구는 어떤 자유도 침해하지 않았다고 보았다. 요약하자면 우리는 각 유형의 사례마다 걸려 있는 구체적인 이익이 무엇인지를 고려하기 위해서 '자유'와 '평등'이라는 추상적인 구호의 기저를 더 깊게 파고들 필요가 있다는 것이다(White, 2017).

있다. 이는 그들의 처지에서 우월감을 창출해낼 것이다.[67] 세 번째 반론은 능력주의 내부의 모순성이다. 강한 능력주의는 '기회의 평등'을 지지하지만, 소득이나 부의 평등과 같은 '결과의 평등'을 지지하지 않는다. 능력주의 시각에서는 소득과 부의 불평등은 어느 정도 존중될 가치가 있으며, 오히려 그것을 제거하려고 시도하는 것이 부정의하다. 그러나 결과의 평등이 기회의 평등에 필요하다면(기회의 평등은 평등한 출발을 원한다), 복수의 세대가 함께 사는 사회라면 어디에서나 강한 평등주의의 이상은 일관성이 결여된 것으로 보일 것이다. 왜냐하면, 이것은 명백하게 우리가 결과의 평등을 관용하도록 요구하면서 동시에 그것을 관용하지 말라고 요구하기 때문이다.[68] 네 번째 반론은 덜 유능한 자들에 대한 불공정이다. 능력주의자들은 만약에 기회의 평등이 충분하게 존재한다면, 상이한 수준의 숙련 기능에 따라 노동자들 사이에 발생하는 결과적인 수입의 불평등이 정의롭다고 믿는다. 이처럼 더 많은 기여는 보상을 받을 가치가 있다는 것이 많은 사람에게 명백해 보인다. 그러나 그것은 명백한 것은 아니다. 개인이 받을 만한 자격deservingness : 공로에 대한 우리의 평가는 그들이 타인을 위해서 생산한 것의 '절대적 가치'가 아니

---

67) 지위의 평등에 대한 위협을 다룰 수 있는 방법에 대해서는 데이비드 밀러(D. Miller)는 두 가지 길을 제시한다. ① 직업과 소득의 능력주의적 분배를 '탄탄한 형태의 시민권'을 양성함으로써 상쇄하는 것이 중요하다고 주장한다(건강보험 등 사회적 재화의 시장 영역에서의 제외, 청소년들의 국가적 복무계획 참가 등). ② 사회가 '경제적 능력 또는 응분의 성과'와 '더 넓고 포괄적 의미의 능력'을 명시적으로 구분할 필요가 있다고 주장한다. 사회는 이러한 상이한 종류의 능력들을 모두 인정하는 방법을 발견할 필요가 있다. 아무튼, 두 가지 대응들은 시사적이지만 더 많은 정책적 연구가 필요하다(White, 2017).

68) 여기서 주의할 사항이면서 강한 능력주의를 지지하기 위해서 추가적으로 지적할 논점은 강한 능력주의가 모든 재화의 분배에 경제적인 응분의 성과를 요구하는(지배해야 한다는) 신념을 신봉하는 것은 아니라는 것이다. 강한 능력주의자는 교육, 의료서비스, 어느 정도의 부의 상속과 같은 가장 중요한 사회적 재화 중 다수가 시장의 영역에서 제외되어 모두에게 제공되기를 원한다는 것이다(White, 2017).

라(또는 가치뿐만 아니라), 그들이 자신들의 생산 능력보다 '상대적으로 생산한 것의 가치'에도 또한 의존해야 할 것이다. 자선적인 기부와 관련하여 우리가 느끼는 직관이 하나의 좋은 비유가 될 수 있다(부자의 자선과 가난한 자의 자선). 이와 유사한 논리가 경제적 생산에도 적용될 수 있다는 것이다.[69]

아무튼, 강한 능력주의는 '출생의 우연'이 사람들의 전망에 주요한 영향을 미치는 것은 부정의 하다고 본다, 그러나 아직도 문제는 남아 있다. 우리의 지능과 모든 부류의 기능(技能)에 영향을 주는 '선천적 소질' 역시 출생의 우연에 의해서 결정된다. 그래서 롤즈도 자연적인 소질assets에 따른 분배도 허용하지 아니하려고 한다. 강한 능력주의에 따르더라도 자연적인 소질은 어쩔 수 없다. 드워킨도 기회의 평등 개념은 강한 형태(강한 능력주의)라도 '기만적'이라고 주장한다. 왜냐하면, 그것은 사람들의 전망을 선천적인 소질의 자비에 맡겨버리기 때문이다(White, 2017).

라) 운 평등주의luck egalitarianism

사회구성원들이 모두를 공평하게 대하는 경제 질서를 모색할 때에 도덕화된 민주주의의 시민들은 능력주의의 이상에 의문을 제기할 만한 좋은 이유가 있다. 엘리자베스 앤더슨E. Anderson은

---

69) 한 노동자가 열등한 생산 능력을 선천적으로 부여 받았다는 이유 때문에 타인보다 응당 더 낮은 보상을 받아야 하는 것은 아니라는 점이디. 이 견해에 따르면 원칙적으로 노동에 대한 소득은 사람들이 부여받은 재능을 얼마나 많이 발휘한 것인가에 대한 그들의 상이한 선택을 반영하기 위해서 달라져야 한다는 것이다(물론 이것은 고용주들이 이 근거에 의해서 임금을 지급해야 한다는 것이 아니다. 사회가 이러한 목표를 달성하기 위해서 세금과 보조금을 이용해야 한다는 것이다)(White, 2017).

여기에 대한 대안을 '운 평등주의'라고 불렀다.[70] 이것은 사람들이 통제할 수 없는 '불가피한 운'을 반영하는 불평등은 부정의하며, 공동체는 이를 교정하거나, 그러한 불평등을 방지하도록 조치를 하여야 한다는 것이다.[71] 운 평등주의에 대해서는 찬반의 논쟁이 있다. 우파들은 운 평등주의가 개인의 자유에 대한 존중과 양립할 수 없는 중과세를 요구할 것이라고 주장하고, 좌파들은 운 평등주의가 권력과 지위에서 부당한 불평등을 야기하며 그 결과 정치적·사회적 평등의 목표를 약화할 것이라고 주장한다. 또한, 운 평등주의의 엄격한 적용 또는 유사한 조치가 경제적 동기부여를 전복시키고 공동체를 궁핍하게 만든다는 반론도 있다(인센티브 문제).

로널드 드워킨은 경제적 공정함이 자원의 평등이라고 부르는 것에 있다고 주장한다(자원평등론). 자원평등론에 대해서는 뒤에 다시 자세히 논의할 것이다. 우선 간단히 설명하면 그의 자원평등론은 두 가지 기본 개념에 기초하고 있다. 하나는 각 개인은 자기의 인생의 성공에 대한 특별한 책임이 있다는 것이다. 다른 하나는 정치적 공동체가 그 구성원을 평등하게 대우할 의무가 있다는 것이다. 이 두 개념에 근거해서 공정한 분배는 포부민감성ambition-sensitive과 소질둔감성endowment-insensitive을 갖추어야 한

---

70) 앤더슨은 비자발적인(혹은 불운한) 불평등을 제거하는 데 관심을 두는 주장들을 운 평등주의라고 불렀지만, 그녀는 운 평등주의에 대해서 비판적인 입장이다(Kymlicka, 2006).

71) 재미있고 조금 혼란스럽기도 한 것은 '운 평등주의', '능력주의', 뒤에 나오는 '자원평등론', '역량 중심 이론' 등 용어의 문제이다. 능력주의, 자원평등론, 역량 중심 이론은 능력에 따르거나 자원을 평등하게 하거나 역량을 확충하면 정의롭다는 것이다. 그러나 운 평등주의는 운을 따르지 않고 무시해야(운의 중립화라고 표현하기도 한다) 정의롭다는 것이다. 피상적으로 생각하면(깊이 생각해 보지 않으면) 용어들이 가리키는 방향이 혼란스럽다.

다고 주장한다.[72] 포부민감성은 사람들이 내린 상이한 생활방식의 선택이 가져온 분배적 결과에 대해서 존중할 것을 요구한다. 소질둔감성(천부적인 소질 등)은 개인이 잘못이 없는데도 타인보다 더 적은 자원을 가지지 않도록 보장해야 한다고 주장한다. 드워킨의 시각에서 능력주의는 그것이 설령 강한 형태일지라도 불공정하다. 그러나 드워킨의 시각은 우리가 흔히 결과의 평등이라고 이해하는 바를 지지하는 것은 아니라는 것에 주의해야 한다.[73] 아무튼, 이 구분은 선택적 운option luck과 불가피한 운brute luck에 대한 드워킨의 또 다른 구분과 연관된다. 포부민감성은 선택적 운으로부터 발생한 불평등을 존중할 것을 요구한다. 그리고 소질둔감성은 (나쁜) 불가피한 운 때문에 초래된 자원상의 불리함으로부터 사람들을 보호할 것을 요구한다. 드워킨의 작업은 경제적 분배가 어떻게 포부민감적이면서 동시에 불평등한 소질에 따른 결과들을 바로잡을 것인지를 보여 주는 것이다. 그의 논의는 그가 외부적 자원external resources과 내부적 자원internal resources으로 부르는 것을 다루는 두 부분으로 나눈다. 외부적인 자원에 대해서는 '시초 경매initial auction'의 개념을 도입해서 개인이 자원을 구입하게 한다. 이 분배의 결과는 그 어떤 소질의 불평등을 반영하지 않고 포부민감적이다(개인들의 수중에 들어온

---

72) 포부민감성(ambition-sensitive)과 소질둔감성(endowment-insensitive)을 '소망'에 민감하고, '재능'에 둔감하다고 번역하기도 한다. 또한, 넓게 정의하여 '선택'에 민감하고(choice-sensitive), '여건'을 배제한다(insensitive to their circumstances)고 표현할 수도 있다(Kymlicka, 2006 ; Dworkin, 2005).

73) 그래서 화이트는 드워킨의 관점을 '자원의 평등'이라고 지칭하는 것이 적절하지 않다고 지적한다. 이 명칭은 결과의 평등과 헷갈리게 만든다고 본다. 또한, 드워킨의 '자원'이라는 개념에도 문제가 있다고 지적한다. 드워킨은 일상적인 의미의 '자원의 결여'뿐만 아니라 일정한 종류의 복지를 위한 '역량의 결여'도 포함하여 '자원의 불리함'이라고 지칭하여 논점을 흐리게 하고 있다고 주장한다(White, 2017).

특정한 자원들이 개인적으로 내린 선택을 반영하기 때문이다). 그러나 어떤 두 사람이 외부적 자원의 측면에서는 평등한 반면에, 장애와 생산적 재능이라는 내부적 자원의 소질에서는 매우 불평등할 수 있다. 이러한 불평등에 대처하기 위해서 드워킨은 '가상적 보험 시장hyperthetical insurance market'의 개념을 도입한다. 그리고 우리가 가령 이동상의 장애나 낮은 소득 능력과 같이 열악한 내부적 소질을 가지고 태어나는 것에 대해서도 보험을 구매할 수 있다고 주장한다. 사람들은 비싼 보험에 들 수도 있고 싼 보험에 가입할 수도 있다. 드워킨은 공동체의 평균적 구성원들이 구매할 수 있는 보험 패키지에 대해서 현실성 있는 평가가 있다고 주장한다. 그렇다면 정부는 이 평균적인 보험정책의 혜택과 이득에 상응하는 소득 이전과 세금을 설정할 수 있다는 것이다. 이러한 이전의 결과적 양상은 완벽하게 정의롭지는 않을 것이다(왜냐하면, 누군가는 평균보다 더 낮거나, 더 높은 수준의 보험정책을 구매했을 것이기 때문이다). 그러나 이 접근은 우리가 예상할 수 있는 정의에 근접한 것으로 '합당한 차선의 선택'이라고 할 수 있다고 주장한다.[74]

드워킨의 이론은 많은 반응과 비판을 유발했다. 비판의 한 노선은 '생산적인 재능'을 취급하는 것에 초점을 맞춘다. 왜 우리는 불리한 생산적 재능을 가지고 태어난 사람들을 위한 보상의 적절한 수준으로서 가상적인 보험 시장에서 선택된 보상 수준

---

74) 드워킨은 '자원의 평등'을 그가 '복지의 평등(equality of welfare)'이라고 지칭하는 이론에 대한 대안으로 제시한다. 외부적·내부적 자원들은 우리가 가지고 있는 궁극적인 선의 개념이 무엇이든지 간에 그것을 추구하도록 보장한다는 점에서 도구적으로 중요하다는 것에 동의할 수 있다. 이처럼 자원의 평등은 좋은 삶에 대한 상이한 철학 사이에 놓여 있는 복지의 평등보다 명백하게 더 보편적(ecumenical)이라는 점에서 이점을 가지고 있다고 할 수 있다고 본다(Dworkin, 2005 ; White, 2017).

을 취해야만 하는가? 우리가 근본적인 잘못이 없는 데도 타인보다 못살게 되는 것이 근본적으로 불공평하다고 생각한다면, 정의로운 보상의 이상적인 기준은 돈벌이 능력을 평준화해버리는 것임이 분명하며 (동기부여라는 측면을 제쳐놓는다면) 그에 미치지 못하는 수준은 무엇이든지 부정의할 것이다. 요컨대 일부 비판자들은 드워킨의 재능의 불평등에 대한 대우 방식이 그가 확언하고 있는 기본적 원칙의 부적절한 반영이라고 주장한다.

또 다른 부류의 비판은 코엔G. A. Cohen과 센A. Sen에 의해서 제기된다. 이들의 비판은 우리가 불리함을 평가하는 데에 전적으로 자원에 집중해야 한다는 드워킨의 주장에 초점을 맞춘다.[75] 센은 개인의 웰빙well-being을 사람이 성취하는 '기능들functionings'에 의해서 구성되는 것으로 정의한다. 그리고 사람의 '역량capability'이란 기능들을 성취하기 위한 힘으로서 '(삶의 한 방식이나 혹은 다른 방식을 주도해 나갈) 개인의 자유를 반영하는 기능들의 일련의 벡터들이다'라고 본다. 센은 우리가 바라야 할 평등의 종류는 가치 있는 기능들을 성취할 힘 (또는 효과적인 자유) 즉 역량의 공간에 있다고 주장한다. 이러한 역량에 초점을 맞추는 접근은 사람들이 가지고 있는 복지와 (재화나 소득이라는 의미에서) 자원에 초점을 맞추는 접근들과 대조를 이룬다고 본다. 센도 복지주의를 비판한다. 그에 의하면 우리의 관심이 오직 사

---

75) 코헨은 복지의 평등이 평등의 개념화에 부적합하더라도 평등에 대한 적절한 개념화는 복지를 위한 일정한 공간을 제공해야 하며, 드워킨이 복지상의 불리함에 대한 여하한 관심도 봉쇄하려는 시도는 너무 과하다고 주장한다. 우리가 자원주의자의 언어를 사용한다고 해도 사실은 복지를 위한 기회의 평등이라는 생각에 호소하는 경우도 있다는 것이다(움직이면 엄청난 고통을 겪는 불행한 개인에게 고통을 피하는 값비싼 약을 제공하는 경우 등). 또한 드워킨은 '값비싼 취향'의 문제에 대해서 그것은 선택했기 때문에 보상하지 말아야 한다고 말하지만, '값비싼 취향을 타고난' 사람의 경우도 있다고 주장한다. 따라서 개인의 취향도 불가피한 운에 따른 불리함의 원천이 될 수 있다는 것이다(White, 2017).

람들이 누리는 복지를 평등화하는 것이라면 특히 '적응적 선호 adaptive preference'로 인해서 소득과 부의 심각한 불평등을 유지하는 것을 수반할 수 있다. 그러나 '기본적인 재화들 또는 자원의 소유 평등도 상이한 개인들이 누리는 실제적인 자유의 심각한 불평등과 나란히 병행할 수 있다.' 재화나 소득의 의미에서의 자원들은 자유를 위한 수단이지 자유 그 자체는 아니다. 센과 코헨의 입장은 모두 평등에 대한 '다원주의적 접근'이라고 할 수 있다. 즉 우리가 두 사람이 얼마나 평등한지를 고려할 때, 복지를 포함하면서도 복지로만 환원되지 않는 이점(利點)의 다원적 유형에 관한 접근 가능성에 초점을 두어야 한다는 것이다. 센은 매우 광범위한 신앙과 철학을 가로질러 좋은 삶에 관하여 합당한 사람들 사이에서도 매우 중요하다고 확실히 인정할 수 있는 몇 가지 '핵심적 기본적 역량'들이 있다고 주장한다. 특히 사람들이 비자발적인 심각한 신체적 고통과 같은 몇몇 특수한 종류의 복지 결핍 diswelfare이 회피되어야 한다는 것에는 누구나 동의할 수 있을 것이다. 그래서 우리는 좋은 삶의 본성에 관한 논쟁적인 주장에 휘말리지 않고서도 어떤 '역량'과 어떤 '복지' 결핍을 평등 이론을 위한 본질적인 관심사로 승인할 수 있다고 본다.

운 평등주의에 대해서도 두 가지 반론이 있다. 첫 번째 반론은 '자유에 대한 위협'이라는 것이다. 운 평등주의가 기회의 평등에 대한 능력주의의 요구를 받아들이고 나아가 그러한 요구를 넘어서는 것을 추구하기 때문에 능력주의에 대한 반론(자유에 대한 위협)의 많은 것들이 운 평등주의에도 적용된다. 더욱이 운 평등주의는 숙련된 노동자로부터 비숙련 노동자로 이전되는 노동소득의 재분배에 강한 관심이 있다는 점에서 자유에 근거한 추가적인 반론에 직면한다.[76] 두 번째 반론은 사회적·정치적 불평등이다. 어떤 철학자들은 운 평등주의가 근본적으로 그릇된 것이라고 주장한다. 운 평등주의의 문제점은 그것이 너무 평등주의적이라서가 아니라 '올바른 방식으로' 평등주의적이지 않다는 것이다. 운 평등주의도 상당한 경제적 불평등의 출현을 용인할 수 있으며 이는 결국 권력과 사회적 지위에서의 상당한 불평등을 초래할 수 있다.[77] 화이트는 경제적 평등에 대한 앤더슨

---

76) (먼저 이 반론은 재분배 과세가 그 자체로 우리가 일반적으로 이해하는 것처럼 필연적으로 자유를 그저 '축소'시키는 것은 아니라는 것을 이해하는 것이 중요하다. 만약에 국가가 소득과 부를 부자로부터 빈자에게 이전시키기 위해서 개입한다면 그것은 실로 더 부유한 자에게 법적으로 허용된 행동의 범위를 축소시킬 것이지만, 이는 동시에 더 가난한 자에게 법적으로 허용된 행동의 범위를 확장시킬 것이다. 이 점에서 재분배는 평등을 위해서 자유를 희생하는 것이 아니라 더 평등한 자유를 창조해내려는 정부의 조치의 문제라고 본다).

그렇지만 자유의 관점에서 노동 소득에 대한 과세는 특별한 문제를 내포한다. 자유지상주의자들(libertarianists)은 문제가 있다고 말한다. 노동 소득에 대한 과세는 강제노역과 마찬가지다. 유능한 노동자는 결과적으로 덜 유능한 노동자들에게 부분적으로 소유된 것이며 완전한 자기 소유의 부정은 그의 지위를 상대적으로 노예와 유사하게 만든다. 이에 대해서 평등주의자들은 세금 이전의 구상에서 유능한 노동자들이 노예와 전적으로 다르다는 점을 여러 가지 방식으로 지적한다. 유능한 노동자가 얼마나 오래 일할지에 대해서 전적으로 그의 재량이다. 또한, 그의 일의 종류와 관련해 그는 직업 선택에서 완전한 자유가 있다. 노예화라는 비난은 왜곡된 과장이라고 주장한다. 그러나 노예화라는 수사는 제쳐두고라도 유능한 사람들이 어쩔 수 없이 부분적으로 타인의 이익을 위해 일을 해야 한다는 것은 분명하다. 이러한 세제는 우리가 노력-고삐채우기(effort-harnessing)라고 부를 수 있는 것을 포함하게 된다. 양 진영에서 논쟁을 제기할 수 있는 문제이다(White, 2017).

77) 요컨대 운 평등주의는 그것이 정치적·사회적 평등이라는 가치와 명백히 상충한다는 이유로 비난을 받을 수 있다는 것이다. ① 엘리자베스 앤더슨에 의하면 운 평등주의는 자신의 장애가 나쁜 불가피한 운이 아니라 '나쁜 선택적 운'에 의해서 초래된 사람에게는 사회가 매우 한정된 지원 의무를 가진다고 주장할 것이라고 한다. 그러나 정의는 이러한 식으로 장애를 가진 사람들을 내치도록 요구하지도 (심지어 그렇게 하도록 허용하지도) 않는다. ② 엘리자베스 앤더슨의 두 번째 비판은 운 평등주의는 '덜 유능한 사람'과 '장애를 가진 사람'을 모욕적인 방식으로 다룬다는 것이다. 능력주의가 경쟁에서 패배한 사람들로 하여금 열등감을 느끼게 하고 경쟁에서 성공한 사람들은 우월감을 느끼게 하는 것과 마찬가지로 운 평등주의도 빈곤한 내부적 자원을 가진 자에 대해서 보상을 강조하는 것이 유사하게 열등감과 우월감의 태도를 발생시키고 그럼으로써 지위의 평등을 전복시킬 것이라고 말한다. 운 평등주의에 대한 앤더슨의 대안은 경제적 평등의 사안을 사회적·정치적 평등에 대한 관심으로 전환하자는 것이다. 지배하고 착취하는 또는 주변화하고 모욕하는 또는 폭력을 가하는 형태의 사회적 관계인 '억압'을 폐시하고, 개방적 토론을 통한 집단적 자기 결정권이 존재하는 '민주적 공동체'를 창조하는 것이다. 정부는 이러한 목표들을 달성하기 위해서 사람들에 필수적인 자원들에 접근하는 것을 항상 보장해야 한다는 것이다. 낸시 프레이저(N. Fraser)의 용어에 따르면 '재분배'의 정치만큼이나 역사적으로 불리한 집단에 대한 '인정'의 정치가 필요하다는 것이

식의 접근방법을 지위-권력 접근status-power approach이라고 부른다.[78] 아무튼, 운 평등주의는 전적으로 거부할 수 없는 중요한 주장이지만, 운 평등주의에 대한 반론은 운 평등주의도 무엇인가 결함이 있다는 것을 시사하며 다른 접근법에 의해서 보완되어야 한다는 것을 의미한다(White, 2017).

마) 평등과 인센티브

경제적 평등이 바람직하다고 생각하는 많은 사람은 아마도 다른 이유로 실제로는 경제적 평등을 거부할 것이다. 왜냐하면, 경제적 평등이 경제적 인센티브 특히 노동에 대한 인센티브에 끼칠 해로운 영향 때문이다.[79] 경제적 불평등을 옹호하는 인센티브 논변은 세 가지로 구분할 수 있다고 한다. ① 전체 산출을 극대화하는 데에 필요한 수준으로 불평등을 허용해야 한다는 접근방법, ② 전체 산출을 증대하기 위해서 불평등을 허용하되, 모든 노동자가 적정한 최저소득을 보장받는 한에서만 이루어져야 한다는 접근방법(홉 하우스), ③ 최하층 노동자 집단을 가능한 한 더 잘 살 수 있도록 만드는 수준의 그러한 불평등을 허용해야 한다는 접근방법(롤즈) 등이다. 이들 중에서 가장 적은 불

다(White, 2017).

[78] 앤더슨식 접근방법에 대한 운 평등주의자들의 반론도 있다. 운 평등주의자들은 그들도 단지 금전적인 보상의 제공에만 전념하는 것은 아니라는 점, 앤더슨의 제안은 운 평등주의의 사회 정책과 차이가 없다는 점, 경제적 평등은 지위와 권력의 불평등 차원 이상으로(응당 그 자체로) 너무나 중요하다는 점 등이다(White, 2017).

[79] 인센티브는 어떤 행동을 하도록 사람을 부추기는 자극 즉 동기부여의 수단을 의미한다. <과짜경제학>의 저자 스티븐 레빗(S. D. Levitt)은 경제학은 근본적으로 인센티브를 연구하는 학문이라고 하면서(인센티브는 사람들이 어떻게 필요한 것을 얻는가와 관련되기 때문임), 인센티브는 그 특색에 따라 기본적으로 세 가지로 나뉜다고 한다. 경제적, 사회적, 도덕적 인센티브다. 그런데 하나의 인센티브는 대개 이 세 가지 인센티브의 조건을 모두 포함한다(인터넷, 매일경제 ; Levitt 외, 2016).

평등을 허용하는 것이 롤즈J. Rawls의 접근방법이다. 그리고 인센티브를 이유로 얼마만큼의 불평등이 필요한지는 경제적 가치가 노동자들의 노동에 대한 태도에 얼마나 영향을 미치는가에 달려 있다. 이것은 노동 기풍ethos의 문제이다. 홉하우스L. Hobhouse나 코엔J. Cohen과 같은 사상가는 우리가 더욱 공공심이 있는public-spirited 노동 기풍을 양성하기 위해서 노력해야 한다고 주장한다. 그러나 일부 비판자들은 공공심 있는 경제의 비전은 굴러가지 않을 것이며, 관용될 만큼의 효율적인 경제는 시장에 기초해야 한다고 주장한다(시장이란 사람들이 물질적인 자기 이익에 의해서 동기부여가 되기 때문에 작동한다). 아무튼, 공공심 있는 노동 가풍은 허용해야 하는 불평등을 축소할 것이다.

롤즈의 차등의 원칙은 보상의 불평등이 인센티브의 근거에 의해서 어디까지 정당화될 수 있는지를 평가하는 데에 좋은 척도를 제공해 준다. 그러나 최소한 두 개의 경고는 주목해야 한다. 첫째 우리는 차등의 원칙을 '느슨한 관점'에서 받아들여야 한다. 그것의 엄격한 적용은 중간계층의 엄청난 희생을 대가로 하여 최하층에 단지 미미한 혜택만을 가져올 때는 그 원칙으로부터 이탈할 태세가 되어 있어야 한다. 둘째, 모든 인센티브는 최하층의 입지를 개선하는 것에 필요하다는 이유만으로 곧바로 정의로운 것은 아니다. 인센티브 지급이 정의로운가는 유능한 노동자들이 그 지급을 요구하는 동기에 달려 있다는 것이다. 정의로운 사회에서 생산자들은 그릇된 부류의 이유(불평등 그 자체를 즐기려는 욕구 같은 것)로 인센티브 지급을 요구하는 것을 꺼리는 정신을 공유할 것이다. 그렇다고 하더라도 자신의 윤리적 기획을 추구하려는 개인들의 자유를 존중하는 사회는 일정한 인센티브 지급의 필요성을 수용해야 한다(White, 2017).

바) 평등의 미래

최근 대부분 선진사회에서의 '소득 불평등'은 증가하고 있다. 경제적 불평등의 경향을 평가하는 데 사용하는 '부의 불평등'은 더욱 심한 경향이 있다.[80] 이러한 상황에서 평등에 대한 요구 특히 경제적 평등에 대한 요구가 과거에 그러했던 것처럼, 미래에도 정치사회체계 전반을 어떻게 조형할 것인지는 중요한 질문이다. 비관적인 논변은 정부가 평등을 증진하기가 점점 더 힘들어지고 있다고 주장한다. 이에 대해서는 많은 이유가 존재한다. 첫째는 경제적 지구화이다. 이것은 전 세계에 걸쳐 무역이 증가하고 자본과 노동의 이동성이 증가한 것을 말한다. 이러한 사태의 전개로 많은 정부는 세금의 부과와 지출의 확대에 있어서 커다란 제약을 받는다. 둘째는 선진국 경제에서 제조업의 감소와 서비스 부문 고용의 증가에서 초래된 계급 구조의 변화이다. 이러한 변화로 경제적 평등이라는 관념을 지지하는 좌파 정당들이 강력한 사회적 기반을 상실하고 있다는 것이다. 셋째는 시민 참여의 감소라는 문제도 존재한다. 선진 민주 국가에서 대중들은 시민적·정치적 삶에 과거보다 덜 참여하고 있다. 그 원인은 노동자로서 삶의 압박, 세대 간의 가치관 차이, 여가 이용에 있어서 전자오락(특히 텔레비전)의 영향 등이다. 이러한 시민적

---

80) 조지프 스티글리츠(Joseph E. Stiglitz)는 미국뿐만 아니라 세계 각지에서 (경제적) 불평등의 심화와 기회의 차단 이 두 가지 추세가 경제와 민주주의, 사회에 미치는 영향을 우려하는 목소리가 갈수록 고조되고 있다고 보고 있다. 오늘날 부자는 갈수록 부자가 되고, 가난한 사람은 갈수록 가난해지고, 중산층은 공동화되고 있다고 한다. 미국 사회의 불평등은 날이 갈수록 빠른 속도로 더욱 심화되어 새천년의 초(2002~2007)에는 상위 1%가 국민소득의 65%를 차지해서 미국을 '상위 1%의 나라'라고 주장한다. 부의 불평등은 소득의 불평등보다 훨씬 더 심각하다(Stiglitz, 2013).

참여의 감소는 결국 '사회적 자본'의 침식을 가져왔다. 넷째는 이와 관련되는 문제는 증대되는 '문화적·종족적 다양성'에 의해서 제기된다. 사회가 다문화, 다종족으로 될수록 신뢰의 기반이 약해진다. 다섯째는 자유시장 자본주의에 대한 믿을 만한 대안의 결여이다. 우리는 소련의 경험으로부터 본질적으로 자본주의와 다른 대안이 존재하지 않는다는 것을 배우게 되었다. 선거민주주의 체계에 연계된 자본주의가 경쟁하는 사회체계에 대해서 승리를 거둔 것이다.

한편 낙관적인 논변은 평등정치의 전망에 관한 평가를 할 때는 장기적인 시각이 필수적이라는 것이다. 예컨대 프랑스 대혁명의 시기와 비교했을 때 평등에 관해서 어떠한 진전이 있었는지를 보아야 한다는 것이다. 비관주의자들의 논변을 비판하면 다음과 같다. 첫째는 경제적 지구화가 국민국가의 정부의 능력을 제한한다고 주장한다. 그러나 우리는 국민국가 정부에게 일부 권력을 되돌려주기 위해서 경제적 지구화를 제한하거나 심지어 역전시키려고 노력할 수도 있다는 것이다. 아니면 지구화된 경제에서 더욱 효과적으로 평등을 추구할 수 있는 초국가적 제도를 건설할 수 있다는 것이다. 둘째 선진 경제에 있어서 계급구조의 변화와 평등주의적 정치적 기반이 약화하였다는 주장에 대해서도 논박한다. 선진 자본주의 국가에서 계급 구조가 마르크스가 예견했던 것보다 복잡해진 것이 사실이지만, 아직도 노동자들이 더는 불평을 하지 않는 세계에 진입하지는 않았다는 점이다. 산업노동자 계층과 새로운 서비스 부문 노동자들이 새로운 연대를 형성할 수도 있다는 것이다. 셋째와 넷째의 주장도 평등의 정치가 필요로 하는 연대의 윤리에 반하는 방향으로 작동하는 것이다. 그러나 이러한 논점도 모두 결정적인 것처럼 보이지는 않는다. 이러한 사태는 공공영역의 설계와 관련된다. 학교의 시민교육, 국가 서비스 프로그램, 여러 가지 참여적 형태의 민주주의 등이 중요하다. 비관주의자들의 마지막 논점에 대해서도 반론을 제기한다. 사적 소유를 국가 소유로, 시장을 중앙집권적 생산계획으로 대체하면서 자본주의를 전적으로 부정하는 경제체제로서 사회주의의 고전적 모델에 대한 신뢰가 실추된 것은 사실이다. 그러나 국가 사회주의와 자유시장 자본주의가 모든 가능성을 망라하지는 않는다. 자본주의 사회에서도 자유방임주의에서 확장된 복지국가에 시장을 연계시키는 엄청난 변형들이 존재한다. 더욱이 '시장 사회주의자'들은 시장이 자원의 할당을 지도하도록 작동하면서도 협동조합에 의해서 소유되는 것이 가능하다고 주장한다. 다른 사람들은 생산적 자산의 사적 소유를 인정하면서도 평등한 자산이나 소득을 분배하는 정책들을 주장해 왔다. 제임스 미드J. Mead의 '재산소유 민주주의property-owning democracy' 또는 '파트너십 경제partnership economy', 로빈 블랙번R. Blackburn의 연기금에 기반을 둔 '복합 사회주의complex socialism' 등이다. 비관주의 논변은 과장되어 있다. 주목할 사항은 평등에 대한 요구는 그것의 모든 복합성과 함께 그 도덕적인 힘을 유지하고 있다는 것이다. 그리고 지난날 평등을 증진하기 위한 열정적인 노력은 우리가 오늘날 직면한 것들에 비해 절대 뒤지지 않는 거대한 장애물들을 극복했다는 것이다.[81] (White, 2017).

---

81) 평등을 국민국가 내의 문제로 볼 것인가 전 지구적 수준으로 확대할 것인가라고 하는 것은 또 다른 차원의 문제이다.

II. 사회주의

1) 사회주의socialism의 의의

사회주의적 이념은 플라톤의 '국가', 토마스 모어의 '유토피아'에서도 그 흔적을 찾아볼 수도 있지만, 정치적 신념으로서의 형태는 취하지 않았다. 근대 사회주의는 18세기 말과 19세기 초의 자유주의에 대한 비판으로 시작하였으며 자본주의 사회에서의 모순과 병폐에 대한 반작용에서 출발하였다. 사회주의자들은 자기 이익·경쟁·개인적인 자유(사적 소유)를 강조하는 자유주의에 반대하며, 인간은 개인으로서가 아니라 공동체적 존재로서 살거나 일을 해야 하기에 경쟁보다는 '협동'·'생산수단의 사회적 소유와 사회적 관리'를 강조한다.[82]

사회주의의 의미에 관해서 설명하기 전에 주의할 사항은 우선

---

82) 사회주의란 용어의 기원에 대해서는 이설들이 많다. 영국에서는 1826년 오웬(Robert Owen)이 제자들을 사회주의자라고 불렀고, 1927년 런던의 어느 조합의 기관지에 처음으로 사용되었다고 한다. 프랑스에서는 사회사상가 르루(Pierre Leroux, 1797~1871)가 처음으로 사용했으며 개인수의에 대립하는 개념으로 만들어졌다고 한다. 그래서 사회주의라는 용어는 만들어진 연대에 대해서는 명확하게 단정하기가 어렵지만, 어원적으로 볼 때 자유주의가 아니라 '개인주의'에 대립하는 개념으로 사용되기 시작했다고 본다(인터넷, 두산백과;인터넷, 맑스 사전).

앞에서도 설명한 바와 같이 사회주의라는 개념이 다양한 의미로 사용되어서 혼란을 야기한다는 점이다. 특히 사회주의와 공산주의의 관계에 있어서 어떤 개념이 더 포괄적인 의미가 있느냐가 문제된다. 첫째는 사회주의와 공산주의를 서로 같은 의미로 사용한다. 두 개념 모두가 자유민주주의 내지 자본주의에 관해서 반대되는 개념으로 사용된다. 둘째는 공산주의를 사회주의와 공산주의로 세분하기도 한다. 사회주의는 '보다 낮은 단계의 공산주의'로서 프롤레타리아 혁명과 독재체제가 수립된 상태를 말하고, 공산주의는 '보다 높은 단계의 공산주의'로서 국가와 계급이 소멸하고 완전한 평등이 실현된 상태를 의미하기도 한다. 이는 마르크스와 엥겔스가 다른 평화적·개량주의적 사회주의자들과 구분하기 위해서 스스로를 사회주의라고 부르지 않고 공산주의라고 불렀기 때문에 공산주의라는 말이 널리 사용되었고, 이들은 사회주의를 '보다 낮은 단계의 공산주의'라고 보았다. 이러한 설명을 마르크스-레닌주의의 공산주의자들이 이어받았다고 할 수 있다. 셋째는 사회주의가 유(類)개념이고, 공산주의는 종(種)개념이며 공산주의는 사회주의의 한 형태라고 본다. 논리적으로 볼 때 사회주의가 공산주의 한 부분인 것이 아니라 공산주의가 사회주의 한 부분이라는 것이다. 이들은 두 번째 설명에서 사용되는 사회주의는 '볼셰비키 사회주의' 또는 '사회주의적 단계'라고 표현하는 것이 옳다고 주장한다. 또한 마르크시즘 자체가 넓은 의미에서는 사회주의 한 분파에 속한다. 우리는 세 번째 설명을 따르기로 한다.[83]

---

83) 그러나 사회주의라는 용어가 다섯 가지 각기 다른 뜻으로 사용된다고 보기도 한다. 첫째는 생산수단의 사회적 소유와 계획경제를 수단으로 자유·평등·사회정의를 실현할 것을 주장하는 사상과 운동(고전적 사회주의의 뜻으로 사용), 둘째 생산수단의 사회적 소유와 계획경

사회주의자들은 인간은 예나 지금이나 본성적으로 사회적 또는 공동체적 존재라고 보고 개인은 혼자가 아니라 상호 간에 협동하면서 살거나 일을 해야 한다고 본다. 즉 이들은 모든 사람이 상당한 정도의 자유·정의·행복을 누릴 수 있는 사회의 토대는 개인들 간의 경쟁이 아니라 협동이라고 본다. 또한, 사람들이 생산한 모든 것은 어떤 의미에서 사회적 생산물이며, 생산에 참여한 모든 사람이 재화를 공유할 자격이 있다고 생각하고 사회 전체가 모든 사람의 복지를 위해서 재산을 소유하고 통제해야 한다고 본다. 그러나 이 말의 정확한 의미는 무엇인가? 첫째로 사회가 어떤 종류의 재산을 어느 정도 소유하고 통제해야 하는가에 대해서는 다양한 대답이 가능하다. 어떤 사람들은 '대부분 재화'를 공공public 재산으로 보아야 한다고 하고, 다른 사람들은 '중요한 생산수단' 예컨대 강, 숲, 대규모 광산, 대규모 공장 등을 공적으로 소유하고 통제해야 한다고 주장한다. 둘째로 사회는 이러한 통제기능을 어떻게 행사할 것인가에 대해서는 대체로 사회주의자들은 '중앙집중 통제centralized control' 아니면 '분권적 통제decentralized control'를 주장해 왔다. '중앙 통제'는 국가나 정부가 전체 사회의 이름으로 재산과 자원의 운영 책임을 맡는 방식이다. 이것이 구 소련에서 실시한 접근법이다. 여타 사회주의자들은 공공 재산을 효과적으로 통제하는 최선의 방법은 분산화라고 보았다. '분권적 통제'는 각 지역 수준의 집단 특히 '공장·농토·상점에서 일하는 노동자 집단' 그리고 '노동자의 생산

제라고 하는 제도 자체만을 가리키는 경우(협의로 제도적 측면을 강조), 셋째 사회주의적 제도의 구현으로 기대되는 자본주의보다 한층 훌륭한 사회를 뜻하는 경우(사회주의의 목적만을 가리킴), 넷째 공산주의의 첫째 단계 또는 낮은 단계를 뜻하는 경우(공산주의자들의 용법), 다섯째 민주주의적 방법으로 광범한 사회보장과 공정한 분배 등을 지향하면서 사회를 개조하려는 사상과 운동(민주사회주의적 용법) 등이다(인터넷, 두산백과).

물을 구매 사용하는 소비자 집단'에 통제권을 부여하는 방식이다. 또한, 사회주의자들은 경제적 교환의 형태가 자본주의적으로 이루어지는 사회에서는 자본가가 권력의 분배를 결정한다고 보기에 가난한 사람들은 자기의 삶을 통제하고 지배하는 능력 또는 어떻게 생활할 것인가를 선택하는 능력이 아주 작다고 본다. 자본주의 사회에서의 '자유'와 '기회의 평등'과 같은 슬로건은 공허한 울림이라고 본다.

여기서 사회주의에서의 자유의 문제를 검토할 필요가 있다. 주의해야 할 사항은 서구에서는 빈번히 사회주의는 '자유에 반대한다'라고 주장하는 점이다. 그러나 이러한 주장은 좀 더 의미를 명료하게 하고 객관성을 유지하기 위해서 조심스럽게 다듬어야 한다. 사회주의자들은 자유주의의 개인적인 자유에는 분명히 반대한다. 그러나 이것은 사회주의자들이 자유가 중요하지 않거나 바람직하지 않다고 생각하기 때문이 아니라 자유주의와는 다른 자유의 개념을 제시하기 때문이다. 사회주의에서 자유는 고립된 개인의 자유보다는 계급 특히 노동계급의 구성원으로서의 자유를 중요시한다. 부유한 유산자 계급과 정치 권력과 경제적 부를 불공평하게 보유한 프롤레타리아 계급으로 사회가 분열되면, 이 분열은 그 불평등을 한 세대에서 다음 세대로 영속화하는 계급 차별의 강화와 공고화로 귀결되며, '빈익빈 부익부 현상'을 초래하게 된다. 사회주의에서 인간은 사회적 공동체적 존재이기 때문에 어떤 사람은 자유롭지만, 다른 사람들은 자유롭지 못하다는 것은 불합리한 것이며 모든 사람이 자유롭지 않으면 '누구도 자유롭지 않은 것'이라고 본다. 사회주의는 결국 '계급이 없는 자유로운 사회'를 지향하고 있

다고 보아야 한다.[84]

2) 사회주의의 계보

사회주의는 역사적 산물이기 때문에 다양한 형태를 취한다. 초기의 사회주의는 자본주의가 가져다준 사회적 혼란과 폐단을 비판하면서 여러 가지 형태의 사회주의를 주장했다. 그들의 자본주의에 대한 비판은 순수한 도덕적 분노에서 또는 과학과 역사적인 관점에서 도출되었다. 여기에는 프랑스의 생시몽Saint Simmon과 푸리에Chales Fourier, 영국의 로버트 오웬Robert Owen 등이 대표적이다.[85] 이들 이외에도 많은 사상가가 사회주의 사회의 설계안을 만들었고 꿈을 꾸었다. 마르크스는 이들을 '공상적 사회주의utopian socialism'의 주창자들이라고 했다.

---

84) 사회주의 체제는 1990년대 초반에 붕괴되고 말았다고 간단히 정리해 버릴 수도 있다. 소비에트연방공화국의 해체, 동구권의 변화와 러시아연방의 탄생, 중국의 시장경제 체제의 도입 등 사회주의 체제는 획기적인 변화를 겪었다. 사회주의 체제의 붕괴는 평등주의 노선의 한계, 정권의 정당성 위기, 자유의 결핍, 평등의 허구화 등이 그 원인이라고 할 수 있다. 그러나 사회주의 이념의 자본주의 사회에 대한 비판은 아직도 살아 있으며, 자유와 평등의 우선성의 문제는 여전히 논쟁의 대상이다(누드교과서 : 윤리와 사상, 2007).

85) 사회주의를 자기 나름대로 '과학적' 토대 위에 올려놓으려고 시도했던 프랑스의 귀족(백작) 생시몽(Saint-Simmon)은 재산을 사유에서 공공의 통제로 옮겨야 한다고 주장하지는 않았지만, 이윤을 놓고 경쟁하는 자유방임적 자본주의는 어떤 재화는 너무 많이 생산하고 어떤 재화는 너무 적게 생산해서 재고 과잉과 낭비를 초래하기 때문에 비효율적이라고 주장했다. 신비주의·숫자 점·유치한 심리학을 혼합하여 유토피아적 비전을 끌어낸 푸리에(Charles Fourier)는 사람들이 자신의 재능과 흥미를 발휘할 수 있는 직업을 찾는 '매력적인 노동'의 원칙에 기반하는 조화로운 공동체 '팔랑주(phalange, 약 3000명으로 구성)'의 창설을 주장했다. 자본주의의 모순에 경악해서 열렬한 사회주의자가 된 영국의 자본가 오웬(Robert Owen)은 자본주의의 악은 원죄나 개인의 결함 탓이 아니라 잘못된 사회체제의 결과라고 보고 그 해결책은 공공이익을 위한 협동 생산체제와 새로운 교육시스템에서 찾아야 한다고 보았다. 그는 스코틀랜드에 모범적인 직물공장을 세우기도 했고, 미국의 인디애나주에 '뉴하모니(New Harmony)'라는 사회주의 공동체를 설립하기도 했다(Ball 외, 2019).

물론 가장 오래 지속되고 영향력이 강력한 사회주의 이론은 마르크시즘이다. 마르크시즘은 자본주의나 자유민주주의에 대한 가장 근본적이고 위협적인 비판의 역할을 하고 있으며 자본주의적 모순을 해결하기 위한 공산주의적 대안을 제시하였다고 할 수 있다. 마르크스Karl Marx와 엥겔스Friedrich Engels는 자신들의 이론을 공상적 사회주의와 구별하기 위하여 '과학적 사회주의'라고 불렀으며 그 기원은 주로 영국의 고전경제학, 독일의 철학, 프랑스의 혁명 경험에 뿌리를 두고 있다. 마르크시즘(네오 마르크시즘 포함)에 대해서는 장을 바꿔서 자세하게 설명할 것이다.

마르크시즘 이후의 마르크스주의는 크게 레닌V. I. Lenin의 '혁명적 마르크스주의'와 베른슈타인Eduard Bernstein의 '수정주의적 마르크스주의'로 대별 될 수 있다. 레닌의 혁명적 마르크스주의는 마르크시즘을 러시아 혁명과 세계혁명에 적용한 사상으로서 마르크시즘에 제국주의론·전위당론·노동동맹과 소비에트 구성 등을 새롭게 추가하였다. 레닌의 혁명적 마르크스주의는 다시 '스탈린주의[86]'·'마오쩌둥주의[87]'·'트로츠키주의'로 세분화한

---

86) 스탈린주의는 뒤에 다시 자세히 설명할 것이다.

87) '마오쩌둥주의'는 마르크시즘과 마르크스-레닌주의를 여러 측면에서 수정한 것이다. 첫째는 도시 프롤레타리아의 중요성에 집착하지 않고 농민을 혁명세력으로 인정했다는 점이다. 둘째는 산업노동자의 규모 같은 '객관적인 조건'보다는 의식이나 정치적 의지와 같은 '주관적 요소'의 핵심적 역할을 강조한 점이다. 셋째는 마르크시즘에서 핵심적 위치를 차지하는 '계급개념'을 '국가개념'으로 옮겨서 국제관계를 '계급' 측면에서 재구성했다는 점이다(중국은 부유한 부르주아 억압국가의 속박을 벗어던져야 하는 억압받는 프롤레타리아 국가라고 주장했다). 마오쩌둥 이후의 중국은 '중국 특색 사회주의 체제(socialism with Chinese characteristics)'를 채택하고 있지만, 스스로 공산주의자라고 부르는 당(중국공산당)이 지배하는 주요 강대국이다. 덩샤오핑이 도입한 중국 특색 사회주의 체제는 국가의 관리하에 자본주의 제도가 실시되는 (경제)체제를 의미하며, 정치(정치적 자유)와 경제(경제적 자유)를 분리하는 국가체제라고 할 수 있다. 학자들은 이를 중국식 사회주의 시장경제(market socialism)라고 하며, 일부 자유주의 학자들은 이를 국가자본주의(state capitalism)의 한 형태라고 주장한다(Ball 외, 2019, 탁양현, 2020).

다.[88] 베른슈타인의 수정주의적 마르크스주의는 독일의 사회민주당의 탁월한 이론가인 베른슈타인을 중심으로 마르크스 사후에 나타난 정치·경제적 발전에 비추어 마르크시즘을 수정하고자 하였으며, 사회주의를 향한 '점진적' 이행이 폭력혁명보다 도덕적·정치적으로 더 바람직하다고 믿었다. 베른슈타인의 수정주의적 마르크스주의는 후에 '비판적 서구 마르크스주의'와 '사회민주주의'로 세분된다고 할 수 있다. 이 밖에도 비마르크스 계열의 사회주의로서 무정부주의적 공산주의, 페이비언 사회주의[89], 종교적 사회주의, 시장 사회주의 등이 있다(Ball 외, 2019).

3) 마르크시즘Marxism의 역할

마르크시즘은 인간사회의 발전에 관한 종합적인 설명이론을 제공한다. 인간사회의 역사 전체에 대한 고찰에서 자본주의가 어떻게 탄생하게 되었고, 자본주의가 어떻게 작동하고, 그것이 결국에는 어떻게 세계에서 사라지게 될 것인지에 초점을 맞추고 있다. 마르크시즘의 이상에 고무되어 러시아·중국·유고슬라

---

[88] 소련 이후의 공산주의는 러시아 공화국에서는 러시아 공산당이 이어가고 있다. 그러나 러시아 공산당은 더 이상 혁명과 계급투쟁을 말하지 않으며, 계급 없는 공산주의 사회의 유토피아를 약속하지도 않는다. 그 대신 경쟁적 자본주의 사회로 이행하는 과정에서 사회적 약자와 가난한 사람들을 보호해 줄 것만을 약속한다. 일부 비판자들은 이를 '연성(軟性) 마르크스-레닌주의'라고 묘사한다(Ball 외, 2019).

[89] 페이비언 사회주의(Fabian socialism)는 영국의 페이비언협회에 의해서 주장되었으며, 사회주의는 폭동이나 혁명 없이 점진적으로 또 의회에 의하여 도입되어야 한다고 했다. 페이비언협회의 명칭은 한니발과의 전쟁에서 지연전술에 전념한 로마의 장군 파비우스 컨커테이터(Fabius Cunctator)의 이름을 따서 명명되었으며, 이들의 견해는 1900년 영국의 노동당의 결성에 중요한 역할을 하였다(박은태, 경제학사전 ; Ball 외, 2019).

비아·쿠바·베트남 등 공산주의 국가에서는 공산주의 정당들이 성공적인 혁명을 수행하였다. 이들은 대부분 중앙집중적으로 계획된 경제체제를 채택했는데 이러한 체제는 중공업은 잘 조직할 수 있었지만, 소비자가 원하는 소비재 상품은 효율적으로 생산할 수 없었다.

1989년 베를린 장벽의 붕괴, 1991년 소비에트 연방공화국의 해체, 20세기 후반 중국의 개방과 자본주의적 경제체제의 도입 등은 세계사에 엄청난 전환을 가져왔으며 이를 계기로 사회주의와 마르크시즘은 그 생명력을 상실해 가고 자유민주주의나 자본주의의 일방적인 승리를 주장할 수 있게 되었다. 그러나 자본주의 국가에 대한 설명이론으로서의 마르크시즘은 정치적 프로그램으로서의 마르크시즘의 실패(사회주의 체제의 붕괴)에 반드시 영향을 받는 것은 아니라고 할 수 있다. 또한, 마르크시즘의 국가이론은 이제까지는 명목적으로 '부르주아 체제bourgeois regime'에 대한 혁명적 투쟁에 관여하는 정부들의 공식적 이데올로기로서 역할을 수행해 왔지만, 지금은 그러한 역할보다는 자본주의나 자유민주주의에 대한 가장 근본적이고 위협적인 비판자의 역할을 여전히 충분하게 수행하고 있다고 본다. 그래서 최근 마르크시즘의 국가이론은 마르크시즘의 매우 미묘한 복잡성에 빠져들기를 원하지 않는 독자들에게 있어서도 이에 대한 지식이 필수적이라고 볼 수도 있다.

먼저 국가에 관한 마르크시스트 이론의 진수를 이해하기 위해서 고전적 마르크시즘과 그 진화에 대해서 간략하게 설명할 것이다. 첫째는 고전적인 마르크시즘을 간단히 살펴보고, 둘째로 마르크스와 엥겔스가 본 19세기 유럽 국가의 상이한 특성들(고전적 국가 모형)을 논의하고, 셋째로 마르크스 이후 마르크시즘의 진화에 관해서 간략하게 설명하려고 한다. 그 다음에 네오 마르크시스트들이 보는 서구 자본주의 사회에 대한 설명과 국가에 관한 현대적인 마르크시즘의 이론을 종합적으로 설명할 것이다. 국가 제도가 어떻게 작동하는가에 관한 비교적 자세한 설명은 전후에만 주로 나타났고, 이는 서구의 네오 마르크시즘 성장과 연관성이 있다. 네오 마르크시스트들도 마르크스와 엥겔스의 고전적인 분류와 같이 국가에 대한 접근을 세 가지 모형 – 현대적 도구주의자 모형modern instrumentalist models, 중재자 모형the arbiter model, 현대적 기능주의자 접근modern functionalist approaches으로 구분해서 설명하고 있다. 마지막으로 네오 마르크시스트들이 본 자유민주주의나 자본주의의 위기에 관해서 설명할 것이다.

4) 고전적 마르크시즘과 그 진화

가) 고전적 마르크시즘classical Marxism

마르크시스트의 관념체계는 원래 세 가지의 19세기 초의 영향 즉 영국의 경제학, 독일의 철학 그리고 불란스 혁명의 경험을 흡수했다는 것은 이미 언급했다. 1840년과 1880년 사이에 카를 마르크스K. Marx[90]와 프리드리히 엥겔스F. Engels는 이 세 가지 원천

---

[90] 카를 마르크스는 1818년 독일 라인주 트리어에서 태어났다(당시 트리어는 자유주의적 민족주의의 요람이라고 할 만한 곳이었다고 한다). 그의 부계와 모계는 모두가 유대인 랍비를 배출한 유대인들이었다. 아버지는 유대교에서 그리스도교로 개종한 변호사로서 자유사상을 지닌 계몽주의파 인물이었고, 어머니는 네덜란드의 귀족 출신이었다. 그는 자유롭고 교양있는 가정에서 성장한 후 본 대학과 베를린 대학에서 법률·역사·철학을 공부하였다. 본 대학 시절에는 '선술집클럽'에 가입해서 주당(酒黨)이 되기도 했고 볼온사상의 혐의를 받는 '시인클럽'에서 활동하기도 했으며, 베를린 대학에서는 아버지의 뜻과는 달리 법학보다는 철

으로부터 얻은 관념들을 비판하고 재구성했으며 그들이 처음으로 '과학적 사회주의'라고 선언한 강력한 합성물 속으로 이들을 결합시켰다.[91]

학에 몰두해서 아버지는 아들이 철학 중독자가 되는 것을 걱정하다 돌아가셨다고 한다. 마르크스는 당시 독일 철학계에서 강한 영향력을 가지고 있던 헤겔의 철학을 알게 되었고 헤겔학파 중 좌파인 청년 헤겔학파에 소속되어 무신론적인 급진적 자유주의자가 되어갔다. 1841년 예나 대학에서 논문 <데모크리토스와 에피쿠로스 자연철학의 차이>로 박사학위를 받았다. 1843년 트리어의 한 동네 이웃인 귀족 관료의 딸이자 누나의 친구인 네 살 연상의 예니 폰 베스트팔렌과 결혼했다. 보수 반동의 분위기가 지배적이었던 프로이센에서 학계에 자리를 잡을 가능성이 희박해진 마르크스는 결국 전업 혁명가가 되어 갔다고 한다. 1842년 쾰른의 급진적 반정부 신문 <라인신문> 주필로 일을 했지만, 이듬해 정간 조치를 당했다. 결혼과 함께 피리로 옮겨가 경제학과 프랑스의 사회주의를 연구하였다. 또한, 파리에서 엥겔스를 만나 이후 거의 40년 동안 친구이자 동료가 되었다. 그러나 <독불연보>를 출판했던 마르크스는 프로이센 정부의 요청으로 1845년 파리에서 추방되어 벨기에 브뤼셀로 이주했다. 1845년 엥겔스와 공동으로 <독일 이데올로기> 등을 썼으며 <독일 이데올로기>에서 유물사관의 주장을 처음으로 정립하였다. 런던에서 '공산주의 동맹'이 결성되자 이에 가입하고 엥겔스와 공동으로 공산주의 동맹의 강령인 <공산당 선언>을 집필하여 1848년 발표하였다. 1848년 파리에서 시작된 혁명이 이탈리아·오스트리아 등에 파급되자 혁명에 참여했으나 각국의 혁명은 좌절되고 그에게는 추방령이 내려 런던으로 망명하였다.

마르크스는 런던에서 정신적 고통과 물질적 빈곤 속에서 생활했다. 그는 대영박물관 도서관에 다니면서 경제학을 연구하는 한편 1851년부터 미국의 <뉴 트리뷴지>의 유럽 통신원이 되었다. 이 시기에 통신원의 원고료가 마르크스의 유일한 수입원이었으며, 맨체스터에서 아버지의 방직공장에 근무하던 엥겔스의 재정적 지원을 계속 받았다. 1864년 이후 형편이 조금 나아진 것은 그의 친척과 친구가 남긴 유산을 물려받은 다음부터였다. 1859년 경제학 이론에 관한 최초의 저서 <정치경제학 비판>을 출간했으며 1864년 제1인터내셔널(국제노동자협회)이 창설되자 이에 참여하였지만 프루동·라살·바쿠닌 등과 대립하면서 활동했다. 1867년에는 <자본론> 제1권을 출간하였다. 그러나 제2권과 제3권은 엥겔스가 마르크스 사후에 유고를 정리하여 출간했다. 제4권으로 구상했던 부분은 K. 카우츠키에 의하여 <잉여가치학설사>라는 이름으로 출간되었다. 마르크스의 마지막 10년은 만성적인 정신적 침체에 빠졌으며 최후의 수년 동안은 많은 시간을 휴양지에서 보냈다. 1881년 아내의 죽음으로 그리고 1883년 장녀의 죽음으로 충격을 받아 그 해에 런던 자택에서 64세로 일생을 마쳤으며(폐종양) 런던 하이게이트 공동묘지에 묻혔다. 1883년 마르크스가 사망했을 때에는 마르크스와 엥겔스가 불러낸 '혁명이라는 유령'이 20세기를 움직이는 힘이 될 것이라고 예측한 사람은 거의 없었다고 한다(Ryan, 2017 ; Ball 외, 2019).

91) 카를 마르크스에 대한 재미있는 논평이 있어 소개한다. '독일 정부가 레닌을 봉인(封印) 열차에 태워 국경 너머 러시아로 보내지 않았다면 오늘날 우리는 맑스를 별로 중요하지 않은 19세기의 철학자, 사회학자, 경제학자, 정치이론가로 간주하고 있을 것이다. 맑스가 소련공산당의 이데올로그들에 의해 거의 신적인 지혜의 원천으로 취급받는 행운(또는 불행)을 누리지 못했다면 우리는 그의 경제학에 대해 리카르도 경제학의 흥미로운 한 분파로, 그의 역사이론에 대해서는 헤겔·생시몽·기조·콩트 등이 처음 선보인 주제들을 흥미롭게 변주한 것 정도로 여길 것이다'(Ryan, 2017).

a) 마르크스의 역사이론

먼저 마르크스의 역사이론을 살펴보자. 마르크스는 헤겔 철학의 영향을 받았다. 헤겔 철학에 대해 알지 못하면 마르크스의 이론을 이해하기가 어렵다. 헤겔G. Hegel의 역사철학이 특히 강한 영향력을 미쳤다. 헤겔은 그가 믿는 특별한 논리인 '변증법the dialectic'의 개념을 사상·인간의 제도·사회의 역사에 적용했으며, 변증법에서의 주요 패턴은 '부정의 부정the negation of the negation' 중의 하나이다.[92] 헤겔은 역사에 있어서 변증법적 발전을 주장했으며, 역사에는 발전의 논리적 최종적인 상태가 있다고 보았다. 그래서 헤겔은 역사를 마음 또는 정신Geist의 전개와 발전의 이야기로 보았으며, '자유 또는 자기해방'을 찾아가는 과정에서 장애물을 극복해 나가는 '정신의 투쟁' 이야기라고 보았다(Ball 외, 2019).

마르크스와 엥겔스도 인간의 역사가 목적적purposeful 또는 목적론적teleological이라는 것을 완전히 인정했다. 그러나 그들은 헤겔과는 달리 역사가 발전하는 원동력은 실체 없는 정신 또는 관념이 아니라 물질적인 것으로 보았다. 마르크스와 엥겔스는 헤겔의 틀schema을 세속적이고, 물질적인 형태로 재구성했다. 그들은 역사의 목적은 신의 인식realization of God 또는 이성의 추구pursuit of reason가 아니라 '초개인적인 인간성a supra-individual humanity'의 완전한 발전이며, 역사적 변화의 주요한 엔진은 자연에 대한 인간의 정복을 점진적으로 확장하고 물질적인 희소성을 제거해 나가는 경제 영역에서의 변화라고 보았다. 부족사회의 원시 공산

---

92) 변증법에 있어서의 세 단계는 '정(正, thesis)'·'반(反, antithesis)'·'합(合, synthesis)' 또는 '즉자(卽自)'·'대좌(對自)'·'즉자 겸 대자'로 기술할 수 있다(인터넷, 두산백과).

주의에서부터 여러 가지 형태의 계급 분화적인 사회를 거쳐서 마지막 목표인 선진화된 공산주의(계급 갈등 또는 자원 궁핍이 없는 복잡하고 차별화된 통일)로 나아가는 사회체제의 변증법적인 발전에 있어서 경제적인 변화가 사회의 나머지 부분을 재구성한다고 보았다. 그들은 부족사회(원시 공산사회)와 최종 단계인 사회주의(공산주의) 사회 사이에 있는 계급 분화적 경제체제 또는 생산양식을 4단계로 구분했다 : 아시아적 생산양식, 노예제 생산양식, 봉건적 생산양식, 자본주의 등이다. 아시아적 생산양식the Asiatic mode of production은 왕에 부속된 중앙의 관료나 사제가 마을의 경제활동을 조직화하고 농업생산의 잉여를 착취하는 사회다.[93] 노예제 생산양식the slave mode of production에서는 주인masters 계급이 대부분의 경제적 잉여를 생산하는 사람들을 전반적으로 또는 문자 그대로 소유한다. 봉건제 생산양식the feudal mode of production은 작은 중앙 국가의 지원을 받는 지배적인 지주landlords 귀족이 부분적으로 자유로운 농노들serfs의 계급을 강제하고 착취하는 사회다. 자본주의capitalism는 생산수단의 사적 소유와 전반적인 화폐의 교환으로 자본의 소유자owners of capital가 생존하기 위해서 노동력을 팔아야만 하는 명목적으로는 다수의 '자유로운' 사람들을 착취하는 사회다(Dunleavy 외, 1987).

마르크스와 엥겔스는 헤겔의 변증법을 유물사관historical

---

[93] 아시아적 생산양식이 과연 어떤 내용이냐에 대해서 역사학계와 경제학계에서 논쟁이 있었다. 논쟁의 발단은 1925년 중국혁명 때 혁명이 당면하고 있는 중국 사회가 아시아적 생산양식의 사회라고 규정된 데서 비롯되었다. 이 규정은 이듬해 코민테른에 의해 부정되었으며 중국 사회가 당면한 사회의 특질은 반(半)봉건적·반식민지적 사회라고 규정되었다. 일반적으로 아시아적 생산양식이란 아시아 지역에만 존재하는 특수한 사회구성이 아니라 인류사회의 발전과정에 있어서 반드시 거쳐야 하는 역사적 단계라고 본다. 이 단계에서는 이미 계급사회가 발생했으며 지배계급이 원시적인 농업공동체를 지배의 대상으로 하여 착취하는 단계라고 할 수 있으며, 본질적으로는 노예제 사회의 초기 형태라고 간주한다(인터넷, 두산백과).

materialism의 교리로 변경시켰으며, 이에 따르면 인간 사회는 과거 사회에서 배태된 화해할 수 없는 갈등 때문에 계속적인 변화를 통해서 높은 생산과 기술 수준으로 급속하게 이동한다고 보았다. 중심적인 갈등은 항상 더 발전하려는 생산력(사회의 기술)의 압박들 사이에 있으며, 자기의 이익이 관련된 현 지배계급에 의해서 유지된 재산 관계는 이러한 발전을 방해한다는 것이다. 계급 분화적인 사회는 하나의 주요한 착취계급과 하나의 주요한 피착취계급을 가지게 된다. 그런데 모든 계급 분화적인 사회에서는 착취 관계가 생산력과 생산 관계의 모순을 폭로하는 계급투쟁을 초래하게 된다. 이러한 갈등이 극한점에 달할 때 현 지배계급은 항상 사회조직의 시대착오적 형태를 유지하려고 노력한다. 그래서 새로운 질서로의 변화는 (그들의 사회적 권력의 장악을 분쇄하고 생산력의 발전을 수용할 수 있는 새로운 재산 관계를 창출하는) 새로운 지배계급의 출현을 통해서만 달성될 수 있다. 그래서 역사의 모토는 항상 혁명적 변화이고 계급투쟁이다(Dunleavy 외, 1987).

마르크스의 유물사관은 역사의 유물론적 해석material conception or interpretation of history이라고도 한다. 마르크스는 역사를 서로 대립하는 물질적 또는 경제적 이해관계 및 자원을 둘러싼 계급투쟁의 이야기로 보았다. 마르크스는 '모든 것을 경제로 환원하기'를 바라는 '경제 결정론자economic determinist'는 아니지만, 물질적인 생산의 일차적인 중요성을 강조한 것은 사실이다. 물질적인 생산에는 두 가지가 필요한데 하나는 원료나 기계 등 '물질적 생산력material forces of production'이고 다른 하나는 '사회적 생산관계social relations of production'이다. 사람들은 물질적인 생산을 위해서 원료 채취, 기계 제작, 공장 건설, 인력 고용 등을 스스로 조직한다. 원시 사회나 복잡한 사회 모두 물질적인 생산에는 일정 정도의 숙련도가 필요하다. 애덤 스미스는 이것을 '분업'이라 불렀고, 마르크스는 '사회적 생산 관계 (또는 간단히 사회적 관계)'라고 불렀다. 서로 다른 류의 사회는 아주 다른 사회적 생산 관계를 이루고 있다. 사회적 생산 관계로 인하여 서로 다른 계급들이 나타난다. 수렵사회나 농업사회와는 달리 산업사회의 생산 관계는 매우 복잡하며 이러한 산업자본주의 사회에서는 부르주아지bourgeoisie[94]라고 부르는 자본가와 임금노동자 즉 프롤레타리아proletariat로 나누어진다. 인간은 추위와 더위·(항상 직면하는) 기아의 위협을 이겨내기 위한 투쟁도 벌여왔지만, 인간과 인간 서로 간에도 투쟁을 벌여왔다. 역사적으로 보아 이러한 갈등 중 가장 중요한 것은 계급과 계급 간의 투쟁이다. 마르크스와 엥겔스는 '지금까지 존재했던 모든 사회의 역사는 계급투쟁의 역사'라고 〈공산당 선언Communist Manifesto〉에서 주장했다.

　모든 계급 분화적 사회에서 지배계급은 피지배계급보다 수적으로 열세다. 그러나 지배계급은 두 가지 다른 방식으로 피지배계급을 지배한다. 첫째, 지배계급은 경찰·법원·감옥 기타 국가제도 등 강제 수단과 집행기관을 통제한다. 마르크스는 자본주의 사회에서는 국가는 '부르주아지의 공동업무를 관리하는 집행위원회'에 불과하다고까지 주장했다. 마르크스가 국가 조직을 어떻게 보느냐 하는 '고전적인 국가의 모형'에 관해서는 다

---

94)　부르주아지는 프랑스어로 성(城)을 뜻하는 bourg에서 유래하였으며 본래 '도시의 성 안에 사는 사람'을 의미했으나, 프랑스 혁명 당시에는 성직자와 귀족과 대치하는 '제3신분인 시민계급'을 의미하였고, 자본주의가 발달하자 무산계급인 프롤레타리아와 대비하여 생산수단을 소유한 '유산계급 또는 자본가계급'을 의미하게 되었다(인터넷, 철학사전)

시 자세히 논의할 것이다. 둘째, 지배계급은 노동계급의 생각과 믿음·관념 즉 '의식'을 통제한다. 모든 사회의 물질적·경제적 '토대base' 즉 물질적 생산력과 사회적 생산 관계는 (사회의 제도와 장치를 정당화해 주고 정통성을 부여해 주는 일련의 관념·이상·믿음으로 이루어진) '이데올로기적 상부구조ideological superstructure'로 둘러싸여 있다.[95] 이 관념들은 정치적·경제적·신학적·법적인 여러 가지 형태를 취하고 있지만, 항상 지배계급의 이익에 봉사하고 피지배계급에 불리하게 작동하는 이데올로기라고 할 수 있다. 마르크스는 '모든 시대에 있어서 지배계급의 이념이 지배이념'이라고 했다.[96] (Ball 외, 2019).

b) 마르크스의 자본주의 비판

마르크스는 자본주의에 대한 노골적인 비판자였지만 자본주의가 사회변동의 진보적이며 근본적인 힘이라는 사실을 인정했

---

[95] 상부구조(superstructure)에는 법률·정치·종교·예술 등을 내용으로 하는 여러 가지 사회제도가 포함되고, 이들을 합리화하는 '체계적인 사회적 의식'이라고 할 수 있는 이데올로기가 있다. 상부구조에 있어서 이데올로기는 지배체제를 정당화하는 중요한 요소라고 볼 수 있기 때문에 이를 이데올로기적 상부구조(ideological superstructure)라고도 한다(Ball 외, 2019).

[96] 지배계급은 자신에 대한 지배가 정상적이고 자연스러우며 심지어 필요하다는 것까지 보여주며 예컨대 아리스토텔레스가 말하는 '천성적인 노예(slaves by nature)'와 같은 사람들을 만든다. 이들은 노예나 하인의 역할 외에는 다른 어느 것도 천성적으로 적합하지 않는 사람들이라는 뜻이다. 마르크스는 현대 자본주의 사회에서도 사람들은 지배계급의 이익을 내재화한다고 주장한다. 특히 현세에서 자신들의 신과 더불어 겸손하게 살면 천국에 갈 것이라고 가르치는 종교적 관념도 여기에 포함된다. 종교는 인간의 정신을 어리석게 하고 비참한 상황을 무비판적으로 받아들이게 하기 때문에 '인민의 아편(the opium of the people)이라고 했다.

마르크스에 의하면 노동자계급은 자신의 실제 상황에 대한 정확한 인식을 형성하지 못하게 차단당하고 있으며 지배계급의 이념을 그릇되게 차용하고 있다. 노동자계급은 '허위의식(false consciousness)' 속에서 살고 있으며 이렇게 자신의 이해관계와 혁명적인 정치적 가능성을 인식하지 못하는 계급을 '즉자(in itself)계급'이라고 하고, 허위의식을 극복하고 지배계급에 맞서 혁명을 일으킬 태세를 갖춘 계급을 '대자(for itself)계급'이라고 했다(Ball 외, 2019).

다. 초기 단계에서 자본주의는 중요하면서도 역사적으로 진보적인 세 가지 기능을 수행했다고 보았다. 첫째는 봉건주의 말기의 상인 자본가들이 아프리카와 동양을 연결하는 새로운 교역 루트를 발견하고 무역장벽을 철폐함으로써 '봉건제의 몰락'을 촉진시켰다. 둘째는 인간이 기계의 사용, 화학의 응용, 증기선 항해, 철도, 하천의 운하 등 '자연을 정복하게' 만들고 거대한 생산력을 창조해냈다. 셋째는 '기술의 혁신과 변화'의 필요성을 확산시켰다. 이윤을 얻으려면 산업은 새롭고 더 능률적인 기계시설을 갖추어야 했다. 부르주아지는 생산력을 끊임없이 변혁하지 않고서는, 따라서 생산관계와 사회관계 전반을 혁신하지 않고서는 존재할 수 없었다.

  그러나 마르크스는 결국 자본주의를 타도하고 대체해야 한다고 생각했다. 여러 가지 이유 중에서 다음 세 가지가 특히 중요했다. 첫째, 마르크스는 자본주의가 시대에 뒤처진다고 주장했다. 자본주의는 한때 진보적이었지만 그 유용성을 상실하여 지양되어야 한다고 보았다. 자본주의도 필요한 발전을 이루었지만, 이제는 좀 더 고차적이거나 자유로운 형태의 사회 즉 공산주의 사회를 향한 길을 마련해야 한다고 주장했다. 둘째, 자본주의는 소외를 만들어낸다고 주장했다. 헤겔 철학에서 외화 estrangement 혹은 소외 alienation 개념을 중요시한 것과 같이 마르크스도 역시 차원은 다르지만, 자본주의 비판에서 '소외'를 중심이념으로 삼았다. 자본주의 하의 노동자는 네 가지 방식으로 소외된다. ① 노동력을 팔 수밖에 없는 노동자는 노동의 생산물로부터 소외된다. ② 자본주의적 대량생산 체제에서 노동자는 '기계의 부속품'과 같이 되고 노동자는 생산활동 자체로부터 소외된다. ③ 인간의 잠재성 혹은 인간 능력 특히 미(美)를 창조하고 즐기는 능력에서 소외된다. 자본주의 사회에서는 이러한 능력은 계발되지 못한 채 남아 있거나 둔화되어 있기 때문이다. ④ 자본주의 사회에서는 노동자들끼리 직업과 임금을 놓고 서로 경쟁하도록 만들기 때문에 노동자는 서로들로부터 소외된다. 또한, 자본가들 역시 소외를 겪는다. 물질적인 풍요를 갖춘 자본가들은 자신이 자유롭고 자기의 본질을 실현한 존재로 생각하지만 실제로는 자본가 역시 단순히 자본에 대한 '부속품'에 불과하다. 자본가는 자신의 상전인 전지전능한 시장에 굴복하고 여기에 자기 행동을 맞춘다. 셋째, 마르크스는 자본주의가 자기 파괴적이라고 주장했다. 자본주의 체제의 작동은 모든 사람 심지어 자본가들조차 꼼짝 못 하게 장악하는 철칙을 가지고 있다. 그것은 자본가들을 냉혹하고 무감각한 계산기로 만들고 노동자의 임금을 낮게 유지하도록 한다. '임금노동자의 평균 가격은 최소 임금(노동자들을 노동자로서 가까스로 연명하게 만드는 데 필요한 생계수단의 양)이다'. 이것은 도덕적인 비판이 아니라 자본주의의 필연적인 논리라는 것이다. 만약에 친절한 자본가가 있으면 그는 사업에서 파산하고 노동자는 직장을 잃고, 매정한 경쟁자는 사업이 번창하게 된다는 것이다.

마르크스는 자본주의가 어느 날인가에는 스스로 무너뜨릴 조건과 힘을 축적해간다고 주장했다. 자본주의는 '잃을 것은 아무 것도 없지만' 지배 부르주아지에 저항함으로써 '모든 것을 얻을' 계급 즉 프롤레타리아를 만들어 간다. 노동자들은 결국은 스스로가 공통된 이해관계를 갖고 있다는 것을 의식하면서 부르주아지라는 공동의 적에 맞서는 단결된 계급이 된다. 그리고 그들은 자본주의를 타도하고 궁극적으로는 계급 없고 자유로운 공산주의 국가를 건설한다(Ball 외, 2019).

c) 혁명의 실현 과정

경쟁적인 자본주의 사회에서 협동적인 공산주의 사회로 바뀌는 변증법적인 변화의 과정에서 자본가는 '주인의 역할'을, 노동자는 '노예의 역할'을 맡는다. 물론 행위자들은 개인이 아니라 서로 적대적인 두 계급 즉 부르주아지와 프롤레타리아이다. 실제로 노동자는 예속되었지만, 처음에는 이 사실을 잘 인식하지 못한다. 그러나 자본가는 노동자에게 노동 가치보다 적게 지급함으로서 그들을 착취한다. 노동자에게서 '잉여가치 surplus value'를 추출함으로써 이윤을 만든다. 자본가는 점점 부유해지고 노동자는 점점 빈곤해지는 '부익부, 빈익빈' 현상이 발생한다. 이러한 상황에서 노동자는 불안감을 느끼고 자신의 인생에 대해서 비관한다. 아무리 노동자들이 열심히 일하고 많이 저축한다고 해도 모든 사람이 자본가가 되는 것은 사실상 또는 논리적으로 불가능하다. 노동자는 마침내 자신의 잘못이나 운명 때문이 아니라 자본주의 자체에 결함이 있다는 것을 깨닫는다. 노동자는 자유를 획득하고 소외를 극복하는 데는 부르주아지와 프롤레타리아라는 두 적대 계급의 소멸이 필요하다는 사실을 인식한다. 그래서 계급적 분열을 만들어 내고 유지해 온 조건들을 없애야 하며, 한 계급이 다른 계급을 착취해서 이윤을 만들어 내는 계급 구조를 타파해야 한다. 프롤레타리아는 논리적으로 보면 자신의 계급을 유지하기보다는 모든 계급을 철폐하면서 계급 지배를 폐기하려고 한다. (또한, 스스로 해방하면서 과거 그들의 주인인 부르주아지까지 자유롭게 하는 특이한 존재라고 할 수 있다). 마르크스는 진정한 자유 즉 착취와 소외로부터의 자유, 자신의 인간 능력을 완전히 계발하는 자유는 계급 없는 사회에서만 피어날 수 있다고 본다. 혁명의 단계와 관련해서 마르크스는 프롤레타리아 혁명이 궁극적으로는 범세계적으로 발생하겠지만 일단은 선진 자본주의 국가에 시작하며, 아주 명확한 순서에 따라 진행될 것으로 예측했다. 혁명의 단계는 경제 위기 → 프롤레타리아의 궁핍화 → 혁명적 계급의식 → 국가권력의 장악 → 프롤레타리아 독재 → 국가의 소멸 → 공산주의의 순서로 진행된다. 마르크스는 자신의 사상을 정치적으로 실천하기 전인 1883년에 사망했다. 그러나 많은 사람이 마르크스의 사상을 해석하고 재해석하는 데 분주했고, 마르크스 이후의 마르크스주의는 흥미로운 역정을 밟아나갔다(Ball 외, 2019).

나) 마르크스와 엥겔스가 본 국가 모형

마르크스는 현대정치에 대한 수많은 저널리스틱한 설명을 썼지만, 마르크스와 엥겔스는 현대 정치학과는 거의 닮지 않는 글을 썼다. 마르크스의 노트에 기반한 엥겔스의 저작 〈가족·사유재산·국가의 기원〉 속에서만 국가에 대한 상당히 완전한 이론적인 설명이 들어 있다. 그런데도 유물사관과 함께 국가에 대한 세 가지의 일관성 있는 관점이 마르크스와 엥겔스의 다양한 저작 속에서 발견된다. 도구적인 모형an instrumental model, 중재자 모형an arbiter model, 기능적인 접근a functional approach 등이다.[97](Dunleavy 외, 1987).

---

97) '도구적인 모형(an instrumental model)'은 가장 잘 알려지고 가장 정통한 마르크시스

다) 마르크스 이후의 마르크스주의

마르크스가 생존하던 시기에는 마르크시즘이 그 시대의 주요한 혁명 국가인 프랑스에서는 사회주의에 거의 침투하지 못했고, 마르크스와 엥겔스의 아이디어가 유럽의 사회주의에 주요한 영향을 미치기 시작한 것은 1870년 이후 독일에서의 강력한 사회민주당의 성장뿐이었다. 사회주의가 조합 위주로만 남아 있던 영국과 같은 나라에서는 마르크시즘은 별로 영향력이 없었다. 스페인과 러시아 같은 비산업화된 국가에서는 산업 노동자계급에서의 마르크시즘에 대한 믿음은 (폭동에 의한 구질서의 붕괴와 자치적이고 단일 계급적인 농업 국가의 설립에 전념하는) '무정부주의 운동'과 열세인 상태에서 경합했다.

그러나 마르크스와 엥겔스가 일반이론을 형성하기로 한 결정은 마르크시즘을 가장 성공적인 초국가적인 이데올로기로 만들었다. 두 사람은 1864년 제1인터내셔널the First International[98]의 설

트의 해석이다. 공산당 선언에서 마르크스와 엥겔스는 현대 국가의 행정부를 '전체 부르주아지의 공통적인 업무를 관리하기 위한 위원회'일 뿐이라고 특징지었다. 그 밖에도 그들은 국가를 단순히 '지배계급의 의지를 강제로 사회의 나머지 사람들에게 부과하는 무장한 사람들의 조직체'라고 기술했다. 국가에 대한 매우 다른 '중재자 모형(an arbiter model)'은 정치 지도자와 국가 관료제가 일시적인 역사적 결정의 역할을 하면서 계급투쟁이 평등하게 균형화되고 국가 기구가 자본가에 의한 직접적인 통제로부터 다소 자율적으로 작동할 수 있다고 묘사했다. 표면적인 중개자(mediator)로서 국가권력이 순간적으로 양자로부터 어느 정도 독립성을 획득할 수 있도록 전투적인 계급들이 서로 간에 균형을 유지하는 예외적인 기간들이 일어날 수 있다고 보았다. 국가에 대한 '기능적인 접근(a functional approach)'에 있어서 정부와 사법-행정적인 제도는 국가가 자본가에 의해서 직접 통제되는지 여부와 관계없이 그리고 계급의 정확한 힘의 균형과 무관하게 '자본의 축적'을 낙관적으로 유지하는 형태로 만들어져 있다. 여기서는 자본가의 선호가 정부 관료에게 직접 이전되는 것은 별로 중요하지 않고, 그 대신 국가정책은 (자본주의 사회에서 정부가 경제적 기반을 발전시키고 사회적 안정을 강제적으로 유지하도록 하는) 비인격적인 논리에 입각해서 수립된다(Dunleavy 외, 1987).

98) 정식명칭은 국제노동자협회(International Working Men's Association)다. 제1인터내셔널, 제2인터내셔널, 제3인터내셔널, 제4인터내셔널 등이 있다. ① 제1인터내셔널은 1864년 런던에서 창설되었으며 최초의 국제적인 노동운동 조직으로서 다양한 무정부주의자·사회주의자·공산주의자가 참여했다. 마르크스가 협회의 결성 선언문과 규약을 작성하는 등 협회의 결성을 적극적으로 지도했으며, 1871년에는 마르크스가 협회의 지도권을 장악했다.

립을 도왔고, 12년 후 모든 다른 형태의 사회주의 사상에 대한 공격과 완전한 산업화의 유지에 관해서 바쿠닌 등 무정부주의자와의 불화로 인하여 제1인터내셔널의 붕괴에도 기여했다. 제2인터내셔널은 마르크스의 사망 후 6년 뒤인 1889년에 겨우 설립되었다. 제2인터내셔널은 산업노동자를 구세주로 선언하면서 처음부터 마르크시즘에 의해서 지배되었다. 그러나 제2인터내셔널은 마르크스와 엥겔스가 해결하지 못한 두 가지 문제에 관한 논쟁을 내포하고 있었다. 자유민주적 선거에서의 사회주의 당의 승리와 부르주아지 정당과의 연립정부의 구성에의 참여를 통한 사회주의로의 비폭력적 이행이 가능한가에 관한 문제와 세계적인 혁명의 방아쇠가 선진 경제에서 나올 것인가 혹은 아직 산업화과정에 있는 나라에서 나올 것인가에 대한 문제가 주된 쟁점이었다.

엥겔스는 마르크스가 살아 있는 동안에는 마르크스의 사상을 단순화 대중화하는 데 노력했고 그의 사후에도 마르크스의 사상에 대한 정통한 수호자였다.[99] 그러나 엥겔스는 마지막에는

1864년까지 존속했다. ② 제2인터내셔널은 1889년 파리에서 설립되었으며 처음에는 엥겔스가 이론적인 뒷받침을 했다. 그러나 각국의 사회주의 정당과 노동조합 등의 완만한 연합체의 형태로 명확한 강령이나 상설 사무국도 없이 유지되었다. 제2차대전 후 1947년 각국의 사회당과 사회민주당이 새로운 조직을 결성하고 조직의 명칭을 사회주의 인터내셔널(Socialist International)로 개칭하여 오늘에 이르고 있다. 사회주의 인터내셔널은 마르크스주의를 부정하고 사회민주주의의 입장을 취하는 조직이다. ③ 제3인터내셔널은 1919년 모스크바에서 창설되었으며 이른바 공산주의 인터내셔널(Communist International)을 지칭하며 약칭하여 코민테른(Comintern)이라고도 한다. 레닌의 지도하에 각국의 노동운동 내의 좌파가 모여 마르크스-레닌주의 사상에 기초하여 프롤레타리아 혁명을 통한 사회주의의 달성을 목표로 한다. 스탈린에 의해 다수의 지도자들이 숙청된 후 1943년 해체되었다가 1995년 불가리아의 소피아에서 불란서·독일 등 29개국(북한·베트남·중국 불참)이 참여한 가운데 재창설되었다. ④ 제4인터내셔널은 1938년 트로츠키즘에 의한 국제공산주의 운동을 위한 국제조직으로 창설되었으나 두드러진 활동이 없다가 1940년 트로츠키가 암살당하자 쇠퇴히었다(인터넷, 두산백과 ; 탁양현, 2020).

99) 엥겔스는 자본주의를 격렬하게 비판했지만, 그 자신은 자본가였다. '에르멘과 엥겔스 방직회사'의 공동 소유주였던 그의 아버지는 영국의 맨체스터에 있는 회사 공장을 운영하도록

자신의 마음을 바꾸었다. 엥겔스의 이론적인 상속자로 알려진 칼 카우츠키Karl Kautsky에 의해서 주도된 독일 사회민주당SPD은 (자유민주주의 국가가 자본주의 국가일지라도) 부르주아지의 자유와 제도가 투표함을 통해서 자본가들을 정부의 통제로부터 몰아내기 위해서 정당이 새로운 프롤레타리아의 다수를 동원하는 것을 도울 것으로 판단했다. 이러한 가능한 경로는 사회주의로의 평화적인 이행을 보장할 수는 없지만, 정치 전선과 산업 전선에 동시에 진출한 전투적인 노동자계급이 국가의 폭력적인 장악의 필요성을 피해가게 할 수 있을 것으로 보았다. '수정주의자revisionist'라고 불리는 사람 중 독일 사회민주당의 탁월한 이론가 베른슈타인Eduard Bernstein도 포함할 수 있다. 베른 슈타인은 마르크스의 이론 중 몇몇 측면은 틀렸거나 시대에 뒤떨어졌기 때문에 수정되거나 거부해야 한다고 믿었다. 그래서 '수정주의자'

1842년에 젊은 엥겔스로 그곳으로 보냈다. 1840년대 중반부터 급진 철학자 마르크스와 자본가 엥겔스는 한 팀을 이루었다. 그들의 협력관계는 여러 면에서 독특했다. 서로가 강점과 약점을 공유했다. 마르크스는 엥겔스에게 경제적으로 의존했는데 마르크스가 영국으로 망명했던 초기 빈곤했던 시절에 엥겔스의 재정적 지원은 큰 역할을 했다. 반면에 엥겔스는 정치적 영감과 지적 자극의 측면에서 마르크스에 의존했다. 또한, 마르크스는 심오하고 독창적인 사상가였다. 반면에 엥겔스는 기억에 남을 만한 멋진 문장을 만들어내고 쉽고 빠르게 여러 언어로 글을 쓰는 탁월한 재주가 있었다. 그 대표적인 작품이 <공산당 선언>이다.

엥겔스는 마르크스의 사후에 마르크스의 사상에 두 가지 자기의 생각을 덧붙였다. 첫째로 그는 마르크시즘에 '과학적 사회주의(scientific socialism)'라는 존칭을 부여했다. 사실 마르크스도 자신의 연구를 과학적이라고 믿었다. 마르크스는 과학은 테스트하여 밝힐 수 있는 조직화된 지식의 체계로서 언제나 비판을 수용하고 수정이 가능한 것이라고 보았지만, 엥겔스는 변증법의 새로운 과학은 자연과 인간을 지배하는 불변하는 법칙을 보여준다고 보았다. 둘째는 마르크스와는 다르게 유물론(materialism)을 재해석했다. 마르크스도 자신을 헤겔이나 기타 관념론적 철학자들과 구별하기 위해서 '유물론자'라고 불렀다. 그러나 마르크스는 '물질' 그 자체가 아니라 인간이 생존하고 번영하기 위해 원료를 자신에게 유용한 상품 등으로 전환하는 과정에서 그들 스스로 조직하는 방식에 관심을 가졌다. 마르크스의 유물론은 일반적인 유물론과는 다른 유물론이었다. 그러나 엥겔스식의 유물론은 모든 것을 물질과 그 변형으로 환원시킬 수 있다고 주장한다. 아무리 변화가 광범위하더라도 물질은 영원히 동일하게 존속하며 그 운동은 시간을 초월한 '철칙'에 의해 지배된다는 것이다. 마르크스의 변증법은 운동하는 인간을 강조한 반면에 엥겔스는 운동하는 물질을 강조하고 있다고 한다(Ball 외, 2019).

라는 이름이 생겼다. 그의 비판은 도덕·정치·경제 등 세 범주에서 이루어졌다.[100] 베른슈타인의 친구이자 동료인 카우츠키도 이 문제를 둘러싸고 처음에는 베른슈타인과 결별했으나 나중에는 결국 베른슈타인의 생각에 동의했다.

이러한 수정주의자들의 관점은 러시아 사회민주당의 볼셰비키파의 지도자이자 제2인터내셔널의 혁명적 진영인 블라디미르 일리치 레닌Vladimir Ilych Lenin에 의해서 강하게 공격을 받는다. 레닌은 자유민주주의 국가는 국가 관료가 자본가계급과 '수천 개의 실'로 묶여 있는 자본주의를 위한 가장 좋은 외피shell라고 설명했다. 의회는 '대화를 나누는 상점'인 반면에 실질적인 권력은 자본가의 이익에 의해서 통제되고 자본가의 이익에 봉사하는 관료·경찰·군인 등이 가지고 있다. 언론 자유와 투표권 같은 민주적 권리는 오직 자본가적인 (재산) 자원의 힘으로 노동자의 심장과 정신에 대한 사회적 통제력을 배양할 뿐이다. 국가 기구의 형태가 어떠하든지 독일의 황제 아래에서의 제한적인 민주주의이든 짜르주의 러시아의 전제주의든 간에 프롤레타리아 제일의 과업은 권력을 위해서 혁명적인 공격으로 국가 기구를 분쇄하는 것이다.

세계혁명이 어디에서 시작될 수 있는가의 논쟁과 관련해서 보면, 마르크스와 엥겔스는 경제적 변화에 의한 정치적 사건의 결정력과 프롤레타리아의 역사적 역할을 강조하면서, 사회주

---

100) 베른슈타인의 도덕적, 정치적, 경제적 비판은 다음과 같다. 첫째로 마르크스와 후대의 마르크스주의자들이 도덕 혹은 윤리 문제에 너무 관심을 기울이지 않았다고 믿었다. 둘째로 마르크스의 정치적 예측 중 일부 사실에 대해서 회의를 표명하면서 마르크스의 사후에 일어난 일련의 주목할 만한 상황변화(노동운동의 강화, 사회주의 정당의 출현 등)를 지적했다. 셋째로 자본주의가 발달하면서 나타난 경제적 사실과 자본주의의 발전 경향이 마르크스의 이론을 훼손하고 있다는 것이다(Ball 외, 2019).

의 혁명이 영국·불란스 또는 독일과 같이 조직화한 노동자계급이 가장 많은 나라인 가장 산업화한 경제 중 하나에서 처음 일어날 것이라고 강하게 주장했다. 제2인터내셔널도 역시 주요한 나라에서의 첫 사회주의 혁명은 다른 나라에서 모방자를 발견할 것이라고 주장했고, 제2인터내셔널의 많은 노력이 서로와의 전쟁에 참여하지 않도록 유럽 사회주의자들의 혁명을 보강하는 데 집중되었다. 러시아와 같이 빠른 산업화로 농업의 경제적 우세를 거의 극복하지 못한 나라에서는 세기 전환기의 마르크스주의자들은 어떻게 방대한 수의 농민을 다루면서 절대주의와 유사-봉건적 통치의 유지 속에 '과학적 사회주의'를 채택할 것인가를 논의했다. 레닌은 독일의 사회민주당과 같이 제일 먼저 다수의 구성원 확보나 선거에서의 힘을 과시하지 않고도 단단하게 조직된 '전위당'이 산업 프롤레타리아가 짜르주의에 대항해서 행동을 할 수 있게 자극을 줄 수 있다고 강조했다. 다행히 방대한 수의 농민들은 토지개혁을 약속함으로써 중립화되었다. 레온 트로츠키 Leon Trotsky는 1905년의 짧은 봉기를 준비하면서 러시아는 두 가지의 혁명단계를 동시에 치를 수 있다고 주장했다 – 하나는 짜르주의의 봉건적 기구를 분쇄하고 자유주의적 체제를 설립하는 '부르주아지' 혁명이고, 또 다른 하나는 자본주의를 결정적으로 전복시키는 노동자계급의 사회주의 혁명이었다. 그의 두 가지 혁명의 융합에 관한 주장은 아주 늦게 1917년 혁명 이후에서야 비로소 레닌에 의해서 승인되었다.[101]

---

101) 레닌(블라디미르 일리치 레닌)은 본명이 블라디미르 일리치 '율리아노프'였으며, 법학을 전공한 변호사였다. 그에게는 알렉산더 율리아노프라는 형이 있었는데 차르 알렉산더 2세의 살해 기도에 가담했다가 실패에 그치는 바람에 처형당했다. 레닌은 이를 계기로 마르크스주의가 되었다. 레닌은 맑시즘을 시대에 맞게 해석해서 러시아 혁명과 세계혁명에 적용했으며, 마르크시즘의 정통 계승자로 평가받았다. 그는 마르크스의 사상체계에 '전위당론', '제국주

제2인터내셔널은 1914년에는 제1차 세계대전이 발발하자 각 사회주의 정당이 자기 나라 정부를 지원함으로써 민주주의적 방향으로 분열되었다. 1917년 초에 군사적으로 패배한 짜르주의 체제가 붕괴하였을 때 레닌은 추방에서 귀국하여 짜르 체제를 계승한 약한 의회 체제에 대항해서 즉각적인 사회주의 혁명을 압박하기 위해서 귀국했다. 그는 향후 4년간의 내전을 촉발하게 되는 1917년 9월 성페테르부르크의 반란에서 소규모의 볼셰비키 당을 지도해서 이끌어나갔다. 이러한 갈등의 과정에서 볼셰비키 체제는 점진적으로 언론의 자유를 제거하고 부르주아지 정당과 다른 사회주의 정당들도 제거해 나갔다. 국가의 권력은 공산당 중앙위원회의 수중에 집중되었고, 비밀경찰이 창설되었으며, 지역 노동자 평의회 즉 소비에트(초창기 볼셰비키의 권력 장악을 향한 노력에서의 초점이었다)는 단순한 고무도

의론', '노농동맹과 소비에트' 등 세 가지를 새롭게 덧붙였다. 레닌은 계급투쟁이 역사 발전의 원동력이라고 보고 계급투쟁의 대의명분을 실현하기 위해서는 모든 수단이 용인된다고 보았다. 혁명가는 '우유부단함'과 '나약한 감상'을 버려야 하며 부르주아지의 윤리의 가장 기본적인 명령이 정치투쟁을 방해한다면 그것을 거부할 태세가 되어 있어야 한다고 보았다.

① 레닌은 당의 역할은 노동자들과 농민들을 선동하고 조직하고 교육하여 진정한 이해관계를 일깨우는 것이며, 당은 프롤레타리아의 전위대 기능을 수행하여야 한다고 보았다. 허위의식 중에서 가장 치명적인 것이 '노동조합 의식(trade union consciousness)'이며 혁명적 계급의식은 자연발생적으로 그리고 저절로 생겨나는 것이 아니기 때문에 전위당(vanguard party)이 주입해야 하고 그 리더십은 주로 혁명적 지식인으로 구성되어야 한다고 보았다.

② 레닌은 제국주의(imperialism)를 자본주의의 최고 단계로 보았으며 선진 자본주의 국가들의 노동자들도 아시아·아프리카·남미의 식민지화와 착취를 통해 얻어낸 전리품을 공유하면서 동료 프롤레타리아에 대한 전쟁에 기꺼이 참여했다고 보았다.

③ 소비에트(soviet)는 러시아어로 평의회 또는 대표자 회의를 뜻하는 말이지만 러시아 혁명 때 노동자·군대·농민 대의원의 소비에트가 형성되어 각 공장의 동맹파업을 조정하고 통일적으로 지도하는 기관이 되었고 성페테르부르크에서 군사력을 장악하는 기관이 되었다. 레닌은 혁명 과정에서 소비에트에 전 권력을 집중시켜 혁명적 제 당파의 통일전선을 구축함으로써 러시아 혁명을 성공시켰으며, 혁명 후에는 마침내 연방에서부터 지구·시·촌까지 국가의 각급 단계에 소비에트 제도를 확대하여 인민의 권력기관으로 발족시켰다. 소비에트는 부르주아 민주주의의 의회에 대비되는 개념으로서 민중에 의해 자발적으로 조직되고 운영되는 프롤레타리아 독재정권의 권력기관이라는 의미를 갖게 되었다(Ball 외, 2019).

장으로 전락했다. 내전에서의 볼셰비키의 승리와 레닌의 사망(1924년) 이후 조셉 스탈린Joseph Stalin의 절대적 독재체제의 성장으로 당의 집단지도체제의 흔적은 사라졌다. 스탈린의 라이벌 지도자들의 숙청 이후 경제에 대한 관료주의적 통제가 광범위하게 확대되었고, 1920년 이후의 막대한 생활의 희생 속에서 강제적인 산업화와 소비에트 농업의 집단화를 위한 당의 프로그램이 무자비하게 실행되었다. 스탈린주의[102]의 기원은 당초에 레닌이 권력을 쟁취하면서 '사회주의 당'이 간단하게 기존의 국가 기구를 분쇄할 수 있을 것으로 주장한 저술 〈국가와 혁명〉 속에 일부 내포되어 있었다. 자본주의의 복잡한 관료주의는 선출된 소비에트에 의해 간단하게 운영되는 '노동자들의 행정'과 여타의 기능적 지위로 교체된 일반 노동자에 의해서 대체될 수 있다고 보았다. 그러나 어느 것도 부르주아적인 자유 또는 책임의 기제를 유지하는데 봉사하지 못했고 사회주의자들이 어떻게 혁명 후의 국가를 운영할 것인지를 구체적으로 알려주지 않았다. 오히려 실제에 있어서 이러한 명제들은 하나도 적용되지 못했으며, 그들은 막후에 방대한 당과 경찰의 관료주의 그리고 매우 권위주의적 국가 기구를 창출시키는 단순한 '이데올로기적인 외투'로서 봉사했다.

---

[102] 스탈린주의의 특징은 세 가지가 주목할 만하다고 한다. 첫째 당의 역할과 당의 리더십에 관련된 부분으로서 레닌은 노동계급을 이끌어줄 전위당이 필요하다고 보았지만, 스탈린은 당도 허위의식에 감염되어 있기 때문에 '당을 이끌 전위' 즉 한 사람의 천재가 필요하다고 주장했다. 둘째 '일국 사회주의(socialism in one country)'의 개념이다. 스탈린은 사회주의가 전 세계에 건설될 수 있기 전에 먼저 한 나라 즉 소련에서 창조되고 공고화되어야 한다고 주장했다. 이는 스탈린의 라이벌인 트로츠키의 국제적인 사회주의 혁명과 공산당 내의 독재의 위험을 경계하는 '영구혁명(permanent revolution)'이론과 대조된다. 셋째 스탈린은 거의 모든 계획·정책·결과를 정당화하기 위해 유물론과 유물변증법(dialectical materialim, DiaMat)을 동원했다. 모든 것은 물질의 운동에 따라 결정되고, 실제로 일어난 모든 일은 그렇게 나타날 수밖에 없다고 주장한다. 그러나 이러한 역사적 필연성의 교리는 논리학적으로 '전후 관계와 인과관계의 혼동 오류'를 범할 수 있다는 것이다(Ball 외, 2019).

국제적으로는 볼셰비키 혁명과 소비에트 체제의 발전은 마르크시즘을 두 가지 명백한 운동으로 분열시켰으며, 이후 간단하게 과도적인 '인민전선popular fronts'으로만 재통합되었다. 폭동 전략을 포기한 사회주의 정당들은 러시아에서의 독재의 성장에 깜짝 놀라게 되었다. 그들은 제2인터내셔널에 대한 지배를 유지하면서 사회주의로의 평화적인 전환을 희망하는 카우츠키의 주장을 재강조하고, 마르크스와 엥겔스의 저작에 대한 신앙을 완전히 버리고 매우 신중한 사회적 민주주의의 형태로 바꾸었다. 한편 러시아의 공산주의는 특히 다른 유럽에서의 혁명이 1918년과 1919년에 궤멸했기 때문에 혁명적 마르크시즘에 대한 방대한 이데올로기적 지배력을 확보했다. 모스크바는 마르크시즘의 레닌적인 버전에 충성하는 공산주의 인터내셔널Comintern을 조직했으며 거기에서는 마르크시즘에 대한 레닌의 재작업과 스탈린의 권력 장악으로 소비에트의 실제에 대한 비판적인 방식을 허용하지 않았다.

1953년 스탈린의 사후 그리고 소련 공산주의가 전체주의 체제에서 (집단지도체제로 운영되는) 보통의 권위주의 국가로 점진적으로 변화되었지만, 서구 공산주의의 탈 스탈린화는 느리게 진행되었다. 공산주의를 떠난 일부 서구의 마르크시스트들은 1956년 항가리 봉기의 억압과 1968년 체코의 침공을 맞이하였으며 이들은 스탈린 시대에 혁명적 마르크시즘의 대안적 해석을 주장했던 트로츠키 분파 집단을 부상시켰다. 스탈린주의와 (소비에트의 정책결정을 정당화하기 위한) 마르크시즘 이론의 전도(顚倒)에 대한 이러한 제한된 반작용은 1960년대 중반 강력한 유럽식 사회주의 형태의 성장에 의해서 강화되었다.

새로운 학생들의 저항 운동·강력한 노동조합주의·도시의 투쟁들은 그람시Gramsci·프랑크푸르트학파the Frankfurt School·싸르트르Sartre의 저작 속에 나타난 명백하게 지성적인 서구의 마르크시즘으로부터 지적 영감을 끌어왔다. 이러한 발전은 여러 가지로 비판적이고 지적으로 세련된 신마르크스주의neo-Marxism의 재탄생에 기여하게 되었다(Dunleavy 외, 1987).

5) 네오 마르크시즘의 서구 자유민주주의 사회에 대한 분석

마르크시즘은 서구 민주주의에서의 정치적 행위에 대한 설명으로 종종 조소를 당한다. 마르크시스트는 적어도 두 가지 중요한 문제에 봉착한다. 첫째로 그들은 경제와 문화뿐만 아니라 정치를 이해하는 데 있어서 '계급투쟁'에 우선적인 중요성을 부여했다. 그러나 자유민주주의에서의 갈등과 정치적 동원의 주요 노선은 때때로 계급적인 기반을 나타내지 않았다. 둘째로 자본주의를 '위기 동반 체제'로 보는 마르크스의 설명은 많은 서구 다두체제에서의 상당한 정치적 안정의 증거와 강한 대조를 이루었다. 이러한 점에 대한 현대적인 마르크시즘의 대응은 다음과 같았다.

첫째의 논점은 정치적 동원의 '계급적 기반the class basis of political mobilization'에 관한 문제이다. 서구 자유민주주의 사회에서는 정통 마르크시스트가 주장하는 계급투쟁이 일어나지 않았다. 네오 마르크시스트들은 정치적 동원의 계급적 기반과 관련해서 이러한 현상이 왜 일어났는지 설명하려고 한다. 현대적(네오) 마르크시스트들은 이 문제에 대해서 다섯 가지 방식으로 대응했다. ① 계급의 개념을 재정의하는 것이다. 노동자계급을 정의하는데 사용된 기준을 완화하고, 부르주아지와 노동자계급 사이에 중간적인 범주를 만들었다. 중간계급은 신 노동자계급(친 노동자계급적 성향)과 구 쁘띠부르조아 계급(친부르주아계급적 성향)로 구성된다. 그리고 수정주의자들은 정통 마르크시스트보다는 계급투쟁에 있어서 광범위한 정치적 균열(틈)을 발견했다. 그 결과 계급이론의 기초를 정통 마르크시즘의 '착취exploitation이론'보다는 엘리트 이론과 같이 '지배domination'에 두고 있다. ② 마르크시스트들이 자유민주적 투입정치의 복잡성을 두 번째로 수용한 것은 '2단계 투쟁two-tier struggle' 이론이다. 그들은 계급투쟁은 두 가지 명백한 국면을 갖는다고 주장한다. '노동자의 계급 형성(내부적 단편화를 극복)'과 '자본가와의 투쟁'이다. 그런데 서구 자유민주주의에서는 1단계 투쟁만 진행되었다고 한다(여기에 대한 약간의 비판도 있다). ③ 마르크시스트의 세 번째 전략 즉 '계급 내 갈등within-class conflict'에 대한 체계적 설명의 개발은 좀 더 수정주의적이다. 풀란차스Poulantzas는 모든 사회계급은 내부적으로 세 가지 방식으로 세분될 수 있다고 주장한다. '분파들fractions'은 양립 불가능한 물질적 이익을 지향하는 분리된 정치조직이다(예 : 소자본가와 대자본가). '계층들strata'은 경제적 이익의 일시적 갈등에 기초하지만, 분리된 정치적 조직을 만들지 않는다(예 : 숙련 노동자와 비숙련 노동자). 사회계급의 '하위범주sub-categories'는 특수한 환경 속에서 분명한 조합적 이익을 소유한다(예 : 군대, 국가 관료 등). 다원주의자들은 이익을 집단과 동일시하지만, 풀란차스는 분파·계층·하위범주를 이익 (및 적극적 집단 형성)과 동일시하고 있다. ④ 자유민주적 정치에서의 다양성에 대한 마르크시스트의 네 번째 전략은 훨씬 더 수정주의적이다. 이것은 '사회적 분화의 계급 횡단적 계보 cross-class lines of social division'에 초점을 맞춘다. 하버머스 J. Habermas 와 오코너 James O'Conner와 같은 계급 횡단적 분화를 주장하는 이론가들은 몇몇 또는 모든 계급에 적용되는 어떤 주요한 이익의 차이가 있다고 주장한다. '대기업'과 '소기업'의 분화는 가장 자주 인용되는 계급 횡단적 분화이다. 대기업에 소속된 자본가와 노동자의 이익은 소기업의 자본가와 노동자의 이익과 상이하다. 계급 횡단적 이해관계는 고전적 마르크시스트의 착취-피착취의 이분법을 가로지르는 잠재적 분열의 기반을 형성한다. ⑤ 가장 수정주의적 마르크시스트들의 전략은 가장 덜 대중적이다. 이것은 '선진자본주의 안에서의 착취자와 피착취자 사이의 계급투쟁을 탐구하려는 시도를 포기하는 것'이다. 그 대신 계급투쟁의 소재를 국가 수준에서 세계 수준으로 대체한다. 마르크스의 기대와 같이 (착취당하는 점진적으로 빈곤화되는 무산자인) 프롤레타리아는 저개발 국가에 있다. 이들은 저개발국과 선진국(주변 국가와 핵심국가)을 구분한다. 미국과 서유럽에는 프롤레타리아는 없고, 그들은 다국적 자본의 지배를 유지하는 데 공모한 중간적 범주일 뿐이다.

자유민주주의적 정책을 분석하는 이 다섯 가지 다른 전략은 서로 일관성을 갖는 것은 아니다. 계급의 재정의는 다음에 오는 세 가지 전략(2단계 계급투쟁, 계급 내의 분화, 계급 횡단적 분화)과 양립할 수 있다. 대부분 마르크시스트는 이 세 가지 선택

중 하나 또는 둘을 취한다. 그러나 글로벌한 계급투쟁은 기본적으로 다른 것들과 양립 불가하다.

두 번째 논점은 선진 자본주의 사회에서의 침묵과 불안quiescence and unrest in advanced capitalism에 관한 문제이다. 마르크시스트들에게 있어서 모든 자본주의 사회에서의 불안의 기본적인 원동력은 생산에서의 착취와 소외에 대한 프롤레타리아의 직접적인 경험이다. 실업, 휴직, 해고, 악화한 노동조건, 인플레이션에 뒤따르는 임금상승의 지체는 규칙적으로 노동의 불만을 유지한다. 그것들은 (프롤레타리아 자신들의 집합적 이익과 자본가와 노동 통제자의 이익에 반대하는 의식이 극적으로 강화될 수 있는 파업과 시위를 일으키기 위하여) 사람들을 노동조합과 급진적 정당에 가입하도록 강요하게 된다는 것이다. 그러나 마르크시스트들은 개인적인 경험과 집합적 조직에 의해서 노동자들 사이에 양성될 수 있는 두 가지 종류의 '반대 의식'을 구분한다. 그 하나는 '노동조합 의식trade union consciousness' 즉 복종적 가치체계subordinate value system이다. 이것에 의해서는 사회체제의 밑바닥에 있는 사람들이 그들이 착취되고 있다고 인식하지만, 체제 내에서 단지 그들의 지위를 향상하려고 노력한다. 다른 하나는 완전한 '계급의식class consciousness' 즉 급진적 가치체계radical value system이다. 이것에 의해서는 사회적 악의 원인을 자본주의의 지배에 두고, 노동자의 이익이 보편화될 새로운 사후적·혁명적 사회를 예상한다. 레닌 이래로, 마르크시스트들은 이러한 의식은 외부의 기관 즉 혁명적 정당이나 지식인에 의해서 노동자 운동에 주입되어야만 발생하게 된다는 것을 인정했다.[103]

---

103) 일부 마르크시스트들은 미국에서 강력한 사회주의운동이 일어나지 않는 이유를 사회구

마르크시스트들은 자본주의 사회에서 지배적 계급 혹은 분파가 어떻게 계급의식을 안전한 수준으로 제한하는 충분한 통제를 시행하게 되는가를 설명하려고 한다. 그 해답의 하나는 '국가'를 통해서이다(이것에 대해서는 다음에 자세히 논의할 것이다). 그러나 또한 자본주의의 지배에 대한 침묵과 안정을 유지하는 수많은 '비국가적 영향'도 있다. ① 일부 네오 마르크시스트들은 노동자계급의 정치적 동원은 특수한 난점에 직면한다는 것을 강조한다. 노동자들도 나이, 성별, 기술, 인종 등 단순화할 수 없는 뚜렷한 이해관계를 가지는 개인이라는 것이다. 많은 이러한 차별적 특성은 (프롤레타리아의 단결을 방해하는 요인으로서 그들의 의미가 몹시 달라질 수는 있지만) 인품과 밀접하게 연관되는 것이며 동질화될 수가 없는 특성들이다. 차별적 특성에 따라 뚜렷한 이해관계의 차이를 가진다는 것이다. ② 자본가와 그 계급적 동맹자들(쁘띠부르주아와 노동의 통제자)은 프롤레타리아 운동보다 훨씬 더 잘 조직화하여 있다. 자본가들은 국가 기관과 공적 캠페인을 위한 기금 모집에 대해서 막강한 영향을 행사한다. 또한, 그들의 재량에 따라 유보하거나 재배치할 수 있지만, 노동자의 생활에 결정적으로 중요하고 국가지출의 수입 기반이기도 한 '자원'을 통제한다. ③ 마르크시스트들은 지배적 이데올로기dominant ideology의 생산을 강조한다. 지배적 이데올로기는 자본가의 이익을 특권화하고 현상 유지를 존중하는 이념이다. 안토니오 그람시A. Gramsci는 자본의 지배에 성공적으로 도전하는 프롤레타리아 운동은 경제적 혹은 정치적 조직에

조의 새로움(newness)과 명백한 비계급성(classlessness), 광범위한 사회적 유동성, 인종적 분열의 다중성, 대규모 산업화 이전에 보통 선거권의 확립 등에 의해서 어느 정도 설명할 수 있다고 주장한다(Dunleavy 외, 1987).

만 주의를 집중해서는 안 되며, 오히려 대항적 헤게모니 프로젝트counter-hegemonic project로서 조직화 되어야 한다고 주장한다. 이것은 생활의 모든 면에서 부르주아지의 관념과 관행에 대항하고 이를 대체하는 대안적인 사회를 지향하자는 것이다. ④ 선진 자본주의에서의 노동자의 침묵을 설명하는 마르크시스트의 네 번째 전략은 더욱 더 물질적이고 고전적 마르크시즘을 밀어내는 중심적 공격이다. 서구의 마르크시스트들은 일반적으로 프롤레타리아의 무관심과 침묵을 이념적 현상으로 설명하는 반면에, 일부 마르크시스트는 프롤레타리아의 지지를 창출하는 데 있어서 자본주의의 경제적 성공을 강조하는 경향이 있다. 이들은 자본주의가 중요한 노동자 집단에 편익을 제공하는 것을 강조한다. 노동귀족, 독점자본주의에서의 노동자의 이익, 대다수 노동자의 생활 수준 향상, 노동자의 물질적 이해의 충족 등이다. 이와는 대조적으로 사회주의 국가체제가 소비자 시장과 생산성 문제에 있어서 실패한 것도 영향을 미쳤다.[104] (Dunleavy 외, 1987).

---

104) 서구의 마르크시스트들은 스탈린식 국가 사회주의보다는 자유민주주의를 선호하게 되었다. 그들은 선거 민주주의를 신중하게 선택한 것이다. 이것은 자유민주주의에서의 프롤레타리아를 위한 두 가지 가능한 결과를 초래했다. 하나는 선거에서 다수십난이 뇌었시만, 사본주의를 유지하는 것이다. 다른 하나는 선거에서 다수집단을 형성할 수 없기 때문에 자본주의를 유지하는 것이다(Dunleavy 외, 1987).

6) 네오 마르크시즘의 국가 조직에 대한 설명

국가 제도가 어떻게 운용되는가에 대한 마르크시트들의 비교적 자세한 설명은 전후의 기간에서만 나타나며, 주로 서구의 신마르크스주의neo-Marxism의 성장과 연관되어 있다. 마르크스와 엥겔스의 관념을 새로운 형태로 표현하는 신마르크스주의는 '부르주아지' 사회과학을 직접적으로 논쟁에 끌어들이려는 의지로 구분될 수 있다. 한편 코민테른 시기의 정통적 마르크스-레닌주의Marxist-Leninism는 자유민주주의적 실제와 제도에 대한 심각한 설명을 제공하지 않았고, 신마르크스주의자들은 고전적 마르크시스트들이 기대하지 않았던 현상 특히 선진 자본주의 사회에서의 일종의 '혼합경제' 형태의 도래와 확장된 '복지국가'의 성장을 받아들이려고 노력했다. 민주주의적 국가를 자본가들의 명령에만 따르는 적나라한 억압기구로 보는 종전 마르크시스트들의 묘사는 적어도 1950년대 초에서 1970년대 후반까지 정부의 계획과 '보호적 자본주의caring capitalism'의 명백한 출현과 불만스럽게도 자리를 함께하였다. 그러나 1980년대의 신우익 정부의 출현은 이전의 복지적 합의에 의문을 표시하고, 공공정책 결정으로 다루어지는 사회생활의 영역을 '재상품화recommodification'하는 방향으로 몰아가게 되었다.

국가에 대한 신마르크스주의자들의 설명 속에는 마르크스와 엥겔스의 세 가지 국가에 대한 모형의 영향이 남아 있다. 우리는 앞으로 세 가지 현대적인 접근방법 즉 '도구주의자'·'중개인'·'기능주의자' 모형이 마르크스와 엥겔스의 고전적인 설명과 어떠한 차이를 나타내는지를 요약하고, 각 접근법이 국가 제도와 정책 결정의 작동과정을 어떻게 분석하는지를 설명할 것이다. 그리고 우리는 신마르크스주의의 문헌에 나타난 폭넓은 선택지를 보여주기 위해서 특이한 변이들을 살펴보면서 각 접근법에 대한 설명에 대해서 결론을 맺을 것이다(Dunleavy 외, 1987).

가) 현대적 도구주의자 모형 modern instrumentalist models

마르크스와 엥겔스는 국가를 외부의 자본가에 의해 직접 통제되고 그들의 이익을 증진하기 위해서 움직여야 하는 기계장치로 보는 자유주의 국가에 대한 '도구주의적 설명'에 가장 많이 의존했다는 것은 이미 설명했다. 현대적 도구주의는 사회민주당의 집권을 위한 선거나 (미국의 뉴딜 정책과 같은) 노동자계급 투표자들을 지향한 다른 동맹의 도래가 자유민주주의 국가의 근본적인 자본주의적 성격에 자격을 부여하는 것은 아니라는 것을 설명하기 위하여 이 전략을 택했다. 현대적인 도구주의자들은 (다원주의에 대한 여러 가지 비판을 통해서 정교화한 주장으로서) 자본가계급은 계속 정부의 지배에 만족하면서 '지배는 하지만 스스로 통치는 하지 않는다'라는 카우츠키의 명제 proposition을 정교화했다. 현대적 도구주의자들의 다음 주장은 자본주의 국가의 관료와 정치지도자는 (그들의 공통된 사회적 출신·유사한 생활방식과 가치 그리고 공공정책을 위한 조정된 전략이 단련되어 나오는 수많은 네트워크와 포럼의 존재에 의해서) 하나의 응집력 있는 집단으로 통합한다고 보는 엘리트 이론과 밀접한 관련성을 가진다. 국가 기구는 경제적·산업적 이슈들에 관해서 친자본주의적 입장을 유지하기 위해서 믿을 수 있는 사회계층 예컨대 전문직업의 구성원·변호사·회계사·농부 등으로부터 압도적으로 많은 사람이 충원된다. 또한, 좌편향적 정부가 유리한 나라에서는 국제금융시장과 기업적 확신의 상실이 자본주의에 대한 근본적인 변화를 제약하는 '생활의 경제적 사실the economic facts of life'을 정상적으로 조성함으로써 근본적인 사회 개혁을 위한 불리한 여건을 자동으로 창출한다.

자본가 지배의 결과는 외국과의 경쟁에서 국내 자본의 지원·선진기술의 보강·산업 관계에서의 구속적인 국가통제의 부과 등 일관성 있는 국가의 개입에서 볼 수 있다. 많은 혼합경제적 개입은 국가가 수익성이 없는 기업에 대한 보조나 인수에 관여하게 하고, 많은 복지정책은 기업에 부과될 노동비용을 사회화시키는 것으로 볼 수 있다. 자본주의 사회에서 국가의 절대적으로 중요한 역할은 아래로부터의 압력을 봉쇄하는 것이다(Miliband, 1982).

도구주의자들은 자유민주주의 국가의 개별적인 조직에 대해서는 큰 관심을 두지 않는다. 대부분의 의회적인 과정은 (국가 정책 결정에 대한 효과적인 시민적 통제가 가능하다는 이데올로기적 환상을 유지하는 주요한 수단으로서만 중요성이 있는) '무의미한 가식'이라는 마르크스의 견해에 동의한다. 의회는 기껏해야 의견이 다른 상위계급의 구성원들이 '한탄을 털어놓는 장소'로 봉사한다. 행정 엘리트는 자본가계급의 합리적인 이해관계에 따라 정책을 수립하는 '기능인'에 불과하다. 사법부는 노동조합과 급진적인 사회운동에 반대하여 사법적인 재량권을 사용하고 계약법을 노동조합에 불리하게 적용한다. 도구주의자들의 저술 속에는 국가는 통일된 조직체로서 마지막 호소 수단으로 보인다. 연방적 분권화·지방정부의 조직·권력의 분립 등은 모두 비슷한 겉치레에 불과하다. 어떤 명백한 단편화fragmentation도 혁명적·개혁적 의식을 발전시킬 피착취자들을 분산시키기 위해 고안된 지배계급의 책략이라고 본다. 현재의 지방정부 기능은 중앙정부 수준에서 적용되는 억압적인 계급편향적 전략의 축소판이다.[105]

나) 중재자 모형 the arbiter model

마르크스와 엥겔스의 중재자 모형은 국가 기관과 강력한 정치

---

105) 도주의적 설명의 가장 의미 있는 두 가지 변형은 국가독점자본주의 이론(state monopoly capitalist theory)과 유로코뮤니즘(Eurocommunism)이다. ① 국가 독점자본주의 이론은 소비에트 블록의 지배정당인 공산주의 정당이나 모스크바에 충성하는 서구의 정통 공산주의 정당이 현대 자유민주주의 국가를 분석하기 위해서 사용된다. 이것은 선진적인 자본주의 경제의 발전은 독점기업과 국가를 경제적 착취와 정치적 지배의 단일한 도구로 융합시킨다고 주장한다. 이 이론의 증거는 국가의 최고위층을 지휘하는 인사들과 독점 자본의 최고위층을 지휘하는 인사들을 묶는 직접적이고 중복된 네트웍 속에서 발견된다. 정부와 기업 제도의 융합은 국가공무원과 독점자본가가 경제적 모순을 관리하기 위한 시도로 자본주의적 경제에 대한 공동의 규제를 추구하는 것을 강요했던 1930년대 정치적·경제적 위기에 의해서 강화되었다. 초국가적 기업의 성장은 유럽경제공동체(the Europian Economic Community)와 같은 경제적·정치적 기구들을 다수 창출하게 하였으며, 이는 독점적 자본과 국제적 제국주의의 발전에 있어서 한 차원 높은 단계를 나타낸다고 할 수 있다. 그러나 국가독점자본주의 이론은 이론 구성의 과감성에도 불구하고 1950년대 소련의 자본주의와의 (평화) 공존과 경쟁 정책으로의 전환을 반영하면서 근본적으로 혁명보다는 개혁을 지향하는 신조이다. 국가 독점자본주의 이론가들은 국민적 반독점연합의 선두에 있는 서구의 공산주의 정당들이 자유민주적 국가에 있어서 사회주의로의 평화적 의회주의적 운동을 이끌어 갈 수 있다고 주장했다. 그러나 현재로서는 이러한 믿음은 현실과는 동떨어졌으며, 공산주의자들은 스웨덴과 프랑스의 정부에 아주 소규모로 참여했고, 이탈리아를 제외하면 프롤레타리아의 지배적인 정당은 어디에도 존재하지 않는다. 국가와 독점자본 사이의 연결에 대해서는 마르크시스트들 사이에 몇 가지 미묘한 찬반의 논의가 있다.

② 유로코뮤니즘은 소련과의 동맹으로부터 탈퇴하고 사회주의의 레닌식 모델을 거부한 서구 공산주의자들의 정치적 전략과 믿음에 부여된 총체적인 이름이다. 대부분의 유로코뮤니스트들 역시 도구주의자이며, 그들의 주장은 '배신자 카우츠키'의 주장으로 돌아간다. 카우츠키는 한편으로는 국가는 지배계급의 도구이며 프롤레타리아가 지배계급이 될 때, 자본주의적 제도가 되는 것을 종결한다고 주장했다. 그는 다른 한편으로는 노동계급은 의회적인 승리를 통해서 국가의 나머지를 지배할 수 있다고 생각했다. 이러한 분석은 1970년대 이탈리아와 스페인 공산당의 지도자들에게서 유사한 형태로 그리고 현대의 좌익의 사회민주주의자들의 관점과 아주 닮은 형태로 반복해서 나타난다. 약간의 내부적인 논쟁은 있지만, 개혁적 유로코뮤니즘은 그들이 거부한 혁명적인 레닌주의와 마찬가지로 도구주의자들이었다. 국가는 여전히 노동자계급이 포획할 수 있고, 포획해야 하는 도구로 보였다. 그러나 유로코뮤니즘의 차별성은 소련식의 일당독재 국가를 회피하는 결정에 있다(Dunleavy 외, 1987).

지도자가 자본에 의해서 통제될 수 없는 안정화 정책을 수행하면서 개입하게 되는 것을 일시적인 것으로 보았다. 그러나 현대의 중재자 모형은 이러한 정책적 입장이 마르크스와 엥겔스가 주장했던 것보다는 훨씬 더 보편적이고 장기간 계속되는 현상일 수 있다고 주장한다. 풀란차스(Poulantzas, 1978)는 자유민주주의에서 국가는 사회에서의 계급적인 힘의 균형을 왜곡된 계급 편향적인 방식으로 반영하는 계급투쟁의 응집체로서 행동한다고 주장한다. 현대 자본주의 사회에서는 독점기업들이 지배적인 계급을 구성한다. 그런데 만약에 공공정책에 대한 그들의 영향력을 유지하려고 한다면, 국가는 자본의 다른 부분·쁘띠 부르주아지나 비수공업 집단과 같은 중간계급·노동계급의 중요한 부분으로부터 나오는 국가정책에 대해서도 광범위한 지지를 보증해 주는 것이 필수이다. 그런데 신축적이고 적응적인 공공정책의 구성은 대중적인 투쟁을 흡수하고 노동계급의 호전성을 무력화시킨다. 이러한 정책 구성을 유지한다는 것은 국가 기구가 지배적인 계급으로부터 상당한 정도의 자율성을 가지고 작동해야만 하고, 지배적인 권력 집단 power bloc을 결집시키고 조정하는 지도자가 정치무대에서는 독립적인 행위자로 보이게 해야 한다는 것을 요구한다. 그러나 국가 기관의 이러한 자율성은 마지막 단계에서는 경제체제로서의 자본주의의 요구 조건이 어떤 대립하는 국가정책에 관해서 항상 승리를 거두기 때문에 '상대적'이라고 할 수 있다. 그럼에도 불구하고 선진 자본주의에서 상대적으로 자율적인 국가는 계급적 힘의 균형을 측정하고 반응하는 방식으로 행동하기 때문에 예컨대 사회주의적 생산방식의 요소를 도입하는 등 경제체제로서의 자본주의를 부분적으로 사

회주의화 시킬 가능성도 있게 된다.[106]

중재자 모형은 국가가 자본주의를 유지하기 위해서 작동한다는 도구주의자의 주장을 무시한다. 풀란차스의 견해에 의하면 자본주의 국가에서의 조정은 정부의 직위에 충원되는 사람들과는 관계가 없이 정치적 집행자와 고급 행정관료에 의해서 달성된다. 자본가계급에서 국가의 제도적 분리는 단순한 가식이 아니다. 헌법적 조직 배열은 국가의 인적 충원자들의 이익을 여과시켜서 자본가의 '장기적인 이익'을 추구하게 한다. 현대에 있어서 이러한 제도적 분리는 여러 가지 형태의 자본 사이에 조화를 유지하고, 국가를 노동자계급을 포함한 모든 시민의 이익에 개방된 것으로 보이게 한다. 국가는 자본가계급의 장기적인 이익을 보존하기 위하여서는 계급 중립적으로 보이는 것이 더 좋다. 선진 산업국가에서의 공직자들은 그들의 임무가 자본주의의 장기적인 이익을 도모하는 데 있지만, 실적주의적으로 선발된다. 계획은 ('필요를 위한 계획'이 '이윤을 위한 생산'을 대체하는) 사회주의와 같이 사회적으로 널리 용인될 수는 없다. 그러나 특정 계급을 위한 계획이나 독점자본의 우위를 유지하기 위해서 창출된 권력 집단을 위한 계획은 수립될 수 있다. 케인즈적인 수

---

106) 중재자 모형은 전후 자유민주주의에 있어서 주요한 제도적 변화를 풀란차스의 '권위주의적 국가주의(authoritarian statism)'의 개념에 의해서 분석하기 위해서 개발되었다. 이 모형은 특히 1958년 강력한 대통령제를 채택한 제5 프랑스 공화국이 수립된 후의 드골 체제의 강화 즉 20년 이상 우익 정당에 의한 프랑스의 국가정치의 확고한 지배를 출범시킨 변화를 설명하기 위해서 만들어졌다. 풀란차스는 권위주의적 국가주의의 발생을 현대 자유민주주의 정치에 있어서의 주요한 추세라고 확인했으며, 그것을 정치적 민주주의 제도의 급진적인 쇠퇴와 소위 공식적 자유의 가혹하고 다양한 축소와 결합된 사회경제적 생활의 모든 영역에 대한 강화된 국가통제라고 보았다. 권위적 국가주의는 5가지 중요한 특징이 있다고 보았다. 의회의 쇠퇴와 행정권의 강화, 완전한 권력분립 원칙의 해체, 정당의 쇠퇴, 정당화 과정의 변화(국민투표와 조작적인 매체), 행정부의 성상으로 권력을 집중시키는 '병렬적 네트워크(parallel network)'의 발달 등이다. 권위주의적 국가주의는 '파시즘의 씨앗 또는 어떤 산발적 요소'를 가지고 있다는 우려를 초래한다(Dunleavy 외, 1987).

요관리, 소득 정책, 지역 정책, 유도 계획indicative planning, 복지 관리 등 일련의 정책적 기술이 국가 관료들에 의해서 사용될 수 있다. 국가의 개입은 국가의 관리자가 계급적 합리성이 있다고 생각하면 단기적인 기업의 저항에도 불구하고 시행될 수 있다. 더욱이 행정가는 장기적으로 자본주의를 모든 계급에서 이득을 얻을 수 있는 포지티브섬 게임positive-sum game으로 만들려고 노력한다. 이러한 전략들이 자본주의가 붕괴되어 계급 갈등을 일으키는 것을 예방한다. 그들은 자본가들에게 장기적인 기율을 부과할 때만 성공할 수 있다.

중재자 이론가들은 자본가들이 통제할 수 없는 부분적으로 자율적인 사회적 행위의 영역으로 간주하는 법률에 대해서는 비교적 복잡한 관점을 가지고 있다. 법적 절차는 재판관의 노골적인 조작을 방지하고 사법 체계는 명백하게 계급 기반적이지는 아니하며, 노동운동의 성공적인 투쟁은 계약과 노동법의 관행을 변화시키는 데 성공을 거두었다고 본다. 그러나 중재자 이론가들은 법원의 장기적인 중립성에 대해서는 신뢰하지 않는다. 법관들은 계급투쟁에 있어서 한때는 노동자들에게 양보할 수 있지만 다른 때에는 그런 양보를 하지 않을 수도 있다고 본다. 법의 상대적인 자율성은 성공적인 노동계급을 정치와 노동운동에 동원하기 위해서 항상 유지되어야만 한다고 본다.[107]

---

107) 중재자 모형에서의 발전된 변형은 없다. 또한, 중재자 모형의 주요한 주창자들 대부분은 중재자 모형과 기능주의적 주장 사이를 왔다 갔다 한다. 그러나 자본주의 아래에서의 권위주의 체제의 존재를 설명하기 위하여 중재자 모형을 적용하는 것은 고려할 가치가 있는 흥미롭고 잘 발전된 문헌들이라고 본다. 풀란차스는 전후의 권위주의적 체제를 설명하면서 중재자 모형을 급격하게 확대시켰으며 자율적인 국가가 선진 자본주의를 위한 일반화된 형태의 정치체제라고 주장하고, 자유민주주의 정부와 '예외적인' 파시스트 정부 양자가 (필요한 정도와 적절한 형태의 국가 자율성이 달성될 수 있는) 똑같이 가능하고 공통된 대안이라고 주장한다(Dunleavy 외, 1987).

다) 현대적 기능주의자 접근 modern functionalist approaches

마르크스와 엥겔스의 저작에서의 기능주의적 모형은 자본주의의 발달을 유지하는 근본적인 명령 fundamental imperatives에 의한 국가 조직의 형성과 정책 형성을 강조했다. 현대적 기능주의자 접근도 국가의 개입이 선진 자본주의 발달의 비인격적인 논리 an impersonal logic에 의해서 가장 잘 설명될 수 있다고 계속 강조한다. 현대적 기능주의자의 관점은 고전적인 마르크시스트의 선구자들과 같이 국가정책이 구조적 명령에 반응하는 정확한 기제를 밝히는 것은 유용하지도 필요하지도 않다고 보고, 그 대신 거시적인 사회적 이슈와 추세에 초점을 맞춘다. 몇몇 중요한 기능주의자의 접근은 미국과 서구에서 형성된 탈콧 파슨즈 T. Parsons 등의 대(大) 사회학적 이론에 대하여 반응했던 새로운 시도로서 정의될 수 있다. 신마르크스주의적 기능주의자들의 이론적 도식은 국가 개입의 계급적 편견과 모순을 밝히기 위하여 개념적 현대화를 도모하고 체제이론 system theory의 개념을 채택하려고 노력한다. 이들의 이론적 도식에도 경제적인 명령이 지배적인 것으로 남아 있지만, 모든 현대적 기능주의자들의 설명은 (독자적으로 명확한 발전의 논리를 갖춘) 분리된 정치적 이데올로기적 구조 또는 문화적 과정의 존재를 인정한다.

국가 제도에 대한 발전된 기능주의자의 설명은 있지만 아주 적다. 써본(Therborn, 1978)은 지역 유지 local notables를 통해서 인민 대중을 효과적으로 제외하거나 고립시키고 통제하는 전통적인 대의제 정부 형태는 이제 더는 적절한 도구가 아니라고 주장한다. 대부분의 현대 자유민주주의에서 그것은 (언론을 통해서 만들어진 카리스마적 리더의 숭배에 기초하는) 새로운 국민투표적 정치에 의해서 점진적으로 보완되어 가고 있다고 본다. 국민투표적 정치는 정책 결정과 집행에 있어서 입법부의 약화 속에 행정부의 우세를 강화하거나 승격시킨다. 이러한 변화는 대중적 선거인이 지도자나 정책을 위해서 직접 투표하는 사이비 민주주의pseudo-democracy가 정치체제의 정당성을 증가시키고 시민 대중을 순응으로 흡수시키며 주요한 국가정책에 대한 통제력을 상실할 위험을 부과하지 않기 때문에 독점자본주의의 안정에 기여한다고 본다. 이와 유사하게 오코너(O'Conner, 1973)도 미국의 행정부는 특정한 계급의 이익으로부터 독립적으로 존재하고 있으며 전체로서 독점 자본의 이익에 봉사하고 있다고 주장한다.

도구주의자들의 설명이 강조하는 정치가나 공직자들의 특성은 기능주의자들의 분석에서는 별로 중요하지 않다. 국가의 인력들은 단순하게 역할을 수행하며 그들의 행동은 자본주의적 생산양식의 기능적 명령과 일치하도록 주로 구조적 힘에 의해서 미리 결정된다. 국가의 기능은 정치적 이데올로기적 개입을 통해서 생산양식에 의해서 제기된 경제적 위기를 조정하고 관리하는 것이다. 위협적인 조정의 곤란성은 체제의 관리자가 경제에서의 심각한 역기능이나 문화적 이데올로기적 체제의 붕괴 때문에 위기의 배출을 해결할 수 없을 때만 일어날 수 있다. 그러나 마르크시스트들은 사회체제로서의 자본주의는 사라질 운명을 지니고 있다고 믿기 때문에 자본주의는 언제나 합리적으로 기획될 수는 없다고 주장한다. 기능주의적 마르크시스트들은 소련이나 그 동맹국들에서의 계획의 작동에 관한 판단을 위한 완벽한 증거의 결여에도 불구하고 합리적인 종합적 계획은 사회주의에서만 가능하다고 계속 주장하였다. 그러나 많은 서구의 마르크시스트들은 아직은 서구권 국가의 경험은 사회주의로의 변화를 따라가는 서구 경제의 미래 계획적 수행이 직접적인 적실성을 가지고 있다는 것을 부인한다.

그런데 정부를 상이한 단계나 부분으로 단편화시키는 이유에 관한 매우 발전된 모형이 (자유조합주의 이론에 대한 마르크시스트들의 대안을 나타내는) '이중국가 명제 the dual state thesis'에 의해서 제시된다. 이 명제는 주요한 세 가지 단계를 거친다(O'Conner, 1973 ; Wolfe, 1977 ; Cawson 외, 1983). ① 자본주의적 생산양식에 있어서 국가의 세 가지 기능이 생산양식의 기능적 요구 조건으로부터 연역된다. 그들은 '질서의 유지', '자본축적의 증진', '정당성의 형성'이다. ② 이러한 각각의 기능과 일치하는 국가의 지출이 식별된다. 질서는 '사회적 비용 social expenses 정책'을 통해서 유지되고, 축적은 생산비용을 감소시키는 '사회적 투자 social investment 지출'에 의해서 직접 형성되며, 사회적 응집력은 노동자들의 생활 수준을 향상시켜서 이윤의 증가에 간접적으로 기여하는 '사회적 소비 social consumption 지출'에 의해서 진작된다. ③ 국가 조직의 방향은 '축적 기능'이 '정당화 기능'보다 상위에 서열화되도록 구조화된다. 타당한 서열화는 두 종류의 제도가 창출됨으로써 달성된다. 중앙정부와 정치적으로 통제되지 않는 준정부기관은 자본에 대하여 결정적인 의미를 지니는 '사회적 투자 기능'을 독점한다. 여기서는 의사결정의 특징은 조합주의적이고·미래지향적이며, 국가정책 목표를 달성하는 데 있어서 외부 이익 external interests을 통합하는 데 관심을 두는 것이다. 또한, 중앙정부는 사회적 안정을 위해 중요한 의미를 지니는

'사회적 비용 기능'을 독점하지만, 이들은 외부 이익을 고려하지 않고 엄격하게 관료주의적 방식으로 관리된다. 동시에 지방정부의 구조와 약간의 국가 기구의 가시적 부분은 '사회적 소비 지출'을 위한 책임이 부여된다. 이 분야에서의 정책 결정은 정치적 에너지를 흡입하고, 논란과 대중적 영향을 안심화 시키는 모습을 보이며, 국가정책의 사회적 중립성을 나타내는 것처럼 보이는 필요지향적 이념을 유지하면서 의도적으로 다원주의적이 된다. 실제에 있어서 지방정부나 선출직 지역 정부는 중앙에 의해서 엄격하게 통제되지만, 그럼에도 불구하고 발생하는 중앙과 지방 관계에서의 갈등은 자본주의 국가에서 작동하는 축적과 정당화 명령 사이의 구조적 긴장을 나타낸다. 이중국가 명제에 대한 비판은 공공지출이 사업 집행의 결과에 대한 사후적인 평가를 통해서만 분류될 수 있고, 자유민주주의에서 국가 조직 간의 기능 할당에 대한 비교론적 증거가 불충분하다는 점이다.

  기능주의적 사고의 두 번째 주요한 영역은 마르크스의 토대-상부구조의 비유에 입각한 '사법 체계에 대한 설명'이다(Cohen, 1978). 어떤 시기의 사법 체계는 그 시기의 생산력의 발전이나 그 시기의 생산관계에 기능적이라고 설명된다. 코헨의 기능주의적 모형에 의하면 법은 특히 노동 계약에 관한 법에 관해서 들어맞는 특징인 계급 간의 권력관계에서의 변화와 일치해서 변화한다. 레너(Renner, 1949)도 장기간의 역사적 기간에 지속한 법률적 규범은 상이한 생산양식을 포괄하면서 실제로 경제적 구조에서의 발전에 대응해서 그들의 실질적인 기능을 변화시킨다고 주장한다. 그러나 레너의 주장은 법률이 단순히 계급 분화적인 환경의 수동적인 반영을 의미하는 것이 아니라 법관과 사법 체계는 사회관계의 유지와 변화에 적극적인 역할을 한다고 본다. 마르크시즘의 일부 기능주의적 주장은 사법 체계가 계급을 의식하지 않고 추상적인 개인을 전제로 하기 때문에 계급 중립적일 가능성을 가지고 있다고 보기도 한다. 그럼에도 불구하고 이러한 사법적인 허구는 사회적 갈등이 계급투쟁의 바깥에서 해결되거나 심판될 수 있다는 '법률적 환상juridical illusion'을 통해서 자본주의적 생산양식을 유지하면서 계급 편향적인 방식으로 기능한다고 본다.[108]

---

[108] 서구의 마르크시스트들 사이에는 정통한 도구주의자들보다는 명백히 더 고상한 지적 장치가 구축될 수 있기 때문에 기능주의적 설명에 대한 상당한 유행이 있었다. 기능주의적 접근의 독특한 세 가지 분파가 주목할 만하다. '구조주의 마르크시즘', '자본 논리 학파', '독일의 신마르크스주의' 등이다. ① '구조주의 마르크시즘(structuralist Marxism)'은 1960년대 불란서에서, (일부 다른 주요 저자들은 풀란차스를 포함하기도 하지만) 특히 공산주의 철학자 루이스 알쑤서(Louis Althusser)의 저서 속에서 창시되었다. 구조주의적 설명에 있어서 국가는 기본적으로 억압적이거나 이념적인 장치의 사용을 통해서 (지배계급을 조직화하고 복종계급을 분산시키기 위해서) 기능하는 사회에 있어서의 응집적인 요인으로 보인다. '억압적인 국가 기구'는 군이나 경찰에 대한 새로운 이름이다. '이념적인 국가 기구'는 사회적 안정을 보장하는 국가 기능을 수행하는 광범위한 제도를 포함한다. 여기에는 종교적, 교육적, 노동조합, 매스 미디어 조직과 가족이 포함된다(그러나 특이하게도 확장된 복지국가에서 주로 추가되는 복지 기관, 공기업, 계획 기관에 대해서는 언급이 없다). 억압적 기구와 이념적 기구는 그들의 관점이나 행동이 자본주의적 생활에 적합한 유순하고 단련되고 단편화된 '개인들'을 산출하는 자본주의적 생산양식의 존재 조건이다. 알쑤서는 자유민주주의에 대해서 그것의 '망상적인 존재성' 이외에 설명할 특별한 것이 있다는 것을 부인한다. 그의 억압적 기구의 개념은 자본주의 국가의 국민은 독재 즉 부르주아지 독재 하에서 생활하고 있다는 것을 의미할 뿐이다(그리고 그의 저작이 기초로 하는 목적은 불란서 공산당의 친모스크바 계열에 대한 계속적인 고수와 동구권에 대한 칭찬을 합리화하는 것이었다). 하지만 알쑤서의 접근은 자본주의의 경제적 명령에 대한 직접적인 반응으로부터 '국가의 기능적 자율성'에 관한 이론을 제공할 조짐을 보임으로써 정통한 국가독점자본주의 모형을 초월하고 있다. 알쑤서는 정치적·이념적 구조가 경제적 영역에서와는 명백하게 다른 그들 자신의 리듬과 발전 법칙을 가지고 존재한다고 주장한다. 또한, 일부 비판들은 '경제적 결정론'이 마르크시즘의 탁월성을 위협한다고 본다. 기능주의적 마르크시스트에게 더 심각한 문제는 '계급투쟁과 기능주의적 국가 간의 관계'이다. 그들의 이론체계에서는 정치적·이념적 수준의 기능은 생산양식을 안정화하는 것이기 때문에 계급투쟁이 생산양식의 정치적·이념적 수준에서는 일어나지 않을 수 있다는 것이다. 이와는 반대로 만약에 국가 내에서 계속되는 계급투쟁이 경제적 영역에서만 일어난다면, 경제적 수준과 정치적·이념적 수준의 분리는 확실히 무의미한 것이 아닌가?

② 때때로 '국가파생 이론(the state derivation approach)'이라고도 불리는 신마르크스주의의 '자본논리 학파(the capital logic school)'는 자본주의적 생산양식의 분석으로부터 국가의 기능적 필연성을 연역하는 것을 시도했다(Altvater, 1973 ; Holloway 외, 1978). 예컨대 상품의 생산과 교환에 필요한 '법률과 화폐 체계'는 자본주의의 기능적 필요로부터

라) 국가의 상대적 자율성

모든 신마르크스주의자는 자본주의적 국가의 '상대적 자율성'이라는 표현을 사용하고 있다. 그래서 세 가지 접근이 실제로 이 개념을 어떻게 사용하는지를 아주 간략하게 재생해 보는 것이 이 부분을 마무리하는 데 유용할 것이다. 사실은 국가의 자율성이라는 구절 속에는 숨어 있는 다른 두 가지의 의미가 있다. 국가가 '자본가계급'으로부터 상대적으로 자율적일 수 있다는 것은 국가의 '조직적 모형'을 위한 타당한 설명이다. 여기에는 도구주의적 모형과 중재자(계급 균형) 모형이 속한다. 다른 설명은 국가가 '자본주의적 생산양식'으로부터 자율적일 수

연역될 수 있다. 국가는 전체로서는 '이상적인 집합적 자본가' 즉 자본의 공통적인 필요에 상응하는 정치적 제도로서 기능한다. 공공선택이론은 공공재의 생산과 같은 국가의 활동을 의도적 합리성의 결과로 설명하지만, 자본논리 학파는 자본의 (전가된) 필요성 분석으로부터 국가의 기능적 필연성을 연역한다. 그들은 이와 유사하게 위기 발생이 용이한 자본주의적 경제를 광범위하게 규제하기 위해서 현대 국가의 개입 필요성을 네 가지 방식(생산의 일반적·물질적 조건의 제공, 일반적 법률적 관계의 설정, 자본과 임금노동 간의 갈등의 규제와 억압, 세계 시장 속에서 국적 자본의 보호 등)으로 연역한다(Altvater, 1978). 그러나 국가의 기능적인 능력에는 한계가 있다 - 그것은 자본주의 모순을 초월할 수는 없다.

③ '독일의 신마르크스주의(German neo-Marxism)'는 프랑크푸르트학파의 비판이론과 체제론적 사고의 영향을 받는다. 이 분야의 선도적인 저자인 클라우스 오페(Claus Offe)는 자본주의 국가를 '자본에 의해서 지배되는' 계급사회의 모든 구성원의 집합적 이익을 집행하고 보증하는 것을 추구하는 정치적 권력의 제도화된 형태로 정의한다(Offe, 1984). 이 개념은 국가의 조직적·기능적 정의를 혼합한다. 이 이론은 기능적으로 최적인 자본주의 국가는 어떤 의미에서는 계급 중립적이라고 전제한다. 오페는 세 가지 조건에 의해서 지도되는 국가의 제도적 작동을 믿는다. 1) 국가는 그 자신의 '정치적' 기준에 따라서 생산을 조직화하는 것이 배제된다. 이 '배제원칙(exclusion principle)'은 자유민주주의 국가에서의 투자 결정은 국가의 직접적인 통제의 밖에 있는 자본가의 수중에 있다는 것을 의미한다. 2) 정부가 조세 수입을 위해서 성공적인 '자본축적'의 유지에 의존하기 때문에 국가정책은 제한된다. 국가의 관료들은 자신들의 권력을 추구하기 위해서는 건전한 자본축적을 보증하고 보호하는 데 관심을 가져야만 한다. 3) 자본주의 국가는 직접적인 생산으로부터 배제와 자본축적에 대한 의존의 결합 속에서 형성되지만, 국가의 이상적인 형태는 또한 '민주적 정당화'를 요구한다. 탁월한 국가의 기능은 경제에서, 자신의 재정적 자원에서, 현존하는 사회질서의 정당성에서 발생할 수 있는 잠재적인 위기를 관리하는 것이다.

기능주의적 설명에 대한 마르크시스트의 비판은 특정한 행위의 결과를 그들의 원인으로 인용하는 것으로 구성되기 때문에 무의미하다고 주장한다. 요컨대 국가가 행하는 것은 무엇이든지 장기적으로는 자본가계급을 위해서 기능적이기 때문에 이 이론은 어떤 갈등적인 증거에 대해서도 면역력을 갖게 된다는 것이다(Dunleavy 외, 1987).

있다는 것이며, 이것은 '기능적 접근'을 위하여 타당한 것이다 (Dunleavy 외, 1987).

7) 네오 마르크시즘에서 본 선진 자본주의의 위기

현대적 마르크시스트들은 선진 자본주의 사회에서의 4가지 유형의 가능한 위기 경향을 구분하였다. 경제적 위기, 합리성 위기, 정당성 위기, 동기화 위기 등이다(Habermas, 1976).

가) 경제적 위기 economic crises

마르크스는 이윤율 하락의 법칙 law of the falling rate of profit에 근거한 위기·불비례 disproportionality의 위기(생산 분야 간의 불일치)·저소비주의자 under-consumptionist의 위기라고 주장했지만, 신마르크스주의자들은 이를 모두 비판했다. 예를 들면 신마르크스주의자들은 이윤율 하락의 법칙을 몇 가지 이유로 인정하지 않는다. 첫째, 기술적 진보가 반드시 투입 노동에 대한 고정 자본의 비율을 올린다는 가정을 비판한다. 기술적 진보가 오히려 노동 서비스와 비교해서 기계와 자본재의 비용을 하락시킬 수도 있기 때문이다. 둘째, 노동 투입에 대한 고정 자본의 비율을 상승시키고 이윤율을 하락시키는 새로운 기술을 발견한 자본가는 높은 이윤율을 창출하는 옛 기술의 사용으로 간단히 되돌아가야만 한다는 것이다. 셋째, 마르크스는 애매한 노동가치설에 근거해서 이론을 전개하지만, 현실 세계에서 자본가는 시장에서의 수요와 공급에서 설정되는 가격에 초점을 맞추어 계산한다는 것이다.

칼렉키Kalecki는 마르크시스트의 정치적 경기순환 이론을 발전시켰다. 그는 수요 속에서 위기의 원인을 이해하면 자유민주주의 국가의 관리들은 1945년 이후 케인즈의 아이디어를 따랐던 정부가 했던 것처럼 경제적 수요관리에 종사하게 된다는 것을 주목했다. 그는 '새로운 형태의 위기'가 도래할 수 있다고 예언했다. 완전고용에 이르게 하는 경제적 규제는 노동자계급의 경제적·정치적 협상력을 강화시킬 것이며, 이 경우 국가공무원은 딜레마에 봉착할 것이다. 그들은 자본가의 이윤을 보호하기 위해서 인플레이션을 조장하거나 노동자계급을 훈련시키기 위해서 불완전고용을 다시 창출해야 한다. 그래서 케인즈적인 경제관리는 비효과적인 수요의 위기를 인플레의 위기로 전환하는 정책적 모순을 산출할 것이다. (불완전고용의 역경이 제거되었기 때문에) 경제적 위기들은 강력한 노동조합의 고임금 요구와 자본가의 제품가격 인상을 제한하는 국제적 경쟁으로 인한 이윤 짜내기profit squeezes의 결과일 것이다. 그러나 칼렉키의 이론 속의 수요 위기나 정치적 경기순환은 자본주의 종국적인 붕괴를 보장하는 것이 아니다. 칼렉키의 이론은 장기적으로는 자본가의 이윤율은 (완전고용이 노동자 계급 사이에 발생시키는) 경제적·정치적 자신감에 의해서 잠식될 것이라고 본다. 그리고 단기적으로는 자유민주주의 정부는 선거 전에는 특히 인플레이션 전략, 선거 후에는 특히 불완전고용 전략의 유혹을 받을 것이라고 주장한다.

마르크시스트들은 일반적으로 '제국주의imperialism 이론'을 경제적 위기 이론에 연계시킨다. 제국주의는 보통 새로운 시장을 제공하기 때문에 선진 자본주의 국가에 있어서 '경제적 위기의 해법'이라고 그리고 시장을 위한 경쟁에서 촉발되는 제국주의자들 상호 간의 경쟁의식 때문에 글로벌 규모에서 '자본주의의 위기의 원인'이라고 양면적으로 설명된다. 하지만 비판자들은 제국주의를 국내적인 경제적 위기를 극복하기 위한 자본가의 경제적 전략으로 설명하는 마르크시스트의 이론은 이론적으로나 경험적으로 철저하지 못하다고 주장한다. 아무튼, 제국주의적 적대관계에 대한 부카린Bukharin과 레닌Lenin의 이론은 그들의 논의의 전제가 빈번히 그리고 확실히 부실한 것처럼 보이지만, 유익한 논쟁의 주제를 제공해 왔다고 할 수 있다.

나) 합리성 위기 rationality crises

1960년대 서독과 같은 성공적인 경제 속에서 산 일부 신마르크시스트들은 경제적 위기에 대한 고전적 마르크시스트의 분석이 현대 자유민주주의에는 일반적으로 타당하지 않다고 생각하게 되었다. 하버머스Habermas는 고전적인 경쟁적 자본주의와는 달리 조직화된 자본주의 시대에 있어서 경제는 더 이상 국가와 분리되어 있지 않다고 보고, 선진 자본주의 체제에서의 현대적 위기의 근원은 경제적 영역에서 발견되지 않을 것이라는 (1980년대에서 보면) 약간 기묘한 전망을 했다. 그는 시장의 위기 경향과 그 결과로서의 실업·전쟁·혁명을 보상할 국가의 능력은 국가에 두 가지 근본적인 과제를 남긴다고 전제한다. 한편으로는 성장의 위기 동반적 교란 요인이 제거될 수 있도록 충분히 합리적으로 필요한 양의 세금을 인상하는 것이다. 다른 한편으로는 선택적인 세금 인상·그 사용에서의 식별 가능한 패턴·

국가의 행정적인 조치 등의 모두가 정당화되어야만 한다는 것이다. 그런데 만약 국가의 계획이 자원을 적절하게 할당하지 못하면 '행정적 합리성에서의 결함'이 발생하고, 국가의 정책 형성이 공정하거나 정당화되지 못한 것처럼 보이면 '정당성에서의 결함'이 초래된다.

이러한 합리성의 결함은 궁극적으로는 국가 경제체제로부터 나오는 모순을 관리할 수 없을 때 일어나는 국가 행정에 있어서 위기이다. 행정적 위기는 4가지 유형이 가능하다. 첫째는 국가의 조직화된 경제 계획과 무정부적으로 조직화된 자본은 양립 불가능할 수 있다. 둘째는 증가된 공공지출은 인플레이션과 같은 비의도적인 결과를 초래할 수 있다. 셋째는 국가의 성장 계획과 압력집단에 대한 국가의 개방성은 양립 불가능할 수 있다. 넷째는 국가의 개입은 자본주의에서 도출되었지만, 자본주의와 양립 불가능한 새로운 구조와 운동을 발생시킬 수 있다. 그러나 하버머스는 이러한 잠재적인 위기가 경쟁적 요구 간의 타협 등으로 합리성의 종국적인 위기를 초래할 것으로 생각하지 않았다.

합리성 위기에 관한 다른 논의에서 클라우스 오페Claus Offe는 자본주의 복지국가는 그들의 채택 가능한 정책 기술이 또 다른 위기를 초래하기 때문에 위기관리의 위기a crisis of crisis management에 직면한다고 주장한다. 국가가 정책 형성과 집행에 관해서 어떤 관료적·기술적 혹은 참여적 방식을 채택하더라도 각각의 접근방식은 (자본축적이나 정당성을 위해서) 약간의 부정적인 결과를 초래할 수 있다는 것이다. 이는 전향적 계획에 대한 신축성 결여와 불가능성, 정당성의 민주적 규범과의 갈등, 주요 국가 기능에 대한 통제권의 상실 등이다.

다) 정당성 위기 legitimation crises

다수의 현대적인 신마르크스주의자들은 정당성의 쇠퇴가 현대 선진 자본주의 사회의 안정성에 대한 근본적인 위협으로 본다. 경제에 있어서 국가 개입의 증가는 시장 거래를 지배하는 공정한 교환의 이데올로기를 저해한다. 예를 들면 재정정책과 소득 정책에 대한 국가 개입의 증가를 통한 소득분배의 '정치화'는 임금의 불평등이 시장경제의 자연스러운 특징이 되고, 회사 등 조직의 성공에 기여함에 있어서 노동자나 관리자 개인의 성취와 체계적인 방식으로 관련되는 것을 중단하게 한다는 것을 의미한다. 국가 기관들은 전형적으로 선거적인 지지를 유지하기 위해서 이러한 개입들을 공정하게 보이게 하고 싶지만, 그들은 또한 자본축적을 계속 유지하려고 필요한 불평등과 유인책을 보존해야 하며, 이것은 잠재적인 정당성 위기를 창출하는 긴장이라고 할 수 있다. 자본주의의 근본적인 모순은 공적으로 생산된 부의 사적인 전용 속에 남아 있지만, 그것은 정부 규제의 공정성에 대한 냉소주의와 자본주의적 유인 구조의 전반적인 근거에 대한 회의주의 속에서 나타날 것이다.

시민권과 선거에의 참정권과 같은 자유민주주의에서의 부르주아지의 가치체계는 현대 선진 자본주의 사회에 잘 정착되었다. 그런데 하버머스는 형식적 민주주의가 실질적 민주주의를 위협하는 것을 방지하기 위해서 공적 영역이 구조적으로 탈정치화되어야 한다고 본다. 이러한 효과를 달성하는 주요한 방법은 직업·여가·소비 지향과 결합된 '정치적 절제'인 '시민적 사적 자유 civil privatism'의 존중이다. 원자화되고 가족·직업 중심적 가치는 정책을 형성하는 투입보다는 국가의 산출물에 더 관심을 두게 한다. 시민적 사적 자유는 시민들을 적극적 참여자보다는 정치적 소비자로 만든다. 그리고 민주적 엘리트주의나 신다원주의와 같은 현대 정치이론은 현상 유지를 정당화하거나 신성시한다고 주장한다. 그러나 이러한 이념들은 현행 질서의 정당성을 유지할 수 있을 정도로 충분하지 않을 수 있다. 국가 행정, 경제 규제, 모든 생활영역에서의 개입의 증가는 현존하는 정당성을 불안정화하면서 위협하고 있다. 사람들이 가치 규제와 가치 형성에서의 국가의 역할을 알게 되었을 때 '전통'은 힘을 잃는다. 그럼에도 불구하고 (다른 사람들과는) 달리 하버머스는 체제의 보상(부, 직업, 물질적 필요로부터의 자유)이 불만을 회피시키는 데 충분하므로 정당성의 위기가 종국적이라고 보지는 않는다.

라) 동기화 위기 motivation crises

정당성 위기는 동기화 위기에 기초를 두고 있다. 동기화 위기는 국가·교육·직업 체제가 요구하는 동기의 필요와 사회문화 체제가 공급하는 동기화의 불일치이다. 미국의 일부 신우익이론가와 비슷하게 하버머스는 자본주의 사회는 (자본주의가 경제적 성장을 달성하는 '자본주의의 성공'에 의해서) 잠식하고 있는 전부르주아pre-bourgois적인 전통적인 가치체계에 강하게 의존하고 있다는 명제를 신중하게 채택한다. 프로테스탄트의 직업윤리, 종교적 숙명론, 검소성, 직업적 야망과 같은 전통적 가치가 위협받고 있으며 안정된 사회를 위한 이러한 자원들은 새롭게 생성되지 않는다. 또한, 소유적 개인주의와 성취 원칙과 같은 부르주아의 가치도 현재로서는 불안정화되어 있다. 결과적으로 시장 과정의 결과에 대한 불신, 교육 체제의 실패, 국가 복지 체제와 소득 평등화를 위한 압박으로 인하여 종래의 직업윤리 잠식이 발생하게 된다. 이러한 발전은 장기적인 동기화 위기를 초래하고 결국은 정당성 위기를 가져오게 된다.

그러나 하버머스는 내재된 위기에 대한 변증법적인 해결자로서의 특정 집단, 자본주의의 처형자로서의 프롤레타리아, 마루쿠제가 주장한 학생이나 한계인marginals에 기대를 걸지 않았다. 혁명적 낙관주의의 결여는 만약에 자본주의의 종국적 위기가 발생한다면 그것은 전부의 상호 파멸에 이르는 위기가 될 것이라고 시사하는 것처럼 보인다. 이러한 지하에 잠재된 비관주의subterranian pessimism 즉 위기 동반적 자본주의가 더 좋은 것으로 대체될 수 없다는 신념은 아마도 서구 마르크스주의자의 명백한 특징이라고 할 수 있다(Dunleavy 외, 1987).

제3부

정의론

1) 정의의 정의 : 정의란 무엇인가

'정의란 무엇인가'라고 하면 마이클 샌델의 저서가 생각난다.[109] 그러나 '정의란 무엇인가'라고 하는 물음은 정치철학과 법철학의 핵심적 물음 가운데 하나이다. 그리고 그것은 가장 오래된 물음 가운데 하나이며 아직도 여러 가지 각도에서 답변되고 있는 물음이라고 할 수 있다. 고대에는 플라톤이나 아리스토텔레스가 정의를 논의했으며, 현대에 와서는 존 롤즈가 정의론을 저술하여 규범적 논의를 활성화시켰다. 정의란 일반적으로는 인간 간의 이해관계의 갈등을 조정하는 원리라고 할 수 있지만(강재륜, 1996), 정의의 개념은 시대에 따라 그 초점이 다양하고 학자에 따라 다른 관점에서 다룰 수 있으므로 규정하기 어려운 개념인 것은 분명하다.

윤리학적인 차원에서 보면 '정의'란 도덕적 옳음right 또는 옳은 것이라고 할 수 있다.[110] 옳은 것을 중심으로 하는 윤리학은 의무론적 윤리deontological ethics이론이라고 할 수 있으며, 이마누엘 칸트I. Kant·윌리암 로스W. D. Ross·존 롤즈J. Rawls 등이 대표적

---

[109] 한국학자들 중 일부는 샌델의 저서 <정의란 무엇인가>가 정의의 의의(정의란 무엇인가)에 대해서 말해주지 못하고 있으며, 규정하기 어려운 정의를 그저 '법'에 위탁하고 있을 뿐이라고 주장한다. 또 다른 일부는 자유주의적 정의론에 대한 반론으로 제기된 '샌델의 공동체주의적 정의론'에 반대하면서 새로운 정의론(신공화주의적 정의론)을 모색한다(이택광 외, 2011).

[110] 옳음도 도덕적 옳음과 비도덕적(nonmoral) 옳음이 있을 수 있다. 물론 여기에서 옳음은 도덕적으로 옳음을 말한다. 비도덕적 옳음이란 도덕과 무관한 옳음이며 예컨대 이론적 옳음, 미학적 옳음, 실천적(기술적) 옳음 등이 있을 수 있다. 과학실험들이 신뢰할만한 결과를 얻었다면 이론적으로 옳은 것이고, 예술작품이 인간의 미적 감각을 만족시킨다면 미적으로 옳은 것이고, 의사가 환자를 성공적으로 치료했다면 실천적(기술적)으로 옳은 것이다. 이러한 도덕과 무관한 옳음은 목적에 대한 수단적 적합성을 중요시한다. 그러나 도덕적 옳음은 제한된 목적에 연관되는 것이 아니라 인간성 자체의 목적(인간 됨)과 연관된다(도성달, 2012).

이라고 할 수 있다.[111] 옳은 것도 여러 가지로 정의할 수 있지만 '상황에 대한 적합성fitness to a situation'을 옳은 것의 가장 기본적인 특성으로 보는 것이 현대의 법칙주의자(의무론자)의 일치된 견해이다.[112] 그러나 도덕적 옳음이나 정의를 넓게 해석해서 좋음good 또는 좋은 것에 관한 이론도 정의론에 포함시켜서 의무론deontology 이외에 목적론teleology이나 덕론aretology도 포함시키는 경우도 있다.[113]

---

[111] 의무론적 윤리학은 도덕적 옳음은 좋음(선)과는 무관하며 행위의 옳고 그름은 가치나 선에 의존하지 않고 도덕적 상황이나 도덕적 원리에 의해서 결정된다고 본다. 목적론적 윤리학은 '옳은 것'보다는 '좋은 것(선한 것)'을 위주로 윤리이론을 전개하며 도덕적 옳음은 좋음에 의존한다고 본다. 목적론적 윤리학의 대표적인 이론이 공리주의라고 할 수 있다.

[112] 로스(W. D. Ross)는 '옳음'과 '옳은 것'을 구분하였으며, '옳음'은 정의할 수 없는 궁극적인 관념으로 보고, '옳은 것'들의 공통된 특성을 적합성(fitness or suitablity)과 유용성(utility)이라고 했다. 로스는 칸트와는 달리 행위의 시비를 결정함에 있어서 결과인 유용성도 고려하고 있다고 할 수 있다(김태길, 1992). 옳음과 '옳은 것'과 관련해서 옳음의 의미(본질)이냐 옳음의 특성(근거)이냐 하는 복잡한 논의가 있으나 우리는 옳음과 옳은 것을 구분하지 않기로 하고, 옳은 것이란 상황에 대한 (도덕적) 적합성을 의미한다고 본다.

김태길은 좋음(good)의 의미는 발언자의 마음가짐(찬양)을 표명하는 것으로서 권고하는(commending) 뜻을 나타내며, 삶에 대한 태도까지 천명하는 경우도 있다고 보았다. 그리고 김태길도 옳음(right)은 좋아함 이외에 상황에 적합하다고 판단하는 적합성(fitness)이 필수요건이라고 보았다(김태길, 1992).

[113] 도덕적 옳음을 넓게 해석하면서 도덕적으로 옳고 그름을 구분하는 기준을 도덕적 요구에 포함되는 '도덕적 엄격성'의 정도에 둘 수도 있다. '엄격한 옳음(strictly right)'은 모든 사람이 상황과 관계없이 반드시 지켜야 할 최소의 도덕적 기준이다. 이 원칙을 위반하면 도덕적으로 악행이고 도덕적으로 비난을 면할 수가 없다. 그러므로 엄격한 옳음은 도덕성의 최소 요건이면서 기본적인 요소이다. 이를 '소극적인 도덕'이라고 부르기도 한다. 엄격한 옳음은 칸트의 정언명법이나 로스의 직견적 의무(prima facie duty)를 통해서 잘 구현될 수 있을 것이다. 이에 반하여 '차원 높은 옳음(higher right)'은 도덕 규칙을 형식적으로 준수하는 것을 넘어서 인류에 대한 해악을 제거하고 인간의 가치를 어떻게 실현할 것인가 관심을 둔다. 차원 높은 옳음은 엄격한 옳음보다 엄격하거나 보편적인 요구는 아니지만, 도덕의 질은 엄격한 옳음보다 훨씬 능가하게 한다. 차원 높은 옳음의 의무를 이행하지 않는다고 해서 도덕적으로 비난받지는 않는다. 그러나 이를 이행하면 높은 도덕적 평가를 받게 된다. 차원 높은 옳음은 개인적인 차이나 상황에 따라 달리 적용되기 때문에 '적극적인 도덕'이라고도 한다

엄격한 옳음이 도덕성의 '정의의 원리'라고 한다면 차원 높은 옳음은 도덕성의 '선행의 원리'라고 할 수 있다. 법은 엄격한 옳음을 강제로 집행하기 위한 전형적인 예이고 종교윤리는 차원 높은 옳음의 선형이라고 할 수 있다. 그런데 자신의 행위가 엄격한 의미에서는 옳은 행위이지만 차원 높은 의미에서는 그렇지 않은 경우 우리는 도덕적 갈등을 겪게 된다. 프랑케나(W. Frankena) 등은 의무론과 목적론을 통합하여 '정의의 원칙'과 '선행의 원칙' 두 가지

정치철학이나 법철학적 측면에서 논의되는 정의는 정치체제나 법이 추구하는 이념으로서의 옳은 것이라고 볼 수 있다. 그래서 '정의는 전체 사회나 정치 질서가 마땅히 따라야만 하는 올바름'이라고 보고, 정의를 정치체제나 법이 추구하는 이념이라고 볼 수 있으므로 정의라는 용어는 어원적으로는 '법의(法義)'라고 번역하는 것이 더 나을 수도 있다고 한다(장은주, 2012). 그런데 우리나라에서의 정의는 전통적인 동양 사회에서 통용되던 개념이 아니라 서양의 문화와 함께 서양에서 수입된 개념이기 때문에 명확한 의미를 파악하는 것이 더 어렵다.[114] 미국 법무성은 Department of Justice(정의성)이고 우리나라의 법무부도 Ministry of Justice(정의부)다. 우리나라 법원의 건물의 상단에는 '자유, 평등, 정의'라는 구호가 표시되어 있고, 법원 건물의 앞에는 '정의의 여신상 Dike'이 설치되어 있다. 아무튼, 정의는 법과 연관된 것이기 때문에 정의는 '법의(法義)'라고 할 수도 있다고 하지만, 서양에서도 정의가 좁은 의미의 법(실정법) 하고만 관련된 것은 아니므로 정의가 무엇인지를 규명하기가 어렵다. 실정법과 정의의 관계에 대해서는 두 가지 입장이 있다. 하나는 법은 정의로울 때 그것이 법이라는 입장이고, 다른 하나는 법은 정의와 무관하다는 견해이다. 첫째는 법은 정의로워야 한다는 것이다. 예컨대 아우구스티누스는 〈신국론〉에서 법이 정의롭지 못하다면 그 법은 강도 집단의 규칙에 지나지 않는다고 보고 법은 정의로워야 한다고 주장한다. 둘째는 법은 정의와 무관하다

를 도덕의 기본원리로 제시하고 있다(도성달, 2012).

114) 정의는 그리스어로는 dikaion, 라틴어로는 iustitia, 영어와 불어로는 justice. 독일어로는 Gerechtigkeit다.

는 것이다. 한스 켈젠Hans Kelsen은 우리가 흔히 말하는 '정의'는 법(실정법)과 무관하다고 주장한다. 이러한 켈젠의 주장은 정의라는 것은 실정법 너머에 존재한다는 이원론에 기반한 것이며, 법이란 정의롭지 못하더라도 '법이다'라고 한다.[115]

또한, 정의에 대한 초점이 실질적인 측면에 두느냐 절차적인 측면에 두느냐에 따라서 정의의 탐색이나 정의의 실현에 대해서 다른 관점을 가질 수도 있다. 카우프만Arthur Kaufmann[116]에 의

---

115) 켈젠은 정의 개념과 법 개념을 구분한다. 정의 규범은 실정법이 내용적으로 어떻게 형성되어야 하는지를 규정하는 법 정립 행위와 관련된다. 하지만 정의는 실정법과 항상 일치할 수는 없다. 실정법은 정의롭기 때문에 효력을 갖는 것이 아니라 그것이 부정의한 경우에도 효력을 가지며 그 효력은 정의 규범과 무관하다. 이것은 법실증주의의 견해이다(김정오 외, 2020).

116) 카우프만은 법철학이란 '정당한 법(정의로운 법)'을 그 대상으로 하기 때문에 간단히 말해서 법철학은 정의론이라고 할 수 있다고 한다. 그는 법철학의 주제는 정의이며, 법철학은 곧 정의론이라고까지 말하는 것이다. 그리고 카우프만은 정의의 개념을 광로로 해석하여 '법의 이념'으로 이해하고 있다. 가장 넓게 보면 정의는 전래적으로 두 가지(객관적 정의와 주관적 정의)로 구분될 수 있는 바, 객관적 정의는 규범적인 질서들·사회제도들 그리고 체제들(법·국가·경제·가족)의 정당화를 위한 최고의 원리이고, 주관적 정의는 '정의란 각자에게 그의 권리를 분배하는 항상적이고 불변적인 의지이다'라는 관점을 반영하는 덕목이다. 여기서 객관적 정의가 관건이며 법을 중심으로 하면 법의 이념이 정의가 된다. 법의 이념으로서의 정의는 다시 세 가지 형태로서 구분될 수 있는데, 첫째는 정의의 가장 기본적인 형태로서 평등으로서의 정의(좁은 의미에서의 정의), 둘째는 합목적성으로서의 정의라고 할 수 있는 사회적 정의(공공복리의 정의), 셋째는 법적 안정성으로서의 정의라고 할 수 있는 법적 평화라고 본다(Kaufmann, 2013).

카우프만의 정의의 개념은 라드브루흐(Gustav Radbruch)의 법철학을 계승한 것이다. 라드 브루흐는 정의의 세 가지 구성부분 가운데 합목적성에 대해서는 상대주의적 자기절제가 적용되지만, 정의(협의)와 법적 안정성은 법과 국가에 관한 견해들의 대립과 정당의 투쟁들을 뛰어넘어 모든 견해와 모든 정당에 일반적으로 적용된다고 본다. 아무튼 정의의 세 가지 구성부분은 서로서로 요구하지만 동시에 서로서로 모순되기도 한다. 대표적인 사례가 형법에서 정의를 지향하는 경향과 합목적성을 지향하는 경향 사이의 투쟁, 법적 안정성의 요구인 현실적인 실현가능성과 개별화하는 경향이 있는 합목적성과의 모순 등이다. 결론적으로 라드브루흐는 정의의 세 가지 측면인 정의, 합목적성 및 법적 안정성은 비록 이 세 측면이 첨예한 모순관계에 놓일 수 있음에도 불구하고 법의 모든 측면을 함께 지배한다고 본다. 물론 각 시대에 따라 어느 한 원칙에 더 결정적인 의미를 부여하였다. 예를 들어 경찰국가에서는 합목적성의 원칙을, 자연법의 시대에는 정의라는 형식적 원칙을, 법실증주의 시대에는 법의 실정성과 안정성을 지배원칙으로 삼으려 했다. 그러나 이는 정의의 개념이 모순으로 가득찬 다양성을 갖고 있다는 사실을 보여주는 적절한 현상이라고 할 수 있다. 우리는 정의의 세 가지 구성부분 사이의 모순들을 지적될 수는 있지만 해소할 수는 없다. 그러나 이를 결코 법 체계나 정의의 흠결로 보지는 않는다. 라드브루흐는 철학은 결정권을 빼앗아 스스로 결정하는 것이 아니라 결정 앞에 서게 만들어야 한다고 주장하면서 모순인 상황 속에서의 결정을 중

하면, 정의에 대한 질문은 두 가지 방향에서 진행될 수 있다고 한다. 하나는 '무엇'이 정의인가? 라고 하는 존재론적 문제 제기이며, 다른 하나는 '어떻게' 정의를 인식 내지 실현하는가? 라고 하는 인식론적 문제 제기다. 그러나 이러한 구분은 과거의 유물로 되어 가고 있으며 최근에는 '절차적 정의론'이 관철되고 있다고 한다. 절차적 정의론은 정의(정당한 법)를 '법 발견 절차의 산물'로서 파악한다. 하지만 문제는 오로지 정의나 정당한 법은 전적으로 그러한 절차의 산물로 간주할 수 있을 뿐인가 아니면 이러한 절차는 존재론적 기초를 갖는가 하는 여부가 남았다고 한다. 그래서 우리는 존재론적이면서도 절차적인 현상을 필요로 한다고 보고, 카우프만은 '논증공동체에서의 담론'과 '관계로서의 인격'을 중요시하면서 '인격적으로 근거 지어진 절차적 정의'를 주장한다.

2) 정의론의 전개

서양의 역사에서 정의론이 어떻게 전개되었는가 하는 문제는 바로 서양 철학 내지 윤리이론의 역사 그 자체라고 할 수 있다. 플라톤·아리스토텔레스 등 그리스 철학자들에서부터 시작해서, 아우구스티누스·토마스 아퀴나스 등 중세의 신학자들, 존 록크·존 스튜어트 밀·이마누엘 칸트·존 롤즈·로널드 드워킨·로버트 노직 등 자유주의적 이론가들, 매킨타이어·마이클 샌델·테일러 등 공동체주의적 이론가들까지 '덕'이나 '정의'를 논한 철학자들

요시한다(Radbruch, 2021).

은 이루 헤아릴 수가 없을 정도라고 할 수 있다. 최근에는 하버머스의 담론이론이나 호네트의 인정이론과 아마르티아 센의 역량이론도 정의론이거나 정의론과의 관련성을 가지고 있다.

도덕적 옳음에 관한 이론은 좁게 보면 의무론적 윤리이론이라고 할 수 있지만, 넓게 보면 덕론aretology·목적론teleology·의무론deontology을 모두 포함한다. 덕론 또는 '덕virtue으로서의 윤리'는 아리스토텔레스 등 고대로부터 주장되었으며 현대에 와서는 매킨타이어 등 공동체주의자들이 덕을 중요시하고 있다. 덕으로서의 윤리는 규칙이나 원칙의 체계 또는 결과outcome의 계산이라기보다는 살아가는 방식a way of life을 중요시한다. 아리스토텔레스의 덕은 인간이 스스로 갖는 인격적 성질을 의미하지만(태도 이론), 공동체주의에서의 덕은 공동체의 미덕 또는 공동선을 의미한다. 공동체주의의 공동선은 공동체의 생활방식을 규정한 '좋은 삶'에 관한 실질적인 관념이다.[117] 아무튼, 덕으로서의 윤리는 광범위한 윤리적 이슈에 적용될 수는 있으나 특정한 상황에서의 구체적인 행동 기준을 제시할 수 없다는 한계를 지닌다(Richter 외, 2005).

목적론 또는 '결과consequence로서의 윤리'는 고전적인 덕의 윤

---

[117] 공동체주의자들은 (공정하고) 옳은 것보다는 좋은 것이 우선하며 '공동체의 미덕'이 정의라고 본다. 이들은 존 롤즈의 정의론이 가정하는 추상적·도덕적 개인(무연고적 자아)보다는 연고적 자아가 개인의 진정한 모습이며, 차등의 원칙이 전제해야 할 근거는 공동체라고 한다. 롤즈가 제시한 정의의 이상을 실현하기 위해서는 연대(solidarity)의식의 공유가 필요하다고 본다(장은주, 2012). 마이클 센델은 공동체주의에서의 정의란 올바른 분배의 문제만이 아니라 공동체의 좋은 삶을 위한 올바른 가치의 문제라고 본다. 그래서 교육이나 직업훈련에서 의미 있는 기회 제공이나 인간다운 삶을 영위하기 위한 사회안전망이 필요하고 어느 정도의 인위적인 분배는 불가피하다고 본다. 그는 정의를 위한 정치의 역할을 중요시하고 '권리의 정치'보다는 '공동선의 정치'를 강조해서 시민의식과 희생 봉사 정신을 함양하는 정치, 자유시장의 도덕적 한계의 극복(시장이 개입할 수 없는 영역 보호), 연대의식의 약화를 방지하기 위한 빈부격차의 해소, 도덕에 개입하는 정치(공개담론)를 주장한다(한희원, 2014).

리에 대한 대안이며 행위자의 덕이나 행동 원칙보다는 행위의 결과에서 윤리성을 판단하는 것이다. 그래서 이 접근방법은 목적론 또는 결과론consequentialism이라고 한다. 가장 극단적인 결과론은 마키아벨리Machiavelli의 윤리인 〈군주론〉이라고 할 수 있고 [118], 가장 대표적인 결과론은 공리주의utilitarianism로서 최대 다수에 대해서 최대 선(the greatest good to the greatest number)을 가져와야 한다는 관점에서 행위를 판단하는 것이며 존 스튜어트 밀J. S. Mill이 대표적이다. 그러나 결과론은 '목적과 수단 논쟁(행위의 목적이 그 달성 수단을 정당화하느냐)'을 일으키며, 이 논쟁은 수단적인 절차의 유지가 정치체제의 생존을 위하여 중요한 입헌적 민주 사회에서는 매우 신랄한 문제를 초래하게 된다고 할 수 있다(Richter 외, 2005).

의무론은 도덕적으로 옳은 행위는 가치나 선에 의존하지 않고 도덕적 상황이나 도덕적 원리에 의해서 결정된다고 본다. 의무론은 '원칙principle으로서의 윤리'라고도 할 수 있다. 원칙으로서의 윤리는 결과론의 문제점으로 아무도 행위의 결과를 정확히 예측할 수 없고, 유익한 결과를 가져오는 나쁜 행위가 그렇지 못한 좋은 행위보다 더 윤리적으로 생각될 수 있으며, 다수의 선에 관한 공리주의적 계산은 소수의 권리를 보호할 수 없다는 점을 지적한다. 가장 유명한 의무론적 이론은 칸트I. Kant의 윤리설이다. 칸트의 정언명법(定言命法)을 가장 쉽게 표현하면 '모든 사람이 따르기를 희망하는 원칙에 따라 행동하라(Act on the basis of those principles we might wish everyone to follow)'는 것이다. 현대

---

[118] 마키아벨리는 선량하고 좋은 의도를 가진 사람들도 때때로 나쁜 정책과 나쁜 행정을 펼칠 수 있으며, 사람들은 유익한 목적을 위해서는 how not to be good과 how to use good and bad를 배워야 한다고 주장한다(Richter 외, 2005).

에서의 탁월한 의무론은 존 롤즈J. Rawls의 정의론이다. 롤즈의 정의론의 2가지 기본원칙은 권리는 가능한 한 평등하게 분배되어야 하며, 불평등은 최소 수혜자의 이익을 위해서만 허용된다는 것이다(Richter 외, 2005). 그러나 의무론은 개인의 자유와 권리를 중요시하지만, 공동체주의자들은 지나치게 개인의 권리를 중요시하는 것은 이기주의적 형태로 나아갈 수 있고 공동체의 이익을 해치거나 사회적 갈등을 유발할 수 있다고 비판한다.

3) 정의와 관련되는 개념들

가) 정의와 형평 equity

아리스토텔레스도 이미 형평을 '(법률적) 법의 수정' 또는 '법적 정의의 수정'이라고 생각하고 있었으며, 형평은 현재에도 적지 않는 역할을 하고 있다. 그러나 일부 학자들은 정의와 형평의 관계가 아직도 분명한 것은 아니라고 주장한다. 일반적으로 형평은 제정법이 그 보편성으로 말미암아 구체적인 사례에 만족할 만한 해결책을 제시할 수 없다고 판단할 때 그 제정법을 교정하는 원리로 이해되고 있다. 즉 하나의 사례가 다른 사례들과 특수한 관점에서 같지 않다면 그 사례를 동일한 법률에 따라 취급해서는 안 된다는 원리이다. 이러한 관점에서 보면 형평과 정의의 원리는 일치한다. 이에 반하여 형평은 '동정·연민·인간애'의 결과로 파악되기도 하는데 이 경우에는 정의와 대비되기도 한다. 그러나 이것은 용어상의 문제로 볼 수도 있다. 형평이라는 용어가 협의와 광의(또는 별개)의 두 가지 의미로 사용된다고 보는 것이다. 또한, 정의의 관점에서 보면 정의의 개념을 규정할 때 법적으로 고려해야 할 '같지 않음'의 범위를 어디까지 확장할 것인가의 문제라고도 할 수 있다(Seelmann, 2010).

정의와 형평과 관련해서 이러한 용어상의 문제와는 달리 실질적인 문제가 개입되어 있다. 법의 과제는 일반화를 통해서 가장 확실하게 실현되고 다만 극단적인 경우에만 개별적인 교정을 필요로 한다고 생각할 것인지, 아니면 일반화와 대립되는 다른 원칙을 형성하여 '형평이라는 독자적인 원리'로 포괄할 것인지가 문제가 된다(Seelmann, 2010). 후자는 정의가 법의 궁극적 가치인 곳에서 어떻게 형평이 정의에 대항해서 원용될 수 있는가? 라는 문제라고 할 수 있으며 또는 정의가 궁극적으로 형평인가? 라는 문제라고 할 수 있다.[119] 모든 규범은 일반화되어야 한다. 물론 규범의 일반화는 상이하게 전개될 수 있고, 규범이 언제나 모든 사람에게 적용될 필요는 없다. 그러나 규범은 모든 미성년자에 대해서, 모든 상인에게 적용되어야 한다(이 점에서 정의와 형평은 구별된다). 정의와 형평의 문제는 시선의 방향에서의 차이라고 할 수 있다고 한다. 한편으로 입법자의 시선의 방향에서의, 다른 한편으로 법관의 시선의 방향에서의 차이이다. 즉 입법자는 일반적인 규범에서 출발하여 개별적인 사례

---

119) 라드브루흐는 정의는 개별 사례를 일반규범의 관점에서 바라보고, 형평은 개별 사례에서 이 사례 고유의 법칙을 찾으려 한다고 보면서, 형평은 개별 사례의 정의라고 말한다(Rad-bruch, 2021).

　형평은 보통 '개별 사례의 정의'라고 불리지만, 카우프만은 '개별 사례의 정의'라고 하는 것은 옳지 않다고 보고 이에 반대한다. 규범은 일반화해야 하며 개별화하는 규범은 여러 개의 규범을 발생시키기 때문에 자기모순이라고 본다. 정의와 형평은 시선의 방향에서의 차이를 반영하는 것이며 형평은 법관의 귀납적인 시선을 반영하는 것이지만 형평도 일회적인 사건이나 개별적 인간 그 자체를 고찰하고 평가할 수는 없다고 주장한다. 이것을 할 수 있는 것은 오직 자의적 판단이거나 사면뿐이며 이 경우에는 정의가 실제로 폐지된다고 본다(Kaufmann, 2013).

에 도달하고(연역), 법관은 개별적인 사례로부터 출발하여 일반적인 규범에 도달하는 것이다(귀납). 형평도 정의와 마찬가지로 일회적인 사건이나 개별적 인간 그 자체를 고찰하고 평가할 수는 없으며, 이것은 자의적 판단이나 사면과는 다른 것이라고 한다. 반면에 정의도 형평과 마찬가지로 '각자에게 다른 사람과의 관계에서 그의 것'을 분배하는 것이다. 이는 정의와 형평의 문제를 입법자와 법관의 시선의 차이를 반영하는 것이라고 보는 것이다(Kaufmann, 2013).

또한 재판 과정에서 형식적 정의나 절차적 정의로 해결할 수 없는 사태가 발생했을 때 이를 시정하는 원리를 구체적 정의(원저자는 협의의 '실질적 정의'라고 표현하고 있음)라고 할 수 있으며, 근대 사법제도는 이러한 문제들을 형평이라는 개념을 통해서 해결해 왔다고 주장한다(김정오 외, 2020). 이는 형평의 원리를 법의 흠결을 보충하는 원리로 보는 것이며 법관의 역할을 법적 정의를 실현하는 데 있지 않고 형평을 실현하는 데 있다는 것이다. 카임 페를만은 선례와 정의의 규칙에 따라 법을 엄격하게 적용하는 경우에 오히려 정의롭지 못한 결과를 낳을 때 재판관은 형평에 호소해야 한다고 주장했으며 형평에 호소해야 하는 이유는 다음과 같이 들고 있다. 첫째, 재판관은 입법자가 예상하지 못한 이례적인 사건에도 법을 적용할 의무가 있다. 둘째, 통화가치의 폭락이나 전쟁 또는 재난과 같은 외부적인 조건이 변하여 법을 엄격하게 집행할 경우 한쪽 당사자의 권리나 이익이 심각하게 침해될 때가 있다. 셋째, 도덕 감정의 변화로 말미암아 입법자나 재판관이 무시한 어떤 구별이 현재의 사실판단에 있어서 필수적인 것으로 등장하는 것이다(김정오 외,

2020). 이는 형평을 법의 흠결을 보충하는 원리로 보는 것이며, 법적 정의와 형평은 상이하다는 것이다.

한편, 행정에서는 정책의 소망성desirability을 평가할 때 효과성이나 능률성과 함께 형평성(공평성)이 중요한 기준이 되며, 1970년대 신행정학new public administration의 주창자들이 행정이념으로서 사회적 형평성social equity을 더욱 강조하였다. 정책분석에서 정책의 소망성 평가 기준으로서의 형평성(공평성)은 수직적 공평성horizontal equity과 수평적 공평성vertical equity으로 구분할 수 있고, 수직적 공평성이 정책 대안의 비교평가 기준으로서 중요성을 지녔는데 이는 정책효과와 정책비용의 배분이 사회적 정의로서의 배분적 정의distribtive justice에 어느 정도 합치되는 정도를 나타낸다고 할 수 있다(정정길, 2010). 또한, 신행정학에서 행정이념으로서 강조하는 사회적 형평성은 자원이나 지위의 공평한 배분과 관련되는 개념으로 사회적 약자를 보호하는 것을 출발점으로 삼는 것이며 자원의 배분은 사회경제적으로 불리한 입장의 사람들에게 우선적으로 혜택을 줌으로써 사회정의를 실현할 수 있다는 관점이다. 이는 존 롤즈의 정의론과 일치하는 개념이다.

요약하면 정의와 형평은 일반적으로 동일한 개념으로 사용하기도 하고 공정한 몫을 배정하려는 원리라는 점에서 일치한다. 그러나 경우에 따라서는 형평은 연민의 의미 등을 포함하는 광의로 사용하는 경우도 있고, 또한 형평은 입법자의 일반적인 시각과는 다른 법관의 시각을 반영하거나 법의 흠결을 보충하는 원리로 볼 수도 있다고 하겠다.

나) 정의와 의무(도덕적 옳음과 도덕적 의무)

옳은 것은 우리가 반드시 해야 할 도덕적 의무인가? 라고 물으면 쉽게 답변할 수 없다. 그러나 도덕적 옳음과 도덕적 의무가 같은 의미인가? 하고 물으면 다른 의미라고 쉽게 답변할 것이다.[120] 사실 이 두 가지 질문은 동일한 질문이다. 도덕적 옳음과 의무는 매우 유사한 개념이지만 같은 의미는 아니다. 옳은 행위가 의무인 경우도 있다. 도덕적 요구를 가장 완벽하게 충족시킬 수 있는 한 가지 행동만 있는 경우에는 이 두 개념은 일치한다. 그런데 도덕적 요구를 충족시킬 수 있는 옳은 행동이 둘 이상이라면 이 모든 행동이 옳은 것이지만 모두가 의무는 아니다. 이 경우에는 옳은 행동 중 어느 한 행동만 나의 의무다.

도덕적인 옳음과 관련하여 우리의 행위를 분류하여 보면 '금지된 행위(정확한 표현은 소극적 의무)', '의무적 행위(정확한 표현은 적극적 의무)', '의무 초월적 행위', '도덕 중립적인 행위'로 구분할 수 있다.[121] 여기서 '금지된 행위'와 '의무적인 행위'

---

[120] 의무를 사회생활상 사회적 질서를 유지하고 조정하기 위한 사회적·물리적·정신적인 강제나 구속으로 보면, 일반적으로 그 유형을 '법률적 의무'와 '도덕적 의무'로 구분할 수 있다. 법률적 의무는 (외적) 입법에 의한 외적인 강제이며, 권리의 반대 개념으로서(물론 권리가 없은 의무도 있다) 법률상의 인격에 부과하는 강제이다. 도덕적 의무는 도덕 법칙에 따르는 강제이며, 내적 동기에 의한 자기 강제이다. 여기서는 도덕적 의무를 중심으로 논의한다(인터넷, 철학의 주요 개념).

[121] 도성달은 여기(네 가지의 행위 구분)에 '허용가능한 행위'를 추가하고 있지만, 그 개념이 중복되고 명확하지 않기 때문에 불필요하다(도성달, 2012). 포이만(L. P. Pojman)은 윤리적 평가와 관련하여 행위를 '옳은 행위(허용 가능한 행위)'와 '그른 행위(허용 불가능한 행위)'로 구분하고, '옳은 행위(허용 가능한 행위)'를 '의무적 행위(olbigatory acts)'와 '선택적 행위(optional acts)'로 구분하며, 선택적 행위를 다시 '초과 의무적 행위(supererogatory acts)'와 '중립적 행위(도덕과 무관한 행위)'로 구분하고 있다(Pojman 외, 2011). 롤즈는 정당성과 관련해서 '요구사항'과 '허용사항'을 구분한다. 요구사항을 다시 '책무(obligations)'와 '자연적 의무(natural duty)'로 구분하고, 자연적 의무를 다시 '적극적인 것'과 '소극적인 것'으로 구분한다. 또한, 허용사항을 다시 '무관한 것'과 '의무를 넘어선 것'으로 구분한다(Rawls, 2005). 여기서 책무와 자연적인 의무를 구분하지 않으면 포이만의 분류와 대체로 일치한다. 도덕과 관련되는 행위를 네 가지로 분류하는 것이 타당하다고 본다.

는 '도덕적 의무'라고 할 수 있지만, '의무 초월적 행위'는 도덕적 의무는 아니다.[122] 의무 초월적 행위는 옳은 행위지만 이를 지키지 않는다고 도덕적 악행이 되는 것은 아닌 행위라고 할 수 있다. 가령 술에 취해서 철길을 건너는 사람을 구하기 위해 자신의 목숨을 희생하는 사람의 행위는 참으로 옳은 행위지만 그것이 모든 사람의 도덕적 의무의 대상이라고 할 수 없다(도성달, 2012). 요약하면 옳은 것이라고 해서 우리가 반드시 해야 하는 것은 아니라고 할 수 있다. 옳은 행위와 의무적인 행위는 관련성은 있지만, 동일한 개념은 아니다. 옳은 행위 중에서도 의무적인 행위가 아닌 것도 있다는 것이다.

이와 관련해서 도덕적 옳음과 당위의 관계를 검토해 본다. 여기서 관심사는 도덕적 옳음과 도덕적 의무와의 관계가 도덕적 옳음과 당위에도 그대로 적용되는가? 이다. 일반적으로 당위 Sollen는 존재Sein와 필연Müssen에 대응한 말로서, 반드시 당연히 무엇무엇을 해야 한다는 것을 의미한다. 어떤 행위를 할 때 인간이 '해야만 하는가', '하지 말아야 하는가'의 판단에 작용하는 명령이다.[123] 그런데 도덕적 옳음은 모두 당위라고 할 수 있는가? 우리는 통상 도덕적 옳음은 곧 당위라는 공식을 거리낌 없이 받아들인다. 우리는 행위자의 의지나 능력과 상관없이 '도덕적으

---

122) 칸트는 인간의 의무를 '완전한 의무'와 '불완전한 의무'로 구분하고 이를 다시 '자신에 대한 의무'와 '타인에 대한 의무'로 구분하였다. 그리고 '정의의 원리에 의한 의무'를 완전한 의무, '선행의 원리에 의한 의무'를 불완전한 의무로 보았다. 칸트는 불완전한 의무는 제외하고 완전한 의무를 중심으로 논의하는 것이다(도성달, 2012).

123) 그런데 신칸트주의에서는 당위의 개념을 선 이외에 진·미의 가치에도 확장하고, 당위의 세계가 존재의 세계를 초월하여 존재하고 이것에 의해서 가치 의식의 기초가 설정된다고 보았다고 한다(인터넷, 철학사전). 이에 대해 현상학에서는 당위가 가치의 토대를 세우는 것이 아니라, 역으로 가치가 당위의 토대를 세운다고 반론을 제기한다(Hessen, 2010). 가치와 당위의 관계는 뒤에 '가치론'에서 다시 논의한다.

로 옳은 것은 반드시 해야 한다'는 의미로 받아들이기 때문이다.[124] 그러나 우리는 도덕적으로 옳은 것이 모두 도덕적 의무가 아니듯이 옳음과 당위의 관계도 마찬가지라는 것이 윤리학의 정설이다[125](도성달, 2012).

---

124) 프랑케나는 철학자들은 '의무(duty)', '책무(obligation)' '당위(ought to be done)'라는 용어를 때때로 상호교환적으로 사용하고 있다고 한다. 그러나 보다 주의 깊은 일반적인 논의에 있어서는 이를 구분해서 사용한다고 한다. 사람이 의무나 책무를 가질 때에는 다른 사람은 상응하는 권리를 갖는다고 생각하는 경향이 있다. 그러나 당위(해야 하는 것)는 우리가 엄격한 의무나 책무로 간주하지 않거나 다른 사람이 상응하는 권리를 갖지 않는 일을 다루기 위한 보다 넓은 의미로 사용한다(Frankena, 1973). 뒤에 다시 자세히 논의할 것이다.

125) 우리는 당위를 '넓은 의미'와 '좁은 의미' 두 가지로 구분해서 생각해 볼 수 있다. '좁은 의미의 당위'는 행위자가 마음만 먹으면 할 수 있는 행동에 적용되는 개념이다. 반면에 '넓은 의미의 당위'는 행위자의 의지나 능력에 상관없는 당위개념이다. '덕은 보상받아야 한다'는 말은 덕이 보상되는 것이 적절하다는 것이고, 덕이 보상되지 않는 인간사를 개탄하는 것이다. 그래서 '덕이 보상되어야 한다'라는 말은 당위의 진술이지만, 여기에 요구되는 특별한 정당화의 의미는 없다. 그러므로 일상적인 도덕생활에서 우리에게 의미를 두는 것은 좁은 의미의 당위개념이다. 브로드(C. D. Broad)는 당위의 용법을 세 가지 유형(의무론적 당위, 목적론적 당위, 논리적 당위)으로 구분한다. '의무론적 당위'는 예상되는 결과의 좋고 나쁨과 관계없이 어떤 상황에서도 반드시 해야만 하는 행위 유형에 해당한다. '목적론적 당위'는 동기와 상관없이 모든 사람은 어떤 목적(자신의 행복이나 모든 존재의 행복 등)을 가져야 한다고 주장하는 경우이다. '논리적 당위'는 어떤 것을 궁극적인 목적으로 삼았다면 그 실현을 위한 수단을 채택하여야만 하고 그 실현에 맞지 않는 것은 해서는 안 된다는 것이다. '목적론적 당위'는 광의의 당위이고, '논리적 당위'는 의무론적 당위의 한 형태로서 좁은 의미의 당위이다. 브로드는 '의무론적 당위 개념'이 적절하다고 본다.

그런데 당위의 개념을 일반적인 경우보다 더 제한적으로 사용하는 경우도 있다. 브로드나 시지위크는 당위의 의미를 옳은 행동에 대한 반대 동기나 성향이 있는 경우로 제한해서 사용할 것을 제안하는 것이 이 경우이다. 이것은 생리적이거나 본성적 필연성은 의무나 당위의 개념에서 제외시키자는 것이다. 가령 자녀에 대한 어머니의 사랑은 자연적이고 본성적이기 때문에 도덕적 의무나 당위로 보는 것이 적절하지 않다는 것이다. 또한, 역으로 이 경우(제한적으로 사용하는 경우) 강한 유혹을 물리쳤기 때문에 의무나 당위는 더 높이 평가할 만한 것이 된다. 그러나 로스는 이러한 신체적인 필요성이나 자연적·본성적 성향을 지닌 행위를 당위나 의무의 범주에서 배제하는 것이 적당한가에 대해서 반대한다. 우리의 행위는 거의 모두 신체적인 필요성과 관련이 있는데 이를 의무의 관념에서 제외한다면 의무로 남는 것이 없게 되고, 어떤 행동이 자신의 의무인지 아닌지를 결정하는 것은 찬성 혹은 반대의 성향과는 무관하다는 것이 로스의 주장이다. 의무나 당위가 우리가 반대 성향을 지니고 있음에도 우리가 해야만 하는 어떤 것이 아니라 우리의 성향 상태와 무관하게 우리가 해야만 하는 것이라고 본다면, 로스의 관점이 적절하다고 본다(도성달, 2012).

4) 예비적 검토

정의란 윤리적인 차원에서 보면 도덕적 옳음이고, 정치 철학(법철학)적 차원에서 보면 전체 사회나 정치 질서(법질서)가 따라야만 하는 올바름이라고 할 수 있다. 그러나 정의의 구체적인 의미가 논자에 따라 다르므로 다양한 정의론을 설명해야만 한다. 특히 정의는 '엄격한 의미'의 정의가 있고 '차원 높은 의미'의 정의도 있으니까 더욱 복잡하다고 할 수 있다. 전자는 일반적으로 말하는 정의를 의미하고, 후자는 일반적인 정의를 넘어서 덕이나 선행을 중요시한다고 할 수 있다. 우리는 양자 모두를 정의론에 포함시켜 논의할 것이다.

그런데 정의는 고대로부터 수없이 논의된 주제이자 현재에도 다양하게 논의되고 있는 주제이기 때문에 모든 정의론을 같은 비중으로 다루기는 어렵고 우리의 관심을 분산시킬 수도 있다. 그래서 고대로부터 내려오는 중요한 정의론을 예비적으로 간단히 고찰한 후에 현대적 정의론을 위주로 설명하고자 한다. 현대적 정의론의 핵심은 '자유주의냐 공동체주의냐'와 관련된다고 할 수 있다. 현대적 정의론을 크게 자유주의적 정의론과 공동체주의적 정의론으로 크게 구분하고, 자유주의적 정의론에는 롤즈·드워킨·센의 '자유평등주의적 정의론'과 노직의 '자유지상주의적 정의론'이 포함되고, 공동체주의적 정의론에는 센델·매킨타이어·테일러·왈쩌의 정의론이 포함된다.

가) 아리스토텔레스의 덕론

아리스토텔레스 이전에도 소크라테스와 플라톤도 '조화로서의 정의'를 이야기했지만, 고대 그리스의 정의론 중에서는 아리스토텔레스의 정의론이 가장 널리 알려져 있고 오늘날까지 영향을 미치고 있다고 할 수 있다. 그런데 아리스토텔레스의 정의론에 대해서는 다시 논의할 것이지만, 아리스토텔레스는 정의보다는 덕을 중요시했다. 그래서 이 절의 제목도 정의론이 아니고 덕론aretology이라고 했다.

아리스토텔레스는 인생의 궁극적인 목적이 행복eudaimonia이며 행복은 인간의 특수한 기능인 이성을 잘 발휘함으로써 달성된다고 본다. 그리고 이성을 항상 잘 발휘하게 하기 위해서는 그렇게 하는 경향 즉 습성이 필요한데 이 습성이 덕arete, virtue이라고 한다.[126] 덕은 그 자체가 행복이 되는 것은 아니지만 행복을 위한 불가결한 바탕이 된다.[127] 덕은 이성을 항상 잘 발휘하게 하는 습성이며, 삶의 궁극적인 목적으로서의 행복을 위한 기본 조건이다. 아리스토텔레스는 덕을 '지적 덕intellectual virtues(이론의 덕)'과 '윤리적 덕ethical virtues(실천의 덕)'으로 구분한다. 지적인 덕(이론의 덕)은 사물의 이치를 인식하고 항상 올바른 행동을 계획하는 지적 능력을 말하고, 윤리적 덕(실천의 덕)은 이성의 인식과 계획에 따라서 올바른 길을 택하는 행동의 능력을 말한다. 지적 덕은 윤리적 덕보다 우월한 것이라고 본다. 윤리적 덕은 의지의 통

---

[126] 아리스토텔레스의 덕의 개념은 오늘날의 덕의 개념(선량함·관대함·정의로움과 같은 도덕적 자질)과는 상이하다고 할 수 있다. 덕이란 영혼의 이성적인 부분을 충분히 발현하며 살아가는 상태를 말하기 때문에 탁월성·우수함·훌륭함에 가깝다(인터넷 : [진중권, 철학오디세이], 2018).

[127] 아리스토텔레스는 최고의 행복은 이성적 행위(덕)를 통해서 진리를 명상하고 (미적 감상도 하는) '사색하는 생활(contemplative life)'에서 얻어지는 것으로 보고 있다(Sahakian, 2010). 그러나 그는 덕 이외에 행복을 위한 필요한 조건들도 있다고 보았다. 부귀·명예·우정·자손·문벌 등의 외적 번영도 그 자체가 직접 행복을 낳지는 않으나 행복을 위하여 매우 필요한 조건이라고 보았다(김태길, 1992).

제 아래에 놓이지만, 지성에 의하여 이성적인 지배를 받는다. 윤리적 덕(실천의 덕)은 습관에 의해서 형성되며, 행동에로의 경향성으로서 습관화된 중용habitual moderation이라고 할 수 있고, 고의적인 행위voluntary action에 대해서는 책임을 져야 한다는 것이다.[128] 여기서 중용mean이란 양편에 악덕을 두고 있으며 양극단 사이의 중도적인 것을 의미한다. 그러나 중용은 산술적인 중간을 의미하지는 않으며 가치론적 절정에 해당하는 최고의 한 점이다. 용기는 비겁과 만용 사이에 중용의 덕이지만, 따라서 죽음을 무릅쓰고 앞으로 나감이 용기가 될 수 있고 때로는 주저 없이 물러섬이 용기가 될 수도 있다. 덕은 한 개인의 인격적 특성personality characteristic이라는 점에서 옳은 행동right act과 구별된다.

정의는 하나의 덕이지만 지고한 덕supreme virtue으로서 모든 덕의 총화이며, 최고의 완전한 덕이다. 정의에는 합법적인 것을 가리키는 '보편적 정의universal justice'와 공평과 평등을 가리키는 '특수한 정의particular just-ice'가 있다. 특수한 정의는 비율proportion과 관계되는 데 두 가지 형태가 있다. 시민들 사이에 부와 명예를 평등하게 분배하는 '분배적 정의distributive justice'와 사람들 사이의 상호 교섭(거래)이나 교환적 관계에서의 공정성과 관련된 '시정적 정의corrective justice'가 있다. 분배적 정의는 비례적 평등으로서 '같은 것은 같게, 다른 것은 다르게'라고 표현할 수 있다. 시정적 정의는 판매나 대부 등과 같은 '자발적인' 상호 교섭(거래) 및 절도나 폭행 등 '비자발적인' 상호교섭과 관련되는 정의

---

128) 오늘날에는 '고의적이 아닌 행위'에 대해서도 책임을 물을 수 있다. 예컨대 과실에 대한 책임, 범죄예방을 위한 제재 등이 있다(김태길, 1992).

다.[129] 시정적 정의는 산술적 평등으로서 '양쪽 다 똑같게'라고 표현할 수 있다(Sahakian, 2010 ; 장은주, 2012). 아리스토텔레스의 정의는 정치공동체가 추구해야 할 넓은 의미의 올바름(보편적 정의) 또는 구체적인 사람들 사이의 관계에서 각자가 마땅히 가져도 되는 몫을 가지는 것(특수한 정의)이다. 정치공동체의 목적을 달성하는 데 기여를 많이 한 사람에게는 명예와 같은 것을 많이 분배한다거나 도둑질을 한 사람에게는 상응하는 벌을 주고, 거래에서 피해를 본 사람에게는 보상하는 것이 분배적 정의와 시정적 정의라고 할 수 있다. 분배적 정의와 시정적 정의는 오늘날 이야기되는 '공법'과 '사법'의 구분과 비슷한 것이라고 이해할 수 있다(완전히 일치하지는 않는다. 왜냐하면, 시정적 정의에는 '교환적 정의' 이외에 '협의의 시정적 정의'가 포함되어 있다). 그런데 아리스토텔레스의 분배적 정의의 개념이 서구나 우리나라에서도 정의의 핵심 개념 내지 정의 그 자체로 통용되고 있다는 점이다. 아리스토텔레스의 분배적 정의가 정의 개념의 전면에 설 뿐만 아니라 분배적 정의 개념의 내용이 사법적인 맥락과는 달리 주로 사회적으로 생산된 부의 바람직한 배분이나 사회경제적 불평등과 관련된 개념으로 변화되었다. 이제는 정의는 일반적으로 분배적 정의와 동일한 것으로 이해되고 있으며, 정치적·법적 차원의 개념이기도 하지만 경제적 차원에 초점을 맞추고 있다고 할 수 있다(Sahakian, 2010 ; 장은주, 2012).

아리스토텔레스의 윤리이론은 그의 목적론적인 세계관을 반

---

129) 아리스토텔레스의 시정적 정의를 평균적 정의(또는 교정적 정의)라고 하고, 이를 다시 시정적 정의(협의)와 교환적 정의로 구분하기도 한다. 이 경우 아리스토텔레스의 정의는 배분적 정의, 시정적 정의(협의), 교환적 정의의 세 가지 유형으로 구분된다(김정오 외, 2020).

영하고 있는 형이상학적 윤리설이라는 점. 당시 부유층의 행동양식에 적용된 윤리기준을 일반적인 것으로 제안한 데 불과하다는 점, 노예제도가 자연스러운 것이기 때문에 광범위하게 실현되어야 한다고 믿었다는 점 등에서 비판받고 있다. 하지만 그의 사상체계는 2500년 이상의 서양의 윤리 사상사에서 가장 큰 영향을 미친 이론 중의 하나라고 할 수 있다(김태길, 1992 : Sahakian, 2010).

나) 존 로크의 자연권 사상

존 로크John Locke는 우리에게 아주 익숙한 표현으로 근대국가의 개념을 심어 주며, 그의 사상은 토마스 제퍼슨T. Jefferson에게 채택되어 미국의 독립선언문 속에 너무나도 완벽하게 녹아들어 있다. 그는 인간의 자연적 자유와 평등을 옹호한다. 즉 생명·자유·재산과 같은 개인적 권리, 합의에 의한 정부, 권력분립이 이루어진 제한된 권한의 정부, 혁명할 권리를 옹호한다. 그의 이름은 자유민주주의 또는 입헌민주주의의 관념과 연결되어 있다(Smith, 2018).

고대 그리스 시대 때부터 서양 사람들은 일반적으로 실정법 이외에 이 세계의 자연적 질서와 인간의 본성 그 자체로부터 나오는 '자연법natural law'이 있다고 보았다. 기독교적인 종교관을 가지고 살았던 로크의 사상에서도 자연법에 대한 개념은 근본적이었다. 자연법은 '신으로부터 나오고' 인간 이성에 의해서 확인될 수 있는 객관적인 규범일 뿐만 아니라 정치제도와 행위를 제한하고 판단하는 기준이었다. 자연법은 국가에 의해 제정된 실정법이나 관습법보다 더 근본적이다. 실정법(관습법)은 사람들이 임의로 만들고 언제든지 변화할 수도 있는 사람들의 행동 규칙과 같은 것이지만, 자연법은 사물이나 인간의 본성으로부터 출발하는 일반적이고 보편적인 개인적·사회적 행동의 규칙이다. 로크의 자유주의와 자연권 사상도 이러한 자연법 이론을 바탕으로 하고 있다.[130]

또한, 로크의 사상에 의하면 국가는 자연 상태state of nature에서 출발하여 사회계약에 의해서 성립하였으며, 인간의 권리는 국가가 성립하기 전부터 가지고 있던 자연권으로 보고 있다. 정부가 존재하기 이전에도 인간은 자유롭고 독립적이며 평등한 존

---

[130] 자연법 이론(자연법 사상)은 자연법이 실정법의 기반이 되어야 한다는 법이론이다. 자연법 이론은 고대 그리스 철학(플라톤, 아리스토텔레스)에서부터 중세 스콜라 철학(토마스 아퀴나스)에 의해서 완성된 이론체계이다. 이것을 '고전적 전통적 자연법론'이라고 부른다. 그러나 17세기 이후 신학적 유대를 단절하고 합리주의적 사상 등을 기초로 자연법론을 구성하였으며 이를 '근대의 자연법론 또는 합리주의적 자연법론'이라 부른다. 근대의 자연법론은 보통 신과 결부된 자연법 이론이 아니라 자연 상태에서의 인간 즉 국가와 실정법을 초월한 인간의 본성과 이성에 기초한 자연법 이론으로서 그로티우스·홉스·로크·루소·칸트 등이 대표자이다. 근대의 자연법론은 그 기능적인 측면을 기준으로 두 가지 경향으로 나누어질 수 있는데 국가권력의 절대성과 그에 대한 강력한 통제력을 강조하는 '절대주의적 자연법론'과 어디까지나 개인을 위한 자유로운 영역을 확보하려는 '자유주의적 자연법론'의 경향이다. 이러한 자연법론을 반박하여 대두한 것이 실정법만을 인정하는 법실증주의 사상이다. 법실증주의는 실정법만을 법으로 인정하는 법학의 입장으로서 실정법 체계의 완전무결성에 대한 확신을 바탕으로 법관에 의한 법 창조와 자의적 판단도 배제하려는 사상이다(인터넷, 두산백과).

자연법적 사상은 근본적으로는 '법이 절대 자명하지 않기' 때문에 발생했다고 볼 수 있다. 자연법적 사상은 '비실정적 정당성 기준'을 인정하느냐의 문제라고 할 수 있다. 비실정적 정당성 기준을 인정하는 사람은 자연법론자라고 할 수 있다. 또한, 구체적인 사례에서 윤리적인 척도와 실정법이 일치해야 한다고 주장하거나 실정법에 대한 복종이 윤리적 필연성을 가져야 한다고 주장하는 이론도 자연법적 이론이라고 할 수 있다. 자연법적 논증은 상반된 정치적 목표를 추구할 수 있다. 자연법은 기본적으로는 이중적 기능 즉 이데올로기적 정당화(실정법의 정당화) 기능과 실정법 비판 기능을 지니고 있다고 본다(Seelmann, 2010).

법실증주의와 자연법적 사상은 그 장단점들로 인해서 오늘날에도 반복되고 있다(신자연법론 등). 또한, 오늘날 자연법론자 사이에서도 자연법적 규범에 대해서 어떠한 방식의 효력을 인정해야 하는가에 대해서도 논란이 심하다. 예컨대 자연법은 직접적으로 효력을 갖는가 아니면 단순히 실정법에 대한 판단기준인가? 오늘날의 자연법론자들은 일반적으로 후자의 입장에 서 있다. 즉 자연법이 실정법과는 별개로 법을 창설할 수는 없지만, 개개의 사례에서 실정법을 무효화 할 수 있는 권능을 갖는다고 본다. 자연법에 관한 학설이 많지만 모든 자연법론은 법에 관한 국가의 완전한 독점권을 부정한다는 점(적어도 중대한 원칙들과 관련해서 법도 결코 자의적으로 처분할 수 없다는 근본 사상)을 공통분모로 가지고 있다고 한다(Seelmann, 2010).

재로서 불가양의 권리를 향유한다고 보았다. 자연권 중에서 중요한 것이 생명, 자유, 재산에 대한 권리다(로크는 이들 권리를 합하여 '광의의 재산권'으로 보았다). 사람들은 자연 상태[131]에서의 불확실성과 불안정에서 벗어나기 위해서 서로 계약을 맺고 법체계를 갖춘 사회와 국가 질서를 형성하게 된다. 로크의 자연 상태는 홉스가 전제한 것처럼 먹고 먹히는 야생의 정글(만인의 만인에 대한 투쟁)이 아니라, 정부가 없는 상태지만 혼란 상태가 아니라 평화로운 상태다. 자연 상태에서 인간들은 남에게 예속되지 않고 차별받지 않는 완전히 평등(신분적 평등)과 타인들의 강압이나 침해 또는 공격이 없는 완벽한 자유를 누린다. 자연 상태에서는 사유재산까지 인정되고 자연법도 적용된다. 그런데도 강제와 결부된 국가가 왜 생겨났는가? 자연 상태는 평화로운 상태지만 불행하게도 인간은 타인의 재산을 항상 존중하는 것은 아니므로 폭력에 의한 탈취나 불평등의 문제가 발생한다. 자연 상태는 오래 지속될 수 있는 '안정된 사회'는 아니다. 그래서 자연 상태에서 누릴 수 있는 자연권을 보호하기 위해서

---

[131] 자연 상태는 근대의 사회계약설에서 국가의 성립을 설명할 때 전제가 되는 상태로서 정치사회가 형성되기 이전의 상태를 말한다. 홉스를 선두로 해서 로크와 루소 등이 자연 상태를 전제로 한 사회계약설을 주장하지만, 자연 상태의 내용은 논자에 따라 상이하다. 홉스는 자연 상태를 자기 보존의 권리(자연권)를 무제한으로 행사하여 '전쟁상태'에 있다고 보며, 로크는 이성에 의해서 신체나 재산을 존중하며 사람들이 '평화로이 공존'하고 있다고 본다. 홉스는 자연 상태에서는 자연법이 아직 지배하지 않는다고 보지만(그는 자연법은 모든 사람이 평화를 추구해야 한다는 이성의 계율이며, 시민사회의 확립을 위한 일종의 뼈대를 구성한다고 본다), 로크는 자연 상태에서도 자연법이 이미 지배하고 있으며 폭넓은 자연권을 향유한다고 본다.

반면에 루소는 자연 상태를 악덕을 모르는 깨끗한 사람들이 자기 보존의 관심(자기애)과 공감하는 '연민의 정(pity)'을 자연적인 감정으로 가지고 자유·평등한 존재로서 서로 고립된 상태에서 생활하는 '평화로운 미개 상태'라고 본다(루소는 원초적이고 자연적인 인간 존재를 '고결한 존재'라기보다는 도덕과는 무관한 '순수한 존재'로 묘사한다). 그는 빈부로 분열된 '불평등한 문명사회'를 강화하는 사악한 사회계약을 파기하고, 새로운 사회적 결합을 이끌어내야 한다고 주장한다(Smith, 2018 ; Ryan, 2019 ; 인터넷 철학사전, 2021 ; 인터넷 21세기 정치학대사전, 2021).

법질서와 국가가 필요하게 된다. 국가가 필요한 가장 큰 이유는 분쟁의 해결을 위한 정의로운 재판과 신체와 재산의 보호를 위한 개인적인 자원의 소모 문제 등이다. 그러나 모든 권리를 국가에 이양하는 것이 아니라 개인적인 방어권 등 일부의 자유를 포기하고 애초의 자연권(생명·재산에 관한 권리)을 보호받는다는 것이다.

특히 로크는 사유재산이 국가 이전에도 존재한다고 믿었다. 소유의 원천은 일반적으로 교환, 상속, 증여, 선물 등이다. 그런데 이들은 소유의 이동일 뿐이며, 중요한 것은 최초의 취득(무주물의 습득)이다. 로크는 획득에 관한 노동이론labor theory of acquisition에 의지해서 소유권을 획득한다고 주장한다. 자연물(공유물)에 인간의 노동을 혼합(부가)하면 그것은 더는 공유되지 않고 노동을 혼합(부가)한 사람이 획득하게 된다는 이론이다.[132] 최초의 소유를 정당화하는 조건은 세 가지이다. 첫째 노동으로 획득하였는가? 둘째 다른 사람들을 위해 '충분하고 좋은 상태로' 남겨 놓았는가? 이를 로크적 단서Lockian proviso 또는 충분성 단서enough clause라고 한다.[133] 셋째 수취한 것을 낭비하지 않고 제대로 이용했는가? 등이다. 이러한 노동에 의한 획득은 최초 전유에만 필수적이고 소유권의 이전에는 불필요하다.

로크는 정부의 과제를 사람들의 재산권(소유권)을 보호하는

---

132) 획득에 관한 노동이론은 토지의 경우 무제한 공급할 수 없기 때문에 다른 사람들이 더이상 소유할 무주물의 토지가 남지 않게 되어 문제가 된다(로크는 공유지를 사유화했을 때 생산량이 수십 배로 증가하기 때문에 사실상 공유지를 그만큼 늘리는 결과를 초래한다고 주장한다). 그리고 이러한 견해는 소유의 도덕적 원천을 일반적으로 노동·노력·발견 등이라고 할 수 있으며, 특히 기업가적 발견을 제외하여 이윤을 부정하기 때문에 문제가 된다고 한다 (Kymlicka, 2006 ; 민경국, 2018 ; Ryan, 2019).

133) 로크적 단서에 관해서는 노직의 자유지상주의에서 다시 논의할 것이다.

데 있다고 본다. 로크 이전에는 누구도 정치의 목적이 재산권 보호라고 믿지 않았다. 그러나 로크는 재산권 보호를 인간이 공동체를 결성하는 가장 으뜸가는 목적으로 만들었다. 물론 여기서 말하는 재산권은 생명·자유·재산에 관한 권리를 포함하는 광의의 개념이다. 정치 권력의 정당성은 피지배자의 동의에 의한 권위의 위임에 있으며 모든 사람의 자연권을 보호하는 데 강제력을 행사해야 한다는 것이다(제한정부론). 이 밖에도 정부의 과제는 분쟁의 해결과 국방의 과제가 있고, 빈곤 정책(일하는 근면한 사람들의 의욕을 위축시켜서는 안 된다)도 국가의 과제로 여겼다. 교육에 관해서는 혁명적인 생각을 지니고 있었다. 국공립 학교를 부인하고 가장 효율적인 것은 사교육이라는 것이다.[134]

로크는 국가의 권력을 제한하기 위해서 권력분립을 주장했다. 정치체제를 입법기구와 집행기구 두 가지로 구분하고 있다. 몽테스키외가 나중에 사법권을 추가해서 삼권분립 체제가 성립된 것이다. 로크는 정치의 중심은 입법부이기 때문에 입법부의 우위성을 주장하는 의회민주주의자였으며 입법권을 국가의 최고 권력으로 보았다. 로크는 다수자가 나머지 사람들을 움직이고 결정할 권리를 가진다고 보아 '다수결 원칙'을 지지해서 다수결 원칙을 공동체의 의사를 결정하는 민주주의적 원칙으로 보았다(Smith, 2018). 그러나 입법권을 지배하는 것이 자연법이며 최고의 권력이라고 해도 당사자의 동의가 없이는 누구의 재산도

---

134) 로크는 <관용에 관한 서신>에서 국가와 교회를 구분한다. 교회를 같은 생각을 지닌 사람들의 자발적인 결사체로서 신에 대한 존경의 마음을 공동으로 그리고 공개적으로 표현하는 단체로 보았으며, 강제적인 조직인 국가는 세속적인 평화와 번영을 다지는 역할을 한다고 보았다. 세계는 두 가지 형태의 권력으로 거의 분할되어 있는데 어느 것도 서로를 침해할 이유가 없다. 그는 네덜란드가 종교적 관용으로 번영을 누리는 것을 보았기 때문이며, 인간 이성의 한계라는 인식론적인 관점에서 종교적 관용을 정당화했다(Ryan, 2019).

빼앗을 수 없다고 주장했다. 로크는 국가권력의 자의적인 행사를 막기 위해서 시민의 저항권을 자연권으로서 인정했다. 만약에 통치자가 피치자의 자유와 재산 및 생명을 보호할 의무를 이행하지 않으면 시민의 저항은 정당화될 수 있으며 시민은 새로운 정부를 구성할 수 있다고 보았다(그러나 로크의 저항권과 혁명은 정체의 혁신 즉 예전에 수립된 정부를 해체하고 새로운 정부를 구성하는 것을 의미한다).

다) 공리주의적 결과론

공리주의公利主義, utilitarianism는 공리성유용성, utility을 가치판단의 기준으로 하는 사상이다.[135] 일반적으로는 공리주의는 도덕적으로 올바른 행위나 정책은 사회구성원에 최대의 행복happiness을 창출해 줄 수 있어야 한다고 주장한다. 공리주의는 목적론적 윤리teleological ethics 또는 결과주의 윤리consequentialist ethics의 대표적인 유형이라고 할 수 있으며 행위의 결과를 가치판단의 기준으로 삼는다.[136] 공리주의는 지지자들과 함께 거센 반대자들 양자 모두를 가지고 있다. 반대자들은 공리주의가 지니는 오류가 셀

---

135) 'utilitarianism'에 대한 번역상의 문제로서 '功利主義'와 '公利主義 또는 公益主義'가 함께 사용되기도 한다. 원래 일본인이 일찍이 '功利主義'라고 번역하였고 우리가 이를 본받아 사용한 것이 '功利主義'이다. 그러나 '功利'라는 한자어는 본래 "이익에 힘씀"을 뜻하기 때문에 이기적 또는 타산적인 태도와 연관된다고 본다. 원래 영국의 'utilitarianism'은 개인적인 이익보다는 '모든 사람의 행복'이나 '공동의 이익'을 최고선으로 보는 사상이기 때문에 '공중의 이익'을 뜻하는 '公利主義'라고 하는 것이 옳다고 주장하고 '公利主義'라고 표현하기도 한다(김태길, 1992).

136) 목적론적 윤리는 때때로 결과주의적 윤리라고도 불린다. 목적론적 윤리 또는 결과주의적 윤리의 가장 극단적인 대안(유형)은 마키아벨리의 윤리인 '군주론'이라고 할 수 있다 (Richter 외, 2005). '윤리적 이기주의'도 옳은 행위를 행위자를 위해 최대한의 선을 산출하는 행위라는 견해이기 때문에 목적론적 윤리의 한 가지 유형이라고 본다. 윤리적 이기주의가 행위자 자신에게만 편향된 목적론적 윤리라고 한다면, 공리주의는 보편적인 목적론적 체계이다(Pojman 외, 2011).

수 없이 많기에 결국에는 정치 지평에서 사라질 수밖에 없을 것이라고 주장하고, 옹호자들은 도덕이 인간의 행복의 극대화에 관한 것이 아니고는 도대체 무엇일 수 있겠냐는 반문을 제기한다(Kymlicka, 2006). 공리주의는 그것에 대한 이론적인 반론이 우세하여 낡은 사상이 되어버렸지만, 현실적으로는 그 핵심적인 개념을 무시할 수 없는 사상이라고 할 수 있다. 필자는 공리주의를 더 자세히 음미할 필요성이 충분히 있다고 생각한다.

a) 공리주의의 매력

공리주의가 지닌 매력은 크게 두 가지라고 한다. 첫째로 공리주의자들이 주장하는 이론이 신의 존재나 영혼 또는 여타의 모호한 형이상학적 실체에 의존하지 않는다는 것이다. 공리주의가 중요시하는 가치 – 행복·복지welfare 또는 복리well-being – 는 우리의 삶 속에서 일상적으로 추구하는 것이다. 우리가 세속적이든 아니든 간에 우리가 삶 속에서 행복을 소중히 여기기 때문에 그것이 가치 있다는 것을 부인할 수 없다는 것이다. 둘째는 공리주의 또 다른 매력은 바로 그것이 결과주의consequentialism라는 것이다. 결과주의는 여러 가지 문제점(추후 논의할 것이다)도 있지만, 어떤 상황에서 행위나 정책이 실제로 식별할 수 있는 선good을 가져올 수 있는지 없는지를 명백하게 확인할 수 있다는 것이다. 예컨대 '누가 이익을 보았는지' 또는 '누가 피해를 봤는지' 등을 보여준다는 것이다. 또한, 동기 위주의 이론을 포함해서 많은 도덕 이론이 결과와는 무관하게 일련의 법칙으로 이루어진 반면에, 공리주의는 이러한 법칙들이 어떠한 유용한 기능을 하는지를 평가해 볼 수 있는 기준을 제공한다. 결과주의는 또한 도덕적 문제를 해결하는 데 있어서도 간단한 방법을 제시해 준다. 이는 도덕적으로 올바른 해답을 찾는 것이 영적 지도자와 상담하거나 모호한 전통에 의지하는 것이 아니라 인간 복지에서의 변화를 측정하는 문제로 귀결되기 때문이다. 그래서 공리주의도 역사적으로는 진보적이었다(Kymlicka, 2006).

b) 고전적 공리주의

고전적 공리주의는 18세기 말부터 19세기 전반에 걸쳐 영국에서 나타난 공리주의 사상으로서 벤담Jeremy Bentham, 제임스 밀James Mill, 존 스튜어트 밀John Stuart Mill 등을 중심으로 전개된 사상이다. 고전적 공리주의는 쾌락주의의 일종으로 발전하였으며, 본래부터 좋은 것을 쾌락pleasure으로 보았다.[137]

벤담은 개인이 쾌락을 획득하고 고통을 회피하려는 것을 목적으로 삼는다는 점을 인간관의 핵심으로 보고, 사회 역시 사회 구성원 전체의 쾌락을 추구하는 것이 당연하고 옳은 것이라고 보았다. 이러한 근거에 의해서 벤담의 공리주의에서는 두 가지의 원리 - 유용성의 원리the principle of utility와 최대 행복의 원리the greatest happiness principle - 가 중요하다.[138] 유용성의 원리는 모든 행동을 관계자들의 행복을 증진하는 경향을 지녔느냐 감소하는 경향을 지녔느냐에 따라서 찬양하거나 비난하는 것이며, 최대 행복의 원리는 최대 다수의 최대 행복the greatest happiness of

---

137) 희랍의 쾌락주의는 개인적 쾌락을 위주로 하였던 데 반하여, 영국의 쾌락주의는 사회 전체적인 공중적 쾌락을 역설하였다(김태길, 1992).

138) 이를 달리 표현하면, 공리주의의 대표적인 두 가지 특징은 '결과주의(consequentialism)'와 함께 본래적으로 좋은 것을 극대화해 주는 행위가 옳은 행위라고 보는 '극대화의 원리(maximizing principle)'라고 할 수 있다(김항규, 2009).

the greatest number을 추구하는 것이다. 벤담은 쾌락 계산법hedonic caculus을 창안해서 쾌락과 고통의 경험을 7가지 측면 - 강도, 지속성, 확실성, 근접성(원근성), 다산성(생산성), 순수성, 파급범위(연장성) - 에서 측정하고자 했다. 벤담의 공리주의는 쾌락에 대한 측정이 가능하다고 보기 때문에 '양적 쾌락주의'라고 한다(김태길, 1992).

한편 밀도 유용성이란 다름 아닌 쾌락을 의미하며 쾌락 및 고통으로부터 해방이 목적으로서 바람직한 유일한 것이라고 주장한다. 그러나 밀은 인간의 쾌락에는 질적 차이를 인정함으로써 다양한 쾌락을 가정하는 '질적 쾌락주의'를 제시했다. 쾌락에는 두 가지 유형의 쾌락이 있다. 하나는 먹는 것·마시는 것·성·휴식·감각적 쾌감과 같은 '저급(기초적) 쾌락'이다. 다른 하나는 고급문화·과학적 지식·지성·창조성과 같은 '고급 쾌락'이다. 저급 쾌락은 더 강렬한 만족을 주지만 과도하게 탐닉하면 고통을 야기한다. 고급 쾌락은 더 장기적이고 지속적이며 점진적인 경향이 있다. 고급 쾌락이 저급 쾌락보다 우월하다.[139] 그리고 인간은 진정으로 행복하기 위해서는 많은 것(저급 쾌락과 고급 쾌락 모두)을 필요로 하는 그런 존재이다. 밀은 쾌락 개념의 경계를 확장했다. 사실은 밀의 행복 개념은 쾌락과는 거의 관계가 없고 쾌락과 무관한 non-hedonic 마음 상태와 관련 있다고 할 수도 있다.[140] (Pojman 외, 2011). 밀은 공리주의의 타당성을 입증하는

---

[139] 밀은 '만족하는 돼지보다 불만족하는 인간이 낫고, 만족하는 바보보다는 불만족하는 소크라테스가 낫다'라고 했다. 그러나 밀의 쾌락이론은 엘리트주의적이고, 감각적인 것보다는 지성적인 것을 과도하게 선호한다고 비난 받아왔다(Pojman 외, 2011).

[140] 밀은 쾌락이라는 말을 쓰지만, 그가 말하는 고급 쾌락은 우정과 사랑까지도 강조하는 행복이기 때문에 그의 입장을 행복주의(eudaemonism) 또는 행복주의적 공리주의(eudaemonistic utilitarianism)라고도 한다(강재륜, 1996 ; Pojman 외, 2011).

문제와 관련해서 어떤 것이 바람직한 것desirable은 사람들이 실제로 바라고 있는 것desire에서 찾아야 한다고 주장한다. 그리고 사람들이 바라고 있는 것은 각자 쾌락 또는 고통에서의 면제이다. 그래서 각자에게 바람직한 것 즉 각자의 선은 각자의 쾌락 또는 행복이고, 사회 전체에게 바람직한 것은 사회를 구성하는 사람들 전체의 쾌락 또는 행복이라고 보았다. 고급 쾌락(행복)을 누리기 위해서는 두 가지가 필요한데, 그 하나는 행위자의 고상한 품성이고 다른 하나는 행위자의 행복뿐만 아니라 관련자 모두의 행복 또는 전 인류의 최대 행복을 바라는 것이다.

공리주의는 첫째 여러 정책대안이 개인에게 제공하는 쾌락을 어떻게 측정할 것인가, 둘째 개인들 상호 간의 쾌락이나 행복의 정도를 비교하는 문제, 셋째 배분을 중심으로 하는 정의의 원리에 위배될 가능성을 내포하는 난점을 지니고 있다. 이 밖에도 판단기준을 전체로 하느냐 평균으로 하느냐 - 전체적 공리주의와 평균적 공리주의냐(평균적 공리주의가 현대적인 입장이다) - 의 문제, 최대 다수의 원리와 최대 행복의 원리 상충 가능성, 다원적 공리주의의 경우 다원성 문제, 선택에서의 죄수의 딜레마 등의 문제점이 있다.[141] (김항규, 2009).

---

[141] 사하키안(W. S. Sahakian)은 공리주의를 '고전적 공리주의'와 '이상적 공리주의(결과의 윤리)'로 구분해서 설명한다. 고전적 공리주의에는 벤담의 '양적 쾌락주의'와 밀의 '질적 쾌락주의' 이외에 카알라일의 '이타적 공리주의'와 시지위크의 '보편적 쾌락주의'를 포함시킨다. 그리고 이상적 공리주의에는 라쉬달의 '좋은 결과의 최대한 산출로서의 윤리', 무어의 '정의 불가능한 실재로서의 선', '행위 공리주의와 규칙 공리주의'를 포함시킨다.

카알라일(T. Carlyle)의 '이타적 공리주의' : 카알라일은 벤담주의를 돼지의 철학으로 매도하면서 공리주의에 이타적인 내용을 부여한다. 그는 최대 행복의 원리를 '최대 고결의 원리(the greatest nobleness principle)로 대체시켰는데, 이 원리는 우리에게 각자의 행복을 스스로의 일에서 찾도록 지시하는 원리이다. 그는 정신적인 쾌락이 육체적인 쾌락보다 우월하며, 교양이 관능적인 탐욕보다 우월하다고 주장한다.

시지위크(Henry Sidgwick)의 '보편적 쾌락주의' : 시지위크는 개인적인 행복추구와 사회 전체의 행복 사이에 야기되는 문제점을 해결하는 데 노력하였다. 유일한 자기 의무가 행복을 얻는 데 있고 유일한 덕이 그것을 획득하는 능력인 한 '행복'은 의무나 덕이 아니라 유일한 선이다. 그는 밀의 윤리학적 쾌락주의와 칸트의 정언명법을 기초로 해서, '인간은 누구나 보편적인 행복을 증진시킬 의무가 있다'고 주장했다. 그는 쾌락에 대한 이성 혹은 상식의 계산법(calculus of common sense)을 제시하고, '한 사람에게 옳은 것은 모든 사람에게 옳다'고 주장한다. 그는 자신의 이론체계를 보편주의적 쾌락주의라고 명명하고, 최고선이 인간의 공통된 목표인 행복의 증진에 있다고 주장했다. 옳은 행위는 어떤 개인이 정당하게 향유할 수 있는 사적인 행복을 추구하는 것이지만, 의무는 이성의 명령이 있을 때 가끔은 자기희생을 요구하는 사회 전체의 행복 증진에 있다.

'이상적 공리주의(ideal utilitarianism)'는 그린(T. H. Green)의 이상주의와 시지위크의 공리주의를 종합한 새로운 형태의 공리주의다. 이것은 목적론적이기는 하나 쾌락주의적 방향으로 나가지는 않는다. 그래서 결과의 윤리라고도 한다.

라쉬달(Hastings Rashdal)의 '좋은 결과의 최대한 산출로서의 윤리' : 라쉬달은 옳은 행위란 가장 좋은 결과(the best consequences)를 가져오는 행위를 말한다고 주장한다. 그는 윤리학이 목적론적이야 한다는 공리주의적인 원리와 목적에 관한 비쾌락주의적 관점을 결합시켜 '이상적 공리주의'를 제창한다. 따라서 라쉬달의 이상적 공리주의는 선한 것이 옳은 것의 기준이 된다. 또한 '한 사람의 선은 다른 어떤 삶의 선과 마찬가지로 평등한 본질적 가치로 인정해야 하는 것도 자명해야 한다'는 공평의 원리를 주장한다. 이러한 선관에 기초해서 정의, 덕, 인애(이타심) 그리고 이상적인 생활을 정의한다. '정의'는 기존의 분배 체제에 준하여 차별 없이 대우하는 것이며 궁극적인 정의는 한 사람의 선은 다른 사람의 선과 본질적으로 동일하다는 원칙에 따라 진정한 선을 분배하는 것이다. '덕'이란 정의에 의해서 규정된 합리적 인애 혹은 정의와 일치하는 인애로 정의할 수 있으며, 구체적으로는 정직·근면·가족애·친절·동정·충성·질서·용기 등이다. 가치와 쾌락 그리고 행복은 '이상적 생활'의 세 가지 기본 범주이다. 그는 인간세계는 절대적으로 선한 것이 아니고 점차적으로 선해지는 세계개량주의(meliorism)와 신의 전능에 한계가 있다는 신권 유한론(theistic finitism)을 주장한다.

무어(Gorge E. Moore)의 '정의 불가능한 실재로서의 선' : 무어는 선한 것(the good)과 선(good)을 구별하고, 선한 것(the good)은 정의할 수 있지만, 선(good)은 궁극적이고 단순한 개념이어서 정의할 수 없다고 주장한다. 선을 쾌락이나 요구의 대상이 되는 성질로 규정한다면 이것은 자연주의적 오류(naturalistic fallacy)를 범한다고 본다. 무어는 옳은 행위는 가장 좋은 결과를 산출하는 것이라고 본다. 칸트적인 의미의 도덕 법칙은 없으며, 도덕 법칙은 특정한 행동이 좋은 결과를 가져올 것이라는 진술에 불과하다. 따라서 의무는 다른 방법의 행동보다 더 많은 선을 이 세상에 가져올 수 있는 행동을 해야 하는 것으로 정의한다. 그러나 무어의 정의할 수 없는 실재로서의 선에 대해서는 비판이 많다. 페리(R. Perry)는 선이란 '관심의 대상(the object of interest)'이라고 정의했으며, 프랑케나(W. Frankena)는 무어가 '선결문제 요구의 오류(the fallacy of begging the question)'를 범하고 있다고 주장한다(그러나 윤리학적 비판[주장]이 일반적인 형태의 검증대상이 된다는 관점에 대해서는 반론도 제기되고 있다).

'행위 공리주의(act-utilitarianism)'와 '규칙 공리주의(rule-utilitarianism)' : 이것은 도덕적 결정을 내리는 기준이 행위인가 아니면 그 행위에 적용되는 규칙인가의 문제이다. 여기서는 어떤 행동(which action)이 최대의 공리를 가져오는가, 어떤 행동의 규칙(which rule)이 최대의 공리를 가져오는가의 문제이다. 벤담은 기본적으로 행위 공리주의자(act-utilitarian)이었으며, 브란트(R. B. Brandt)는 규칙 공리주의자(rule-utilitarian)로 분류된다. 프랑케나는 일종의 '절충적 의무론(a mixed deontology)'을 제창했다(선행의 원리와

c) 다양한 효용의 정의

고전적 공리주의는 유용성의 개념을 쾌락 또는 행복에 두고 있고 '최대 다수의 최대 행복'이라는 슬로건은 아직도 유명하다. 그러나 모든 공리주의자가 인간의 복지에 관한 쾌락주의적 hedonic 설명방식을 수용하지는 않는다. 최소한 네 가지 구분 가능한 입장들이 존재한다고 한다(Kymlicka, 2006). 첫째는 복지 쾌락주의 welfare hedonism다. 이것은 고전적 공리주의가 주장하는 것으로서 쾌락의 경험이나 감각이 가장 으뜸가는 가치라는 입장이다(이 입장은 앞에서 설명했기 때문에 자세한 논의는 생략한다). 그러나 이 입장은 왜 어떤 활동이 다른 활동에 비해서 선호되는가를 완벽하게 설명하지 못한다는 난점이 있다. 예를 들면 시인이 고통과 좌절을 느끼면서 시를 짓는 것도 가치 있는 일이며, 독자들은 불편을 느끼면서 시를 읽는 것을 가치 있다고 생각하는 경우가 있다. 또한, 노직 Robert Nozick은 신경투여학자들이 우리를 약물을 투여하는 기계에 연결시킬 수 있다고 상상해 보라고 한다.

둘째는 비쾌락주의적 정신상태의 효용 non-hedonistic mental-state utility이다. 우리의 삶에 있어서 쾌락이나 행복과 같은 하나의 정신상태만이 가치 있는 것이 아니라, 수많은 여러 종류의 경험들도 가치가 있고 전 범위에 걸쳐 그러한 가치 있는 정신상태들을 장려해야 한다는 것이다. 하지만 이 입장 역시 노직의 반론을 피할 수 없다. 시를 짓는 성취감·사랑의 황홀감 등 여러 경험이

정의의 원리). 행위공리주의에 대한 비판은 결과의 인지와 예측의 문제와 선의 명확한 분배 문제를 해결할 수 없다는 점과 도덕적 규칙의 도움이 없이는 상황에 따라 일일이 분석하는 것은 시간 낭비요 비실용적인 방법이라는 것이다. 규칙 공리주의에 대한 비판은 특수한 상황에도 적용할 수 있는 유효한 원칙을 발견하는 문제가 있으며, 최대 선에 이를 수 있는 규칙이 그 선의 분배를 위한 다른 도덕적 규칙과 충돌할 수 있다는 것이다(Sahakian, 2010).

'경험기계experience machine'에 의해서 복제될 수 있다는 것이다. 또한, 우리가 삶에 있어서 추구하는 것은 어떤 정신상태의 획득 즉 어떤 종류의 '내부적인 공명inner glow'보다는 그 이상의 무엇이라는 것이다. 우리는 시를 짓는 경험을 원하는 것이 아니라 실제로 시를 짓기를 원하고 사랑에 빠지는 경험을 원하는 것이 아니라 사랑에 빠지는 것을 원한다는 것이다.

셋째는 선호의 충족preference satisfaction이다. 인간의 복지는 단순히 정신상태의 연속과는 다르거나 그 이상의 것이라고 한다. 사람들의 효용을 증진시키는 일은 그것이 무엇이 되었든 사람들의 선호를 충족시키는 것이라고 한다. 이 경우 공리주의는 모든 종류의 선호를 평등하게 충족시켜야 한다고 주장한다. 그러나 앞에서의 두 가지 입장이 복지를 설명하는데 너무 많은 것을 제외시켰다면, 이 세 번째 입장은 너무 많은 것을 포함시키는 난점을 갖는다. 선호를 충족시키는 것이 항상 복지에 기여하는 것은 아니다. 우리가 적절한 정보를 결여하거나 특정 행동의 비용과 혜택을 계산하는 과정에 오류를 범한다면, 우리에게 실질적으로 좋은 것이 현재 가지고 있는 선호와 다를 수 있다는 것이다. (그래서 선호는 우리에게 무엇이 좋은지를 규정하지 못한다는 것이다. 사람들은 누구나 '가치 있는 것'을 추구하는데 그것은 '현재 선호하는 것'과 다를 수 있다는 것이다). 이 입장은 사람들이 무언가를 욕구한다는 사실로 인해 그것이 가치 있게 된다고 이야기한다. 그러나 선호를 갖는 것이 가치 있게 만드는 것이 아니다. 무언가가 가치 있다는 점이 그것을 선호하게 만드는 좋은 이유가 되는 것이다. 이 입장의 또 다른 문제는 사람들이 욕구를 성취하지 못했을 때 욕구를 잃어 가는 '적응적 선호adaptive preferences' 현상이 발생한다는 것이다. '신포도'의 문제나 '만족하는 노예'의 경우 또는 '전통적인 성 역할'에 관한 태도 등이 그 예이다.

 넷째는 충분한 정보에 바탕을 둔 선호informed preference이다. 인간의 복지를 '충분한 정보에 바탕을 둔informed' 또는 '합리적rational' 선호의 만족이라고 정의한다(그래서 적응된 선호를 포용하려 한다). 이 입장은 틀렸거나 비합리적인 것들을 걸러내면서 완전한 정보와 올바른 판단에 바탕을 둔 선호를 만족시키는 것을 목적으로 삼는다. 이 입장은 올바른 듯 보인다 - 가장 으뜸가는 선은 합리적인 선호들의 만족이다. 그러나 이는 극도로 막연할 뿐만 아니라 현실에 적용하거나 측정하기가 어렵다는 문제가 있다. 충분한 정보에 바탕을 두거나 합리적인 선호는 어떻게 알 수 있는가? 어떤 선호가 합리적인지 안다고 하더라도 여러 가지 종류가 있으며 이를 측정하고 집합시킬 방법이 없다는 것이다. 여러 가지 선호를 단일한 기준으로 비교할 수 있는가incomparability? 더욱 문제가 되는 것은 네 번째 입장에 입각하면 우리가 '경험조건experience requirement'을 버렸다는 것이다. 즉 합리적인 선호는 우리의 의식적인 경험에 아무런 영향을 미치지 않고도 만족할 수 있다(효용을 증진시킨다)는 것이다. 간략히 말하면 '충분한 정보에 바탕을 둔 선호'라는 설명방식도 이론적으로는 있을 수 있지만, 실생활에는 적용하기가 매우 어렵다고 한다. 이러한 사실로부터 어떤 사람들은 공리주의를 폐기해야 한다는 결론을 내려왔다. 그러나 이러한 결론은 어떠한 경우에는 지나치다고도 할 수 있다. 공리주의가 부딪치는 이러한 어려움은 다른 형태의 숙고된 사유(도덕이론)에도 발견된다는 것이다

(Bailey, 1997). 그리고 이러한 어려움을 극복하기 위한 여러 가지 간접적인 방법도 있다.[142] 따라서 공리주의를 거부한다면 효용에 관한 원리보다는 그것을 극대화해야 하는 원리 때문이어야 한다는 것이다(Kymlicka, 2006).

d) 극대화의 원리

공리주의 내에서도 중요한 차이들이 있지만, 공리주의를 포괄적 의사결정과정으로 볼 때 공리주의적 의사결정에는 크게 두 가지 문제가 있다고 한다. 공리주의가 내포하고 있는 극대화의 원리는 우리가 특정 사람들에게 지니는 특수한 의무를 '제외'시키고, 고려되지 말아야 할 선호들마저 '포함'시킨다는 것이다. 첫째는 특수한 관계들을 제외시킨다는 문제다. 공리주의적 계산에 있어서 공리주의적 행위자는 모든 사람이 자신과 동일한 도덕적 관계를 맺고 있다고 가정하지만, 이것은 내가 친구·가족·채권자 등과 특수한 도덕적 관계를 맺고 있을 가능성 즉 이들에게 더 강한 의무를 지닐 수 있다는 사실을 무시한다. 더욱이 공리주의적 행위자는 그 어떤 신념(신념을 위한 행동)의 중요성도 수용하지 못한다.

둘째는 정당하지 않은 선호들이 포함된다는 것이다. 이것은 공리주의가 의사결정 과정에 있어서 각각의 '사람들'에게 평등한 비중을 두는 것이 아니라 각각의 '효용의 원천(여러 종류의

---

142) 거짓되거나 적응된 선호의 문제를 다루기 위해서는(합리적 선호를 구분하기 위해서는) 그것들을 걸러내는 방식이 아니라 그러한 선호들이 형성(발생, genesis)되는 배경 조건들을 제거해 나가는 방식으로 대응할 수도 있고, 선호의 개인 상호 간의 비교 가능성 문제를 해결하기 위해서는 개인들의 선호에 관한 세부적인 사항들은 무시하고 누구에게나 유용한 전목적적 선(all-purpose goods)에 집중할 수 있다. 즉 전목적적 선의 분배를 선호만족의 분배에 대한 합당한 대리물로 사용할 수 있다(Goodin, 1995 ; Kymlicka, 2006).

선호)'에 평등한 비중을 두어야 한다는 주장과 관련된다. 어떤 효용은 개인 효용이라는 관점에서는 비합리적irrational인 것이 아니지만 정의의 관점에서는 합당하지 못한unreasonable 것이 있을 수 있고, 이러한 종류의 효용이 포함된다면 환영받지 못하는 소수에 대한 차별로 이어질 수 있다. 공리주의자들은 타인에게 '마땅히' 속하는 것들에 대한 선호(침해하는 선호)가 정당하지 않다는 주장을 받아들이지 않는다. 이러한 문제는 행위보다는 더 큰 효용을 산출하는 규칙에 따르는 '규칙 공리주의rule-utilitarianism'로 전환해도 해결되지 않는다. 또한, 행위자들이 공리주의적 사고보다는 비공리주의적인 규범이나 습관에 따르는(공리주의적 의사결정 절차를 적용하지 않는) '간접공리주의indirect utilitarianism'는 옳음의 기준으로서의 공리주의를 파괴할 수도 있다. 가장 덜 극단적인 형태의 간접 공리주의인 '총독부government house 공리주의'는 엘리트주의적이고 민주적 규범인 공개성 원칙에 위배될 수 있다.[143] 대부분의 간접 공리주의자들은 '2단계의 도덕적 조망'을 공유하는 모델을 선호한다고 한다. 이것은 일반적인 경우에는 사람들이 비공리주의적 의사결정을 사용하고(권리와 정의를 효용 극대화의 계산에 대해 침해하지 않는 것으로 간주하다가도), 때때로(아마도 위기 상황에서는) 일상적인 규범 및 제도를 개선하기 위해서 모두가 공리주의적 의사결정을 채택한다는 것이다(Kymlicka, 2006).

---

143) 총독부 공리주의는 식민지 관료(소수의 엘리트)들만이 공리주의적 의사결정을 해서 규칙이나 제도를 만들고, 원주민(일반인)의 대부분은 그들이 만든 제도나 규범을 따르는 것을 말한다(Kymlicka, 2006).

e) 옳음의 기준으로서의 공리주의

킴리카는 공리주의적 설명방식이 옳음의 기준으로서 적절한지를 검토한다. 먼저 그는 효용의 극대화를 옹호하는 두 가지 주장(이익에 대한 평등한 고려와 극대화를 중요시하는 목적론적 공리주의)을 검토한다. '이익에 대한 평등한 고려'는 사람들 각자의 이익을 평등한 고려 대상으로 하는 일반주의적인 평등주의적 원칙을 수용하는 관점이며, 선호의 내용이나 선호를 가진 사람이 처한 물질적 환경과는 무관하게 모든 사람의 선호에 평등한 비중을 두는 것이다. 또한, 여기서 말하는 '목적론적 공리주의'는 올바른 행동이 개인에 대한 평등한 고려보다는 선의 극대화라는 측면에서 정의된다. 즉 개인의 사정 보다는 가치를 극대화시키는 가치 있는 일의 상태states of affairs를 발생시키는 것이다. 그러나 두 번째 주장(목적론적 공리주의)은 효용의 극대화가 누구에 대한 의무인가를 생각할 때 결국은 첫 번째 해석(모든 사람을 평등한 존재로 대하는 방법으로서의 공리주의)으로 되돌아온다. 이익에 대한 평등한 고려에 관해서는 뒤이어 검토한다.

둘째로 공리주의는 '적절하지 못한 평등의 개념'을 내포하고 있다고 주장한다. 공리주의가 평등한 선호에 관한 설명방식이 되려면 어떤 선호가 정당한 도덕적 비중을 갖는지를 판단하고 그에 따라 상이한 종류의 선호를 구분하여야 한다고 주장한다. 공리주의를 평등한 고려에 관한 이론으로 해석한다면 '외재적 선호external preferences'나 '이기적 선호selfish preferences'를 제외해야 한다고 본다. '외재적 선호'는 '개인적 선호'와 반대되는 개념으로서 한 사람이 원하는 재화·자원·기회 중에서 타인에게 이용 가능한 것들에 대한 선호이다. 외재적 선호는 때로는 편견을 반영하고 있다. 또한 '이기적 선호'는 나에게 할당된 공정한 몫보다도 더 많은 것을 바라는 것이다. 그래서 이기적 선호를 제외시켜야 한다. 이것은 우리는 다른 사람의 목표를 희생해 가면서까지 우리의 목표를 달성하기를 요구해서는 안 된다는 것을 의미한다. 외재적 선호나 이기적 선호를 제외시켜야 한다는 것은 공리주의적 원칙들이 의사결정 과정에서 어떻게 적용되어야 하는지에 대한 반론이 아니라 바로 그 이론의 원칙 자체에 대한 반론이다.

요컨대 공리주의가 평등한 고려를 목표로 한다면 결국은 '공정한 몫에 관한 이론'을 포함하는 접근방식이 되어야 한다고 주장한다(역으로 공리주의는 공정한 몫에 대한 이론을 결여하고 있기 때문에 사람들이 '평등한 존재로 대우받는 것을 보장'하는 데 있어서 실패하고 있다고 말할 수 있다).

f) 공리주의의 정치

정치 도덕으로서 공리주의가 현실에서 지니는 함의는 무엇인가? 최초의 공리주의는 당시의 영국 사회의 운영이 이성이 아닌 봉건적 미신의 소산에 의해서 운영되는 것을 비판한 '철학적 급진론'이었다. 그러나 현대의 공리주의는 놀라울 정도로 체제 순응적이고 현상유지적인 경향을 보인다. 이러한 보수적 성향의 강화는 주로 두 가지 이유 때문이라고 한다. 첫째는 공리주의적인 원칙을 현실에 실제 적용하는 데 있어서의 어려움에 대한 공감대가 증가했다는 점이다. 새로운 (공리주의적) 규범으로 얻어지는 이득은 분명하지 않은 반면에 현존하는 규범들은 이미 그 가치가 증명되었기 때문에 사람들이 그것들에 대한 기대감을 형성하고 있다는 것이다. 또한, 공리주의에 입각한 행동의 결과를 예측하는 것이 어렵고 설사 예측이 가능하더라도 측정하기가 어렵다는 점이다. 그래서 현대 공리주의는 '비판의 원칙' 내지는 '정치적 평가의 원칙'으로 이용될 수 있는 범위가 축소되고 경시되고 있다.

둘째는 공리주의는 영국 사회가 여전히 다수(지방의 노동계급)의 희생을 통해 소수의 엘리트 계층의 이익을 보장하던 시기에 발생했지만, 현대 자유주의 체제에서는 핵심적인 정치 쟁점이 달라져서 억압받는 소수(흑인들, 동성애자들, 토착민들, 신체적 장애인들)의 권리에 초점을 맞추게 되었다는 점이다. 또한, 소수를 보호하는 것이 문제일 경우에 공리주의는 단기적 효과나 장기적 효과를 어떻게 정의하고 비교하는가에 따라 모호하고 상충적인 해법을 제시하기도 한다. 예컨대 돈의 한계효용체감으로 인해 부의 대량 재분배를 주장할 수도 있고, 더 많은 부를 창출할 수 있다는 이유로 자유방임적 자본주의를 옹호할 수도 있다. 현대공리주의는 그 급진적인 유산에도 불구하고 더는 뚜렷한 정치적 입장을 규정하지 못한다는 것이다[144](Kymlicka, 2006).

---

[144] 공리주의는 직접적으로 경제이론을 다루지는 않았지만, 그 후 신고전학파 경제학의 중심이론인 '효용이론'과 그 후의 '후생경제학'의 기초가 되었으며 오늘날 행정의 '효율성 이념'의 기초가 되었다. 현대 경제학에서 교환가치를 결정하는 요인이 무엇인가에 대한 논쟁은 '노동가치설'과 '효용가치설'의 두 가지 학설로 분류할 수 있다. 효용이론(효용가치설)은 상품은 사용가치와 교환가치를 가지고 있지만, 교환가치는 그 상품의 효용에 의해서 결정된다(정확하게는 그 상품의 총효용이 아니라 한계효용에 의해서 결정된다)는 것이다. 후생경제학(welfare economics)은 어떤 경제 상태에서의 사회적 후생과 다른 경제 상태에서의 사회적 후생을 비교해서 그 우열을 가려내는 이론적 체계를 말한다. 사회적 후생에 있어서 효용의 극대화를 초래하는 자원의 최적 배분 상태를 '파레토 최적상태(Pareto optimum)'라고 하는데, 이러한 파레토 최적상태는 파레토 효율성 기준 (또는 파레토 개선 기준)에 의해서 달성된다. 파레토의 효율 개념은 행정의 효율성 측정이나 비용편익분석과도 상통한다고 할 수 있다.

I. 자유주의적 정의론

오늘날의 정의에 대한 논의는 주로 자유주의와 공동체주의라는 틀 속에서 논의되고 있다.[145] 공동체주의에 대해서는 다음 장에서 논의하기로 하고, 이 장에서는 자유주의적 정의론을 논의하고자 한다. 자유주의적 정의론은 일반적으로 '자유적 평등주의liberal equality'와 '자유지상주의libertarianism'로 구분하여 논의한

그런데 파레토 효율도 몇 가지 한계점을 가지고 있다. 첫째, 사회 전체의 이익의 극대화에 관심을 둘 뿐이며, 비용의 부담자나 편익의 향유자가 누구인지는 고려하지 않는다. 둘째, 집합적 이익의 분배 문제나 정책의 실행 가능성 등 다른 가치에 대한 고려가 없다. 셋째, 파레토 효율을 만족시키는 경제 상태는 하나 이상 존재할 수 있으며, 이 경우 현실적인 선택 기준이 없다. 넷째, 파레토 효율은 애초의 여러 개인 간의 소득분배를 주어진 것으로 본다는 점이다. 다섯째, 파레토 효율에 있어서는 불균형을 시정하기 위하여 '보상 원리'가 제시되고 있지만, 사회 구성원의 권리 중에는 보상 원리가 적용될 수 없는 권리가 있을 수 있고, 보상이 실시되더라도 보상의 옳고 그름을 결정해 줄 기준이 필요하다. 여섯째, 공공정책에는 사회 전체의 집합적 이익이 별로 중요하지 않은 분야(복지정책, 소득재분배정책, 환경정책 등)도 있다(김항규, 2009).

145) 물론 공동체주의 이론 이외에도 '시민권 이론' 또는 '공화주의 이론' 등도 있지만 이 책에서는 관심의 범위를 한정시키기 위해서 이들에 대해서는 논의를 하지 않을 것이다. 시민권 이론은 자유주의적 정의와 공동체적 멤버십의 요구를 통합하려는 이론으로서 자유민주주의가 효과적으로 작동하기 위해서는 견제와 균형 등 절차적·제도적 기제로는 충분하지 않고 어느 정도 수준의 시민적 덕성과 공적 정신이 필요하다고 본다. 또한, 공화주의 이론은 시민권 이론(시민적 공화주의)과 신로마 공화주의(로마적-키케로적 공화주의)를 포괄하는 이론으로서 이 중에서 신로마 공화주의는 자유(무간섭보다는 비지배), 법에 의한 지배보다 법의 지배(법을 수단으로 시민을 지배하는 '법에 의한 지배'보다는 군주와 같은 사람이 아닌 법이 지배하는 상태인 '법의 지배'), 시민적 존엄성과 사회적·경제적·문화적 조건의 보장을 강조한다(Kymlicka, 2006 ; 장은주, 2012 ; 한국정치학회, 2008).

다. 대표적인 자유적 평등주의의 정의론은 존 롤즈John Rawls의 정의론이다. 현대 자유주의적 정치철학에서 롤즈가 차지하는 위치는 아주 특별하다고 할 수 있으며 그의 정의론은 현대 자유주의적 정의론의 핵심으로서 규범 철학의 불모지였던 정치 및 사회철학계에 다시 규범 철학의 복권을 주창하였다. 또한, 로널드 드워킨Ronald Dworkin의 '자원평등론'과 아마르티아 센Amartya Sen의 '역량 중심적 접근'도 자유적 평등주의에서 중요한 위치를 차지한다. 자유적 평등주의에 대비되는 것이 자유지상주의이며 로버트 노직Robert Nozick의 정의론이 대표적이다.

1) 존 롤즈의 정의론

정의론은 의무론적인 윤리이론으로서 목적론(결과론)적 윤리이론인 공리주의와 대조를 이룬다. 정의이론 중에서도 롤즈의 정의론은 자유적 평등주의를 추구하는 정의론이라고 할 수 있다. 롤즈가 주장하는 정의는 '공정으로서의 정의justice as fairness'이다. 롤즈는 정의를 공정성과 동일시한다. 그런데 롤즈의 공정성은 불평등과 절대적으로 대립하지는 않는다. 사람들 사이에 어느 정도는 불평등이 불가피하며 어떤 사회에서도 완전한 평등은 불가능하다. 불평등이라고 모두 나쁜 것은 아니다. 그런데 정당화될 수 있는 불평등이 있고, 정당화될 수 없는 불평등이 있다. 정당화될 수 없는 불평등이 문제다. 롤즈에 따르면 정의로운 사회란 조금도 불평등이 없는 사회가 아니라 '정당화될 수 없는 불평등'이 없는 사회다(장은주, 2012).

가) 절차적 정의론

정의(분배적 정의)는 사회구성원 각자가 사회경제적 가치들에 대한 '응분의 몫'을 누리는 상태를 의미한다. 그런데 구체적으로 각자에게 분배될 응분의 몫을 정할 때 합리적인 분배 기준으로는 절차 혹은 과정에 초점을 두는 경우와 결과에 초점을 두는 경우가 있다. 전자를 '절차적 정의', 후자를 '결과적 정의'라고 할 수 있다. 대부분의 전통적 정의론에서는 각자의 응분의 몫을 정하는 기준을 결과에 두고 결과의 정의로움을 평가하기 위한 기준을 제시하고자 했다(결과적 정의). 응분의 몫을 정하는 가장 쉽고 대표적인 기준은 각자가 성취한 성과achievements이다. 이것은 각자의 '기여'에 따라 나타난 성과(결과)에 주목하여 이를 응분의 몫을 정하는 객관적인 기준으로 하려는 것이다. 이러한 기준은 객관적인 평가와 측정이 용이하며 생산을 유도할 수 있는 유인이 된다는 장점이 있다. 그러나 성과를 평가하는 데 있어서 서로 다른 성과(예를 들면 우수한 예술가의 성과와 우수한 의사의 성과) 간의 양과 질을 상호 비교하는 어려움이 있고, 사회적 약자에 대한 배려 또한 어렵다는 약점이 있다. 또한, 기여에 따른 성취를 분석해 보면 기여는 '능력'과 '노력'[146]이라고 할 수 있다. 이를 광의의 능력merit이라고도 할 수 있다. 성취

---

146) 능력은 천부적 능력(natural ability)과 후천적 능력(acquired ability)으로 구분할 수 있고 천부적 능력은 운명적으로 주어진 것(우연의 소산)이다. 후천적 능력은 선천적 능력 위에 자신의 노력이 가미된 것이다. 롤즈는 노력(의지)도 가정환경이나 사회적 환경 등 사회경제적 배경이 일부 반영될 수 있다고 주장한다. 롤즈는 능력을 도덕적 임의요소(운, luck)로 보고, 재능 또는 그것으로부터 얻게 된 수익(최소한 그 일부분)은 사회의 공동자산으로 보아야 한다고 본다(김항규, 2009 ; 장은주, 2012). 이를 운의 중립화(neutralizing luck)라고 표현하기도 한다(황경식 외, 2012). 그러나 마이클 센델은 '노력'에 관한 롤즈의 주장에 대해서 하버드 대학생들 상당수가 크게 반발했다고 한다(한희원, 2014). 더욱이 로버트 노직은 사회적 지위와 천부적 능력(자연적 운)도 공유자산으로 간주하기보다는 사적 자산으로 보는 것이 직관적으로 설득력이 있다는 것이다(황경식 외, 2012).

한 성과에 따른 보상(능력과 노력에 따른 보상)을 메리토크러시meritocracy(능력주의 또는 업적주의)라고 할 수 있으며 고전적 자유주의 또는 자본주의에서 주장하는 정의라고 할 수 있다. 그런데 정의의 기준을 결과에 두는 전통적인 견해들은 대체로 여러 가지 단일한 기준(필요[147], 능력과 성과, 투여된 노력, 생산성, 사회적 효용, 수요와 공급 등)을 내세워서 그 결과가 복합적인 성과라는 점을 간과하거나 다원론적 정의관을 제시하더라도 기준 간의 상충 문제를 해소하기 어렵다는 한계를 갖게 된다.

현재의 정의론자들은 대부분 결과주의적 관점보다는 절차주의적proceduralist 관점을 취하고 결과보다는 과정을 중요시한다. 결과의 정의는 분석·평가하기가 쉽지 않지만, 절차의 정의는 그 공정성이 보장되면 결과가 공정하고 정의롭게 된다고 보기 때문이다. 절차적 정의론은 절차를 중요시하는 민주주의democracy as procedure 정치의 보편화 경향과 무관하지 않다. 롤즈는 자신의 정의론이 - 특히 공정한 기회균등의 원칙과 관련해서 - 절차적 정의론이라고 주장한다. 롤즈는 절차적 정의를 '완전한 절차적 정의perfect procedural justice', '불완전한 절차적 정의imperfect procedural justice', '순수 절차적 정의pure procedural justice'로 구분하고 그의 정의론은 순수 절차적 정의라고 주장한다.

완전한 절차적 정의는 정의로운 결과를 평가할 '독립적인 기준'이 있고, 그러한 정의로운 결과에 '도달할 절차'도 구상할 수 있을 때 성립한다. 불완전한 절차적 정의는 정의의 '독립적인 기준'은 있지만, 그러한 결과에 '도달할 절차'가 없을 때 성립한다.

---

147) 여기서 '필요에 따른 분배'는 마르크시즘의 이론이며 마르크시즘은 '각자로부터 그의 능력에 따라서, 각자에게 필요에 따라서'라고 주장한다. 이것은 능력에 따라서 일하고 필요에 따라서 분배를 받는다는 것을 의미한다(황경식 외, 2012).

순수 절차적 정의는 정의에 대한 '독립적인 기준'은 없지만, 공정한 '절차나 규칙'이 있어 그에 따르기만 하면 그 결과가 저절로 정의롭게 되는 경우이다. 몇 사람이 '케이크를 나누는 경우'가 완전한 절차적 정의의 예이다. 케이크를 나누는 사람이 최종 선택권을 가질 때 그는 똑같이 나누기 위해 최선을 다할 것이다. '형사재판criminal trial'이나 '공리주의'는 불완전한 절차적 정의의 예이다. 형사재판은 죄가 있으면 형을 선고하고 죄가 없으면 방면하는 것인데 정의로운 결과를 도출할 판결 절차가 과실의 가능성이 있어 불확실하다. 공리주의는 최대의 행복 실현이라는 기준은 있지만, 그 결과를 도출하는 절차가 불명확하다. '노름gambling'이나 그 자신의 '정의론'은 순수 절차적 정의라고 주장한다. 노름꾼들이 모든 규칙을 지키고 서로 속이는 일이 없을 때 그 결과는 내용과 관계없이 정의롭다고 한다. 그가 제시하는 '원초적 입장original position'도 순수 절차적 정의를 보여주는 장치라고 한다.[148]

나) 원초적 입장original position

롤즈는 사회계약론적 입장에서 자신의 정의론을 도출한다. 사회계약론은 정치사회 또는 국가의 성립을 위한 기초를 개인 상호 간의 계약에 두고 그것을 근거로 정치 권력의 정통성을 설명하는 이론이다. 고전적인 사회계약론자로서는 홉스·로크·루소 등이 있으며 그들은 자연 상태에 대한 상이한 관점을 가진다. 롤

---

[148] 롤즈는 자신의 정의관을 '공정한 기회균등'을 기반으로 하는 순수 절차적 정의라고 주장한다(Rawls, 2005). 그러나 반론도 있다. '차등의 원칙'의 관점에서 볼 때는 차등의 원칙에 있어서 최소 수혜자에 대한 최우선 고려는 순수 절차적 정의의 소산이라기보다는 절차적 정의의 한계에 따른 결과적 정의의 조정 및 보완이 아닌가 하는 의문이 있을 수 있다(황경식 외, 2012).

즈도 사회계약론의 자연 상태에 해당하는 '원초적 입장'을 가정해서 그의 정의론을 도출한다. 원초적 입장은 사람들이 그들의 정치적·사회적 제도를 규율할 정의의 원칙에 합의하는 가상적인 상황hypothetical situation이다. 원초적 입장은 고전적인 자연 상태와 유사하지만, 정의관을 도출하기 위한 여러 가지 가정들로 구성되어 있다는 점에서 고전적인 자연 상태와는 다르다. 우선 원초적 입장에서는 '정의의 여건이 성립한다'라고 가정되어 있으며, '정당성 개념의 형식적 제한 조건'이 반영되어 있고, '무지의 베일veil of ignorance'이 작동하고, '당사자들의 합리성에 관한 가정'이 포함되어 있다.

정의의 여건circumstances of justice은 정의의 원칙이 필요하기 위한 조건이라고 할 수 있다. 여기에는 두 가지가 있는데 정의의 객관적 여건과 정의의 주관적 여건이다. 정의의 객관적 여건 중에서 강조할 사항은 적절한 부족 상태moderate scarcity이고. 정의의 주관적 여건 중에서 강조할 사항은 이해관계의 상충이다. 정당성 개념의 형식적 제한 조건constraints은 모든 윤리적 원칙들의 선택에 적용되는 조건이다. 이러한 조건은 정당성이나 도덕성의 의미에서 도출되는 것이 아니라 정당성의 원칙이 갖는 '임무'에서 도출된다. 모든 원칙은 형식에 있어서 일반적general이고, 적용에 있어서 보편적universal이며, 인간이 요구하는 서열을 정해주는 ordering 최종적 심판finality이라는 것이 공공적으로 인정publicity되어야 한다는 것이다.

무지의 베일은 순수 절차적 정의라는 관념을 이론적 기초로 사용하기 위한 가장 중요한 조건이다. 무지의 베일에 의하여 가려져야 할 것은 당사자에 관한 특정한 사실이다. 무엇보다 각자는 자기의 지위나 계층(사회적 여건)과 천부적 자산과 능력 등(자연적 여건)을 모른다. 또한, 선에 관한 생각, 자신의 합리적 인생 계획의 세목, 자신의 성향(심리적 특성), 소속된 사회의 특수 사정도 모른다고 가정한다. 그러나 무지의 베일 속에서도 당사자들이 알고 있어야 할 특수한 지식도 있다. 당사자들은 그 사회가 정의의 여건하에 있다는 것과 인간 사회에 관한 일반적인 사실은 알고 있어야 한다. 일반적인 사실들은 정의 원칙을 선택하는 데 도움을 준다. 요컨대 무지의 베일은 사람들을 불화하게 하고 그들의 사회적·자연적 여건을 그들 자신에게 유리하도록 유혹하는 특수한 우연성의 결과들을 무효화시키기 위한 조건이다.

당사자들의 합리성에 대한 가정은 시기심이 없고 상호 무관심한 합리성을 가지며 정의감을 행사할 능력(정의감에 관한 능력)을 지니고 있다는 것이다. 당사자들은 모든 사람의 처지를 악화시키는 시기심envy을 갖지 않는다. 시기심이 없음을 가정하는 것은 결국 원칙을 선택함에 (사람들이 스스로 그 자체로서 충분한) 그들 자신의 인생 계획을 세우고 있는 사람들로 생각해야 한다고 가정하는 것이다. 상호 무관심한 합리성mutually disinterested rationality은 상대자들과 비교하여 더 많은 이익을 원하는 것이 아니고 상대자들의 이익을 줄이려 하지도 않으며, 단지 자기 삶의 목적과 관련하여 더 많은 이익을 얻으려 할 뿐이라는 것이다. 또한, 선택된 원칙의 철저한 준수를 보장하기 위해서 정의감sense of justice을 행사할 능력이 있다고 가정되고 이러한 사실이 그들 사이에 공공연히 알려져 있다는 점이다(Rawls, 2005).

원초적 입장에 있는 당사자들은 무지의 베일 속에 있기 때문에 불확실한 상황에서 선택할 수밖에 없다. 그런데 미래에 대한 불확실성의 상황에서 합리적인 인간들이 의거하게 될 의사결정의 원칙은 '기대효용 극대화의 원칙(결과적으로 평균적 공리주의의 원칙과 동일함)', '최소 극대화 maximin 원칙', '최대 극대화 maximax 원칙' 등이 있다. 그런데 롤즈는 원초적 입장에 있는 당사자들은 '최소 극대화 원칙'에 따라 결정하리라고 생각한다. 원초적 입장에 있는 당사자들은 무지의 베일로 인해 미래를 예측할 만한 계산의 근거가 불충분하고, 일상의 경우와는 달리 자손만대에 걸친 중대사가 관련된 까닭에 당사자들은 위험을 피하고 신중한 결정을 해야 하므로, 최소 극대화 원칙에서 표현되고 있는 '보수적인 태도 conservative attitude'가 채택되는 것이 가장 합리적이기 때문이라고 한다(김항규, 2009).

다) 정의의 두 원칙

사람들은 원초적 입장에서 정의의 원칙을 채택하게 된다. 정의의 두 원칙은 다음과 같다.[149]

> 제1원칙 : 각자는 모든 사람의 유사한 자유와 양립할 수 있는 가장 광범위한 기본적인 자유에 대해서 평등한 권리가 있다(평등한 자유의 원칙).
> 제2원칙 : 사회적·경제적 불평등은 다음 두 조건을 만족시

---

149) 롤즈는 '정의의 두 원칙'을 특수한 정의관(special conception of justice)이라고 했다. 그는 특수한 정의관을 검토하기 이전에 일반적 정의관(general conception of justice)을 검토했다. '일반적 정의관'은 '모든 사회적 기본가치(자유, 기회, 소득과 부, 자존감의 기반)는 이러한 가치의 일부 또는 전부의 불평등한 분배가 최소 수혜자의 이득이 되지 않는 한 평등하게 분배되어야 한다'라는 것이다. 따라서 모든 사람에게 이익을 주지 않는 단순한 불평등은 부정의가 된다. 그런데 이러한 일반적인 정의관은 어떤 종류의 불평등이 허용될 수 있는지가 불명확하고 모든 사람의 처지가 개선될 것만을 요구한다는 한계가 있었다. 그래서 축차적 서열을 규정하는 '특수한 정의관'을 채택한다. 특수한 정의관은 우선성의 문제가 나타나고 처리 원칙들이 발견된다는 장점이 있다(Rawls, 2005 ; 홍성우, 2011).

키도록 편성되어야 한다.
① 최소 수혜자에게 최대 이익이 되고(차등의 원칙)
② 공정한 기회균등의 조건 아래 직책과 직위는 모든 사람에게 개방되어야 한다(공정한 기회균등의 원칙).

이 두 원칙 중 제1원칙이 제2원칙에 우선하는 축차적인 서열을 가지며, 제2원칙 중에는 '공정한 기회균등의 원칙'이 '차등의 원칙'에 우선한다.

롤즈는 근본적으로 모든 사회적 기본가치(자유, 기회, 소득과 부, 자존감의 기반)[150]는 이러한 가치의 일부 또는 전부의 불평등한 분배가 최소 수혜자의 이득이 되지 않는 한 '평등하게 분배'되어야 한다고 보았다(모든 사람에게 이익을 주지 않는 단순한 불평등은 부정의가 된다고 보았다). 롤즈의 정의관은 평등주의적 정의관이라고 할 수 있다. 그런데 여기서 두 원칙을 세분해서 보면, 제1원칙은 평등한 자유의 원칙 pinciple of equal liberty으로서 인간의 기본적인 자유[151]는 모든 사람에게 평등하게 인정되어야 한다는 것이다.[152] 인간의 기본적인 자유는 다른 사람들의

---

150) 롤즈는 우리가 좋은 삶의 이상을 추구하기 위하여 필요한 것들을 기본적 가치(primary goods)라고 한다. 기본적 가치에는 두 가지 종류가 있다(사회적 기본가치와 자연적 기본가치). 사회적 기본가치(social primary goods)는 소득과 부·기회와 권력·권리와 자유와 같이 사회제도에 의해서 직접적으로 분배되는 가치이다. 자연적 기본가치(natural primary goods)는 건강·지능·체력·상상력 그리고 선천적 재능들과 같이 사회제도에 의해 영향을 받으나 그것에 의해서 직접적으로 분배되지 않는 가치들이다. 정의 원칙들은 사회제도에 의해 분배되는 '사회적 기본가치'에 대해서 가능한 최선의 접근을 보장하려는 것이다(Kymlicka, 2006).

151) 롤즈는 기본적 자유의 목록은 역사적인 방법과 분석적인 방법으로 작성되어야 한다고 본다. 기본적인 자유의 목록은 사상의 자유와 양심의 자유, 정치적 자유와 결사의 자유, 인격체의 자유와 고결성에 의하여 구체화되는 자유들, 법치에 의하여 포함되는 권리와 자유들이다((Kymlicka, 2006 ; 홍성우, 2011 ; Rawls, 2016).

152) 일반적으로 사람들은 자유와 평등은 대립한다고 생각한다. 주로 좌파나 사회주의자들은

자유에 의해서만 제한되며, 개인이나 소수자의 자유도 사회 전체의 경제적 복지증진을 위해서나 다수자 자유의 확대를 위해서 희생될 수 없다는 것이다.[153]

제2원칙은 사회·경제적 가치의 분배에 있어서 '정당한 불평등justifiable inequality'의 기준을 밝히기 위한 원칙이다. 이는 모든 사람은 사회의 기본구조 내에 허용될 수 있는 불평등으로부터 이득을 얻어야 한다는 것이다. 제2원칙은 차등의 원칙과 공정한 기회균등의 원칙으로 구성된다. 먼저 공정한 기회균등의 원칙principle of fair equal opportunity은 직업과 직위의 좋은 기회는 공시되어야 하고, 유사한 능력과 재능을 가진 사람은 유사한 인생의 전망을 가져야 한다는 것을 의미한다. 보위N. Bowi는 동일한 능력과 재능을 갖고 동일한 노력을 경주한 사람은 그 노력한 분야에서 대체로 동일한 성공의 전망을 가져야 한다고 주장한다. 가족적 배경, 인종, 종교, 성 또는 사회적 배경(사회적 우연성)이 성공의 장애 요소로 작용해서는 안 된다는 것이다.[154]

롤즈는 여기에서 한 걸음 더 나아가 소득과 부가 개인의 능력과 재능에 의해서 결정되는 것도 사회적 우연성과 마찬가지로 자의적인 것으로 본다. 그는 '재능이 있으면 출세할 수 있다'라

평등을 지향하며, 보수적 우파나 고전적 자유주의자들은 자유를 강조한다. 그러나 롤즈는 이런 생각에 반대한다(장은주, 2012). 자유는 하나의 사회적 기본가치로서 이를 가장 평등하게 그리고 우선적으로 분배해야 할 사회적 기본가치로 본다.

153) 일반적으로 자유권은 '인신의 자유'(생명권, 신체의 자유), '정신의 자유'(양심의 자유, 종교의 자유, 학문과 예술의 자유, 언론·출판의 자유, 집회·결사의 자유), '사생활의 자유'(주거의 자유, 사생활의 비밀과 자유, 통신의 자유), '사회·경제적 자유'(거주·이전의 자유, 직업선택의 자유, 재산권)이 있고, 이 밖에 자유권과 관련되는 기본권으로는 참정권(정치권)과 사회권(생존권)이 있다(성낙인, 2020).

154) 보위(N. E. Bowie)는 공정한 기회균등이 보장되려면 사회는 무거운 상속세의 부과, 공공교육의 확대실시, 차별대우금지법 등을 마련해야 한다고 주장했다고 한다(홍성우, 2011).

는 식의 업적주의적 사회meritocratic society로 나아가는 것에 반대한다. 그래서 차등의 원칙difference principle은 사회적·경제적 불평등이 최소 수혜자에게 최대한 이익이 되어야 한다는 것이다. 롤즈가 공정한 기회균등의 원칙에 뒤이어 자연적 행운의 영향력을 감소시키는 차등의 원칙을 도입한 이유는 이른바 '민주적 평등democratic equality'을 실현하는 데 있다. 롤즈에 의하면 민주적 평등은 공정한 기회균등의 원칙과 차등의 원칙을 결합함으로써 이루어진다고 본다. 민주적 평등의 개념은 '자연적 자유체제system of natural liberty'와 '자유주의적 평등liberal equality'의 개념과 비교하면서 이해하면 쉽다. '자연적 자유체제'는 '재능이 있으면 출세할 수 있다'라는 말로 암시되는 체제이다. '자유주의적 평등'은 자연적 자유체제와 공정한 기회균등의 원칙이 결합하여 나타나는 체제를 말한다. 여기에서는 사회적 우연성은 배제되어 유사한 능력과 재능을 가진 사람은 유사한 인생의 전망을 가져야 한다고 말할 수 있을 것이다. 이에 반하여 '민주적 평등'은 사회적 협동의 이득과 부담에서 사람의 몫을 사회적 운수나 자연적 행운에 따라 평가하지 않는 평등체제를 의미하고, 이는 기회균등의 원칙과 차등의 원칙을 결합함으로써 이루어진다고 본다(Kymlicka, 2006 ; 홍성우, 2011).

　롤즈는 차등의 원칙은 세 가지 원칙을 표현하고 있다고 주장한다. 첫째는 보상의 원칙principle of redress의 한 측면을 표현하고 있다. 이것은 출생이나 천부적인 자질 등에서 오는 불평등은 어떤 식으로든지 보상되어야 한다는 것이다. 그래서 자연적인 재능의 분배를 공동자산common assets으로 간주하고 그 결과가 무엇이든지 간에 이러한 분배 상의 이익을 공유한다는 것을 의미한다. 둘째는 호혜성의 입장인 상호이익의 원칙principle of mutual benefit을 표현하고 있다. 롤즈는 상호이익의 원칙을 '연쇄 관계'로 설명하는데 이것은 어떤 이득이 최하위자 기대치를 향상시키는 결과를 가질 경우 그것은 그 사이에 있는 모든 지위의 기대치도 증가시킨다는 것을 의미한다. 셋째는 박애의 원칙principle of fraternity을 표현하고 있다고 한다. 이는 보다 못한 처지에 있는 타인에게 이익이 되지 않는 한 더 큰 이익을 가질 것을 원하지 않는다는 박애의 관념이 내포하고 있다는 것이다(Rawls, 2005; 홍성우, 2011). 요컨대 차등의 원칙은 자유주의적인 형식적인 평등의 원리가 묵인해 온 사회적·자연적 행운이나 우연을 배제하고 그러한 요인들에 의해 주어진 개인의 재능이나 능력도 사회의 공동자산으로 간주하여 이를 최소 수혜자의 이익을 도모하는 데 이용하자는 것이다. 이는 필요한 자들에게 더 주어야 한다는 원칙이며, 분배적 정의의 문제를 기회의 형식적 균등으로부터 결과의 실질적 평등으로 전환해야 한다는 것이라고 볼 수 있다.

롤즈는 질서정연한 사회well-ordered society를 구성원들의 선을 증진해 주면서도 공공적 정의관으로 규제되는 사회라고 규정했다. 질서정연한 사회는 두 가지 조건에 의존한다. 첫째는 모든 구성원이 동일한 정의의 원칙을 받아들일 것이라는 것을 인정하고 알고 있으며, 둘째는 사회의 기본적인 제도들이 그러한 원칙들을 만족시키고 있으며 또한 만족시킨다는 것이 알려져 있다는 것이다. 질서정연한 사회에서 공공적 정의관은 필수적인 요소다. 사람들은 서로 간에 일어날 수도 있는 과도한 요구를 판정하게 될 공동의 입장을 인정하게 되고, 이 때문에 공공적 정의

(관)가 필요하게 된다. 또한, 구성원들의 공공적인 정의감은 동료 시민으로서의 유대를 공고히 해주고 다른 목적들의 추구에 한계를 정해준다. 이러한 공공적 정의관은 질서정연한 인간 공동체의 기본적인 헌장의 역할을 담당한다고 본다(Rawls, 2005).

라) 사유재산제적 민주주의

롤즈는 자산의 '공정으로서의 정의관'이 지향하는 사회를 분명하게 제시하기 위해서 경제체제론을 주장했다. 롤즈는 경제체제를 다음의 다섯 가지로 구분해서 생각할 수 있다고 보았다. 자유방임적 자본주의, 복지국가적 자본주의, 통제경제적 국가사회주의, 사유재산제적 민주주의, 자유주의적(민주주의적) 사회주의 등이다. 이들 경제체제 가운데 자유방임적 자본주의laissez-faire capitalism, 자연적 자유체제), 복지국가적 자본주의welfare-state capitalism, 통제경제적 국가사회주의state socialism with a command economy는 정의의 두 원칙을 침해한다는 이유로 배제시킨다. 그런데 복지국가적 자본주의와 사유재산제적 민주주의property-owning democracy는 양자 모두 시장의 성과에 반영된 자연적·사회적 우연성이 정의로운 규제체제에 의해서 규제되도록 노력한다는 점에서는 공통적이다. 그러나 복지국가적 자본주의는 재산과 타고난 자질의 최초 분배에서 실질적인 불평등을 인정한 다음에 사후적으로ex post 소득을 재분배하고자 하는 전략을 채택한다. 반면에 사유재산제적 민주주의는 차후의 재분배적 조치를 별반 강조함이 없이 재산과 타고난 자질의 사전적인ex ante 분배에서 더욱 큰 평등을 추구하고자 하는 선략을 채택한다. 복지국가적 자본주의의 기본적 전략은 경제적 통제와 다수자의 정치적 삶이 소수자의 손에 의존하도록 실질적인 재산(생산자본, 자연적 자원 등)의 소유에서 엄청난 불평등을 용인하고 생산수단의 독점을 소수층에 허용하고, 그 대가로서 소득의 재분배나 원조에 의한 불평등의 해소를 도모하는 까닭에 마땅히 배제해야 한다고 본다.

그러나 롤즈는 자유경제적 시장체제와 (불완전한 시장을 바로잡고 분배적 정의를 위해 불가결한 배경적 조건을 보장하기 위한) 국가적 중재라는 두 가지 조건은 생산수단의 사적 소유나 사회적 소유와 하등의 마찰을 빚지 않는다고 본다. 즉 자신의 정의의 두 원칙에 의해 결과적으로 선택 가능한 경제체제가 사유재산제적 민주주의와 자유주의적 사회주의liberal socialism 양자라고 본다. 롤즈는 정의의 원칙과 관련되는 소유권(재산권)을 '일반적 권리general right'와 '광역적 권리wider right'로 구분한다. '일반적 권리'란 개인적 재산을 배타적으로 사용할 권리를 말하며 기본적 권리 가운데 하나에 포함된다. '광역적 권리'는 두 종류의 권리가 있으며, 첫째는 취득권과 상속권을 포함하여 일반적으로 '자연적인 자원과 생산수단에서의 사유재산권'이고, 둘째는 사적 소유가 아닌 '사회적 소유인 자연적 자원과 생산수단에 대한 통제에 참여할 평등권'을 포함하는 재산권이다. 롤즈는 이 광역적 재산권을 기본적 권리의 목록에서 제외한다(생산수단의 사적 소유나 사회적 소유 문제는 열린 문제로 남겨둔다). 그래서 사유재산제적 민주주의는 생산수단의 사적 소유를 인정하고 있다고 할지라도 부와 자본의 독점적 소유를 분산시키려고 한다. 한편 자유주의적 사회주의는 생산수단을 공적으로 소유하며 '노동자 자주 관리기업worker-managed firms'과 같은 기업체제를 그 특징으로 삼는다. 물론 롤즈는 사유재산제적 민주주의와 자유주의적 사회주의를 동가성으로 보지만, 그 자신이 처한 역사적 전통과 상황의 맥락에 따라 사유재산제적 민주주의를 지지한다(한국정치학회, 2008 ; 홍성우, 2011).

마) 정의론에 대한 평가

롤즈의 정의론에 있어서 차등의 원칙은 민주적 평등을 구현하기 위한 핵심적인 원칙이다. 그런데 킴리카는 차등의 원칙과 관련된 두 가지 내부적 문제(보상의 문제)를 비판한다. 첫째는 자연적인 불평등에 대한 보상 문제다. 롤즈는 선천적인 재능에 대한 문제는 차등의 원칙에 의해서 선천적인 재능도 사회의 공유 자산을 보고 최소 수혜자에게 이익이 되도록 조정해야 하는 것으로 보았다. 그러나 롤즈의 제안은 사람의 운명이 임의적인 요소들에 의해 영향을 받을 여지를 아직도 많이 남겨 놓고 있다. 롤즈가 최소 수혜자를 정의함에 있어서 사회적 기본가치의 소유를 기준으로 하고, 자연적 기본가치에 대한 소유는 포함하지 않고 있다. 최소 수혜자를 결정하는 데 있어서 신체적인 장애나 정신적인 지체 등 선천적으로 불리한 조건을 제외시키고 있다는 것이다. 간단히 말하면 최소 수혜자를 정의함에 있어서 '건강의 결핍'을 '돈의 결핍'과 동일하게 취급해야 한다는 것이다. 사회적인 불평등과 함께 자연적인 불평등도 보상되어야 마땅하다는 것이다. 두 번째는 선택에 대한 보상 문제다. 사람들은 자신이 선택하지 않는 것의 비용 부담을 안아서도 안 되지만, 비용이 많이 드는 것을 자발적으로 선택하는 사람들에게는 어떻게 대응해야 하는가? 한 사람은 '테니스 선수'로서 테니스를 즐기고 최소한의 돈을 벌 수 있는 정도로만 가까운 농장에서 일하고, 다른 사람은 '채소 재배자'로서 열심히 채소를 가꾸고 사업을 해서 많은 소득을 창출한다. 이 경우 차등의 원칙이 최소 수혜자에게 이익이 되는 경우에만 불평등을 허용한다면(소득이 부족한 테니스 선수에게 이익이 될 때만 불평등을 허용한다면), 채소 재배자가 얻은 소득을 테니스 선수에게 이전해야만 한다. 이것은 차등의 원칙이 불리함을 제거하기보다는 열심히 일한 채소 재배자로 하여금 단지 테니스 선수의 여가에 대한 사치스러운 요구를 보조하게 만드는 불합리한 결과를 발생시킨다. 즉 소득의 불평등이 '여건의 결과'가 아니라 '선택의 결과'일 때 차등의 원칙은 불공정함을 제거하기보다는 오히려 발생시킨다는 것이다. 보다 전문적으로 말하자면, 분배기획은 마땅히 '여건을 배제endowment-insensitive'해야 하고 욕망에 민감ambition-sensitive'해야 한다는 것이다. 이는 사람들의 운명은 그들의 자연적이고 사회적인 여건(자신의 욕망을 추구하는 환경)에 의해 좌우되어서는 안 되고, (광범위하게 삶의 목표나 기획이라는 의미에서) 욕망에 의해 좌우되어야 한다는 것이다. 요컨대 롤즈의 차등 원칙은 불행하게도 '선택으로부터 비롯되지 않는 불평등'과 '선택으로부터 비롯되는 불평등' 사이에 아무런 구별을 하지 못한다. 선택으로부터 비롯되는 불평등은 보상할 필요가 없는데도 보상하고 있다는 것이다.[155] (Kymlicka, 2006).

---

155) 이 밖에도 롤즈의 정의론에 대한 비판은 여러 가지 관점에서 제기된다. 첫째로 정의의 원칙을 도출하는 '원초적 입장'에 관련된 문제다. 먼저 롤즈의 정의론이 의존하는 계약의 허구성 문제이다. 롤즈의 정의론은 가언적 합의에 기초한다. 그런데 실제로 합의가 일어나지도 않았는데 어떻게 정의의 원칙을 끌어낸다는 말인가? 가언적 합의나 암묵적 동의로 인간 실존의 근본인 도덕의 문제(정의의 문제)를 이끌어낼 수 없다는 것이다. 또한, 정의의 원칙이 원초적 입장에서 선택되었다는 사실이 그 원칙이 도덕적으로 옳다는 것을 보장하는 것은 아니라는 것이다. 특히 내용적으로 정확하게 어느 정도의 불평등을 인정해야 하는지의 기준

롤즈의 정의론은 좌우의 이념적인 차원에서도 비판을 받고 있다. 롤즈의 공정으로서의 정의관은 자유와 평등의 조화를 추구하려고 하지만 좌파와 우파의 양쪽으로부터 비판을 받고 있다. 롤즈의 정의관에 대한 좌우파의 비판의 요지는 우파들은 평등을 지향하는 롤즈의 정의관이 자유를 제한한다고 보고, 좌파들은 롤즈가 추구하는 것은 '바람직한 평등'이지 '완전한 평등'은 아니라는 것이다[156](김항규, 2004 ; 홍성우, 2011).

> 이 없다는 것이다. 또한, 원초적 입장에 있는 사람들이 맥시민(maximin) 원칙에 따라 정의의 원칙(차등의 원칙)을 선택할 것인가에 의문을 제기한다. 맥시민 원칙은 위험을 피하고자 하는 마음에 근거한 임시방편적 전술이지 합리성에 입각한 지속 가능한 법칙이 될 수 없다는 것이다. 원초적 입장에서의 합리적 의사결정은 맥시민 원칙에 의해 정의의 원칙을 선택하는 것이 아니라, 기대효용 극대화 원칙에 의해서 평균 공리의 원칙을 선택할 수도 있다는 것이다(한희원, 2014).
> 　둘째로 인간의 능력과 관련되는 문제이다. 롤즈는 선천적인 재능을 사회의 공동자산으로 보고 그 재능으로 얻은 이익을 공유하도록 해야 한다고 주장한다. 그러나 인간의 생래적인 장점이나 능력을 포함한 덕(德)을 배제하는 것은 자신의 의지와는 무관하게 능력자로 태어난 사람에게는 본질적으로 또 다른 불평등(역차별)을 초래한다고 볼 수도 있다는 것이다. 그런데 후천적 능력에 관해서는 문제가 더욱 복잡해진다. 마이클 조던은 일정하게 타고난 능력도 있었겠지만, 사후적인 노력(시간, 노력 등)으로 농구 실력을 연마했다고 할 수 있다. 롤즈는 사후적으로 개발된 능력(후천적 능력)도 도덕적으로 임의적인 요소이며 사후적 노력(노력하려는 의지)도 혜택받은 가정환경이나 사회적 환경의 산물이라고 본다. 그러나 이러한 롤즈의 견해는 건전한 노동의 윤리를 부정하는 것이며, 노력해서 얻은 대가마저도 도덕적 임의 요소로 보는 것은 정당하지 않다는 것이다(한희원, 2014).
> 　셋째로 롤즈의 정의론의 현실적 적용에 대한 비판이다. 먼저 롤즈의 차등의 원리를 적용해도 바람직하지 못한 사회적 배분이 일어날 수 있다는 점이다. 다수의 부유층(9명)과 극소수의 최소 수혜자 계층(1명)이 있는 사회보다 극소수의 부유층(1명)과 다수의 최소 수혜자 계층(9명)이 있는 사회가 선택될 수 있다는 것이다. 또한, 롤즈의 정의론에서 가정한 사회는 현실적 사회체제가 아닌 이념적인 사회체제이기 때문에 이상사회의 정의를 규정하고 있다는 점이다. 이상론에서는 정의의 원칙이 지배하는 질서정연한 사회와 정의의 원칙을 준수하고자 하는 정의감을 지닌 도덕적 인간을 가정하고 있다. 그러나 현실 사회에서는 어떤 제도가 정의로운가를 이야기할 수 있어야 할 뿐만 아니라 현실 사회를 정의로운 제도로 변경시키기 위한 기법이나 비용도 설명할 수 있어야 한다는 것이다. 특히 차등의 원칙이 보편적으로 적용되기에는 사회체계가 너무 복잡하고 사회경제적 상황이 일률적이지 않다는 것이다(김항규, 2004 ; 한희원, 2014).

156) 첫째로 급진적 평등주의적 좌파에 의하면 롤즈의 자유의 우선성 주장은 차등 원칙의 결과를 침해하고 있으며, 그리하여 착취계급의 사회가 존립할 수 있는 여지를 남겨 두고 있다고 비판한다. 좌파의 비판자인 닐슨(K. Nielson)은 롤즈가 자유와 평등을 분리하고 있으나 경제적 불평등 속에서의 정치적 자유는 인간의 자율성과 존엄성을 보장하지 못하고, 사회경제적 불평등은 개인이나 계층 간의 불평등이 아니라 계급 간의 불평등이기 때문에 차등의 원

또한, 1980년대 이후에는 영미의 도덕철학 및 정치철학에서 자유주의에 대한 공동체주의의 도전이 두드러지게 나타나고 있다. 롤즈의 정의론을 포함한 '자유주의적 입장'에 대한 공동체주의 비판은 크게 두 가지로 구분해서 설명할 수 있다. 공동체주의자들은 '자기 결정'이라는 자유주의적 개념은 물론 자기 결정과 '국가의 중립성' 사이에 가정된 연관성에 대해서도 반대한다. 자기 결정에서는 '자아the self의 개념'을 어떻게 보느냐가 그 핵심이다. 또한 국가의 중립성과 관련해서는 중립 국가는 자기 결정을 위한 사회적 환경을 적절히 보호할 수 없다고 본다. 테일러C. Taylor는 이를 사회적 명제social thesis라고 주장한다. 첫째로 공동체주의자들은 자유주의의 입장이 가정하는 '무연고적 자아unencumbered self'에 대하여 비판한다. 자유주의의 입장에서는 개인들은 현존하는 사회적 관습에로의 그들의 참여에 대해 자유롭게 의문을 제기하고 그러한 사회적 관습들이 더는 추구할 만한 가치가 없다고 여겨진다면 그들은 그 실행에 참여하지 않기

칙 적용보다는 계급 없는 사회를 건설해야 한다고 주장한다. 또 다른 좌파의 비판자인 맥퍼슨(C. B. MacPherson)은 롤즈가 제시한 정의의 두 원칙이 동시에 만족될 수 없음을 지적한다. 닐슨과 마찬가지로 그도 부가 집중된 상황에서 평등한 자유가 보장될 수 없기 때문에 부유층으로부터 빈곤층으로 경제적 양도가 없는 한 자유의 원리는 만족될 수 없다고 한다.

둘째로 자유지상주의 등 우파의 비판은 롤즈의 정의론이 사회경제적 재화의 분배를 위한 평등의 가치를 지나치게 강조하여 다른 가치와 권리 특히 경제적 자유의 가치와 재산권을 희생시키고 있다고 한다. 전통적인 자유주의의 현대적 계승자인 노직(R. Nozick)은 원초적 입장에 내포된 공정성의 이념이 우리의 숙고된 도덕의 판단 일부와 크게 상충하며 따라서 도덕적으로 합당하지 못하다고 한다. 그는 개인들은 여러 가지 권리를 가지고 있고 이 권리들은 세상의 어느 인간이나 집단도 침해할 수 없다고 전제한다. 그래서 국가가 재분배적 기능을 수행하려면 국가의 기능과 권력은 계속 확대될 수밖에 없으며 이는 개인 자유의 제한을 가져온다고 본다. 또한, 한 체제 안에서 최소 수혜자는 차등의 원칙을 기꺼이 수용하지만 좀 더 유리한 여건을 갖추고 있는 사람들이 차등의 원칙에 입각한 사회체제에 호응한다는 것은 이해하기 어렵다는 것이다. 또한, 공리주의나 롤즈의 정의의 원칙도 최종 상태에서의 소유가 분배되는 정태적 방식에 초점을 맞추고 있다고 보고, 사회 구성원들의 소유 상태가 본래 정당한 획득에 의한 것인지? 정당한 교환과 양도에 의한 것인지? 등 '소유가 생겨나는 방식'이 정당한지에 대한 여부를 기준으로 하여 정의를 규정해야 한다고 주장한다(김항규, 2004).

로 '자유롭게 선택'할 수 있다고 본다. 롤즈도 이러한 자유주의적 견해를 '자아는 그것에 의해서 인정되는 목적들보다 우선한다'라고 요약한다. 이것은 자아에 대한 칸트적Kantian 입장이라고 할 수 있다. 그러나 공동체주의자들은 이것이 자아에 대한 잘못된 견해라고 믿는다. 공동체주의자들은 이러한 견해는 자아가 현존하는 사회적 관습 속에 '각인되어 있다embedded'라거나 '놓여져 있다situated'라는 사실을 무시한다고 본다. 즉 우리는 언제나 현존한 관습에 참여하지 않거나 한 발 물러나 있을 수는 없다는 것이다. 우리의 사회적 역할과 관계 혹은 그 중 일부는 개인의 숙고에 대해서 '주어진 것'으로 받아들여야만 한다는 것이다. 공동체주의자들이 자아와 자아의 목적에 대한 자유주의적 설명에 반대하는 이유는 ① 공허empty하며 ② 우리의 자아 인식self-perception을 침해하고 ③ 우리가 공동체의 관습 속에 각인되어 있다는 사실our embeddedness in communal practices을 망각하고 있다는 것이다.[157]

---

[157] 첫째는 공허성 주장이다. 우리가 우리의 모든 사회적 역할에 대해서 자유롭게 의문을 제기한다는 것은 자기 파괴적이며, 우리가 처한 사회적 상황의 모든 측면을 우리의 합리적인 자기 결정에 복종시키기를 바라는 것은 공허한 일이다. 오히려 우리는 우리의 상황이 '우리에게 설정해 준' 목표를 받아들여야 한다. 만약 우리가 공동체적 가치들이 '권위의 지평(authoritative horizons)'이라는 것을 부인한다면, 그것들은 우리의 의지에 대한 독단적인 제약이 되고 우리의 자유가 그것을 모두 거부하도록 요구해야 할 것이다. 또한, 공동체주의자에 의하면 자유주의적 이론은 자유(freedom)가 수행하는 역할을 오해하고 있다고 본다(이것은 우리 인생에서의 가치를 이해하는 방식과 두 가지 방식으로 갈등한다). 첫째로 선택의 자유가 본래적으로 가치가 있다고 하는 것은 선택의 능력을 행사할수록 우리가 좀 더 자유로워지며 따라서 우리의 삶은 좀 더 가치 있게 된다고 암시한다. 그러나 이것은 잘못된 주장이며 가치 있는 삶이란 헌신과 관계들로 채워진 삶이다. 둘째로 선택의 자유가 본래적으로 가치가 있다고 하는 것은 '행위' 자체에 내재한 가치가 아니라 '자유'가 우리 행위들 속에서 우리가 찾고 있는 가치임을 암시한다. 그러나 이러한 생각은 미심쩍다. 행위 자체의 가치가 중요하며, 자유는 이를 허용하는 것이다. 따라서 선택의 자유는 가치 있는 삶에서 핵심적이긴 하지만, 중심적으로 추구되는 가치는 아닌 것으로 여겨진다. 이와 더불어 우리가 판단을 내림에 있어서 '주어진 것(the given)'을 받아들여야 하는가에 관한 논쟁도 있다. 자유주의적 견해는 좋은 삶의 속성에 관해서 우리가 믿고 있는 확신이라도 우리는 그것에 의문을 제기할 권리를 보존하기 위하여 '자아는 그것의 목적들에 우선한다(the self is prior to its

둘째로 공동체주의자들은 자유주의가 자아와 자아의 이익을 효과적으로 충족시키는 데 필요한 '사회적 조건'을 소홀히 한다고 본다. 테일러는 이를 '사회적 명제social thesis'라고 주장하면서, 자기 결정을 위한 능력은 특정한 종류의 사회(특정한 종류의 사회적 환경) 안에서만 행사될 수 있으며 중립 국가는 자기 결정에 필요한 사회적 환경을 적절히 보호할 수 없다고 주장한다. 자유주의적 중립성이 자율성의 행사를 위한 사회적 조건들을 유지할 수 없다는 주장은 세 가지 형태를 띤다. ① 의미 있는 선택(지)들을 사람들에게 제공하는 문화적 구조를 유지할 필요에 관한 것, ② 이러한 선택지들을 평가하는 공유된 포럼의 필요성에 관한 것, ③ 연대와 정치적 정당성의 전제에 관한 것 등이다[158].

---

ends)'라고 주장한다. 그러나 공동체주의자들은 자아는 그것의 목적들에 우선하지 않으며 오히려 그 목적에 의해서 구성된다고 주장한다.

둘째는 자아 인식의 논거이다. 공동체주의자들은 무연고적 자아는 특정한 특징들로 가득 찬 존재로서의 우리의 자아라는 (우리에게 친숙한) 관념과 반목하며, 우리들의 가장 심도 있는 자아 인식은 언제나 몇몇 동기들을 포함하고 있는데, 이러한 자아 인식은 몇몇 목적들이 자아를 구성하고 있다는 것을 보여준다고 말한다. 샌델은 우리가 완전히 얽매어 있지 않은 자아를 인식할 수 없을 뿐만 아니라, 상이한 일련의 목적들에 의해서 방해받는 우리의 자아를 인식할 수 없음도 보여주어야 한다는 것이다(각인된 자아에 대한 논증이 필요).

셋째는 각인된 자아(embedded self)에 관한 논거이다. 우선 공동체주의자들은 실천적 추론을 '판단(judgement)'으로 보는 자유주의적 견해와 '자아의 발견(self-discovery)'으로 보는 공동체주의적 견해를 대비시킨다. 공동체주의자들은 자아는 선택이 아닌 발견(반성, 조사, 깨달음, 인정 등)으로 자아의 목적을 획득한다고 본다. 그러나 자기 발견의 과정은 판단의 과정을 대신하거나 배제하지 않는다. 즉 목적에 의해서 구성된 자아는 재구성될 수 있다고 본다. 공동체주의자들은 자유주의는 우리가 우리의 사회적 역할 속에 각인되어 있는 방식을 무시한다고 말하면서, 우리는 '자기를 해석하는 존재(self-interpreting beings)'로서 이러한 구성적 애착(constitutional attachments)을 전적으로 거부할 수 없으며, 오히려 구성적 부착물의 의미를 해석하고 그것들 속에서 우리 자신을 발견한다고 주장한다(물론 우리는 자신을 발견하는 역할의 의미와 가치에 관해서 질문할 수 있기 때문에 자기 발견의 과정은 선택과 결단의 과정과 합치될 수도 있다) (Kymlicka, 2006).

158) 첫째는 문화적 구조를 보호할 의무들이다. 공동체주의자들은 우리들의 계획들에 관련된 의미 있는 선택들은 의미 있는 선택지가 필요하다고 주장한다. 이러한 대안들은 우리의 문화로부터 생겨난다. 그런데 자유주의적 중립성은 그와 같은 선택지들을 제공하는 풍성한 문화의 존재를 장담해주지 못한다. 현실에서 반완전주의(anti-perfectionism, 국가 중립성)는 정치적 무관심뿐만 아니라 문화의 소중한 측면들이 살아남을 기회를 침해한다. 그래서 자유

[159] (Kymlicka, 2006).

주의적 중립성은 자기 파괴적이다. 그러나 어떤 점에서 보면 자유주의자들과 공동체주의자들 모두 개인들이 자신들의 자유로운 선택을 하는 선택지들의 범위를 보장하는 것을 목표로 해야 하며, 다만 완전주의적 이상을 '어디'에 호소해야 하는지에 대해 의견의 불일치를 보일 수 있다는 것이다. 시민 사회의 문화 시장 안에 보호되어야 하느냐, 정치적 옹호와 국가 행위에 의해서 보호되어야 하느냐의 문제이다. 그래서 이것은 완전주의와 반완전주의(국가 중립성) 사이의 문제라기보다는 '사회적 완전주의'와 '국가 완전주의' 사이의 선택 문제라고 할 수 있다는 것이다. 왜냐하면, 국가 중립의 이면은 시민사회 내에서의 완전주의적 이상의 역할에 대한 지지와 같기 때문이다.

둘째는 중립성과 집단적 심의(neutrality and collective deliberations)에 관한 문제이다. 공동체주의자들은 현실에서의 개인의 판단은 경험들의 공유와 '집단적인 심의'의 교환을 필요로 한다고 본다. 선에 대한 개인의 판단은 공유된 관습들에 관한 집단적인 평가에 의존한다. 만약에 개인의 판단들이 집단적인 심의로부터 단절되면 그것들은 주관적이며 독단적인 변덕이 되어 버린다. 국가는 우리의 선에 대한 비전(공유된 탐구가 필요함)을 형성하기에 적합한 장이다. 고독한 개인은 이러한 것들은 추구할 수도 없으며 알 수조차 없다.

셋째는 연대성과 정치적 정당성(solidarity and political legitimacy)에 관한 문제이다. 공동체주의자들은 사회적 명제가 제기하는 또 다른 쟁점들이 있다고 주장한다. 개인들의 선택들은 안전한 문화적 맥락이 필요하지만, 문화적 맥락은 안전한 정치적 맥락이 필요하다. 문화적 시장을 보호한다고 해도 국가는 시민들에게 공적 제도들이 정당성을 가지고 있다는 것을 보여주어야 한다는 것이다. 그런데 중립적인 국가는 시민들이 복지국가가 요구하는 희생들을 받아들이는 데 필요한 공동선에 대한 공유감을 침식시킨다고 한다. 하지만 사람들은 공유된 선관에 의해서 구속되지 않거나 공동선의 정치에 동화되지 않는 한 타인들의 요구들을 존중하지 않을 것이다. 정의에 대한 비슷한 믿음을 공유한다는 사실만으로는 연대성과 사회적 통합 또는 정치적 정당성을 유지하기에 충분치 않다. 일부 공동체주의자들은 롤즈의 자유주의적 평등도 '공동체의 도덕(morality of community)'을 전제하고 있다고 주장한다. 요컨대 자유주의적 정의도 경계 지워진 공동체들 안에서 작동하고, 시민들이 이러한 경계들을 도덕적으로 의미 있다고 바라보도록 요구한다. 정의와 권리에의 요구를 위하여 경계들은 '그들'과 '우리'를 구별해 내는데 봉사한다고 주장한다. 따라서 연대성과 정치적 정당성을 설명하는 데 있어서 공유된 정의의 원칙 이상의 무엇이 필요하다-공동체에 대한 감각(공유된 소속감과 공유된 일체감)이 필요하다(Kymlicka, 2006).

159) 킴리카는 사회 통합과 정치적 안정 문제에 대한 3가지 포괄적인 접근방법을 식별할 수 있다고 한다. 공동 생활방식의 강조(공동체주의적 접근방식), 공통의 민족성 강조(자유주의적 민족주의 접근방식), 정치적 참여의 강조(공화주의적 접근방식) 등이다. 공동체주의는 공유된 생활방식(예 : 공동의 선관, 공통의 관습, 공유된 목적들, 문화적 전통 등)을 강조한다. 킴리카는 공동체주의가 완전한 해결책이라고 보지는 않는다. 근대 사회의 다양성을 조건으로 한다면, 많은 집단을 배제하는 데에만 봉사할 수 있는 '공동선'의 이데올로기를 채택하지 않을 때 정치가 잘 이루어질 수도 있다. 또한, 더 많은 시민적 참여가 필요하다면, 평등한 구성원의 취급이나 억압받는 사람들이 그들 자신의 목표들을 규정하는 것이 가능해져야 한다고 본다(Kymlicka, 2006).

바) 정치적 자유주의 - 롤즈의 정의론의 변천 과정

롤즈는 〈공정으로서의 정의(1958)〉라는 그의 초기의 논문에서 정의의 원칙의 원형이라고 할 수 있는 두 가지 원칙을 제시했다. 그 후 몇 차례 수정을 거쳐 그가 제시한 정의의 원칙을 〈사회정의론A Theory of Justice, 1971〉에서 정식화했다. 롤즈는 〈사회정의론(1971)〉에서 정의의 원칙을 '일반적인 정의관general conception of justice'과 '특수한 정의관special conception of justice'으로 구분해서 그 원칙을 정식화했다. 특수한 정의관이 오늘날 우리가 말하는 정의의 두 원칙이다. 그러나 그의 정의의 원칙은 최근에 이르러 다시 한번 부분적인 수정이 가해진다. 롤즈의 정의의 원칙 가운데 특히 제1원칙인 '평등한 자유의 원칙'이 재진술 된다. 롤즈가 첫 번째 원칙을 재진술한 이유는 심각한 반론과 오해를 제거하여 자신의 견해를 명료화하기 위해서였고, 정의의 원칙이 자유와 평등을 적절히 조화시키고 있다는 것을 분명히 하고자 하는 의도도 있었다. 롤즈는 〈기본적인 자유와 그 자유의 우선성(1982)〉에서 부분적인 수정이 있었음을 밝히고 수정된 정의의 두 원칙을 제시했다. 제1원칙에서의 변화는 '가장 광범위한 전체 체계'라는 표현을 '완전하게 충분한 체계'로 대체하고, 제2원칙에서는 '공정한 기회균등의 원칙'을 '차등의 원칙'의 앞에 배치했다.[160]

후기 롤즈의 논문과 저서에서 나타난 정의의 두 원칙에 관한 수정은 거의 없다. 그러나 후기에 나타난 변화는 정의의 두 원칙보다는 '정의론 자체'의 수정이라고 할 수 있다. 〈공정으로서의

---

160) 학자에 따라서 정의의 원칙을 간편하게 기술하거나 종전의 설명에 따르는 경우도 있고, 한글판에서는 번역에 따른 차이도 나타나고 있다.

정의 : 형이상학이냐, 정치적 입장이냐(1983)〉라는 논문과 〈정치적 영역과 중첩적 합의(1989)〉라는 논문에 나타난 정의의 두 원칙은 앞에 나온 것들과 거의 동일하지만 정의론 자체에는 수정을 가하고 있다. 롤즈의 저서 〈정치적 자유주의(1993)〉는 그의 정의관을 포괄적 정의관에서 '정치적 정의관'으로 수정한 것이다. 롤즈의 '정치적 자유주의'는 현대 자유민주 사회의 합당한 불일치reasonable disagreement에 초점을 맞추어 자신이 〈정의론〉에서 제시했던 공정으로서의 정의에 관한 입장을 보완한 것이라고 할 수 있다. 칸트적 자유주의를 특징짓는 '좋음에 대한 옳음의 우선성' 문제에 대한 공동체주의적 비판이 롤즈의 이론에 부분적인 수정을 가하는 계기를 제공했다고 할 수 있다.[161] 이제부터 롤즈의 정치적 정의관인 '정치적 자유주의'에 대해서 설명하기로 한다.

롤즈의 정치적 자유주의political liberalism는 '합당한 종교적·철학적·도덕적 교리들로 심각하게 분열된 자유롭고 평등한 시민들 간에, 정의롭고 안정된 사회를 상당 기간 유지하는 것이 어떻게 가능한가?'라는 근본적 문제를 제기한다. 롤즈는 합당한 다원주의 사회에서 입헌 민주주의의 기본구조에 적용되는 정치적 정의관을 고안해 내는 것을 목표로 했다고 할 수 있다. 이러한 목표로 출발한 롤즈의 정치적 자유주의는 〈정의론〉의 주요 개념인 원초적 입장과 정의의 두 원칙을 계승한다. 그렇지만 정의론에서 강조되었던 최소극대화 원칙은 강조되지 않고, 정의의 두 원칙의 내용은 약간 변형되고 제2원칙의 기술 순서가 바뀌어

---

161) 후기 논문과 저서에 나타난 변화들이 공동체주의자들과 다른 사람들의 비판에 대한 답변들이라고 말하지만, 롤즈 자신은 그렇게 생각하지 않는다고 주장했다(Rawls, 2016).

표현된다. 이와 함께 새로운 개념들이 등장한다. 정치적 자유주의political liberalism와 포괄적 자유주의comprehensive liberalism, 정치적 구성주의political constructivism, 시민의 도덕적 능력 – 정의감sense of justice의 능력과 선관conception of the good의 능력, 합리성the rational과 합당성the reasonable의 대비, 중첩적 합의overlapping consensus, 공적 이성public reason 등의 새로운 개념이 등장한다.[162] (한국정치학회, 2008).

롤즈는 현대 민주사회의 특징을 '합당한 다원주의라는 사실the fact of reasonable pluralism'이라고 본다. 현대 민주사회에서 화해 불가능한 종교적·도덕적·철학적 교리 간의 다양성이 발생하는 것은 불가피하다는 것을 전제로 한다. 그러나 이는 '단순한 다원주의의 사실'과는 구별되는 '합당한 다원주의라는 사실'을 전제로 한다. 여기서 '합당하다' 함은 이들 신념체계는 서로 충돌은 하지만 기본적 사회규범에 대한 합의가 가능함을 의미한다. 롤즈는 이러한 다양한 교리들로 분열된 시민 상호 간의 공정한 협력을 가능케 하는 조건으로서 '정치적 정의관'을 제시한다.[163] 정

---

162) 킴리카는 '포괄적 자유주의'와 '정치적 자유주의'를 '자율성'과 '관용'의 문제로 접근한다. 자유주의자들은 역사적으로 자율성과 관용을 동전의 양면으로 보았다. 국가에 의해서 집단들이 박해받지 않을 권리(집단적 종교의 자유)뿐만이 아니라, 개인이 집단에 대하여 반대할 수 있는 권리(개인의 양심의 자유)도 보호하고자 했다. 그러나 개인의 자율성을 중시하지 않는 많은 집단이 있다. 이 경우 '자율성에 기초한 자유주의 이론'(포괄적 자유주의)은 이러한 집단들을 소외시키고 자유주의적 제도에 대한 이들의 충성심을 약화시킬 위험이 있다. 반면에 '관용에 기초한 자유주의 이론(정치적 자유주의)'은 정부의 정통성을 위한 좀 더 안전하고 넓은 기반을 제공할 수 있다. 롤즈는 포괄적인 자유주의에서 정치적 자유주의로 전환했다. 롤즈는 자신의 정치적 자유주의를 존 스튜어트 밀의 포괄적 자유주의와 구분했다. 존 스튜어트 밀의 포괄적 자유주의는 사람들이 정치적 삶에 한정되지 않고 삶의 모든 영역에서 물려받은 사회적 관습들의 가치를 평가할 수 있어야 함을 강조한다. 그러나 정치적 자유주의는 자유주의를 공적인 삶에서의 정치적 관념으로서 수용하며, 합리적 수정 가능성(자율성)을 순수하게 정치적 개념으로 받아들인다(Kymlicka, 2006).

163) 합당하다는 것의 첫 번째 기본적인 측면은 다른 사람들이 그렇게 한다면 기꺼이 공정한 협동 조건을 제안하고 준수하려는 자발성이며, 두 번째 기본적인 측면은 판단의 부담(burdens of judgement)을 기꺼이 인식하고 정치 권력의 정당한 행사를 지향하는 데 있어

치적 정의관은 세 가지 주요한 특징을 가진다. 첫째로 정치적 정의관은 사회(입헌민주정체)의 기본구조basic structure에만 적용된다. 둘째로 정치적 정의관은 독립적인 자유로운 입장의 견해로 제시된다. 이 정치관은 포괄적 교리 일부분이거나 또는 포괄적 교리 내에서 도출될 수 있는 것으로 간주하는 것과 구별해야만 하는 것을 의미한다. 포괄적 교리와 연결은 되어 있지만, 그것에 근거를 두고 있지는 않다.[164] 셋째로 정치적 정의관은 그 내용이 민주사회의 공적 정치문화에 내재하고 있는 것으로 여겨지는 몇 가지 근본적 개념에 입각해서 표현된다. 공정한 협동체제로서의 사회의 개념, 자유롭고 평등한 시민의 개념, 정치적 정의관에 의해 효과적으로 규제되는 질서정연한 사회의 개념 등이다. 이러한 근본적 개념들이 '중첩적 합의overlapping consensus'의 지지를 이끌어낼 수 있는 정치적 정의관을 형성할 수 있다고 가정한다(Rawls, 2005).

롤즈는 시민들은 자유롭고 평등한 인격체로 보고. 이들은 '두 가지의 도덕적 능력-선관의 능력(가치관 형성 능력)과 정의감의 능력-과 이성의 능력(두 가지 도덕적 능력과 연관된 판단·사고·추론의 능력)을 지니고 있다고 생각한다. 선관의 능력은 자신의 합리적인 이익과 가치관을 형성하고, 수정하며, 합리적으로 추구할 수 있는 능력이다. 정의감의 능력은 사회적 협력의 공정한 조건을 규정하는 공적 정의관을 이해하고, 적용하고, 이에 따라 행동하는 능력이다. 정치적 정의관도 원초적 입

서 공적 이성의 사용결과를 기꺼이 받아들이는 자발성이라고 한다(Rawls, 2005).

164) 정치적 정의관은 '일종의 중심적 구성단위(module) 즉 본질적 구성부분(essential constituent part)이다'라고 표현한다(Rawls, 2005).

장을 통해서 구체화된다. 원초적 입장은 '대표의 장치device of representation'로 간주할 수 있으며, 자연적 및 사회적 조건 등 우연적인 요인들이 배제된 무지의 베일이라는 특징을 지니며 이해당사자들은 자신들이 대표하는 사람들의 사회적 지위나 각자가 대표하는 사람들의 특정한 포괄적인 교리에 대해서도 알 수 없어야 한다. 그러나 대표의 장치로서의 원초적 입장은 이해당사자들이 시민을 대표해서 공적 숙의와 자기 명료화를 하기 위한 수단으로서 기능도 수행한다(원초적 입장은 지금 우리가 생각하고 있는 것을 구체화하는 데 도움을 주는 매개적 개념으로 기능한다).[165]

롤즈는 질서정연한 사회의 화합과 안정성의 유지에는 정치적 정의관이 중심적인 역할을 하고, 정치적 정의관의 안정성은 시민들의 충분한 '정의감'과 함께 합당한 포괄적 교리 간의 '중첩적 합의overlapping consensus'를 통해서 이루어진다고 본다. 중첩적 합의는 합당한 교리 간에 합의점을 찾는 것이지만, 그 초점이 되는 공적 정치관은 포괄적 교리로부터 가능한 한 '독립적인 것'으로 제시된다. 여기서 결정적인 사실은 '다원주의 사실 그 자체'

---

[165] 롤즈는 세 가지의 관점을 구별하는 것이 중요하다고 한다. 원초적 입장에서의 당사자의 관점, 질서정연한 사회에서의 시민의 관점, 여러 가지 정치적 정의관을 평가해서 정의관을 정교화하는 우리 자신들의 관점 등이다. 앞의 두 가지 관점은 '공정으로서 정의'와 관련되는 관점이다. 이와 관련해서 롤즈는 원초적 입장의 당사자들이 구현하는 '합리적 자율성(rational autonomy)'과 질서정연한 사회의 시민들이 실현하는 '완전한 자율성(full autonomy)'을 구분한다. 원초적 입장은 공정으로서의 정의를 드러내기 위해서 인위적으로 설정한 것이며, 원초적 입장에서는 합리적 대표자로서의 당사자들은 대표하고 있는 사람들의 이익을 존중하는 합리적 자율성을 추구한다. 질서정연한 사회의 시민들은 원초적 입장에서 채택된 정의 원칙에 따라 행동하며, 이들이 효과적인 정의감을 가지고 정치 생활에서 정의의 원칙을 지혜롭게 적용할 때 완전한 자율성이 실현된다. 세 번째 관점은 공정으로서 정의는 물론 여타의 정치관을 평가할 수 있는 관점이다. 여기서 시금석은 '반성적 평형상태(reflective equilibrium)'이며 해당 정치적 정의가 우리의 더욱 더 견고한 숙고된 신념들을 얼마나 잘 표명해 내고 있는가 하는 문제이다. 이 과정의 기준을 충족시키는 정의관은 우리에게 가장 합당한 정의관이라고 할 수 있다(Rawls, 2005).

가 아니라 '합당한 다원주의의 사실'이다. 그리고 정치관이 포괄적 교리의 일부분이거나 포괄적 교리 내에서 도출되지 않아야 한다는 것이다. 정치관은 일종의 중심적 구성단위 또는 본질적 구성 부분으로서 다양한 합당한 교리에 적합하게 맞추어지고 또 그들의 지지를 받는다는 것이다.[166] (Rawls, 2005).

롤즈는 또한 정당하고 질서정연한 사회에서는 '공적 이성public

---

166) 중첩적 합의에 기초한 사회적 화합에 대한 반론을 검토하면서 중첩적 합의의 특징을 밝혀 보면 다음과 같다. 첫째 중첩적 합의는 잠정적 타협이 아니라, 도덕적 관점으로서 도덕적 근거에서 수용된 장기적으로 안정된 합의이다. 중첩적 합의는 그 깊이와 넓이를 가지고 있다고 본다. 중첩적 합의는 공정한 협동체계로서의 '사회관'과 합당하고 합리적이며 자유롭고 평등한 존재로서의 '시민관'의 개념에 연결되어 있기 때문에 시민들의 포괄적 교리에 깊숙이 들어가 있으며, 그것의 넓이는 정치관의 원칙들과 가치들을 포함하고 기본구조 전체에 넓게 적용된다. 둘째 중첩적 합의는 진리에 무관심하거나 회의적이지 않다. 일반적이거나 포괄적 교리들의 회피(정치적 정의관의 진리성에 대한 무관심)를 주장하는 입장에 의하면 정치적 정의관은 포괄적 교리가 비록 진리가 아니라고 밝혀졌다고 하더라도 진리의 문제가 논외인 것처럼 간주하여 우리에게 합당한 것으로 받아들이게 한다는 것이다. 그러나 중첩적 합의는 특정한 포괄적 교리를 긍정하지도 부인하지도 않으며, 그들과 관련된 진리론이나 가치의 지위에 대해서도 마찬가지 견해를 취한다. 또한, 우리는 모든 사람이 자신의 포괄적 입장이 무엇이든지 간에 그것의 입장에 입각해서 정치관을 '진리로서 또는 합당한 것으로서' 받아들이기를 희망하는 것이다. 우리는 공적인 정치적 문화를 통하여 우리가 공유하고 있다고 여기는 근본적 개념에 호소하고자 하는 것이다. 그리고 이러한 개념들로부터 시작하여 적절한 반성을 거친 숙고된 신념(considered conviction)과 일치하는 정치적 정의관을 만들어내고자 하는 것이다. 셋째 중첩적 합의의 초점이 되는 정치관은 포괄적일 필요가 없고 정치적 가치에 중점을 둔다. 일반적으로 작동 가능한 정치관은 반드시 일반적이거나 포괄적이어야 하며, 그러한 교리가 없이는 공적인 생활에서 제기되는 수많은 갈등을 해결할 방법이 없다고 주장한다. 그러나 최선의 정치관이란 우리가 적어도 헌법적 본질들과 정의의 문제들에 정치적으로 합의할 수 있도록 우리의 숙고와 반성을 지도해주는 지침의 틀에 불과하다. 여기서 정치적 정의관은 갈등적일 수 있는 다른 모든 가치보다 우월한 비중을 가지는 가치들을 제시한다고 본다. 요컨대 일반적이고 포괄적인 교리에 의존하지 않고, 공적 이성에 의한 조정의 작업이 하는 바는 정치적인 가치들의 역할이 사회적 협동의 공정한 조건을 제시하는 데 있고, 정치적 가치와 기타의 가치를 모두 포함하기에 충분한 '조화의 형태'를 밝히는 것에 있다. 넷째 중첩적 합의는 공상적(utopian)이 아니라, '헌법적 합의 단계'와 '중첩적 합의 단계'를 거쳐서 공고화된다. 중첩적 합의를 도출하거나 그러한 합의를 공고히 할 수 있는 정치적·사회적·심리적 동인들이 충분하지 못하다는 주장이 있다. 그러나 그러한 합의가 도출되고 그 안정성이 확보될 수 있을 것 같은 방법을 헌법적 합의의 단계와 중첩적 합의의 단계로 나누어 생각해 볼 수 있다. 헌법적 합의의 단계에서는 처음에는 잠정적 타협으로서 어쩔 수 없이 수용되고 헌법에 채택되었던 자유주의적 정의의 원칙들이 시민들의 포괄적 교리를 변화시켜 그들로 하여금 적어도 자유주의적 헌법의 원칙들을 수용하게끔 유도한다. 단순한 다원주의(simple pluralism)가 합당한 다원주의(reasonable pluralism)로 변하는 단계이다. 또한, 중첩적 합의의 단계는 중첩적 합의의 깊이와 넓이 그리고 그 내용의 구체성에 의해서 설명될 수 있다고 한다(Rawls, 2005).

reason'이 시민들에 의해서 이해되고 존중되어야 한다고 생각한다. 공적 이성은 민주적 인민의 특징이라고 할 수 있다. 공적 이성은 동등한 시민의 자격을 가지고 있는 시민들의 이성이며 공적 이성의 주 관심사는 '공중의 선the good of the public'이다. 공적 이성은 시민의 이성 즉 공중의 이성이며 그 주제가 공중의 선과 근본적 정의의 문제이고, 정치적 정의관으로 표현된 이상과 원칙들에 의해서 그 본질적 성격과 내용이 주어지고 이것에 의해서 공개적으로 검토되어 행해지기 때문에 '공적'이라고 할 수 있다. 공적 이성은 '헌법적인 본질들'과 '기본적인 정의의 문제'들에 관계된 사항들에만 적용된다. 그러나 공적 이성은 정치적 질문에 대한 개인적인 숙고나 반성 또는 배경 문화의 핵심인 교회나 대학과 같은 단체의 구성원들에 의한 사고에는 적용되지 않는다. 시민성의 의무duty of civility와 정치적인 것의 중요한 가치들의 결합이 합당한 교리들 내부로부터 공적 이성의 이상을 수용하게 된다고 본다.[167] 공적 이성은 '전체적인 진리'에 호소하는 것은 아니라 '합당한 것'을 지향한다. 그래서 시민성의 의무와 관련된 공적 이성은 근본적인 문제들에 대해 투표를 통한 해결 방식을 하나의 해법으로 제시한다. 정치적 자유주의는 공적 이성의 한계가 합당한 포괄적 교리 간의 총체적 평가로 정당화된다고 보는 것이다.

공적 이성의 내용(본질)은 '정치적 정의관political conception of justice'에 의해 형성된다. 자유주의적 정치관은 두 부분으로 이루어져 있으며, '정의의 원칙들' 외에도 정치적 문제와 관련된 정

---

167) 특정한 정치관이 합당한 포괄적 교리 간의 중첩적인 합의에 의해 지지된다면, 공적 이성의 모순(paradox of public reason)은 사라진다고 본다(Rawls, 2005).

보의 종류에 적용되는 이성적인 사고와 기준을 규정하는 '탐구의 지침들'을 포함한다. 따라서 자유주의적 정치적 가치들도 마찬가지로 두 가지 종류로 나누어진다. 첫째는 기본구조에 적용되는 '정의의 원칙들'에 속하는 정치적 가치들이다. 둘째는 '공적 이성의 가치들'로서 합당성reasonableness과 시민성의 (도덕적) 의무를 존중하는 마음의 자세와 같은 가치를 포함하고 있다. 따라서 정치적 자유주의는 여러 가지 형태를 띨 수 있으며 '공정으로서의 정의'라고 불렀던 입장은 자유주의적 정치관의 한 예이다. 공적 이상(理想)의 요점은 시민들이 각자가 정치적 정의관으로 간주하는 기본 틀 내에서 자신들의 근본적인 토론을 지도해야 한다는 점이다.[168]

롤즈가 〈정치적 자유주의〉에서 주장하는 정의의 두 원칙은 〈정

---

[168] 공적 이성은 몇 가지 난점도 가지고 있다. 첫째는 공적 이성이 어떤 특별한 질문에 대해서 하나 이상의 합당한 답변을 허용할 수 있다는 것이다. 모든 사람이 정치적 가치들에 호소하지만, 합의는 이루어지지 않는 채 근소한 이상의 차이가 지속될 수 있다. 그러나 문제가 정치적 가치들에 호소하여 논의되고 시민들이 자신의 성실한 의견을 투표한다면 공적 이성의 이상이 지속되는 것으로 보아야 한다. 둘째는 우리의 진실한 견해를 투표하는 것이 의미하는 바와 관계된다. 공적 담론이 불완전하거나 피상적일지라도 민주사회의 정치는 우리가 전체적 진리로 간주되는 것에 의해 결코 지도되어질 수 없다는 점을 받아들임으로써 우리는 '정당성의 원칙(the principle of legitimacy)'에 의해서 표현된 이상을 실현할 수 있게 될 뿐이다. 이것은 모든 사람이 합당하게 지지할 수 있는 것으로 기대되는 이유에 입각해서 다른 사람들과 함께 정치적으로 사는 것을 의미한다. 셋째 일부 사람들은 공적 이성은 해답이 없는 많은 문제를 남긴다고 생각한다. 우리는 정치적 정의관이 완전해지기를 원하고 공적 이성이 주어진 경우에 합당한 답변을 제시하기를 원하지만, 공적 이성이 항상 성공적일 수는 없다. 그러나 공적 이성에 의해서만 판단될 때에는 최상의 합당한 것은 아니라고 할지라도 최소한 합당한 것임이 틀림없다. 그래서 공적 이성의 답변이 합당한 포괄적 교리들 각각이 허용하는 범위(leeway) 내에 위치할 것을 희망한다(Rawls, 2005).

공적 이성의 한계들(limits of public reason)에 관해서는 '배타적 견해(exclusive view)'와 '수용적 견해(inclusive view)'가 있을 수 있다. '배타적 견해'는 근본적인 정치적 문제들에 관하여 포괄적 교리들의 입장에서 명시적으로 제시되는 이성들이 공적 이성으로 도입될 수 없다는 점을 의미한다. '수용적 견해'는 공적 이성 그 자체의 이상을 강화한다는 전제하에 시민들이 특정한 상황에서 자신의 포괄적인 교리에 입각해서 정치적 가치들이 근거로 간주하는 바를 제시할 수 있게 하는 것이다. 롤즈는 질서정연한 사회에서 장기적으로 시민들이 공적 이성의 이상을 최상으로 존중하게 하고, 사회적 조건을 공고하게 한다는 점에서 '수용적 견해'를 올바르다고 본다(Rawls, 2005).

의론〉에서 주장하는 정의의 두 원칙과 그 근본 내용에는 변화가 없고 거의 동일하다고 할 수 있다. 〈정의론〉에서는 '포괄적인 정의관'에 입각해서 정의의 원칙을 제시한 것이라고 할 수 있고, 〈정치적 자유주의〉에서는 '정치적 정의관'에 입각해서 정의의 원칙을 제시하고 있다고 할 수 있다. 롤즈의 정치적 정의관에 따른 정의의 두 원칙은 다음과 같다(Rawls, 2005).

제1원칙 : 각자는 모든 사람에게 적용되는 유사한 자유 체계와 양립할 수 있는 평등한 기본적인 자유의 완전한 적정 구조에 대하여 평등한 권리를 가진다.
제2원칙 : 사회적 및 경제적 불평등은 다음 두 조건을 만족시켜야만 한다.
① 이들 불평등은 공정한 기회 평등의 조건에서 모든 사람에게 개방된 직위와 직책에 결부되어야 한다.
② 사회적 및 경제적 불평등은 사회의 최소 수혜자 계층에 최대한의 이익이 되도록 결부되어야 한다.

사) 정치적 정의관에 대한 평가

롤즈의 정치적 자유주의가 칸트적인 인간관과 포괄적인 정의관으로부터 분리하여 정치적 인간관과 정치적 정의관(국가의 중립성)을 지지한다고 하더라도 정치적 자유주의에 대해서도 몇 가지 문제점이 제기된다. 첫째, 롤즈가 호소하는 정치적 가치들의 중요성에도 불구하고 포괄적인 도덕적 교의들 내에서 생겨나는 정치적 논의들을 괄호 치기 하거나 제외하는 것은 항상 합당한 것은 아니라는 것이다. 샌델M. Sandel은 도덕적·종교적 교의들 내에서 제기되는 요구들을 괄호 치기하거나 무시한다고 해서 롤즈가 요청하는 국가의 중립성이 달성되는 것은 아니라고 분석한다. 예컨대 낙태에 관한 논쟁은 단순히 인간 삶의 시기에 대한 논쟁이 아니라 왜 정치적 목적으로 이 문제를 '괄호 속에 넣어야 하느냐'의 논쟁이기도 하다는 것이다.[169] 이렇게 논쟁이 확대되면 도덕적인 주장들과 연결될 수밖에 없고 '국가의 중립성을 주장하는 것이 본질을 외면하는 것이며 국가의 중립성은 불가능하다'라는 것이다. 둘째, 정치적 자유주의는 오히려 공적인 삶 속에서 경쟁적인 포괄적 교리들의 정당성을 검증하기 위해 필요한 공적 숙고의 여지를 남겨 두지 않는다는 것이다. 이러한 비판은 롤즈가 공적 이성의 적용은 헌법상의 필수 조항과 기본적인 정의의 문제들에 국한하고 있다는 점에서 발생한다. 공적 이성의 한계는 정의로운 사회의 유지를 위해서 설정되지만, 이러한 관점은 '정치적 담론을 피폐화키고 자유주의적 공적 이성의 도덕적 손실을 초래'할 뿐이라는 것이다. 예컨대 노예제 논쟁과 관련해서 보면 노예제 찬성론자인 더글라스S. A. Douglas는 노예제에 대한 국가의 중립성을 주장했고, 링컨은 실질적인 도덕적 판단을 회피해서는 안 된다고 주장했다. 중대한 도덕적인 문제들이 공적 이성에 부합하지 않는다는 이유로 이에 대해 제한을 두면 결국 자유주의적 공적 이성의 도덕적 손실을 높일 뿐만 아니라 정치적 손실이 항상 발생할 수밖에 없다고 본다. 셋째, 정치적 자유주의는 옳음과 좋음 간의 비대칭성asymmetry은 칸트적 인간관에 기초하는 것이 아니라 근대 민주주의 사회의 특

---

169) 낙태 반대론자들은 낙태의 문제가 왜 정치적 가치로 변화되어야 하는가에 대해 의문을 제기하고, 낙태 옹호론자들은 이것을 정치적 문제로 전환시키는 데에 찬성(여성의 자유로운 결정권을 주장)할 것이다(홍성우, 2011).

성 즉 '합당한 다원주의라는 사실the fact of reasonable pluralism'에 기초한다는 것이다. 롤즈에 의하면 근대 민주주의 사회는 단순히 포괄적인 종교적·철학적·도덕적 교의의 다원주의에 의해 특징지어지는 것이 아니라, 양립 불가능한 그러나 합당한 포괄적인 교의의 다원주의에 의해 특징 지어진다. 이러한 교의의 다양성은 그것이 곧 소멸할 단순한 역사적 조건이 아니라 민주주의의 공공문화 속에 내재하는 지속적인 특징 가운데 하나이다. 이 합당한 교의의 다원성은 입헌민주체제가 '합당한 불일치the reasonable disagreement'를 내포하고 있다는 사실을 함축한다. 정치적 자유주의는 이러한 합당한 불일치만을 산출할 수밖에 없는 분열적인 합당한 가치다원적 사회를 통합·규제할 수 있는 그리고 자유롭고 평등한 시민이 어떤 포괄적 입장에 서 있든지 간에 그가 인정할 수 있는(그들을 합당하게 일치할 수 있게 하는) 정의의 원칙을 산출하는 것을 그 주요 문제로 삼는다. 이것이 합당한 다원주의라는 사실을 근거로 하여 제시되는 좋음에 관한 옳음의 우선성(옳음과 좋음 간의 비대칭성)이 강조되어야 하는 이유이다. 이러한 정치적 자유주의는 자유로운 조건에서는 인간 이성의 발휘가 좋은 삶에 관한 불일치를 산출할 뿐만 아니라 정의에 관한 불일치는 산출하지 않을 것이라는 가정에 의존하고 있음을 보여준다. 그러나 샌델은 '정의에 관한 불일치'도 우리 주위에 얼마든지 있을 수 있다고 주장한다. 이것은 민주주의적 사회에 도덕과 종교에 관한 합당한 다원주의라는 사실뿐만 아니라 정의에 관한 합당한 다원주의라는 사실도 존재함을 의미한다. 요컨대 롤즈는 종교에 관한 불일치에는 관용의 원리를 적용하고 있으나 정의에 관한 불일치에는 관용의 원칙을 적용하지 않는 것이다. (또한 롤즈는 차등의 원칙이 다른 어떤 대안적인 원칙보다 더 합당하다는 것을 보여줄 정당화의 방법으로서 반성적 평형상태reflective equilibrium를 도입한 바 있는데, 그렇다면 샌델은 동일한 방식으로 가치관의 추론도 할 수 있어야 한다고 주장한다). 아무튼 합당한 다원주의라는 사실에 의존하는 정치적 자유주의는 그 요구사항인 옳음과 좋음의 비대칭성에 대한 근거를 상실하게 된다는 것이다(홍성우, 2011). 넷째, 테일러C. Taylor와 왈쩌M. Walzer 등의 공동체주의자들은 정치적 자유주의가 주장하는 '한계 지워진 관용'이 아니라 아예 '정체성의 차이' 자체를 인정해야 한다는 견해이다. 롤즈는 공적 이성에 따른 중립적인 대화의 절차 속에서 각자는 자신의 선관을 변경할 수 있음을 인정해야 한다는 것을 전제한다. 그러나 공동체주의자들은 이러한 각자 선관의 변경은 정체성의 차이를 인정하는 대화의 과정에서 각자의 선관과 정체성이 변화될 수 있다고 주장한다. 테일러는 롤즈의 중립적인 절차 모델은 참여자들의 차이를 추상화하고 오로지 공적 이성에 따른 대화만을 강조한다. 그러나 공적 이성에 의한 중첩적 합의는 '동화적 연대'를 의미할 가능성이 있으므로 각자의 정체성과 문화적 차이를 드러내 보이는 것이 상호 이해의 가능성을 높인다고 본다. 왈쩌도 분배적 양태를 결정하는 사회적 의미는 언제나 비판 가능한 담론에 열려 있다고 설명하고, 정치는 사회적 의미의 해석이라고 본다. 그는 먼저 최소한의 보편적인 기초적 도덕 기준을 설정해서 타 문화를 비판할 수 있고, 그 이외의 특수한 문화적 특수성은 각자가 서로를 설득해서 변경해야 한다고 본다. 그런데 이러한 설득은 이질적인 문화에 대한 존중에 기반하는 것이어야 한다. 설득과 비판의 성공은 상대편의 문화와 언어에 이미 존재하는 이상들에 얼마나 호소할 수 있는지와 밀접하게 관련되어 있다고 본다.[170](김정오 외, 2020).

2) 드워킨의 자원평등론

가) 드워킨의 주권적 평등관

드워킨R. Dworkin은 자유주의 체계의 최고의 덕목sovereign virtue은 '평등equality'이라고 보고, 이때의 평등은 '평등한 배려와 존경 equal concern and respect' 또는 '평등한 배려equal concern'를 의미한다 (양자는 동일한 의미로 사용된다). 평등한 배려는 두 가지로 해석될 수 있는데 '평등한 대우equal treatment'와 '평등한 자로서 대우treatment as an equal'를 의미할 수 있다. '평등한 대우'를 받는 것은 다른 사람들이 갖거나 받은 것과 동일한 만큼의 권한이나 기회를 받는 것을 의미하며 헌법에 의해서 국민에게 부여되는 투표권이 대표적인 예이다. '평등한 자로 대우'를 받는 것은 재산이나 기회가 어떻게 분배되어야 하는가를 정치적으로 결정할

---

170) 킴리카는 정치적 자유주의가 정치적 자율성이 사적인 삶으로 흘러넘치는(spill-over) 효과를 낳으며 이러한 효과들이 공동체주의 집단들에게 심각한 비용을 부과하는 것이 문제라고 본다. 정치적 자유주의와 포괄적 자유주의 양자는 모두 자유들에 대한 법률적 인정뿐만 아니라 그것들의 행사를 가능하게 해주는 것에까지 헌신한다. 롤즈의 정치적 자유주의는 포괄적인 자유주의 만큼이나 실질적으로 가능하고 법률적으로 허용되는 자율성을 가능케 하는데 헌신한다고 본다. 이것은 정치적 자유주의가 공동체주의적 집단에 (우호적인 것을) 제공하는 것이 거의 없다는 것을 의미한다. 그래서 정치적 자유주의는 롤즈의 전략과는 달리 수많은 공동체주의적 집단들을 포용하는 데 성공하지 못할 것이라는 사실을 보여준다는 것이다.

또한, 킴리카는 이에 부가하여 자율성의 문제를 각자의 책임의 문제와도 관련시킨다. 롤즈의 정치적 자유주의(정치적 자율성)에 따르면 사치스러운 생활방식에 대해 보조금을 지급하는 일을 초래할 수도 있다고 한다. 이 점에 대해서는 다시 논의할 것이다(Kymlicka, 2006).

때 평등한 배려와 존중을 받는 것을 의미한다. 드워킨은 자유주의 체제에서 더욱 더 근본적인 평등은 '평등한 자로서 대우'받는 것이라고 주장하면서 자원을 분배하는 원리도 이러한 두 번째 평등의 개념에 따라서 이루어져야 한다고 본다.

자유주의 체제에서 자원의 분배는 더 근본적인 원리에 근거해야 한다는 전제하에 다음 두 가지 원칙을 제시한다. 첫째는 '평등한 중요성의 원칙principle of equal importance'으로서 객관적인 관점에서 볼 때 인간의 삶은 낭비적이기보다는 성공적이어야 하며, 이것은 모든 인간의 삶에서 평등하게 중요하다는 것이다. 둘째는 특별한 책임의 원칙principle of special reponsibility으로서 우리 모두의 삶의 성공이 객관적으로 평등하게 중요하다는 점을 인정하지만, 그 삶에 대해서는 삶의 주인인 한 사람만이 성공에 대해서 특별하고 최종적인 책임을 지는 것으로 보아야 한다는 것이다(Dworkin, 2005 ; 김정오 외, 2020).

나) 윤리원칙에 기초한 자원평등론

드워킨은 자유주의 사회에서 자원(부)의 불평등은 개인의 능력의 차이에서 발생하기도 하지만 오히려 재산의 분배는 법질서의 산물이라고 본다. 그렇다면 자유주의 체제에서 자원의 평등(부의 평등)은 어떻게 이루어져야 하는가? 드워킨은 자유와 평등을 조화시키려고 하는 롤즈의 이론을 계승하지만, '윤리원칙'이 아닌 '사회계약'에 기초한 롤즈의 정의관은 일관성과 타당성을 확보할 수 없다고 본다. 또한, 드워킨은 '복지'의 측면에서 결과적 평등을 강조하는 '복지welfare 평등론'과 '자원'의 측면에서 과정적 혹은 수단적 평등을 강조하는 '자원resources평등론'

을 구분한다. 복지평등론은 정부가 국민을 평등한 사람으로 대우하기 위해서는 한 공동체 구성원의 복지가 가능한 한 동일하도록 자원을 분배한다고 본다. 한편 롤즈의 차등의 원칙은 크게 보면 '자원평등론에 대한 하나의 해석'이라고 본다(Dworkin, 2005). 그러나 그것은 자신의 자원평등론과는 상이하다고 한다. 또한 롤즈의 차등의 원칙은 최소 수혜자에게 최대의 혜택을 주는 원칙이지만 최소 수혜자가 최악의 상황에 놓이게 된 '기원origin'에 대해서는 고려하지 않는다(무지의 장막에 가려져 있음).[171] 그래서 롤즈의 차등의 원칙은 과정과는 무관하게 결과적인 불평등을 모두 보상의 대상으로 본다는 것이다. 이러한 차등의 원칙이 안고 있는 문제점은 다음의 두 가지라고 할 수 있다. 첫째는 각 개인이 선택한 삶에 대한 책임을 고려하지 않는다는 것이다. 어떤 사람은 자신이 선택한 삶을 위해서 열심히 노력하지만, 다른 사람은 그러한 노력을 기울이지 않고 게으름을 피워 최소 수혜자에 속하기도 한다. 그러나 이러한 획일적 평등 개념은 자유주의의 근본원리를 반영하지 못한다. 둘째 사회 구성원이 삶을 선택할 때 그 삶에 필요한 자원이 없으므로 다른 삶을 선택할 수밖에 없는 상황에 놓이게 되는데, 사후적인 차등의 원칙은 이러한 자원의 불평등이 일으키는 중대한 문제를 해결하지 못한다는 것이다(Dworkin, 2005 ; 임의영, 행정논총⟨45-3⟩ ; 김정오 외, 2020).

드워킨은 '복지평등론'에 대한 대안으로서 '자원평등론'을 제

---

[171] 복지평등론도 복지의 차이를 발생시키는 '기원'의 문제에 관심을 기울이지 않는다는 점 이외에도 복지의 개념이 쾌락이나 즐거움과 같은 의식 상태를 의미하는지 아니면 계획이나 목표의 달성과 같은 성공을 의미하는지가 명확하지 않다는 한계점을 지니고 있다(임의영, 행정 논총⟨45-3⟩).

시한다. 드워킨은 자유와 평등을 조화시킴에 있어서 평등을 '자유의 도덕적 기초'로 보고 있으며 평등의 개념을 자원의 평등으로 보는 것이다. 드워킨은 각각의 사람들이 삶에서 이용할 수 있는 자원이 평등해야 한다는 본다. 그는 복지의 평등을 사후적 ex post 평등으로, 자원의 평등을 사전적 ex ante 평등으로 특징짓는다. 사전적 평등을 추구하는 정부는 사람들이 불평등해질 수 있는 운의 부침 이전에(좋은 운이나 나쁜 운이라고 할 수 있는 사건이 발생하기 이전에) 사람들을 동등한 위치에 놓으려고 최선을 다한다는 것이다.

다) 선택(소망)에 민감하고 여건에 둔감한 분배 원리

드워킨은 '선택choice에 민감하고 여건circumstances에 둔감한 분배'가 이상적인 분배적 정의라고 본다. 그래서 그는 평등한 배려에 입각한 윤리원칙 즉 '평등한 중요성의 원칙'과 '특별한 책임의 원칙'을 토대로 '선택에 민감하고 여건에 둔감한 분배의 원리'를 제시하고자 한다.

드워킨은 '선택에 민감한' 분배 원리를 구상하기 위해서 '경매auction'제도를 활용한다. 먼저 가상적인 시초 상황(무인도)에서 자원은 경매를 통해서 평등하게 분배될 수 있다. 경매를 통해서 자원을 평등하게 분배하는 기준은 '선망검사envy test'이며 '선망'은 '기회비용opportunity cost'에 의해서 측정된다. 선망검사를 하는 것은 공동체의 구성원들이 다른 구성원의 자원에 대해 선망하지 않을 때(개인의 기회비용 총합이 모두 동일할 때) 자원이 평등하게 분배되었다고 보기 때문이다. 그러나 그 이후의 거래나 새로운 자원이 생산되고 분배되는 과정을 통해서 사람들이 갖고 있던 원래의 자원의 양은 유지되지 못하고 차이가 발생한다. 그러나 이렇게 생기는 차이 중에는 불평등한 상황이 되는 차이가 있는가 하면, 자원이 불평해졌다고 볼 수 없는 차이도 있다. 드워킨은 사람들 사이의 자원의 차이가 오직 그들의 선택에 기인한 것이라면 그 차이는 분배에서의 불평등이라고 볼 수 없다는 것이다. 이것은 '특별한 책임의 원칙'이 적용되고 있다는 것을 의미한다. 여기서 주의할 사항은 드워킨의 선망검사는 단순히 주어진 시점에서의 자원의 양이 아니라 그가 선택한 삶 전체에서 그가 쓰게 되는 자원의 양을 비교하는 것이다.[172] 자원평등론에서는 자원이 사람들의 선택에 따라서 차이가 나는 것 즉 '선택에 민감하게choice-sensitive' 되는 것을 허용하며, 이 원리를 '소망에 민감하다ambition-sensitive'고 말하기도 한다. 사람들의 선택은 인성personality에 의해서 이루어지고, 인성은 소망ambition과 성품character으로 구성되는데, 소망은 전반적인 인생계획과 기호·선호·신념들을 포함하고 있다. 소망은 하나의 선택에서 선택의 이유나 동기를 제공한다.

   드워킨은 '여건에 둔감한' 분배 원리를 구상하기 위해서 '보험insurance' 제도를 활용한다. 앞에서도 보았듯이 사람들이 갖게 되는 자원의 양은 선택에서 차이가 날 뿐만 아니라 능력에 의해서 차이가 날 수도 있고 순수한 운에 의해서도 차이가 날 수도 있다. 드워킨은 인격person과 여건circumstances을 구분한다. 인격은 인성personality의 특징(소망과 성품)을 포함하고 있으며, 여건은 그

---

172) 드워킨은 자원평등론을 출발문(starting-gate) 이론과 구별하고 있다. 출발문 이론은 정의가 평등한 시초의 자원을 요구한다고 주장하고 그 이후에 정의가 요구하는 것은 자유방임이라고 주장하는데, 이것은 아마도 재화나 그런 종류의 어떤 것에 그들의 노동을 섞음으로써 재산을 획득한다는 로크적 이론의 한 버전이라고 볼 수 있다고 본다(Dworkin, 2005).

가 쓸 수 있는 '협의의 자원resources'과 '재능과 능력'을 포함하고 있다. 즉 여건 속에 포함된 것은 '비개인적 자원(협의의 자원)'과 '개인적personal 자원'으로 나눌 수 있다. '개인적 자원'에는 육체적 능력, 정신적 능력, 건강, 재산축적 재능 등(재능과 능력)이 포함된다. '비개인적 자원'은 한 사람에게서 다른 사람에게로 재분배될 수 있는 자원들로서 '재산'과 법적 체계 아래서 그 재산을 사용하도록 그에게 제공되는 '기회'들을 말한다. 그래서 자원의 평등은 '비개인적 자원의 분배에서의 평등'을 의미하며, 드워킨의 자원평등론은 사람들의 비개인적 자원이 그들의 선택에는 민감하고choice-sensitive 그들의 여건에는 둔감하게insensitive to their circumstances 만드는 것을 목적으로 한다. 비개인적 자원의 분배를 여건에 둔감하게 한다고 할 때 그 여건은 사람들이 개인적으로 가지고 있는 '자원'이나 '능력'을 말하지, 그 사람의 주변 상황을 말하지는 않는다.[173]

드워킨은 여건에 둔감한 분배를 검토하기 위해서 운luck의 성

---

[173] 염수균은 <자유주의적 평등(soverign virtue)>을 번역하면서, 그 책의 주요 내용을 요약하는 '드워킨의 정치철학'을 첨부하고 있다. 드워킨의 이론이 난해하기 때문에 쉽게 정리해서 독자들의 이해를 돕기 위한 것으로 보인다. 그런데 '드워킨의 정치철학' 속에는 '여건'에 대해서 두 가지로 정의하고 있다고 한다. 드워킨의 '자원의 평등'은 비개인적 자원의 분배에서의 평등을 의미한다. 그런데 드워킨의 자원평등론은 사람들의 비개인적 자원이 그들의 선택에는 민감하고, 그들의 '여건'에는 둔감하게 만드는 것을 목적으로 삼는다고 말한다. 이때의 여건은 그의 '개인적 자원(재능과 능력)'으로서의 여건이라고 본다고 한다(여건의 개념을 협의로 사용하고 있다). 또한, 드워킨은 자원의 평등이 일반적으로 지향하는 바는 적합한 버전의 선망검사 아래에서 '여건'을 평등하게 하는 것이라고 말하기도 한다. 이때의 여건은 '개인적 자원과 비개인적 자원'을 모두 포함하는 것이다(여건의 개념을 광의로 사용하고 있다). 이렇게 여건의 개념을 광의와 협의로 상이하게 사용하고 있어 혼동을 초래하고 있다. 아무튼, 드워킨 자신이 비개인적 자원의 분배를 여건에 둔감하게(insensitive to their circumstances) 한다고 할 때 그 '여건'은 사람들이 개인적으로 가지고 있는 '자원'이나 '능력'(광의의 여건)을 말한다(Dworkin, 2005).

한편 하이트(S. White)는 드워킨의 자원이라는 개념(여건과 동일하게 사용) 자체에도 문제가 있다고 지적한다. 드워킨은 일상적인 의미의 '자원의 결여'뿐만 아니라 일정한 종류의 복지를 위한 '역량의 결여'도 포함하여 '자원의 불리함'이라고 지칭하여 논점을 흐리게 하고 있다고 비판한다(White, 2017). 화이트의 견해가 타당해 보인다.

격과 영향을 고찰하면서 시작한다. 그는 운을 '선택적 운option-luck'과 '눈먼 운brute-luck'으로 구분한다. 선택적 운은 심사숙고하여 스스로 선택한 것이, 손익에 영향을 미치는 경우를 말하며, 주식에 투자하여 이익을 보거나 손해를 보았다면 그것은 '선택적 운'에 해당된다. '눈먼 운'은 개인의 숙고적 판단과는 무관한 다른 요인이 손익에 영향을 미치는 경우를 말하며, 길을 지나가던 사람이 벼락을 맞았다면 '눈먼 운'에 해당된다. 선택적 운과 눈먼 운은 경매를 통해 완성되었던 자원의 평등을 위협하는 것이다. 그렇다면 운에 대해서 어떻게 보상해야 평등한 배려를 실현할 수 있는가? 드워킨은 선택적 운은 특별한 책임의 원칙에 따라 보상의 대상이 될 수 없고, 오직 눈먼 운에 의한 차이는 불공정한 것으로 생각하며 이것은 보상의 대상이 된다고 본다. 자원의 차이에 영향을 주는 눈먼 운(악운)의 중 대표적인 것은 장애나 질병·자연적인 재능이나 그것에게서 영향을 받는 기술의 부족 등이며, 이런 것들에 의해서 나는 차이는 선망검사를 통과하지 못하기 때문에 불평등한 것이며 자원의 평등은 그것의 시정을 요구한다. 드워킨은 이렇게 발생하는 차이가 불공정한 것이라도 그 차이를 없앨 수는 없다는 점을 분명히 한다. 문제는 그것들을 얼마만큼 시정해야 하는지인데, 시정의 정도를 정하기 위해 제시하는 장치가 보험제도이다. 눈먼 운이 자원의 평등에 영향을 미치는 때(불평등이 발생하는 경우)에 일차적으로는 보험을 통해서 해결(보상)하고자 한다. 눈먼 운에 의한 손실이라고 하더라도 만일 악운에 대비하여 보험에 들 수 있었다면, 보험에 들었을 경우에만 그 손실을 보상해 줄 수 있다고 말한다. 악운에 대비한 보험에 들 수 있었는데도 보험에 들지 않았을 때 악운을 당했다면, 그가 당한 불운(보험금을 받지 못하는 불운)은 선택적 불운이기 때문에 이를 보상해 주는 것이 공정하지 않으며 보상할 것을 받을 수 없다는 것이다.[174] 가령 어떤 사람이 경매 이후에 자신이 희귀병에 걸릴 가능성에 대비해서 일부의 자원을 (보험을 구매하는 데) 사용했다면 그의 눈먼 운은 선택적 운에 의해서 보상을 받게 되는 것이다(선택적 운으로 전환되는 셈이다). 그런데 장애나 질병에 대비한 보험에 들지 못했다 하더라도 현실 속에서 보험을 선택할 기회가 없거나(선천적 장애) 불평등했기(위험한 직업) 때문에 보험에 들지 못한 사람들에게는 평등은 이를 보상할 것을 요구한다고 주장한다. 드워킨은 현실에서 보험에 들 수 없던 사람에게 보상해 줄 때는 보험 시장이 없으므로 보험 시장을 통한 보상이 아니라 정부의 재분배 정책에 의해서 이루어져야 한다고 주장한다. 그렇지만 재분배를 위한 세금이나 보상의 수준은 가상적인 평등한 보험 시장을 통해서 정할 수 있다고 본다. 드워킨은 재분배 체계를 그런 가상적인 보험 시장에 근거하여 설계하려는 자신의 방법을 '가설적 보험 접근법hypothetical insurance approach'이라고 부른다. 드워킨은 재능의 부족으로 생기는 차이도 장애와 같은 방식으로 보상해 줄 수 있다고 생각한다. 재능에 대비한 보험은 장애 보험과는 달리 보험계약자가 소유하고 있는 시초의 자원이 아니라 보험계약 이후 정해진 기간에 버는 미래의 소득에서 보험료(보험증권의 소유자가 버는 것으로 밝혀진 수입에 따라 증가하는 비율로 정하는 누진적 보험료)를 지불하게 한다. 가설적인 보험시장에서 도달하게 될 평균 보장 수준과 그 수준이 요구하는 보험

---

174) 보험은 '눈먼 운'과 '선택적 운'을 연결하는 고리라고 한다(Dworkin, 2005).

료를 정하면, 그것을 근거로 해서 누진적인 소득세 비율을 정하고 추정된 보장 수준으로 벌 수 있는 능력이 없는 사람들에게 그 수준과 그들이 벌 수 있는 것 사이의 차이를 지불함으로써 재분배할 수 있을 것이다. 이러한 가설적인 보험 접근법과 이에 근거한 조세체계는 눈먼 운의 결과를 완전히 제거하는 것이 아니라 완화하는 것이지만, 사람들이 악운을 당할 사전적 위험에서 평등하게 만드는 것을 목적으로 한다고 본다(Dworkin, 2005).

라) 자유적 평등을 실현하는 급진적 방책들

드워킨이 의도하는 사전적인 평등을 실행하기 위해서는 우리 사회에 이미 굳게 확립된 경제적 분업에 대한 대대적인 공격이 필요하다. 그러나 드워킨 본인은 이를 달성하기 위한 그 어떠한 구체적인 정책방안도 제시하지 않고 그의 정책적 처방은 놀라울 정도로 보수적이라고 한다. 몇몇 이론가들이 드워킨의 자유적 평등을 실현할 수 있는 보다 급진적인 방책을 제안하고 있다. 이를 네 가지(기초자금공여, 기본소득, 보상적 교육, 평등주의적 경제기획)로 구분해서 소개한다.[175]

첫째는 모든 사람에게 자금을 지급하는 '기초자금공여 사회 stakeholder society'다. 브루스 애커만Bruce Ackerman은 부유세 2%에 의해서 조달되는 돈을 통해 모든 사람에게 고등학교를 졸업할 때 한 번에 일괄 지급되는 8만 달러라는 '자금stake'을 주는 것을 제안했다. 사람들은 이 돈을 자기에게 적합한 방식(교육 훈련이나 기술훈련, 주택 구매나 사업자금, 증권투자, 선호하는 소비

---

175) 드워킨의 자원평등론을 그대로 실천하기 위해서는 엄청난(혁명적인) 변화가 요구되기 때문에 자유민주주의 체제에서 이를 구체화하는 정책을 마련하는 것이 현실적으로는 불가능할 수도 있을 것이다. 이들 네 가지 급진적인 방책들도 미흡한 점이 많기 때문이다.

나 여가 활용 등)으로 쓸 수 있다. 이러한 전략은 생산적인 자산이나 시장성 있는 재능을 획득하려고 하는 젊은이의 능력에서의 현존하는 불평등을 줄여줌으로써 분배가 여건보다는 선택을 더 정확하게 반영하는 것을 보장하는 데 도움이 될 것이다. 이는 18세기의 토마스 페인까지 거슬러 올라가는 발상이라고 할 수 있으며, 다른 이론가들도 이와 유사한 기획을 제안하고 있으나 자금을 사용할 수 있는 목적에 제한을 두고 있는 경우가 많다(소비나 여가 제외 등).

둘째는 누구에게나 무조건적인 기본소득을 지급하는 '기본소득제basic income'이다. 필립 반 파리스Phillipe Van Paris는 직업이 있건 없건 상관없이 누구에게나 주어지는 보장된 형태의 무조건적인 기본소득(가령 연간 5천 달러 정도)을 지급할 것을 주장했다. 기본소득제는 앞에서 살펴본 기초자금공여 기획의 간소한 변형으로 볼 수 있다. 그런데 기본소득은 자신에게 주어진 원금을 돈으로 바꾸는 것을 허용하지 않는다는 점에서 기초자금공여 기획과 상이하다. 그래서 기본소득은 기초자금에 대한 연간 이자로 볼 수 있다.[176] 이것은 젊은이들의 경우에 자신의 자금을 한꺼번에 '날려 버릴' 수 있을지도 모른다는 우려를 완화시킬 수 있다. 하지만 보장된 소득을 갖는다는 것도 대출을 용이하게 만들기 때문에 여전히 생산적인 자산이나 교육이나 훈련에 투자할 수 있는 사람의 능력을 평준화시키는 데 도움이 될 수 있다고 본다. 기본소득제를 국가 단위에서 실시하는 나라는 핀란드이며 2017년부터 2년간 임의로 선정된 실업자 2,000명에게 월

---

176) 여기서 말하는 기본소득제는 원금을 지급하고(원금은 사용할 수 없다), 그 이자를 기본소득으로 하는 형식이기 때문에, 오히려 기초자금 공여제에 가깝다고 볼 수도 있다.

560유로(한화 약 70만 원)를 지급하였다. 기본소득제는 각종 사회보장정책을 기본소득으로 통합하면 행정비용을 줄이고 복지와 관련된 정부의 개입을 최소화할 수 있는 장점이 있다고 한다. 그러나 비판자들은 사회보장제도를 재구성함으로써 강력한 노동 동기를 부여해서 고용효과를 높이려는 목적을 달성할 수 없고, 저소득층에 대한 소득재분배 효과가 크지 않으며, 최저보장소득 수준만큼 기본소득을 지급하기 위해서는 국민 대다수의 세금부담이 급격하게 높아질 것이라고 주장한다.[177]

셋째는 불리한 여건에 처한 아이들에 대한 '보상적 교육compensatory education'이다. 존 뢰머John Roemer는 빈곤한 가정 및 단체 출신 아동의 교육에 대한 '보상적인' 지출을 주장했다. 현재 대부분의 서구에서 모든 아동의 교육에 어느 정도 평등한 투자를 하고 있다는 것은 의미심장한 평등주의적 위업이다. 하지만 아직도 부유한 가정의 아이들은 일반적으로 교육과 기회에 있어서 더 많은 이점을 받는다는 점에서 모든 아이에게 평등한 공적인 투자를 하는 것이 꼭 기회 평등을 만들어내지는 못한다는 것이다. 부유한 부모들은 자신부터 더 많은 교육을 받았을 가능성이 큰 점에서 교육을 중요시할 것이고, 자녀의 교육에 더욱 많은 시간과 자원을 투자할 의지와 능력이 있을 것이다. 그러므로 진정한 기회의 평등을 제공하려면 불리한 여건에 처한 아이들의 교육에 대해 보상적 지출을 해야 한다는 것이다. 뢰머는 미래에 돈을 벌 기회를 평준화시키고자 한다면 흑인 아동 1인당 백

---

177) 존 뢰머(John Roemer)는 '자금' 모형과 '기본소득' 모형을 결합해서 '쿠폰 자본주의 (coupon capitalism)'라는 명칭의 정책을 제시했다고 한다. 이는 국가가 청년들에게 유가증권 목록을 제공하고, 그 수익을 배분하는 것이다. 이 유가증권 목록은 돈으로 교환될 수 없고 소유자의 사망 시 정부로 회수되어 다음 세대에게로 순환된다(Kymlicka, 2006).

인 아동에 비해 10배의 돈을 지출하는 것을 수반할 것으로 추정한다.

넷째는 여건적 요소의 영향을 무력화시키는 '평등주의적 기획 egalitarian planning'이다. 존 뢰머는 드워킨의 이론을 적용할 수 있는 또 다른 접근방식으로서 '평등주의적 기획자'라고 부르는 정책을 제안했다. 뢰머는 개인의 수준에서 선택과 여건을 정확하게 구분하기는 어렵지만, 사회적 수준에서 특정한 여건적 요소의 영향을 무력화시키려고 노력할 수는 있다고 주장한다. 우선 사회에서 모든 사람이 여건에 의한 것이라고 동의할 수 있는 요소들(가령 나이, 성별, 인종, 신체적 장애, 경제적 계급 혹은 부모의 교육 수준)의 목록을 결정한다. 그런 다음에 이러한 요소에 근거해서 사회를 집단 내지는 '유형'으로 나눈다. 예컨대 60세의 신체적으로 건강한 백인 남성으로서 부모가 대학교육을 받은 사람들이 하나의 유형이 될 수 있다. 각각의 유형 내부에는 사람들이 소득과 부에 따라서 상당히 다양하게 분포되어 있을 것이다. A 유형과 B 유형 내의 소득의 상위 10%, 상위 20%, 상위 30% 등의 실제 소득을 각각 구분한다. 예컨대 A 유형의 상위 10%의 소득은 B 유형의 상위 10%의 소득보다 네 배나 많은 차이를 보일 수도 있다. 여기서 뢰머는 각각의 유형 내에서의 불평등은 일반적으로 선택(소망)에 민감하다고 받아들일 수 있고, A 유형과 B 유형 사이의 불평등은 선택이 아닌 여건에 의한 것이라 할 수 있다는 것이다. A 유형의 상위 10%의 소득과 B 유형의 상위 10%의 소득 사이의 격차는 선택이 아닌 여건에 의한 격차이며, 각 유형 사이의 다른 구간의 소득 격차도 마찬가지라는 것이다. 그래서 유형에 상관없이 동일한 변수 구간(상위 10%)

에 있는 사람들은 모두 동일한 소득을 가져야 한다는 것이다. 물론 이 모형은 사회적으로 가장 두드러진 형태의 여건만을 고려해서 유형을 분류하고 있고, 각 유형의 몇몇 구성원은 자신의 유형에서 대부분이 누리는 혜택을 받지 못할 수도 있다(부유하고 충분한 교육을 받았으나 자식 교육에 무관심한 부모 밑에서 자란 아이의 경우)는 문제가 발생할 수도 있다. 그러나 이렇게 하면 어느 정도까지는 여전히 사람들이 자신이 내린 선택에 대해서 책임을 지는 것을 보장하면서 비선택적인 여건들의 영향을 무력화시키고 있다는 것이다(Kymlicka, 2006).

3) 센의 역량 중심적 접근

가) 정의의 아이디어 the idea of justice

아마르티아 센Amartya Sen[178]은 18~19세기의 유럽 계몽주의 시대에 사회정의에 관한 논의는 두 가지 계통으로 나누어졌다고 본다. '선험적 제도주의'와 '실현 중심적 비교'이다. '선험적 제도주의'는 넓게는 '장치arrangement 중심적 접근'이라고 할 수 있으며, 두 가지의 특징을 가지고 있다. 첫째, 선험적 제도주의는 정의와 부정의의 상대적 비교가 아니라, '완벽한 정의'라고 여겨지는 것에만 주의를 기울인다. 정의에 관해 초월할 리가 없는 사회적 구조만을 규명하려고 하며, 실현 가능한 사회들을 비교하는 것은 관심이 없다. 둘째, 선험적 제도주의는 완벽을 추구하며 주

---

[178] 아마르티아 센은 인도가 낳은 경제학자이자 사상가로서 불평등과 빈곤 연구의 대가이자 후생경제학의 거목이다. 현재 하버드 대학 교수로 재직 중이며, 아시아인 최초로 노벨경제학상을 수상했다(Sen, 2019).

로 '제도'를 바로잡는 데 집중하고 궁극적으로 출현하게 될 실제 사회에는 직접 초점을 맞추지 않는다. 이에 대조를 이루는 실현 중심적 비교는 사회적 실현과 관계되는 다양한 '비교론적 접근법'을 취했다. (이들에 관한 약간의 과장을 무릅쓴다면) 실현 중심적 비교는 완벽히 공정한 사회의 선험적 추구에 국한하지 않고, 이미 존재했거나 실제 출현할 가능성이 있는 사회를 비교하는 데 참여했다. 또한, 실현 중심적 비교는 보통 완벽한 정의를 추구하기보다는 그들이 본 세계에서 '명백한 부정의'를 제거하는 데 주된 관심이 있었다.

현대의 뛰어난 정의론자 대다수(롤즈, 드워킨, 고티에, 노직 등)는 대체로 '선험적 제도주의'의 경로를 선택했지만, 아마르티아 센은 '실현 중심적 비교'의 연구를 시도한다. 그래서 그는 선험적 노선이 아닌 비교론적 노선을 택하며, 제도 및 규칙에만 골몰하는 것이 아니라 관련 사회에서 실제 실현된 것에 초점을 맞춘다. 비교론적 노선은 이중효과를 갖는다고 주장한다. 첫째로 선험적 노선은 실현 가능성이 없고 '불필요하다'라는 것이다. 유일한 선험적 합의는 실현이 어렵고, 정의에 관해서 복수의 추론이 가능하다는 것이다. 또한, 선험적 접근은 대상들이 서로 다양한 차원을 가지고 있고, 서술적 유사성이 가치적 유사성과는 상이하므로[179] 선택지들을 비교하는 데 도움을 주지도 못하며 불필요하다는 것이다. 둘째로 제도의 선택이나 이상적인 사회적 장치의 판별에 국한되지 않는 실현 중심적 이론이 '필요하다'

---

179) 적포도주를 좋아하는 사람에게는 서술적인 의미에서는 '순수 적포도주'·'적포도주와 백포도주의 혼합물'·'순수 백포도주'의 순으로 유사성이 있지만, 실제의 선호에서는 '적포도주'를 제일 좋아하고 그다음에는 '적포도주와 백포도주의 혼합물'보다 '백포도주'를 더 좋아할지도 모른다는 것이다(Sen, 2019).

라는 것이다. 실현 중심적 이론은 정의를 성과에 기반을 두어 이해하기 때문에 사람들이 실제로 꾸려나가는 '인간의 삶'을 포함할 수 있다. 또한, 삶의 본질을 이야기할 때 성공하는 일들뿐만 아니라 다양한 삶의 방식 가운데 선택해야 하는 '자유'에 관심을 두게 된다. 그리고 사회적 실현은 효용이나 행복이 아니라 삶들이 실제로 갖는 '역량'에 따라 평가된다. '역량 중심적 접근'은 인간이 결국 얻게 될 기쁨이나 효용을 무시하지 않고 인간이 향유하는 실질적인 자유에 주목함으로써 인간의 삶을 포괄적으로 파악하며, 역량은 무엇인가를 행하는 힘이므로 그 능력(힘)에서 비롯되는 책임과 관련되며 자신의 행위에 대한 책임을 부과한다는 것이다.

나) 롤즈와 드워킨에 대한 비판

아마르티아 센은 롤즈의 정의론의 긍정적 교훈을 인정하지만 롤즈의 정의론이 가지고 있는 난관과 문제점을 지적한다. 우선 롤즈의 이론은 두 가지 중요한 문제를 가지고 있다고 비판한다. 첫째는 자유의 전면적 우선성을 극단적으로 논의해 왔다는 것이다. 예컨대 우리는 기아와 의료 방치가 어떤 종류의 자유 침해보다 예외 없이 덜 중요하다고 생각하지 않는다. 자유가 우선권을 가져야 한다는 것은 받아들일 수 있지만, 무제한적 우선권은 지나치다. 어떤 사항에 대해서 부분적 우선권을 부여할 수 있는 가중치 전략weighting scheme이 있다는 것이다. 둘째는 차등의 원칙에서 롤즈는 사람들이 갖는 기회에 관하여 기본가치를 넉넉한 생활로 변화시키는 능력이 삶에 따라 크게 다르다는 점을 고려하지 않고 그들이 갖는 재력에 따라서만 판단한다는 것이다.

예컨대 지체장애인은 동일한 수준의 소득이나 기타 기본가치를 가진 건강한 사람보다 가능한 일이 훨씬 적다. 임산부는 임산부가 아닌 사람보다 특히 더 많은 영양지원이 필요하다. 기본가치와 여러 일을 해낼 역량으로 변화시키는 것은 서로 다르며, 기본가치 대신에 자유와 역량의 실제적 평가에 역점을 두어야 한다는 것이다.

이 밖에도 롤즈식 접근에는 지금까지 드러나지 않았던 다른 문제들도 있다고 본다. '실제 행동의 불가피한 타당성', '계약론적 접근에 대한 대안', '글로벌한 관심의 타당성' 등이다.[180]

---

180) 첫째로 사회계약적 접근을 통한 공정성의 실행은 유효한 제도와 실제 행동적 특징 양쪽에 의존하려는 '정의 사회'에 초점을 맞추기보다는 '공정한 제도'에만 집중한다. 그런데 사회적 선택이론은 사회제도와 공적 행동 패턴의 조합을 그것이 이끄는 사회적 결과와 실현에 근거하여 평가하려고 한다. ① 사회적 선택이론은 (실제 행동 패턴을 비롯한) 사회적 특징이 주어졌을 때 어떤 제도를 선택함으로써 기대되는 실제 사회적 실현을 무시할 수 없다는 것이다 (사람들에게 실제로 일어나는 것이 정의론의 중심적 관심사가 된다는 것이다). ② 설령 만장일치의 합의를 통한 기본적인 사회제도의 선택이 '합당한' 행동(혹은 '공정한' 행동)을 식별하리라고 인정할지라도, 각자의 행동이 그 식별한 합당한 행동과 완전히 일치할지 장담할 수 없는 세계에서, 선택된 제도가 어떻게 작동하느냐 하는 커다란 문제가 여전히 남는다. 롤즈의 체계에서는 정의의 두 원칙을 선택함으로써 올바른 제도가 선택되는 것과 각자가 실제로 적절히 행동하는 것 모두가 보장된다고 여겨지며, 개인심리학과 사회심리학은 정치 윤리학에 철저히 의존이게 된다.

둘째로 롤즈는 사회계약을 낳는 추론법을 '(모든 구성원에 대해 집계된 최고의 선이자 포괄적 교의에 의해서 특정된 완전한 선을 낳는 데 초점을 맞추는) 공리주의적 전통'과 비교한다. 그러나 이러한 대비는 계약론적이거나 공리주의적이지 않은 다른 접근들을 간과해버렸다. 예를 들어 아담 스미스의 '공평한 관찰자'라는 장치를 통해 공정의 문제를 다루면 롤즈의 추론으로는 곤란한 몇몇 가능성이 열린다. 스미스식 추론을 통해 다룰 수 있는 사항들은 다음과 같다. ① 단순히 선험적 해법을 식별하는 데 그치지 않고 비교적 평가까지 나아가는 것. ② 제도와 규칙의 요구뿐만 아니라 사회적 실현에도 주목하는 것. ③ 사회적 평가의 불완전성을 허용하면서도 분명히 드러난 부정의의 제거 등 사회정의의 중요한 문제에 관한 지침을 제공하는 것. ④ 계약론적 집단 밖 사람들의 목소리에 귀를 기울여 그들의 이익을 고려하거나 지역적 편협성에 빠지지 않도록 하는 것 등이다.

셋째로 롤즈식 추론에서는 정의의 추구에 참여하는 사람들은 주어진 정치공동체의 구성원 즉 국민(people)으로 불가피하게 한정된다. 롤즈의 원초적 입장을 세계주의적으로 확장하여 글로벌 사회를 위한 공정한 제도를 마련할 가능성 즉 세계정부의 실현성은 심히 의심스럽다. 그럼에도 불구하고 한 국가 내의 정의를 평가하는 데 그 국가 외부의 세계가 개입할 수밖에 없는 상황에 이르렀다. ① 한 국가에서 일어난 일이 그리고 그 제도가 작동하는 방식이 다른 국가에 영향을 미치고 때로는 엄청난 결과를 초래할 수밖에 없다는 것이다(국제 테러 활동이나 그것의 저지, 미국 주도의 이라크 침공 등). ② 각 국가나 사회는 더 글로벌한 정밀

아마르티아 센에 의하면 롤즈는 정의 원칙에서 기본가치의 지표를 통한 자원의 관점을 채용하여 자원과 역량 간의 '변환의 다양성'을 실질적으로 무시한 반면에, 로널드 드워킨(자원평등론)은 자원의 관점을 이용했지만 교묘한 시장 지향적 사고(가상적 보험시장)를 통해 '변환의 다양성'을 명시적으로 주목할 여지를 남겼다. 드워킨은 그의 '자원평등론'이 실질적인 자원의 평등에 기초한 가능한 가장 공정한 것이라고 주장한다. 그러나 역량 기반 접근에 관해서는 역량의 평등은 결국 복지의 평등을 의미하거나(이 경우 형평성을 잘못 이해한 것이라고 주장한다) 아니면 그의 '자원평등론'과 동일한 해결책을 의미한다(이 경우 역량 접근의 추구에는 아무런 이점도 없다고 주장한다)고 비판한다.

아마르티아 센은 '드워킨의 역량 중심적 접근에 대한 비판'을 반박하면서, 드워킨이 주장하는 자원평등론을 몇 가지 관점에서 비판한다. 첫째, 역량의 평등이 복지의 평등과 동일하다는 주장을 비판한다. 역량의 평등이 '복지 역량의 평등'과 동일하다고 할지라도 그것이 '복지의 평등'과 동일할 수는 없다(역량과 달성은 차이가 있다). 그런데 사실은 역량적 관점은 '복지의 평등'도 아니고 '복지 역량의 평등'도 아니라는 것이다(역량적 관점을 제시한 것은 롤즈의 '기본가치 집중'과 대비시키는 것과 더불어 모든 '복지 기반 접근'에 맞서기 위해서 주장되었다). 둘째, 자원의 평등은 (아리스토텔레스가 말했듯이) '단지 다른 것에 도움이 될 뿐'이며, 자원의 평등은 역량의 평등에 이르는 방법에 불과하다는 것이다. 드워킨의 자원 평등은 정확히 표현하

조사를 요하는 지역적 신념을 가질 수 있다는 것이다(여성의 불평등한 지위, 고문, 사형의 용인 등)(sen, 2019).

면 간접 역량'이라고 볼 수 있으며, 보험 시장이 드워킨의 자원 평등의 방식 아래 모두가 동일한 역량을 가지는 방식으로 작동해야 역량 평등과 일치할 수 있다. 아무튼, 중요한 것은 '수단적 달성인 동일한 자원'보다는 동일한 '본질적인 자유나 역량'을 갖는 것이다. 셋째, 보험 시장은 특정 대상을 다른 것보다 더 쉽게 다룰 수 있으므로 양쪽(자원의 평등과 역량의 평등)이 실제로는 일치하지 않을 수도 있다. 역량의 불리함은 (장애아와 같은) 개인적인 특성뿐만 아니라 (상대적 빈곤과 같은) 상대적·환경적 특성에서도 비롯된다. 그런데 개인 대상의 보험 시장에서 그러한 비개인적 특성을 고려하는 것은 쉽지 않다는 것이다. 또한, 불일치가 가능한 또 다른 이유는 빈곤의 개인차를 평가하는 것이 역량 중심적 접근에서는 '공적 추론'의 주제인 반면에, 드워킨의 보험 시장에서는 원자론적 참가자(개개인의 평가 간의 상호작용)에 맡겨지는 데 있다(시장이 평가의 역할을 맡지만, 공적 추론이나 쌍방적 토론은 없다). 넷째, 드워킨의 초점은 다른 선험적 제도주의의 접근과 마찬가지로 한 번에 완벽히 공정한 제도에 다다르는 데 맞춰져 있다. 하지만 (부정의의 극단적인 경우를 제거함으로써 정의를 촉진하는 과제를 다룰 때는) 완벽히 공정한 제도 (혹은 그러한 제도에 대한 합의)를 달성할 희망이 없을 때도 '부분적 순위 짓기'라고 불려 온 것을 이용할 수 있다. 다섯째, 드워킨은 그의 제도론에 필요한 효율적이고 완전 경쟁적인 시장균형이 단 하나 존재한다는 것이 문제가 되지 않는다고 여긴다. '일반균형' 이론의 경제학적 연구가 막대한 곤란을 초래한다는 것을 우리는 잘 알고 있지만, 그는 별다른 방어 논리 없이 가정만을 할 뿐이다. 실제로는 정보적 한계(특히 정보의 불균형), 공공재의 역할, 규모의 경제 등과 관련된 많은 문제가 보험시장에 특히 강하게 적용된다.

드워킨의 접근에는 제도적 원리주의가 존재하고, 그의 추정에는 보험 기반 자원 재분배의 규칙에 합의하기만 하면 다양한 사람들이 향유하는 실제 결과와 실제 역량에 관해서는 무시해도 될 것이라는 무지가 만연해 있다. 그러나 정의를 촉진하고 부정의를 제거하기 위해서는 (무엇보다 사적 소득과 공공재를 다루는데) 무엇이 보증되는지, 제도가 실제로 어떻게 기능하는지, 사태가 어떻게 개선될 수 있는지에 대한 '공적 토론'에 기초하여 제도적 선택·행동 조정 그리고 사회적 장치의 수정 절차가 공동으로 관여해야 한다. 아마르티아 센은 결정적인 시장 기반의 제도 선택이 보증하는 미덕에 의존하여 쌍방적 공적 추론을 멈출 필요는 없다고 주장한다.

다) 사회적 선택이론

아마르티아 센은 '선험적 접근'과 '비교적 접근'을 비교하면서 완벽히 공정한 사회적 장치의 선험적 식별은 다른 선택지들을 순위 매기는 방식에 도움이 안 되며, 식별 가능한 완벽한 선택지의 가능성이 그 밖의 두 선택지 간 우열을 판단하는 데 필요하거나 유용한 것은 아니라고 본다. 또한, 역으로 비교적 접근을 통해서 공정한 사회란 무엇인가라는 물음에 대한 답을 반드시 이끌어 내는 것도 아니라고 본다. 사실 정렬 순위(예컨대 유한 집합에서의 완전하고 추이적인 순서)의 경우에만 쌍별 비교의 집합은 항상 최선의 선택지를 식별할 수 있다고 확신할 수 있다.

사회적 선택이론은 무엇보다도 '사회적 실현'에 초점을 맞추고 있다는 장점이 있다. 제도적인 접근과는 대조적으로 사회적 선택이론은 상황이 어떤지 또는 장치가 공정하다고 여겨질 수 있는지를 평가하기 위해 실제 사회의 상태에 폭넓게 주목한다. 물론 공리주의도 이러한 관점을 취하지만 공리주의는 사회의 상태를 평가할 때 발생할 효용이라는 좁은 관점에 국한된다. 그러나 사태를 평가할 때 이용된 과정의 심대한 영향을 무시하면서 오로지 효용 혹은 종국 상태end state에만 의존할 필요는 없다. 사회적 실현은 결과와 관련되는 개념이기는 하지만 이때의 결과는 '최종적 결과'보다는 '포괄적 결과comprehensive outcomes'에 주목하며[181] 특히 결과에 대해서 민감하다고 해서 사태를 평가할 때 행위 주체와의 관계에 둔감하지 않고 행위 주체와 관련된 관심과 행위 주체와 무관한 관심 모두를 주목한다.

사회적 선택이론은 '사회적 실현에 대한 초점'에 덧붙여 정의론과 관련된 일곱 가지 주요한 공헌들이 있다. 첫째, 선험적이 아닌 '비교적인 것'에 초점을 맞추는 것이다. 사회적 선택 접근이 정의론에 가장 크게 기여한 점은 비교평가와 관련성이 있다(선험적인 틀과는 달리 선택되어야 할 것과 내려야 할 결정의 배후에 있는 현실적인 이유에 집중한다). 둘째, 대립하는 원칙들의 '불가피한 복수성'을 인식하는 것이다. 사회적 선택이론은 사회적 정의 문제를 다룰 때 똑같이 주목해야 할 근거들이 복수로 존재한다는 것을 인정한다. 이들이 때때로 충돌할 수도 있지만 배제할 수 없는 원칙들을 지속하여 주목할 필요가 있다. 셋째, '재검토'의 용인과 촉진이다. 사회적 선택이론은 재평가와

---

[181] '최종적 결과'는 과정·행위 주체·이해관계와 별개로 보이는 단순한 결과를 말하고, '포괄적 결과'는 취해진 행동·관련된 행위 주체·이용된 과정 등을 포함하는 결과를 말한다(Sen, 2019).

추가적 정밀조사의 여지를 계속해서 만들어내고 있다는 것이다. 넷째, '부분적인 해결'의 허용 가능성이다. 사회적 선택이론은 아무리 완벽한 정의론일지라도 정의의 순위를 불완전하게 매길 가능성을 인정한다. 정의론은 두 부류의 불완전성 즉 잠정적 불완전성(시행상의 곤란)과 적극적 불완전성(개념과 가치관의 교착)을 가지고 있는데, 사회적 선택이론은 이러한 불완전성을 위한 여지를 남긴다. 다섯째, 해석과 정보투입의 다양성이다. 사회적 선택이론의 형식적 구조는 '대체 해석의 가능성'이 열려 있다. 일반적으로 학문으로서의 사회적 선택이론은 관점과 우선 사항의 다양성에 기초하여 사회선택의 총체적 판단을 이끄는 데 관심이 있다. 여섯째, 명확한 표현과 추론의 강조다. 완전하게 표현된 '공리'와 주의 깊게 확립된 전개의 '명료성'은 무엇이 가정되고 무엇이 도출되는지 알기 쉽게 만든다. 어느 정도 공리화를 추진할 것인가는 서로 대립되는 요구 즉 결정의 정확성과 논의의 복잡성에 주목할 필요성에 달려 있다. 사회적 선택이론은 이러한 상호작용을 밝히는 데 크게 이바지할 수 있다. 일곱째, 사회적 선택에서 '공적 추론'의 역할이다. 사회적 선택이론은 수학자들이 창시했지만, 공적 이성의 옹호와 밀접히 관련되어 있다. 사회적 선택에 있어서 형식적으로는 단순한 불가능의 결과인 것이 선호의 규범적 지위, 자유의 요건에 대한 이해, 추론 및 행동규범의 재검토 필요성을 포함하는 다양한 공적 추론을 유도할 수 있다.

라) 역량capability 중심적 접근

우리의 삶을 결정하는 자유는 우리가 소중히 여길 가치가 있는 삶의 한 측면이다. 자유는 두 가지 이유로 가치가 있다. 첫째, 자유로울수록 우리의 목표를 추구할 기회가 더 많아진다(자유의 기회적 측면). 자유의 이러한 측면은 우리가 가치 있다고 여기는 것을 달성하는 능력과 관계되며, 그 달성이 이루어지는 과정과는 관계가 없다(역량 접근은 기회적 측면과 관련된다). 둘째, 우리는 선택의 과정 자체를 중시할 수 있다(자유의 과정적 측면). 예컨대 타인이 부과한 제약 때문에 어떤 상태에 처한 것이 아니라고 확실히 해 두고 싶을 수 있다.

정의론은 사회를 판단하고 정의와 부정의를 평가할 때 세계의 어떤 측면에 집중해야 할지를 결정해야 한다. 여기에서 중요한 것은 개인의 전반적인 이익을 평가하는 방식이다. 공리주의는 개개의 행복이나 쾌락에 집중한다. 또 다른 접근은 개인의 이익을 소득, 부, 자원의 면에서 평가하는 것이다. 또 다른 접근은 '효용기반 접근'과 '자원기반 접근'과는 달리 '자유 기반의 역량 접근'이다. 역량 접근은 한 개인이 가치 있다고 여기는 것을 행할 역량으로 개인의 이익을 판단한다. 여기서 주의할 사항이 두 가지가 있다. 첫째, 역량 접근은 개개의 이익을 전반적으로 판단하고 비교할 때 '정보적 초점'을 이용하지만, 정보가 어떻게 이용될 수 있는지에 대해 그 자체로는 어떤 구체적인 방식도 제안하지 않는다는 것이다. 역량 접근은 개개의 이익에 관한 정보에 초점을 맞추지만, '사회의 조직방식에 대한 구체적인 설계'보다는 '기회의 측면'에서 판단하는 일반적인 접근이다. 둘째, 역량 접근은 우리의 삶과 관심이 가진 서로 다른 특징의 복수성과 불가피하게 관계되어 있다는 것이다. 우리가 관심을 두는 역량은 우리가 가치 있다고 여기는 것의 측면에서 서로 비교하고 판단할 수 있는 '기능의 다양한 조합'을 달성하는 능력이다.[182] 요컨대 역량 접근은 목적을 성취하기 위한 기회와 실질적인 자유보다 (기본가치와 같은) 수단에 주목하는 것을 바로 잡는데 특히 관련이 있다.

역량 접근의 중요한 특징은 다음과 같다. 첫째, 역량 접근은 '실제 달성'이 아니라 '달성 역량'에 초점을 맞춘다. 두 사람이 달성한 기능이 완전히 같은 경우조차 각 개인 간의 중요한 차이를 숨길 수 있고, 이 때문에 한 사람이 다른 사람보다 훨씬 불리할 수 있다(부유한 단식자의 영양 결핍과 빈곤자의 영양 결핍). 둘째, 문화생활에서 서로 다른 소속 가운데 '선택하는 역량'은 개인적으로도 정치적으로도 중요할 수 있다. 이민자가 조상 전래의 문화적 전통과 삶의 방식을 유지할 자유의 문제는 그것의 실행과 그것을 할 자유를 구별하지 않고서는 적절히 평가할 수 없다. 문화적 자유의 중요성은 그렇게 선택할 이유가 있든 없든 관계없이 그러한 삶의 방식을 선택할 자유이다. 여기서 중요한 것은 선호나 선택과는 무관한 특정 삶의 방식의 찬양이 아니라 기회와 선택을 반영하는 역량의 중요성이다. 셋째, '정책'과 관련해서 사회에 대한 개인의 요구는 실제 달성이 아니라 달성할 자유의 측면에서 가장 잘 파악된다고 생각하는 것이 적절하다. 역량 접근은 공적 추론을 중요시한다. 반성적 평가는 단순한 셈이 아니라 상대적 중요성에 관한 추론을 요구한다. 사회적 평가가 오로지 독립되고 고립된 숙고에만 기초한다면 유용한 정보와 좋은 논의를 결여하게 될 것이다. 사회적 평가에서 공적 추론

---

182) 역량 접근은 각각의 기능을 달성하는 능력이라는 측면보다는 궁극적으로 가치 있는 기능의 조합을 달성하는 능력과 관계되어 있다(Sen, 2019).

과 역량 선택 및 가중치 두기의 관련성을 강조하는 것이 중요하다. (역량 접근에 있어서 역량은 공동체와 같은 집단의 속성이 아니라 주로 개인의 속성으로 간주한다. 그러나 사실 그룹 역량을 제외하는 특별한 분석적 이유는 없다. 이는 개인적 역량과 그룹 역량의 관련성 그리고 개인의 다양한 그룹에의 소속 등과 관련된다).

아리스토텔레스는 사람들이 가진 우위성을 판단할 때 소득과 부는 부적절한 방식이라고 지적했다. 서로 다른 사람들이 가진 우위성을 비교할 때 그들이 향유할 수 있는 역량 전체를 볼 필요가 있다. 이는 평가의 기초로서 소득과 부에 집중하는 '자원 중심적 접근'보다 '역량 접근'의 이용을 지지한 중요한 논의이다. 역량의 개념은 본질적인 자유와 결부되어 있으므로 가치 있다고 여기는 것들을 행할 실제 능력에 중심적 역할을 부여한다. 역량 접근이 초점을 두는 것은 인간의 삶이지 인간이 편의의 대상을 소유하는 (혹은 이용하는) 형태로 가진 자원이 아니다. 역량 접근은 관심의 초점을 '삶의 수단'에서 개인이 가지는 '삶의 기회'로 옮긴다. 롤즈의 '기본가치'는 소득과 부, 직무상 권력과 특권, 자존심의 사회적 기초와 같은 다목적적인 수단이다. 이들은 그 자체로서는 가치가 있지는 않지만, 우리가 정말로 가치 있다고 여기는 것을 추구하는 데 다양하게 도움을 줄 수 있다. 드워킨도 자원의 관점을 이용해서 실질적인 자원의 평등에 기초한 공정한 사회를 추구하지만, 자원 재분배의 규칙에 대한 합의가 다양한 사람들이 향유하는 실제 결과와 실제 역량을 보장하지는 않는다(자원 평등은 역량 접근을 대체할 수는 없으며, 장애에 대한 보상을 소득 이전과 관련시키는 하나의 방법이 될 수 있다는 것을 보여준다).

  개인의 복지나 우위성을 판단하는 데 있어서 '행복의 관점'과 '역량의 관점'을 비교해 보는 것도 중요하다. 우선 역량 관련성은 개인의 우위성을 보여주는 역할에만 한정되지 않는다는 사실이다. 역량은 적어도 어떤 관점에서는 개인의 의무와 책임에도 영향을 미친다. 역량은 일종의 힘이지만 행복은 그렇지 않다. 그래서 역량은 불가피하게 책임을 낳는 것과는 달리 행복은 책임을 발생시키지는 않는다. 역량은 우위성의 지표로서 행복 및 복지와 경쟁하는 것을 훨씬 뛰어넘는 역할을 한다. 그러나 여기서는 전통적인 후생경제학에서 행복의 관점을 강조하는 것과 비교해서 역량의 타당성에 집중해 보면 다음과 같다. 공리주의는 복지와 우위성을 평가할 때 행복에 특별한 지위를 부여하고 행복을 사회평가와 공공정책 수립의 근거로 활용했다. 오늘날에도 후생경제학 대부분은 적어도 그 형식은 여전히 공리주의적이다.[183] 아무튼, 행복이 극히 중요하다는 것은 부정하기 어려우며, 우리 자신과 사람들의 행복을 촉진하는 것이 당연하다. 그런데 문제는 '행복은 궁극적인 목표이다. 다른 목표와는 달리 자명하게 좋기 때문이다'라는 주장에서 발생한다. 행복은 그 자체로 중요하기는 하지만 가치를 인정받는 유일한 것일 수 없고, 다른 것의 가치를 측정하는 유일한 기준일 수도 없다. 오로지 효용에만 의존하는 후생주의가 다양한 상황이나 정책을 평가할 때 효용이나 행복 이외의 모든 것에 본질적인 중요성을 전혀 부여

---

[183] 그럼에도 불구하고 인간의 삶에서 행복이 중요하다는 것이 현대 경제학의 지배적인 담론에서 자주 무시되기도 했다. 인간의 삶에서 행복의 중요성을 의심할 이유는 거의 없으며, 소득의 관점과 행복의 관점 간의 긴장이 마침내 주류파의 주목을 더 많이 받게 된 것은 좋은 일이다. 행복은 생활양식에 광범위한 영향을 미치며. 그에 따라서 소득과 행복의 관계는 소득 지향론자들이 추정하는 것보다 훨씬 복잡하다는 사실을 인식해야 한다(Sen, 2019).

하지 않는다는 것은 상당히 이상한 주장이다. 이러한 무시는 실질적 기회를 포함하는 자유(적극적 자유라 불리는 것)에도 강력히 적용되지만, 국가나 타인으로부터 간섭을 받지 않을 '소극적 자유'에도 적용된다.

이번에는 역량이 복지와 어떻게 관계되는가를 보면 역량은 자유의 한 측면이며 실질적 기회에 특히 주목한다. 역량의 평가가 개인의 복지를 나타내는 좋은 지표라는 주장은 두 가지의 구별(행위 주체와 복지의 구별, 자유와 달성의 구별)로 제한된다. 행위 주체성은 개인이 채용할 만한 모든 목표를 망라하며 특히 그 자신의 복지증진 이외의 목표를 포함할 수 있다. 또한, 네 가지 개념(복지 달성, 행위 주체성 달성, 복지 자유, 행위 주체성 자유)의 우위성을 평가하는 것은 관련된 문제에 따라 다를 수 있다. '행위 주체성의 자유'로 여겨지는 '역량'은 복지 달성의 관점과 복지 자유의 관점을 모두에서 벗어날 수 있다. 역량의 확대가 타인의 삶에 미치는 힘을 증대시킬 때, 강화된 역량(증대된 행위 주체성의 자유)을 자신의 복지에만 집중하지 않고 타인의 삶을 향상하기 위해 이용하는 것은 특히 타인이 궁핍하다면 정당화될 수 있다. 그러나 행위 주체성의 자유에 관해 더 큰 역량을 갖는 것은 하나의 우위성이지만 특수한 관점에서만 그럴 뿐 복지의 관점에서는 특별히 적어도 꼭 그런 것은 아니다(개인의 복지가 행위 주체성의 자유보다 더 중요할 수도 있다).

마지막으로 역량 접근과 관련해서 평등과 자유의 문제를 검토해 본다. 최근 지지하여 온 사회정의의 모든 규범적 이론은 어떤 것(그 이론에서 중요하다고 여기는 어떤 것)의 평등을 요구한다. 더 중요한 것은 '평등 옹호론'에 반대하고 '분배적 정의'의 중요성에 대해서 회의적이라고 여겨지는 사람들조차 평등을 기본적인 형식으로 요구한다는 것이다(로버트 노직, 제임스 부캐넌 등). 공리주의도 모든 사람의 효용 득실에 예외 없이 동등한 중요성을 부여하면서 모든 사람을 평등하게 취급한다. 그런데 역량 접근의 중요한 물음은 '어디서든 평등이 필요한가?'가 아니라 '무엇의 평등인가?'라는 이해에 따른다. 어떤 중요한 관점에서 사람을 평등하게 보아야 한다는 요구는 공평성의 규범적 요구와 그와 관련된 객관성의 요청과 관계된다. '무엇의 평등인가?'라는 물음에 대한 답이 불일치하는 것을 보면 평등주의적인 것은 어떤 분명한 의미에서도 '통합적인' 특징이 아니다. 아무튼, 평등이 중요하고 역량이 인간의 삶의 중심적인 특징이라면 역량의 평등을 요구하는 것이 옳은 것으로 생각할 수 있다. 그러나 답은 '아니요'이다. 역량의 평등은 중요하기는 하지만 그것과 대립하는 다른 모든 중대한 고려사항들(평등의 다른 중요한 측면들이 포함된다)을 '능가하는' 것은 아니다. 또한, 자유의 다면성에 관해서도 앞에서 논의한 기회의 측면과 과정의 측면 간의 구별 이외의 방법으로도 접근하고 확인할 수 있다. 합당하게 달성하고 싶은 것을 달성하는 자유는 다양한 요인과 관련되어 있고, 그 요인은 자유의 서로 다른 개념들과 가변적인 관련성을 가질 수 있다. 그러나 자유의 다면성에도 불구하고 자유에의 접근으로서 역량 기반 관점은 그 타당성을 무너뜨리지 않고 오히려 그 관점을 넓힐 수 있다. 자유라는 관념 속에 역량, 의존의 결여, 간섭의 결여 각각에 초점을 맞추는 여러 특징을 수용하는 것은 전혀 곤란한 일이 아니다. 한편 로버트 노직은 개인의 결정에 대한 통제권을 개인에게 부여한다는 관점에서 자유를 권리로 정의한다(그러나 결과에 대한 보장은 없다). 자유에 대해 전적으로 과정 지향적인 이러한 관점은 사실 권리에 관해 생각하는 대체적인 방식이다. 이러한 접근도 많은 반향을 불러일으키고 그 분야의 발전을 이끌었다. 아무튼, 결론적으로 '평등과 자유는 모두 그 광대한 영역 내에서 다양한 차원을 갖고 있다고 보아야 한다는 것이다. 평등이나 자유에 대한 편협하고 일원적인 차원을 채택하여 이 폭넓은 가치들이 요구하는 다른 관심사들 모두를 무시하는 것을 피해야 한다. 이러한 복수성은 필연적으로 이 웅장한 개념들(자유와 평등) 각각이 제기하는 다양한 고려사항에 민감해야 하는 정의론의 일부를 이룬다.'(Sen, 2019).

4) 자유지상주의 libertarianism

자유지상주의는 자유를 최고의 가치로 보면서 시장의 자유를 옹호한다. 자유지상주의자들은 시장의 자유를 옹호하지만, 소득의 재분배 제도의 사용에는 반대한다. 자유지상주의자들은 자유시장을 옹호할 뿐만 아니라 자유시장이 '본질적으로 정의롭다'라고 생각한다.[184] 공리주의자들도 자유시장을 옹호하지만, 자유시장이 가지는 생산성 즉 사회적 부를 증가시키는데 효율적이라는 주장 때문이다. 그래서 자유시장이 효율적이지 않

---

184)   자유지상주의는 한마디로 신자유주의적 정의론이다. 신자유주의는 국가권력의 개입 증대라는 현대 복지국가의 경향에 반대하면서 시장의 기능과 민간의 자유로운 활동을 중시한다. 자유지싱주의는 고전적 자유주의를 좀 더 정치하게 발전시키면서 통상적으로 사용되고 또 (그들이 보기에) 잘못 이해되곤 하는 자유주의와 구별하기 위하여 제안된 자유주의 이론의 한 분파이다. 오늘날 신자유주의는 자유지상주의와 결합하고 있으며, 때때로 상호교환적으로 사용되기도 한다(인터넷, 두산백과 ; 장은주, 2012).

은 상황(자연독점의 경우)에서는 공리주의자들은 재산권에 대한 정부의 제한에 지지를 보낼 것이다. 자유지상주의는 자유시장을 옹호하는 한편 소득재분배 내지 재분배적 과세가 본질적으로 잘못되었으며 이는 사람들의 권리에 대한 침해라고 주장하는 것이 그 기본적인 특징이다. 개인들은 절대적 권리를 가지며 어떤 사람이나 집단도 이를 침해할 수 없다. 소득재분배나 재분배적 과세와 같은 정부의 간섭은 '강제노동(효율성에 대한 침해가 아니라 우리의 도덕적 권리에 대한 침해)'과 마찬가지이기 때문이다. 자유지상주의를 대표하는 학자로는 로버트 노직Robert Nozick, 프리드리히 하이에크Fridrich Hayek, 밀턴 프리드만Milton Friedman을 들고 있다.

가) 노직의 소유권리론

시장과 정의를 연결하기 위해서 노직은 '소유권리론entitlement theory'을 주장한다. 소유권리론은 사람들은 자기 소유물에 대해 자격을 부여받았다는 것이며, '자격을 부여받았다entitled'라는 것은 '강제나 사기가 아닌 이상, 소유물을 자신이 적합하다고 생각하는 대로 얼마든지 자유롭게 처분할 수 있는 절대적 권리를 가짐'을 의미한다. 만약에 모든 사람이 현재 그들이 소유하고 있는 재화(소유물)에 대한 자격을 부여받았다고 가정한다면, 정의로운 분배는 그것이 어떤 결과든 관계없이 사람들의 자유로운 교환으로부터 발생하는 결과에 불과하다. 정의로운 상황에서 자유로운 이전에 의해 발생하는 그 어떤 분배도 그 자체로 정의롭다고 보고, 정부가 이러한 교환에 강제로 세금을 부과한다면 그 세금이 누군가의 선천적 불리함을 보상하기 위해서 사용된다고 하더라도 정의롭지 않다고 본다. 노직의 소유권리이론은 다음의 세 가지의 원칙으로 구성되어 있다. 원초적 취득의 정의 원칙principle of justice in acquisition, 이전에서의 정의 원칙principle of justice in transfer, 부정의의 교정 원칙principle of rectification of injustice 등이다. 여기에서 제일 중요한 것은 '원초적 취득의 정의 원칙'인데 이는 소유의 원초적 취득의 정당성에 관한 원칙이다. 이전에서의 정의 원칙은 정의롭게 획득된 것은 무엇이든 자유롭게 이전될 수 있다는 것이다. 부정의의 교정 원칙은 부정의하게 획득되거나 이전된 소유물을 어떻게 다뤄야(교정해야) 하는가를 보여주는 원칙이다. 이 원칙들은 만약에 현재의 소유물은 정당하게 획득하였다면 정의로운 분배는 '각자로부터 그들이 선택하는 바에 따라, 각자에게 그들이 선택된 바에 따라' 분배하는 것을 말한다. 노직의 정의로운 분배는 선택에는 민감하지만, 여건은 고려하지 않는 분배(선택에만 민감한 분배)라고 할 수 있다.

나) 소유권리의 근거

노직은 이러한 절대적인 소유권이라는 개념은 자기 소유권 원칙principle of self-ownership으로부터 나온다고 주장한다. 개인은 자신에 대한 배타적 소유권을 지니고 있다는 것이다. 그리고 자신에 속하는 재능과 능력을 활용해서 소유되지 않는 대상물에 대한 소유권을 획득하려 할 때, 그 소유가 타자의 자유에 영향을 미치지 않는다면 절대적 소유권을 지니게 된다는 것이다. 소유권리론에서 가장 중요한 것은 소유의 원초적 획득의 정당성인데 노직은 어떤 사람이 대상물을 획득함으로 인해 '타자의 입장이 악화되지 않는다면' 그 소유는 정당화될 수 있다는 것이다.[185] 타자의 입장을 악화시킨다는 것은 두 가지 조건이 있을 때이다. 첫째는 어떤 사람의 소유로 인해 타인의 '소유의 기회'가 박탈된다는 것이고, 둘째는 어떤 사람의 소유로 인해 타자가 이를 '사용할 기회'가 박탈된다는 것이다. 그런데 노직은 어떤 사람의 소유로 인해 타자가 더 나은 상태로 이를 사용할 수 있거나 소유로 인해 발생하는 가치를 이용할 수 있다면 그 소유의 정당성은 인정될 수 있다는 것이다. 여기서 보상의 논리가 개입하는 것이다. 노직의 단서를 위반했다고 하더라도 어떤 사람의 소유(사유화)가 타인의 입장이 악화되지 않도록 타인들에게 보상한다면 그 소유는 정당화된다는 것이다. 아무튼, 노직의 이러한 설명은 무임승차를 초래할 수밖에 없는 공유지의 비극 tragedy of the commons을 극복하기 위해 사적 소유를 허용해야 한다는 논리로 타당성을 지닐 수 있다(Kymlicka, 2006 ; 한국정치학회, 2008 ; 민경국, 2018). 그렇지만 일부 비판자들은 원초적 획득의 정당성을 주장하는 이러한 설명은 근본적인 한계를 지니고 있다고 본다. 토지와 같은 자원을 획득한 자와 (그렇지 못해서 자원을 획득한 자와 협력관계를 통해서 자신의 생활을 유지해야 하는) 소유 기회를 박탈당한 개인의 관계는 근본적으로 불평등한 관계에 돌입할 수밖에 없다고 주장한다(한국정치학회,

---

185) 로크는 획득에 관한 노동이론(labor theory of acquisition)에 의지해서 소유권을 획득한다고 주장한다. 그리고 최초의 획득을 정당화하는 조건으로 우리의 노동이 첨가되었다면 전유할 수 있다는 것, 무주물을 다른 사람들을 위해 '충분하고 좋은 상태로' 남겨 놓아야 한다는 것(이를 로크적 단서(Lockian proviso) 또는 충분성 단서(enough clause)라고 한다) 등이 있다. 그런데 로크적 단서를 토지에 적용할 경우 토지는 무제한 공급할 수 없기 때문에 다른 사람들이 더 이상 소유할 무주물의 토지가 남지 않게 되어 문제가 된다. 그래서 로크는 공유지를 사유화했을 때 생산량이 수십 배로 증가하기 때문에 사실상 공유지를 그만큼 늘리는 결과를 초래하기 때문에 최초의 획득이 가능하다고 주장한다(Kymlicka, 2006). 그런데 노직은 전유의 조건으로 노동 첨가의 조건을 거부하고, 로크의 단서도 불필요하게 자유를 제약한다는 이유로 그것을 좀 더 유연하게 재해석했다. 그러나 노직의 해석은 공유지의 비극이 전제되어 있기 때문에 로크의 생각과 다르지 않다고 주장하기도 한다(민경국, 2018).

2008). 또 다른 비판자들은 노직의 설명은 '악화'의 의미를 물질적 복지material welfare에 한정하고 있고, 비교 대안에 관해서 임의적인 축소arbitarary narrowing of the options를 초래하고 있다고 비판한다.[186] 그래서 비판자들은 최초의 취득에 대해서 그럴듯하게 수정된 어떠한 검증도 '제한받는 재산권'만을 도출해낼 것이라고 주장한다(Kymlicka, 2006).

또 다른 자유지상주의자들은 노직의 자기 소유권 이론보다는 '상호이득'이라는 계약론적 개념이나 '자유'라는 개념 자체에 호소함으로써 자유지상주의(소유권리론)를 옹호하려고 한다. 상호이득이론theory of mutual advantage은 계약론적인 맥락에서 제기되는데 서로에게 이득이 되는 협약들은 '합리적인 선택이란 전제들에서 비롯된 합리적 구속으로서 생성되었음'에도 불구하고 '도덕적' 규약을 제공하는 것으로 간주할 수 있다고 본다. 고티에David Gauthier는 이를 '도덕적 고안moral artifice'이라고 묘사했다. 고티에는 사람들이 만약에 '제한된 극대화constrained maximization'라는 원칙을 채택한다면 국가로부터 강압적인 처벌 위협이 없이도 집단행동의 문제를 극복할 수 있다고 주장한다. 제한된 극대화란 타인들도 나와 마찬가지로 협력하리라고 확신하는 한 개인의 배반이 합리적인지를 계산하지 않고 서로에게 이득이 되

---

[186] 킴리카는 노직의 논거에 대해서 다음과 같이 비판한다. 첫째로 '악화'의 의미를 물질적 복지의 견지에서 정의함로써 소유하지 못한 사람이 전유자의 결정에 종속되어야 한다는 사실을 무시하고 있다. 그래서 비전유자에게 중요한 두 가지 자유를 박탈했다. ① 비전유자는 이용해 왔던 토지에 대해서 아무 말도 할 수 없다(동의 여부를 구하지 않았다). ② 비전유자는 자신의 노동이 어떻게 사용될 것인지에 대해서 아무 말도 할 수 없다(전유자가 제시한 노동조건을 받아들여야 한다). 둘째로 토지가 공동으로 사용될 때와 비교되는 적실성 있는 다른 많은 대안을 외면함으로써 '대안을 임의로 축소'하는 결과를 초래한다. 노직의 주장은 사실상 전유에 관해서 선착순 원칙을 받아들이는 것이다. 그런데 비전유자가 더 노동을 잘 조직한다면 그가 소유해서 더 큰 생산성을 올릴 수도 있다. 또한, 무주물을 공동으로 사용하기보다는 관련자가 토지에 대한 '공동소유권'을 가지면서 공동으로 사용할 수도 있다(Kymlicka, 2006).

는 협약에 따르는 성향이다. 그러나 상호이득의 접근방법은 '대안적인 정의의 근거'라기보다는 '정의에 대한 대안'이라고 할 수 있으며, 서로에게 이익을 주는 협약들이 자유지상주의적이지 않을 수도 있다는 문제점 등이 있다.

'자유로서의 자유지상주의libertarianism as liberty'는 자유의 원칙에 기반해서 자유지상주의를 옹호한다. 이 이론은 자유는 '근본적인 가치'이고, 제한받지 않는 시장은 더 많은 자유를 허용하기 때문에, 자유시장이 도덕적으로 요청된다고 주장한다. 여기에 관해서는 두 가지 측면에서 논의가 가능하다. '자유의 가치'에 관한 문제와 '자유와 자본주의의 연관성' 문제이다. 자유의 가치와 관련해서는 여러 가지 논의가 가능하지만[187] 최대한 평

---

187) 킴리카는 자유의 가치와 관련 해서 목적론적 자유(teleological liberty), 중립적 자유(neutral liberty), 목적 지향적 자유(purposive liberty)로 구분해서 논의한다(이것은 자유의 유형에 관한 분류는 아니다). 첫째 '목적론적 자유'는 우리가 사회에서 자유의 양을 극대화하는 목표로 해야 한다고 말한다. 자유가 가치라면 최대한 많이 갖는 것을 목표로 해야 한다. 이것은 목적론적 공리주의자들이 효용을 극대화하기 위해서 주장하는 방식과 동일하다. 이것은 공리주의와 똑같은 문제점들을 내포한다(목적론적 이론들은 자유나 효용과 같은 선에 관한 관심을 근본적인 것으로 받아들이고 사람 자체에 관한 관심은 부차적인 것으로 받아들여서, 선의 증진이 사람들 이익의 증진에서 분리되기에 이른다). 어떤 자유지상주의자들도 이와 같은 정책들을 지지하지 않을 것이다. 둘째는 '중립적 자유'와 '목적 지향적 자유' 양자와 관련된다(참고로 중립적 자유는 국가의 중립성과는 무관하다). 근본적인 자유의 원칙의 두 번째 후보는 다른 사람들 모두가 가진 유사한 자유와 양립할 수 있는 한 사람들은 가장 광범위한 자유를 누릴 자격이 있다고 말한다. 킴리카는 이것을 '최대한 평등한 자유(greatest equal liberty)' 원칙이라고 부른다. 이것은 구체적인 자유가 얼마나 많은 '이익'을 가져오느냐(롤즈식 접근방식)보다는 얼마나 많은 '자유(freedom)'를 가져오느냐에 따라 자유를 평가한다. 그런데 이러한 접근방식에는 자유의 도덕화되지 않는 방식(예컨대 대안이나 선택의 존재)으로 자유를 정의할 필요가 있다(자유의 도덕화된 정의 즉 '권리의 개념'은 근본적인 자유가 아니므로 배제된다). 도덕화되지 않는 정의(定義)를 제공하는 방식에는 두 가지가 있는데, 하나는 '중립적(neutral) 견해'로서 가능한 행위나 선택의 단순 총합에 근거하여 자유를 순전히 양적인 면에서 측정해 준다. 또 다른 하나는 '목적 지향적(purposive) 견해'로서 상이한 대안들의 가치나 중요성에 대한 얼마간의 평가에 근거하여 자유를 좀 더 질적인 면에서 측정해 준다. 그런데 중립적 견해는 우리의 직관에 반한다. 우리는 '더 많은 자유(more freedom)'보다 '더 중요한 자유(more important freedom)'를 원한다. 또한, 중립적 자유는 측정의 문제를 내포하고 있다. 그래서 '최대한 평등한 자유(greatest equal liberty)'의 원칙에 우리가 매력을 느끼도록 만드는 자유는 자유에 대한 목적 지향적 견해(정의)이다. 이러한 정의에 있어서는 특정 자유에 포함되는 자유의 양은 그 자유가 주어진 우리의 이익과 목적에 있어서 얼마나 중요한지에 달려 있다(Kymlicka, 2006).

등한 자유의 원칙을 옹호하는 자유의 가치는 목적 지향적 자유 purposive liberty - 목적과 이익의 중요성을 고려 - 라고 할 수 있다. 특정한 자유가 더 높이 평가되는 것은 목적 지향적 자유를 더 많이 포함하고 있기 때문이다(특정한 자유를 평가하기 위한 기준은 자유의 중요성이라고 할 수 있다). 그렇다고 하더라도 이것은 우리들의 자유에 대한 요구들은 자유라는 상품의 최대한 평등한 양에 대한 요구가 아니라 특정한 자유들을 중요하게 만드는 이익들에 대한 평등한 요구라고 할 수 있다는 문제점이 있다(이것은 롤즈식 접근의 최종 입장인 이익으로 복귀한다).

또한, 자유지상주의자들은 '복지국가'는 자유에 대한 제약이고 '자본주의'는 자유에 대한 제약의 부재라고 규정한다. 그러나 복지국가의 재분배가 자유를 만들어내기도 하고 제약하기도 하는 것처럼, 자유시장 역시 자유들을 만들어 낼 뿐만 아니라 제약하기도 한다(사유재산도 자유의 분배인 동시에 비자유의 분배이다). 자유시장이 자유를 증대시킨다는 대중적 수사의 상당수는 자유의 개념을 권리행사의 관점(도덕적 정의의 자유 개념)에 의존하고 있다. 사람들은 세상의 불평등한 양에 대해서 절대적 재산권을 획득할 도덕적 권리를 가진다는 자유지상주의적 주장을 수용하면 자본주의는 (도덕화된) 자유에 대한 어떠한 제약도 포함하지 않는다. 그러나 대신에 자신의 우연한 재능으로부터 생겨나는 이익에 대해서 어떠한 도덕적 권리도 갖지 않는다는 자유적 평등주의의 견해를 수용하면 (도덕화된) 자유에 대한 어떠한 제약도 포함하지 않는 것은 다름 아닌 복지국가라고 할 수 있다(복지국가는 유리한 입장의 사람으로부터 불리한 입장의 사람에게 자원을 재배분할 때 그 어떤 도덕화된 자유를 제약하지 않는다). 요컨대 자유에 대한 세 가지 정의 가운데 어떤 것도 자유지상주의가 자유를 증가시킨다는 주장을 지지하지 못한다고 생각한다. 이러한 세 가지 접근방식의 실패는 (자유지상주의가) 자유에 기반한 이론이라는 개념 자체가 잘못되었다는 사실을 암시한다. 특정 자유들에 대한 우리의 헌신은 자유에 대한 어떠한 일반적인 권리로부터가 아닌 '도덕적 평등'(혹은 상호이득)의 최고 이론에서 자유가 맡은 역할로부터 파생되어 나온다는 것을 말한다(Kymlicka, 2006).

다) 노직의 최소국가론

노직은 소유권리론과 함께 최소국가론을 제시한다. 노직은 정치적 행위의 정당성을 찾기 위해 자연 상태에서 출발하면서도 사회계약에 의존하지 않고 '보이지 않는 손'의 원리에 의존한다. 노직은 역사적 과정의 설명 형태로 최소국가의 등장을 설명한다. 국가의 등장은 몇 단계를 거치는데, 그 단계는 자연 상태의 개인·보호 협회·지배적 보호 협회·극소국가·최소국가 등이다. 자연 상태는 개인들이 스스로 자신의 권리를 보호해야 하는 상태이다(자연 상태에서는 모든 사람이 자유롭다. 그리고 사람들은 자신의 신체에 대한 권리, 노동생산물을 가질 권리, 자신의 소유물을 처분할 권리 등 자연적인 권리를 갖는다). 개인들은 자신의 권리를 보다 효과적으로 보호하기 위해서 더 나은 상태인 '상호 보호 협회'를 결성한다. 상업적 단계의 보호 협회는 더 광범위한 가입자와 지역을 관장하게 되어 특정한 지역에서 유력한 '지배적 보호 협회'로 발전하게 된다. 이 지배적 보호 협회가 특정 지역을 관할하여 보호 협회에 가입하지 않은 독립인을 제외한 모든 사람에게 보호 서비스를 제공하게 되면 '극소국가ultraminimal state'의 형태가 된다. 극소국가에서 독립인들의 가입자들에 대한 권리의 침해 금지를 요구하고 그 대신 금지에 대한 보상으로 동일한 권리를 보장하게 되면, 권리 보호 서비스가 특정 지역에 보편적으로 확대됨으로 인해 '최소국가minimal state'가 등장하게 된다.

노직은 국가의 역할을 인정하면서도 국가권력이 개인의 자유를 제약해서는 안 된다는 최소국가론을 제시한다. 최소국가의 역할은 국토를 방위하고, 개인의 재산을 보호하며, 평화(질서)를 유지하는 임무를 수행하는 국가이다. 노직은 시민의 소유권·자유시장·자유기업 등을 전제로 하는 최소형태의 국가를 자유주의적 유토피아로 보았다. 이러한 국가관은 국가에서 강제적 재분배를 시행하고 있는 '확장국가'에 대한 강한 비판을 반영하고 있다.

로버트 노직을 비롯한 자유지상주의자들은 개인의 권리 보호라는 논리의 연장선에서 현대 국가가 흔히 실시하는 정책과 법 가운데 다음의 세 가지를 반대한다고 한다. 첫째는 '온정주의'이다. 사람들이 다치지 않게 보호한다는 법에 반대한다. 안전벨트나 헬멧 착용을 의무화하는 내용의 도로교통법 같은 것이다. 그러한 법은 어떤 위험을 감수할지를 결정할 개인의 권리를 침해한다. 국가는 개인의 신체나 목숨과 관련해서 이래라 저래라 할 권한이 없다. 둘째는 '도덕법'이다. 법이라는 강제력을 동원해 미덕을 권장하거나, 다수의 도덕적 신념을 표현하는 행위에 반대한다. 예컨대 매춘은 많은 사람에게 도덕적으로 못마땅한 행위겠지만, 그렇다고 성인들의 합의로 이루어지는 매춘을 법으로 금지하는 것은 옳지 않다. 동성애도 마찬가지다. 셋째는 '소득과 부의 재분배'다. 과세를 이용한 소득과 부의 재분배를 비롯해서 누구를 도와야 한다는 일체의 법 규정에 반대한다. 기부와 자선 그리고 은전은 바람직하다고 할지라도 그런 일은 개인 각각에 맡길 일이지 국가가 강제할 일은 아니라는 것이다. 재분배를 위한 과세는 강압 행위이며 심지어 국가 절도라고 본다. 그것은 자비로운 도둑이 부자의 돈을 훔쳐 가난한 사람에게 나눠줄 권리가 없는 것과 마찬가지라는 논리이다(한희원, 2014).

라) 하이에크의 자생적 질서 spontaneous order

오스트리아 출신의 경제학자이자 철학자인 프리드리히 하이에크F. Hyek는 어떠한 형태의 사회주의든 사적 소유와 경제적 자유를 제한하는 국가는 인류를 '노예의 길road to serfdom'로 안내할 뿐이며, 인류가 평화롭게 번영을 누리면서 공존할 수 있는 유일한 길은 '자유'·'법의 지배' 그리고 '제한적 민주주의'를 특징을 하는 '자유주의'라고 선언한다. 하이에크는 두 가지 문제 즉 인간의 '이성'이 이상사회를 만들어 낼 수 있는 능력이 있는가의 문제(지식이론과 관련된 인식론적인 문제)와 인간 사회에 있어서 인위적으로 사회질서를 계획하지 않고서도 서로 다른 인간들이 번영 속에서 자유롭고 평화롭게 공존할 수 있는 '사회질서'가 가능한가의 문제(스스로 형성되는 질서 즉 '자생적 질서' 이론)에 관심을 가졌다. 그런데 이 두 문제는 별개의 문제라기보다는 서로 밀접하게 연관되어 있다. 하이에크는 이 두 가지 문제와 관련된 논의를 기초로 해서 계획경제와 국가의 간섭은 가능하지도 않고 필요하지도 않다는 것을 설명하고, 법과 정의 그리고 국가의 역할을 도출하고 있다.

하이에크는 '인간 이성의 한계'를 인정하면서 인간 이성의 구조적 무지의 개념에 입각해서 합리주의를 비판한다. 우리 사회에서 만들어지는 행동 규칙들도 우리의 구조적 무지를 처리하기 위한 수단이다. 그는 계획경제가 실패한 것도 '인센티브의 문제'가 아니라 '지식의 한계' 때문이며, 자유가 소중한 이유도 인간 이성의 한계 때문이라고 한다. 개인들이 각자 가진 지식은 부분적·선별적·지역적이다. 인간 이성의 구조적 한계는 다음과 같다. ① 수많은 타인의 계획·목적 그리고 그들의 행동을 전부 알 수 없다. ② 자신의 행동이 제3자들에게 미치는 영향과 이들의 반응을 알 수 없다. ③ 이런 상호작용에서 실제로 생겨난 전체 질서를 알 수 없다. 그래서 인간들은 '구조적인 무지'의 늪에서 살고 있다고 주장한다.

하이에크는 자유와 질서의 관계를 설명하기 위해서 질서의 유형을 구분한다. 아리스토텔레스 이래로, 질서는 크게 두 가지로 구분되었다. 자연적 질서natural order와 인위적 질서artificial order다. 인간 행동의 결과로 생겨난 것은 모두 인위적 질서다. 그러나 언어·화폐·시장·도덕 규칙·관행·관습 등 사회문화적 현상들은 이러한 이분법적인 사고방식으로는 이해하기 어렵다. 이런 현상은 인간 행동에 의해 형성된다는 점에서 인위적 질서와 유사하지만, 인간 계획에 의해 만든 것은 아니라는 점에서 자연적 질서와 흡사하다. 그래서 하이에크는 인간 행동의 결과이긴 하지만, 인간 계획의 결과가 아닌 '제3의 질서'를 구분한다. 이를 '자생적 질서spontaneous order'라고 불렀다. 자생적 질서에는 강제가

없는 상태를 전제하는 '자유'가 깔려 있다.[188]

하이에크는 인간 사회에는 계획된 '조직(인위적 질서)'이 아니라 많은 '자생적 질서'가 있으며, 자생적 질서에서는 시장의 '가격기구'와 '행동 규칙'이 중요한 역할을 한다고 본다. 자생적 질서로서의 시장 질서에는 구성원들이 추구할 공동의 목적이 없고 개인이나 기업들이 제각기 달성할 개별목표만 있을 뿐이다. 시장의 기능 원리는 ① 새로운 지식의 창출(시장에서의 경쟁은 신상품·신기술·신시장과 관련된 새로운 지식을 창출하는 절차이다). ② 지식과 행동의 조정과정(각처에 분산되어 존재하는 지식을 총합하여 전달하는 것이 가격이며, 각처에 분산된 지식 이용을 가능하게 하는 비인격적 메커니즘이 가격기구이다). ③ 지식과 행동의 통제과정(시장은 잘못된 지식을 처벌하고 새로운 지식의 창출과 성공적인 지식의 습득을 위한 메커니즘도 필요로 하는데, 이 통제 메커니즘으로 작동하는 것 역시 가격기구이다). ④ 적응적 선택 과정(시장의 기반은 경쟁이며, 경쟁은 오류의 발견과 제거 과정이다). 시장을 자생적 질서가 되게 하는 요인을 다른 측면에서 보면 '시장은 거대한 소통체계'이다

하이에크는 자유시장과 자유 사회의 등장을 위한 법적 틀에 관심을 가지고, '법의 지배rule of law'를 강조한다. 법의 지배 또는

---

188) 민경국은 <자유론>에서 자생적 질서와 인위적 질서(조직)의 특징을 몇 가지 차원에서 구분한다. 첫째. 자생적 질서는 흄·스미스·하이에크 등 '스코틀랜드 계몽주의'가 중요시하는 질서이다(인위적 질서는 데카르트·홉스·케인즈 등 '프랑스 계몽주의'가 중요시하는 질서이다). 둘째 자생적 질서는 지배와 복종이 존재하지 않는 '수평적 사회'의 질서이다(인위적 질서는 '위계적 사회'의 질서이다). 셋째 자생적 질서는 '공동으로 추구할 목적'보다는 '공동의 행동규칙'에 의해서 움직이는 사회에서 생성된다(자생적 질서는 '법이 지배하는 사회'의 질서이고, 인위적 질서는 '목적이 지배하는 사회'의 질서이다). 넷째 자생적 질서는 진화하는 복잡계이다. 진화는 자생적 질서의 핵심이며, 진화에 있어서는 내생적 요인에 의한 변화·기업가정신에 의한 혁신·모방에 의한 확산이 중요하다(민경국, 2021).

'법치주의'는 다양한 의미로 사용될 수 있고 일반적으로 '법률에 의한 통치' 또는 '헌법에 의한 지배'를 의미하지만, 하이에크는 법의 내적 도덕성을 강조한다. 법치는 자유를 실현하는 정치적 이상이며 국가권력을 제한하기 위한 헌법 장치이지만, 법이 법답기 위한 조건으로 보편성·추상성·확실성·일관성·안정성을 중요시한다. 하이에크는 법의 지배와 더불어 국가의 과제(기능)를 논의한다. 그는 자유는 효율성을 위해서 교체될 수 없으며, 자유를 제약하면 분산된 지식의 사용이 제약되어 번영이 지체된다고 주장한다. 그러나 경제활동의 자유는 모든 정부 활동의 부재가 아니라 해로운 정부 활동의 문제라고 본다(국가 활동은 그 규모보다는 질이 중요하다고 본다). 국가가 수행해야 할 기능은 두 가지로서 강제 기능과 봉사 기능이다. 강제 기능은 정의의 규칙을 집행하는 기능이다. 봉사 기능은 비강제적 서비스 기능이지만 봉사 기능 수행에서는 세 가지 조건을 제시한다. 비강제적인 서비스의 공급권을 독점적으로 정부에 부여해서는 안 되며(시장을 통한 서비스 공급을 허용), 단일 세율 원칙의 조세를 통한 재원 조달이 중요하며(조세를 통한 재분배에 반대), 특정 그룹의 욕구 충족이 아니라 전체로서의 공동체의 집단적 욕구를 충족하는 것이 중요하다고 주장한다. 그러나 그는 최소생활 보호도 중요한 국가의 서비스로 본다(하이에크는 최소국가론자는 아니다). 또한, 하이에크는 제한 없는 민주주의는 위험하고 불안정하다고 본다. 그래서 자유와 양립하려면 민주주의는 제한되어야 한다고 본다. 국가권력의 비대화를 방지하기 위해서는 정부가 통제할 수 있는 사원의 몫과 이용을 엄격히 제한하고 이를 위한 '권력분립의 헌법 장치'를 제안한다. 자유를 보호하기 위한 헌법은 기본조항(기본권 조항), 양원제(법을 제정하는 입법의회와 정부를 감시·감독하는 정부의회), 사법부의 독립과 헌법재판소의 설치 등을 주장한다.[189],[190] (민경국, 2018 ; 민경국 2021).

마) 자유지상주의에 대한 평가

자유지상주의는 사람들의 선택을 존중하는 원칙에는 자유적 평등주의와 함께 동의하지만, 불평등한 환경을 교정하는 원칙에는 반대한다, 그러나 이것은 자기 파괴적인 논리일 수도 있다. 왜냐하면, 불리한 환경을 교정하는 데 실패하는 것은 선택에 대한 존중의 원칙이 증진하려는 의도(예, 자기 결정)의 토대를 위태롭게 하기 때문이다.[191]

---

189) 킴리카는 하이에크를 자유지상주의자와 구분해서 전제정치의 위험을 극소화시킬 수 있는 측면에서 '자본주의'를 옹호하는 사람으로 보고 있다. 하이에크는 경제적 교환을 규제하는 권력을 정부에 부여하면 권력이 집중되고 부패하기 쉬우며, 정부는 결국 우리의 생활의 모든 측면을 통제하려고 할 것이라고 주장한다. 그래서 자유시장에 대한 규제는 '노예에의 길'로 들어서는 첫 걸음이라고 주장한다. 그런데 킴리카는 하이에크의 시장의 자유에 대한 옹호가 수단적(정치적·시민적 자유를 보호하기 위한 수단)이라고 보며, 역사적으로는 자본주의와 시민적 자유 사이에 불변적 연관성을 발견하기가 어렵다고 주장한다. 제한받지 않는 자본주의 국가들(예컨대 자본주의적 칠레나 아르헨티나의 군사독재)이 형편없는 인권 기록들을 보여주는 반면, 광범위한 복지제도를 채택한 국가들(예 스웨덴)이 시민적 정치적 권리를 보호함에 있어 훌륭한 기록을 보여주고 있다고 한다(Kymlicka, 2006).

190) 미국의 경제학자 밀턴 프리드만(M. Friedman)도 개인의 자유와 복지를 증진시키는 데에 있어 '자유경쟁'을 근간으로 하는 '경쟁적 자본주의' 체제가 가장 이상적이 제도이며, 보다 나은 사회를 건설함에 있어 모든 이에게 최대한의 경제적 자유를 보장해야 한다고 주장한다. 이를 위해 사유재산권을 존중하고 공평한 기회를 보장하며 공정하고 치열한 경쟁이 이루어지도록 하는 동시에 정부의 영역을 최소화해야 한다고 주장한다. 오늘날 국가가 할 일이라고 널리 인식된 행위 가운데 상당수가 개인의 자유를 침해하는 위법행위라고 주장하면서, 상당수의 법은 개인들의 자발적인 계약의 자유를 간섭한다고 말했다. 대표적인 사례가 사회보장제도와 퇴직프로그램, 최저임금제도, 고용차별금지법, 직업과 관련한 면허제도(의사, 변호사, 이발사 등)라고 보았다(한희원, 2014 ; 인터넷, 시사상식사전).

191) 노직(소유권리론)은 롤즈의 차등원칙이 우연성으로 인한 불평등을 제거하기 위한 장치이지만 이것은 자신의 선택에 의한 책임을 타인에게 전가하는 무임승차를 구조적으로 허용하는 위험을 안고 있다고 지적한다. 이에 대해서 롤즈는 자유지상주의가 국가와 개인적인 가입과 탈퇴를 허용하는 협회의 차이를 설명하지 못하고 있으며, 자유로운 거래에 의존하는 분

한편, 자유지상주의는 자유적 평등주의에 대한 비판으로서 '비탈길 논변a slippery-slope argument'의 딜레마를 제시한다. 이 주장은 환경 평등화의 원칙을 만족시키려는 시도로 인해 끊임없이 증가하는 비용에 대해 주의를 환기시킨다. 자유지상주의자들은 '불평등한 환경은 원칙적으로 정당한 요구를 발생시킨다'라고 할지라도 '그 원칙을 이행하려는 시도는 실제로는 불가피하게 강압적인 사회적 간섭과 집중화된 계획 심지어 인간 개조로 나아가는 비탈길로 내몬다'라고 본다. 이러한 시도는 노예제의 길로 내몰며, 환경을 평등하게 해야 한다는 요구가 선택의 존중이라는 원칙마저 삼켜버릴 수 있다고 본다.

또한, 자유지상주의자들은 우리가 기회의 불평등을 시정하고 취약계층의 사람들을 보호하는 의무를 인정하더라도 복지국가가 이 같은 목표를 달성하는 데 단순히 실패했다고 생각한다. 복지국가는 열심히 일하는 시민들이 일하기를 원치 않는 게으르고 나태한 사람들에게 보조금을 지급하도록 세금을 부과한다고 주장한다(이는 선택에 대한 책임의 원칙을 위배하는 것이다). 복지국가는 오히려 가난한 사람들의 삶의 기회를 실제로 증진하지 못하고 수동성을 기르며 '의존의 문화a culture of dependency'를 키워왔다고 주장한다.[192] 또한, 많은 사람은 문제가 특정 사회 정책의 세부사항 안에 있는 것이 아니라 국가가 사회를 운영

배의 정의관은 자발적 거래로 인해 발생하는 누적적 불평등에 대한 아무런 해답을 제시해 주지 못한다고 주장한다(한국정치학회, 2008).

192) 이러한 복지국가의 실패를 극복하기 위해서 신우파는 우리가 '권리를 넘어서(beyond entitlement)' 나아가야 한다고 주장하고 사람들이 생계를 꾸려나갈 책임에 초점을 맞추어야 한다고 주장한다. 또한, 사람들이 자립적이 되기 위해서는 사회안전망은 없어져야 하며 복지혜택도 의무를 수반해야 한다고 주장한다. 예컨대 근로복지(workfare) 프로그램은 복지의 수혜자들이 자신들이 받는 혜택의 대가로 노동할 것을 요구한다(Kymlicka, 2006).

하는 능력에 있다고 믿는다. 국가의 관리 가능성에 대한 낙관론의 쇠퇴는 서구 민주주의 국가들에 널리 만연되어 있다.

하지만 이러한 이유 중 어떤 것도 자기 소유권 또는 재산권의 신성함에 관한 자유지상주의의 논거에 뿌리박고 있지는 않다. 오늘날 좌파와 우파의 주요한 논쟁은 분배의 원칙보다는 경험적인 문제에 관한 것이다(자유지상주의자들은 국가란 불평등한 환경을 교정할 아무런 의무가 없다고 하지만). 오늘날 대부분 우파의 주장은 원칙적으로는 불평등한 환경을 교정하는 것이 바람직하다는 점을 받아들이지만 이러한 불평등의 크기와 복지국가가 이러한 불평등을 교정하는 데 성공했는지에 대해 이견이 있다고 하겠다. 자유지상주의는 우파진영에서조차 널리 퍼져 있지 않다.[193](Kymlicka, 2006).

---

193) 자유지상주의자인 로렌 로마스키(Loren Lomasky)는 미국인들 중 극소수만이 자유지상주의를 지지한다는 사실을 인정한다(Kymlicka, 2006).

II. 공동체주의의 덕론

오랫동안 철학자들은 공동체에 관해서는 관심을 두지 않았다. 공동체에 대해서 언급한다고 해도 공동체는 대체로 자유와 평등의 파생물처럼 간주되었다. 그러나 1980년대 이후의 영미의 정치철학에서 괄목할 만한 하나의 현상은 의무론적인 자유주의에 대한 공동체주의communitarianism의 도전이 두드러지게 나타나고 있다는 점이다. 과거의 비판자들이 대체로 마르크스의 정신에 따라 자유주의를 비판했다면, 최근에는 공동체주의적 비판자들은 대체로 아리스토텔레스나 헤겔의 정신에 따라 자유주의를 비판하고 있다. 특히 롤즈의 〈정의론〉 이후 다양한 공동체주의의 비판이 제기되면서 자유주의 대 공동체주의 간의 논쟁이 활발하게 전개된다. 오늘날 공동체는 새롭게 단장되었고, 정치철학에서 공동체주의로 알려진 학파가 생겨났다.[194] 대표적

---

[194] 마르크시즘에서도 공동체를 강조하며 공동체는 공산주의의 이상이다. 그러나 마르크시스트들이 공동체가 사회 내에서 자본주의를 전복하고 사회주의 사회를 건설하는 혁명적 변화를 통해서만 성취될 수 있는 어떤 것이라고 보는 반면에, 공동체주의자들은 공통된 사회적 관습·문화적 전통·공유된 사회적 이해라는 형태로 이미 공동체가 존재한다고 본다. 공동체주의자들은 마르크시스트들이 착취적이거나 소외의 근원으로 간주했던 사회적 관습들을 공동체의 핵심적인 구성요소로 본다(Kymlicka, 2006).

인 공동체주의자는 마이클 샌델Michael Sandel, 마이클 왈쩌Michael Walzer, 알래스데어 매킨타이어Alasdair MacIntyre, 다니엘 벨Daniel A. Bell, 챨스 테일러Charles Taylor 등이다(홍성우, 2011).

1) 정의와 공동체의 관계

공동체주의의 핵심 주장은 공동체에 참가해야 할 필요성이 자유나 평등에 우선하지는 않아도 최소한 동등해야 한다는 것이다. 공동체주의자들은 근대 자유주의자들이 추상적이고 개인주의적인 접근방법을 채택했다고 비난하면서, 그 대신에 좀 더 맥락주의적이며 공동체에 민감한community-sensitive 접근방법을 제안한다. 공동체주의자들은 각각의 사회 내에서 '공유된 관습과 이해'들에 좀 더 많은 관심을 기울여야 한다는 믿음을 가지고 정의와 권리에 대한 자유주의적 원칙에 대해서 수정이 있어야 하는 데에는 동의한다. 그러나 그들은 이러한 원칙들이 어떤 방식으로 수정되어야 하는지 대해서는 이견(異見)을 가지고 있다. 공동체주의 사상의 3가지 특징적인 부류를 구별할 수 있다. 일부 공동체주의자들은 공동체가 정의의 원칙들에 대한 필요를 '대체해야replace' 한다고 믿는다. 다른 공동체주의자들은 공동체와 정의가 양립해야 하지만 정의가 무엇인지에 대한 우리의 관념을 수정해야 한다고 본다. 이들 중 일부는 공동체가 정의 원칙들의 '원천source'이어야 한다고 보고, 정의는 보편적이고 역사와 무관한 원칙들이 아니라 '사회의 공유된 이해'에 기반해야 한다고 주장한다. 이들 중 다른 일부는 공동체가 정의의 원칙의 '내용content'에 영향을 미쳐야 한다고 보고, 정의는 개인적인 권리보다는 공동선에 더 많은 비중을 두어야 한다고 주장한다 (Kymlicka, 2006).

가) 정의의 한계와 공동체

일부 공동체주의자들은 진정한 공동체 안에서는 정의의 원칙이 필요하지 않다고 주장한다. 이들은 정의의 한계와 공동체 의식의 중요성을 주장하고 있다. 이들은 정의가 단지(결함을 치유하는) 치유적 덕성에 불과하다고 본다(이는 맑시즘의 주장과 연관되어 있다). 마르크시스트들은 정의가 치유하려는 결함이 '물질적 희소성'이라고 생각하는 경향인 데 반해, 공동체주의자들은 '자애benevolence'나 '연대solidarity' 등 가치들의 부재가 그러한 결함이라고 본다. 정의가 치유적 덕성 이상이라고 하더라도 기껏해야 개인의 존중과 평등한 지위를 인정하는 것에 불과하다고 본다. 정의는 '사랑'이나 '연대'를 대신하지 않으며, 정의라는 개념 속에서는 타인을 돕기 위해서 자신들의 정당한 요구를 추구하는 선택을 예방하는 어떤 것도 존재하지 않는다. 정의는 이같은 결정이 순전히 자발적임을 그리고 누구도 타인들에게 종속적인 지위를 수용하게끔 강제할 수 없도록 보장할 따름이다 (Kymlicka, 2006).

나) 정의와 공유된 의미들shared meanings

많은 공동체주의자는 정의의 중요성에 대해서는 동의하지만, 자유주의자들이 (모든 사회의 생활방식을 비판하기 위해서) 정의를 비역사적·외재적 규범이라고 잘못 해석한다고 비판한다. 자유주의자들은 자신이 선호하는 이론이 모든 사회가 따라야 하는 기준을 제공한다고 생각하는 것처럼 보인다. 그러나 그들은 자신들의 이론이 국지적 신념들local beliefs과 결정적으로 상반되어서 갈등을 일으킬 수도 있는 반대가 결정적이라고 생각하지 않는다. 마이클 왈쩌M. Walzer는 이와 같은 보편적인 정의이론에 대한 탐색이 잘못이라고 주장한다. 왈쩌는 정의에 대한 요구를 식별하는 유일한 방법은 각각의 특정 공동체가 사회적 가치social goods의 유용성을 어떻게 이해하는지를 살펴보는 것이라고 주장한다. 어떤 사회 특유의 관습과 제도들 속에 각인된 그 사회구성원이 '공유하는 이해'가 정의의 기준이 된다는 것이다. 따라서 정의의 원칙을 식별하는 것은 철학적 주장의 문제라기보다는 '문화적 해석'에 관한 문제라고 본다. 왈쩌는 서구 사회에서의 공유된 이해는 '복합적 평등complex equality'을 요구한다고 본다. 복합적 평등은 사회적 평등의 개념과 관련해서 정의에는 상이한 '영역들spheres이 있다는 개념으로 발전시키고 있는 것이며, 시장과 같은 어떤 영역의 불평등이 보건의료나 정치 권력과 같은 다른 영역을 침범하지 않도록 보장하는 것을 추구하는 분배체제를 주장한다.[195] 왈쩌의 이론은 문화적 상대주의cultural relativism의 일종이라고 할 수도 있다[196](Kymlicka, 2006).

---

195) 그러나 카스트 사회와 같은 다른 사회(사회적 의미가 통합되고 위계화되어 있는 사회)에서는 공유된 이해를 강조하는 왈쩌의 입장에 따르면 권리와 재화를 분배함에 있어서 정의가 사실상의 제한이 없는 불평등과 연관(연결)될 수 있음을 인정한다(Mulhall 외, 2017 ; Kymlicka, 2006).

196) 킴리카는 정의를 공동체의 '공유된 가치'라는 견지에서 규정하려는 공동체주의의 시도에 대해서는 두 가지의 일반적 반론이 있다고 지적한다. 첫째는 정의는 '공유하고 있는 이해를 위한 근거'이지 '공유된 이해의 산물'이 아니라는 것이다. 예컨대 문화적 상대주의에 따르면 우리 사회가 노예제를 거부하면 노예제는 잘못되었다고 할 수 있다. 그러나 대부분 사람은 노예제가 잘못되었기 때문에 우리 사회가 거부했다고 생각한다는 것이다. 둘째로 (우리가 의견을 제시하는 권력 있는 사람들의 목소리뿐만 아니라 허약한 주변화된 사람들의 목소

다) 개인의 권리와 공동선

많은 공동체주의자는 자유주의의 가장 큰 문제는 정의나 보편주의에 대한 강조가 아니라 '개인주의'에 대한 자유주의의 강조에 있다고 본다. 자유주의자들은 개인적인 권리나 사람들의 자유 개념에 그들의 이론의 기반을 두지만, 공동체주의자들은 인간 존재의 사회적 의존성을 인정한다면 개인적 자유에 대한 우리의 권리만큼이나 '사회의 공동선'을 유지할 의무도 중요하다고 본다. 따라서 공동체주의자들은 자유주의적인 '권리의 정치 politics of rights'를 폐기하거나 그것은 최소한 '공동선의 정치politics of the common good'에 의해서 보완되어야 한다고 주장한다.

이것은 자기 결정이라는 문제와 자기 결정의 중요성에 관한 논의와 연관된다. 자유주의자들은 모든 사람은 자신이 이끌어가길 원하는 삶을 스스로 선택하게 함으로써 그들의 이익을 증가시킬 수 있다고 믿는다. 그들은 사람들에게 이와 같은 자기 결정을 못 하게 한다면 그들을 평등한 존재로 다루는 데 실패한 것이라고 본다.[197] 그러나 공동체주의자들은 자유주의자들이 자

리에도 주의를 기울인다면) 정의에 관한 공유된 이해를 식별하기가 매우 어려울 수도 있다는 것이다. 예컨대 보건의료 정책이나 소수자 할당정책(affirmative action)에 대해서 항상 찬반 논란이 발생한다. 이와 같은 불일치를 해결하기 위해서는 우리는 좀 더 보편적인 정의관을 갖고서 경합하는 이해들을 평가할 필요가 있다. 따라서 왈쩌는 우리가 국지적인 이해로부터 출발한다고 하더라도 (불일치의 존재와 우리 자신의 비판적 반성을 통해서) 우리는 더욱 더 보편적이며 덜 편협한 관점으로 나아가게 된다고 주장한다(Kymlicka, 2006).

197) 많은 자유주의자들은 자기 결정의 가치가 너무나 명백해서 방어할 필요가 없다고 생각한다. 일반적으로 자유주의자들이 자기 결정의 가치를 옹호하는 이론은 다음과 같다. 자기 결정은 좋은 삶을 이끌어나가기 위한 것이다. 좋은 삶을 이끌어 간다는 것은 현재 우리가 좋다고 믿는 삶을 이끌어 가는 것과 다를 수도 있다. 자기 결정은 상당히 어렵고 틀릴 가능성도 있다. 그러나 국가의 개입정책을 지지하는 완전주의가 될 필요는 없고 온정주의도 반대한다(미성년 등에 대한 부분적인 온정주의는 인정한다). 왜냐하면 개인이 지지하지 않는 가치에 의해서 외부로부터 삶이 이끌어진다면 삶이 나아질 수 없다는 것이다(내 삶의 가치에 대한 내 믿음에 따라 내부로부터 삶을 이끌어갈 때만이 삶이 나아진다). 그래서 좋은 삶을 이끌어가기 위한 2개의 전제조건은 첫째 무엇이 삶에 가치를 부여하는지에 대한 우리의 믿음에 따라 우리의 삶을 내부로부터 이끌어내야 한다는 점이고 둘째는 문화가 제공할 수 있는 모든

기 결정을 위한 우리의 능력을 잘못 해석할 뿐만 아니라 그와 같은 능력이 의미 있게 실현될 수 있는 '사회적 조건'들을 무시한다고 주장한다.

자유주의자들에 의하면 자기 결정과 선택의 자유에 대한 존중은 '중립 국가neutral state'를 지지하게 한다고 본다. 중립 국가는 좋은 삶에 대한 관념의 본질적인 우월성이나 열등성에 기반하여 국가 행위를 정당화시키지 않으며, 이러한 다양한 개념의 가치들에 대한 사람들의 판단에 영향을 주려는 의도적인 시도를 하지 않는 국가라고 할 수 있다. 그러나 공동체주의자들은 자유주의자들이 주장하는 중립성은 '도덕적 중립성moral neutrality'에 기반하고 있지 않다고 본다. 예컨대 자유주의적 평등주의는 개인들·인종적 평등과 성적 평등·공정으로서의 자유·기회의 평등·개인의 권리와 책임 등에 고유한 도덕적 가치를 부여하는 근본 원칙들에 근거한 심오한 도덕 이론이며, 자유주의적 평등주의자들의 '중립성'이란 좋은 삶에 관한 상이한 (정의를 존중하는) 관념들의 본질적인 장점에만 초점이 맞춰진 (더욱 더 제한적인) 이론에 불과하다고 본다. 오히려 국가의 역할은 좋은 삶에 관한 상이한 관념들에 대한 개인들의 '가치 판단 능력'을 보호하는 것이며, 사람들이 자신의 선관을 추구할 수 있도록 권리와 자원을 공평하게 배분해 주는 것이라고 보는 것이 중요하다고 본다. 자유주의자들은 시민적 자유와 개인적 책임의 불평등한 결과를 수용하고 존중하기 때문에, 자유주의적 중립성은 결과에 대한 중립성이 아니라 (특정한) 국가정책을 정당화시키는

종류의 정보 등에 비추어 여러 가지 신념들을 검증하기 위해서 그 신념들에 대하여 자유롭게 의문을 제기할 수 있어야 한다는 점이다(Kymlicka, 2006).

중립성이다. 국가 중립성은 (정의를 존중하는) 상이한 생활방식들의 가치에 대한 공적 서열이 존재하지 않는다는 개념일 따름이다. 그래서 '국가 중립성'이라는 용어가 혼란스럽기 때문에 '국가 반완전주의state anti-perfectionism'라고 표현하는 것이 좀 더 나을지도 모른다고 본다.[198]

물론 (완전주의는 아니지만) 자유주의 국가라고 해도 사람들의 이익이나 복리에 관한 몇 가지 기본 가정들은 만들어야 한다. 롤즈의 이론은 사람들의 선관이 어떤 것으로 판명되든지 간에 롤즈가 유용하다고 주장하는 특정한 '전목적적 수단들all-purpose means'이나 '사회의 기본적 가치social primary goods'의 분배와 관련된다.[199] 국가 완전주의를 옹호하는 사람들 대부분은 (사회적 기본가치가) 평범하지는 않지만 가치 있는 일부 생활방식에 불이익을 줄 수 있는 롤즈의 주장에 문제가 있다기보다는, 너무나 많이 공유되고 있으나 가치 없는 생활방식을 관용하는 것이 문제라고 본다. 완전주의자들은 가능한 넓은 범위의 생활방식을 가능하게 하기 위해서 자원을 분배하기보다는, 국가가 가치 있다고 보는 특정한 목적에 봉사하도록 자원을 분배하는 국가를 선호할 것이다. 국가 완전주의자들은 전목적적인 수단에 자원들을 제공하는데 그치지 않고, 사람들의 목적들을 형성하도록 자원의 분배를 이용하기를 원한다.

---

198) 간단히 말하면 국가 완전주의는 국가가 개인의 도덕적 생활에 완전히 관여(개입)하는 사상을 말한다. 이는 중립 국가와는 반대다. 국가 반완전주의는 중립 국가를 말한다,

199) 롤즈의 '사회적 기본가치'의 목록에 올라 있는 권리들과 자원들이 진정으로 모든 생활방식들에 있어서 유용한지에 대해서 의문을 제기할 수도 있지만, 이것은 국가 중립성의 논의에서 본질적인 사안은 아니다(Kymlicka, 2006).

라) 공동체주의와 공동선의 정치

　공동체주의자들은 중립 국가에 반대한다. 그들은 '공동선의 정치'를 위하여 중립 국가의 개념(중립성의 정치)을 폐기해야 한다고 주장한다. 물론 자유주의 정치에서도 공동선은 존재한다(자유주의 국가의 정책도 공동체 구성원들의 이익 증진을 목적으로 하기 때문이다). 그러나 자유주의 사회에서의 공동선은 평등한 비중을 가지는 모든 선호의 결합과정에서 나온 결과이다. 따라서 자유주의 사회에서의 공동선은 개인들이 가지고 있는 선호와 선관(善觀)의 패턴에 맞게끔 조정을 받는다. 그러나 공동체주의 사회에서의 공동선은 공동체의 생활방식을 규정하는 좋은 삶에 관한 실질적인 관념이라고 여긴다. 여기서 공동선은 사람들 선호의 양상에 맞게 조절되기보다는 사람들의 선호를 평가하는 기준을 제공한다. 공동체주의 국가는 상이한 생활방식의 가치에 대한 공적인 서열을 포함하고 있으므로 완전주의 국가라고 할 수 있다. 그러나 마르크시즘적 완전주의는 인간의 선에 관한 초역사적인 근거에 따라 생활방식을 서열화하는 반면, 공동체주의는 현존하는 관습들과의 합치하는 정도에 따라 생활방식을 서열화한다. 공동체주의자들이 '공동선의 정치'를 자유주의적 중립성보다 선호하는 이유는 '자기 결정'이라는 자유주의적 개념은 물론 '자기 결정과 중립성 사이에 가정된 연관성'에 대해서도 반대하기 때문이다(Kymlicka, 2006).

2) 샌델의 공동체주의 이론

공동체주의자의 한 사람인 샌델[200]은 롤즈의 〈정의론〉을 전반적이고 심도 있게 비판함으로써 자유주의와 공동체주의 간의 논쟁을 본격적으로 선도해 나갔다.

가) '좋음에 대한 옳음의 우선성' 비판

자유주의의 이상은 '옳음은 좋음에 우선한다the right is prior to the good'는 표현으로 요약할 수 있다. 좋음에 대한 옳음의 우선성은 두 가지 의미가 있다. 첫째, 개인의 권리는 일반적인 선을 위해서 희생될 수 없다(공리주의에 대한 반대). 둘째 이러한 권리를 규정하는 정의의 원칙은 좋은 삶에 대한 어떤 특정한 견해를 전제하지 않는다(목적론적 견해에 대한 반대). 샌델은 이러한 자유주의의 이상을 가장 극명하게 드러내고 있는 사람이 롤즈라고 보았다. 롤즈는 '정의는 사회제도의 제1 덕목이다'라고 주장한다.[201]

샌델의 견해에 따르면 의무론적 자유주의는 두 가지의 서로 다른 (그러나 상호 관련된) 의미에서 정의에 우선성을 부여한다. 첫째, 의무론적 자유주의는 어떤 다른 정치적·사회적 가치의 요구가 정의의 요구를 이기는 것을 허용할 수 없으며, 개별적인 시민의 권리는 어떤 다른 이익이나 목표를 위해 희생할 수

---

[200] 샌델은 자신을 공동체주의자라고 부르는 것을 좋아하지 않았고 공화주의자라고 부르는 것을 선호했다(장은주, 2012).

[201] 샌델은 이러한 롤즈의 견해는 도덕법칙의 우위성을 주장하는 칸트의 견해와 동일한 것이며, 롤즈의 자유주의를 의무론적 자유주의(deontological liberalism) 또는 칸트적 자유주의(Kantian liberalism)라고 부른다(홍성우, 2011).

없다고 주장하면서 정의에 도덕적 우선성을 부여한다. 둘째, 의무론적 자유주의는 정의의 가치가 특권적으로 정당화되는 것으로 간주한다. 즉 옳음의 원칙들이 좋음과는 별도로 도출된다는 의미에서 좋음에 우선한다는 것이다(홍성우, 2011). 그러나 샌델은 (자유주의적) 정의의 실현을 위해서는 좋음의 이상이 개입되어야 하며 또 정의는 공동체를 전제로 한다는 점을 강조한다. 샌델은 정의를 이해하는 세 가지 방식을 행복의 추구·자유와 평등·공동체의 미덕이라 보고, 이들 중에서 공동체의 미덕이나 공동선을 정의로 본다. 샌델은 옳음의 우선성을 확보하기 위해서 롤즈가 제시한 원초적 입장이 전제하고 있는 자유주의적 자아관을 비판한다(Sandel, 2010 ; 장은주, 2012).

나) '선험적 주체'와 '무연고적 자아' 비판

칸트에 따르면 '옳음'은 인간 존재의 외적인 관계에서 자유의 개념으로부터 전적으로 도출되며, 모든 사람이 본성적으로 지니는 목적 또는 이러한 목적을 달성하려는 인지된 수단과 아무 관계도 없다. 칸트가 말하고 있는 '옳음'의 기초는 자율성의 개념에 의존하고 있으며, 이 자율성의 개념이 (이성적인 존재의 모든 행위의 이념적인 근거인) 도덕의 보편적 원칙과 결합하여 있다. 칸트에게 '옳음'의 기초 또는 도덕적 기초는 '자율적 의지'를 행사할 수 있는 주체에서 찾는 것으로 보아야 한다. 이러한 주체는 경험적 목적이 아니라 오히려 목적의 주체이며 목적에 대해서 철저히 독립적이다. 여기서 주체는 정확히 '우리'라고 할 수 있으며, 도덕법칙은 우리가 우리 자신에게 부여한 법칙이고, 우리는 도덕법칙을 발견하는 게 아니라 우리가 의욕하는 것이

다. 도덕법칙을 의욕하는 '우리'는 특정한 개인이 아니라 순수실천이성을 지닌 선험적 주체이다.[202]

그러나 영미의 경험론적 전통에서 칸트적 의미의 옳음의 우선성을 받아들일 때 칸트적 주체 개념이 지닌 선험성의 문제가 난제로 등장할 수밖에 없다. 그래서 롤즈는 칸트의 선험적 주체가 지닌 애매성을 제거하면서, 옳음의 우선성과 정의의 우위성을 확보하기 위해서 '원초적 입장'을 제시한다. 원초적 입장에 있는 사람은 사회적 배경·타고난 능력과 재능뿐만 아니라 우리의 이익·목표·가치관이 무엇인지 알기 전에 우리가 미리 우리 사회를 이끌어 갈 원칙을 선택할 수 있기 때문이다. 따라서 샌델은 롤즈의 원초적 입장에는 어떤 특정한 인간상이 전제된 것으로 간주한다. 롤즈적인 자아는 목표와 목적에 우선하는 그리고 그것에서 독립적인 것으로 이해되는 자아인 '무연고적 자아 the unencumbered self'라고 본다.

샌델은 롤즈의 무연고적 자아를 강력하게 비판한다. 롤즈는 자아는 그것에 의해서 인정되는 목적들보다 우선한다고 주장하지만, 샌델은 자아는 목적에 선행하는 것이 아니라 오히려 그 목적에 의해서 '구성'된다고 본다. 왜냐하면, 우리의 자아는 어느 정도 공유된 사회적 맥락에 뿌리를 둔 우리에 의해서 그리고 '선택'이 아닌 '발견'된 목적에 의해서 적어도 부분적으로 구성되기 때문이다. 그러나 경험적으로 주어진 특징으로부터 전적으로 분리된 롤즈의 자아관은 '추상적인 의식' 즉 '근본적으로 현실에 처한 주체 radically situated subject'가 아닌 '근본적으로 현실에서

---

[202] 의무론적 자유주의자들은 사회가 어떤 특정한 가치관(선관)을 전제하지 않는 원칙에 의해서 통제될 때 최선으로 편성된다고 본다. 그래야 선택 능력을 지닌 존재로서의 사람이 존중받을 것이기 때문이다(홍성우, 2011).

유리된 주체radically disembedded subject'에 불과하다고 본다.[203] 따라서 무연고적 자아는 선택에 선행하는 도덕적 유대에 의해 결합된 어떤 공동체 안에서의 구성원이 될 가능성을 부인한다. 때문에 무연고적 자아는 그 자아 자체가 문제가 될 수 있는 어떤 공동체에 소속될 수가 없다.[204] (홍성우, 2011).

다) 차등의 원칙과 무연고적 자아의 논리

샌델은 롤즈의 차등의 원칙에 무연고적 자아의 논리가 어떻게 반영되고 있는지를 설명한다. 롤즈는 공리주의가 사람 간의 개별성을 진지하게 다루는 데 실패했고, 자유지상주의는 행운의 자의성을 인정하는 데 실패했다고 본다. 그래서 롤즈는 사회적 배경이나 천부적인 재능 등 사회적·자연적 우연성을 배제하는 기회 평등의 원칙과 차등의 원칙을 도입한다. 차등의 원칙은 사람들의 재능을 공유자산으로 간주해야 하며 재능이 가져온 보상도 최소 수혜자와 함께 공유해야 한다고 주장한다. 그런데 차등의 원칙에도 무연고적 자아의 논리가 전제되어 있다. 샌델은 차등의 원칙에 관한 논증을 다음 두 가지 방식으로 반박한다. 첫째 차등의 원칙은 내가 가진 자산은 우연히 나의 것이라는 무연

---

203) 킴리카는 자유주의적 자아인 무연고적 자아와 대비되는 공동체주의적 자아를 현존하는 사회적 관습 속에 '각인되어 있다(embedded)'거나 또는 '놓여져 있다(situated)'라고 표현한다(Kymlicka, 2006).

204) 샌델은 세 가지 종류의 공동체관을 구분하고 있다. 첫째는 '도구적 공동체관'으로 협동의 주체가 자기 이익적인 동기에 의해서만 통제된다. 둘째는 '협동적(감정적) 공동체관'으로 협동의 주체의 실제적인 동기가 이기적인 목표뿐만 아니라 자선적인 목표를 포함하나 협동의 주체의 개체성이 미리 전제되어 있다. 셋째는 '구성적 공동체관'으로 사회 구성원은 공동체의식으로 결합되어 있으며 주체의 정체성이 어느 정도 공동체에 의해서 규정된다는 것을 인정한다. 물론 무연고적 자아도 협동이라는 의미에서 공동체(협동적 공동체)에는 가입할 수 있기는 하다. 그러나 샌델이 의미하는 구성적 공동체에는 가입할 수 없다는 것이다(홍성우, 2011).

고적 자아에 부합하는 생각으로 시작한다. 그러나 차등의 원칙은 이러한 자산이 공유된 자산이며 사회는 자산의 사용결과에 우선적 권리를 갖는다고 가정함으로써 끝맺는다. 그러나 샌델은 이러한 가정은 근거가 없다는 것이다. 개인의 자격으로서 나는 우연히 여기에 존재하는 자산에 관한 특권적인 권리를 갖지 않기 때문이며, 세상의 모든 사람이 집단적으로 그렇게 하지도 않기 때문이다. 사회의 영역 내에서 또는 인류의 영역 내에서의 자산의 위치가 도덕적 관점으로부터 그만큼 적게 자의적이라고 생각할 이유는 없는 것이다(개인의 자산향유자격 부인이 사회의 자산 공유를 정당화하지는 않는다). 둘째 (공리주의와 마찬가지로) 차등의 원칙은 공동분배sharing의 원칙이다. 차등의 원칙은 어떤 도덕적 유대를 전제로 하고 있음이 틀림없다. 그런데 '협동적인 공동체관'에 의거하는 차등의 원칙으로부터는 공동분배를 위한 가능한 도덕적 기초가 불명확하다. 샌델의 측면에서 볼 때는 롤즈의 차등의 원칙은 이미 '협동적 공동체관'을 넘어서서 '구성적 공동체관'이 지향하는 구성적 목적과 애착을 함축하고 있다. 이것은 롤즈의 차등의 원칙이 자유주의적 자아를 정면으로 부정하고 있으며, 도덕적 부담과 선행하는 책무는 옳음의 우선성을 무효화시키고 있다는 것을 의미한다.[205] (홍성

---

[205] 이것은 또한 차등의 원칙은 그것의 목표를 위해 필요한 자산의 정당한 주장을 마련할 수 있는 '보다 폭넓은 소유의 주체'를 필요로 한다는 것을 의미한다. 그러나 '보다 폭넓은 소유의 주체'는 롤즈가 지향하는 협동적 공동체관에 의해서는 설정할 수가 없다. 샌델에 의하면 우리가 충성과 신념으로 살아간다는 것은 우리 자신을 특정한 사람으로서(가족이나 공동체 또는 민족이나 국민의 구성원으로서, 역사의 담지자로서, 공화국의 시민으로서) 이해하는 것과 나누어 생각할 수 없다고 한다. 지속적인 애착과 참여는 '나'라는 사람을 부분적으로 규정한다. 이러한 구성적 애착이 불가능한 사람을 이상적으로 자유롭고 합리적인 행위자로 생각할 수 없다. 오히려 그러힌 사람은 성격도 없고 도덕적 깊이도 없는 사람이 된다. 그러나 자유주의 윤리는 경험의 힘이 미치지 않는 곳에 그리고 숙고와 반성을 넘어서는 곳에서 자아를 놓아둔다. 공동의 삶을 형성할 수 있는 '확장적 자아-이해'를 부정한다면 자유주의적 자아는 한편으로는 고립되고 다른 한편으로는 얽혀 있는 것 사이에서 비틀거리는 모습으로 남게 될

우, 2011).

라) 공적인 삶으로서의 절차적 공화국(비판)

샌델의 견해에 따르면 자유주의 윤리학은 무연고적 자아의 한계와 그것을 극복할 수 있는 대안을 공동체주의와는 다른 방식으로 해결하고자 한다. 롤즈는 '개인적 문제the personal affairs'와 '공적 정체성the public identity'을 구분하고 있다. 롤즈에 의하면 '시민은 그의 개인적 문제'에서 (또는 연합체의 내적인 삶 안에서) 그의 목적과 목표를 서로 다르게 고려할 수 있다. 그는 그와 떨어질 수 없다고 믿는 애착과 사랑을 가질 수 있으며, 어떤 종교적·정치적 신념과 참여가 없이 그 자신을 바라보는 것은 생각할 수 없는 것으로 간주할 수 있다. 그러나 이와는 대조적으로 '자유로운 인격으로서의 시민'은 그의 인격을 독립적인 것으로 바라볼 수 있는 권리를 지니지만, 자신의 인격을 어떤 특정한 목적의 체계와 동일시하지 않는다. 또한, 도덕적 인격으로서의 공적 정체성은 시간에 걸친 자신의 가치관 변화에 따라 영향을 받지 않는다.

그러나 샌델은 롤즈의 '사적 정체성'과 '공적 정체성'의 구분에 관해서 그 근거가 명확하지 않다고 지적한다. 자아의 독립성에 대한 의무론적인 요구도 공적 또는 사적인 관계와 관련된 상대적인 느낌의 강렬도와는 아무런 관계가 없는 인식론적인 요구라고 본다. 그러므로 의무론적인 자아관이 요청하는 공적 정

것이다. 요컨대 '확장적 자아-이해'를 위한 공동체주의적 자아관은 앞에서 말한 '보다 폭넓은 소유의 주체'를 설정하기 위한 기초를 제공하는 것으로 여겨진다. 그럴 경우 샌델이 말하는 '보다 폭넓은 소유의 주체'는 '나'가 아닌 '우리'이어야 하며 그것은 구성적 의미와 공동체의 현존을 함축한다(홍성우, 2011).

체성과 사적 정체성 간의 구분을 허용하지 않는다고 보아야 한다는 것이다. 샌델은 이러한 구분은 사실상 공동체에 의해서 통치되는 구성적 공동체의 출현을 억제하고, 정의로 통치되는 협동적 공동체의 강화만을 의도하는 것이라고 본다. 또한, 공적·사적 삶의 영역 간의 구분은 자연스럽게 국가는 중립적이어야 한다는 자유주의적 요구를 함축하고 있다.

국가의 중립성은 시민들이 받아들이고 있는 도덕적·종교적 견해에 대하여 국가가 중립적이어야 한다는 것이다. 사람들은 그들이 살아가는 방식에서 무엇이 최선인가에 대해서 불일치하므로, 국가는 좋은 삶이 어떤 것인가를 확언하지 않는 것이다. 대신에 국가는 사람들이 자신의 가치와 목적을 선택할 능력이 있는 자유롭고 독립적인 자아로서 인격을 존중하는 권리의 체계를 제공해야만 한다고 보는 것이다. 이러한 자유주의는 '특정한 목적에 관한 공정한 절차'의 우선성을 주장하므로, 샌델은 이에 의존하는 공적인 삶을 '절차적 공화국the procedural republic'이라고 한다. 절차적 공화국에는 두 가지 경향성을 갖는다. 첫째, 초기 공화국the early republic[206]에서는 자유가 '민주주의적 제도와 분산된 권력의 기능' 차원에서 이해되었으나, 절차적 공화국에서는 자유는 다수가 의욕하는 것에 반대하는 (민주주의에 대립하는) '개인의 보증'으로 정의한다. 그래서 내가 최후의 수단인 권

---

[206] 샌델은 미국 정치사회의 변모 과정을 '초기 공화국(the early republic)', '국가 공화국(the national republic)', '절차적 공화국(the procedural republic)'의 3단계로 구분한다. 초기 공화국은 소규모의 민주주의적 공동체, 탈중앙경제, 탈중앙집권적 정치형태를 특징으로 한다. 국가 공화국은 국가적 규모의 정치공동체, 국가 시장, 대규모 계획을 특징으로 한다. 양자는 기본적으로 '공동선의 정치학'이 그 기저에 깔려 있고, 국가 공화국은 공동의 삶을 형성하는 데 관심을 지닌 '구성석 공동체'로 여겨진다. 20세기 중반에 이르러 정치사회의 관행이 '공동목적의 공공철학'에서 '공정한 절차의 공공철학'으로, '선의 정치학'에서 '권리의 정치학'으로, '국가 공화국'에서 '절차적 공화국'으로 점진적으로 변화를 겪게 되었다고 주장한다(홍성우, 2011).

리의 담지자인 한 나는 자유롭다. 권리의 보장과 보편화 논리는 정치체제에 있어서 분산된 권력이 아닌 '집중된 권력'을 허용한다. 둘째, 최후의 수단인 권리의 담지자로서 우리는 우리 자신을 (권리 또는 우리가 구성한 합의에 선행하는) 책무에 구속되지 않는 '자유롭게 선택하는 개별적 자아'로 간주한다. 아무튼, 절차적 공화국은 그것이 의존하는 공동체를 약화시키는 경향으로 나아가게 된다. 샌델은 이러한 두 가지 경향성이 현대 미국 사회가 안고 있는 해결되지 않는 곤경이라고 본다(홍성우, 2011).

3) 매킨타이어의 공동체주의 이론

가) 도덕 문화의 위기와 정서주의 emotivism

매킨타이어[207]는 현대의 서양문화 특히 도덕적 담론과 도덕성이 심각한 위기 상황에 있는 것으로 진단한다. 현대 도덕 문화의 위기 상황 또는 도덕의 무질서 상태는 '정서주의 emotivism'에서 기인한다고 본다. 정서주의는 모든 평가적 판단 그리고 특히 모든 도덕적 판단이 선호의 표현이나 태도 또는 감정표현에 불과할 뿐이라는 교의를 말한다. 매킨타이어는 현대 서양문화를 '정서주의적 문화'로 규정한다. 그리고 정서주의를 낳게 한 근대 계몽주의에 대한 비판적 고찰을 시도한다.[208] 그런 다음에 정서주

---

[207] 매킨타이어의 저작은 샌델의 저작에 비해 도덕과 문화의 역사를 보다 일반적이고도 광범위하게 다루고 있다. 매킨타이어의 비판적 분석은 현대 정치이론의 어느 한 저작(부분)이 아니라 서구의 도덕·정치 문화의 기원과 흥망성쇠에 초점을 맞추고 있다(Mulhall 외, 2017).

[208] 칸트는 '각각의 개인이 다른 사람을 목적으로 대우하는 것'과 '각각의 개인이 다른 사람을 자신의 목적에 대한 수단으로 대우하는 것'을 구분해서 전자를 '도덕에 의해 형성된(비조

작적) 인간관계'로, 후자를 '도덕에 의해 형성되지 않는(조작적) 인간관계'로 보고 있다. 그런데 정서주의 입장에서는 인간관계를 목적과 수단으로 구분하여 보는 칸트의 견해는 착각에 불과할 뿐이다. 평가적 발화는 결국 나 자신의 감정이나 태도 표현과 다른 사람의 감정이나 태도 변화를 꾀하고자 하는 목적 이외에 다른 목적이나 용도를 지닐 수 없다. 여기에는 도덕 판단의 비개인적인 기준이란 존재하지 않으며, 다른 사람의 감정이나 태도 등을 우리의 목적에 맞게 조정하고자 한다. 따라서 정서주의적 도덕철학은 모든 도덕적 논의를 '조작적인 개인 간의 관계'의 한 예로 간주하고 있음을 알 수 있다. 이러한 정서주의적 도덕철학을 전제하고 있는 정서주의의 사회적 내용은 현대문화에서 전형적인 세 가지 인격에 나타난다고 한다. 이들은 부유한 탐미가(the rich aesthete), 효율성을 추구하는 관리자(the manager), 기술에 치중하는 치료사(the therapist) 등이다. 매킨타이어는 이러한 인격 모형을 참조하여 구성된 자아를 '정서주의적 자아(emotivist self)'라고 부른다. 정서주의적 자아는 그것이 채택한 도덕적 태도나 관점을 평가하기 위한 합리적 기준이 결여되어 있으며, 그러한 태도나 관점을 채택한 사람이 정당화될 수 있는 유일한 기준은 '그가 그렇게 하기 위하여 자유롭게 선택했다'라는 사실뿐이다. (결국 정서주의는 자아가 목적을 임의로 선택·변경할 수 있다는 점에서 '목적에 대한 자아의 우선성' 내지는 '목적에 대한 자아의 독립성'을 전제하고 있는 셈이다).

 그런데 매킨타이어는 자아는 '역사'를 지니고 있다고 본다. 자아가 역사를 지니고 있다는 것은 어떤 개인이 자신의 삶이나 도덕적 입장에서 일어난 변화를 이야기로 명료하게 말할 수 있는 방법을 가지고 있다는 것을 의미한다. 다시 말해서 이것은 자기 이해에 대한 발전이나 개선에 관한 '서사적 줄거리'를 가지고 있다는 것을 말한다. 그러나 정서주의적 자아는 목적의 선택이나 입장의 변화에 합리적 기준이 없기 때문에 합리적인 역사를 지니고 있지 않다고 주장한다. 매킨타이어는 정서주의적 자아를 일종의 '추상적·유령적 인격'으로 간주한다.

 매킨타이어에 의하면 현대문화의 정서주의적 운명은 도덕에 합리적 정당화를 제시하고자 한 계몽주의의 기획이 실패하면서 예정되었다고 한다. 계몽주의의 기획은 도덕을 합리적으로 정당화함에 있어 인간의 본성의 몇 가지 특성을 규명하고 그와 같은 본성을 소유한 존재가 받아들일 것으로 기대되는 규칙이 존재하고 있기 때문에 도덕 규칙은 설명될 수 있고 정당화될 수 있다는 견해를 취하고 있다. 그러나 매킨타이어는 인간 본성의 개념과 도덕 규칙의 개념은 역사를 지니고 있는 것이며 양자의 관계는 그러한 역사의 견지에서만 명료화될 수 있다고 본다. 이런 의미에서 도덕 규칙은 역사적·문화적 맥락 안에서 구성되는 것이라고 본다. 도덕 규칙을 그러한 맥락에서 구성하고자 한 시도는 아리스토텔레스로부터 시작되어 중세까지 우위를 차지했던 목적론적 체계 내에서 찾을 수 있다. 그런데 목적론적 체계의 윤리학은 '훈련받지 못한 인간의 본성', '합리적인 윤리학의 지침', '인간 본성의 궁극목적'이라는 개념 등으로 구성되었다고 할 수 있다. 그러나 계몽주의의 도덕철학은 '훈련받지 못한 인간 본성'이라는 개념과 '인간 본성의 궁극목적'이라는 개념을 무시하고 있다. ① 도덕은 인간으로 하여금 '우연적 존재로서의 인간'에서 '가능적 존재로서의 인간'으로 나아가게 해야 한다. 그러나 계몽주의 철학자들이 정당화하고자 했던 도덕 규범들은 우연적인 인간 본성을 훈육하지 않은 상태에 일치시키기보다는 이를 바꾸고 개선하려는 의도로 정립하고 있기 때문에 인간 본성으로부터 도덕 규칙을 연역하는 것이 불가능했다. 오히려 인간 본성은 도덕 규범을 따르지 않으려는 강한 경향성을 지니는 것으로 파악한다. ② 또한, 인간 목적은 도덕이 합리적인 정당화가 가능한 혹은 객관적인 일로 이해되기 위해서는 필수적이다. 인간 목적만이 사실에 관한 진술에서 가치나 책무에 관한 진술로 곧장 나아갈 수 있게 해주기 때문이다. 매킨타이어는 계몽주의의 도덕철학이 훈련받지 못한 인간 본성이라는 개념과 인간 본성의 궁극목적이라는 개념을 무시함으로써 계몽주의적 기획이 좌절되었다고 단정한다. 계몽주의의 시도가 실패로 돌아갔고 그 필연적인 결과로서 개체성을 강조하고, 우리가 어떤 종류의 사람으로 존재할 것인가를 선택하고, 우리가 살아가야 할 인생을 선택하기 위한 자유를 강조한 현대 자유주의 윤리학이 출현하였다고 본다(Mulhall 외, 2017 ; 홍성우, 2011).

를 극복하기 위한 대안으로서 아리스토텔레스의 덕론에 기초한 '서사적 덕론a theory of narrative virtues'을 제시한다(홍성우, 2011).

나) 합리적 도덕체계를 위한 '서사적 덕론'

매킨타이어는 합리적 도덕체계를 재구성하기 위하여 '관행 또는 실행practice', '삶의 서사적 통일성the narrative unity of a human life', '전통tradition'이라는 세 가지 개념을 동원하여 '서사적 덕론a theory of narrative virtues'을 전개한다. 관행이란 (수반된 활동에 본래적으로 관련된 성공형식을 결정하는 공유된 탁월성의 기준을 지닌) 협동적 인간 활동이다. 예를 들면 공차기나 벽돌쌓기 등은 독립적인 활동이지만 축구경기나 건축 등은 정합적·복합적 인간 활동(협동적 인간 활동)의 형식으로 간주하므로 관행의 예에 속한다. 관행에는 '내재적인 선'과 '외재적인 선'이 포함되어 있다. '내재적인 선internal goods'은 그 관행 자체가 아닌 어떠한 활동에 의해서도 성취될 수 없는 선이다. '외재적인 선external goods'은 주어진 관행에 참여하는 데서 도달할 수 있지만 다른 관행에 참여함으로써 도달할 수도 있는 선이다. 외재적인 선은 그것이 성취될 경우 언제나 그 개인의 재산이나 소유가 되는 것이며, 체스 게임의 경우 승자는 명성·지위·돈 등을 얻는다. 내재적인 선은 탁월한 경쟁의 결과이긴 하지만 그 성취는 그 관행에 참여한 전 공동체의 사람을 위하여 선이 되는 것이며, 체스 게임의 경우 고도의 분석적인 기술·전략적인 기지·경쟁적인 집중력 등이다. 매킨타이어는 내재적인 선의 개념과 덕의 개념을 연결한다. 그는 '덕은 우리가 관행에서 내재적인 선을 성취할 수 있게 하는 경향이 있는 것을 소유·발휘하게 하는 것이며, 그러한 선을 우리가 성취하는 것을 효과적으로 방해하는 것이 없게 하는 습득된 인간의 탁월성이다'라고 정의한다. 내재적인 선과 탁월성의 기준(예컨대 정의, 용기, 정직 등의 덕)이 관행을 구성하는 데 없어서는 안 될 필요불가결한 요소라고 본다. 그래서 관행에 참여한다는 것은 첫째로 관행 속에 공동의 표준과 권위에 복종한다는 것이며 둘째로 관행에 참여한 사람(동시대뿐만 아니라 앞서 활동했던 사람) 간에 일정한 관계를 유지한다는 것을 의미한다. 여기서 매킨타이어는 관행과 제도institution를 구분한다. 체스나 의학 등은 관행에 해당하고, 체스클럽이나 병원 등은 제도에 해당한다. 제도는 관행의 사회적 담지자이며, 그 특성상 그리고 필수적으로 외재적인 선과 관련되어 있다. 그래서 덕의 발휘는 내재적인 선을 산출하는 관행의 통합을 위하여 필요한 것일 뿐만 아니라 외재적인 선을 산출하는 제도를 건전하게 유지하기 위해서도 필요한 것이라 할 수 있다. 아무튼, 관행 속에서의 판단은 전적으로 주관적이거나 자의적인 것으로 간주될 수가 없다. 관행의 참여자는 그 관행에 참여하는 사람들이 내리는 모든 판단에 동의해야 하는 것은 아니지만 그런 판단의 적절한 근거 혹은 그런 근거에 대한 반론으로 간주될 수 있는 바를 스스로 결정할 수는 없다. 합의된 논증 방식과 공유된 규준에 대한 이런 틀은 우리가 개인적인 선호의 표출을 넘어 객관적이고 냉정하게 판단할 수 있게 해준다(Mulhall 외, 2017 ; 홍성우, 2011).

그런데 관행은 다양한 형태로 존재할 수 있고, 사람들은 여러 가지 관행에 참여할 수 있으므로 사람들을 불가피하게 갈등 속으로 내모는 요구가 있을 수 있다. 이러한 경쟁적인 헌신에의 요구는 덕이 있는 삶을 위태롭게 할 수 있다. 매킨타이어는 이러한 문제들을 '인간의 서사적 삶의 통일성'이라는 개념에 따라서 해결하고자 한다. 우리가 인간 행동을 명료하게 설명하려고 한다는 것은 인간 행동을 그 행위자의 삶의 역사와 그러한 행동이 일어난 배경의 역사에서 하나의 에피소드로 파악하는 것이다. 그래서 행동은 여러 담론 가운데 포개져 있는 또 다른 하나의 담론으로 간주되는 것이다. 이런 의미에서 어떤 종류의 서사적 역사narrative history는 인간 행동의 성격 규명을 위한 기초적·근본적인 장르이다. 매킨타이어에 의하면 인간 삶의 서사적 구조는 제약사항과 불가예측성이라는 특성이 있다. 그러나 이러한 특성에도 불구하고 그 서사 구조에는 목적론적인 특성이 있다고 한다. 이러한 목적론적 특성은 인간 행동의 본성 그 자체가 목적을 지향하는 서사적 통일성을 담지하고 있다는 사실을 함축한다. 인간 행동의 (또는 인간 삶의) 서사적 통일성이 확보되려면 인격의 통일성이 요구된다. 우리가 서사적 주체라는 것은 우리의 서사적 삶을 구성하는 행동과 경험을 설명할 수 있다는 것을 의미한다고 한다. '서사적 자아narrative selfhood'는 특별한 의미를 지닌 역사의 주체이며, 다른 사람과 상호 전제의 관계에 있다고 할 수 있다. 그리고 인간 삶의 서사적 통일성은 '어느 쪽이 가장 중요한가?'를 물어보는 것이며, 결국은 서사적 통일성이란 '선에 관한 서사적 추구의 통일성'이라고 할 수 있다. 그래서 덕이란 '관행을 떠받치며, 우리가 그 관행의 내재적인 선을 성취할 수 있도록 해줄 뿐만 아니라, 우리는 우리가 부딪치게 되는 해악·위험·유혹·방심을 극복함으로써 선에 대한 적절한 탐색을 계속할 수 있게 하고, 우리 자신과 선에 대해 더 많이 알게 해주는 성향'으로 이해되어야 한다.

그러나 관행과 좋은 삶에 관련하여 규정된 이상의 덕의 정의는 전체적인 인간의 삶(공동체적인 삶)에 관련된 정의일 뿐이지 공동체적인 삶에 개인의 삶이 어떻게 관련되어 있는가를 명확히 해명해 주지는 않는다. 매킨타이어는 이러한 난점을 '전통'이라는 개념에 따라 해결하고자 한다. 좋은 삶에 대한 이런 탐색은 모든 곳에서 모든 개인에게 똑같지는 않다. 우리는 모두 특정한 사회적 정체성의 담지자로서 우리 자신의 상황에 접근해 갈 수밖에 없다. 각자의 삶은 그 자체의 도덕적 특수성을 지닌다. 그러나 현대의 개인주의는 나라는 존재의 사회적 특징을 우연적인 것으로 간주한다. 결국, 개인주의는 자아를 역사가 없는 자아 또한 자아를 (스스로 존재할 것을) 선택할 수 있는 것으로서의 자아로 규정하는 오류를 범한다. 매킨타이어에 의하면, 내가 존재한다는 것은 내가 물려받은 것 즉 나의 현재에서 어느 정도 나타나는 특정한 과거가 있다는 것을 의미한다. 내가 특정한 과거를 물려받았다는 것은 내가 전통의 담지자 가운데 한 사람이라는 것을 뜻하는 것이다. 전통은 일련의 관행에 의해 구성되는 것이며 관행의 중요성과 가치를 이해하는 하나의 양식이다. 또한, 전통은 그러한 관행이 세대 간에 걸쳐 형성되게 하고 후세에 전해지게 하는 매개체인 것이다. 살아 있는 전통이란 역사적으로 확장되고 사회적으로 구체화한 전통에 관한 논의 즉 그 전통을 구성하는 선에 관한 논의와 같은 것이다. 그러므로 선의 추구는 전통의 범주 내에서 세대 간에 걸쳐 확장되는 것이라고 할 수 있다. 따라서 자신의 선에 관한 개인적인 탐구는 (그 개인의 삶의 일부인) 전통에 의해 규정된 맥락의 범주 내에서 이루어져야 할 것이다. 그리고 우리 자신 각자의 삶의 역사는 수

많은 전통이라는 더 크고 더 오랜 역사에 의해 일반적으로 그리고 특징적으로 포섭된다. 매킨타이어에 의하면 전통이 약화되거나 파괴되는 것은 그것에 관련된 덕의 발휘가 결여되었기 때문이며, 전통이 유지되거나 강화되는 것은 그것에 관련된 덕의 발휘 때문이라고 한다. 그래서 '덕이란, 관행에 내재적인 다양한 선이 성취되려면 그것들 간의 관계를 유지함에, 그리고 개인이 그의 전체적인 삶의 선으로서 그의 선을 찾는 개인적 삶의 형식을 유지함에서뿐만 아니라 (필연적인 역사적 맥락을 지닌) 관행과 (개인적 삶을 제공하는) 전통을 유지함에 그것의 목적을 발견하는 것이다'. 그러나 덕에 관한 이상의 정의는 우리가 유지해야 할 전통이 어떤 전통인가를 말하고 있지는 않다는 결함을 지니고 있다. 현대 사회는 하나의 전통만이 지배하는 사회는 아니며 다수의 전통으로 구성되는 사회다. 그런데 이 다수의 전통은 상호 간에 상대적인 가치나 상대적인 설득력이 있는 것에 불과하다. 여기에서 우리가 유지해야 할 전통을 선정하는 데 따르는 어려움이 있는 것이다. 그러나 전통의 상대적 가치나 상대적 설득력이라는 문제는 그것이 '인식론적 위기 epistemological crisis'에 봉착했을 경우 그것의 수행력을 시험해 봄으로써 해결할 수 있다고 한다. 전통이 새로운 개념 틀을 개발하거나 기존의 생각과 관념을 새롭게 종합하면서, 다음과 같은 세 가지 조건을 충족시키는 틀을 갖추어야만 위기를 극복할 수 있다고 본다. 새로운 틀은 전통으로 하여금 미해결의 문제를 해결할 수 있게 하고, 그런 문제들의 발생 원인과 미해결 상태를 설명할 수 있게 하며, 기존의 종합과 새로운 종합 간의 연속성을 보여주는 방식으로 해결과 설명이 이루어질 수 있게 하는 것이다. 매킨타이어는 이러한

전통[209]만이 우리가 유지해야 하는 전통으로 간주하는 셈이다
[210](Mulhall 외, 2017 ; 홍성우, 2011).

4) 테일러와 왈쩌의 이론

가) 테일러의 이론(자아의 원천)

테일러[211]는 먼저 자아의 정체성을 규명하기 위해서 '도덕적 직관(반응)', '도덕적 틀'과 '도덕적 정체성'의 관계를 설명한다. 테일러에 의하면 우리의 '도덕적 정체성'을 이해·해석하려면 강한 평가(질적 차별화를 포함하는 가치평가의 기준)를 수반하는 그리고 도덕적 직관(반응)을 위한 외재적·내재적 배경을 제공하는 '도덕적 틀(지평)'이 요구된다. 이러한 도덕적 지평은 (존재론적 기초로서의) '도덕적 공간'을 우리에게 마련해 준다. 그리고 마땅히 이러한 도덕적 공간 속에서 우리의 정향성을 발견해야 한다고 본다. 이를 자세히 설명하면 다음과 같다. 우리가 공유하고 있는 '도덕적 직관(반응)'은 '본능적인 도덕적 반응'과

---

209) 매킨타이어는 전체로서의 전통이 '합리적인 평가에 열려 있는' 것으로 보고 있다 (Mulhall 외, 2017).

210) 매킨타이어의 견해는 너무나 극단적인 관점을 취하고 있어서 이른바 극단적인 공동체주의자로 분류되기도 한다. 첫째는 도덕의 자율성(이것은 도덕적 행위자의 자율성과는 다르며 종교적 세계관으로부터의 자율적인 도덕 개념을 만드는 것임)은 계몽주의만의 특징이 아니라 아리스토텔레스의 윤리학에서도 공유되는 개념이라는 것이다. 둘째는 어떤 공동체에 매킨타이어의 덕론을 구현하려거나 구현했을 경우 두 가지 부정적 가능성(공유된 견해를 창출하기 위해 권위주의적이어야 하고 강제력을 사용해야 함, 전통적 역할 속에서 안락함을 보장받기 위해 그 공동체에 안주해 버릴 수 있음)이 상존한다는 것이다(홍성우, 2011).

211) 테일러도 매킨타이어와 같이 플라톤에서 포스트모더니즘까지 서구의 도덕·정치 문화의 전개에 대한 광범위한 분석적 설명을 시도한다. 그러나 테일러는 샌델과 매킨타이어와는 달리 자유주의 그 자체를 거부하려고 하지는 않는다. 그와는 반대로 자유주의의 핵심적인 주장들 중 일부는 아주 진지하게 고려할 만하다고 생각한다(Mulhall 외, 2017).

'인간 존재론적 도덕적 반응'이 있다.[212] 테일러는 '인간 존재론적 도덕적 반응'만을 진정한 도덕적 직관(반응)으로 간주한다. 또한 도덕적 직관(반응)과 관련된 대상에 대한 평가는 '강한 평가strong evaluation'와 '약한 평가weak evaluation'가 있다.[213]

테일러는 도덕적 직관과 도덕적 사고는 세 가지 축(타인에 대한 우리의 존중심과 책무, 인간으로서의 완전한 삶에 대한 우리의 이해, 우리 자신의 존엄성에 관한 생각)을 지닌다고 본다. 이러한 세 가지 축은 도덕적 직관에 대한 규명에 있어서 '존재론적 설명'이 본질적이라는 점을 강조하는 것이다. 그리고 이러한 세 가지의 축을 둘러싸고 전개되는 '도덕적 틀frameworks'은 필연적으로 강한 평가를 수반하게 될 것이라고 주장한다. 도덕적 틀은 도덕적 직관과 반응을 위한 외재적 내재적 배경을 제공하는 것이며, 세 가지 도덕적 축과의 관련성에 따라서 질적으로 구별된다고 본다. 테일러는 도덕적 틀의 강한 질적 차별화qualitative discriminations가 없이는 인간 행위의 의미를 만들 수 없다고 주장하면서, 이러한 틀 속에서 우리는 비교불가능한 특수한 지위를 가지는 목적과 선을 갖게 된다고 본다. 요컨대 우리의 정체성은 도덕적 틀과 지평을 제공하는 '참여와 귀속의식'에 의해서 규정된다. 도덕적 틀 즉 '도덕적 지평moral horizon'은 우리에게 '도덕적

---

212) '본능적인 도덕적 반응'은 달콤한 것에 대한 사랑, 메스꺼운 것에 대한 혐오, 추락에 대한 공포 등 논증이나 추론이 불필요한 도덕적 반응이다. 그리고 '인간 존재론적 도덕적 반응'은 인간이 존엄성을 소유한다는 주장처럼 인간 존재의 본성과 지위에 관한 주장을 포함하는 도덕적 반응이라고 할 수 있다. 이것은 '본능적인 도덕적 반응(사실적 반응)'과는 차별화되는 독립적인 기준을 지닌 도덕적 반응이다(홍성우, 2011).

213) '약한 평가'는 욕구된 것만으로도 충분히 타당한 것으로 판정될 수 있다는 태도이며, '강한 평가'는 우리의 욕구와 선호로부터 독립되어 있으며 우리로 하여금 대상의 가치를 평가할 수 있게 해주는 표준에 따라서 옳고 그름을 구분하는('가치평가의 기준'을 포함하는) 평가라고 할 수 있다(홍성우, 2011).

공간moral space'을 마련해 주며, 우리의 정체성은 도덕적 공간에서 정향성orientation을 가진다. '도덕적 정향성'은 우리의 자아 정체성의 핵심적인 부분이다.

테일러는 '언어공동체적인 자아'와 '서사적 삶'을 강조한다. 그는 최대한의 자유 또는 완전한 자유complete freedom를 추구하는 자유주의적 자아관을 비판하고, 선과 같은 '공동체적 가치'가 우리를 위해 목표를 설정하는 권위 있는 지평authoritative horizons 으로서 대우받아야만 선 또는 공동체적 가치에 자아의 정향성이 확보되고, 이러한 정향성에 바탕을 둔 경우 자유주의적 자아관이 안고 있는 문제점이 해소된다고 본다. 테일러는 인간은 '자기 해석적 동물'(자기 해석과는 별개로 그 본성과 정체성이 구체화될 수 없는 존재)로 간주한다. 그는 인간 자아의 정체성은 인간이 삶 속에서 부딪치는 대상들과 상황들의 의미나 중요성에 대한 자기의 이해와 밀접한 관계가 있으며 부분적으로 그것에 의해서 구성된다고 주장한다. 언어공동체와 관련해서 우리는 다른 대화자와의 관련해서만 자아이다. 자아는 '대화의 망webs of interlocation' 안에서만 존재한다. 그러므로 어떤 사람의 정체성에 대한 충분한 정의는 '도덕적·정신적 문제에 관한 그의 입장'뿐만 아니라 한정된 '공동체에 대한 어떤 관련성'을 포함해야 한다. 그런데 한정된 공동체와의 관련성을 포함하는 두 번째 차원의 정의는 근대 문화에서 배제되는 경향이 있다고 한다. 그래서 서양 문명의 가장 중요한 전통은 정체성의 두 번째 차원으로부터(특정한 역사적 공동체로부터)의 분리를 조장했다는 것이다.

테일러에 의하면 우리의 '가치감sense of the good'과 '자아감sense of self'은 서로 밀접하게 뒤섞여 있으며, 가치감과 자아감의 이러한 관련성은 전체로서 우리의 삶의 의미와 우리의 삶의 방향과도 관련되어 있다. 우리가 지향하는 선에 따라 삶의 의미와 방향이 다르게 정해진다.[214] 우리의 정신적 정향성을 규정한 선은 우리의 삶의 가치를 평가하는 선으로 판명된다. 따라서 우리 삶의 최소한 의미를 만들고 정체성을 갖기 위해서는 선에 대한 정향성을 필요로 한다. 이러한 가치감은 표명되는 이야기로서의 나의 삶에 대한 나의 이해로 짜여진다. 그래서 우리는 '서사narrative' 속에서 우리의 삶을 파악해야 한다(우리의 삶은 정합적인 서사만이 답할 수 있는 문제의 공간 속에 존재하기 때문이다).[215]

테일러는 이야기 속에서 우리의 정체성을 정의하고 삶의 의미를 구성하는 데 '질적 차별화'의 중요성을 강조한다. 그런데 우리는 다수의 선과 더불어 살 뿐만 아니라 그러한 선에 등급을 매겨야만 한다는 것을 발견하기도 한다. 이러한 선들은 질적으로 차별화할 필요가 있다는 것이다. 선의 서열화를 통해 우리는 최고선을 가려낸다. 최고선에 대한 정향성이야말로 우리의 정체성을 정의하는 데 없어서는 안 되는 필수적인 것이다. 이 최고선이 하위 선을 구체적으로 실현하고 그렇게 하도록 강제하는 궁극적인 가치의 원천으로서 역할을 할 경우 이 최고선은 '지상선hypergood'이 된다.[216]

---

214) 예컨대 이성의 지배를 (과학적 정밀조사를 통해 도달한) 일종의 감정의 합리적 통제로 간주하는 (감정과는 무관한 객관화를 믿는) 사람과 아내와 어린아이를 부양하고 보살피는 관심에 의한 풍요로운 가족 사랑의 기쁨에서 삶의 의미를 바라보는 가장은 완전히 다른 삶을 살 것이다(홍성우, 2011).

215) 이러한 테일러의 견해는 인간 삶의 통일성은 '서사적 추구의 통일성'이라고 보는 매킨타이어의 견해와의 유사성을 찾아볼 수 있다. 테일러는 선에 대한 정향성과 삶의 서사적 통일성 또는 '추구(quest)'의 구조라는 개념은 상호 함축적이며 내적으로 관련되어 있다고 주장한다(홍성우, 2011).

216) 지상선은 하위 선에 대한 강제성과 궁극적인 불관용성을 그 특성으로 하기 때문에 지

테일러는 실천적 추론을 '실질적substantive 실천적 추론'과 '절차적procedural 실천적 추론'으로 구분한다. 실천적 추론에서의 실질적 관점과 절차적 관점은 합리성의 판단기준이 무엇인가에 의해서 구분된다고 할 수 있다. 실질적인 관점은 '그 결과가 실질적으로 올바른가'에 달려 있고, 절차적 관점은 '그가 어떻게 생각하느냐'에 의해서 판단한다. 실질적 관점은 '특정한 결과'에 의해 합리성을 결정하지만, 절차적 관점은 '그 결과에 도달하는 방식'에 의해서 합리성을 결정한다(여기에서 합리성은 정확한 절차를 준수하는 일이다). 이러한 접근은 필연적으로 주변적 선 관념sidelining conception of the good을 수반한다. 테일러는 '실질적 관점'을 취하지만, 칸트주의자나 공리주의자[217]를 포함한 근대 도덕철학은 절차적 입장을 택했다. 그 결과 도덕의 원천으로서의 '선'은 매몰되고 '행위의 원칙'을 결정하는 것에 도덕철학의 초점이 맞추어지게 되었다.

테일러는 우리 시대에 칸트로부터 출발한 도덕 이론의 공통된 표어는 '좋음(선)에 대한 옳음(도덕 원칙)의 우선성 원칙'이며, 이 원칙은 우리의 삶에서 질적 차별화를 배제시키고, 정체성의

상선은 갈등의 원천으로 간주된다. 이 갈등은 지상선 간의 역사적인 교체 과정에서 일어나는 갈등이며 지상선의 교체에 대해서는 합리적 정당화가 필요하다. 이것은 '실천적 추론(practical reasoning)'을 통해서 계보학적인 탐구와 우월성을 확정할 경우 (절대적인 옳음을 추구할 필요는 없다) 지상선의 교체가 정당화된다고 주장한다. 테일러는 선을 '구성적 선(constitutive good)'과 '생활 선(life good)'으로 구분한다. '구성적 선'은 우리의 행위와 동기의 선함을 구성하는 것이며, 어떤 것에 대한 '사랑'이 우리에게 선하게 행위하고 선하게 존재하도록 하는 능력을 부여하는 그 무엇이고, 도덕적 원천으로서의 실재다. '생활 선'은 행위·감정 또는 삶의 양식 간의 질적 차별화가 규정하는 선(좋은 삶의 양상 또는 구성요소인 선)이며, 예컨대 '자유'·'이타주의'·'보편적 정의' 등이다. 테일러는 생활 선도 지상선이라고 말할 수 있지만, 진정한 지상선은 자유주의에는 결여된 '구성적 선'이라고 본다(홍성우, 2011). .

217) 테일러는 칸트주의뿐만 아니라 공리주의도 절차적 관점을 공유하는 것으로 본다. 공리주의는 '최대 다수의 최대 행복'을 촉진하는 것을 도덕적 책무로 간주한다고 규정한다(홍성우, 2011).

위기를 불러오는 가장 근원적인 원천이 되었다고 본다. 롤즈는 '좋음에 대한 옳음의 우선성'이 지켜져야 하는 이유를 세 가지로 나누어 말하고 있다.[218] 그리고 정의의 원칙에 이르기 위해 요구되는 기본적인 선의 전제를 확보하기 위해서 우선으로 선의 기초론the thin theory of the good을 도입하고(여기서 도입되는 선이 '사회적 기본선'이다), 그런 다음에 자유롭게 정의 원칙을 이용하여 선의 완전론the full theory of the good을 전개할 수 있다고 주장한다. 그러나 테일러에 의하면 우리의 정의론을 전개하는 데 있어서도 '선의 완전론'이 필요한 이유는 우리가 실제로 그것을 상세히 설명하고자 하는 것이 아니라, 무엇이 충분히 요건을 갖춘 정의론인가를 결정하기 위하여 우리가 지녀야 할 가치감을 도출하기 위하여 필요하다고 본다. 또한, 우리가 '좋음'을 질적 구분에 의해 보다 상위로 판명되는 것이면 무엇이든 의미하는 경우에는, 우리는 어떤 의미에서 좋음은 항상 옳음에 우선한다고 그리고 좋음이 옳음을 정의하는 규칙들에 의미를 부여한다고 말할 수 있다고 한다. 여기에서는 좋음은 그것의 명확한 표현으로 옳음을 정의하는 규칙의 요점을 제시한다는 것을 의미한다. 이런 의미에서 좋음은 옳음에 우선한다. 옳음에 대한 좋음의 우선성은 선의 회복을 주장하는 것이다. 또한, 선과 정체성의 관련성에서 볼 때는 테일러가 주장하는 '선의 회복'은 '정체성의 회복'이라고 할 수 있다. 요컨대 테일러는 현대 서양문화에서 무시된

---

218) 첫째, 분배의 문제는 옳음의 개념에 속하는 것으로 이해되며, 이러한 이론에는 좋음에 대한 독립적인 정의가 있을 수 없다. 둘째, 정의의 원칙은 개인의 상이한 가치관에 근거한 개인의 대립적인 요구 간의 최종적인 서열을 정해주고 개인들의 성취를 평가하며, 그것들의 가치를 총합하는 방도를 제시해 준다. 그래서 가치관에 관한 개인의 입장은 다양하지만 옳음에 관한 개인의 입장은 동일하다. 셋째, 인간의 욕구와 포부는 정의의 원칙에 의해 제한되어야 한다. 즉 정의의 원칙이 요구하는 바에 자신의 가치관을 순응시켜야 한다(홍성우, 2011).

수많은 가치를 회복해서 근대의 도덕의식이 가져온 위기상황을 해결하려고 한다[219](Mulhall 외, 2017 ; 홍성우, 2011).

나) 왈쩌의 이론(복합평등론)

왈쩌[220]는 '정의에 관한 이론'을 어떻게 구축하고 옹호할 것인가에 관해 관심을 둔다. 보다 구체적으로 말해 그는 정의의 이론이 분배원칙에서 대상으로 한 재화를 어떻게 이해해야 하는가에 집중하고, 롤즈가 이 문제를 이해하는 방식을 공격한다. 왈쩌가 논의하는 핵심은 '상이한 사회적 재화social goods'는 상이한 절차와 상이한 주체에 의해, 상이한 이유에 입각해서 분배되어야 하며, 이 모든 차이는 사회적 재화 그 자체에 대한 상이한 이해(이는 역사적·문화적 특수주의의 불가피한 산물이다)로부터 도출된다고 주장한다. 이것은 두 가지의 주장을 내포하고 있다. 하나는 사회적 재화는 상이한 이유에 입각해서 분배되어야 한다는 '차별화된 실체differentiated substance'에 관한 이론이고, 다른 하나는 이러한 차이는 사회적 재화 그 자체에 대한 상이한 이해로부터 도출되며 이러한 이해는 역사적·문화적 특수주의의 불가피한 산물이라는 '특수주의적 방법론'이다.

왈쩌의 롤즈에 대한 비판은 '방법론적인 추상'에 대한 공격으

---

219) 테일러는 인간의 삶의 의미나 방향성을 설정하기 위해 필수적인 것으로 간주한 선에 대한 지향성과 자아의 의미를 탐색하는 그의 철학적 논증 배경에 유신론적인 관점을 전제하고 있다. 그는 지상선이라고 할 수 있는 구성적 선이 인간의 영역을 넘어선 보편자 그 자체의 본성 안에 또는 신의 명령 안에 근거해야만 그것이 우리를 결속시킬 수 있는 것으로 본다(홍성우, 2011).

220) 롤즈의 자유주의에 대한 왈쩌의 비판은 앞에서 검토한 세 사상가와는 상당히 다른 수준에서 이루어진다. 그는 (샌델과 달리) 롤즈의 인간관을 비판하는 데 일차적인 관심을 두지 않는다. 그리고 (매킨타이어나 테일러와 달리) 서구 문화의 역사에 대한 포괄적 설명을 통해 자유주의를 비판하는 데 관심을 두지도 않는다(Mulhall 외, 2017).

로부터 시작된다. 왈쩌는 정치이론가는 문화적 특수성과 차이에 의해 이루어지는 맥락을 초월하려 해서는 안 된다고 주장한다. 그는 '오늘날 분배적 정의의 체계는 이상적으로 합리적인 사람들이 자신의 상황에 대해서 아무것도 모르고 (특수주의적 주장을 차단한 채) 일련의 추상적인 선을 놓고 공평무사하게 선택해야 할 때 흔히 내리는 선택으로 묘사되고 있다'라고 본다. 롤즈의 경우에는 이 점이 특히 분명한데 정의가 원칙에 따라 분배해야 한다고 요구하는 것이 '기본적 재화primary goods'이기 때문이다. 특수성으로부터의 추상은 롤즈 자신의 이론에서 논의하는 재화를 이해하는 데 핵심이 되는데, 왜냐하면 이는 그가 기본재를 분배받을 사람들의 자율성을 보호하기 위해 특수한 선관념으로부터의 추상을 요구하는 데 있어 필수적인 측면이기 때문이다. 그러나 왈쩌는 자기 자신에 대해 그리고 자신들이 살고 있는 사회를 구성하는 제반 재화에 대해 필연적으로 대단히 문화구속적인 방식으로 인식하는 사람들이 그들 사회에서 재화의 분배를 규율하는 원칙들에 대해 생각할 때 왜 그런 문화적 특수성을 무시하는 정의의 관점을 채택하여야 하는가? 라는 의문을 제기한다. 왈쩌의 방법론적 추상에 대한 반론은 '개념적 논변'과

'실질적 논변(민주주의 논변)'으로 구분할 수 있다.[221], [222]

[221) 첫 번째 논변은 순전히 개념적인 형태를 취하는데 재화의 개념에 대한 그의 분석에서 도출된다. 사회 속에서의 재화는 말 그대로 '본래의(natural)' 의미를 갖지는 않는다. 재화는 해석과 이해, '인식과 창조'의 과정을 통해서 비로소 의미를 갖게 된다. 또한 그런 과정에서 재화는 언제나 그리고 반드시 사회적인 것이지 개인적인 것이 아니다. 재화의 의미가 필연적으로 사회적이라면 사회에 따라 다른 의미를 지닐 것이다. (왈쩌가 보기에는 의미의 문화의 존성에 있어) 어떤 재화의 의미와 그것의 분배방식에 대한 이해는 같이 나가며 그리하여 후자는 전자만큼이나 사회적이라는 점이 매우 중요하다. 그러나 롤즈식 접근이 갖는 난점은 분명하다. 모든 도덕적·물질적 세계를 가로질러 생각할 수 있는 기본적 혹은 기초적인 재화의 단일한 집합이란 없다. 그리고 사회정의의 문제는 기본재에 대해 제기되는 것이 아니라, 상이한 의미를 지니는 특수한 재화에 대해 제기된다. 간단히 말하면 모든 재화가 갖는 사회적 의미의 특수성은 롤즈의 정의 원칙들을 산출하는 방법론적 추상이 그 원칙들을 쓸모없거나 불필요한 것으로 만든다는 점을 함축한다.

두 번째 논변은 실질적인 논변인데 민주주의와 관련된 논변이라고 할 수 있다. 왈쩌는 사회적 의미로부터 그리하여 그 철학자가 속해 있는 공동체로부터 거리를 두려고 하는 정치철학은 그가 함께 살아가는 동료 시민의 의견(이것은 특수한 재화들이 현재 지니고 있는 사회적 의미에 구현되어 있다)에 제대로 귀를 기울이지 못한다고 본다. 그런 종류의 정치철학은 비민주적이라는 혹은 적어도 비민주적으로 적용되는 경향이 있다는 점이 드러날 것이다. 원래 철학은 그것이 진리를 목적으로 한다는 사실 때문에 비민주적인 의미를 함축하고 있다. (비트겐슈타인은 '철학자는 어떤 사상공동체의 구성원도 아니다'라고 지적한 바 있다). 하지만 민주주의는 '진리'에 관한 문제가 아니다. 민주정부의 정당성은 옳은 결정을 내릴 것이라는 데 있는 것이 아니라, 시민의 의사를 구현하는 결정을 내린다는 데 있다. 따라서 법은 '이성의 작용'이 아니라 '인민 의사의 작용'이어야 하기 때문에 이성에 대한 철학자의 신봉은 문제가 될 수 있다. 이와 같은 논리로 왈쩌는 미국에서 실행되고 있는 사법심사주의(the doctorine of judicial review)도 그런 절차가 비민주적 경향이 있기 때문에 반대한다. 그래서 민주적 공간이 철학의 간섭을 받지 않고 자유롭게 보존되기 위한 논의는 동시에 '단일성'보다는 '다원주의'가, '보편성'보다는 '특수성'이 우선한다고 주장한다. 아무튼, 왈쩌는 롤즈가 일반적으로 '문화적 특수성'에 대한 관심을 기울이지 못하고 동료 시민들의 관습·전통·기대를 초월하고자 하는 것을 싫어한다. 그리고 그런 무관심이 인민의 의사결정에 허용되는 범위를 제한하게 되는 '권리'에 입각한 정치이론으로 진행하는 방식에 특히 반론의 초점을 두고 있다. 여기서 보편성의 요청이 공동체의 중요성을 간과하게 만든다는 점이 공동체주의적 비판에 왈쩌가 독특한 기여를 하는 부분이다. 그의 입장은 개인과 공동체의 관계에 대한 일반적인 문제점에 대해서가 아니라 정의의 이론이 분배하고자 하는 재화에 초점을 맞추기 때문이다. (왈쩌는 이따금씩 일반적인 인간관에 의거해서 비판하기도 한다. 그러나 그가 사람들에 대해 중요하게 여기는 것은 그들이 의미 있는 세계를 만들고 그 속에서 살 수 있는 그리고 자연과 사물에 의미와 가치를 부여할 수 있는 능력이며, 그런 의미와 가치는 개인이 홀로 창조할 수 없고 공동체적이라는 것이다)(Mulhall 외, 2017).

222) 그런데 '모든 분배는 문제 되는 재화의 사회적 의미에 따라 정의롭거나 부정의하다'는 주장으로 요약되는 왈쩌의 논증에는 근본적으로 상대주의 즉 '사회적 의미의 상대성'의 문제가 제기된다. 여기에 대해서는 왈쩌의 입장에 대한 해석과 논증이 필요한데 그의 이론에 대한 해석에 초점을 맞추어 본다. 왈쩌의 입장에서 상당히 상대주의적인 경향 있다는 것은 의심의 여지가 없다. 예컨대 계급사회와 같은 극단적인 예에서는 오히려 왈쩌의 입장은 불평등을 조성하게 된다. 그러나 왈쩌는 그러한 극단적인 계급사회의 예와 우리 사회(서구 사회)에서의 주장은 구별되어야 한다는 것이다. 또한, 그는 바람직한 사회비판은 그 문화의 '내적인' 혹은 '관련된' 것이어야 하며 그 문화와 전혀 동떨어진 외적이고 보편적인 관점에서 도

왈쩌가 '특수주의적 방법론'과 '차별화된 실체이론'에 근거해서 제시하는 실제 정의 이론은 '복합평등complex equality'론이다. 왈쩌가 말하는 복합평등은 사회적 재화의 의미와 분배원칙 등의 다원성을 주장한다는 점에서 '다원적 평등(다원적 정의)'이라고도 부른다.[223] 그러나 왈쩌의 이론은 재화가 그들 각각의 고유한 의미에 따라 분배되어야 한다는 것이 관심사이긴 하지만, 그의 이론의 취지는 관련되는 재화 하나하나의 분배보다는 그들 간의 '교환 방지'에 주의를 집중하는 데 있다. 간단히 설명하면 자본주의 사회의 부정의는 돈이 불평등하게 분배된다는 데 있다기보다는 돈을 가진 사람이 '상이한 분배영역'에 속하는 보건의료나 교육과 같은 재화를 가지게 된다는 데 있다.[224] 이러한

출되는 것이 아니라는 점을 강조한다. 또한, 우리 자신의 문화에 비추어 볼 때 '사회적 의미란 지배계급의 관념'이라고 하는 마르크스의 주장을 인정한다고 해도, 그런 관념들은 필연적으로 비판의 여지를 남겨 둔다고 본다. 이것은 공유된 의미에 대한 초문화적 제약으로 존재하는 '모종의 최소한이자 보편적인 도덕 규준'을 가정하는 것이다. 더욱이 왈쩌의 접근은(그가 직접 표명하지 않지만) 보다 초문화적인 원칙의 가능성을 암시한다. 우리는 모두 문화 창조적인 존재이다. 우리가 상대주의로 나아가게 하는 문화적 특수성의 존중을 근거 짓는 것은 우리가 모두 문화 창조적인 존재라는 원칙이기 때문에 다른 문화에 대한 존중은 이런 원칙을 존중하지 않는 문화에 대해서까지 확대할 필요는 없다는 것이다. 아무튼, 상대주의의 문제에 의해 제기된 여러 가지 난점에도 불구하고 왈쩌가 강조한 사회적 의미의 우선성에 대한 강조는 변함이 없다. 즉 롤즈의 방법론적인 추상이 그의 정의 원칙들을 적용 불가능한 것으로 만든다는 개념적 논변 그리고 그런 추상이 민주적 가치를 존중하지 못하게 된다는 실질적 논변은 여전히 유효하다(Mulhall 외, 2017).

223) 복합평등은 단순평등에 대비되는 용어이다. 그런데 왈쩌가 말하는 복합평등은 사회적 재화의 의미, 분배원칙의 등의 다원성을 주장한다는 점에서 '다원적 평등'이라고 부를 수도 있다(Mulhall 외, 2017).

224) 왈쩌는 '지배'와 '독점'을 구분하고, 정의에 대한 요구를 두 가지로 구분한다. '지배'는 한 재화를 가진 사람이 그 재화를 가졌기 때문에 여타의 재화를 소유할 수 있다면 그 재화는 지배적이라고 부른다. 그리고 '독점'은 가치의 세계에서 한 개인이 모든 경쟁자에 대해 어떤 재화를 성공적으로 확보할 때 그 재화는 독점되는 것이다. 이러한 구분은 정의에 대한 두 종류의 요구를 할 수 있게 한다. 첫째 '지배적인 재화'는 그것이 무엇이든 평등해지도록 아니면 적어도 더 광범위하게 공유되도록 재분배되어야 한다(이는 독점이 부정의 하다는 주장으로 귀착된다). 둘째 분배방식은 모든 사회적 재화의 자율적인 분배에 개방되어야 한다(이는 지배가 부정의 하다는 주장으로 귀착된다). 왈쩌의 주장은 전자(평등한 분배)보다는 후자(자율적인 분배) 즉 각각의 재화의 고유한 의미에 따른 분배에 대한 것이다(Mulhall 외, 2017).

관점에 의하면 잘못된 것은 '불평등' 그 자체가 아니라(독점은 해당 영역 내에서는 부적합하지 않다) '전제'(專制, 각각의 분배 영역에 들어 있는 원칙들의 고유함을 무시하는 일)이다. 복합평등의 체제란 '전제'의 반대이다. 그래서 정의를 획득하는 방법은 재화 간의 경계를 주의 깊게 감독하여 각기 그 의미가 고유하며 그리하여 정당한 분배원칙이 고유한 재화 간에 전환이 발생하지 않도록 하는 것이다. 예를 들어 쉽게 설명하면 의료와 같은 복지는 '필요'에 의해, 처벌과 명예는 '공과'에 의해, 교육은 '재능'에 의해, 부는 '자유 교환'에 의해, 정치 권력은 '논쟁과 투표'에 의해 분배됨으로써 각각의 영역들이 자신의 가치를 전유하면서도 상호 발전적인 작용을 가능케 한다는 것이다(김정오 외, 2020).

상이한 재화는 상이한 이유에 근거해서 분배되어야 한다는 생각 그리고 각기 고유한 의미를 지니는 재화들이 전환되지 않도록 해야 한다는 생각은 직관적으로 prima facie 상당히 일리가 있어 보인다. 문제는 이러한 이론이 비판적인 분석을 견뎌낼 수 있는가이다.[225] 그의 주장은 자신이 가진 것을 원하는 대로 (처분)할 수 있는 개인의 자유에 대한 제약을 함축하고 있다. 그리고 사회적 의미는 우리에게 그런 의미들이 필연적으로 공동체 차원에서 창조되고 이해된다는 점을 상기하기 때문에 이는 분명 개인보다는 공동체를 우선시함을 함축한다. 그러나 자기 삶의 방식을 추구할 개인의 자유를 보장하는 데 관심을 가지는 자유주의자에게는 그 자신이 사는 문화에서 재화의 사회적 의미가 실

---

225) 왈쩌는 사회적 가치의 다원성을 강조하지만, 그것이 왜 평등으로 이어지는가에 대해서는 구체적인 설명을 하지 않는다는 비판이 있을 수 있다(철학아카데미, 2023).

제로 무엇인가에 대해 진정 불일치가 있다고 생각한다면 왈쩌의 얘기는 모호한 것으로 보일 수도 있다는 것을 유의해야 한다 [226](Mulhall 외, 2017).

5) 공동체주의의 정치

공동체주의는 두 개의 독립된 갈래의 주장을 포함하고 있으며 갈래는 어느 정도 다른 정치적 성향을 띠고 있다. 첫 번째 갈래의 주장은 자아와 자아의 목적들과의 관계에 관심을 둔다. 이들은 '구성적 목적들'과 '각인된 자아'라는 개념들로 자유주의적 합리적 수정 가능성을 제약하는 매우 보수적 교의이다. 그러나 대부분 공동체주의자는 개인의 자유를 위한 사회적 맥락의 필요성에 관한 두 번째 갈래의 주장으로 옮겨가게 되었다.

공동체주의자들은 근대사회에서의 목적의 다양성 확산, 이러한 현상의 사회적 통합에 미치는 영향, 공유된 목표를 달성하려는 집단의 능력에 미칠 충격에 대해서 더 불안해한다. 그들은 공유된 정의의 원칙 (혹은 희박해진 국민 정체성)과 같은 약한 유대에 의해서 사회적 통합이 유지될 수 있다고 믿지 않으며, 다양성과 통합 사이의 균형이 상실되고 있다고 두려워한다. 이러한 불안이야말로 현대 공동체주의의 가장 독특한 성격이라고 할

---

[226] 아무튼 왈쩌의 롤즈에 대한 비판은 그가 곧 자유주의를 반대한다는 것을 의미하는 것은 아니며, 적어도 그가 전형적으로 자유주의적인 정치 사상의 몇몇 주요 사조들에 적대적이라는 의미는 아니다. 또한 정치이론가는 사회적 의미의 특수성에 주의를 기울여야 한다는 그의 요구는 완벽하게 자유주의적이라고 할 수 있는 관용의 가치 및 타 문화 존중에 대한 신념을 반영한다고 할 수 있다. '즉 자유주의에 대한 공동체주의적 비판가가 된다는 것이 곧 자유주의와 그 가치들의 전면적인 거부를 의미하지는 않는다'(Mulhall 외, 2017).

수 있다. 이런 불안은 가족, 이웃의 결사체들, 미디어, 학교, 교회 등 공동체주의적 각종 사회제도의 쇠퇴와 실패에 관한 탄식을 수반한다. 실제로 대중적인 담론에서 '공동체주의자'라는 용어는 우리 사회제도의 현재 상태를 근심하는 사람들을 지칭하는 데 사용된다.

다양성과 통합의 관계가 악화하고 있다는 이러한 불안을 공동체주의자들이 공유한다고 해도 다양성과 통합 사이의 균형을 어떻게 회복할 것인가에 대해서는 의견을 달리한다. 데릭 필립스Derek Philips의 말을 인용하면 '회고적looking backward'이거나 '미래지향적looking forward'이다. 회고적 공동체주의는 공동체의 쇠퇴를 회고적으로 탄식한다. 사회제도가 '좋았던 옛 시절'에는 잘 기능했는데 개인 및 집단적 다양성의 공세적 요구들의 증가로 인해 침식되었다고 가정한다. 이들은 우리 사회가 개인의 선택과 다양성을 수용함에 있어 너무 멀리 나갔으며, 공동의 책임보다는 개인적인 선호를 추구하는 일에 더 관심을 기울이는 '방임적 사회permissive society'가 되었다고 주장한다. 이들은 공동선의 관념(이혼의 제한 등)을 회복하고, 공동 선관의 토대를 손상시키는 다양성을 억제하거나 줄여나감으로써 다양성과 통합의 균형을 회복하기를 희망한다(이들은 명백히 공동체주의라는 새로운 언어로 포장된 전통적인 보수주의적 언어이며, 자유주의적 가치들과 근본적으로 반목한다. 필립스는 대부분 공동체주의자의 이러한 회고적인 범주에 빠져들게 한다).

미래지향적 공동체주의는 개인의 선택과 문화적 다양성은 불가피하며 실제로 근대성의 바람직한 특성이라는 사실을 받아들인다. 그러나 이들은 사회적 통합의 전통적인 원천들이 이런 다양성 전체의 무게를 감당할 수 있을지를 근심한다. 그래서 새롭고 더욱 강력해진 형태의 다원성을 상쇄시킬 수 있는 새롭고 강력해진 공통성의 원천을 발견하기를 희망한다. 즉 다양한 선택과 생활방식을 통합하고 포용하는 공동체의 유대를 건설하는 방법을 갈구한다. 미국의 국민봉사national service 프로그램(공동 계획에서 함께 일하게 만드는 프로그램)이 좋은 예이다. 그러나 공동체주의의 관심이 비자유주의적 가치나 비자유주의적 가정에 의존할 필요가 없다면 '자유주의적 민족주의'나 '참여민주주의'도 처방될 수 있고, 공동체주의가 '페미니즘'이나 '다문화주의'로 동화될 수도 있다.

  미래지향적 공동체주의와 회고적 공동체주의 구분은 견고하지도 않으며 고정되어 있지 않다. 많은 공동체주의자는 쇠퇴에 대한 향수적 수사학nostalgic rhetoric과 새로운 연대성의 유대를 구축하려는 몽상적 수사학visionary rhetoric을 번갈아 사용하면서 2가지 요소를 통합하려고 한다. 따라서 공동체주의를 단순히 좌파-우파의 지평 위에 표시하기는 어렵다. 아무튼, 개인적 자유의 사회적 조건에 관해서 공동체주의자들이 제기한 질문들은 중요한 질문이었으며 풍요로운 논쟁이 일어나게끔 해주었다.[227](Kymlicka, 2006).

---

[227] 자유주의와 공동체주의를 상호 보완하려는 입장에서도 '공동체(주의)적 자유주의'와 '자유주의적 공동체주의'를 구분하기도 한다. 또한, 양자를 등가적으로 사용할 수도 있다. 양자를 구분할 경우 '공동체(주의)적 자유주의'는 자유주의의 틀 안에서 공동체주의적 가치를 수용하는 입장이고(황경식 등), 자유주의적 공동체주의는 공동체주의의 틀 안에서 자유주의를 수용하는 입장(이진우 등)이라고 할 수 있다고 한다(홍성우, 2011). 각자의 관점에 따른 우선순위의 문제이지만 앞으로 심도 있게 논의해야 할 과제라고 생각한다.

III. 부가적 검토 : 담론이론과 인정이론

독일의 비판이론가들인 하버머스의 담론이론과 호네트의 인정이론도 정의론에 포함시킬 수 있다.

1) 하버머스의 담론이론

가) 규범의 정당화

(자연법의 역사가 입증하듯이) 규범의 정당화는 여러 가지 문제점을 안고 있다. 그 때문에 한편에서는 정당화 자체를 피하려는 전략을 선택하거나(예컨대 규범적 정당화는 합리적 검증의 대상이 될 수 없지만, 규범적 정당화의 사전영역에 대한 합리적 설명은 가능함), 다른 한편에서는 정당화의 형식적 구조에 관한 관심이 늘어났다. 객관적 정당성 기준의 내용을 정당화하는 것이 어렵다면 형식적인 기준을 정당화하는 척도로 파악하려는 시도를 고려해 볼 만하다. 이러한 맥락에서 관련된 모든 당사자의 '합의'가 그러한 정당성 기준이 될 수 있다고 생각할 수 있다.

'합의지향의 정당성 이론'은 '계약주의적 정당성 이론'과 '논의윤리(담론윤리)'로 나눌 수 있다(Seelmann, 2010).

담론윤리는 담론discourse을 통해 얻어진 합의를 바탕으로 윤리적 기준을 세우고자 하는 윤리학 이론이다. 담론을 중요시하는 하버머스는 이상적 담화(담론) 상황을 강조한다. 정치적 자유주의를 지향하는 미국의 존 롤즈J. Rawls와 담론윤리학을 전개하는 독일의 위르겐 하버머스J. Habermas 간의 논쟁이 있었다. 하버머스는 롤즈의 '원초적 입장'에 대해서 세 가지 문제점을 제기한다. ① 원초적 입장의 당사자는 단지 합리적 이기주의의 기초 위에서는 그의 고객의 최고차적 관심을 이해할 수 없다. 하버머스는 완전하게 자율적인 시민이 완전한 자율성을 결여한 원초적 입장의 당사자에 의해 대변될 수 없다고 주장한다. ② 기본적 권리는 기본적 가치에 동화될 수 없다. 롤즈는 사람이 그의 인생계획을 실현하기에 필요로 하는 일반화될 수 있는 수단으로서 기본적 가치를 도입한다. 그런데 원초적 입장에서 당사자는 자유와 같은 권리를 다른 것 가운데의 하나의 가치라는 범주로 묘사하고 있고, 정의의 원칙은 다만 기본적 가치의 정당한 분배문제라는 모습으로 제기된다. 그러나 하버머스는 기본적 자유와 같은 기본적 권리는 기본적 가치에 흡수되거나 동화될 수 없다고 주장한다. 이것은 근본적으로 규범norm과 가치value라는 개념적 구분의 불명확성으로부터 기인한다는 것이다. ③ 무지의 베일은 공평성을 보장하지 못한다. 하버머스는 원초적 입장의 당사자가 무지의 베일에 의해 부과된 정보의 박탈로부터 해제되었을 때 '정치적으로 자율적인 시민', '공정한 협동', '질서정연한 사회'라는 개념 등이 잘 유지될 수 있다는 것을 보장할 수가 없다는 것이다. 그래서 하버머스는 원초적 입장 대신에 의사소통적 행위론에 의해서 이론이성과 실천이성 양자의 판단의 진리성과 타당성에 대한 설명을 제공하는 '이상적 담화 상황'이라는 분석적 방도를 산출한다.

나) 이상적 담화 상황

'이상적 담화 상황'은 말할 수 있고 행동할 수 있는 모든 주체가 진지하게 하나의 논증에 참여하고자 한다면 반드시 갖추어야만 할 일반적이고 불가피한 '의사소통의 전제조건'을 구체적으로 표현한 것이다. 하버머스는 이러한 전제조건 즉 '논증의 화용론(話用論)적 전제조건'이 행위규범을 정당화하는 것을 의미하는 개념인 의사소통적 행위이념에 내재하는 개념과 결합할 때 '논증의 화용론적 전제조건'들로부터 도덕 원칙으로서의 '보편화 원칙'이 도출될 수 있다고 본다. 그래서 우리가 하버머스의 '보편화 원칙'의 도출과정을 고찰함에 있어서 우선 요구되는 것은 그의 담론윤리학을 구성하는 데 핵심적인 위치를 차지하고 있는 '의사소통행위론'[228]과 '보편화용론'[229]을 일별하는 것이다. 하버머스는 합의 지향적인 의사소통적 행위에 의해서 '사회적 행위'와 '사회적 질서'가 어떻게 가능한가의 문제를 해명하고자 한다. ① 우리의 일상적인 의사소통적 실천 속에서 작동하는 합리적 구속력rationally binding force은 의사소통적 행위를 위해 구성되는 것이며, 일반적으로 사회적 행위를 위한 가능성의 조건이다. 따라서 '의사소통적 행위'는 이해나 일치에 도달하는 것

---

[228] 하버머스는 (합리적) 인간 행위를 '비사회적 행위'와 '사회적 행위'로 나누고, 전자에는 '도구적 행위'가, 후자에는 성공을 지향하는 '전략적 행위'와 상호 이해를 지향하는 '의사소통 행위'가 포함된다고 보았다. '의사소통 행위'는 합의를 목적으로 하는 이들이 상호 이해를 지향하면서 서로의 행위 계획을 조정하는 가운데 이루어진다. 하버머스에 의하면 이상적 의사소통 행위에 참여하는 이들은 '타당성 주장'들을 상호 교환한다(객관적 진리성, 주관적 진실성, 규범적 정당성). 그리고 이를 통해 상대방에게 드러난 '세계 이해'를 공유하게 되고, 고립된 주체의 인식과 실천이라는 의식철학적 한계를 극복하게 된다. 그러나 세상은 의사소통 합리성이 견인하는 쪽으로 작동하지 않는 것처럼 보인다. 이러한 근대세계의 병리 현상은 '생활세계의 식민지화'라는 개념으로 설명될 수 있다. 하버머스는 사회이론을 '생활세계(lifeworld)'와 '체계(system)'라는 두 차원으로 구분하여 설명한다. '생활세계'는 문화적 전통·사회적 규범·인격으로서의 특성 등 상징적인 차원의 재생산을 가능케 하고, '체계'는 경제와 국가 행정 등 기능적 영역으로서 물질적 생산과 통치질서의 유지를 담당한다. 하버머스는 사회적 통합이 생활세계와 체계 양자의 측면에서 이루어진다고 보고 있다. 그런데 하버머스가 보기에는 생활세계와 체계의 분화를 통한 사회적 합리화가 순조롭게 진행되고 있지 않다. 체계(화폐와 권력이 조정 매체이다)의 규범이 생활세계에 침범하여 생활세계의 자립성을 훼손하는 형태로 사회적 합리화가 진행되고 있기 때문이다. 이로 인해 생활세계의 의사소통 합리성의 역할은 축소되고 체계의 '목적 합리성'에 의해 생활세계가 식민지화되는 현상이 가속화되고 있다. 그리하여 생활세계의 '의사소통 합리성'은 '체계들에 의해 유발되는 물화와 문화적 빈곤화의 추세에 의해 위협에 처한다'. 그래서 체계의 합리성을 유지하면서 생활세계의 질서와 의사소통 합리성을 보존하기 위해서는 여성, 환경, 반핵운동 등 '신사회운동'에 주목하면서 생활세계가 보유한 상징적 재생산이 '시민사회'의 다양한 조직들에 의해 새롭게 제시되어야 한다고 주장한다(그래서 복지국가와 시장경제 체계가 제공하는 삶의 형식이 아닌 새로운 '생활형식들의 문법'을 구성해야 한다고 주장한다). 하버머스는 합리주의와 계몽이성의 실현 가능성을 믿으면서 자유로운 의사소통과 합의를 강조한 데 비해, 푸코(Michel Foucault)는 서양문명의 핵심인 합리적 이성에 대해 독단적 논리성을 비판하고 지식은 권력의 소산이다(지식과 권력은 밀접한 상관관계 속에서 서로를 요구한다)라고 주장했다는 점에서 차이가 있다(한국철학사상연구회, 2019).

[229] 언어철학에서 의미론(意味論, semantics)은 언어표현과 그 지시체와의 관계를 분석하고, 통사론(統辭論, syntax)은 언어표현 사이의 관계를 기술하며, 화용론(話用論, pragmatics)은 언어사용자와 발화 맥락을 고려하는 양상 연구라고 한다(인터넷, 두산백과). 화용론은 현실적으로 주어진 언어 자체만을 대상으로 하는 것이 아니라 언어를 있게 하는 언어의 주변을 설명하는 데 주력하는 언어학의 한 분야로, 말하는 이·듣는 이·시간·장소 등으로 구성된 '맥락 속에서의 언어사용'을 다룬다(인터넷, 문학비평용어사전).

을 지향하는 행위인 사회적 상호작용으로 간주된다. 그리고 '사회적 행위'는 행위자의 행위에서 제기된 요구를 수행하려는 반사실적인 그의 자발성으로부터 결과하는 합리적 구속력에 의해 가능해진다. ② 사회적 질서는 어떻게 가능한가? 사회는 폭력이나 전략적 행위에 의해서만 창조되거나 유지될 수는 없고 의사소통적 행위에 의존한다. 사회적 질서와 집단적 자기 동일성은 규범과 가치의 상호 인지와 적어도 그러한 규범과 가치의 사실상의 정당성에 의존한다.

하버머스는 발화수반행위[230]의 분석을 통해서 의사소통적 행위의 내적 구조를 명료화하고자 한다. 발화수반행위의 유형은 언어 행위의 구조 속에 있는 명시적인 특수한 유형의 '약속' 또는 '수행적 태도'를 각각 함축하고 있다. 이러한 '약속' 또는 '수행적 태도'는 발화수반행위의 유형인 '확정적 언어 행위', '규제적 언어 행위', '표현적 언어 행위' 등에 각각 상응하는 '진리에 대한 타당성 요구'·'규범적 옳음에 대한 타당성 요구' 그리고 '진실성 요구에 대한 타당성 요구' 등에 의해 규정된다는 것이다. 또한, 화자는 언어 행위의 기본적인 유형과 관련하여 서로 간에 일치에 도달하려고 시도함에 있어서 가능한 세계연관(외적 또는 객관적 세계, 상호주관적 또는 사회적 세계, 내적 또는 주관적 세계)을 채택하게 된다. 여기서 화자의 발화에 청자

---

230) 오스틴(J. L. Austine)은 언어행위의 유형을 발화행위(locutionary act), 발화수반행위(il-locutionary act), 발화효과행위(perlocutionary act)로 구분한다. '발화행위'는 어떤 것을 발하는 행위로서 발화의 뜻과 지시와 관련되어 있으며, 명백히 참과 거짓을 담지하는 행위다. '발화수반행위'는 어떤 것을 말함에 있어 우리가 수행하는 그리고 적실성과 부적실성이라는 조건에 의해서 결정되는 행위로서 수행된 발화행위의 의미와 힘에 대한 이해를 확보하거나 이해를 일으키는 것을 목표로 한다. '발화효과 행위'는 어떤 것을 말함으로써 우리가 성취하거나 이루는 것이며, 청중에게 어떤 효과를 산출하는 것을 목표로 한다(홍성우, 2011).

가 합리적으로 동기 부여된 '예/아니오'라는 입장을 선택하는 과정에서 화자와 청자 간의 상호이해를 지향하는 의사소통적 언어 행위(발화수반행위의 다른 한 가지 기본적 유형)가 성립한다는 것이다. 의사소통적 언어 행위에는 논증의 일반적인 형식적 구조가 전제되어 있다. 명제conclusion (결론), 원인data (자료), 추론규칙warrant (근거), 명증성backing (지지) 등이다. 이러한 형식적인 논증 구조는 이론적 담론과 실천적 담론 양자에 공통으로 적용된다.[231]

그러나 논증의 구조가 타당성의 요구를 충족시키기 위해서는 논증의 화용론적 전제조건이 필요하며, 이러한 전제조건에 해당하는 담론적 논증을 위한 규칙으로는 다음과 같은 세 가지 규칙이 있다. ① '담론에 참여할 수 있는 참여자의 자격'을 규정하는 규칙으로서 모든 참여자는 동등한 권리를 담지하고 있는 사람이어야 한다는 것이다. ② '어떠한 정보도 담론에서 배제될 수 없다'라는 것을 규정하는 규칙으로서 담론에서의 합의는 각각의 참여자가 지닌 특정한 이익·요구 또는 욕구에 관한 정보들을 배제함으로써 성취되는 것이 아니라, 오히려 이러한 특정한 정보를 담론적으로 또는 의사소통적으로 변환시킴으로써 그 합의가 가능하다는 것이다. ③ 담론에서 '모든 종류의 폭력사용(강권)을 금지한다'라고 규정하는 규칙으로서 참여자는 내적인 구

---

231) 하버마스는 '이론적 담론'과 '실천적 담론'의 차이를 인정한다. '경험적 판단'은 객관 세계 내의 사태가 어떠한지를 진술하는 반면, '평가적 판단(가치판단)'은 우리의 생활세계 내의 어떤 것을 어떻게 평가하는 것이 마땅한지 혹은 어떻게 취급해야 하는지에 대해 우리에게 권고한다고 한다. '이론적 담론'은 '진리'를 추구하는 것이고, '실천적 담론'은 '도덕적 올바름'을 추구하는 것이다. 그런데 도덕적 올바름의 타당성 개념은 (정당화를 초월하는 진리개념이 갖는) '존재론적 함의'를 가지는 것은 아니다(진리주장에 특징적인 세계연관이 결여되어 있다).

한편 하버마스는 도덕적 타당성 주장에는 진리 주장에 특징적인 객관세계에 대한 연관이 결여되어 있지만, 그 대신 다른 주장과 다른 사람들에 대한 계속적인 '확장적 포용의 지향'이 가능하다고 주장한다(Habermas, 2008).

조적 비대칭이나 외적인 협박 또는 제재와 같은 구속 및 폭력에 의해서 방해받지 않는다는 것이다. 이러한 논증의 규칙은 '이상적 담화 상황'을 표현하고 있다.[232] '이상적 담화 상황'을 표현하는 논증의 전제조건은 그 자체 내에 규범적 내용을 가지고 있다. 그러나 이러한 논증의 규칙만으로 도덕적 당위나 도덕적 책무의 범주를 규정하는 것으로 이해되는 도덕 원칙을 구성하는 것은 아니다. 도덕 원칙이 구성되려면, 논증의 규칙은 (의사소통적 상호작용에 이미 포함된 것으로 간주하는 그리고 개인적 자기 동일성이나 집단적 자기 동일성을 형성하는 데 중요한 상호 호혜성이라는 가정과 관련하여) 개인적 복지나 다른 사람들에 관한 동정심이라는 기본적인 이념과 결부되어야 한다. 그럴 때 '이상적 담화 상황'으로부터 '도덕 원칙' 즉 '보편화 원칙'이 도출될 수 있다는 것이다. 이러한 주장으로부터 '도덕적 자율성'과 '일반화할 수 있는 이익'이라는 개념 등이 이상적 담화 상황의 구성요소로 도입된다. '도덕적 자율성'은 사회화 과정에서 획득되는 여러 가지 상호작용 능력을 발휘하는 것이고, 여러 가지 다른 수준에서 가설적·반성적 태도를 채택하는 능력이며, 개인적 욕구의 의사소통적 접근이나 의사소통적 해석으로 간주할 수 있다. 또한 '일반화할 수 있는 이익'은 공동선을 표현하는 것으로 이해될 수 있으며, 실천적 담론에서 모든 참여자가 정당한 근거로 받아들일 수 있는 이익 즉 합리적으로 동기 부여된 합의를 허용하는 이익이다. 이상적 담론상황으로부터 도출된 도덕 원

---

232) 하버마스는 담론적 논증을 위한 규칙으로 '모든 참여자 발언의 정직성'을 추가한다. 이는 참여자들의 상호이해 지향성을 의미한다(Habermas, 2008).

칙으로서의 '보편화 원칙'은 다음과 같다.[233] (홍성우, 2011).

어떤 규범이 타당한 것은 사람이 자기의 이익의 충족을 위하여 일반적으로 그것에 따라 행동할 경우 발생할 결과와 부작용이 모든 사람에 의해 비강제적으로 받아들여질 수 있는 경우이다.

2) 호네트의 인정이론

악셀 호네트Axel Honneth는 정의에 대한 우리의 이해는 본질적으로 주체들이 서로를 어떻게 무엇으로 인정하고 있느냐 하는 점과 결부되어 있다고 보고, '인정recognition' 개념을 중심으로 하는 인정 이론적 정의를 주장한다.

가) 인정 개념의 체계화

호네트는 헤겔G. W. F. Hegel의 인정투쟁의 개념을 물려받아 인정

---

[233] 젤만(K. Seelmann)은 논의윤리(담론윤리)가 제시하는 정당성 기준보다 더 좋은 정당성 기준이 존재하는지를 검토해 볼 수 있으며, 또한 이러한 문제점과는 별개로 논의윤리에 대해서는 다음과 같은 실제적인 반론이 제기된다고 본다. 현실의 영역에서는 언제나 견해의 차이가 있기 때문에 합의가 성립되지 않는 경우가 대부분이다. 따라서 합의지향의 보편화 원칙은 어떤 내용적 정당성 기준을 통한 보충이 필요하지 않는지 의문이 제기된다. 결국, 이것은 절차적 정당성 기준으로부터 출발하더라도 '최종적인 정당화'가 가능한가?의 문제다. 그런데 규범의 정당화에 관한 오늘날의 거의 모든 이론은 정의의 문제와 관련하여 어떠한 방법을 통해서도 결코 최종적 정당화가 가능한 결정이 이루어질 수 없다는 결론에 도달한다. 그래서 오늘날 논의되는 규범의 정당화에 관한 이론들은 그 내용이 거의 비슷한 '2단계 모델'로 구성되어 있다고 한다. 즉 규범을 통해 규율되는 '평화로운 공존을 위한 전제조건'들 가운데 몇몇은 상당히 높은 정도의 정당화가 가능하고, 이에 반해 '여타의 초실정적인 정당성 기준'들에 대해서는 단지 상이한 이해관계나 문화적으로 이미 형성되어 있는 도덕적 직관에 따라 그 설득력에 차이가 나는 근거가 존재할 뿐이라는 2단계의 구별이 이루어지고 있다고 본다. 물론 여기서 이러한 근거들을 가능한 한 합리적으로 다루기 위한 방법에 관해서도 여러 가지 견해가 존재한다. 가장 일반적인 방법은 개인의 이익이나 관심을 배제하는 전략이며, 롤즈는 문화적 맥락에 따라 이미 주어져 있는 정당성 기준(공정성)과 이 기준들을 무지의 베일을 통해서 검토한 것 사이에서 시각을 지속적으로 왕래하는 모델(사유의 균형)을 발전시켰다. 그 밖에 다른 방법들도 있을 수 있다(Seelmann, 2010).

투쟁을 사회적 정의의 핵심 개념으로 설정했다.[234] 또한 호네트는 미드George Herbert Mead[235]가 헤겔의 인정투쟁 이념을 자연주의적으로 바꾸었다고 보았다(물론 미드는 인간의 자기 정체성 형성과정을 중심으로 한 이론을 중요시했다).[236] 호네트는 헤겔과

---

[234] 그러나 호네트는 헤겔이 홉스의 자연상태이론을 상호주관성이론으로 변형해서 얻어낸 인정투쟁의 이념을 어느 정도 발전시키기도 전에 의식철학적 체계의 건설이라는 목표를 위해 희생시켜버렸고 이를 미완성의 상태로 방치했다고 본다(Honneth, 2022).

[235] 미드는 미국의 실용주의 철학자이자 사회심리학자이며 상징적 상호작용론(symbolic interactionism)의 창시자이다. 그의 이론적 활동은 다방면에 걸치지만 특히 중요한 것은 자기 또는 자아(self)를 상징(symbol)으로 매개된 사회적 상호작용의 소산이라고 이론화한 점이다(인터넷, 두산백과 ; 21세기 정치학대사전).

[236] 미드는 인간의 자아 형성과정을 두 단계의 어린아이 놀이 – 역할놀이(Play) 단계와 경기(Game) 단계 - 를 통해서 구체적으로 설명하고 있다. 그는 어린아이들의 놀이에 있어서의 태도 변화가 제공하는 구체적인 실물자료를 통해서 인간의 사회화 과정 전체의 토대를 이루는 발전과정 메커니즘을 설명했다. 사회화 과정에서 가장 중요한 개념은 '일반화된 타자(gene-ralized other)'라는 개념이다. 미드는 자아의 개념으로 주체로서의 나를 가르키는 '주격 나(I)'와 객체 또는 대상으로서의 나를 가르키는 '목적격 나(Me)' 두 가지가 있다고 보았다. 주체로서의 나에 해당하는 'I'는 사회적 지향이 없으며 오로지 개인적인 신념과 충동에 의해서만 행동하는 자아이고, 객체 또는 대상으로서의 나에 해당하는 'Me'는 사회에 적응하고 사회의 요구를 대표하는 자아이다. '목적격 나'는 주체로 하여금 사회적 기대에 따라 자신의 행위를 통제하게 하는 사회적 규범을 자신 속에 품고 있는 데 반해, '주격 나'는 사회적 자극에 대한 무의식적 반작용 속에서 표현되는 모든 내적 충동의 집합소이다. 두 자아 중 '일반화된 타자'의 모습은 'Me'에 해당하는 것이다. 미드는 자아의 사회화 과정을 '일반화된 타자'를 내면화시키는 과정이라고 설명하고 개인의 'I'와 'Me'가 역동적으로 상호작용하는 가운데 개인의 자아가 형성된다고 주장한다. 주체가 일반화된 타자의 사회적 행위규범들을 넘겨받는 것을 배움으로써 자신을 공동체 내에서 사회적으로 수용된 구성원으로 규정하게 된다면, 이러한 상호주관적인 관계에서 '인정'이라는 개념이 적용되는 것이다. 사람은 자신의 상호작용 상대자들의 규범적 태도를 내면화하는 과정에서 그 상대자를 인정함에 따라 자기 자신도 사회적 협력체의 구성원으로서 인정받게 된다. 이것이 상호적 인정 관계이다.

그런데 '주격 나'의 창조적 반작용 능력이 이제 '목적격 나'의 심리적 대립 쌍으로 파악된다면 도덕적 자기 정체성의 형성이란 단순히 일반화된 타자의 관점을 내면화하는 것으로 끝나지 않는다. 오히려 주체는 항상 자신 속에서 상호주관적으로 인정된 사회적 환경의 규범과는 일치할 수 없는 요구의 충동을 감지하게 되고, 자신의 '목적격 나'를 의심할 수밖에 없다. 미드는 이러한 '주격 나'와 '목적격 나' 사이의 내적 마찰을 개인과 사회의 도덕적 발전을 설명할 수 있는 기본적인 갈등 형태로 보았다. 그는 '주격 나'의 그칠 줄 모르는 충동과 사회적 생활 과정을 체계적으로 연결함으로써 수많은 도덕적 일탈을 역사적인 힘으로 엮어낸다. 각각의 역사적 시기마다 인정 관계의 확장에 대한 개인적 기대는 다시금 규범적 차원의 요구 체계로 차원을 높이게 되며 이러한 요구 때문에 사회발전은 지속적인 개성화 과정에 대한 영구적인 적응과정일 수밖에 없다고 보는 것이다. 즉 사람들은 더 큰 자유의 공간을 보장하는 공동체를 선취할 수 있기 때문에 규범적 이상의 역사적 사슬은 개인의 자주성의 신장이라는 방향으로 나아가며 문명화의 과정은 '개성의 해방'이라는 경향을 따른다고 본다. 미드는 원시사회와 문명화된 사회의 차이점 가운데 하나는 원시 인간사회가 개성을 위해서 (즉 개인

미드의 이론을 바탕으로 인정투쟁 개념을 체계화하기 위해서 인정과 사회화, 상호주관적 인정의 유형들, 개인의 자기 정체성과 무시(거절된 인정의 형태), 인정투쟁과 사회발전을 순차적으로 논의한다(Honneth, 2022).

나) 상호주관적 인정의 유형들 : 사랑, 권리, 연대

헤겔과 미드는 사회생활의 재생산은 상호인정이라는 지상명령 아래서 수행된다고 본다. 양자는 모두 세 가지의 상호인정 형태를 구분하고 있다. 헤겔은 자신의 정치철학에서 가족·시민사회·국가를 구분했고, 미드는 구체적 타자에 대한 원초적인 관계와 일반화된 타자의 두 가지 상이한 현실화 형태인 법적 관계

의 정체성 측면에서 볼 때 자신만의 고유하고도 유일한 창조적인 사고와 행위를 위해서) 제공하는 공간은 문명화된 사회보다 훨씬 더 협소하다는 것이다. 미드는 사회의 도덕적 발전을 권리 인정 내용이 단계적으로 확대되어가는 과정으로 이해했고, 법적으로 보장된 자유공간의 확장과정에서 잠재적 개성이 해방을 맞게 된다고 보았다. 헤겔과 미드는 모두 이러한 방향 변화과정의 동력을 투쟁으로 보았으며, 개성의 역사적 해방은 기나긴 인정투쟁을 통해서 실현된다고 보았다.

자주성의 영역과 자기실현의 영역은 다르다. 자기실현의 영역에서 문제가 되는 것은 '자기 정체성의 실현'이다. 미드는 '자기실현'을 주체가 제반 능력과 속성을 전개하는 과정으로 이해했다. 그런데 개인적인 자기실현은 도덕적 '목적격 나'의 형성과 달리 자기평가적 '목적격 나'의 형성과 관련이 있다. 그러나 미드는 개인의 자기실현 과정이 제시할 수밖에 없는 문제들을 자신의 강의 속에서 계속해서 쫓지는 않았다. 따라서 미드는 자기실현이 개인적인 자주성을 증진시키는 과정 속에 구조화되어 있는 것과는 다른 '일반화된 타자'의 이상을 선취하는 것을 필연적으로 만든다는 사실을 명료하게 인식하지는 않았다. 이것은 권리의 상호보장이 아니라 각 개인의 특수성을 보증하는 것이 문제가 되는 것이며, 여기서의 상호적인 인정은 어떤 형태를 띠어야 하는가가 문제가 되는 것이다. 미드가 염두에 둔 해결은 자기실현을 사회적으로 유용한 노동의 경험과 연결하는 것이었다. 즉 사회적 분업이라는 틀 속에서 자신에게 할당된 기능을 '잘' 충족시키는 주체에게 부여되는 인정의 척도는 주체로 하여금 충분히 자신의 특수성에 대한 의식에 도달할 수 있게끔 한다는 것이다(이것은 미드가 앞에서 주장했던 개성화라는 역사적 과정에 부응하는 것이다). 아무튼 미드는 주체들이 자신의 도덕적 공통점을 넘어서서 자신의 특수한 속성이 확증됨을 알 수 있는 상호인정 관계를 기능적 분업이라는 체계 속에서 발견한 것이다. 미드가 기능적 분업이라는 모델을 통해 제시한 해결방식은 근대사회의 인륜적 통합이라는 문제를 이론적으로 극복하지는 못했다. 그러나 호네트는 이러한 인정형식을 위해 기능적 분업 모델을 끌어들였던 곳에는 헤겔이 초기 저작에서 대략적으로 묘사한 연대 관계의 이념이 보인다고 이해한다. 연대라는 관점에서는 각 주체가 타자의 특수성을 존중할 수 있기 때문에 상호인정의 최고의 형태는 바로 이 속에서 실현된다고 본다(Honneth, 2022).

와 노동영역을 구분하는 경향을 보였다.[237] 호네트는 사회생활을 삼분법으로 구분하는 다양한 이론체계들이 있지만, 사회생활을 세 가지의 상호작용 영역으로 구분하는 것은 대단히 설득력이 있다고 본다. 왜냐하면 사회통합의 형태를 구분하는 것은 그것이 정서적 유대, 권리의 인정, 공동의 가치지향의 관점 가운데 어떤 관점에서 실현되느냐에 달려 있기 때문이다. 특히 헤겔과 미드의 이론은 세 가지 상호작용 영역을 상호인정의 상이한 유형으로 환원시킬 뿐만 아니라, 이 영역들에 각각의 특수한 도덕적 발전의 잠재력과 상이한 양식의 자기관계를 대응시키고 있다. 호네트는 상호주관적 인정의 세 가지 형태를 '사랑'·'권리'·'연대'로 구분하고, 이러한 인정의 형태가 구현되는 세 가지 상호인정 관계는 원초적 관계·권리 관계·가치공동체 관계라고 보았다[238] (Honneth, 2022).

사랑은 두 사람 사이의 에로틱한 관계나 우정 또는 부모 자식 관계라는 유형에 따라 강한 감정적 결속이 이루어지는 모든 원초적 관계에서 일어난다. 사랑은 헤겔이 주장하는 첫 번째 상호인정 형태이다. 왜냐하면 사랑의 실현 속에서 주체들은 서로를 구체적인 욕구본능 속에서 확증하게 되고, 이를 통해서 서로를 욕구를 가진 존재로 인정하게 되기 때문이다. 욕구나 정서는 어

---

237) 그러나 미드의 저작에는 '사랑'이라는 낭만적인 개념을 적절히 대체할 만한 것이 존재하지 않는다(Honneth, 2022).

238) 호네트는 후에 발달적으로나 개념적으로 세 가지 상호인정 관계에 선행하는 하나의 인정 형태인 '선행 인정'을 추가해서 네 가지 인정 형태를 유형화했다. 선행 인정은 '다른 사람을 동료 인간존재로 자발적이고 무합리적으로 인정하는 것'이며 기본적인 형태의 선행적 자기확인(self-affirmation)을 할 수 있게 해준다. 이것은 원초적 교류와 기본적인 '자신감'과 연관이 있지만, 여기시의 자기관계는 정당한 규범적 기대와는 관련이 없기 때문에 실제로 완전히 실천적인 자기관계는 아니다. 선행적 자기확인의 문제는 타인에 대한 선행 인정과 마찬가지로 단지 자신이 자신의 욕구, 욕망, 독자적 존재 양식을 가진 사람을 상대하고 있다는 실존적 인식일 뿐이다(Zurn, 2024).

떤 점에서 그것들이 충족되거나 거부되는 것을 통해서만 '확증'을 얻을 수 있기 때문에 여기서의 인정은 정서적 일치와 격려라는 성격을 갖는다. 대상관계이론[239]은 사랑을 특정한 상호인정 유형이 기초하고 있는 상호작용 관계로 이해하게 하는데 적합하다. 심리분석적 대상관계이론이 사랑을 특수한 인정 형태로 구체화할 수 있는 것은 정서적 결속의 성공 여부를 공생관계와 자기주장 사이에서 균형을 유지할 수 있는 유아의 능력에 달려 있다고 보기 때문이다. 여기서 중요한 것은 아이의 창조성 즉 인간의 상상능력은 '혼자 있을 수 있는 능력'을 전제하며, 이 능력은 자신이 사랑하는 개인이 자신을 돌봐줄 태세가 되어 있다는 기본적 믿음을 통해서만 실현될 수 있다는 점이다.[240] 이렇게 자신이 지닌 욕구의 가치를 확인받고 그래서 그것이 충족될 수 있다는 믿음을 가지는 것을 자신감self-confidence이라 한다. 또한 사랑이 서로 개별화됨으로써 깨져버린 공생관계라면 각 개인에 대한 사랑 속에 존재하는 인정이란 분명 각 개인의 독립성에 대한 것이다. 따라서 사랑 관계에서의 인정이란 타인의 해방임과 동시에 정서적 구속이라는 이중적인 과정이라고 볼 수도 있다. 따라서 여기서의 인정은 독립성에 대한 인지적 존중이 아니라

---

[239] 대상관계란 자아와 대상(인간을 포함하여 자아가 관계를 갖는 모든 사물)과의 사이에서 성립하는 관계를 말한다. 그러나 이 관계가 어떻게 성립하는가에 대해서는 S. 프로이트는 인간이 갖는 생물학적인 본능을 중시하고 인간은 본능의 충족을 얻기 위해서 대상과 관계를 갖는다고 생각하였으나, M 크라인을 위시하여 R. 페아벤 등은 자아와 대상 사이에 생물학적 본능의 개재를 생각하지 않고 자아 그 자체가 대상과 관련되는 것이라고 생각하였다. 대상관계 이론은 인간 주체를 독립된 개인이 아니라 외부대상 또는 타자와의 상호작용 속에 존재하는 것으로 파악하는 일체의 정신분석학 이론이다(인터넷, 두산백과 ; 간호학대사전)

[240] 사랑을 특수한 인정관계로 재구성하는 시도에서 핵심적 의미를 갖는 것은 혼자 있을 수 있는 능력이 바로 어머니의 지속적인 보살핌에 대한 아이의 신뢰에 의존하고 있다는 위니캇(D. W. Winnicott)의 주장이다. 또한 위니캇은 의사소통적으로 보호된 혼자 있을 수 있는 능력이 '우정이 형성되는' 소재라고 말한다(Honneth, 2022).

사랑이 동반되거나 사랑이 뒷받침하는 독립성의 긍정이라고 할 수 있다. 그런데 사랑 관계는 원초적인 사회관계의 범위를 벗어나서 더 많은 상호행위 상대자에게 임의로 적용할 수 없는 것은 타인에 대한 적극적인 감정이 결코 자의적인 노력에 의해 발생하는 것이 아니기 때문이다. 따라서 사랑에는 필연적으로 항상 도덕적 개별주의의 요소가 내재되어 있다[241](Honneth, 2022).

우리가 권리의 담지자인 우리 자신에 대한 이해에 도달할 수 있는 것은 거꾸로 우리가 타인에 대해 어떤 규범적 의무를 준수해야만 하는가를 알게 될 때이다. 즉 우리는 우리에게 공동체의 다른 성원들을 이미 권리의 담지자로 인정하도록 가르쳤던 '일반화된 타자'의 규범적 관점으로부터 비로소 우리 자신 역시 우리의 특정한 요구가 사회적으로 충족된다는 점을 확신해도 된다는 의미에서 권리 인격체로 이해할 수 있다는 것이다. 그런데 근대적 권리관계라는 조건 아래서 권리 인정이 지니고 있던 구조적 속성들에 관해서는 두 가지 질문을 도출할 수 있다. 첫째로 권리공동체의 모든 구성원에게 개인적 자율성이라는 동일한 속성을 부여하는 인정 형태는 어떠한 성격을 띠는가 하는 문제에 대한 해명이다. 둘째는 주체들이 근대적 권리관계라는 조건 아래서 서로의 도덕적 판단능력을 인정한다는 것이 무엇을 의미할 수 있는가 하는 문제이다. 권리와 관련해서 우리는 존중의 개념과 가치공동체의 인정형식을 구분해서 논의할 수 있다. 이를

---

[241] 사랑 관계는 특수한 인정 관계의 한 형태라고 할 수 있다. 그러나 사랑 관계는 원초적 관계를 중심으로 이루어지고 있고, 정서적 배려와 관련성이 많은 점, 주로 자아의 정체성 형성 과정에서 발생한다는 점, 사회적 투쟁의 대상이 아니라는 점 등을 고려할 때 사랑 관계에 있어서의 인정투쟁을 '정의'의 한 형태라고 보기는 어려울 것 같다. 미드도 이를 인정 관계에서 제외했으며 전통적으로도 사랑 관계와 정의는 다른 차원으로 본다 - 일반적으로 사랑은 정의를 넘어선 (정의 이후의) 문제로 본다.

권리 인정과 사회적 가치평가로 구분할 수도 있으며. 권리 인정은 모든 주체를 무차별적으로 '목적 자체'로서 인정해야 한다는 것이며, 사회적 가치평가는 개인의 가치를 부각시킨다. 전자의 경우는 '개인의 의지 자유'에 대한 보편적인 존중과 관련되어 있으며, 후자의 경우는 '개인 능력'에 대한 인정과 관련되어 있다. 인간을 그의 능력이나 특성에 대한 평가와 무관하게 인격체로 인정하는 것(인간을 인정하는 것)과 인간에 대한 가치평가를 구별할 수 있는 것은 인간에 대한 가치평가는 보편적으로 의식된 규범들의 경험적 적용이 문제가 되는 것이 아니라 각 개인의 구체적인 속성과 능력의 등급에 따른 평가가 문제가 되기 때문이다. 권리 인정에서 중심이 되는 것은 인간을 하나의 인격체로 만드는 '일반적인 속성'이 문제가 되고 각 개인의 본질적인 속성을 이러한 일반적인 속성으로 규정할 수 있느냐가 중요한 데 반하여, 사회적 가치평가에서 제기되는 것은 다른 인간들과 구별하는 한 인간의 '특수한 속성'이며 이 특수한 속성이 지닌 가치를 측정하는 평가 틀이 어떤 성격을 지니느냐가 중요하다.

　주체들이 권리 인격체로 인정된다면 이때 주체들이 서로 존중하는 능력은 무엇인가? 권리 인정이 신분적 부여에서 분리된 이후 권리 인정의 과제는 인간을 인격체로 특징짓는 보편적 성격의 보유만이 아니라 그것의 행사까지 보호하고 가능하게 하는 데 맞추어져 있다. 그런데 근대적 권리 질서를 정당하게 인정하게 하고 이에 대한 개인적인 복종을 확실히 할 수 있는 것은 권리질서가 원칙적으로 이에 관계되는 모든 개인들의 자유로운 동의를 끌어낼 수 있을 경우뿐이다. 여기에는 권리 주체들이 적어도 도덕적인 문제들을 개인적 자율성을 통해 결정할 수 있는 능력을 가지고 있다는 것을 가정하고 있다. 모든 권리 공동체는 모든 구성원이 도덕적 판단능력을 가지고 있다는 가정에 기초를 두고 있고, 권리공동체의 정당성은 동등한 권리를 가진 개인들 사이의 합리적 동의라는 이념에 의존하고 있다. 근대적 권리체계에 있어서는 개인적 권리요구가 사회적 지위에서 분리됨으로써 권리질서의 전제로서 보편적 평등원칙이 등장했다. 근대적 권리와 결합된 평등원칙이 초래한 결과는 실질적인 측면에서 권리 인격체의 지위가 단계적으로 확대되었으며 사회적인 측면에서는 더 많은 사회 구성원들에게 보장된다는 점에서 차츰 확장되었다. 요컨대 우리는 다음과 같은 결론을 끌어낼 수 있다. 즉 주체는 권리 인정을 경험함으로써 자기 자신을, 다른 모든 공동체 구성원과 함께 담론적 의사형성에 참여할 수 있는 속성을 공유하고 있는 인격체로 간주하게 된다. 그리고 우리는 이런 식으로 자기 자신에게 능동적으로 관계할 수 있는 가능성에 '자기 존중self-respect'이라는 이름을 붙일 수 있다는 것이다(Honneth, 2022).

  헤겔과 미드는 사랑과 권리 관계를 또 다른 사회적 인정 형태(사회적 가치부여)와 구분한다. 인간 주체들은 중단없는 자기관계에 도달할 수 있기 위해 정서적 사랑과 권리 인정에 대한 경험을 넘어서 사회적 가치부여를 필요로 한다는 것이다.[242] 근대

---

242) 그러나 사회적 가치부여라는 인정 형태를 묘사하기 위해서 헤겔은 '인륜성'이라는 개념을 사용했고, 미드는 협동적 분업 모델을 끌어들였다. 사회적 가치부여라는 인정 형태는 필연적으로 가치공동체의 틀과 연결될 수밖에 없다. 헤겔은 '인륜성'의 개념을 통해, 그리고 미드는 민주적 분업 이념을 통해 고도의 규범성이 요구되는 가치공동체의 유형을 묘사하려 했다.

  여기서 '인륜성(Sittlichkeit)'이라고 하는 독특한 개념에 대해서는 부가적 설명이 필요하다. 통상적으로는 도덕과 윤리는 구별 없이 같은 의미로 사용된다. 그러나 호네트는 도덕과 윤리를 구분해서 사용한다. 호네트는 헤겔이 인륜성의 개념을 통해서 도덕성(무엇이 옳은가)과 윤리성(무엇이 좋은가)을 통합하려고 했다고 한다. 하지만, 일반적으로 (특히 공동

적 형태의 권리 인정과는 달리 사회적 가치부여를 통해 인정되는 것은 인간의 개인적인 차이를 특징짓는 특수한 속성들이다. 그런데 사회적 가치부여는 인간 주체의 속성 차이를 보편적인 방식 즉 상호주관적으로 구속력이 있는 방식으로 표현할 수 있는 사회적 매체를 요구한다. 이러한 점에서 사회적 가치부여는 한 사회의 구성원들이 공동으로 목표하는 방향을 통해 가치공동체를 형성할 수 있는 사회적 생활 연관을 전제하고 있고, 이는 권리 인정과 마찬가지로 역사적으로 가변적이다. 따라서 가치부여의 사회적 범위나 그 균형의 척도는 사회적으로 규정된 가치 지평의 다원성 정도와 이 가치 지평에서 드러난 이상적 인격체의 성격에 종속된다. 즉 윤리적 목표관이 다양한 가치를 위해 개방되어 있고 경쟁적 가치의 위계적 배열이 약하면 약할수록 사회적 가치부여는 좀 더 강하게 개인적인 차이를 수용하고 이들 사아의 비위계적 관계를 형성할 수 있다. 사회적 가치부여는 권리 관계와 마찬가지로 신분사회의 틀에서 벗어난 후에야 오늘날과 같은 형태를 취하게 되었다. 신분사회에서는 사회적 가치부여의 대상은 집단적 속성이었으며 '명예' 개념이 중요시되었으나 근대사회에서는 사회적 가치부여의 대상은 개인사적 과정을 통해 형성된 각 개인의 능력이며 '신망'이나 '위신' 개념이 중요시된다. 또한 가치부여라는 인정방식이 개성화되어 가면서 주체가 자기 자신에 대해 갖는 실천적인 자기관계도 변화하게 되며, 사회적 가치부여 경험에 동반하는 정서적 믿음은 주체가

체주의자들은) 이를 윤리성에 가깝다고 보고 있다. 공동체주의자들은 인륜성이란 특정한 역사적 공동체 내에서 개인이나 집단이 공유하고 있는 '좋은 삶'에 대한 규범적 표상이라고 이해한다. 아무튼 호네트는 인륜성이란 '좋은 삶에 대한 형식적 개념'이라고 설명하고 있다 (Honneth, 2022).

자신이 지닌 능력의 가치를 확신하는 '자기가치부여self-esteem'가 된다. 이러한 주체들 사이의 가치부여는 타인의 개인적 특수성에 대한 수동적인 관용만이 아니라 정서적 관심 역시 일으키는 사회적 '연대' 속에서 이루어진다(Honneth, 2022).

다) 인정투쟁과 사회발전

호네트는 도덕적 무시와 사회적 투쟁 사이의 연관성을 주장한다.[243] 특히 권리나 사회적 가치부여 같은 인정 형태는 사회적 투쟁의 도덕적 틀이다. 당초의 개인적 무시 경험이 한 집단 전체의 전형적인 핵심 체험으로 확대되면서 개인적 무시 경험은 행위주도적 동기로서 인정 관계의 확장에 대한 집단적인 요구로 발전한다. 그래서 모든 사회적 투쟁과 갈등의 형태를 원칙적으로 인정투쟁이라는 동일한 유형에 따라 이해할 수 있다는 것이다. 그런데 호네트는 사회투쟁에 관해서 '집단적 이해와 관련된 투쟁 모델'과 '집단적 불의Un-recht 감정과 관련된 투쟁 모델'을 구분한다. 전자에서는 재화를 둘러싼 경쟁에 대한 분석이, 후자에서는 개인적인 불가침성의 상호주관적 조건을 둘러싼 분석이 중요하다. 그러나 두 번째 '인정 이론적 투쟁 모델'은 첫 번째의 '공리주의적 모델'을 대체하는 것이 아니라 보완하는 것이어야 하며 더 나아가서는 그것을 수정해야 한다고 한다. 그동안 사회적 투쟁의 도덕적 형식은 정치운동에 관한 역사적 연구가 공리주의적 사고의 영향으로 오랫동안 집단적 이해 추구 모델에 너무 강하게 사로잡혀 있었기 때문에 은폐될 수밖에 없었다고

---

243)　호네트는 개인의 자기 정체성을 무너뜨릴 수 있는 세 가지 무시의 형태를 폭행·권리의 부정·가치의 부정으로 보고, 이러한 무시의 경험이 사회적 저항과 투쟁 즉 인정투쟁에 대한 동기를 부여하는 자극이 될 수 있다고 본다(Honneth, 2022).

본다.[244] 이러한 사회적 투쟁 모델은 사회적 투쟁의 등장에 대한 설명 틀로서만이 아니라 도덕적 자기형성 과정에 대한 해석 틀로도 이해된다. 주체로 하여금 자기 자신에 대한 긍정적인 입장에 도달할 수 있게 하는 사회적 조건들을 총괄적으로 형성하는 것은 사랑, 권리, 가치부여라는 세 가지 인정 형태이다. 이러한 세 가지 인정 형식에 대한 경험이 연이어 보장하는 자기믿음·자기 존중·자기 가치부여를 점증적으로 획득함으로써 개인은 제한 없이 자신을 자율적이고 개성화된 존재로 이해할 수 있게 되며, 자신과 자신의 목적이나 소망을 동일화할 수 있다. 호네트는 여기서 중요한 것이 인격적 불가침성의 상호주관적 조건들이라고 보며, 헤겔의 인륜성 개념을 탈실체화한 형태로 변화시켜 다시 활용한다.

인정투쟁 이념을 사회적 발전과정을 비판적으로 해석하기 위한 틀로서 이해할 수 있다면 이 이념이 도출될 수밖에 없었던 규범적 관점을 이론적으로 정당화하는 작업이 필요하다. 여기서 호네트가 적절하다고 보는 것이 좋은 삶의 형식적 개념 즉 '인륜성'에 대한 설명이며, 탈전통적인 인정 관계의 개념에 대한 묘사이다. 탈전통적인 인정 관계의 개념은 주체들이 자기실현 조건이 보장되어 있다는 점을 인식할 수 있도록 하기 위해서 오늘날 충족되어야만 하는 모든 상호주관적 전제조건들을 포함해야 한다고 본다. 첫째로 호네트는 인간의 도덕적 자율성뿐만 아니라 인간의 자기실현 조건 전체를 중요시하기 때문에 칸트적 전통에서 이탈한다. 호네트는 도덕적 원칙의 타당성은 역사적

---

244) 크리스토퍼 주언(Christopher Zurn)은 이들을 각각 '이익갈등 모델'과 '도덕갈등 모델'이라고 표현하고 있다(Zurn, 2024).

으로 변화하는 좋은 삶에 대한 이해 즉 '인륜적 태도'에 종속되어야 하기 때문에 도덕성과 인륜성의 관계가 의도적으로 전도되어야 한다고 본다. 보편적 존중의 관점으로 이해할 수 있는 도덕적 원칙은 좋은 삶의 실현이라는 보편적 목적을 위한 많은 보호장치 가운데 하나이다. 그런데 여기서의 '인륜성'의 개념은 개인의 자기실현에 필연적 전제조건으로 작용하는 상호주관적 조건 전체를 말한다. 따라서 이에 대한 규정들은 형식적이거나 추상적일 수밖에 없다. 그러나 다른 한편으로 이 규정들은 너무 빈약하지 않기 위해서는 실질적으로 또는 내용적으로 채워져야 한다. 사랑, 권리, 사회적 연대라는 인정 형식들은 개인의 삶의 목표를 강제 없이 구체화하고 실현하는 과정에서 필요시 되는 내적·외적 자유의 조건들이다. 둘째로 형식적 인륜성 개념은 질적으로 발전된 자기실현의 조건들을 포괄하며 이 조건들은 다양하고 특수한 생활방식과 구분된다. 인륜성의 기본 요소가 갖추어진 이상적 사회 속에서는 모든 주체가 자율적이면서도 개성화된 존재로서 동등한 지위를 가지면서도 특수한 개인으로서 인정된다는 점에서 평등과 개인주의라는 보편적 유산이 상호작용 유형들 속에 침전되어 있다. 그리고 탈전통적 인륜성의 윤리적 가치지평은 아주 개방적이고 다원적이기 때문에 원칙적으로 모든 공동체의 구성원이 자신들의 능력에 따라 사회적 가치를 부여할 수 있는 기회를 갖게 되는 것을 말한다. 그런데 여기서 말하는 탈전통적 인륜성이라는 형식적 개념은 폐쇄적인 것이 아니다. 이것은 형식적 인륜성 개념이 적어도 구체적 가치를 제시하지 않는다는 점에서 명백히 드러난다. 왜냐하면 성공적인 삶에 대한 규범적 보편 개념에 도달하기 위해서 인격적 불가침성의 상호주관적 조건에서 출발하려는 시도는 결국 공동으로 공유된 목적설정으로부터만 생겨날 수 있는 사회적 연대라는 인정유형을 끌어들일 수밖에 없기 때문이다. 여기서 사회적 연대는 권리로 보장된 모든 주체의 자율성에 의해 설정된 규범적 제한에 종속된다는 것이며 이것은 사회적 연대가 자신을 사랑과 권리라는 두 가지 다른 인정 유형과 공존시키는 연관 구조 속에 자리 잡고 있기 때문이다.[245] 그러나 사회적 연대라는 개념으로부터 끌어낼 수 있는 교훈은 다음과 같은 극복 불가능한 긴장에 만족하는 것이다. 즉 연대 개념은 사랑과 발전된 권리관계라는 인정 형태와 함께 여전히 탈전통적 연대를 산출시켜야만 할 실질적 가치를 등장시키지 않을 수도 없으며, 그렇다고 연대 개념 자체가 근대적 인륜성 형태의 관계구조 속에서 특수한 것으로 자리를 차지할 수도 없다는 것이다. 호네트는 이 실질적 가치들이 어떤 방향(정치적 공화주의, 환경보호적 금욕주의, 집단적 실존주의 등)으로 나아갈지 혹은 자본주의적 사회의 조건들과 조화할 수 있을지 하는 문제들은 더 이상 이론의 문제가 아니라 사회적 투쟁에 따른 미래의 문제일 뿐이라고 주장한다[246] (Honneth, 2022).

---

[245] 호네트는 헤겔이나 미드가 집단적 정체성 형성을 위한 (연대력을 잃지 않고도 다양한 삶의 목적에 개방적인 윤리적 가치들의 추상적 지평을 규정하려는) 자신들의 목적을 이루지 못했다고 본다(Honneth, 2022).

[246] 최근 호네트는 「자유의 권리」에서 새로운 형태의 자유 이론을 전개한다. 호네트는 현대의 사회적 삶의 중심을 이루는 도덕적 가치는 바로 자유라고 확신한다. 호네트에 따르면 평등이라는 이상조차도 '개인적 자유'의 가치를 설명하는 것으로서만 이해될 수 있고, 더 나아가 모든 근대적 정의 개념도 자유라는 이상을 축으로 하여 전개된다고 주장한다. 호네트는 근대 사상과 근대사회에서 드러나는 세 가지 주요한 자유 모델을 소극적 자유, 성찰적 자유, 사회적 자유로 구분한다. 그는 각 모델의 의미뿐만 아니라 각 모델이 끌어내는 구체적인 정의 모델도 논의한다. 여기서 사회적 자유 모델을 근대 사회제도를 구조화하는 진정한 자유로 보고 이를 중점적으로 설명한다.

'소극적 자유'는 개인이 행위에서 어떠한 외적 장애에도 직면하지 않고 모든 특유의 욕망을 충족시킬 수 있는 것을 가르킨다. 소극적 자유 모델과 일반적으로 짝을 이루는 정의 모델은 도구주의적 버전의 사회계약 모델이다. 단절된 이기적 개체인 개인은 다른 사람의 간섭을 가능한 한 적게 받는 것이 자신에게 이익이 된다고 계산하고, 정의는 단지 불간섭에 대한 주관적 권리를 집행하는 것에 불과하며 각 행위자의 이기적 이익에 부합한다는 것에 의해 정당화된다. 이 자유 모델의 한계는 중독자, 조작당한 사람, 강요받은 사람, 변덕스런 사람 등 다양한 사례를 고려할 때 분명하게 드러난다. 각각의 경우 우리는 그들의 행위가 소극적 의미에서는 자유로운 행위일 수 있지만 동시에 매우 중요한 의미에서는 자유롭지 않는 행위라는 것을 분명히 알 수 있다. 이 모든 경우에서 소극적 자유 모델이 갖는 문제는 개인이 자신의 욕망을 자율적으로 결정하지 못한다는 것이다. '성찰적 자유'에 있어서의 핵심 관념은 개인의 행위가 개인의 의도에 의해 인도될 때 그 행위가 자유로운 행위라는 것이다. 자유는 자유의지를 요구한다. 자유인은 자신이 성찰적으로 승인하는 동기와 이유에 따라 자신의 삶을 살아야 한다는 것이다. 호네트는 자유의 다양한 성찰적 모델을 재구성하면서 두 가지 사고 노선을 추적한다. 첫째 노선은 도덕적 자율성 버전의 자유 모델이고, 둘째 노선은 19세기 초 낭만주의자들의 저술에서 두드러지게 나타난 진정성·개인적 완결성·개인의 자기실현 등의 관념 속에서 작동한다. 이 모델에 따르면 어떤 사람이 자신의 심부에 있는 진정한 자아를 진정으로 반영하는 욕망과 목표에 따라서 행위할 때만 그 사람은 자유롭다. 호네트는 성찰적 자유를 중심축으로 하여 세 가지 주요 유형의 정의 이론을 설명한다. 하나는 자율성에 상응하는 다양한 절차주의적 정의 이론이 있다(롤스, 하버마스 등). 또한 진정성 입장에 상응하는 두 가지 이론군이 있다. 첫째는 많은 사람들이 일생 동안 진정한 자기개발을 위해 최대한의 자유를 누릴 수 있도록 하는 사회적·정치적 제도를 정의라는 이름으로 말한다(존 스튜어트 밀). 둘째는 다양한 형태의 공화주의로 대표된다(자유주의적 절차주의, 자유주의적 완전주의, 공화주의 등). 이 이론은 정의란 개인이 집단적인 형태의 자기실현 속에서 그리고 그러한 형태의 자기실현을 통해서 자신을 실현할 것을 요구한다고 주장한다(한나 아렌트 등). 그러나 호네트는 성찰적 모델에도 본질적인 한계가 있다고 주장한다. 성찰적 자유는 개인 행위의 내용(개인 행위의 목적이나 목표)에 초점을 맞춤으로써 소극적 모델을 개선하지만, 개인이 그 내용을 승인하기 전에 어째서 그러한 잠재적 내용이 먼저 사회적으로 이용 가능해야 하는지를 이해하지 못한다. 그리고 더 나아가 개인의 행위는 그 행위를 적어도 부분적으로 수용할 수 있는 사회적·문화적·정치적 맥락(그 행위를 자유로운 행위로 인정하는 맥락)이 존재하는 경우에만 성공할 수 있다. 따라서 사회제도와 사회적 관행은 개인의 자유의 외부에 있는 것이 아니라 사회제도와 사회적 관행은 자유 그 자체를 구성하는 요소이다. 요컨대 소극적 자유에서의 불간섭과 성찰적 자유에서의 목적에 대한 자기 승인은 자유의 필요조건이지만, 사회적 자유와 그에 부응하는 사회적 맥락이 없이는 충분하지 않다.

소극적 모델과 성찰적 모델의 한계에 대응하여 호네트는 '사회적 자유'의 모델이 근대 개인의 자유에 대해 가장 광범위하고 중요한 의미를 구현하는 것으로 제시한다. 이 모델에 따르면, 자유로운 행위는 그 행위를 수용할 수 있는 사회적 환경(행위의 의미와 목표를 도출해 내고 행위가 그 사회의 사회적 활동의 협력 도식과 부합하는 환경)을 요구한다. 사람들은 외부의 간섭으로부터 자유로울 수 있고 그리고 실제로 자율적으로 또는 진정으로 정제된 의지에 따라 행동할 수 있지만, 만약에 자신의 행위가 자신이 속한 사회 세계와 심각하게 양립할 수 없다면 스스로 자유롭다고 경험할 수 없다. 호네트에 따르면, 진정한 자유는 개인이 통제할 수 있는 주관적 조건뿐만 아니라 개인이 직접 통제할 수 없는 특정한 객관적인 사회적 조건도 요구한다. 요약하면 소극적 자유와 성찰적 자유는 근대 자유의 필수 요소 즉 사회적 자유라는 더 포괄적인 개념에 의해 정의된 더 넓은 개념 내의 요소들이다. 호네트는 사회적 자유는 적어도 세 가지 조건을 포함한다고 주장한다. 가장 중요한 첫째 조건은 개인은 다른 사람들이 그 개인의 목적을 서로 가능하게 하거나 촉진하는 사회제도 속에서 그리고 그 사회제도를 통해 자신의 개인적인 목적을 실현해야 한다는 것이다. 둘째 조건은 관계적 제도의 역

라) 비판적인 관점들

여기서는 사회적 비판이론가인 호네트의 인정이론에 대한 '비판적인 관점'들을 (낸시 프레이저Nancy Fraser와 크리스토퍼 주언Christopher Zurn의 설명을 중심으로) 소개하고자 한다.

낸시 프레이저는 오늘날과 같은 정체성 시대의 정치에 있어서는 한 때 분배를 중심으로 했던 사회 정의의 담론이 이제는 점차 한편으로는 분배 요구로, 다른 한편으로는 인정 요구로 갈라지고 있다고 본다. 그러나 인정이라는 규범적 차원이 아무리 중요하고 또 정당하다고 해도 현대 세계의 모든 불의를 그러한 차원으로 환원시켜 이해하는 것은 올바르지 않다고 본다. 그리고 그녀는 분배와 인정이라는 두 가지 차원의 정의가 각각 독자적인 성격을 가지면서도 복잡하게 얽혀 있다고 보고, 때때로 분배 상의 불의가 인정의 거부와 관련되어 있고 반대로 특정한 맥락의 인정에 대한 요구는 분배 정의의 실현을 통해 교정될 수도

할과 기대는 관계적 제도가 가능하게 하는 상호인정 관계에서 설득력과 타당성을 얻는다. 사회적 자유는 개인의 목표에 대한 상호 만족을 포함하기 때문에, 행위자 간의 관계는 모종의 형태의 상호주관적 인정을 포함해야 한다는 것이다. 셋째 조건은 관계적 제도의 역할 의무와 기대가 모든 참여자가 성찰적 관계에서 동의할 수 있는 것이어야 한다는 것이다. 즉 자유는 개인의 행위가 객관적 사회 세계와 맞물려 양립할 수 있는 것만을 요구하는 것이 아니라 객관적인 사회 세계의 제도가 합리적인 비판을 견뎌낼 수 있을 것도 요구한다(합리적 수용 가능성). 사회적 자유와 정의와 관계를 보면, 정의는 사회의 모든 성원에게 인정 제도에 참여하는 기회를 부여하는 것을 수반해야 한다는 것이다. 따라서 우리 사회는 각 영역(법적 영역, 도덕적 영역, 개인적 관계의 영역, 시장 영역, 공적인 정치적 영역 등)이 그 영역이 약속한 자유를 실제로 행사할 수 있는 방식으로 조직되어 있는 경우에 '공정한 사회라고 평가할 수 있다'. 호네트는 추상적으로 정의를 사회적 자유의 최대 증진이라는 측면에서 정의한다. 그러나 칸트의 방법에서 단서를 얻은 대부분의 현대의 정의 이론은 먼저 맥락을 초월한 순수 원리에 대한 추상적인 정당화를 추구하고 그 다음에 두 번째 단계에서 그 정의를 '비이상적인' 조건에 적용하여 부정의가 어디에 자리잡고 있는지 탐지하고자 한다. 하지만 이와는 대조적으로 헤겔에서 영감을 얻은 호네트는 사회적 자유에 대한 하나의 이론으로서의 정의 이론은 실제 사회제도에 대한 분석으로부터 나오고 사회제도를 통해 실현되어야 한다고 확신한다. 호네트에 따르면, 정의 이론은 사회적 분석에 기초해야 한다. 호네트는 근대사회에서 개인의 자유에 중요한 사회적 영역들 각각을 명확하게 기술해서 각 영역의 중심 목적, 그 영역이 가능하게 하는 자유의 구체적 측면, 그리고 그 영역의 기본적인 정당성 원리를 설명한다(Zurn, 2024).

있다고 주장한다(장은주〈정치적 인간, 인정의 정치〉, 2016).

프레이저는 인정이라는 개념은 가속화되는 지구화 시대에 비판이론을 재구성할 수 있는 유망한 수단이지만, 인정 개념만으로는 비판이론의 모든 짐을 감당할 수는 없다고 본다. 인정 개념 하나만으로는 현대 사회의 규범적 결함들, 그러한 결함들을 산출하는 과정들, 해방적 변화를 추구하는 사람들이 직면하고 있는 정치적 도전들을 충분히 포착해낼 수 없다. 또한 인정 개념에 이 모든 것을 요구하는 것은 그 개념을 지나치게 확장시키게 될 것이며, 결국 그 개념을 과도하게 왜곡하고 그 개념이 가지는 비판적인 힘을 빼앗아 버리게 될 것이라고 주장한다.[247]

프레이저는 '자기실현(통상 인정을 자기실현의 문제로 본다)'보다는 '정의'의 관점을 중요시하며, 정의는 비분파성과 명확성에 관한 요구를 동시에 충족시켜야 한다고 주장하면서, 자신의 정의론적 접근은 근대 자유주의의 핵심적인 도덕적 이상 즉 인간의 동등한 자율성과 동등한 도덕적 가치에 관한 이상에서 출발한다고 주장한다('두터운 의무론적 자유주의'). 그녀는 분배 정의와 인정을 명확히 구분되는 독자적인 규범적 패러다임으로 보고(정의에 대한 이차원적인 이해), 인정을 자기실현과 관련된 문제가 아니라 정의의 문제로 볼 것을 제안한다. 그러나 그녀는 분배와 인정을 구분하되 이들을 '동등한 참여'라는 개념을 통해서 통합할 수 있다고 보는 '관점적 이원론'을 주장한다.[248]

---

247) 모든 인간관계(사회생활)는 인정 관계적인 요소를 포함하고 있다. 그렇다고 모든 인정 관계를 정의의 문제로 환원시킬 필요는 없다. 그렇게 할 경우 기존의 이론을 재조정하는 불필요한 노력을 해야 하고, 논리의 비약을 초래할 수도 있을 것이다. 요건대 상대를 인정하는 것은 인간관계(사회생활)의 기본이다. 그렇다고 모든 인정관계를 정의론과 연결시키는 것은 다소 무리가 있을 수 있다.

248) 필자는 분배 정의와 인정을 통합하는 '동등한 참여'라는 개념이 필요한지에 대해서는 의

프레이저는 모든 사회 구성원의 '동등한 참여'를 가능하게 하는 객관적 조건과 상호주관적 조건 확보를 사회 정의로 규정하면서 '경제적 불평등 해소'와 '문화적 인정 확대'를 사회변혁의 규범적 목표로 설정한다. 여기서 동등한 참여를 위한 객관적인 조건은 물질적 자원의 분배를 통해 참여자들의 독립성과 발언권을 보장해야 한다는 것이며, 동등한 참여를 위한 상호주관적인 조건은 제도화된 문화적 가치 유형들이 모든 참여자들에 대해 동등한 존중을 표현하고 사회적 존경을 획득하기 위한 동등한 기회를 보장할 것을 요구한다는 것이다[249](Honneth 외, 2022).

크리스토퍼 주언은 호네트의 독창적인 이론을 전반적으로 소개하고 그 장점과 약점을 주요한 대안들에 견주어 균형있게 평가하고 있다. 주언은 호네트의 비판사회이론을 전체적으로 조망하면서 이를 평가하기 때문에 그의 평가는 광범위하다. 그래서 여기에서는 호네트의 개인의 인정투쟁 이론에 대한 비판적 관점들과 사회적 인정투쟁 이론에 대한 비판적 관점들을 구분하여 설명하되 도전과 쟁점들을 중심으로 설명하고자 한다.[250] 주언은 호네트가 주장하는 개인의 실천적 정체성에 대한 상호주관적 인

문을 가지며, 양자를 광의의 '정의'의 개념으로 통합하면 충분하다고 생각한다.

249) 프레이저는 통상적인 기존의 인정이론인 '정체성 모델(identity model)'은 집단 정체성의 물화 문제와 재분배 문제의 간과 문제가 있기 때문에 인정 문제를 사회적 지위(social status)로 접근 즉 '지위 모델'을 제안한다. 이 모델에 따르면 인정을 요구하는 것은 집단 고유의 정체성이 아니고, 인정되어야 할 것은 개별집단 구성원의 지위(사회적 상호작용의 온전한 참여자로서의 지위)라고 한다. 또한 인정받지 못하는 것은 집단 정체성의 평가절하와 왜곡이 아니라 집단 구성원의 사회적 종속을 의미한다(철학아카데미, 2023).

250) 주언은 이러한 도전과 쟁점들에 대해서 객관적이고 공정하게 평가하고 있다. 그러나 주언의 평가는 그 내용이 광범위하고 복잡하기 때문에 모두 설명할 수 없다. 여기에서는 간략하게 도전과 쟁점들만 요약한다.

정이론에 관한 도전 또는 핵심 쟁점은 세 가지라고 한다. 첫째는 호네트의 철학적 인간학이 지나치게 낙관적이고 개인으로 하여금 타인들을 긍정적인 방식으로 인정하게 하는 긍정적이고 적극적인 태도에 초점을 맞추고 있다는 것이다. 이러한 비난을 강력하게 제기하는 방법 중 하나는 모든 사람에게는 동기를 부여하는 두 가지 욕구 즉 타인과의 사랑과 통합을 향한 욕구와 타인에 대한 공격·살해·파괴를 향한 욕구가 있는데 상호주관적 인정이론에서는 후자를 경시하거나 무시한다는 것이다.

둘째는 철저한 독존적 개인주의를 옹호하는 사람은 인정이론이 다른 사람들이 사람들에 대해 생각하는 것에 초점을 맞추는 것을 꺼려한다는 것이다. 이러한 반론은 개인의 선택과 진정성을 우위에 두는 것이며, 철저한 개인주의로부터 제기되는 반론은 상호주관적 인정에 대해 도덕적으로 반대하는 입장과 자아에 대한 상호주관적 설명에 반대하는 입장이 있다.

셋째는 개념적인 쟁점으로서 객관주의(지각 모델)와 구성주의(귀속 모델) 사이에 숨어 있는 함정을 피하지 못하고 있다는 것이다. 이는 인정행위란 무엇인가와 관련해서 '나는 단순히 그 속성을 당신에게 투영하는 것인가?' 아니면 '내가 당신에 관한 진정한 어떤 것을 지각하는 것인가?'와 관련된 문제이다. 호네트 자신은 지각 모델을 지지하지만, 사실은 어느 한 입장을 절대화하는 함정을 피하면서 두 입장의 측면을 모두 지지할 수밖에 없다는 것이다.

주언은 호네트의 사회적 인정투쟁 이론에 관한 반론(비판)을 네 가지로 요약한다. 첫째는 인정투쟁이 단지 상징적일 뿐이라는 주장이다. 이러한 견해는 정체성 정치에 대한 의구심을 나타내며, 이는 두 가지 관념에 뿌리를 두고 있다. 그 하나는 상징적인 모욕은 사람들에게 실질적인 해를 끼치지는 않는다는 것이고, 다른 하나는 개인의 객관적인 물질적 이익이라는 더 중요한 정치적 문제에 비해 매우 중요하지 않는 문제에 초점을 맞추고 있다는 것이다.

둘째는 인정투쟁이 평등주의를 약화시킨다는 주장이다. 이러한 우려 중 하나는 앞에서 설명한 대로 인정 정치가 사람들의 삶에 더 중요한 물질적 문제로부터 주의를 분산시킨다는 것이고, 다른 하나는 문화집단 및 종교집단이 요구한 법적 대우가 사회 갈등, 종파주의, 국민국가의 분열 가능성을 조장한다는 것이다.

셋째는 인정투쟁이 유해한 집단의 주장을 지지한다는 주장이다. 이는 '악마적 요구자evil claimant의 문제'라고도 부를 수 있다. 일상적인 사회적 투쟁으로 우리의 관심을 돌리면 우리로 하여금 긍정적인 인정과는 정반대의 것(사회적 경멸 등)을 받을 자격이 있다고 생각하게 만드는 개인과 집단이 더 넓은 사회적 인정을 받기 위해 투쟁하는 경우도 많이 있다는 것이다.

넷째는 인정투쟁이 불미스러운 형태의 집단 순응주의를 요구하고 강제할 수 있다는 주장이다. 특히 소수 집단을 주류 집단에 동화시키거나 다수집단의 억압으로부터 격리하거나 보호하고자 할 때, 집단 성원들 사이에서 집단 내 순응을 강요하는 불행한 결과를 초래할 수 있다는 것이다[251](Zurn, 2024).

---

251) 주언은 호네트의 광범위한 연구 패러다임이 계속해서 심화되고 발전하기 위해 나아갈 수 있는 또는 나아가야 하는 잠재적 방향에 대해 일련의 미래지향적인 제언을 한다. 첫째는 사회비판의 도덕적 근거를 확보하는 작업이다(호네트는 헤겔식 역사주의와 철학적 인간학 사이에서 오락가락 하고 있다). 둘째는 사회이론, 특히 사회과정과 사회변화에 대한 보다 포괄적이고 차별화된 설명력 있는 이론이 필요하다. 문화적 내용에 거의 전적으로 의존하는 사회적 설명(호네트는 부인함)에는 한계가 있다. 셋째는 호네트가 권력이론을 체계적으로 발전시킬 것을 요구한다. 진정한 비판사회이론은 권력관계에 대한 설명을 필요로 한다는 것이다.

넷째의 바람은 인정 및 자유와 관련된 부정적이거나 파괴적인 현상에 대해서 더 많은 주의를 기울이는 것이다. 다섯째 사회병리 및 잘못된 사회발전의 진단과 관련된 연구가 계속해서 진전되기를 기대하는 것이다. 여섯째 영미철학에서 '응용 윤리'라고 부르는 것에 비유하여 '응용' 인정이론이라고 부를 수 있는 것에 대한 추가적인 연구가 이루어지는 것을 바랄 수 있다는 것이다. 마지막으로 현재의 범주적 경계를 뛰어넘는 비판사회이론(긴급한 생태문제, 글로벌 이슈의 분석 등)을 기대한다는 것이다(Zurn, 2024).

제4부

___

행정윤리론

1) 서론

　행정에 대한 윤리적 접근은 전통적인 행정학의 연구영역은 아니었다. 오늘날 사회과학에서 연구방법론으로서의 가치중립성의 문제가 중요시되었고 행정학에서도 행태과학적 접근이 주류를 이루어 왔기 때문에 행정에 대한 윤리적 접근은 흔하지 않았다.[252] 또한, 이와는 별도로 원래 윤리문제는 철학의 영역으로서 난해하기만 하고 실익은 별로 많지 않은 연구 분야라고 생각하기 쉽고, 현실 문제로서 우리나라와 같이 빠르게 변화(성장)했던 사회에서 윤리문제를 다루는 것이 고루하고 행동 선택의 경직성만 초래할 수도 있다고 볼 수도 있을 것이다.

　그러나 행정학의 태생적 특이성과 한계에도 불구하고 일련의 전통적인 미국 행정학자들은 규범적인 행정윤리의 주제와 문제를 간과하지는 않았으며, 특히 1960년대 말 신행정운동new public administration movement의 시작으로 윤리문제에 관한 관심이 제고되었다. 이 운동은 실증주의와 행태주의에 편향된 기능 행정으로는 1960년대 미국 사회가 겪고 있었던 베트남 전쟁, 인종차별, 인권, 빈곤과 범죄 등 여러 가지 사회문제를 적실성 있게 해결할 수 없다는 문제의식을 지닌 왈도Dwight Waldo 등 젊은 행정학자들이 주도하였다. 이들이 개최한 미노브룩 회의Minowbrook Conference

---

[252] 정치·행정 이원론을 주장하는 굿노(Frank J. Goodnow)는 모든 국가의 정치체제가 국가의 의지 표현과 그 의지의 집행이라는 두 가지 기능을 가진다고 할 때, 정치는 전자를 행정은 후자를 맡는다고 규정했다. 또한, 미국의 초기 행정학자들은 정책을 결정하는 정치의 영역에서는 가치판단(value judgement)이 이루어지나, 만들어진 정책을 단순히 집행하는 행정의 영역에서는 '도덕적 판단정지(moral suspension)'가 이루어진다고 가정했다. 관료제를 연구한 베버(Max Weber)도 행정인을 '영혼 없는 전문가(specialist without spirit)'로 보았다(이종수, 2012).

에서는 민주 시민성, 공익, 공직 서비스, 정부에 대한 낮은 신뢰, 부패 문제와 같은 윤리문제가 핵심 주제가 되었다. 우리나라에서도 행정부패를 포함한 행정윤리에 관한 연구가 개별 학자들에 의해 오랫동안 연구되었고, 행정윤리에 대한 조직적이고 체계적인 연구는 부족한 점이 많았지만 오늘날에는 행정윤리에 관한 연구가 점진적으로 축적되어 가고 있고 청탁금지법과 이해충돌방지법 제정 등 제도적인 정비도 광범위하게 이루어져 가고 있다고 할 수 있다(김성준 외, 2021).

그런데 행정윤리 문제를 다루기 전에 윤리와 도덕 문제를 다룰 때 항상 주의하여야 할 점이 있다고 생각한다. 민주주의 정치 체제에 있어서 정치가의 과욕 political activism이 문제를 야기할 수 있듯이 윤리문제를 다룰 때도 과(잉) 윤리를 경계해야 한다고 본다. 보다 더 윤리적으로 완벽한 사회가 이상적이지만 현실 사회 속에서는 어느 정도의 윤리적 일탈이 불가피하다는 실용주의적 사고도 필요하다. 그러므로 윤리나 도덕적인 문제에 대해서 완벽을 지나치게 추구하는 것을 도덕적 폭군 moral tyrany 현상이라고 하기도 한다. 예컨대 도박은 사행심을 조장하기 때문에 모든 도박 시설을 폐쇄하자는 주장이 그 예이다. 그러나 도박 시설의 순기능도 고려하는 것이 실용적이며, 일탈의 기준을 설정하고 그 부작용을 해소하는 것이 중요하다(그러나 이것은 정확하게는 행정윤리의 문제라기보다 사회윤리의 문제이다. 공직사회에 대해서는 보다 높은 윤리적 엄격성이 요구된다). 아무튼, 윤리나 도덕의 문제는 어렵고 비현실적인 문제라고 생각할 수도 있겠지만, 인간의 삶과 관련된 근본 문제이기 때문에 시간적인 여유가 있으면 깊이 있게 검토할 만한 충분한 가치가 있고,

특히 행정은 공동체의 생활과 연관성이 크기 때문에 그 윤리성에 특별한 관심을 가질 필요가 있다.

행정윤리administrative ethics의 개념에 대해서는 별도의 자세한 논의가 필요할 수도 있겠지만 개괄적으로 보면, 행정윤리는 사기·낭비·남용·부패 등 나쁜 것을 회피하는 것avoiding evil을 포함해서 효율성·형평성·친절성 등 좋은 것을 권장하는 것doing good을 포함한다고 할 수 있다. 행정윤리와 비슷한 개념으로는 공직윤리가 있고, 양자를 동일한 개념으로 보고 상호교환적으로 사용하기도 한다. 행정윤리를 공직자가 공공업무를 수행할 때 준수해야 할 올바른 행동규범code of conduct이라고 보면 행정윤리와 공직윤리는 동일한 개념이며 상호교환적으로 사용할 수 있다. 그러나 공직윤리를 공직을 맡은 사람(공직자)들의 직업윤리로 보고, 정책윤리를 정치행정체제의 산물인 정책의 내용이나 정책 과정의 윤리성을 검토하는 것으로 보면 행정윤리는 공직자 중심의 윤리(공직윤리)와 정책의 내용이나 정책 과정을 중심으로 하는 윤리(정책윤리)를 함께 다룬다고 볼 수도 있다. 이 경우에는 행정윤리는 공직윤리를 포괄하는 상위개념이라고 할 수 있고 공직윤리는 행정윤리 일부분이라고 할 수 있다.[253] 이 책에서는 행정윤리를 공직자 중심의 윤리(공직윤리)와 정책 중심의 윤리(정책윤리)를 포괄하는 개념으로 보려고 한다. 이것은 부분적으로는 행정윤리에 대한 설명의 편리성과 관련된다. 이렇게 구분할 경우 공익이나 공공가치 등에 대한 설명을 정책 차원의 윤리와 연결할 수 있다.

---

[253] 행정철학에서도 행정윤리의 문제를 논의하는 경우가 많다. 그러나 여기에서는 행정에 있어서 가치문제로서 행정의 윤리성을 검토하기 때문에 정책윤리를 위주로 하고, 공직자의 직업윤리(공직윤리)는 제외되는 것이 보통인 것 같다.

또한, 행정윤리를 논의할 때는 항상 행정 책임론과 행정통제론을 포함해서 논의하고, 이들을 행정 윤리론의 내용에 포함하기도 한다. 여기서 행정 책임이란 행정의 윤리성 확보를 위한 핵심적인 수단이고, 행정통제는 행정 책임을 유지하는 방법이라고 할 수 있다. 이 경우에 행정윤리를 행정 책임과 행정통제를 포함하는 넓은 개념으로 보는 것이다. 그러나 행정윤리와 별도로 행정 책임과 행정통제를 논의하는 예도 있으며 이 경우에 행정 책임론에서는 행정 책임을 객관적 책임과 주관적 책임으로 구분하고, 주관적 책임이 윤리적 책임에 해당하기 때문에 이 윤리적 책임을 행정윤리라고 표현하기도 한다. 이 경우 행정윤리를 아주 좁은 개념(윤리적 책임)으로 보는 것이다.[254]

2) 행정윤리와 관련된 문제들

행정윤리를 본격적으로 설명하기 이전에 예비적으로 검토해야 할 많은 문제가 있겠지만, 여기에서는 행정윤리의 가능성·현대 행정에 있어서 윤리적 함의·행정윤리의 어려움 등에 관해서 설명하기로 한다.

---

[254] 최근에 와서는 공공 부문이 아닌 기업경영에 있어서도 윤리경영을 강조하고 있는 것은 시사하는 바가 크다고 하겠다. 이는 기업경영의 궁극적인 목표가 이윤추구일지라도 기업의 규모가 클 경우나 장기적인 성장을 위해서는 이윤추구를 위주로 하는 '전략적 결정'보다는 기업윤리를 우선적으로 고려하는 '윤리적 결정'의 중요성이 증대되고 있다는 것을 의미한다. 선진화된 사회에서는 공공부문에서 뿐만 아니라 사기업 부문에서도 윤리성 문제를 더욱 중요하게 취급하고 있다는 점을 반증하는 사례라고 할 수 있다(이학종 외, 2008).

가) 행정윤리의 가능성

행정윤리의 가능성the possibility of administrative ethics이란 행정윤리가 학문적 연구 분야로서 성립이 가능한지를 검토하는 것이며, 행정윤리론에 대한 부정적인 시각을 비판하는 것이다. 톰슨 Dennis F. Thompson은 행정윤리를 정치윤리의 일종으로 보면서 행정윤리의 가능성을 검토했다. 그는 개인들이 다른 개인이나 사회의 복지well-being에 중대한 영향을 미치는 행위를 할 때 우리가 존중해야 할 권리와 의무 또는 집단적인 관행이나 정책이 만족시켜야 할 조건을 행정윤리로 보았다. 그리고 이러한 행정윤리에 대한 부정적인 시각을 비판함으로써 행정윤리의 가능성을 검토했다. 행정윤리에 대한 부정적인 시각은 크게 두 가지이다. 그 하나는 '중립성의 윤리the ethics of neutrality'로서 행정인은 자신의 도덕적 원칙보다는 조직의 결정과 정책에 따라야 한다는 점이다. 다른 하나는 '구조의 윤리the ethics of structure – 정확하게 말하면 '구조의 윤리'라기보다는 '구조의 문제'라고 할 수 있다 – 로서 행정에 대해서는 행정인이 아니라 조직이 책임져야 한다는 점이다.

톰슨은 '중립성의 윤리'를 행정인은 조직의 결정과 정책에 순종하거나 아니면 (중립성을 유지할 수 없을 때는) 공직으로부터 사임해야 한다는 관점으로 보고 있다. 톰슨의 중립성의 윤리에 대한 비판은 다음과 같다. 첫째는 중립성의 윤리는 행정인의 재량을 과소평가하고 있다. 둘째는 공직자는 취임 시 공직에 따르는 의무에 동의해야 하므로 중립성이 유지될 수 있다는 주장이 있으나, 이는 지위 보유에 따르는 기득권(권한)과 민간 부분에서는 사용할 수 없는 업무기술을 간과하고 있고, 더구나 집단적 의사결정의 동태성(의사 결정 점증성)이 사임을 방지하는 현상도 간과하고 있다. 셋째는 공직의 도덕적 환경에 대해서 지나치게 단순화하고 있다. 공직자는 동료와 기관 그리고 정부 전체에 대한 책임을 지지만, 시민에 대한 일반적인 책임도 져야 한다. 공직자에게는 복종이냐 사임이냐 두 가지 행위 코스만 있는 것은 아니며, 공직에 머물면서 여러 가지 형태의 불만을 나타낼 수 있고, 오히려 조직의 목적수행 능력을 저해함이 없이 공직자들이 불만을 표출하는 것을 허용하는 것이 중요할 수도 있다고 주장한다.[255] 또한, 공직자의 불복종을 시민 불복종의 차원에서 유추하기도 한다. 아무튼, 공직자의 불복종이나 불만 표출방식과 관련하여 중요한 것은 상황에 따른 허용기준을 개발하는 것이라고 할 수도 있다. 중립성의 윤리에 관해서 결론적으로 말하면 중립성의 윤리는 가능하지도 않고, 바람직하지도 않다는 것이다.

톰슨은 '구조의 윤리'를 조직의 잘못the wrong doing of their organization에 대해 행정인에게 책임을 지워서는 아니 된다는 관점으로 보고 있다. 톰슨의 구조의 윤리에 대한 비판은 다음과 같다. 구조의 윤리를 주장하는 사람은 3가지 논거를 주장한다. 개인은 조직적인 결과organizational outcome에 대한 필요충분적인 원인이 될 수 없고(개인의 기여는 밧줄의 실에 불과함), 개인의 의도와 집합적인 결과 사이에는 간극이 있으며, 공직자는 역할의 요구 조건에 따라 행동할 뿐이라는 것이다. 그러나 톰슨은 조직 속에서 개인

---

[255] 공직자의 불만의 표출방식은 가장 극단적인 것에서 가장 온건한 것까지 연속적이며, 4가지 유형의 불만 표출방식이 있다. ① 조직 내에서 저항하지만, 정책집행에 협조하거나 조직 내의 다른 자리로 배치되기를 요구하는 경우, ② 조직의 밖에서 저항하지만, 직무는 만족스럽게 수행하는 경우, ③ 정책에 대해 공개적으로 방해하는 경우, ④ 정책에 대해 은밀히 방해하는 경우(정책누설 등)가 있다(Thompson, 1985).

적인 책임이 유지되어야 하는 타당한 이유가 있다고 본다. 첫째, 결과에 대한 기여의 정도에 의해서만 도덕적인 책임을 평가하지 말아야 한다는 것이다(무작위에 대해서도 책임을 부과해야 함). 둘째, 개인적 의도보다는 결과를 중요시할 때는 이는 큰 문제가 안 되며, 행정에서는 행위와 결과actions and results 양자에 집중하는 것이 좋다는 것이다. 개인적인 행위 의도는 동기와 직접적인 목적으로 이해되지만, 공적인 생활에서는 관심과 시각의 차이가 크기 때문에 동기를 통해서 개인적인 의도를 발견하는 것이 불가능할 수 있다. 또한, 동기만 발견할 수 있으면 인격을 평가하는 데 적합하고 미래의 행위를 예측하는 데 도움이 될 것이지만, 그렇지 않을 때 행정윤리는 행위와 결과 양자에 집중하는 것이 좋다는 것이다. 셋째, 역할의 요구 조건은 덜 심각한 논거이지만, 공직에 대한 개인적인 책임을 물을 때에는 직위가 아니라 사람에게 부과할 수밖에 없기 때문이라는 점이다. 결론적으로 조직 속에서도 개인적인 책임이 유지되어야 하므로 구조의 윤리도 부정되어야 한다고 본다. 따라서 톰슨은 행정윤리의 가능성을 부인하는 두 가지 주요한 관점이 강력하지 않기 때문에 행정윤리는 성립이 가능하다는 것이다(이종수, 2012 ; 김성준 외, 2021).

나) 현대 행정에서의 윤리적 함의

쿠퍼Terry L. Cooper는 현대 행정의 윤리적 함의를 세 가지 측면에서 논의한다. 첫째는 현대 행정의 정치적 그리고 재량적 특성이 3가지 유형의 윤리적 관심(부패, 효율성의 상실, 권력의 남용)을 제기한다고 본다. 둘째는 공직자의 행정적 역할과 시민적 역할의 분리로 이중적 역할 간에 갈등이 발생할 수 있다는 것이다(봉사자의 역할과 개인적인 관심 간의 갈등). 셋째는 공직자는 다양성의 관리자가 되어야 한다는 점이다. 공직자는 다양한 이해관계를 관리해야 하고, 공공적 결정에의 참가 비용participation costs을 최소화해야 하며, 공공서비스의 사용 비용consumption costs을 공평하게 해야 한다. 이러한 관점에서 행정윤리의 중요성이 부각된다.

정치학 이론과 관련해서 행정윤리를 검토해 보면 민주적 정책 과정의 3가지 측면에서 윤리적 이슈가 나타난다. 첫째는 '대표성의 문제'로서 국민은 주권자임은 물론이고, 국민의 선호·요구·이해관계가 공공정책 속에 반영되어야 한다는 점이다. 이제까지는 대표성의 문제에서는 정치가의 역할이 중심이었지만, 현대에 와서는 정책 과정에서 영향력이 큰 공공행정가의 역할도 중요하게 되었다. 공공행정가의 대표성 문제와 관련해서는 시민을 대표하는 의무가 직접적이냐 간접적이냐(선출직을 통해서 대표함) 하는 문제가 있을 수 있고, 공공행정가의 역할이 수탁 관계냐 위임 관계냐 하는 문제도 있을 수 있다.[256] 둘째는 정치적 교육의 문제와 관련된다. 민주사회에 있어서 주권자인 국민은 약간의 정보를 가지고 투표를 할 수 있어야 하며, 정치적 토론이 교육적 가치에 의해서 정당화된다. 고전적인 민주주의

---

256) 공공행정가의 역할이 수탁 관계냐 위임 관계냐의 전통적인 논쟁이 있지만, 비선거적 역할이기 때문에 수탁 관계로 보는 경향이 많다. 선거와 같은 명시적인 행위에 의해서 위임관계가 발생하지만, 입법 과정을 통해서도 위임 관계가 발생한다. 이것은 입법의 특성 속에 나타나지만, 일반적으로 해결하기 어려운 많은 정치적 이슈는 국민의 뜻에 반응적(responsive)이어야 하기 때문에 위임 관계가 되어야 하며, 기술적인 고려가 요구되는 업무는 전문적인 판단이 필요하기 때문에 수탁 관계가 되어야 한다. 공공행정가의 역할이 수탁 관계냐, 위임 관계냐 하는 것은 상황적 조건 속에서 어느 것이 지배적이냐의 문제이다 (Cooper, 1990).

형성기에 있어서 토론과 심의과정에서의 주요 행위자는 시민과 선출직이었지만, 현대 행정국가에서는 직업 관료의 역할도 중요하다. 행정가들은 문제에 가까이 있고, 전문지식과 기술을 갖추고 있으며, 고객집단과의 계속적인 관계를 유지하고 있고, 정치가보다 임기도 길기 때문에 민주적 교육과정에 있어서 결정적 역할을 할 수 있다. 그래서 행정가는 정책 결정과 관련된 정보제공의 의무가 있다. 셋째는 행정윤리는 정책집행과도 관련된다. 전통적으로는 행정가의 역할은 정책의 실천과정에서 최선의 기능적 합리성을 발휘하는 것이었지만, 행정가의 역할의 정치적 성격 때문에 정책집행에서의 행정가의 책무가 과거와는 상이하다(이러한 점과 관련해서 위임수탁 논쟁도 재연될 수도 있다)(Cooper, 1990).

다) 행정윤리의 어려움

많은 행정윤리의 연구자들은 최근에 와서 윤리적 관심이 제고되고 있고, 20세기 말에는 윤리가 공공적 토론의 주요한 토픽이 되었으며 이는 시민의식의 향상, 나쁜 행위wrong-doing에 대한 공적 관용의 감소, 더 엄격한 법적 기준의 적용 등이 그 이유라고 본다. 그러나 행정윤리는 아직도 많은 개념적인 불일치를 가진 주제로 남아 있으며, 3가지의 주요한 이슈가 있다. 그것은 개념적 애매성conceptual ambiguity, 윤리적 기준의 변화changing ethical standards, 윤리적 행위의 깨어지기 쉬운 성질the fragile nature of ethical behavior 등이다.

행정윤리를 논의함에 있어서 많은 난점은 일반적으로 윤리학적 주제에 관한 '개념적 애매성'으로부터 나온다. 여기에서는 이를 네 가지 유형의 행정윤리 즉 덕virtue, 결과consequence, 원칙principle, 책임responsibility으로서의 윤리로 구분해서 논의해 본다. 덕virtue으로서의 윤리는 고대로부터 주장되었다. 아리스토텔레스는 윤리를 도덕적인 덕으로 보고, 이는 훈련과 연습을 통해서 습득할 수 있다고 주장했으며, 현대에는 매킨타이어 등이 덕을 중요한 개념으로 재생시키고 있다. 덕으로서의 윤리에서는 윤리는 규칙이나 원칙의 체계 또는 결과outcomes의 계산이라기보다는 살아가는 방식a way of life으로 본다. 그러나 덕으로서의 윤리는 광범위한 윤리적 이슈에 적용될 수는 있으나, 특정한 상황에서의 구체적인 행위 기준을 제시할 수 없다는 한계를 지닌다.

결과consequence로서의 윤리는 고전적인 덕의 윤리에 대한 대안이며, 가장 극단적인 대안이 마키아벨리Machiavelli의 윤리인 '군주론the Prince'이다. 마키아벨리는 선량하고 좋은 의도를 가진 사람들도 때때로 나쁜 정책과 나쁜 행정을 펼칠 수 있으며, 사람들은 유익한 목적을 위해서는 how not to be good과 how to use good and bad를 배워야 한다는 것이다. 이 접근방법은 행위자의 덕이나 행동 원칙보다는 행위의 결과로 윤리성을 판단하는 것이며, 목적론teleology 또는 결과론consequentialism이라고 한다. 가장 대표적인 결과론은 공리주의utilitarianism로서 최대 다수에 대해서 최대 선the greatest good to the greatest number을 가져와야 한다는 관점에서 행위를 판단하는 것이며, 벤담과 존 스튜어트 밀이 대표적이다.[257] 그러나 결과론은 무엇보다도 목적과 수단 논쟁 즉 행위의 목적이 그 달성 수단을 정당화할 수 있느냐의 논쟁을 일

---

257) 결과론의 다른 한 변종은 윤리적 이기주의(ethical egoism)이며, 사람들은 자기 자신에게 가장 유익한 일만을 해야 한다는 개념이다. 이는 공공 행정 보다는 사적인 기업에서 유행하는 윤리이며, 공공 행정이나 공적 활동에 있어서는 비윤리적으로 취급된다.

으키며, 이 논쟁은 수단적인 절차의 유지가 정치체제의 생존을 위하여 중요한 입헌적 민주사회에서는 매우 신랄한 문제를 초래한다.

원칙principle으로서의 윤리는 의무론deontology 중에서 규칙 의무론에 해당한다고 볼 수 있다. 원칙으로서의 윤리에 의하면 결과론의 문제점은 아무도 행위의 결과를 정확히 예측할 수 없고, 유익한 결과를 가져오는 나쁜 행위가 그렇지 못한 좋은 행위보다 더 윤리적으로 생각될 수 있으며, 다수의 선에 관한 공리주의적 계산은 소수의 권리를 보호할 수 없다는 점이라고 지적한다. 가장 유명한 의무론적 이론은 칸트 Kant의 윤리설이다. 칸트의 정언명법categorical imperative을 가장 쉽게 표현하면, '모든 사람이 따르기를 희망하는 원칙에 따라 행동하라(Act on the basis of those principles we might wish everyone to follow)'라는 것이다. 현대에서의 탁월한 의무론은 롤즈John Rawls의 정의론이다. 정의론의 2가지 기본원칙은 권리는 가능한 한 평등하게 분배하여야 하며, 불평등은 최소 수혜자의 이익을 위해서만 허용된다는 것이다. 그러나 현대의 대부분 학자는 한쪽의 입장보다는 절충적 견해를 취하며, 상황에 따라 특정한 입장을 선택하고 있다. 예를 들면 정직의 원칙을 준수해야 하지만 선의의 거짓말white lie도 인정하며, 정보공개의 원칙을 준수해야 하지만 선량한 사람들의 위해 방지를 위한 정보의 보류도 인정한다.

책임responsibility으로서의 윤리는 행정윤리를 고려할 때는 개인적인 윤리적 선택보다는 권위와 정당성의 다양한 원천에 대한 공무원의 책임 문제를 논의하는 것이 바람직하다고 생각한다. 윌슨Woodrow Willson의 주장, 프리드리히와 파이너의 책임 논쟁

Friedrich-Finer debate, 로어John Rohr의 사회적 핵심 가치로서의 헌법의 정신, 쿠퍼Terry Cooper와 버커J. P. Burke의 이론 등이 대표적이다. 이 밖에도 윤리적 개념의 복잡성에 추가하여 윤리와 법, 윤리와 부패 사이의 경계나 초점도 애매하기 때문에 윤리적 논의의 어려움이 가중된다.

행정윤리에서의 두 번째 난점은 '윤리적 기준의 변화'다. 이것은 행정윤리의 애매성이 윤리적인 것과 비윤리적인 것을 정의하는 시민적 인식이 변화되기 때문이라고 본다. 오랫동안 계속된 윤리적인 문제가 거짓말·뇌물 등이라고 한다면, 새로운 윤리적인 문제는 성희롱sexual harassment이라고 할 수 있다. 행정학의 역사는 어떤 시대에는 윤리적으로 간주되고 다른 시대에는 비윤리적으로 간주된 전통과 개혁으로 가득하다. 잭슨Andrew Jackson에 의해서 정부의 직위에 대한 광범위한 접근을 허용하는 수단으로서 지지되었던 정당 충성자party fathful에 대한 공직 임명의 보상 관행은 후에는 엽관주의spoil system으로 간주되고, 사람들 대부분이 정치적 부패의 혐오스러운 형태로 간주하였다, 로웰James Russell Lowell은 '새로운 사건은 새로운 의무를 가르친다(New occasions teach new duties)'고 했고, '시간은 옛날의 선을 상스럽게 만든다(Time makes ancient good uncouth)'라고도 했다. 윤리적 문제에 대한 주요한 도전 속에는 윤리적 이슈들에 대해서 우리가 채택할 일반적인 윤리적 관점이 무엇인가를 결정하는 것뿐만 아니라 새로운 사건의 긴급한 상황에 더욱 더 근본적인 원칙을 적용하는 것도 포함되어 있다.

행정윤리에서의 세 번째 문제점은 윤리적 행위의 '깨어지기 쉬운 성질fragile nature'이다. 어떤 사람이 윤리적으로 되는 것을 원한다고 해도(올바르고 싶다고 해도), 때때로 이것이 어렵다. 또한, 좋은 의도와 실제적인 관행 사이의 간격에 대해서는 수많은 이유가 있으며 이들 모두를 결코 나열할 수가 없다. 윤리적인 행위를 유지하기가 어려운 이유를 몇 가지 들어 보면 다음과 같다. 개인적인 이익, 개인적인 위험, 다른 종류의 책임, 관행의 합당성reasonableness 즉 확고히 정착되어 당연시되는 관행, '더러운 손의 문제the dirty hands problem'[258], '여러 손의 문제the many hands problem'[259], 일상적인 일에서 윤리적 고려에 대한 원천적 무감각 등이다(Richter 외, 1990).

3) 행정윤리를 위한 배경적 검토

행정윤리의 이론적 배경 중 가장 중요한 것은 당연히 윤리학이라고 할 수 있다. 행정윤리의 문제를 본격적으로 논의하기 전에 일반윤리학에 관해서 간략하게 정리하고 넘어가는 것이 행정윤리를 이해하는 지름길이 될 수도 있다(일반윤리학이라는 용어는 없다. 상식적으로 불러보는 용어다. 학문적으로는 그냥 윤리학 또는 규범윤리학이다). 윤리학에 관한 설명은 몇 가지 방식으로 분류할 수 있다. 그 하나는 인생의 목적이나 행동의 기준을 '발견하는 방법'에 따라 윤리학의 유형을 구분하는 것이다.

---

258) '더러운 손의 문제'는 손을 더럽히지 않고는 성공할 수 없다는 것이다. 공직생활에서 비윤리적 행위에 관여한 것을 합리화하는 것이며 마키아벨리가 <군주론>에서 주장한 바 있다. 이 논의는 비윤리적인 활동의 목표가 개인적인 이익이 아니라 기관이나 정책을 위한 이익일 때에 특히 매력적인 주장이다(Richter 외, 1990). 다시 자세히 논의할 것이다.

259) '여러 손의 문제'는 조직 특히 대규모 조직의 의사결정에는 다수가 관여하기 때문에 개인적인 책임을 묻기가 어렵다는 것이다(Richter 외, 1990). 다시 자세히 논의할 것이다.

이들은 형이상학적 윤리설metaphysical ethics, 자연주의적 윤리설naturalistic ethics, 직각론적 윤리설intuitional ethics과 분석철학에 입각한 윤리설meta-ethics 등이다. 다른 하나는 '윤리적 판단의 기준'을 인간의 품성에 두느냐 인간의 행위에 두느냐에 따라서 윤리학의 유형을 '인성 중심의 윤리이론'과 '행위 중심의 윤리이론'으로 구분할 수 있고, 인성 중심의 윤리이론은 덕 이론aretology이라고 할 수 있으며 행위 중심의 윤리이론에는 목적론적 윤리이론telelological ethics과 의무론적 윤리이론dentological ethics이 포함될 수 있다.

가) 자연주의적 윤리설과 직각론적 윤리설

인생의 목적이나 행동의 기준을 발견하는 방법에 따라 윤리학의 유형을 형이상학적 윤리설, 자연주의적 윤리설, 직각론적 윤리설(직관적 윤리설)과 분석철학에 입각한 윤리설로 구분할 수 있다. 물론 이 중에서 규범윤리학의 중심은 자연주의적 윤리설과 직각론적 윤리설이다.

형이상학적 윤리설은 실재reality에 관한 형이상학적인 이론이 선good에 관한 윤리학적 문제해결의 참된 기초라고 믿는 견해이다. 플라톤의 이데아론, 아리스토텔레스의 목적론, 스피노자의 범신론 등 여기에 속한다. 플라톤은 이데아idea를 영원불멸하는 실재로 보고, 이데아에 접근하거나 이데아를 모방하는 것을 선으로 보았다. 아리스토텔레스[260)]는 우주는 목적과 수단 관계

---

260) 아리스토텔레스(BC 384~322)는 에게해 북쪽 스타게이라에서 태어났으며 아버지는 마케도니아 궁전의 시의였다. 그의 나이 17세에 플라톤의 아카데미아에 들어와서 20년 동안 머물렀다. 플라톤의 사후(아카데미아는 플라톤의 사위가 물려받았다)에 소아시아로 갔다가 마케도니아 필리포스의 초청으로 알렉산더 대왕의 스승이 되었다. 아테네로 돌아와서 리케이온 학원을 세워 학교의 수장을 맡았으며, 그는 산책하면서 강의를 하였기 때문에

로 연결되는 피라미드적 체계이며, 실재는 잠재적 가능성을 현실태로 발전시키는 생성체로 본다. 또한, 인생의 궁극적인 목적은 '행복'이며, 덕은 인생의 기본목적인 행복을 위한 기본 조건이라고 본다.[261] 덕은 인간의 중요한 기능인 이성을 잘 발휘하게

'소요학파'라는 별명을 얻게 되었다. BC 323년 알렉산더 대왕이 죽은 후 아테네의 반마케도니아 정서 때문에 어머니의 고향 유보이아의 칼키스로 도피했다가 BC 322년 사망했다. 아리스토텔레스는 플라톤 철학을 개혁하여 새로운 학문 체계를 수립했으며 경험과학을 학으로서 설립하게 하였다(플라톤은 명문 귀족의 후손이었지만, 아리스토텔레스는 부유했으나 평민 출신이었다. 플라톤은 아테네 출신이었지만, 아리스토텔레스는 시골의 작은 마을 출신이었다. 플라톤은 학원 아카데미아를 설립했으며, 아리스토텔레스는 학원 리케이온을 설립하였다. 플라톤은 평생을 독신으로 보냈지만, 아리스토텔레스는 자상하고 친절한 남편이자 아버지였다. 플라톤이 이상주의자였다면, 아리스토텔레스는 현실주의자였다). 그의 저서는 그가 학원에서 강의한 내용을 모아 놓은 것이며 그의 관심 분야가 다양해서 백과사전적 저술가라고 할 수 있다. <니코마스 윤리학>은 고대 그리스 사람들도 빈번히 논의했으며, 키케로(Cicero)는 <니코마스 윤리학>을 그의 아들 니코마스가 편집했을 것이라고 시사한 바 있다.

  아리스토텔레스의 목적론적 세계관은 형이상학에 기반을 두고 있어 많은 비판을 받아왔고 오늘날의 기준으로 보면 그의 사상은 여러 가지 오류를 범하고 있지만, 그가 서양의 지성사에 지대한 영향을 끼쳤다는 데에 이견을 제시할 사람은 없을 것이다. 우선 그리스의 헬레니즘 철학자들은 그의 논리학, 자연철학, 윤리학 등에서 많은 영향을 받았다. 로마인들에 의해서도 그의 논리학, 자연철학, 형이상학, 윤리학 등이 다각도로 논의되었다. 그러나 그의 사상은 유럽에서 오랫동안 빛을 보지 못했다(중세의 교부철학은 플라톤의 이데아론을 수용해서 교리를 발전시켰다). 아리스토텔레스의 사상은 아라비아로 수출되어 오히려 그곳에서 활발히 연구되었다. 그의 저술에 관한 열정적인 연구는 중세의 이슬람계 철학자들에 의해서 수행되었다. 11~12세기경 이슬람 문화를 통해서 매개된 아리스토텔레스의 자연철학이 유럽에 전파되면서 그 영향력이 점점 커져갔다. 아랍어에서 라틴어로, 그리스어에서 라틴어로의 수많은 번역서가 라틴 유럽 세계로 밀려들어 왔다. 13세기에는 그리스도 세계에 아리스토텔레스 르네상스가 일어났다. 스콜라 철학자인 토마스 아퀴나스는 아리스토텔레스 르네상스의 정점이라고 해도 과언이 아니다(아리스토텔레스의 목적론적 세계관은 스콜라 철학의 방법론과 잘 어울렸다).

  그러나 근대에 들어오면서 베이컨 등이 그의 철학이 사변적인 철학이라고 비판한 것을 계기로 아리스토텔레스의 철학은 그 영향력에 있어서 손상을 입기 시작했으며 데카르트와 뉴턴도 아리스토텔레스를 반박하게 되었다. 아리스토텔레스와 관련된 하나의 에피소드는 아리스토텔레스의 연구 분야가 매우 넓고 저서도 방대하다는 점과 관련이 있다. 실제로 철학이 중요한 입시 과목인 프랑스 같은 나라에서 아리스토텔레스는 저주받을 사람으로 통한다고 한다. 그는 사상사에서 너무 중요한 위치를 차지하기 때문에 피해 가기가 쉽지 않고 공부할 내용은 엄청나게 많기 때문이라고 한다(서울대학교 출판부, 1997 ; Ryan, 2012 ; 인터넷, 서울대학교 철학사상연구소 ; 인터넷, 처음 읽는 서양 철학사).

261) 덕 이외에도 행복을 위해 필요한 조건들이 있는데 부귀・명예・우정・자손・문벌 등의 외적 번영은 그 자체가 직접 행복을 낳지는 않으나 그것을 위하여 매우 필요한 조건이라고 보았다. 일반 대중은 행복의 조건을 행복 그 자체라고 속단하는 데 잘못이 있었다고 한다(김태길, 1992).

하는 습성이며, 이성의 활동을 두 가지의 방향으로 나누고 덕도 두 가지 종류로 나눈다. 사물의 이치를 인식하고 올바른 행동을 계획하는 지적 능력을 '이론의 덕(지적 덕)'이라고, 이성의 인식과 계획에 따라서 올바른 길을 택하는 행동의 능력을 '실천의 덕(윤리적 덕, 도덕적 덕)'이라고 했다.[262] 스피노자에 대해서 간략하게 설명하면, 우주는 그 전체가 불가피하고 필연적인 법칙에 따라 변천하는 하나의 통일체이며, 개인은 그 통일체의 한 부분으로서 같은 나무의 잎사귀에 불과하다. 그래서 우리가 자기중심적인 협량(狹量)을 버리고 대자연 즉 신과 합일하는 것을 인생의 이상으로 보았다. 아무튼, 형이상학적 윤리설은 초경험적 실재에서 윤리적 근거를 구한다.

자연주의적 윤리설은 자연적 사실(경험할 수 있는 사실)을 근거로 삼고, 보편적인 인생의 목적 또는 절대적인 행위의 법칙을 추론해 낼 수 있다고 믿는 견해이다. 흄D. Hume은 선악의 구별은 이성에서 유래하는 것이 아니라, 도덕감moral sentiment에서 유래한다고 보고, 도덕감은 선천적 기능이 아니라 쾌·불쾌를 기초로 삼고 경험적으로 형성되는 일종의 종합감정이라 보았다. 벤담과 존 스튜어트 밀의 공리주의도 여기에 속한다. 가치란 평가하는 행동의 결과로서 생긴다고 보는 존 듀이J. Dewey도 현대적인

---

[262] 아리스토텔레스에 의하면 인간에게 잠재한 탁월성을 유감없이 발휘하는 것이 덕이며, '지적 덕(intellectual virtues)'은 과학·예술·철학과 실천적 지성(지혜) 등으로 구분할 수 있는 지적 성질의 것이며, 지적인 덕이 윤리적 덕보다 우월하다고 본다. '윤리적 덕(ethical virtues)'은 의지의 통제하에 놓이지만, 지성에 의하여 이성적인 지배를 받는다. 지성(intellect)은 지적인 덕을 통제하며, 실천적 이성(practical reason)이 도덕적 덕을 통제한다. 윤리적 덕(도덕적 덕)은 중용(mean)의 상태를 말한다. 이는 악덕인 양극단 사이에 중도적인 것을 의미한다. 그러나 중용은 산술적인 중간을 의미하지는 않는다. 예컨대 용기(courage)는 비겁(cowardice)과 무모(foolhardiness)라는 악덕의 중간에 있으며, 지고한 덕인 정의(justice)는 모든 덕의 총화이며 그 반대인 불의(injustice)는 악덕의 한 부분이 아니라 모든 악덕의 총체이다(정의의 양극단은 불의와 불의이다). 한 가지 유의할 사항은 아리스토텔레스에 있어서 도덕성은 본질적으로 사회적인 것이다(김태길, 1992).

자연주의자이다.

직각론적 윤리설(직관적 윤리설)은 존재Sein 내지 사실fact에 관한 인식으로부터 당위Sollen 내지 가치value에 관한 이론을 추리할 수 없다고 보고, 도덕의 원리는 모종의 선천적 능력을 통해서 직접적으로 파악해야 하며 또 그렇게 파악할 수 있다고 생각한다. 많은 윤리학자가 직각론적 윤리설을 주장한다. 프라이스Richard Price는 행위가 옳으냐 그르냐의 판단은 행위의 결과를 고려함이 없이 직접적으로 내려지며, 옳음과 그름의 구별하는 마음 속의 능력을 오성the understanding이라고 본다. 대표적인 직각론자인 칸트는 선의지만이 본래 선하다고 보고, 실천이성의 근본 법칙으로서 정언명법을 제시한다. 무어G. E. Moore는 자연주의적 윤리설은 가치어를 비가치어로 정의하려는 '자연주의적 오류naturalistic fallacy'를 범한다고 주장하면서, '좋은 것good things'은 자연현상이지만 '좋음goodness'은 지각대상이 아니라고 보면서 선(좋음)은 궁극적이고 단순하기 때문에 정의할 수 없다고 주장한다. 철저한 법칙주의자인 로스W. D. Ross는 옳은 것의 공통적인 특색은 적합성suitability or fitness과 유용성utility이라고 보았다. 이는 상황에 대한 적합성을 가장 기본적인 특색으로 보되, 행위의 결과도 고려하는 것이다.[263]

분석철학에 입각한 윤리설은 윤리학이 하나의 학으로서 성립할 수 있느냐와 도덕적 언명의 진위를 밝힐 수 있느냐에 대해서 회의하면서 종래의 규범윤리학과 구별해서 분석적인 방법론에

---

263) 로스는 조건부 의무(prima facie duties)로서 약속 이행(promise keeping), 성실(fidelity), 호의에 대한 감사(gratitude for favors), 선행(beneficence, 넓은 의미로 타인을 개선할 의무임), 정의(justice), 자기개발(self-improvement), 해악 금지(non-maleficence) 등 7가지 의무를 제시한다(Pojman 외, 2011).

치중한다. 분석철학에 입각한 윤리설에는 정서주의emotivism와 일상언어학파의 윤리설이 있다. '정서주의'는 평가적 언어에는 서술적인 의미는 없고 정의적 의미emotive meaning만 있다고 본다.

절충적 정서주의자인 스티븐슨C. L. Stevenson에 의하면 윤리적 발언(도덕적 판단)은 서술적 의미와 정의적 의미를 동시에 가진다고 보며 이들은 심리적 반응(인지적 측면과 정서적 측면)에 따라 구분된다. 서술적 의미에는 발언자의 마음가짐에 관한 정보(찬양한다 또는 못마땅하다)가 포함되며, 정의적 의미는 어느 정도 명령문의 기능과 비슷하다. 그리고 윤리적 발언의 타당성 문제를 정당화의 논변 또는 설득에 있다고 본다. 일상언어학파인 헤어R. M. Hare는 도덕적 언어는 규정적 언어의 일종(명령문도 규정적 언어임)이라고 보고, 규정적 언어의 타당성 문제는 결단의 요소가 내포되기 때문에 결단의 근거를 논하여야 한다고 주장한다.[264] (김태길, 1992).

나) 인성 중심의 이론과 행위 중심의 이론

윤리적 판단의 기준이 인간의 품성이냐 인간의 행위냐에 따라서 윤리학의 유형을 인성personality 중심의 윤리이론과 행위action 중심의 윤리이론으로 구분할 수 있다. 포이만L. P. Pojman 등은 도덕 이론의 일반적인 접근방법으로 '덕 중심 이론virtue-based theory'과 '행위 중심 이론action-based theory'으로 구분한다. 프랑케나W. K. Frankena는 이를 '사람person 중심의 이론'과 '행위action 중심의 이

---

[264] 일상언어학파의 몇 가지 공통점은 첫째 평가적 발언과 서술적 언명은 논리적 성질이 다르다는 것을 강조하고(평가적 발언에는 서술적 측면과 규정적 측면이 있음), 둘째 평가적 판단은 제시되는 '이유(reasons)'를 중요시하며, 셋째 윤리적 언어의 의미를 발생학적 방법(배우게 되는 과정을 중요시)으로 규명하고, 넷째 평가적 발언의 타당성 문제는 이유의 적합성에 달려 있다고 본다(김태길, 1992).

론'으로 구분하고 있다(Pojman 외, 2011 ; Frankena, 1973).

인성 중심의 이론은 인간의 품성을 중심으로 윤리성을 검토하는 것이며, 이는 덕론aretology 또는 덕 이론virtue theory이라고 할 수 있다. 덕 이론은 역사적으로 고대 그리스 철학자들부터 현대의 이론가들이 2000년 동안 도덕철학에서 지배적 역할을 해왔다.[265] 그러나 덕 이론에 대한 태도는 18세기에 공리주의와 칸트주의가 등장하면서 변하기 시작했다. 19세기와 20세기 초에 지배적인 윤리이론으로 등장한 공리주의와 칸트의 의무론에 따르는 많은 이론가는 덕 이론을 윤리학의 새로운 분야로 보기에는 부적절한 것으로 생각하고 무시해버렸다. 하지만 최근 수십 년 동안 덕 윤리학은 주요한 윤리이론으로 재부상했다. 덕 윤리는 행위자(행위자의 성격)에 중점을 두고 행위 하는 것doing보다는 어떤 사람이 되는 것being을 강조한다.[266]

---

[265] 덕 이론과 관련해서 마이클 샌델(M. Sandel)의 철학과 유가적 역할 윤리가 존재론적 전제에 차이가 있다는 재미있는 지적이 있어서 소개한다(이는 유가적 역할 윤리의 자아관과 샌델의 자아관에 관한 것으로 '양파'인가 '복숭아'인가? 의 문제다). 유가적 역할 윤리에서 사람은 새로운 역할과 관계로 확장해 나가면서 층을 쌓아 간다. 이는 양파 모델에 비유할 수 있다. 그런데 양파에는 핵심이 없다(샌델의 입장에서 핵심적 자아의 부재는 비판적 반성의 부재를 함축한다). 한편 샌델의 자아는 부담으로 둘러싸여 있고 그 부담들이 그 사람의 정체성을 만든다. 물론 복숭아는 과육이 중요하지만 그 가운데에는 씨앗이 있다. 샌델의 자아관은 복숭아 모델에 비유할 수 있다(샌델은 복숭아 모델에 찬성한다). 그런데 샌델의 자아관은 되어감(becoming)보다는 존재(being)의 가정에 기초한다. 이들 간의 비교는 넓게는 우리가 반성적이기 위해서 자아(특히 자아의 핵심)는 필요한가? 라는 물음과 관련될 수 있고, 양자가 자아의 연고와 공동체를 강조하기 때문에 상호 보완적일 수 있다는 논의와 관련될 수도 있다(Sandel 외, 2018).

[266] 최근의 덕 이론가들은 행위 중심의 윤리학을 다음과 같이 비판한다. 첫째 행위 중심의 윤리학은 동기의 요소를 결여하고 있다. 행위를 동기화하고 고무하는 데 실패한다. 둘째 행위 중심의 윤리학은 적절하지 않은 신학적·법적 모델에 기초하고 있다. 도덕적 의무와 도덕적 책무는 신학적·법적 전통에서 나온 것이다. 셋째 행위 중심의 윤리학은 윤리의 자발적인 측면을 무시한다. 즉 인간의 마음 깊숙이 자리 잡은 인간의 정신적 성질로부터 나오는 도덕적 행위의 자연스러운 측면을 무시한다. 넷째 행위 중심의 윤리학은 최소주의자들이고 인격의 발달을 무시한다. 전통적인 행위 중심의 윤리는 사회가 잘 기능하는 데 필요한 핵심 규칙들을 지킬 것을 요구하기 때문에 최소주의적 경향을 가지며, 어떤 행위를 하지 못하게 하는 사회통제에 강조점을 둔다. 캘러헌(D. Callahan)은 이를 도덕(적) 최소주의 윤리(moral

행위 중심의 이론은 다시 목적론teleology[267]과 의무론deontology
으로 나누어 볼 수 있다. 행위 중심의 이론은 인간 또는 인간
의 품성보다는 인간의 행동을 중심으로 윤리성을 검토한다. 행
위 중심의 이론 가운데 목적론은 행위의 목적telos 또는 결과
consequence를 판단기준으로 하는 것이며, 의무론은 결과보다는
도덕적 원칙principle이나 양심conscience을 판단기준으로 한다. 목
적론과 결과론[268] 그리고 의무론과 동기론[269]은 반드시 일치하

---

minimalist ethics)라고 부른다. 다섯째 행위 중심의 윤리학은 자율성을 지나치게 강조하고 공동체를 무시한다. 규칙 지배적인 윤리학은 자율성의 원리(principle of autonomy) 즉 오로지 이성만으로 도덕적 규율에 도달하는 사람들의 능력을 과장한다. 충성심·자연적 친근감·자연스러운 동정심 그리고 함께 염려하는 것과 같은 그런 덕이 생겨나고 집단을 유지시켜 주는 것은 공동체 안에서이다(Pojman 외, 2011).

267) 원래 목적론은 인간의 행위뿐만 아니라 세계 안에서 일어나는 모든 사건과 자연의 현상도 목적에 의해서 규정되어 있다는 철학이다. 이것은 모든 인간 중심적인 생각과 많은 종교적인 세계관이나 자연관이 이러한 형태에 속한다. 철학적 목적론은 아리스토텔레스가 주장하였으며 중세 그리스도교에 의해서 수용되었다. 그러나 자연현상에 대해서는 자연과학이 발달함에 따라 기계론적인 자연관이 지배적이 되었으며(자연현상에 대해서도 목적론적 사고가 부분적으로 남아 있다), 인간의 행위에 대해서는 윤리적 목적론이 남아 있다고 하겠다. 윤리적 목적론은 인간의 행위는 그 행위의 목적에 비추어 이해할 수 있다고 보는 것이며 그 목적의 내용에 따라 이기주의·쾌락주의·공리주의 등 다양한 형태로 분류할 수 있다(인터넷, 두산백과).

268) 결과주의(consequentialism)는 결과를 중심으로 행위나 사건을 평가하는 입장이며, 다양한 측면에서 결과주의적 방식의 접근이 가능하다. 특히 도덕적 행위의 문제에 있어서 행위의 옳음에 관한 결과주의적 입장이 많이 논의된다. 결과주의는 영국의 분석철학자 앤스콤(E. Anscombe)이 도입한 용어로 결과주의적 논의는 선에 대한 관점·실제적 또는 기대적 결과·권리와 규칙 등에 초점을 맞춰 다양한 형태로 전개되었다. 윤리학에서 결과주의는 그 이론적 특징으로 인하여 의무론과 대비되며, 덕 윤리와도 구분된다. 결과주의는 행위의 선한 동기보다는 결과를 우선시하기 때문에 선한 의도로 한 행위가 나쁜 결과를 초래하였을 경우 그 행위는 옳은 행위라고 할 수 없다는 한계가 있다. 이러한 입장을 극단적인 방식으로 전개하면 목적이 수단을 정당화한다는 비판에 직면하게 된다(인터넷, 두산백과).

269) 동기(動機, motive)는 행동을 일으키게 하는 내적인 직접 요인의 총칭이다. 심리학적인 용어로는 동인(動因, drive)이라는 말과 거의 같은 뜻으로 사용되나, 동인은 기계론적인 개념인 데 대하여 동기는 목적론적인 의미가 강하다. 따라서 유기체적인 요구에서 일어나는 동인은 생리적 동인이라고 하는 데 대하여, 목적 또는 목표와 관련하여 발생하는 2차적 요구에 바탕을 둔 동인은 2차적(학습성) 동기라고 한다(인터넷, 두산백과).

윤리학에서도 동기 또는 동기주의가 중요한 의미를 가진다. 칸트는 도덕에 있어서 모든 목적 관념을 물리치고 오직 의무를 위한 의무의 수행만이 순수히 도덕적이라고 보는 점에서 철저한 동기주의자라고 할 수 있다(김태길, 1992). 절충주의적 의무론자인 로스(W.

는 것은 아니지만, 목적론은 결과론과 결합되기 쉽고, 의무론은 동기론과 결합되기 쉽다(김태길, 1992). 따라서 목적론은 결과론이라고도 하며, 의무론은 동기론이라고도 한다. 목적론의 대표적인 이론이 공리주의라고 할 수 있고, 의무론의 대표적인 이론이 칸트의 정언명법이라고 할 수 있다. 의무론은 규칙을 평가와 판단의 기준으로 보느냐 개략적인 행동 지침 또는 참고사항으로 보느냐에 따라서 다시 행위 의무론act-deontology과 규칙 의무론rule-deontology[270]으로 나눌 수 있다.[271]

D. Ross)는 '옳음(right)'과 '좋음(good)' 이외에 '착함(morally good)'을 구분한다. 옳음(right)은 정의할 수는 없지만, 옳은 것의 공통적인 특징은 '적합성과 유용성'이라고 보기 때문에 상황에 대한 적합성뿐만 아니라 행위의 결과도 고려한다. 좋음(good)은 방편적인 선이 아니라 본래적 선 또는 목적으로서의 선을 의미한다. 착함(morally good)은 인격에 깃들인 좋음을 말한다(좋은 동기와 관련됨). 그래서 '옳음(옳은 행위)'에 있어서는 외면적인 적합성이 중요하지만, '착함(착한 행위)'에 있어서는 행위의 내면적인 동기가 중요하다(착함은 주로 동기에 달려 있다고 말할 수 있다). 또한 옳음(옳은 행위)는 행위의 결과뿐만 아니라 사람의 동기를 포함하지만, 동기는 선택되는 것이 아니기 때문에 의무의 영역에 속하는 것은 아니며, 옳음(옳은 행위)에 있어서는 도덕적으로 적합한 행위를 수행하도록 '노력해야' 한다는 의무가 중요하다고 본다(김태길, 1992 ; Sahakian, 2010). 로스는 동기와 의무를 구분한다고 볼 수 있다.

또한, 케임브리지의 의무론자인 브로드(C. D. Broad)는 동기와 그 '윤리적 기능'에 대해서 다음과 같이 설명한다. 한 개인의 총체적 동기(total motive)는 생겨날 결과에 대한 기대(expectation)와 더불어 행위 그 자체에 대한 그의 소견(belief)을 고려함으로써 도출된다. 이러한 것은 동기의 '인지적 측면'이다. 그리고 동기의 '정의적 측면'은 그의 소견에 의해서 자극되고 그로부터 생겨나는 바 행위를 행하는 것이 마음이 끌리거나 싫어하게 되는 행위자 편에 있어서의 태도이다. 그러나 행위가 옳고 그르다는 것은 한 개인의 '동기'가 아니라 그의 '의지(volition)'에 의거하는 것과 관련되어야 한다. 왜냐하면, 인간은 그에게 가능한 여러 대안적 행위들 가운데 하나를 선택할 능력은 지녔지만 주어진 행위를 선택함에 있어서 그를 매료시키고 혐오하게 하는 특정한 '동기'를 선정할 수는 없기 때문이다(Sahakian, 2010). 브로드도 동기와 의무를 구분한다고 볼 수 있다.

270) 행위 의무론은 도덕적 직관(양심)을 중요시하는 직관주의적 의무론(H. A. Prichard)과 주체적 결단을 중요시하는 실존주의적 의무론(J. P. Sartre)이 있으며, 규칙 의무론은 일원론(Kant)과 다원론(W. D. Ross)으로 구분할 수 있다(강재륜, 1996).

271) 행위 중심 이론은 덕 이론의 비판에 대해 다음과 같이 대응한다. 첫째 (적절한 동기 부여적 요소의 결여라는 비판에 대해서) 우리는 올바른 원리를 사용하는 아이들에게 상을 주어 그 원리들을 그들의 삶에서 몸으로 실천할 수 있도록 아이들을 기를 수 있다고 주장한다. 또한 행위 중심 이론은 다른 모든 의무를 완수하는 데 도움을 주는 '양심'이라는 덕을 가르친다. 둘째 합리적인 의사결정 과정에 의해서 신학적 과정으로부터 구별될 수 있고, (단지 성향만을 가지고 있는 덕 이론보다는) 가능한 모든 행위에 대한 일관된 체계로서의 지침을 만

행위 중심의 이론 가운데에서도 목적론 또는 결과론과 의무론 또는 동기론은 서로 근본적으로 다른 유형의 도덕 이론이다. 공리주의는 도덕의 목적의 정신 즉 인간의 번영과 고통의 완화와 같은 것을 포착한다. 그러나 그것은 '정의를 싼값에 팔아버린다' 라고도 한다. 의무론적 체계는 규칙의 중요성과 정의의 원리에 대해 강조한다는 점에서 옳은 것 같지만, 너무 가혹하거나 아니면 도덕의 주요 목적에 대한 초점을 잃어버리는 경향이 있다. 프랑케나와 같은 철학자는 도덕 이론의 주요한 두 유형을 흥미로운 방식으로 화해시키려고 시도한다. 그는 자기의 입장을 '혼합된 의무론적 윤리mixed deontological ethics'라고 부른다. 이것은 기본적으로는 규칙 중심적이지만 한편으로는 공리주의의 목적론적 측면을 고려한다.[272] (Frankena, 1973 ; Pojman 외, 2011).

들어 내고자 한다. 셋째 우리는 도덕성을 완전히 덕으로 한정시키지 않고서도 덕을 존중할 수 있다(선의와 같은). 덕을 가지는 것은 가지지 않는 것보다 더 낫다. 그러나 덕에는 본래적 가치가 없으며, 정말로 중요한 것은 옳은 행위를 하는 것이다. 넷째 행위 중심 이론은 도덕 최소주의가 최소한의 공통된 상식에 호소하기 때문에 쉽게 보편화할 수 있는 장점을 가진다. 그리고 우리의 삶의 대부분은 도덕적 의무의 영역에 있지 않고 허용 가능한 영역(도덕적 자유 지대)에 있다. 다섯째 (덕은 공동체와 문화 속에서 발현된다는 주장에 대해서) 이것이 전체적으로 윤리적 상대주의를 포함한다면 덕은 전혀 객관적인 지위를 지니지 못한다 (Pojman 외, 2011).

272) 하지만 프랑케나는 제1의 원리로서 공리의 원리(principle of utility) 대신에 그것의 전제가 되는 '선행의 원리(principle of beneficence)'를 제시한다. 그리고 그가 이것을 '자비의 원리(principle of benevolence)'가 아니고 '선행의 원리'라고 부른 이유는 이것은 우리에게 단지 선과 비악(not evil)을 소망하거나 의욕 하는 것이 아니라, 실제로 행하는 것을 요구한다는 사실 때문이다. 이것은 우리가 선악의 무게를 재거나 측정할 수 있어야 한다는 요구 없이 오직 선을 행하기 위해서 노력할 것을 우리에게 요구한다. 선행의 원리 아래에 위계적으로 배열된 네 가지 하위 원리의 목록을 제시한다(각각 1은 2에, 2는 3에, 3은 4에 우선한다. 그리고 제4항은 엄격한 의미에서는 의무는 아니라고 말하는 것이 가장 타당하다).

   1. 우리는 해악(evil or harm)을 끼치지 말아야 한다.
   2. 우리는 해악(evil or harm)을 예방하여야 한다.
   3. 우리는 악(evil)을 제거해야 한다.
   4. 우리는 선(good)을 행하거나 증진해야 한다.

프랑케나의 체계에서 제2의 원리는 '정의의 원리((principle of justice)'이다. 이것은 선

4) 행정윤리의 주요 유형

가) 몇 가지 유형

행정윤리는 여러 가지 기준에 의해서 그 유형을 분류할 수 있으며 아직 정형화된 형태는 없다고 할 수 있다. 학자들의 주장에 의해서 행정윤리의 유형을 분류해 보면 (일반)윤리학에서의 이론, 행정윤리가 적용되어야 할 분야, 행정윤리가 논의되는 차원 등에 따라 구분할 수 있다. 무어Mark H. Moore는 공직자의 책무와 덕을 4가지 분야에서 검토한다. 공직자의 책무를 공익 추구의 책무·절차와 과정을 합법화authorizing하는 책무·친구와 동료에 대한 책무·자기 자신에 대한 책무로 구분하고, 공직자의 덕은 책무를 식별하고 책무 간의 갈등을 해소하는 기술과 판단 속

과 악의 배분에 관한 정의인 '배분적 정의(distrbutive justice)'를 의미한다. 배분적 정의는 개인에 대한 상대적인 대우(the comparative treatment)의 문제이다. 이것은 '같은 것은 같게, 다른 것은 다르게' 취급하는 것이다. 시지위크(Sidgewick)는 같은 사례(similar cases)에 대해서 같게 취급하는 것은 정의이고, 다르게 취급하는 것은 부정의라는 공식을 제시했다. 그러나 이 공식은 충분하지는 않다. 이것이 진정으로 말하는 것은 우리가 정의롭다고 생각한다면 그 규칙에 따라 행동해야만 한다는 것이다. 이 공식이 옳다고 하더라도 어떤 것이 규칙이 되어야 하는지에 관해서는 아무 것도 이야기해 주지 않는다. 많은 것이 개인의 어떤 같은 것을 같은 취급의 근거로, 개인의 어떤 다른 것을 다른 취급의 근거로 할 것인가에 달려 있다. 중요한 것은 어떤 배분 또는 상대적 취급의 규칙에 따라서 우리가 행동해야 하는지를 말하는 것이다. 여기서 도덕적으로 타당한 유사성(similarity) 또는 비유사성(dissimilarity)은 사람들의 삶의 선악에 관계가 있는 것들에 있어서의 유사성 또는 비유사성이다. 그 기준은 크게 3가지로 나누어 볼 수 있다. 실적(deserts or merits), 평등한 취급(equals), 필요와 능력(needs, abilities or both) 등이다. 이 중에서 우리는 배분적 정의의 평등주의적 관점(the equalitarian view)을 취하여야 한다. 즉 정의의 원칙은 '사람들을 평등하게 대우'하는 일견적 책무를 우리에게 부과한다.

'선행의 원리'와 '정의의 원리' 양자는 모두 조건부(prima facie) 원리일지라도 정의의 원리가 우선권을 갖는다. 그러나 두 원리가 갈등할 때는 (로스와 같이) '직관주의적 접근법'을 취한다. 선행이 정의보다 우선해야 하는지에 대하여 결정하지 않는 채로 남겨두고, 두 원칙이 갈등할 때마다 우리의 직관을 사용한다는 것이다. 이렇게 할 경우 아마도 우리는 모든 문제를 똑부러지게 해결할 수는 없겠지만, 우리의 문제들 대부분을 성공적으로 해결할 수 있을 것이고, 우리의 하위의 원리들을 정교하게 만들어 나아갈 수 있을 것으로 본다(Frankena, 1973 ; Pojman 외, 2011).

에 나타나는 것이라고 본다. 리히터William L. Richter 등은 (일반)윤리학의 이론에 의거해서 네 가지 유형의 행정윤리를 제시하고 있다. 덕, 결과, 원칙, 책임 등이다. 톰슨Dennis F. Thompson은 공직자의 윤리적 갈등을 두 가지로 분류해서 논의한다. '더러운 손의 문제the dirty hands problem'와 '여러 손(많은 손)의 문제the many hands problem'다.

팝스Gerald M. Pops는 행정윤리를 4가지 차원에서 분류하고 있다. 개인적 윤리personal ethics, 직업적 윤리professional ethics, 조직의 윤리organizational ethics, 정책적 윤리policy ethics 등이다. 또한, 공공정책과 관련해서 공익에 관한 이론, 공공가치에 관한 논의, 정책평가의 규범적 기준 등이 중요하다고 할 수 있다.

나) 정책 중심의 윤리와 공직자 중심의 윤리

앞에서 행정윤리의 개념에 대한 논의에서 부분적으로 언급한 바가 있지만, 행정윤리를 공직윤리와 동일한 개념으로 볼 수도 있고, 상이한 개념으로 보고 구분해서 사용할 수도 있다. 이 책에서는 행정윤리와 공직윤리 양자를 구분해서 사용하기로 했다. 행정윤리의 개념을 포괄적으로 정의할 경우 행정윤리 속에는 정책과 관련된 행정윤리와 공직자와 관련된 행정윤리가 포함되어 있다고 할 수 있다. 이는 (정치)행정시스템의 최종 산출물이 정책이며 정책의 효과가 국민에게 미치는 영향이 중요하기 때문에 정책의 내용에 있어서나 정책 과정에서의 윤리성을 별도로 검토하기 위한 것이다. 이렇게 할 경우 행정윤리 속에 특히 공익이나 공공가치에 대한 설명도 자연스럽게 포함시킬 수 있다고 본다. 따라서 행정윤리를 두 가지의 유형으로 구분해서 정책의 내용이나 정책 과정과 관련된 윤리성(공익이나 공공가치를 포함)을 검토하는 것을 '정책 중심의 윤리'로 보고, 행정을 담당하는 공직자들을 위주로 윤리성을 검토하는 것을 '공직자 중심의 윤리'로 보아 이들을 나누어 설명하고자 한다.

원래 행정윤리는 공직자 중심의 윤리를 위주로 발전해 왔으며, 공직자의 행위규범으로서 공직자의 의무와 덕을 그 주요한 내용으로 하였다. 따라서 공직자의 윤리에 관해서는 이론적인 면에서나 제도적인 면에서 많은 논의와 제도적 장치들이 개발되었다. 그러나 공직자의 윤리성 확보가 정책의 내용이나 정책 과정의 윤리성을 완벽하게 보증할 수는 없으며 양자 간의 관계가 여러 가지 상황적 조건에 따라 왜곡될 수 있고, 사람에 대한 접근방식과 정책적 이슈에 대한 접근방식은 근본적으로 다를 수 있기에 정책 자체의 윤리성을 별도로 검토할 필요성이 있다고 할 수 있다.

최근에 와서 정책 중심의 윤리에 대해서 학문적인 관심이 고조되고 있으며, 정책학의 연구나 행정철학 연구의 일부 또는 행정윤리라는 독자적인 연구로서 많은 논의가 이루어지고 있다. 그러나, 정책이란 분야가 다양하고 문제해결 방식이 복잡하므로 이론적인 논의는 활발하지만, 정책 중심의 윤리와 관련된 제도적인 장치는 많지도 않고 명확하지도 않다고 할 수 있다. 또한, 공직자 중심의 윤리와 정책 중심의 윤리는 상당히 많은 부분이 서로 중복될 수 있기에 그 경계가 모호할 수도 있다. 하지만 양자를 분리해서 검토하는 것이 여러 가지 장점이 있다고 보기 때문에 분리해서 설명하는 방식을 시도해 보는 것이다.

I. 공직자 중심의 윤리이론

1) 공직자의 책무 obligations

무어Mark H. Moore는 공직자의 책무와 덕을 중심으로 행정윤리를 논의한다.[273] 현대에 있어서 정부는 좋은 협치good governance

---

[273] 여기서 (복잡하고 번거롭지만) '의무', '책무', '당위'의 개념을 구분해 보면 다음과 같다. 프랑케나는 철학자들은 '의무(duty)', '책무(obligation)' '당위(ought to be done)'라는 용어를 때때로 상호 교환적으로 사용하고 있다고 한다. 그러나 보다 주의 깊은 일반적인 논의에 있어서는 이를 구분해서 사용한다고 한다. 의무는 우리가 '진실을 말하라'라고 하는 '규칙(rule)'이나 아버지나 비서와 같은 '역할(role)'이나 '직위(office)'을 생각할 때 사용한다. 책무는 우리가 '법(law)'이나 어떤 '합의(agreement)'나 '약속(promise)'을 생각할 때 사용한다. 이 경우에 어떤 사람이 의무나 책무를 가질 때에는 다른 사람은 상응하는 권리를 갖는다고 생각하는 경향이 있다. 그러나 당위(해야 하는 것)는 우리가 엄격한 의무나 책무로 간주하지 않거나 다른 사람이 상응하는 권리를 갖지 않는 일을 다루기 위한 보다 넓은 의미로 사용한다. 그래서 어떤 사람이 1마일 더 가야만 한다(ought to go)고 말하는 것은 자연스럽지만, 그렇게 할 의무나 책무(duty or obligation)를 가졌다고 말하는 것은 자연스럽지 않고, 다른 사람이 어떤 사람이 그렇게 하는 것을 기대할 권리(right)를 가지고 있다고 말하는 것은 아주 부자연스럽다고 한다(Frankena, 1973).

롤즈는 먼저 개인에 대한 실천적 추론을 '요구사항'과 '허용사항'으로 구분하고, '요구사항' 중에는 '책무'와 '자연적 의무'가 있고, 허용사항 중에는 '의무를 넘어선 행위'(선행, 용기, 자비)와 '도덕과 무관한 행위'를 구분하고 있다. 롤즈는 '책무(obligation)'와 '자연적 의무(natural duty)'는 양자 모두 사회체제나 제도와 대비되는 '개인에 대한 도덕적 요구'라고 보지만, '책무'와 '자연적 의무' 양자를 구분한다. '책무'는 사회형태(제도)에 대한 원칙들(공정성의 원칙 등)을 전제한다. 책무에는 공정성, 성실성 등이 포함된다. 일부의 자연적 의무도 이러한 원칙을 전제하며 이는 정의로운 제도를 지지해야 할 의무 같은 것이다. 그러나 자연적 의무는 한 가지 원칙 아래 귀속되지 않는다(다양한 원칙들에서 나온다). 자연적 의무는 소극적 의무와 적극적 의무로 구분된다. 소극적 의무는 나쁜 일을 하지 않을 것을 요구한다는

를 보증하기 위해서 많은 절차적·실질적 규칙을 설정하지만, 절차적·실질적 규칙에의 과도한 의존은 공직자들의 도덕적 품성 moral character의 긴급성을 감소시켰다. 그러나 정부 체제의 새로운 특성(부패한 구조와 과정, 장기적인 공직 재량, 공익 추구의 기회 확대 등)이 미래의 행정에 있어서 공직자의 도덕적 품성에 더 많이 의존하게 한다.

공직자의 책무가 발생하는 3가지 상이한 영역은 첫째, 공직자는 자신의 행위를 정당화하는 과정을 존중할 책무에 구속받고, 둘째, 선행 beneficence의 일반적인 의무와 공익에 봉사하도록 하는 취임선서 양자에 의한 책무를 지며, 셋째, 동료와 부하를 존경·정직·공평하게 다루는 책무를 진다. 이러한 책무의 영역은 두 가지 중심적인 난점을 부각시킨다. 첫째는 각 영역 내의 책무의 성질이 때때로 '애매하다'라는 것이다. 무엇이 공익인지, 정책활동이 합법화되었는지 등. 둘째는 책무들이 식별은 되었지만 때때로 '갈등한다'라는 점이다. 공익을 추구할 의무와 절차를 합

뜻이며, 상해하지 않을 의무나 불편한 고통을 야기하지 않을 의무 등이다. 적극적 의무는 타인을 위하여 선을 행해야 하는 의무를 의미하며, 상호 협조의 의무와 상호 존중의 의무 등이다.

'책무'의 특징은 첫째 책무란 자발적 행위의 결과로 생겨나는 것이며(약속이나 합의 등), 둘째 책무의 내용은 언제나 제도나 관행에 의해서 규정되고 그 제도의 규칙들이 사람들이 해야 할 것을 명시하고 있고, 셋째 책무는 보통 일정한 사람들 즉 해당 체제를 유지하는 데 협력하는 사람들이 지게 된다는 것이다. 책무는 공정성의 원칙의 적용을 받는다(그러나 정치적 책무와 약속을 지키는 책무는 특이하다). 이에 비해서 '자연적 의무'의 특징은 첫째 자발적인 행위와 상관없이 우리에게 적용되며, 둘째 그 내용이 체제상의 규칙에 의해 규정되지 않고, 셋째 사람들 간에 그들의 제도상의 관계에 상관없이 적용되고 동등한 인격으로서 모든 사람에게 성립하는 것이다(자연적 의무는 특정한 사회체제에 상호 협동하고 있는 사람에게만 부과되는 것이 아니고 인간 일반에게 해당된다).

그런데 '자연적 의무' 중에는 정의로운 제도를 유지하고 발전시키는 것이 포함되어 있다. 그것은 두 가지 의무로 구성되어 있는바, 정의로운 제도가 현존할 경우에 우리가 그 속에서 본분을 다해야 한다는 것과 그러한 제도가 현존하지 않으나 정의로운 체제를 확립하기 위해 협력을 해야 한다는 것이다. 그래서 사람들은 제도에 따르고 자신의 본분을 다하는 자연적 의무와 책무를 모두 갖게 되지만, 자연적 의무는 자발적인 행위를 필요로 하지 않기 때문에 가장 기본적이다(Rawls, 2005).

법화할 책무와의 갈등, 공익에 봉사할 의무와 개혁을 추구할 의무 사이의 갈등 등. 애매성과 갈등이 발생하면 공직자의 덕은 의무를 식별하고 의무 간의 갈등을 해소하는 기술과 판단 속에 나타나게 된다. 무어는 공직자의 책무와 덕의 성질을 4가지 분야에서 검토한다. 공익의 추구, 과정의 보호와 합법화authorizing, 친구 및 동료와의 관계 유지, 당면한 자기 자신의 양심 등이다. 첫째는 공익을 추구할 책무obligations to pursue the public interest이다. 공직자는 공익을 추구할 책무를 진다. 이는 직위와 관련된 권한과 자원을 공적 목적을 효율적으로 달성하기 위해서 사용하는 것이다. 공익 추구의 책무는 2가지로 구성된다. 정책 결과의 예측 foreseeing consequences of policies과 공익의 식별discerning the public interest 이다. 정책 결과를 예측하는 데 있어서의 일반적인 함정은 정책 활동의 중요성을 간과하는 것, 정책의 효과를 좁게 보는 것, 불가피한 불확실성을 잘못 다루는 것 등이다. 정책효과의 불확실성과 관련해서는 '보수적 입장'은 불확실성이 있으면 실행을 중단하는 것이고, '약간 덜 보수적인 입장'은 매우 나쁜 결과의 발생 가능성이 있으면 실행을 중단하는 것이며, '가장 덜 보수적인 입장'은 모든 정책효과의 상대적 발생 가능성을 보고 효과의 기대치를 계산하는 것(매우 나쁜 결과의 발생 가능성과 다른 상쇄적 이익에 따라 결정)인 데, 이 입장이 바람직하다고 할 수 있다.

공익을 식별함에 있어서는 두 가지 접근방법이 있다. 그 하나는 후생경제학에 근거한 비용효과 접근방법benefit-cost approach이다. 이 접근방법은 정책의 다양한 효과를 평가하는 적절한 방법은 정책에 의해서 영향을 받는 사람들이 정책의 결과에 부여하는 가치에 달려 있다는 것이다. 시장에서 거래되는 물건에 대해서는 시장가격이, 시장에서 거래되지 않는 물건에 대해서는 지불의사willingness to pay가 사회적 가치를 표시하며, 시장가격 또는 지불의사에 의해서 정책의 다양한 결과에 대한 사회적 가치를 계산한다. 이 접근방법은 사회적 가치의 극대화에 근거해서 최대 다수의 최대 행복을 추구하기 때문에 공리주의적 입장이다. 이 접근방법의 장점은 개인이 효과의 가치를 평가하고, 시장가격이라는 값싼 정보가 제공되며, 다양한 효과를 동일한 단위로 계산할 수 있다(정책의 순사회적 가치를 표시)는 것이다. 또한, 그 한계점은 가격정보와 지불의사는 기술적인 이유로 왜곡될 수 있고, 배분적 관심을 너무 대담하게 다루고 있어서 한 집단의 손실이 다른 집단의 더 큰 이익에 의해서 정당화될 수 있는가 하는 근본적인 도덕적 이슈를 남긴다는 점이다.

공익을 식별하는 다른 하나의 방법은 정의론적 접근방법이다. 정의의 개념에 기초하는 권리와 책임의 기준은 상당히 다른 전제에서 출발한다. 정의론적 접근방법은 어떤 재화·활동·조건과 관련해서 개인적인 선호가 사회적 가치를 할당하는 기초가 되지 말아야 하고, 사회가 전체로서 개인적인 선호와 관계없이 독자적으로 가치를 설정해야 한다고 주장한다. 사회는 사회적으로 가치 있는 재화·활동·조건을 분배하는 데 무관심하지 않으며, 인간의 권리와 책임이 사회 속에서 평등하게 배분되는 것을 보장하는 책임을 져야 한다. 그래서 사회적으로 설정된 권리와 의무는 특별한 것들이며 그들은 개인의 선호보다는 집합적 결정으로 설정된다. 그들은 사회 전체에 평등하게 분배되며, 개인은 그들을 교환할 수 없다. 후생경제학의 개념이 우리들의 다양성을 찬양하지만, 평등한 권리와 책임의 개념은 어떤 중요한 영역에서는 우리가 평등해야 한다는 생각을 찬양하는 것이다. 우리가 동일한 어떤 영역이 있다면, 이러한 영역들은 인간적으로 되기 위한 결정적인 특징이 되어야만 한다. 그렇다면 이러한 영역들은 특별한 관심을 가지고 투자되어야 한다고 주장한다. 이들은 사람들을 인간 이하로 취급하지 않고서는 침해할 수 없는 '인간 존엄성의 최소한의 개념'을 대표한다고 할 수 있다. 그러나 이 접근방법의 난점은 권리와 정의의 관념과 관계된다. 첫 번째의 문제는 특정한 권리를 보호할 책무의 강도가 때때로 불확실하다는 것이다. 권리들은 때때로 갈등하며, 특정한 상황과 관련한 권리의 우선권이 항상 사전적으로 명확하지는 않다. 두 번째의 문제는 (첫 번째와 관련되지만) 시대와 사회에 따라서 어떤 권리가 설정되었는지가 좀처럼 명확하지 않다는 것이다. 정의의 다양한 개념에 대한 학문적인 정당화는 항상 존재한다. 그들은 생명·자유·재산에 대한 개인의 권리들은 매우 중요하기 때문에 거의 어떤 국가의 행위도 그 권리들을 심각하게 침해할 수 없다는 관념에서부터 중요한 경제적 평등에 이르는 권리들은 정당화될 수 있다는 관념에까지 광범위하다. 더욱이 많은 영역에서 실제적인 문제로서 정의의 개념도 개인 만족의 극대화의 개념과 마찬가지로 애매한 것으로 판명되고 있다. 아무튼, 공익을 추구하는 공직자는 두 가지 기본적인 입장을 모두 수용해야 할 것이다.

둘째는 과정과 절차를 합법화하는 책무obligations to authorizing processes and procedures이다. 공직자는 정책 선택을 기대되는 결과의 관점에서 설명하거나 정당화하는 것을 넘어서 그들의 선택을 정당화하는 정교한 논의 메커니즘elaborate mechanisms of consultation에 그들의 견해와 판단을 노출시킬 책무를 가진다. 이 책무는 소수자의 이익에 대한 배려의 오랜 정치적 전통에 의해 지지되었던 타인의 이익을 존중하고 수용하는 일견적 prima facie 의무와 복잡하고 논쟁적인 선택을 하는 데 있어서 논의의 도구적 가치를 강조하는 다양한 공리적 주장 양자로부터 도출될 수 있다. 이 일견적 책무의 핵심은 국민들이 자신의 이해관계에 영향을 미치는 조치에 동의해야 한다는 관념이다. 이를 공리주의적 입장에서 정당화하면 다음과 같다. 첫 번째의 정당화는 논의 consultation가 정책 선택의 가능한 결과와 (영향을 받는 쪽) 사람들의 선호에 관한 보다 좋은 정보를 개발하기 때문에 유익하다는 기술적 고려에 기초하고 있다, 두 번째의 정당화는 적법절차 due process를 인정하는 절차의 사용은 궁극적 선택의 집행을 촉진한다는 사실을 강조한다. 세 번째의 정당화는 (훨씬 더 원대하지만) 논의·토론·협상의 과정은 사람들을 좋은 시민이 되도록 교육시키기 때문에 가치가 있다는 것이다.

이러한 책무를 수행하기 위한 세 가지 '바람직한 기준'은 ① 실제로 공직자는 현실적인 어려움에도 불구하고 '이상적인 과정'에 따라 움직이는 것처럼 행동해야 하며, ② (과정이 공정하고 합리적이었다면 나타날 수 있었을 방식으로) 현재의 과정의 명백한 약점이나 불공평을 보완하기 위해서 독자적인 조치를 해야 하고, ③ 과정과 절차 자체를 보다 공정하게 만들어야 한다는 점이다. 그러나 이러한 바람직한 기준에는 세 가지 난점이 있다. 첫째의 기준은 공직자들에게 너무 큰 노력을 요구하고, 공직자가 (대표되지 아니한 이익을 반영하거나 전문가적인 가치를 주장하기 위하여) 과정을 재설정할 기회를 놓칠 수 있게 한다.

둘째의 기준에 의하면 반대의 위험도 있을 수 있다. 즉 존재하지 아니하는 이해관계를 옹호하거나 왜곡된 정보를 사용할 수 있다는 것이다. 셋째의 기준은 가장 매력적이지만 공직자가 과정에 영향을 미칠 수 있는 능력에 한계가 있을 수 있다는 것이다. 이러한 점에서 보면 세 가지 '실용적인 원칙'은 ① 어떤 조치의 합법성은 이상적인 과정에 접근하는 정도에 의존하며, ② 이상적인 과정을 통해서 합법성을 추구해야 하는 책무는 도모하는 조치의 중요성이 높을수록 증가하고, ③ 공직자가 과정을 통해서 확보해야만 하는 합법성의 양은 공직자의 직책의 비중에 반비례한다(선거직은 교체될 수 있기에 확보해야 할 합법성의 양은 적다).

셋째는 친구와 동료에 대한 책무obligations to friends and colleagues이다. 공익을 추구하고 과정의 합법화에 동조하는 공직자의 책무의 애매성은 양심적인 공직자들에게 (그들의 의무가 어디에 있는지에 관해서) 타인의 도움과 자문을 구하게 한다. 공직자들은 부분적으로는 친구와 동료들의 판단을 믿기 때문이고 또 다른 부분에서는 그들의 지지를 필요로 하기 때문에 그들에게로 향한다. 공직자들은 그들에게 개인적인 충성과 궁극적인 목적의 공유된 개념으로부터 나오는 어떤 것을 빚지고 있다는 것을 발견한다. 그래서 동료와 친구의 자문과 요구는 공직자의 도덕적 환경에서 아주 중요한 것이 된다. 이 책무는 구체적이고 개인적personal이며 친근하고 제재를 부과할 수도 있기 때문에 지인들로부터의 자문과 요구가 오히려 강력할 수 있다. 이 책무는 이러한 요구에 정확히 얼마나 중요성을 부여해야 하는지의 문제를 제기한다. 무어는 이러한 요구는 우리가 논의했던 다른 요구보다는 덜 중요하며 많은 공직자가 친구와 동료에 대한 요구에 반응함으로써 나쁜 행동에 빠지기 쉬울 수도 있다고 추측한다. 이 책무는 공직자에게 두 가지의 혜택을 제공한다. 첫 번째는 전문 직업적인 생활에 있어서 그들은 공익과 합법화된 과정이 요구하는 것에 봉사하고 있다는 것을 알려준다. 그들은 (친구나 자기 자신의 업무가 아닌) 공적 업무를 수행할 책무를 지고 있다. 두 번째는 공직자들이 공익과 합법화된 과정을 향해서 취하는 독자적인 입장에 친구와 동료들이 일관성을 부여한다. 그래서 친구와 동료들은 공직자들에게 특수한 상황에서 그들이 공익과 합법화된 과정을 어떻게 보고 있는지에 대한 명확한 신호를 보내준다.

넷째는 자기 자신에 대한 책무obligations to oneself이다. 특수한 상황에서 공익과 합법화하는 과정에 대한 책무가 애매하고, 공직의 의무에 대한 확고한 관점에 의해서 친구와 동료와 거리를 두어야 한다면 최종적으로는 공직자 개인의 양심에 많이 의존한다. 이 책무는 의무에 대한 개인적인 개념에 많이 의존하기 때문에 (개인이 의무와 덕이 어디에 있는지를 사적으로 생각하듯이) 스스로 환심을 사는 두 가지 난처한 요소도 내포하고 있다는 것에 주의할 가치가 있다. 한 요소는 '개인적 야심'이고, 다른 것은 놀라운 '합리화의 능력'이다. 개인적인 야심은 공직자에게 가장 주요한 문제일 수 있다. 개인적인 야심은 통치자로서의 거만함에서 온다. 더욱이 계속적인 성공은 과거의 행위에 대한 정당성을 입증하고 (도덕적으로 애매한 환경 속에서 활동하는) 공직자들은 때때로 확실한 정당화의 필요를 느끼기 때문에 그들은 계속해서 성공에 대한 정상적인 관심 이상의 관심을 가진다.

결국, 우리는 때때로 공직자들이 정당한 일을 하기보다는 공직을 유지하고 스스로 영광을 추구하는 것처럼 행동하는 것을 보게 된다. 분명히 공직자들의 개인적인 동기들이 공직자들의 행위를 지도할 때에는 도덕적인 난점을 창출한다. 그것이 공중의 단순한 절도나 고의적인 사기가 관련될 때에는 특히 그렇다. 그러나 공직을 유지하거나 개인적인 영광을 추구하려는 욕망은 공직자들의 가장 나쁜 죄는 아니다. 우리가 공직자들이 책임성이 있게 함으로써 개인적인 야심을 공적 목적에 활용하는 것이 중요하다. 개인적인 야심에 관한 두 가지 시험방법은 결과와 과정에 있어서 동일한 가치를 가지고 있는 사람에게 자리를 물려줄 수 있는지와 중요한 가치가 희생될 때에도 자리를 계속 유지하고 있는지를 점검하는 것이다.

합리화의 능력은 그 실책이 크고 발견하기가 어렵기 때문에 개인적인 야심보다 더 큰 적이다. 그것은 이러한 능력을 완전히 허용한다면 만들어지는 실책이 훨씬 크고 그것이 의무의 개념 속에서 작동하고 있을 때 발견하기가 어렵기 때문에 더 큰 문제이다. 합리화를 예방하는 유일한 방책은 자기 자신의 개념에 관한 철저하고 무자비한 회의론skepticism과 이러한 회의론을 견디는 관점view에 정착할 수 있는 충분한 시간이다. 물론 사람은 모든 행동에 이러한 노력과 시간을 소비할 수는 없지만 어떤 행동들에 대해서는 그렇게 해야만 한다. 앞에서 논의된 여러 가지 관찰들이 공직자들로부터 그들의 행위에 대한 합리화를 근절하고 진정한 정당화만을 남기도록 돕는다면 유익한 목적을 수행할 것이라고 느끼지만, 오히려 합리화를 촉진시킬 수도 있지 않을까 우려된다(Fleishman 외, 1981).

2) 공직자의 덕, 결과, 의무, 책임

리히터W. L. Richter 등은 (일반)윤리학의 이론을 기초로 하고 여기에 책임론을 추가해서 네 가지 유형의 행정윤리를 제시하고 있다. 덕, 결과, 원칙, 책임 등이다.

가) 덕론ethics as virtue

처음으로 윤리문제를 체계적으로 고려한 사람은 아리스토텔레스Aristotle라고 할 수 있다. 아리스토텔레스는 윤리는 덕으로 구성되어 있으며, 덕은 습관의 결과로 생긴다고 보았다. 어원적으로도 ethics는 ethos(habit)에서 변형되었다. 아리스토텔레스는 도덕적인 덕은 본성에 의해서 생성되는 것이 아니라 습득되는 것으로 보았으며, 중용mean과 정의justice 그 중에서도 배분적 정의를 중요시했다.

쿠퍼Terry L. Cooper는 미국 행정학회ASPA의 윤리강령으로서 적합한 행정윤리의 발전을 도모하기 위한 일반적인 접근방법을 고려했다. 그는 공공행정을 위한 규범 윤리가 포함해야 할 사항은 타당한 윤리적 원칙에 대한 이해, 이 원칙들을 지지하는 덕목의 명시(덕 지향적임), 이 원칙들을 특수한 상황에서 해석하는 데 사용할 수 있는 분석적 기술이라고 보았다. 그는 현대 조직의 계서적 관계에 내재하는 윤리적 난점을 분석하는 데 있어서 유용한 관점은 매킨타이어A. MacIntyre에 의해 개발된 '관행'과 '덕'의 개념에 의해서 제공된다고 보았다. 행정에 있어서의 '관행practices'을 중요시하는 것이다. 매킨타이어도 공통적인 활동에 관련되는 사람들의 윤리를 다룸에 있어서 직업professions보다는 관행practices에 초점을 맞추었다고 주장한다.

관행은 다음과 같은 특성을 가지는 활동의 형식들이다.

1. 그들은 일관성과 복잡성을 나타낸다.
2. 그들은 사회적으로 형성되어 있다.
3. 그들은 인간의 협동을 통해서 달성된다.
4. 그들은 (가치와 원칙이 진화하는 전통 속에서 행사되는) 기술적 기량을 내포하고 있다.
5. 그들은 특정한 탁월성의 기준을 달성하기 위하여 조직화되어 있다.
6. 내적 선이 탁월성을 추구함에 있어서 산출된다.
7. 이러한 활동에의 종사는 탁월성과 내적 선의 기준을 달성하는 인간의 능력을 향상시킨다.
8. 이러한 활동에의 종사는 인간의 내적 선에 관한 개념을 체계적으로 확장한다.

구체적으로 예를 들어 보면 매킨타이어는 축구공을 잘 차는 것은 관행이 아니지만 축구 경기는 관행이며, 벽돌쌓기는 관행이 아니지만, 건축은 관행이라고 본다. 관행의 개념은 직업의 개념보다 호소력이 있고 건설적이며, 관행은 직업과 다른 많은 인간 활동을 포함하고 있다. 관행을 조직과 비교하면 조직은 확실히 행정 관행을 위한 배경setting이지만, 관행은 자기 자신의 규범norm을 가져야 한다. 관행의 특성을 이해하기 위해서는 관행의 '내부적 선'과 '외부적 선'을 이해해야 한다. 관행의 '내부적 선

internal goods of a practice'은 구매되거나 절도되거나 설득에 의해서 획득될 수 없으며, 특정한 관행에 종사하고 그 관행의 탁월성 기준에 승복함으로써만 획득할 수 있는 선이다. '관행의 내부적 선의 특성'은 그것에 탁월해지기 위해서는 경쟁적일지라도, 그 성취가 공동체 전체를 위해 선이 된다는 것이다. 그래서 공공 행정의 관행을 위한 윤리적 규범은 내부적 선의 이해로부터 형성되어야만 한다. 관행의 '내부적인 선'을 정확히 정의할 수는 없지만, 일반적으로 행정가들이 달성하고자 하는 선은 공익·국민주권·책임성·사회질서·사회정의·시민권의 성장·정치적 평등·효율성·자유 등이다.

'관행의 외부적 선 external goods of a practice'은 관행에의 종사 이외의 다른 많은 방식으로 달성할 수 있는 선이며, 전형적인 '외부적 선'은 돈·위신·지위·직책·권력 등이다. '외부적 선'은 조직 구성원의 지지를 위해서는 어느 정도 필요하다는 점에서 진정한 선이지만, 관행의 발전에 직접 기여하지는 않는다. 관행의 '외부적 선'은 총량이 제한적이기 때문에 때때로 승자와 패자가 발생할 수 있는 경쟁의 대상이다 a fixed sum situation. 관행의 '외부적인 선'은 개인과 조직의 지배적인 관심사이지만, '외부적 선'에 지나치게 초점을 맞추면 관행을 부패시키는 경향이 있다. 따라서 관행은 내부적인 선, 그들의 탐구에서 나오는 전통, 그러한 선을 추구하는 사람들 사이의 관계에 우선적으로 지향해야 한다.

덕 virtue은 공공행정의 관행의 '내부적인 선'과 함께 근본적인 규범적 사고가 가장 초점을 맞추어야 할 사항 중의 하나이다. 덕은 많은 서양 철학의 역사에 걸쳐서 윤리적 사고에 있어서 중요한 용어였었다. 그러나 최근 수십년 간의 도덕 철학의 언어를 고려한다면, 덕의 개념의 오랜 생생한 지적 역사에 있어서 실질적인 휴식이 분명하게 있었다. 그럼에도 불구하고 덕에 관한 관심의 부활이 최근에 일어나게 되었다. 근래에 와서는 매킨타이어에 추가해서 햄프셔Stuart Hampshire, 왈러스James D. Wallace, 어윈R. E. Ewin, 프랑케나William Frankena 등도 덕에 관한 관심을 부활시키고 있으며, 이들은 덕을 어떤 방향으로 '사고하고 느끼는 경향'이 아니라 '행동하는 경향'으로 보는 점에서 아리스토텔레스적 관점을 반영하고 있다. 덕은 (사람들을 유사한 조건 아래에서 일반적으로 일관된 방식으로 행동하게 하는 다소 신뢰할 만한 경향인) 성격의 특성이다. 더욱이 덕은 타고난 것이 아니라 양성되어야만 한다. 덕은 인지적 측면을 내포한다. 덕 있는 행동은 조건화된 반사적 행위가 아닐 뿐만 아니라 자극에 관한 생각 없는 습관적 반응도 아니다(아리스토텔레스조차도 덕을 특징적으로 표현하기 위해서 습관이라는 용어를 사용했지만). 어떤 사람들은 특정한 상황을 다루기 위해서 이성을 사용한다고 하지만 '어떤 미리 설정된 태도와 조건화된 의지와 함께'라고 말할 수 있을 것이다.

아무튼, 중요한 것은 위계 조직 속에서 부하나 상사가 (외부적 선에 대한 개인적 또는 조직적인 수요나 조직의 생존과 성장의 필요에 당면해서) 관행의 내부적 선과 덕을 유지해 나가는 것이라고 할 수 있다. 공공 행정의 관행에 있어서의 내부적인 선과 덕을 밝히려고 시도해 보아야 한다. 공익을 추구할 책무에 있어서 중심적인 내부적 선은 '선행beneficence'이며, 이를 달성하기 위한 필수적인 덕은 '자비심benevolence'일 것이다. 선행 다음으로 중요한 내부적인 선은 '정의justice'이며, 이에 상응하는 필수적인 덕은 '공평성fair-mindedness'·'합리성rationality'·'사려prudence'·'용기courage' 등이다. 과정과 절차를 합법화하는 책무에 있어서 중심적인 내부적 선은 '국민주권popular sovereignty'·'책임성accountability'·'정당 절차due process'이며, 이에 상응하는 필수적인 공직자의 덕은 '정직honesty'·'준법성respect for law'·'사려prudence'·'자기 단련self discipline'·'정중함civility' 등이다. 동료에 대한 책무에 있어서 중심적인 내부적 선은 '탁월성 기준의 계속적 강화continual enhancement of the standards of excellence'이며, 이에 상응하는 필수적인 공직자의 덕은 '신뢰성trustworthiness'이다. 외부적 선의 지배에 저항하기 위해서는 '독립성'·'동료 존중'·'사려있는 판단'·'책임감'·'정중함'도 필요하다(Richter 외, 1990).

나) 결과론ethics as consequence

고전적인 덕론에 대한 대안으로서의 결과론은 마키아벨리Niccolo Machiavelli와 공리주의에서 제시된다. 많은 사람은 마키아벨리를 현대 정치사상의 시초가 되는 저작을 남긴 위대한 정치철학자로 간주한다. 그러나 다른 사람들은 그의 생각이 너무 사악해서 그의 이름은 무원칙적이고 비윤리적인 행위에 대한 수식어가 되었다고 간주한다.[274] 마키아벨리는 〈군주론The Prince〉

---

274) 마키아벨리는 단순한 정치이론가 이상이라는 (그리고 이하라는) 점에서 정체를 파악하기가 어려운 그리고 분류가 불가능한 사상가라고 한다. 미키아벨리가 정치적 수사학에 끼친 영향은 부인할 수 없다. '홉스적' 혹은 '플라톤적'이라는 말도 익숙한 용어지만 경멸적 의미는 거의 없다. 그러나 '마키아벨리적'이라는 말은 전혀 중립적이 아니다(경멸적 의미를 포함하고 있다). 오늘날에도 마키아벨리즘에 대한 고상한 비난이 자주 사용되고 있다(목적이 수단을 정당화한다는 것이다).

마키아벨리의 대중적 이미지는 '악의 교사' 즉 속임수와 폭력을 그 자체로 찬양한 인물이지만 그것은 진실이 아니다. 마키아벨리가 여론의 분노를 산 이유는 정치에 진지하게 뛰어든 사람이라면 정치적 성공을 위해 도덕적으로 욕먹을 행위도 해야 한다고 강력히 주장했기 때문이다. 지배자는 '국가 이성'에 따라 움직일 수 있다. 그러나 마키아벨리처럼 정치적으로 성에서 행위의 선과 악은 행위의 특성이나 의도보다는 행위의 결과와 관련하여 판단하여야 한다고 주장한다. 마키아벨리의 이론은 극단적 결과론이고 오래된 이론이라 오늘날의 민주주의적 사회에 그대로 적용하기는 어렵지만, 흥미를 위하여 몇 가지 사례를 설명해 본다.

'칭찬과 비난'에 대해서는 군주는 그의 지위를 유지하기 위하여 how not to be good을 배울 필요가 있다. 군주는 그의 국가를 잃게 할 악행의 나쁜 평판을 회피하는 방법을 알 수 있을 만큼 사려가 깊어야 한다. 그러나 그의 국가를 유지하기가 어려울 경우에는 악행의 나쁜 평판도 걱정할 필요가 없다.

'약속의 이행'에 대해서는 군주가 약속을 지키는 것은 칭찬할 만하다. 그러나 위대한 업적을 남긴 군주들은 약속을 지키는 데에 별로 신경을 쓰지 않고 사람들의 마음을 조작하는 방법을 아는 자들이었다.

군주는 인간과 야수의 성격을 현명하게 사용할 줄 알아야 하며, 법에 의한 투쟁(인간적)과 힘에 의한 투쟁(야수적)을 병행해야 한다. 야수의 전략은 두 가지이다. 사자는 함정으로부터 자신을 방어할 수 없고, 여우는 이리 떼로부터 자신을 보호할 수 없다. 따라서 함정을 인지하기 위해서는 여우가 되고, 이리떼를

공하려면 사생활에서 통용되는 모든 도덕적 교훈을 가차 없이 침해할 수 있다고 강력하게 주장한 사람은 일찍이 없었다. 마키아벨리가 도덕과 정치적 관행 사이의 긴장을 강조한 것은 충분히 수긍할 수 있지만, 그가 그 긴장을 너무 눈에 띄게 미해결된 상태로 남겨놓은 것은 불편함을 주기도 한다.

또한, 마키아벨리를 읽을 때에는 다른 사상가들의 경우보다도 더 맥락을 잘 고려하여야 한다고 한다. 마키아벨리는 <군주론>과 함께 로마의 공화정을 주제로 한 <로마사 논고>를 썼다. 이 책들은 그가 피렌체의 정치에 참여하기를 바라면서 쓴 책들이며, 그는 공화국 체제의 피렌체에서 일하고 싶었지만, 사정이 여의치 않으면 어떤 정부에서든지 일하고 싶어 했다 (Ryan, 2017).

놀라게 하기 위해서는 사자가 될 필요가 있다. 군주는 위에서 언급한 모든 자질을 가질 필요는 없지만, 가지고 있는 것처럼 보일 필요가 있다.[275] 우리나라의 옛말 '왕은 무치'라는 말을 연상시킨다.[276]

결과론의 대표적인 이론은 공리주의라고 할 수 있고, 밀 J. S.Mill 의 공리주의가 유명하다. 밀은 마키아벨리와 같이 행위는 결과에 기초하여 판단하여야 하며, 행위가 선하기 위해서는 건강이나 쾌락과 같이 자명하게 인정되는 선에 대하여 수단이 되어야 한다고 본다. 밀은 원칙론에 대해서 비판적이다. 윤리에 관한 귀납적이거나 직관적인 학파들은 일반적인 법칙을 주장한다. 양자는 개인 행동의 도덕성은 직접적인 인식의 문제가 아니라 개별적인 경우에 대한 법칙의 적용이라는 것에 동의한다. 그들은 상당한 정도로 동일한 도덕적 법칙을 인정하지만, 그 법칙들의 권위를 도출하는 증거와 근원에 관해서는 서로 상이하다. 어떤 사람들은 도덕적 원칙이 선험적이라고 주장하고, 다른 사람들은 옳음과 그름은 관찰과 경험의 문제라고 주장하지만, 양자는 모두 도덕은 원칙으로부터 도출되어야 한다고 주장한다. 그

---

[275] 마키아벨리의 정치사상을 간략하게 요약해 보면 다음과 같다. 마키아벨리는 무력 정치를 선호했다. '무장한 예언자들은 모두 승리했고, 무장하지 않는 예언자들은 모두 멸망했다'고 주장한다. 마키아벨리는 정치에 비도덕주의를 도입했다. 그는 당신이 자유를 원한다면 선하지 않을 수 있는 방법 적어도 그리스도교에서 정의하는 선을 멀리하는 방법을 배워야 한다는 것이다. 마키아벨리는 폭력의 미학에 큰 관심이 있었다. 위대한 정치지도자들은 정교하게 다듬은 정의론을 공부하는 '수도승'이나 '도덕철학자'가 아니라 속임수·잔인성 심지어 살인이라는 수단까지 사용할 각오가 되어 있는 '더러운 손'을 가진 사람들이다. 마키아벨리는 운명과 비르투(virtu, 정치적 역량)를 병렬시켰다. 기회를 정확하게 포착하고 이를 적절하게 이용할 수 있는 능력이 그 통치자가 비르투를 소유하고 있다는 증거라고 보았다. 운이 인생의 절반을 다스린다고 해도 비르투는 나머지 절반을 만드는 역할을 한다(Smith, 2018 ; Forsyth 외, 2013).

[276] 이것은 우리나라에서는 왕의 이성 관계를 표현한다. 서양에서도 '군왕은 무오류(The king can do no wrong)'라는 견해가 있다. 이것은 포괄적으로 군주의 면책설을 의미한다 (Thompson, 1999).

러나 그들은 학문의 전제가 되는 일련의 선험적인 원칙을 제시하려고 하지도 않고, 다양한 원칙을 책무의 제일의 원리나 공통적인 근거로 환원시키려고 노력하지도 않는다. 이러한 윤리적 주장들을 지지하기 위해서는 모든 도덕성의 근저에 어떤 근본적인 원칙이나 법칙이 있어야만 하며 만약에 여러 가지가 있다면 그들 사이에 결정적인 우선순위가 있어야만 한다. 그리고 그 하나의 원칙 즉 서로 갈등할 때 다양한 원칙들 사이에 결정해야 하는 법칙은 자명self-evident해야만 한다.

궁극적인 기준의 명확한 인지의 결여로 인한 실제에 있어서의 나쁜 영향이나 인간의 도덕적 신념의 쇠퇴는 과거와 현재의 윤리적 교리의 비판 속에 나타나 있다. 따라서 인지된 제일 원리의 부재가 윤리를 지침이라기보다는 인간의 실제 감정의 신성화로 만들었다고 할지라도, 인간의 감정인 선호와 혐오 양자는 인간의 행복에 효과를 미친다는 것에 의해서 크게 영향을 받으며, 유용성의 원리the principle of utility 또는 벤덤의 최대 행복의 원리the greatest happiness principle는 그것의 권위를 가장 경멸적으로 거부하는 사람들의 도덕적 신조를 형성하는 데에도 큰 역할을 했다. 행복에의 영향을 도덕성의 기본원칙이나 도덕적인 책무의 근원으로 인정하고 싶지 않을지라도, 많은 도덕적인 사례에 있어서 행복에의 영향이 가장 실질적이고 지배적인 고려사항이라는 것을 부인할 학파는 없다. 칸트는 정언명법을 보편적인 제일 원리로 설정했지만, 이 명제로부터 도덕의 실제적인 의무를 도출할 때, 모든 합리적인 존재에 의해서 가장 난폭한 비도덕적인 규칙이 채택되어도 논리적인 모순을 발견할 수 없는 문제점을 초래한다. 그가 보여 준 것은 보편적인 채택의 결과가 아무도 당하기를 원하지 않는 것일 수도 있다는 것이다.

  현재로서는 '공리주의적' 또는 '행복' 이론은 그 용어의 정상적이고 대중적인 의미 속에서는 증명될 수 없다는 것이 확실하다. 궁극적인 목적에 관한 문제는 직접적인 증명을 쾌히 받아들이지는 않는다. 건강, 기쁨 등이 선이라는 것은 증명할 수는 없다는 점이 있다. 일반적으로 선하다고 할 수 있는 것은 증명 없이 선하다고 인정되는 것에 대하여 수단이라는 것을 보여 줌으로써 선한 것이다. 의료 기술이나 음악이라는 예술은 건강에 유익하거나 기쁨을 산출하기 때문에 좋은 것이라고 증명된다. 그러나 건강이나 기쁨 등이 선이라는 것은 증명할 수는 없다. 그 자체로 선한 것을 포함하는 '포괄적 공식'이 있다는 것과 다른 좋은 것은 목적으로서가 아니라 수단으로서 좋은 것이라는 것이 확실하다면, 그 '포괄적 공식'은 인정되거나 거부될 수 있을 것이지만 증거에 의해서 이해될 수 있는 주제는 아니다. 그러나 우리는 그것의 인정이나 거부를 눈먼 충동이나 임의적인 선택에 의존해야 한다고 추론하지는 않는다. 이 문제는 다른 철학의 논쟁적인 문제와 같이 그것(증명)에 유순하다amenable는 점에서 '증명'이라는 말에는 넓은 의미가 있다고 보는 것이다. 이 주제는 이성적 능력이 인지할 수 있는 범위 내에 있고, 그 능력은 직관만으로 그것을 다루지는 않는다. 지성이 이 교리에 대한 동의를 제공하거나 철회하는 것을 결정하는 것을 가능하게 하는 배려가 나타날 수 있다. 그리고 이것은 증명과 동등한equivalent to proof 것이다(Richter 외, 1990).

다) 원칙론ethics as principle

원칙론은 의무론 중 규칙 의무론rule-deontology에 해당한다고 할 수 있으며, 규칙을 평가와 판단의 기준으로 보는 것이다. 원칙론 중에는 칸트Immanuel Kant의 정언명법the categorical imperative[277]이 고전적이다. 칸트는 마키아벨리나 밀과는 다른 시각에서 윤리문제에 접근했다. 칸트는 정언명법(정언명령)을 윤리적 행위의 궁극적인 기초라고 생각하는 근본원칙이라고 보았다. 모든 것은 사실상 법칙에 따라 작동한다. 이성적인 존재만이 원칙에 따라 행동할 능력 즉 '의지'를 가지며, 객관적인 원칙이 의지에 대하여 강제적이라는 점에서 명령이다. 모든 명령은 가언적이거나 정언적이다. 정언명법은 다른 것과 관계없이 자체적으로 필요한 행위를 나타낸다는 점에서 정언명령이다. 이는 수단적인 가언명령hyperthetical imperative과 대조되며, 무조건적 명령 또는 단언적 명령이라고도 한다. 정언명법은 다음과 같다.

> 당신에게 동시에 '보편적인 법칙'이 되기를 바랄 수 있게 하는 준칙에 따라서만 행동하라(Act only on that maxim which will enable you at the same time to will that it be a universal law).

그러나 정언명법은 보편적인 법칙이 되기 위한 조건을 밝히는 형식적 원리이며 내용에 관해서는 언급이 없다. 그래서 칸트는 '자연의 법칙'을 도덕법칙의 전형으로 보고, 자연의 법칙은 실천

---

277) categorical은 정언적·단언적·절대적이란 뜻이며, 그 반대인 hyperthetical은 가언적·가정적이라는 의미다. categorical은 categorial(범주적)이란 용어와 혼동될 수 있다.

적인 판단력이 그것에 비추어 어떤 행위의 준칙이 실천이성의 근본 법칙에 합당한가 않는가를 판단하는 표지가 될 수 있다고 보았다. 그래서 의무의 보편적인 법칙은 다음과 같이 된다.

> **당신의 의지로 당신의 행동 준칙이 '자연의 보편적인 법칙'이 되기를 희망하는 것처럼 행동하라**(Act as if the maxim of your action by your will were to become a universal law of nature).

우리는 이제 몇 가지 의무를 열거할 수 있다. 칸트는 4가지의 전형적인 사례를 통해서 윤리적인 판단을 예시한다.

> 불행으로 인생에 지친 사람의 자살,
> 궁핍한 사람의 돈을 차용하기 위한 거짓말,
> 유능한 자질을 소유한 사람의 자기계발 노력의 소홀,
> 다른 사람이 고통을 당하는 동안에 부를 쌓는 사람 등.

이들은 자연의 법칙에 맞지 않거나, 보편적 자연법으로서 모순 없이 사유할 수는 있으나 보편적인 자연법으로 의욕할 수 없기 때문에 도덕적 준칙으로 성립할 수 없다고 본다.

칸트는 의지의 자율성과 인격의 존엄성을 역설하기 위하여 정언명법에 2가지 법칙을 추가한다. '의지의 자율성'과 '인격의 존엄성'에 관한 법칙은 각각 다음과 같다.[278]

---

278) 칸트는 처음에는 정언명법은 오직 하나뿐이라고 말한 바 있다. 그래서 이들 두 원칙도 정언명법으로 보고. 처음으로 제시한 실천이성의 근본 법칙은 구체적인 도덕률이 정언명법이 되기 위하여 충족시켜야 할 필요하고도 충분한 조건을 밝혀 주는 기본원리인 까닭에 이를

당신은 행위의 준칙이 보편적 법칙이 되는 것을 의욕할 수 있어야만 한다(One must be able to will that the maxim of an action be a universal law).

다른 모든 사람뿐만 아니라 당신 자신에 있어서도 당신은 인간을 결코 단순히 수단으로서가 아니라 역시 목적으로서 대우하도록 행동하라(Act so that in your own person as well as in the person of every other you are treating mankind also as an end, never merely as a means).

앞의 사례들도 위의 원리에 의해서 설명할 수도 있다. 첫째는 자살을 기도하는 사람은 스스로 그의 행동이 사람을 목적 그 자체로 보는 관념과 일치할 수 있는지 물어야 할 것이다. 둘째는 다른 사람에게 거짓 약속을 하려고 의도한 사람은 그가 다른 사람을 단순한 수단으로 이용하려고 한다는 것을 즉시 깨달아야 한다. 셋째는 자기 자신의 우연적인 실적주의적 의무에 관해서는 행위가 목적 그 자체로서의 한 사람의 인간성과 갈등하지 말아야 한다는 것으로 충분하지 않고, 그것과 조화를 이루어야만 한다는 것이다. 넷째는 다른 사람에 대해 공을 세울 의무에 관해서는 모든 사람이 소유하는 자연적인 목적은 그 자신의 행복이라는 것이다.

칸트의 윤리학에 대한 가장 흔한 비판은 목적론적인 요소를 용납하지 않는다는 형식주의formalism에 겨냥되고 있다. 시지위크

'정언명법의 최고원리'라고 부르는 것이 마땅하다고 주장하기도 한다(김태길, 1992). 또한, 칸트의 정언명법 중 최초의 원리를 '자연법칙의 원리', 두 번째 설명된 원리를 '자율성의 원리', 세 번째 설명된 원리를 '목적의 원리'라고 부르기도 한다(김성준 외, 2021).

Sidgwick와 폴슨Paulson 등은 상충하는 의무 간의 선택을 위해서는 공리주의적 보충 또는 목적론적인 보완이 필요하다는 것이다. 또한, 많은 학자가 정언명법에 대해 비판한다. 브로드C. D. Broad 와 에이어A. J. Ayer 등은 정언명법은 그 심리적 본성이 거기에 맞게 조건화된 사람에게만 정언명법이 될 수 있다고 주장한다. 정언적인 힘을 갖는 명령도 한때는 가언적인 것에 불과했으나 점차 정언적인 힘을 갖게 되었다는 것이다(양심을 초자아의 사회적 발전으로 돌린다). 이와 유사한 반론은 칸트의 정언적 명법 모두가 단지 가언적인 명법에 불과하다는 것이다. 가언적인 진술에 바탕을 둔 조건부 명령이 정언적 명법으로 변하게 된다는 것이다(도덕법칙이란 존재하지 않으며 오직 경험적으로 도출된 법칙만이 존재한다). 바이어Baier는 칸트가 말한 도덕 원칙의 보편성은 가역성reversibility - 주는 편에 있는 사람이 받는 편에 있는 사람과 입장이 바뀌어도 좋을 경우 - 에 기초하여 확립된다고 본다. 그러나 나의 편에서 반대 의사가 없을 때는 나에게 행해진 약속이 어겨져서 안 될 이유가 없다고 한다. 이들 이외의 또 다른 비판들은 다음과 같다. 사람들의 심리는 그들 이외의 나머지 사람들이 반대할 만한 것을 바랄 수도 있고 한다(가학적·피학적인 사람들). 보편적인 것은 '개념이 사용되는 방식과 용어가 규정되는 양식에 따라 상대적이다(공산주의자에게 자본주의적 이윤추구는 절도행위다). 정언명법이 비도덕적 명령으로부터도 생겨날 수 있다(이슬람교의 채택을 거부할 때 이슬람교도가 이교도에 검을 꽂는 일). 정언명령은 두 가지의 상반되고 모순되는 행위를 우리에게 명령할 수도 있다(독신생활의 양면성 : 인류의 멸종과 기아의 방지). 경향성에 의해 동기화되는 행위는 도덕적 가치가 없다는 칸트의 주장에 대한 반론도 있다. 아리스토텔레스와 페리R. B. Perry나 듀이John Dewey 등은 가장 훌륭한 도덕적 행위는 인간성의 계발과 개성적인 성품을 표현하는 행위라고 본다(Sahakian, 2010).

현대에 있어서 가장 유명한 의무론 또는 원칙론은 존 롤즈의 정의론A Theory of Justice이다. 그러나 존 롤즈의 정의론은 앞에서 자세하게 논의했기 때문에 여기서는 그 논의를 생략한다.

챈들러R. C. Chandler는 미국의 공직자들은 여러 가지 원칙과 교훈에 근거해서 행동하지만, 그 중에서 대표적인 10가지 윤리적 교훈ten ethical precepts을 추출하면 다음과 같다고 한다.[279]

1. 재정적인 청렴을 보여주라Demonstrate fiscal integrity.

여러 기관과 윤리법의 공통분모는 재정적 청렴성이다. 윤리적 행위의 중요한 기준점은 돈을 어떻게 다루느냐이다. 공직자들은 세금에 관련하여 절약하고 검소하게 함으로써 그것들을 국부의 증진을 위해서 사용할 수 있고 모든 시민에게 그들(공직자들)이 신의 선택자라는 것을 확신시킬 수 있었다. 사람이 회계를 바르게 처리할 때 그는 당연히 도덕적인 공직자이다.

2. 도덕적 추상성을 피하라Avoid moral abstractions.

경험은 건국자들에게 공공행정가들은 결코 성인이 아니라는 것과 공공행정가들의 덕성을 유지하기 위해 예방책을 취해야 한다는 것을 가르쳤다. 하지만 그 예방책은 의무나 공적 선과 같

---

279) 이들 중 일부는 상호 모순적이기 때문에 더욱 흥미롭고, 몇 가지 교훈은 오랜 역사적인 전통을 가지고 있다.

은 도덕적 추상성에 기초를 둘 수는 없었다. 공공행정가와 그 밖의 사람들은 설교나 그와 비슷한 것이 아니라 법에 의해서 강제되어야 했다. 후대의 미국 공직자들은 현명한 지혜란 윤리적 행위를 법의 준수와 동일시하는 법률가적 입장으로 해석하게 되었다.

3. 도덕적 추상성을 포용하라 Embrace moral abstractions.

도덕적 추상성의 가장 공통점은 덕의 관념이었다. (덕이 훈련될 수 있는 성격적 특성이라면) 윤리적 행위는 공공행정가가 규정된 선택과 판단을 하고 승인된 행동을 추구하는 것을 격려하는 윤리강령의 영향을 받을 수 있을 것이다. ASPA의 윤리강령 속에서 덕은 높은 기준의 개인적 성실성, 진실성, 정직성, 강건함을 나타내는 것을 포함하고 있다. 또한 애플비 P. H. Appleby 와 베일리 S. K. Bailey 는 윤리적 행위를 낙관주의, 용기, 공정성, 자선과 같은 도덕적 추상성의 관점에서 기술했다.

4. 다원주의 이론을 확신하라 Affirm pluralist theory.

다원주의는 협상적 과정의 표현이다. 다원주의의 규범은 정부의 기관을 자기 이익 표현의 장으로 규정한다. 다원주의는 다수결주의 원칙 majority rule 대신에 소수자 존중 rule by minorities 을 인정한다. 다원주의에서는 대표성, 봉사, 화해가 가장 중요하다. 다원주의 윤리에 따라서 공공행정가는 국회나 대의적 기관에서 제외된 중요한 이익과 태도를 대표함으로써 책임 있게 행동해야 한다.

5. 정치행정이원론을 믿으라Believe the dichotomy.

윌슨W. Willson은 정치와 행정의 주요한 구분을 설정하고, 행정가는 정책입안자의 지시를 가능한 한 효율적으로 집행하는 것이라고 했다. 펜들턴법The Pendelton Act of 1883은 공공관리자의 임명은 당파성이 아니라 적합성과 실적에 기초해야 한다고 했다. 정치행정이원론은 공공행정가가 가치판단을 하는 것을 막고, 그들을 상대주의적 위치relativist position에 있게 한다.

6. 정치행정이원론을 불신하라Disbelieve the dichotomy.

이 교훈의 주장자들에 따르면 (행정의 원리들을 주장하는 과학의 승인은 유지될 수가 없기 때문에) 정치행정이원론은 불신되어야 한다. 권력분립의 헌법 체제와 기능위임의 연방적 구분은 쉽게 정치와 행정의 인위적인 구별을 수용할 수가 없다. 행정기관에 의한 규칙 제정이나 집행적 사안의 결정 활동은 입법부나 법원에 의해서 이루어질 수 없고, 또 그들은 포기될 수도 없다. 공공행정가는 은밀하게 세 가지 방식으로 반응했다. 기술적 자격·능률성·행정적 합리성에 대한 요구의 설정, 조직적 게릴라 전쟁organizational guerrilla warfare의 기술로의 후퇴, 신탁trusteeship의 이론적 기초의 추구 등이다.

7. 사회적 형평성을 옹호하라Advocate social equity.

공직자들은 일을 효율적으로 처리하기 위해서는 국민들을 집합적으로 정의해야 했다(고객·사례·범주 등). 비인격적인 거래가 실제로 사회문제에 대한 전문가적 해결을 촉진하고, 동정심은 조직의 미덕이 아니라 개인적인 미덕이 되었다. 공리주의적 접근은 공직자들을 수단과 목적·사실과 가치·통치의 과정과 목표 간의 차이를 식별할 줄 모르는 훈련된 무능력자로 만들었다. 공직자들은 그들의 행위의 질적인 결과를 고려할 시간도 의향도 없었다. 1968년 미노브룩 회의는 행정의 초점을 기술적 측면에서 규범적인 측면으로, 행정적 과학으로부터 사회적 형평으로 돌리게 했다.

8. 전문직업적 논의를 존중하라 Pursue professional discourse.

지난 몇 년 동안의 미국의 공공행정의 가장 두드러진 특징의 하나는 실천가와 대학이 함께 그들이 누구인지를 논의하는 데 관여했다는 것이다. 가장 주목할 만한 것은 미국 사회에 있어서 기술된 공적 목적의 결여가 나라의 근본적인 강점 중에 하나라는 것이다. 다원주의 체제에서는 진실·통합 특히 도덕성이 하나의 이상적인 형태로부터 주조될 수 없기 때문에 절차주의 proceduralism가 최종적인 가치임이 틀림없다. 전문직업적인 논의는 권위의 결여가 가져오는 도덕적 혼란을 감소시킨다.

9. 헌법적 질서를 유지하라 Maintain constitutional order.

미국의 헌법은 묵시적 또는 명시적으로 공공행정가에게 필요한 역할을 할당한다. 물론 자본주의는 규제적 역할을 싫어하고, 그 결과는 공적 이익과 사적 이익 간의 계속적인 전쟁이다. 사회는 정부와 분리되어 존재하고 정부에 우선하며 정부보다 위대하다는 설교 때문에 공적 영역은 축소되었고 폄하되었다. 경제화의 가치에 직면하여 공직자는 정체 the polity의 가치를 주장하는 것이 요구된다. 공공행정은 (모든 경쟁하는 사적 이익에 대항해서 공적 이익을 유지하기 위하여) 헌법적 원리에 따라 정보화되고 제약받는 전문적 책무를 갖는다.

10. 공동체에 봉사하라Serve the community.

공동체의 이익 속에서 그렇게 하는 것이다. 공공행정에서의 도덕적 행위는 사적 선호나 개인적 성실성의 문제가 아니며, 옳고 그름에 관한 판단은 (공동체가 무엇이 윤리적인지를 결정하는 최종적인 결정권자이기 때문에) 공동체의 결정이다. 법률도 윤리적 행위에 대한 확실한 안내 지침은 아니다. 오늘날 공공행정가는 자율적인 국가 기관이나 경쟁적인 이해의 다원주의적 중개자가 아니라 사회적 동반자social partners이다. 시민인 공동생산자들은 고객이나 탄원자가 아니라 동료이다(Richter 외, 1990).

라) 책임론ethics as responsibility

책임론은 행정의 윤리성을 제고 하기 위해서는 윤리적 규범에 대한 이론적 논의보다는 공직자의 책임을 묻는 것이 효과적이라는 입장이다. 일반적으로 행정 책임론은 행정의 윤리성을 확보하기 위한 핵심적인 수단이기 때문에 행정통제론과 함께 행정윤리에 관한 이론적 논의와는 별도로 논의되는 것이 보통이다. 그러나 함께 논의해도 큰 문제는 없다고 생각된다. 행정 책임은 행정인들이 직무를 수행할 때 법률적·도덕적 규범에 따라 행동해야 하는 국민에 대한 의무를 다하는 것이다.[280] 윌슨

---

280) 책임을 나타내는 영어의 표현은 accountability와 responsibility가 있다. accountability는 법률적·외재적 책임을 의미하는 한정적인 뜻을 지닌다. responsibility는 법률적·외재적 책임을 포함하여 수탁자와 공복으로서 공직자들의 광범위한 도덕적·윤리적 책임까지를 포

Woodrow Willson은 '행정연구'에서 정치와 행정의 관계·여론과 행정의 관계를 논의하면서, 공직자들의 2가지 유형의 책임을 강조했다. '선출된 공직자에 대한 책임'과 '공익에 대한 책임'이다.

또한, 행정책임에 대해서는 프리드리히와 파이너의 논쟁 Friedrich-Finer Debate이 유명하다. 프리드리히Carl Joachim Friedrich는 먼저 윌슨의 정치행정이원론을 공격하면서 민주적으로 선출된 리더에 대한 책임보다는 공직자들의 '도덕적 책임'을 강조한다. 그는 정치에 대한 행정의 종속을 전제한 전통적인 행정 책임에 회의를 표시하고, 정책의 형성과 집행은 분리할 수 없는 계속적인 과정으로 보아야 하므로 국민의 의사인 지령이 불명료한 상태에서 행정이 사회적 부조화를 해결하기 위한 정책을 적극적으로 입안해야 한다고 본다. 그래서 행정 책임은 단순히 형성된 정책의 집행을 위한 제도적 장치보다는 더 포괄적이어야 하며, 자기 규율의 심리상태가 필요하다고 주장한다. 프리드리히에 의하면 책임 있는 행정인은 두 가지의 중요한 요소 즉 '기술적 지식technical knowledge'과 '민중의 정서popular sentiment에 민감'한 사람을 의미한다. 그러나 그는 기술적 책임만으로는 행정인으로 하여금 건전하고 의욕적인 행정 책임의 형태를 유지하기에는 충분하지 않고 주관적 책임(일종의 정치적 책임)이 반드시 요청된다고 것을 인정한다.

한편 파이너Herman Finer는 보다 '엄격한 책임'의 개념을 주장한다. 그는 행정 권력의 강화 현상을 우려하면서 도덕적 책임론은 정치적 통제의 필요나 효과를 등한시하기 때문에 행정은 선출된 대표들의 통제를 받아야 한다고 주장한다. '외부 통제'가 약

함하는 넓은 의미를 지닌다(이종수, 2012).

화되면 권력의 남용을 초래하게 된다고 보기 때문에 민주주의적인 기본원리의 준수와 행정 책임의 최종 국면인 제재의 보증을 강조한다. 그는 도덕적 책임은 정치적 책임의 엄격성과 효과성에 직접적으로 비례해서 작동할 수 있다고 보고, 정치적 책임은 공직자들과 공중의 건강한 관계를 위해서 노력하는 사람들의 주요한 관심사이지만 도덕적 책임은 (값있는 개념이지만) 2차적이고 보조적이라고 본다.[281] 프리드리히와 파이너의 논쟁

---

281) 행정 책임의 유형에 관해서는 학자에 따라, 상이하게 분류한다. '법적 책임'과 '도덕적 책임', '내재적 책임'과 '외재적 책임', '객관적 책임'과 '주관적 책임', '계층제적'·'법적'·'전문가적'·'정치적' 책임 등으로 분류한다. 호지킨슨(C. Hodgekinson)은 행정 책임을 법적 책임, 공식적 책임, 도덕적 책임으로 구분한다. 법적 책임(legal responsibility)은 법에 의해 설정된 게임 규칙에 대한 개인과 조직의 행동 책무를 말한다. 법은 적나라한 힘의 제재를 부과한다(벌금, 감금, 자격상실 등). 공식적 책임(formal responsibility)은 조직의 내적인 합법성으로 생각될 수 있다. 이는 조직의 게임 규칙에 의해서 제재되는 책임이다(승진, 감봉, 징계 등). 도덕적 책임(moral responsibility)은 개인에게만 환원된다. 이는 본질적으로 내적·현상학적이다. 책임이란 보통 어떤 사람이 '무엇'에 대하여 '누구'에게 부담하는 것이다. 그러나 도덕적 책임은 어떤 사람이 자기의 전반적인 가치의 고수를 위하여 자기 자신에 대한 책임을 지는 것이다(Hodgekinson, 2008).

길버트(C. E. Gilbert)는 책임을 통제수단이라는 관점에서 4가지 유형으로 구분한다. 행정통제가 행하여지는 것이 행정부의 내부에서 오는가 외부에서 오는가를 기준으로 내재적 책임과 외재적 책임으로, 법적 뒷받침이 있는가 없는가에 따라서 공식적 책임과 비공식적 책임으로 나눈다. 내재적 책임(internal responsibility)은 행정기관이나 행정인이 소속 기관의 상급자 등에 대해 지는 책임 또는 행정인 자신이 주관적으로 느끼는 책임을 말한다. 외재적 책임(external responsibility)은 행정기관이나 행정인이 행정조직 외부의 입법부·사법부 또는 국민 일반에게 지는 책임을 말한다(이광종, 1991).

커나한(Kenneth Kernaghan)과 쿠퍼(Terry L. Cooper)는 행정 책임을 객관적 책임과 주관적 책임으로 구분한다. 쿠퍼에 의하면 객관적 책임(objective responsibility)은 외부로부터 부과된 기대와 관련되며 법규에 의한 책임이나 어떤 관행이나 성과의 범주 및 특정한 표준에 의한 의무라고 할 수 있다. 객관적인 책임은 공무원이 지시에 복종하지 않음으로써 그들에게 제재를 가할 수 있는 정치적·행정적 상급자에 대한 책임이다. 주관적 책임(subjective responsibility)은 행정인이 책임을 져야 한다는 지각에 근원 하는 책임을 말한다. 이는 충성, 양심, 일체감의 경험에 근원한다. 주관적인 책임이란 행정인이 자신이 맡은 바 임무를 규범에 따라 수행해야 한다는 지각이나 동기를 의미한다고 볼 수 있다. 주관적 책임은 도덕적 책임과 거의 일치한다(이종수, 2012).

롬젝과 두브닉(Romzek & Dubnick)은 행정 책임을 행정통제의 강도와 행정통제 주체의 위치에 따라 4가지로 구분한다. 계층제적, 법적, 전문가적, 정치적 책임 등이다. 계층제적(bureaucratic) 책임은 관료 개인이 관료조직 내부에서 강한 통제를 받는 것으로서 상급자의 명령·지시·감독, 조직 내부의 표준운영규칙과 절차, 조직 내부의 규율 등을 준수할 의무를 지닌다. 법적(legal) 책임은 관료조직 밖으로부터 강한 통제를 받는 것이며 관료는 국회와

으로 제기되었던 몇 가지 이슈는 오늘날에도 윤리적 행위를 촉진하기 위한 '구조적 접근'과 '교육적 접근structural vs. educational approaches'에 관한 논의 속에 그 타당성을 가지고 남아 있다. 빡빡한 법과 강제적인 윤리강령 또는 도덕적인 사람 중 어느 것이 더 필요한가이다(Richter 외, 1990 ; 이광종, 1991).

애플비Paul H. Appleby[282]도 도덕적 공직자가 가져야 할 여러 요건 중 하나로 책임의식을 강조한다.[283] 그는 공공 서비스에 있어서 개인적인 윤리는 '정신적 태도'와 '도덕적 자질'에 의해서 복합적으로 구성된다고 보았다. 이 두 가지 요소는 모두가 필수적이다. '덕virtue 없는 이해understanding'뿐만 아니라 '이해 없는 덕'은 재앙일 수 있다고 했다. 베일리Stephen Bailey는 애플비의 규범적 이론에 입각해서 행정윤리를 발전시킨다. 그는 공직자들에게는 3가지 필수적인 '정신적 태도'와 3가지 필수적인 '도덕적 자질'이 요구된다고 본다.[284]

같은 관료조직 밖에서 정한 법률과 규칙을 준수할 의무를 지닌다. 의회의 각종 통제, 사법부의 심판, 회계감사 등이 대표적인 통제수단이다. 전문가적(professional) 책임은 행정통제의 강도가 크지 않고 관료가 상당한 재량을 행사하지만, 관료는 전문적인 지식과 기술을 가지고 있으며 준수해야 할 내면화된 규범이 있기 때문에 부담하는 책임이다. 전문가적 책임은 법이나 상급자의 지시에 의해서 어떤 일이 주어져도 자신에게 내면화된 규범이나 윤리적 소신에 따라 거부할 수 있어야 확보된다. 정치적(political) 책임은 선출직 공무원에 대한 정치적 책임과 주인(대리인) 모형에서 본래의 주인인 시민의 요구에 적극 부응하고 이들에게 지는 정치적 책임으로 나누어 볼 수 있다(김성준 외, 2021).

282) 애플비는 근본적으로 민주적 통치의 규범적인 이론에 있어서 '도덕적 행위자'보다는 '도덕적 시스템'을 강조했다. 그의 규범적 이론은 '정치'와 '계서제'가 공직자를 개인적이고 특수한 이익을 보다 높고 보다 넓은 공공의 이익으로 돌리게 하도록 한다고 생각했다(Richter 외, 1990).

283) 애플비는 도덕적 행정가가 가져야 할 덕목으로 '책임감' 이외에 '의사소통과 삶을 다루는 기술', '유능한 참모나 전문가를 발탁하는 데 대한 관심', '기관이나 제도가 가지는 자원을 잘 활용하는 능력', '팀으로서 다른 삶과 함께 일하고 문제해결에 기꺼이 참여하려는 마음가짐', '새로운 아이디어를 계속해서 창조해낼 수 있는 개인적 신념' 등을 열거하였다고 한다 (이병철, 2004).

284) 베일리의 논문은 결과적으로 애플비의 '책임으로서의 윤리'와는 달리 '덕으로서의 윤리'

3가지 필수적인 정신적 태도는 인간과 공공정책의 '도덕적 애매성'에 대한 인식, 공공서비스에 있어서 도덕적 우선성을 결정하는 '상황적 힘'에 대한 인식, '절차의 역설'에 대한 인식 등이다.[285] 공직생활의 도덕적 애매성·상황적 우선순위·절차의 역설과 관련된 정신적 태도가 공직자의 윤리적 행위의 필요한 전

를 주장하는 것이 아닌가? 하는 의문을 제기한다. 또한, 프리드리히와 파이너의 논쟁의 관점에서 구분해 보면 프리드리히의 개인적 책임을 강조하는 것처럼 보인다(Richter 외, 1990).

285) 첫째는 인간과 정책의 도덕적 애매성(moral ambiguity of men and measures)이다. 자기 자신을 포함한 모든 사람들과 그에 의해서 추천된 정책을 포함한 모든 정책의 도덕적 애매성을 인식해야 한다고 한다. 여기에서는 '개인적 사적 이익의 침투', '합리화 능력', '정책의 양면적 효과' 등이 문제가 된다. ① 도덕적 공직자는 개인적이고 사적인 이익이 공적 결정의 계산에 침투하는 것을 회피할 방법은 없다. 인간의 발은 자기 이익의 수렁에 빠져 있으면서도 인간의 눈과 귀는 이상하게도 산 정상의 부름에 맞추어져 있을 수 있다. ② 이성적인 동물로서의 인간의 합리화 능력은 사심 없음(disinterestedness)을 시인하거나 부인하는 문제를 교묘하고 어려운 일로 만든다. 개인적인 자기 이익보다 더 넓고 높은 기반에서 행위를 정당화하려는 광범위한 도덕적 갈증(moral hunger)을 부인할 사람은 거의 없다. 협소하게 설정된 충동을 초월하고 승화하고 변형시키는 인간의 능력은 모든 문명화된 도덕성의 핵심이다. ③ '모든 공공정책의 도덕적 양면 효과에 대한 인식'이라는 필요한 도덕적 추론이 있다. 공공정책의 도덕적 효과는 게임 이론가들이 (옳은 쪽의 전반적인 승리와 나쁜 쪽의 전반적인 패배를 의미하는) 제로섬의 결과라고 간주하는 관점에서 측정될 수는 없다. 모든 공공정책의 달면서도 쓴 특성은 더 많은 정교한 설명을 필요로 하지 않는다.

둘째는 '수목 한계선 위의 바람'(winds above the timber line)이다. 도덕적으로 민감한 공직자에게 공공업무를 수행하기 위한 일반적인 가치 기준을 설정하는 부담은 변화하는 상황에 비추어 특정한 가치를 재분류하는 부담에 비하면 아무것도 아니다. 가치의 우선순위가 지나가는 바람에 따라 변화된다면 그 변경자는 기회주의자의 평판이 발생하는 것으로부터 상처를 받을 것이다. 일반적으로 사람이 힘과 권위의 계단을 높게 올라갈수록 윤리적 사다리는 더 불안정해 진다. 국장·부장관·장관 등은 스스로가 (행정부의 계서적 질서를 해치는 결과를 가져오는) 의회의 힘에 더 자주 반응하도록 상황적으로 조건화되어 있는 것을 발견할 것이다. 모두가 상황에 관심을 가져야 한다. 상황에 의해서 상대적인 선이 될 수 없는 도덕적 악은 없다. 특수한 환경에서 명백하게 악한 결과를 가져오는 도덕적인 덕도 없다. 이러한 기괴한 일을 식별하는 정신적 태도는 성숙한 공직자를 (공직의 주변을 소용돌이치는 변덕스러운 힘에 대한) 깊은 존중과 (왜 도덕적인 공직자가 때때로 비윤리적인 결정을 하는 것처럼 보이는 이유에 대한) 깊은 이해에 이르게 한다.

셋째는 절차의 역설이다(paradoxes of procedure)이다. 자유주의 사회의 공직자가 양성해야 할 정신적인 태도는 절차의 역설에 대한 인식이다. 대체로 규칙·기준·절차는 공공업무 수행에 있어서 공정성·공개성·분석의 깊이·책임성 등을 증진시킨다. 그래서 빈번하게 설정된 방법을 우회하거나 가로지르는 사람들은 과거의 가장 소중한 유산인 법의 지배(rule of law)를 심해하는 것이다. 그러나 절차는 신중과 질서의 친구라고 한다면 그들은 또한 때때로 진전과 신속 처리의 적이다. 절차의 역설을 인식할 수 없는 공직자는 그들의 함정에 빠질 것이다. 절차와 관련해서 자주 일탈하는 공직자들은 파괴적이며, 절대 일탈하지 않는 공직자들은 아무 것도 얻지 못할 것이다(Richter 외, 1990).

제조건이지만 그들은 충분하지는 않다. 태도는 도덕적인 자질 즉 작동하는 덕에 의해서 지지되어야 한다. 타당한 덕의 목록 전부는 너무 길다. 미국적인 상황에서 적어도 '정직honesty'의 덕의 필요는 너무나 명백해서 더 설명할 필요가 없다. 그러나 조잡한 악행은 미국 정부의 주요한 일반적인 문제는 아니라고 보고, 더욱 더 진전된 도덕적 관심은 좀 더 복잡하고 고양된 방향으로 돌려야 한다고 주장한다. 공적 서비스에서 필수적인 3가지 도덕적 자질은 '낙관주의', '용기', '자선에 의해서 조율된 공정성'이다[286](Richter 외, 1990).

---

286) 첫째 '낙관주의(optimism)'는 애매성과 역설을 극복하기 위해서 필요하다. 낙관주의적 공직자의 발효(leavening)가 없는 정부는 쉽게 조작·개인적인 영광·기생적 안전의 냉소적인 게임이 된다. 공직자들의 다수 또는 실질적인 소수일지라도 특히 리더십 수준에서 지치게 되면, 결국 정부가 공공의 이익 속에서 효과적으로 기능하는 능력을 파괴하는 윤리적 부패가 정착하게 된다.

둘째 '용기(courage)'는 비인격성과 결정을 위한 능력이라는 측면에서 필요하다. 공공행정에 있어서 용기는 우정이 불공평이나 특혜로 흐르는 것을 방지하는 어느 정도의 비인격성을 보증하는 것이다. 권위의 고독함 일부는 행정가가 명백하게 불편할 정도로 업무 관계를 비인격적으로 만들어야 한다는 사실에서 나온다. 일상에 있어서 이러한 용기의 필요는 행정부나 사법부보다 입법부에서 더 많고 더 만들어 내기가 어려울 것이다. 공공 서비스에 있어서 일관된 용기가 필요한 두 번째 영역은 일반 행정가의 전문가나 특수인에 대한 관계 속에 발견된다. 전문가들은 직업적이거나 절차적이거나 사업적이거나 간에 복잡하고 매우 기술적인 사회체계의 적합한 기능의 작동에는 필수적이다. 그러나 전문가와 그들이 이해하는 제한된 세계에 있어서의 자율적이고 과도한 권력은 항상 공공의 이익에 관한 보다 일반적인 고려에 대한 위협이 된다. 아마도 공공 서비스에 있어서 가장 필수적인 용기는 결정하는 용기이다.

셋째 공공 서비스에 있어서 가장 필수적인 도덕적 자질은 '자선에 의해서 조율된 공정성(fairness tempered by charity)'이다. 이것은 인간의 (부)정의감과 관련된다. 비인격성과 무관심의 용기는 그것이 공평과 자선을 가져오지 못하면 아무런 가치가 없다. 자유주의 사회에서 정부는 정의와 공적 열정이라는 다소 신성한 기준에 의해서 가치를 권위적으로 할당하는 자이다. 미국의 헌법 전문에도 '정의'의 확립은 '통합' 자체의 형성 바로 뒤에 나온다. 그러나 정의롭게 즉 공정하게 하라는 도덕적 명령은 자선이 없이는 한정된 덕이다. 공직자들은 항상 결정의 계산에 있어서 불완전한 정보와 자기 이해의 불명확한 암시에 기초해서 결정하는 것에 직면한다. 자선(charity)은 공정하게 판단을 함에 있어서 부적당한 정보와 자아의 미묘한 요구를 보완하는 덕이다. 자선은 부드러운 덕이 아니고, 심한 도덕적 강인성을 포함하고 있다. 왜냐하면, 그것의 행사는 자기 훈련과 (개인적인 인정·권력·지위에 대한) 끈덕진 내적 요구의 승화를 포함하기 때문이다(Richter 외, 1990).

3) '더러운 손의 문제'와 '여러 손의 문제'

톰슨은 공직자들이 대면하는 윤리적 갈등은 공직의 두 가지 특성인 '대표성'과 '조직성'representational and organizatioal nature에서 비롯된다고 본다. 전자는 행위 원칙들 사이의 갈등을 초래하고, 후자는 책임 원칙 사이의 갈등을 초래한다고 한다. 공직자들은 다른 사람들을 대신하여 행위하므로 일반 시민들이 갖지 못하거나 일반 시민들이 동일한 정도로 가질 필요가 없는 권리와 의무를 떠맡는다. 그래서 공직자는 시민으로서 공유하는 권리와 의무를 지닐 뿐만 아니라 시민의 대변인으로서의 권리와 의무를 갖는다. 그렇기 때문에 공직자는 두 가지 종류의 원칙에 따라 행동한다. 여기서 공직자들이 시민의 대변인으로서 의무를 수행할 때에 우리가 공유하고 있는 도덕적 원칙에 대한 위반의 문제가 발생할 수 있으며 이를 '더러운 손dirty hands의 문제'라고 할 수 있다. 또한, 공공기관이 조직으로서 지니는 성격은 또 다른 일군의 윤리적 문제를 만들어낸다. 공직자들은 하나의 조직 안에서 다른 많은 사람과 함께 행동하기 때문에 정부의 결정이나 정책에 대해서 누구에게도 책임을 물을 수 없게 될 수 있다는 것이다. 이것이 바로 '여러 손many hands의 문제'(많은 손의 문제)라고 할 수 있다.

더러운 손의 문제는 국가를 빌미로 해서 당대의 관습적 도덕을 일탈한 왕과 군주의 세계에서 기원한다. 우리 세대에 이러한 문제는 혁명의 딜레마에서 가장 극적으로 등장한다. 사르트르Sartre는 혁명당의 지도자를 '팔꿈치까지 더러워진 손'을 지닌 사람으로 묘사했다. 최근 몇몇 정치이론가들은 안정된 민주주의 국가의 지도자들도 그에 못지않게 더러운 손을 가지고 있을 수 있다고 시사한다. 그런데 공직자들이 시민의 동의를 얻어서 행동한다면 전통적인 형태의 논의방식에 따를 때는 그들에게만 죄가 있다고 할 수 없다. 그래서 이 경우에는 '전통적인' 더러운 손의 문제가 '민주적인' 더러운 손이라는 현대적 문제가 된다는 것이다.

더러운 손은 원래 마키아벨리의 사상에서 고전적으로 정식화되었다. 즉 일상적인 삶에 적합한 도덕과 정치적 삶에 적합한 도덕을 부각시킨 것이다. 국가의 복리(군주의 덕)는 '악덕과 유사한 것'을 요구한다는 것이다. 그는 '행위의 부도덕성을 결과가 변명한다(When the act accuses, the result excuses)'고 표현했다. 더러운 손과 관련해서 왈쩌M. Walzer는 정치에 결과주의적 행위가 필요하다는 것을 인정한다. 그러나 '필요한 것은 정당화된다'라는 결과주의적 가정에는 반대한다. 그래서 우리가 정치가들을 도덕적으로 완전하게 심판하기 위해서는 결과주의적 요소와 의무론적 요소를 결합시켜야 한다고 한다. 행위에 대한 처방은 결과주의적이다. 동기에 대한 평가는 의무론적인 것이다. 그러나 더러운 손의 역설을 사라지게 하는 것은 의무론적인 이유에서가 아니라 민주주의와 연관된 이유에서다. 시지워크H. Sidgework와 그 이후의 결과주의자들도 '동기부여'와 '정당화' 사이의 구분을 인정했다. 공직자의 행위에 관해서 동기부여는 인정하지만, 그 행위가 정당화되지는 않는다는 것이다. 그래서 그들은 사람들이 믿는 도덕 원칙이 결과주의가 의존하는 원칙들과 동일하다는 사실을 실감나게 부정해 왔다. 아무튼, 결과주의자들은 그들의 결론을 민주적 과정을 통해서 시민들에게 설득해

야 할 것이다.[287]

(그런데 손을 더럽히는 결정에 대해서 공직자와 시민을 구별하지 않는 것은 민주주의에서는 시민의 승인 없이는 이러한 결정들이 정당화되지 않을 것이라는 암묵적인 가정이 있기 때문이다). 그러나 여기서 문제가 되는 것은 단순히 공직의 남용이나 민주적 절차의 실패 때문에 비밀에 부치는 것이 아니라 공적으로 알려지게 되면 그 목적을 달성할 수 없기 때문에 비밀에 부쳐진 결정들이다.[288] 이 경우에는 정책의 정당화 가능성은 그것이 촉진하고자 하는 목적의 가치에 달려 있다. 그리고 시민들이 공직자들로 하여금 그들의 결정에 대해 실제로 책임을 지게 하는 방도를 가지고 있다고 가정하기 때문에 정당화될 수 있다. 그 방법은 '소급', '일반화', '대의제(代議制)' 등이다. '소급'은 공직자의 결정을 재검토하여 책임을 묻는 것이다(재검토할 때까지의 손실 등이 문제가 된다). '일반화'는 선판단(先判斷)을 통해서 책임을 묻는 것이다. 이것은 결정의 일반적인 유형을 공개적으로 논의하거나, 다양한 가상적인 상황에서 그러한 결정을 정당화할 수 있는지 숙고해 보거나, 결정을 내리기 위한 지침을 정식화해 보는 것이다. 경찰 마크 없는 경찰차의 배치, 외국에

---

287) 더러운 손의 문제에 있어서 동기부여적 측면을 강조할 필요도 있다. 공직사회는 공공정책의 복잡성이나 책임추궁의 중복성 때문에 일반적으로 보수적이고 비쇄신적이다(공직 사회는 무사안일과 복지부동하다고 한다). 그래서 공직사회에 있어서 동기부여적 측면을 강조하거나 최소한 책임추궁(정당화 문제)의 측면과 동기부여적 측면의 비교형량이 가능해야 적극적인 봉사자를 만들어낼 수가 있을 것이다.

288) 행정에서 '더러운 손의 딜레마'는 통상 '거짓'의 형태를 띠게 된다. '거짓'은 다양한 형태로 나타난다. '직접적인 거짓말'일 수도 있고, 과장·누락·얼버무림·사기·표리부동 등 다양한 형태로 나타날 수 있다. 또한, 국민 전체의 복리를 위해서는 시민의 자유와 인권을 침해하고, 무고한 사람들의 삶을 희생시키라고 요구받을 수도 있다. 상황에 따라서는 공공선을 위해서라는 명분으로 폭력적 수단의 사용이 허용되기도 할 뿐만 아니라 권장되기도 한다(이종수, 2012).

대한 비밀스러운 개입 등이 대표적인 사례이다(이러한 방법은 제한적으로 적용할 수밖에 없다는 한계가 있다). '대의제'는 의회의 상임위원회의 감시활동 등 책임소재를 밝히는 결정을 위임하는 것이다(대의제의 난점은 부드러운 감시과정, 의회의 비밀 유지의 곤란성 등 본래 불안정하다는 점이다). 요컨대 민주적 절차를 유지하는 것이 중요하다. 그러나 공직자들이 민주적 정당성 없이 그들의 손을 더럽힐 것이라는 사실을 수용해야만 할 수도 있다. 아무튼, 민주시민들은 우선 공적으로 정당화될 수 없는 결정은 내리지 못하게 해야 한다. 그리고 제거될 수 없는 그러한 결정들에 대해서는 시민들이 책임을 묻는 장치를 강화해야 한다. 그러나 그러한 노력이 더러운 손의 문제를 완전히 해결할 수는 없다는 사실을 시민들이 알고 있다고 해도 말이다.

정부가 결정을 내리고 정책을 수립하는 데에는 많은 사람이 다양한 방식으로 개입했기 때문에 그러한 정치적 결과에 책임을 져야 할 사람이 누구인지를 가려내는 것은 원리적으로 어려운 일이다. 이것이 여러 손many hands의 문제이다. 정치학에서 책임을 귀속시키는 전통적인 방식은 위계적 모델hierachial model과 집단적 모델collective model이 대표적이다. '위계적 모델'은 정치적 결과에 대한 책임은 권위의 형식적 또는 비형식적 연결망에서 가장 상층부에 있는 사람에게 있다는 것이다(그러나 위계의 상층부에 있는 공직자들이 정치적 결과들을 통제할 것으로 생각할 수 없는 한 위계적 책임은 도덕적 책임과 일치하지 않는다). '집단적 모델'은 두 가지 형태를 띤다. 하나는 집단과 결합된 모든 개인이 책임을 져야 한다는 것이고, 다른 하나는 오직 집단에게만 책임을 부여할 수 있다고 주장한다. 위계적 모델은 책임의 소재를 분명히 할 수 있다는 이점이 있지만 여러 손의 문제를 무시하고 있다. 집단적 모델은 여러 손의 문제를 너무 진지하게 받아들인 결과 모델 자체에서 그 문제를 재생산했고 따라서 민주적 정책을 어렵게 만든다. 아무튼, 민주적 정부의 수립을 목표로 한다면 개인적 책임을 물어야 한다는 전통적 사고를 유지해 주는 접근방법이 중요하다고 할 것이다.

단순히 특정한 직위를 점유한 사람이나 집단의 성원으로서가 아니라 개인person으로서의 공직자에게 책임을 귀속시키는 것은 도덕적 책임의 두 가지 기준에 근거하는 것이다. 공직자의 행위 유무가 결과의 원인일 때와 이러한 행위의 유무가 부지 중에 행해진 것도 아니며 강압에 의한 것도 아닐 때이다. 이것은 '인과적causal 책임'과 '의지적volitional 책임'이다. 인과적 책임에서는 행위자를 확인하고 결과를 서술하는 데에 있어서 구체성을 요구한다. 의지에 따른 책임은 일반적으로 다른 사람에게 책임을 물으려면 그가 달리 행동할 수 있었어야 한다. 의지적 책임에서는 자신의 행위에 대한 '무지ignorance'와 '강압compulsion'이 없었다는 것이 중요하다. 이러한 두 가지 기준의 의미는 공직자들이 책임을 부인하기 위해 사용하는 변명들의 타당성을 분석해 봄으로

써 가장 잘 설명될 수 있다.[289], [290]

---

289) 인과적 책임과 관련된 첫 번째 범주의 변명은 '대안적인 원인들(alternative causes)'이다. 이것은 '내가 하지 않았다면 누군가가 했을 것이다' 또는 '내가 하지 않는다면 누군가가 할 것이다'라는 것이 그 예이다. 또한, 이러한 변명의 변형된 형태 중의 하나는 '인과적 관련성'이라는 기준이다. 이것은 누군가 다른 사람도 동일한 실수를 범했을 것이라고 주장하지는 않지만, 누군가 다른 사람이 유해한 결과를 일으키기에 충분한 다른 실수를 범했을 것이라고 주장하는 것이다. 그러나 이러한 변명애 대해서는 단순히 한 공직자의 행위 결과와 그를 대신할 행위자의 행위 결과를 비교하는 것이 중요한 것이 아니라, 오히려 공모에 대한 고발 즉 공직자가 그러한 정권과 결합한 것 자체가 부도덕하거나 불명예스러운 것이라고 주장해야 하는 것으로 생각해야 한다.

인과적 책임과 관련된 두 번째 범주의 변명은 '원인 제공'과 '자문 역할'이다. 이것은 해로운 결과를 낳은 연쇄적인 사건들 속에서 공직자를 완전히 제거해 버리는 그런 형태의 변명을 포함하는 것이다. '실효성 없는 원인(null cause)'에 의거한 변명이라고 할 수 있다. 이른바 '새로이 작용하는 간섭효과(novus actus interveniens)'이다. 간섭효과는 앞선 공직자의 행위가 효과를 나타내게 할 수도 있고 그렇지 못하게 할 수도 있지만, 유해한 결과에 대해 전적으로 책임을 져야 하는 것으로 추정되는 또 다른 공직자의 '후속적 행위'가 뒤따르는 것을 말한다. '자문위원회의 역할'은 이러한 변명들이 다양한 모습으로 나타나는 대표적인 예이다. 여기에 대해서는 자문위원들의 책임이 없다는 주장과 자문위원들에게도 다소의 책임을 돌려야 한다는 주장이 있다. 그런데 자문에 응한 사람이 자신의 책임을 일정한 범위 내로 제한하는 또 다른 방식이 있다. 홉스(Hobbes)는 자문위원이라는 직업과 비롯되는 요구에 근거해서 '상담자의 의무에 부합하는 상담(참된 이성적 추론)'과 '상담자의 의무에 반하는 상담(공통의 열정이나 견해에 호소하는 상담)'을 구분하고, 오늘날에 와서는 자문위원들의 역할을 '기술적인 충고(수단에 관한 충고)'와 '포괄적인 정책의 추천(목적에 관한 충고)'로 구분해서 책임의 유무를 결정하는 관점이 존속하고 있다(후자들은 책임이 있다고 본다). 이에 반하여 밀(Mill)의 주장에 의하면 자유주의적 사회에서는 많은 다양한 입장에서 비롯되는 자유로운 표현이 공익을 증진하는 정책에 도달하기 위한 최선의 기회를 마련해 준다고 가정한다. 이러한 체계에서는 공직자들이 자문위원의 충고를 듣고 난 후에 내린 결정에 대해 자문위원들이 책임을 지는 것으로 생각해서는 안 된다고 자문위원들이 주장하는 것은 당연하다고 본다. 그러나 자유주의적 사회에 있어서도 이러한 체계의 실패에 대비해서 우리는 자문위원들의 정상적인 역할(다양한 의견을 제시하는 역할)을 포기하는 것이 언제인지를 구체적으로 지적해 주는 책임의 2차 규칙을 필요로 한다(견해들 사이에 합당한 균형을 유지할 수 없거나, 결정을 왜곡하거나, 결정을 왜곡하는데 기여한다고 믿을 유력한 이유가 있을 때)(Thompson, 1999).

290) 의지적 책임과 관련해서는 첫째로 '선한 의도'가 논란이 된다. 공직자는 우선 자신이 그러한 결과를 낳을 것을 의도한 것은 아니라는 일반론적인 변론에 호소할 수 있다. 칸트는 이러한 관점을 매우 절대적인 형식으로 표현하고 있다. 그러나 행위자의 의지만을 기준으로 책임을 묻는 관점은 일상적인 우리의 도덕적 삶에 비추어 볼 때 결코 성립하기 어려운 것이며, 공적 생활이라는 측면에서 보면 더욱 더 성립하기 어려운 것이다. 또한, 어떤 철학자들은 의도되지 않는 행위의 결과 중 몇몇에 대해서는 우리가 '도덕적 책임'을 진다는 점을 인정하지만, 우리가 의도한 것에 대해서만 '일차적인' 또는 '개인적인' 책임을 진다는 견해를 제시하기도 한다. 그러나 공직자들이 선한 의도(good intention)를 가지고 있었다는 것 때문에 결과에 대한 책임이 완전히 사라지는 것은 아니다. 한편 의도가 공직자에게 책임을 부과하기 위한 필요조건이 아니라고 말한다고 해서, 우리가 반드시 '모든 결과에 대해 모두가 동일한 도덕적 책임을 진다'라는 견해를 수용하는 것은 아니다. 책임의 경계를 추적하기 위해서는 다른 기준 특히 '무지'와 '강압'이라는 기준에 주의를 기울여야 한다.

우리가 공공정책에 대해 개인적으로 책임을 지는 공직자가 누구인가를 가려내는 한 우리는 민주시민으로서 정부에 대한 칭찬과 비난을 구체적이고 강력하게 퍼부을 수 있게 된다. 따라서 우리는 위계적·집단적 책임이라는 보다 더 단순한 기준은 물론이고 대안적 원인이나 순수한 의도를 강조하는 변명들처럼 개인적 책임을 과도하게 단순화하는 정식화도 피해야 한다. 개인적 책임이라는 개념은 민주적 문책을 위한 더욱 확고한 토대를 제공한다[291](Thompson, 1999).

① 공직자의 '무지' 일반이 타당한 변명거리가 된다면 무지로 인해 잘못을 저지른 공직자들이 결백하다고 보는 입장에도 아무런 문제가 없을 것이다. 그러나 여러 손의 문제에서의 무지는 한 공직자가 다른 공직자의 행위에 관한 구체적인 정보를 결여하고 있다는 사실과 관련된다. 어떤 공직자가 정책을 수행함에 있어서 다른 공직자들이 범하게 될 잘못들을 예견할 수 있다고 생각할 수 없을 때, 때때로 그러한 결과에 대한 그 공직자의 변명이 수용될 수도 있다. 그러나 공직자들 자신이 스스로 무지의 원인일 경우에는 그러한 변명이 성립하지 않는다. 일반적으로 무지는 책임을 면해주는 것은 고사하고 경감해 줄 수도 없는 것이다.

② 공직자들에 대한 직위상의 '강압'에 근거한 변명이 등장할 수 있다. 책임의 문제가 대두되는 것은 공직자가 도덕적으로 반대할 만한 정책을 수행하라는 '명시적인 명령'을 내릴 때이다. 더 일반적인 것은 상급자가 그들에게 도덕적으로 의심스러운 행위를 추구할 것을 '기대하고 있다'라고 믿는 경우이다. 또한, 상급자의 명령이나 기대보다 더 일반적인 유형의 제약은 더 이상 누구인지를 확인할 수도 없는 공직자들이 수립해 놓은 '다양한 관행'들에 의해 창출된 것이다. 일부 관료주의적 관행들이 공직자의 업무수행을 잘못된 방식으로 제약하는 것으로 나타난다. 이러한 상황에서라면 우리는 그러한 절차를 구성한 고위공직자에게 주요한 책임을 돌리고자 할 것이다. 그러나 대민업무에 종사하는 관료들 자체를 비난할 수 없다고 생각할 수도 없다. 그들도 결함이 있는 구조 내에서 일하는 다른 공직자들과 마찬가지로 결함에 '주의'를 기울일 구체적인 책임을 얻게 된다(Thompson, 1999).

291) 우리나라도 공무원법 등 각종 법령에서 공무원의 의무와 책임을 규정하고 있다. 그 자세한 내용은 행정법이나 공무원법에서 논의하고 있기 때문에 여기서 간략하게 소개하면 다음과 같다. 공무원의 의무와 책임은 국가공무원법, 공직자윤리법, 부패방지권익위원회법, 청탁금지법, 이해충돌방지법, 형법 등과 경찰공무원법, 외무공무원법 등 공무원의 직무의 특성에 따른 법규에서 규정하고 있다.

공무원은 국민 전체에 대한 봉사자이고 공익을 위해 근무하기 때문에 각종 의무를 부담한다. 공무원의 의무는 일반적으로 공무원법상의 의무와 다른 법률상 의무로 구분하여 설명하거나 공무원의 신분상의 의무와 공무원의 직무상 의무(일반적 의무와 직무상 의무)로 구분하여 설명한다. 공무원의 일반적 의무로는 선서의무, 성실의무, 품위유지의무, 청렴의무, 병역사항 신고 의무 등이 있다. 청렴의무 등과 관련해서 공직자윤리법은 일정한 공직자의 재산 등록 및 공개, 선물신고, 퇴직공직자 취업제한 등을 규정하고 있고, 부정청탁및금품등수수의 금지에관한법률(김영란법)은 공직자 등에 대한 부정청탁 금지과 공직자 등에 대한 금품 등의 수수 금지(직무 관련성이나 대가성과 상관없음)를 규정하고 있다. 공무원의 직무상 의무

II. 정책 중심의 윤리이론

공공정책과 관련한 가장 중요한 윤리적 주제는 공익public interest과 공적 가치public value이다. 공공정책은 공익이나 공적 가치를 추구하는 정책이라고 할 수 있다. 공익은 공공의 이익이며, 공적 가치는 공적으로 바람직한 것을 말한다고 할 수 있다. 전통적으로 행정이나 정책과 관련된 규범적 기준으로 행정이념과 정책분석 및 평가 기준 등이 있다. 행정이념은 행정이 추구하는

로는 법령준수의무, 복종의무, 직무전념 의무(직장이탈금지, 영리업무 및 겸직금지), 영예제한, 정치운동금지 등 정치적 중립의무, 노동운동 등 집단행위금지 의무, 친절공정의무, 비밀엄수의무, 업무상 비밀 이용금지 의무, 종교적 중립의무, 이해충돌방지 의무 등이 있다. 이해충돌방지법은 공직자가 직무를 수행할 때 공적 이익과 사적 이익이 충돌할 경우 사적 이익 추구를 금지함으로써 공정한 직무수행을 보장하기 위한 법으로서 공공기관 직무관련 부동산의 보유·매수 신고, 고위공직자의 민간부문 업무활동 내역 제출, 직무관련자와의 거래 신고, 직무관련 외부활동의 제한 등을 규정하고 있다.

공무원은 자신의 위법·부당한 행위에 대하여 각종의 법적 책임을 부담한다. 공무원의 책임이란 자신의 위법·부당한 행위에 대하여 일정한 불이익한 처분을 받을 지위를 말한다. 공무원의 책임에는 광의로는 징계책임이나 변상책임 등 행정법상의 책임(협의의 책임), 형사법상의 책임, 민사법상의 책임 등이 있다. 국가공무원법상의 징계는 파면, 해임, 강등, 정직, 감봉, 견책 등이 있다. 변상책임으로는 회계관계직원 등의 변상책임과 국가배상법상의 구상책임이 있다. 형사법상 책임은 형법상의 책임과 행정형벌책임이 있지만 협의로는 공무원이 형법상의 '공무원의 직무에 관한 죄'를 범한 경우에 받게 되는 책임을 말하며 보통 직무범(직무유기죄, 직권남용죄, 불법체포·감금죄, 피의사실공표죄 등)과 준직무범(수뢰죄, 제삼자뇌물제공죄, 알선수뢰죄 등)으로 구분한다. 민사법상의 책임은 국가배상법상의 구상책임 이외에 공무원에게 고의 또는 중과실이 있는 경우에는 공무원 개인도 피해자에 대한 배상책임이 있다는 입장이다(김남진 외, 2023; 김남철, 2023; 박균성, 2024).

최고의 가치와 그 운영상의 지도원칙으로서 행정의 기본이념 또는 행정의 지도이념이라고 할 수 있다. 또한, 정책이론 분야에서도 정책분석 및 평가를 위한 기준들을 제시해 왔으며 정책 과정에서 준수해야 할 규범적 기준이 있을 수 있다. 행정이념과 정책과 관련된 규범적 기준은 서로 중복되는 가치가 많기 때문에 정책과 관련된 규범적 기준을 중심으로 설명하려고 한다.

1) 공익 및 공공가치론

가) 공공 내지 공공성의 의의

공익과 공적 가치를 논의하기 위해서는 먼저 공공public 또는 공공성publicness의 의미를 검토해 보는 것이 필요하다. 행정이나 정책에 있어서 공공의 개념은 매우 중요한 요소임에도 불구하고 충분한 관심을 받지 못했다고 한다.[292]

공공성의 사전적인 의미는 여섯 가지로 나누어 볼 수 있다. 첫째, '행위의 주체agency'와 관련된 것으로서 국가 혹은 정부와 공공기관에서 이루어지는 행위를 의미한다. 둘째, 다수에게 공통으로 혹은 보편적으로 관련된 경우를 의미하며 '공중the public'이

---

[292] 매튜(D. Mathew)는 그러한 현상이 발생한 이유를 몇 가지 들고 있다. 첫째는 공적이라는 말 자체가 매우 추상적이고 모호하기 때문이라는 것이다. 정치적·행정적 수사로서는 매우 쉽게 사용되면서도 정작 그것이 무엇인지에 대한 대답을 소홀히 했다. 둘째는 공적이라는 말은 미국문화 속에서 소중히 하는 개인주의와 양립하기 어려운 측면이 있고 또한 집단주의라는 '불그스레한' 색조를 띠고 있다는 것이다. 셋째는 공적이라는 말은 미국 사회의 다원주의적 실용주의(pluralistic pragmatism)와는 양립하기 어려운 '획일성'과 '동의'라고 하는 실제 기대할 수 없는 낭만적인 개념과 연설되어 있다는 것이다. 넷째는 공적이라는 말이 정치나 정부와 거의 동의어로 이해되고 있어서 독립된 개념으로 생각하지 않는 경향이 있다는 것이다. 이 밖에도 행정학의 행태주의적 접근이나 관리에 관한 관심 등도 공공성의 개념을 배제하는 경향이 있었다고 한다(임의영, 2008).

라는 용어가 대표적이다. 셋째, 행위의 목적과 관련되는 것으로서 '공익pulbic interest'을 추구하는 경우를 의미한다. 넷째, '접근 가능성accessibility과 공유성'을 공적인 것의 핵심으로 정의한다. 이러한 의미의 공공성은 누구나 접근할 수 있는 공공재public good와 밀접한 관련성을 갖는다. 다섯째, 사람들에게 널리 알려지는 것을 의미하며, '개방성openness'과 '공지성publicity' 그리고 '정보에 대한 접근 가능성'을 포함하는 개념이다. 예를 들면 연예인을 '공인'이라고 하는 경우에 그가 널리 알려져 있음을 전제하는 것이다. 여섯째, '공식성officialty'을 의미하며, 이는 정부나 국가만을 전제하는 것이 아니라 사회활동 전반에 적용할 수 있는 의미로 확대하는 것이다. 회사나 공동체 등에서 친밀성을 가진 사람들이 '사적으로 혹은 감정적으로' 상호작용하는 것과 대비되는 것으로서의 공식성을 의미한다.

프레드릭슨H. G. Frederickson은 사회과학자들이 보는 공공the public에 대한 관점을 다섯 가지로 나누어 설명하고 있다. '다원주의적 관점', '공공선택적 관점', '입법적 관점', '서비스 제공적 관점', '시민의 관점' 등이다. 첫째는 이익집단으로서의 공공이다(다원주의적 관점). 공공은 이익집단 간의 상호작용에서 그 실체가 드러나며, 집단 상호작용의 순(純) 결과가 공익이 된다고 본다. 그러나 이익집단들이 공공을 제대로 대표할 수 없다는 부정적 견해가 많다. 특히 경제적으로나 사회적으로 소외된 사람들의 선호가 거의 효과적으로 표현되지 않을 수 있다고 본다. 둘째는 합리적 선택자로서의 공공이다(공공선택적 관점). 합리적 선택자로서의 공공의 개념은 공공의 실체를 부인하고 개인주의에 근거하고 있다. 공리주자인 벤담은 공동체의 이익 또는 공익은 개개 구성원들의 이익의 합이라고 보았다. 뷰캐넌J. M. Buchanan 과 털럭G. Tullock 등도 시장모형의 경제학과 개인주의적 가정을 미국정치 체제의 기능에 적용했다. 공공에 대한 공공선택적 관점도 다원주의적 관점과 같이 사회의 덜 혜택받은 사람들에 관해서는 관심을 두지 않는다는 비판을 받으며, 자원이 있으면 교외로 이사하여 높은 범죄를 피할 수 있고 자원이 없으면 선택을 할 수 없다는 점에서 오히려 엘리트주의적 관점과 상통한다고 본다. 셋째는 대의제로서 공공이다(입법적 관점). 이는 오늘날의 민주주의가 대의제를 채택하고 있다는 점에 착안한 공공의 개념이다. 입법적 관점에서의 공공의 실체는 입법부나 정부 기관들(학교 이사회 등)의 대의원들이다. 그러나 대의원들은 공공의 이익을 대표할 공적 의무가 있지만, 그들 나름의 사적 이익을 추구할 수 있다. 또한, 행정에서도 제정된 법률들이 모호하거나 불완전할 때 행정가들은 행정입법을 할 재량권을 가지고 있다. 공공에 대한 대의제적인 관점은 필요하기는 하지만 충분하지 않다고 할 수 있다. 넷째는 고객으로서의 공공이다(서비스 제공적 관점). 고객으로서의 공공의 개념에서 고객이란 일선 관료들에 의해서 서비스를 받는 개인들이나 집단들을 의미한다. 학생·범죄의 희생자·장애인 등 모든 시민은 한 번쯤은 정부의 고객이 된다고 볼 수 있다. 그러나 고객으로서의 공공은 상호 간에 단절되어 있고 조직화되어 있지도 않기 때문에 공공의 개념을 대표하기는 약한 면이 있고, 오히려 일선 관료들이 하나의 이익집단으로서 고객들보다 더 잘 조직화되어 있고 그들의 이익을 정치과정을 통해서 추구할 수도 있다. 다섯째는 시민으로서의 공공 public as citizenship이다. 시민으로서 공공은 개별적인 자기 이익을 추구할 뿐만 아니라 자기 이익을 초월한 공익도 추구할 수 있다고 본다. 시민으로서의 공공개념은 결국 고전적 의미의 공공개념이며 1960년대 후반 최근에 와서 부활하고 있다. 시민 개념의 진실한 부활은 미국의 도시들에서 일어나고 있었다. 도시 내 정책 결정에서의 시민 참여의 모형이 연방정부에 의해서도 지지를 받게 되었다. 프레드릭슨은 시민으로서의 공공의 개념을 지지하고 일정한 자격과 능력을 갖춘 시민의 관점에서 공공을 정의하고자 하며, NGO들의 활동·시민과 정부가 공동으로 결정하는 새로운 협치모형new governance 등을 강조한다[293](김항규, 2009 ; 임의영, 2008).

---

293) 보즈만(Barry Bozeman)은 공공성을 '차원적 공공성'과 '규범적 공공성'으로 구분하면서 공공성 관리를 연구하고자 한다. '차원적 공공성(dimensional publicness)은 공공성을 기관의 법적 지위나 그 기관이 소속된 곳(예컨대 정부 혹은 기업)이 아니라 기관에 영향을 미치는 '정치적 권한'의 (제약과 부여) 정도에 의하여 정의한다. 마찬가지로 기관의 사유성(privateness)도 기관에 영향을 미치는 '시장의 권한'의 (제한과 부여) 정도에 따라 정의한다. 이러한 모형에 따르면 특별한 정부 제도가 어떤 기업 제도보다 '더 사적이고', 마찬가지로 특별한 기업 제도가 어떤 정부 제도보다 '더 공적이다'라고 결론지을 수도 있다. 일반적으로 공공조직과 민간조직을 비교하는 핵심적인 접근방법은 (소속된) 부문과 조직의 법적 지위에 초점을 맞추는 데 반해, '차원적 공공성'은 정치적 권한과 경제적 권한의 근원과 정도에 초점을 맞춘다. 공공성을 조직에 영향을 미치는 외부의 정치적 권한과 경제적 권한의 상대적인 정도로 개념화하는 연구 중의 하나는 미국의 항공우주 기업의 기원과 발전에 관한 분석이다. 미국의 항공우주 기업에 있어서 공공성의 수준은 상당히 높았으며, 공공성의 변화량이 기업의 행태와 구성에 크게 영향을 미쳤다.

한편 공공성은 또한 규범적 분석을 가능하게 하는 개념으로 생각할 수 있다. 공공성에 관한 과거의 연구가 조직이나 정책의 정치적·경제적 차원에 초점을 맞추었지만, '규범적 공공성'은 다음과 같이 정리할 수 있다. 제도와 정책이 공공가치를 달성하고 공익 이상을 실현할 수 있는 가능성이 있는지를 이해하려면, 거기에는 정치적 권한과 경제적 권한이 결합되어 있다는 것을 이해해야 한다. 이러한 점에서 경험적인 것과 규범적인 것이 함께 한다. 만약에 정책과 제도의 발전이 어느 정도 서로 결합되어 있는 정치와 경제의 변화 때문이라고 한다면 규범적 탐구를 통해서 '공공성이라는 가치가 무엇을 뜻하는지를 밝혀야 한다'는 주장은 당연한 발걸음이다. 보즈만은 규범적 공공성을 검토하기 위해서 '공익'과 '공공가치'를 연구한다(Bozeman, 2019).

나) 공익이론

공익에 관한 이론을 설명하기 이전에 검토해야 할 문제는 공익과 공공가치의 관련성이다. 공익과 공공가치의 관계를 보는 관점은 학자에 따라서 다르다. 첫째는 공익을 공공가치 중의 하나로 취급하는 입장이다. 둘째는 공익을 위주로 논의하지만, 공익 속에 사실상 공공가치들이 포함되는 것으로 보는 입장이다. 셋째는 공익을 공공문제를 숙의하는 출발점이자 이상(理想)으로 보고, 공공가치를 공익을 구체화하는 유용한 개념으로 보는 입장이다. 여기서는 세 번째의 입장을 취하되 일단은 양자에 관해서 별도의 설명을 전개해 나가기로 한다.

공익이란 공적 이익 또는 공공성을 띤 이익이지만 공익의 개념은 관점에 따라 다양하게 정의될 수 있다. 역사적으로는 공익과 유사한 개념으로서 군주의 이익, 국가 이익, 국민 이익, 공동선 등의 개념이 있었다.[294] 공익 개념의 등장은 종교개혁 운동이 일어나고 청교도가 중심이 된 의회파가 왕당파에 승리하게 된 17세기 말엽에는 공동선이라는 용어가 사라지고, 대신에 공익이라는 용어가 사용되었다고 한다.[295] 공동선은 개인 이익을 무시하고 전체 이익을 강조한 데 비해, 공익은 개인 이익을 떠나서

---

294) '군주(prince)의 이익'은 국민과 국토를 국왕의 소유물로 생각하던 시대의 개념이다. '국가 이익(state interest)'은 국왕이 조세 징수나 전쟁 수행을 위해서 시민계급의 지지를 얻어야 하는데 이러한 지지를 얻기 위한 명분으로 내세운 용어로서 국왕의 이익을 의미한다(오늘날에는 '국가 이익' 또는 국익이라는 개념은 '국민 이익'과 동일한 개념으로 사용하고 있다고 할 수 있다). '국민 이익(national interest)' 또는 '공익(public interest)'은 영국 의회에서 의회파가 왕당파에 승리함으로써 국민에게 진정한 이익이 된다는 뜻에서 제기된 용어였다. 그러나 이후에 '국민 이익'은 주로 외국과의 관계에서 자국의 이익을 대변하는 용어로 사용되었고 '공익'은 대내 문제에 사용되었다고 한다. '공동선(common good)'은 인간이 사적인 이익을 추구하기보다는 남을 위해 헌신하는 선한 행동을 하는 것을 강조하는 종교적인 교리에서 생성된 개념이다(길항규, 2000).

295) 그러나 일부 학자들은 공익과 공동선이 동일한 의미를 지니는 것으로 보고 양자를 상호교환적으로 사용하고 있다(이종수, 2012).

는 전체 이익은 존재할 수 없다는 자유주의적 정치 이념을 내포한 개념으로 이해되었다고 한다.[296] (김항규, 2009).

a) 공익이론의 거부와 부활

현대에 와서도 행태주의 정치학자들의 끊임없는 비판 때문에 공익에 관해서 공식적으로 연구가 한동안 진행되지 못하였다. 슈버트G. Shubert는 공익을 '유치한 신화'라고 비난하였으며, 소라우프F. Sorauf는 공익을 '우화fables'에 비유하기도 했다. 특히 공익을 측정하기 위한 노력과 관련해서 배리Brian Barry는 실제로 공익에 접근하기 위한 만족스러운 유일한 방법은 법원판결·신문·책·연설·대화 등과 같이 많은 사례를 수집하고, 그 속에서 공익이 어떻게 다루어졌는지를 면밀하게 살펴보는 것이라고 했다. 공익에 대한 다양한 비판이 있지만, 근본적인 문제는 공익 개념의 모호성ambiguity에 있었다. 사람들 대부분은 공익이 공공정책이나 공공 관리에 필수적이라고 확신하지만, 그것이 정확히 무엇인지 합의는 보지 못하고 있다는 것이다. 일부 학자들은 공익 개념이 모호하기 때문에 사회적으로 유용한 개념이라는 역설을 주장하고 있다.[297] 그러나 플래스만Richard Flathman은 공익의 개념

---

[296] 박동서는 공익과 국익은 내용 면에서는 같은 것이나, 공익이란 주로 국내용이고 국익(국가 이익)은 대외국용이라고 보았다. 공익은 공공성과 이익의 복합어이며, 여기서 이익(interests)이란 단순한 요망(wants, demands)보다 규범성과 요청성이 강하지만, 정당성이 언제나 인정되는 권리성(rights)을 갖는 것은 아니다. 따라서 이익은 단순한 요망(wants)과 권리(rights)의 중간이라고 할 수 있다고 했다(박동서, 1992).

[297] 베일리(Stephen Baily)는 "공익이라고 하는 어구(語句)는 정책결정자에게 …… 고통을 합리화하기 위해서 의지하는 '그물망'이다. 이러한 어구가 없다면 대부분 대통령·양원 협의회 위원·시장 등 그리고 필시 장관도 수상도 장군도 어찌할 바를 모를 것이다. …… 모든 용어 중 공익이라는 용어만큼 웅변적으로 신화의 유용성을 말해주는 것은 없다. 그것은 행정가의 양심을 바르게 하는 '방향제'이다. 그것은 또 공중의 불만이라는 성가신 물이 표면에 분출하는 것을 억누르는 '기름'이다. 그것은 사회의 가장 효과적인 '진통제' 같은 것이다."라고 말했다(김항규, 2009).

이 모호하기 때문에 공익을 포기하는 것은 정당한 이유가 될 수 없다고 하면서, 공익과 관련되는 문제는 정치학의 중대한 문제 중의 하나라고 주장한다. 모든 도덕 철학의 역사 속에서 공익과 같은 '규범적 기준'의 문제들은 쉽게 해결되지 않았다고 하면서, 정의나 분석의 어려움 때문에 문제 해결을 포기하는 것은 타당한 이유가 될 수 없다고 주장한다.

카크란C. F. Cochran은 공익이론에 대한 정치학자들의 열정이 줄어든 것은 정치학의 초점이 집단이익group interest의 정치에 맞추어진 결과라고 주장한다. 집단이익에 초점을 두면 공익을 공동선collective good이라는 개념이 아니라, 집단과정group process의 산물로 보는 견해를 낳게 된다. 이러한 견해는 모든 사람이 자기의 이익을 추구하면 공익은 '보이지 않는 손'에 의해서 자동적으로 실현되는 것으로 생각하는 정치적 다원주의political Darwinism를 낳았다. 1970년대 이후 후기 행태주의나 포스트모더니즘과 같은 학파의 등장으로 행태주의 정치학의 위력이 다소 약화 되었지만, 공익에 관한 관심은 회복되지 못하였다. 정치학자들의 공익이론에 대한 관심은 줄어들고 있었지만 사라지지는 않았으며, 오히려 공익이론은 정치학 이외의 학문 분야와 영역에서 관심의 대상이 된 것 같다. 최근 몇 년간 행정학 저널에 공익이나 공공가치를 직접 다루는 많은 논문이 출간되었다.

공익이론은 절대 사라지지 않는다. 공익이론은 학자들로부터 많은 주목을 받지는 못했지만 그래도 살아남았으며 지난 10년 동안은 관심이 다시 증가되고 있다. 공익만큼 정확한 분석 도구가 거의 없는 개념임에도 오랫동안 영향력을 가졌다는 것이 놀라운 일이다. 개념적인 어려움에도 불구하고 공익이론이 관심사로 남아 있는 몇 가지 이유는 다음과 같다. 첫째로 공익은 이상an ideal으로서의 영향력과 매력을 지니고 있다. 페슬러J. Fesler는 공익이 하나의 이상이라는 사실은 그것이 영향력과 모호성을 동시에 갖는다고 주장한다.[298] 카시넬리C. W. Cassinelli도 공익은 공공정책을 판단하는 기준점이며 정치관계의 궁극적인 윤리 목표라고 했다. 플래스만도 비록 공익이 모호하거나 정의되지 않는 이상으로 남아 있더라도 반드시 공익을 중요하게 생각해야 한다고 주장한다. 둘째로 공익은 공동체와 공유가치의 증진에 기여한다. 카크란은 공익을 본질적으로 분파적이고 분열적인 이익정치를 해결할 수 있는 해독제로 본다. 그는 개인과 집단의 이익에만 초점을 두면 정치공동체의 경험과 본질을 훼손한다고 보며, 이익정치는 비도덕적인 것이라고 본다. 정치에서 도덕성에 관심을 가진다면 공익은 정치적 도덕성과 특정한 공공이슈에 대한 도덕성을 깊이 생각하는 길을 제공해 준다. 셋째로 공익은 시장에 기반을 둔 거버넌스에 대한 반작용으로 부활되었다. 공공재와 공공서비스의 배분을 위한 시장에 기반을 둔 개혁조치들이 폭넓게 사용되자 공동선에 대한 합법적 책임성과 열정적인 헌신이 부정되기 시작했다는 믿음 때문에 많은 행정학자가 조금씩 공익이론을 부활시키기 위해서 노력했다. 블랜카드Blancard 등은 수혜자·참여자·소유자로서의 시민의 역할과 NPMnew public management에서의 고객으로서의 시민의 역할을 비교한다. 그들은 시민을 고객으로 보는 개념은 시민과 국가가 맺

---

[298] 페슬러는 '행정가에게 있어서 공익은 학자에게 있어 객관성과 같은 것이다. 공익은 완벽하게 달성되지 않더라도 추구하려고 노력하는 것이 중요하다. 공익이 존재하지 않는다면 이상이라는 관념도 버려야 한다. 공익이 환상이라면 정의·자유·고결함도 환상이다. 또한, 이상적인 가치는 절대적일 수는 없지만, 구체적인 경우에 충돌이 생기면 조정되어야 한다'고 주장했다(Bozeman, 2019).

은 사회계약의 의무와 정치적 권한 관계를 변화시킨다고 결론 짖는다(Bozeman, 2019).

b) 공익 개념의 분류와 유형

공익 개념의 분류는 공익의 종류 구분과는 다르다. 이는 공익에 대한 관점의 분류이다. 공익에 대한 관점은 그 수에 따라 2분법, 3분법, 4분법 등이 있을 수 있다. 이들 중 일반적으로 논의되는 공익 개념을 자세히 설명하고, 보즈먼B. Bozeman의 공익 개념을 추가해서 설명하려고 한다.

공익에 대한 가장 보편적인 분류는 실체설과 과정설이다. ① 실체설은 일반적으로 공익은 사익을 초월한 도덕적·규범적인 것으로 존재하며 사익과의 갈등은 있을 수 없다는 견해이다. 실체설도 신비주의적 실체를 지닌 공익이론과 공공재의 존재를 전제로 한 공익이론 등 다양하다. 예를 들면, 자연법·정의·선·평등·형평·자기 완성·공통적으로 가지고 있는 가치 등이 공익의 내용이 된다. 이들은 사익의 집합sum과는 다른 실체가 있다고 선험적으로 믿으며, 실체설은 대체로 집단주의적 성향을 지니고 있다. 실체설은 플래스만R. E. Flathman, 헬드Virginia Held 등이 주장한다.[299] ② 과정설은 사익을 초월한 별도의 것으로서 공익이란 있을 수 없으며, 공익이란 수많은 사익 간의 갈등 조정과 타협의 소산이 될 수밖에 없다는 현실주의적 입장이다. 따라서 공익은 정당한 절차를 밟아 참여하는 이익집단 위주로 산출

---

299) 실체설의 취약점은 (각자의 가치관이 동일하지 않는 이상) 내용에 있어서 개인 간의 차이가 불가피하고, 실제 공익을 결정하는 데 있어서 누가 결정하느냐 어떻게 결정하느냐에 따라서 내용이 달라지며, 결정된 후에도 개인 간의 일치를 얻지 못하고 언제나 갈등을 내포하게 된다는 점이다. 그래서 윤리적 판단 기준으로서 실제에 있어서는 별로 큰 도움을 주지 못한다는 것이다(박동서, 1992).

할 수밖에 없으며, 공익은 단일성이 아니라 복수성을 지닌다. 과정설에 있어서는 공익을 극대화하기 위해서는 정책결정 과정의 합리화가 중요하다. 과정설은 다원주의적 시각에 입각한 것으로 대체로 개인주의적 성향이 있는 사람들의 주장이다. 과정설은 벤틀리Bently · 하몬Harmon · 슈버트Schubert 등이 주장한다.[300] 실체설이나 과정설과 관련해서는 절충설 또는 통합론이 있다. 절충설은 사익의 집합이 아닌 공익의 존재를 인정하면서도 공익을 사익과 관련시켜 생각하는 입장이다. 공익이란 사익의 집합체도 아니며 사익 간의 타협의 소산도 아니지만, 사익과 전혀 절연된 별개의 것도 아니라고 본다. 또한 통합론은 공익 개념에 대해서는 실체설과 과정설 사이에 논쟁이 있기는 하지만 현실적으로 이를 통합하는 것이 바람직하다고 본다(박동서, 1992 ; 이종수. 2012 ; 김성준 외, 2021).

공익에 관한 4분법은 그 분류기준이 다소 이중적이다. 공익을 '사익의 집합으로서의 공익' · '실체적 존재로서의 공익' · '공동체적 가치로서의 공익' · '절차적 결과로서의 공익' 등으로 구분한다. ① '사익의 집합으로서의 공익'은 사회구성원이 가지고 있는 각각의 사익을 기준으로 공익 개념을 규정하는 견해로서 사회구성원 전체의 효용(이익)을 극대화하는 것을 공익으로 본다. 스미스Adam Smith의 자유방임주의, 벤담Jeremy Bentham의 공리주의, 1980년대 이후의 신자유주의가 기초하고 있는 공익이다.[301] ②

---

[300] 과정설의 취약점은 이기적인 사익이 갈등을 조정하는 과정에서 어떻게 공익화하느냐를 설명할 수 없으며(자동적으로 국민 다수의 이익을 대변한다고 볼 수 있느냐?), 특히 국민이 조직화되지도 않고 정보에도 밝지 못한 경우 누가 국민의 이익을 대변하느냐의 문제를 남긴다. 과정설은 규범적 · 도덕적인 것이 개입할 여지가 전혀 없게 한다(박동서, 1992).

[301] 사익의 집합으로서의 공익관은 최대 다수의 최대 행복을 추구하는 공리주의적 한계, 분배에 대한 무관심, 시장에서의 합리적 선택을 위한 완전경쟁시장(효용 극대화)의 조건 미

'실체적 존재로서의 공익'은 공익이란 사익의 단순한 집합이 아니며 사익을 포함한 사회구성원이 실제로 가지고 있는 가치관과 관계없이, 사회 전체에 바람직하거나 올바르게 추론되는 바의 가치실현이 공익이라고 보는 입장이다. 이러한 관점에 따르면 사회가 지향해야 할 궁극 목표와 최고선이 곧 공익의 내용이라고 본다. 예를 들면 정의, 자유, 평등 등의 가치실현을 공익으로 보는 것이다. 이러한 공익관은 자연법적인 사고에 기초하고 있으며, 반정치적인 공익관이다.[302] ③ '공동체적 가치로서의 공익'은 사회의 주어진 상황 속에서 사회공동체가 바람직한 것으로 받아들이고 있는 가치가 공익이라고 보는 견해이다. 이 견해가 '실체적 존재로서의 공익'과 다른 점은 공익 개념을 정의할 때 사익에 기초하고 있고 구체적인 상황성을 전제로 하며, 사회공동체에 의해서 바람직한 것으로 받아들이고 있는 가치를 공익으로 규정하려는 점이다. 공동체적 가치로서의 공익관은 구체적인 시점과 구체적인 상황을 전제로 한 공동체의 개념과 연관된다. 그러나 공동체의 개념은 단순한 구성원들의 집합과는 구별되는 개념이다. 공동체는 구성원 개개인의 의지와는 구별되는 의지가 있다고 본다(공동체의 의지 또는 공공 의지). 요컨대 공동체적 가치로서의 공익관은 사회구성원 개개인의 특성과 구별되는 특성을 갖는 사회공동체가 일반적 보편적으로 바람직한 것으로 인정하고 있는 가치를 공익으로 보는 입장이다.[303]

충족, 죄수의 딜레마(각자는 합리적, 전체는 비합리적)의 존재 등이 문제가 된다(김항규, 2009).

302) 실체적 존재로서의 공익관은 그 내용이 모호하고 추상적이며, 공익의 내용 사이의 우선순위와 가치 간의 갈등이 발생한다는 문제가 있다(김항규, 2009).

303) 공동체적 가치로서의 공익관은 사회 공동체의 가치가 진정으로 일반성과 보편성을 띤

넷째로 '절차적 결과로서의 공익'은 공익의 실제적인 내용보다는 공익이 형성되는 과정과 절차에 중점을 두는 입장으로서, 이익집단 간의 타협과 절차를 거친 결과를 공익으로 보는 견해이다. 절차적 결과로서의 공익관이 주장하는 공익은 국민 전체의 이익이 아닌 일부 이익집단들 이익의 합계에 불과하며 공익은 정책을 결정하는 과정에서 결정된다. 따라서 공익을 극대화하기 위해서는 공익이 결정되는 과정을 합리화해야 한다고 한다.[304](김항규, 2009).

보즈만은 (카크란의 공익 개념을 기초로 해서) 공익 개념을 설명한다. 그는 공익 개념에 관련된 미묘한 문제들을 다양하게 설명하기 때문에 앞의 설명과 일부 중복되는 점이 있지만, 자세히 소개한다. 그는 공익 개념을 규범적normative, 합의주의적consensualist, 과정적process 폐지주의적abolistionist접근방법[305]으로 구분하여 설명한다. 규범적normative 공익론은 공익을 공공정책을 평가하는 윤리적 기준으로 그리고 공직자들이 추구해야 할 목표로 삼는다. 공익에 관한 규범적 개념은 사적 이익의 총합과 다른 공동선이 있다고 가정하며 공동선은 개인의 이익에 반한다고 하더라도 공동체 전체의 이익이 되는 중요한 것이다. 실용주의자 존 듀이John Dewy는 공익을 개인과 집단의 관계에서 발생하는 중대한 결과가 행위 당사자만이 아닌 개인들에게까지 (긍정

바람직한 가치와 언제나 일치한다고 볼 수 없다는 문제를 안고 있다(김항규, 2009).

304) 절차적 결과로서의 공익관은 절차 자체의 비합리성 문제, 정보제공 미흡, 투표의 역리(paradox of voting)와 다수의 횡포(tyrany by the majority) 등의 문제점을 내포하고 있다(김항규, 2009).

305) 여기서 폐지주의적(abolistionist) 공익론은 공익의 폐지를 주장하기 때문에 거의 관심을 두지 않는다(Bozeman, 2019).

적이든 부정적이든) 영향을 미칠 때 적용된다고 보고, 이때 선택된 이름이 공중the public이라고 주장한다. 인류학자인 게일 케네디Gail Kennedy는 사익의 합계와 다른 공익의 존재에 관한 유용한 근거를 제시한다. 첫째로 개인은 불가피하게 여러 집단을 구성하고 여러 집단에 소속된 회원들이 공동의 공익을 만들어내며, 둘째로 사적인 개인의 편익을 최대로 받는 것과 집단의 구성원으로서 집단의 편익을 최대로 받는 것은 차이가 있다. 즉 사람이 사회 조직 내에 있다는 그 사실은 특권의 향유와 동시에 의무를 수반하는 책무를 갖는 것이기 때문이다.

공익에 관한 규범적 이론이 나누어지는 하나의 쟁점은 공익이 모든 구성원에게 이익(전체론적 이익)을 제공하는 것인지 혹은 일부 사람들의 이익이 부정되어도 대다수 개인에게 이익을 제공하는 것이 당연한지 여부이다. 브라이언 배리Brian Barry는 공익을 모든 당사자들이 필요로 하는 이익으로 보고, 이를 순 공동이익net common interest과 구분한다. 이렇게 보면 정말로 공익에 속하는 정책은 아마도 거의 없을 것이고, 상당수의 정책은 순 공동이익에 속하는 정책들이다. 공익에 관한 정책의 예는 핵 파괴에 대응하는 보호 정책과 전염병 근절 정책들을 들 수 있을 것이다. 공익을 엄격하게 정의하는 이유는 공익을 벤담식 공리주의로 계산할 가능성을 피하고 그 대신 공익을 하나의 이상으로 다룬다는 것이다. 시장경제에서 완전경쟁시장을 이상으로 다루는 것과 같이 공익을 이상으로 유지하는 것도 유용하다는 것이다.[306] 카시넬리Cassinelli는 공익을 '정치적 관계의 최고의 윤리적

---

[306] 배리의 공익 개념은 브레이브룩(Braybrooke)의 개념과 유사하지만, 브레이브룩은 공익을 그것과 반대되는 특성의 측면에서 정의하고 있다. 어떤 개인이나 집단 또는 조직이 전체 사회나 공동체의 이익에 반하는 특수한 이익을 내세운다면 그 반대인 전체의 이익이 공

목표로서 받아들여져야 하고, 제도와 실천은 공익의 실현에 기여하거나 방해하는 정도에 따라서 바람직한지 여부가 판단되어야 한다'라고 하였다. 그의 주장은 공익에 대한 절차적·다원적 견해와 대립한다. 그래서 공익은 다수의 가치와 이익과 일치할 수 없으며, 선거와 다수결 원칙은 설사 민주주의 정치체제라 하더라도 곧바로 공익과 일치하지 않는다고 보았다. 그에 의하면 공익은 모든 시민의 이익이기 때문에 공익과 사익을 균형 잡는다는 것은 성립할 수 없으며 공익의 역할은 개인 이익을 조정하는 데 있다고 보았다.

합의주의적consensualist 공익론은 개인 이익이나 어떤 특별한 이익보다 더 광범위한 이익을 강조하지만, 불변적 혹은 보편적 공익을 말하는 것은 아니다. 어떤 사람들은 공익을 다수의 이익majority interest을 반영하는 것으로 본다. 콕스Cox는 공익을 본질적으로 다수의 이익일 뿐이라면서 민주주의 정치체제에서 다수의 이익은 선거에서의 투표라는 유용한 측정 도구를 제공해 준다고 주장한다. 플래스먼Flathman은 공익은 공적에 대해서 표창하고 정당성을 제공하기 위해 사용하는 규범적 기준이라고 정의하지만, 공익은 불변하는 것도 자명한 것도 아니라고 주장한다. 도덕철학자인 헤어R. M. Hare도 개별적인 일단의 정책은 각각 '좋다'는 가치를 규정하는 많은 고유한 기준을 가진다고 보았다. 플래스먼과 헤어에 의하면 개별적인 일단의 정책들이 각각 고유하거나 구별되는 공익 기준을 가질 수 있고, 이것들은 시간이 지남에 따라 변할 수 있다는 것을 의미한다. 공익에 대한 플래스먼

이라는 것이다. 그래서 그는 공익에 반하는 것이 수시로 변해서 거의 모든 사람이 전체 이익에 반하는 사익을 추구하는 집단이나 연합체의 일부가 될 수도 있다고 지적한다(Bozeman, 2019).

과 헤어의 개념에 대한 많은 도전이 있을지라도, 공익에 대한 합의론적 견해는 공익이 공적 숙의에 도움이 될 수 있다는 교훈을 약화시키지는 않는다. 플래스먼은 공익이 불변의invariant 의미를 지니고 있지는 않지만, 임의적이지는 않는nonarbitary 의미를 지니고 있으며, 이러한 의미는 합리적인 담론을 통해서 적절하게 발견할 수 있다고 주장한다. 공익에 대한 합의주의적 관점의 후속편이 있다면 그것은 공동체주의communitarianism이다.[307] 공동체주의적 견해에 따르면 정치적 파벌에 토대를 둔 지배구조나 시장에 기반을 둔 정치는 그 어느 것도 상대방 정치행위자들의 안녕에 필수적인 정체성과 그 몫을 보장해 주지는 않는다고 본다.

과정적process 공익론은 다시 3가지 종류로 나누어 볼 수 있다. 공익을 개인 이익의 합계로 보는 '총합적 개념aggregative conception', 공익을 이해관계 간의 경쟁으로 보는 '다원주의적 개념', 공익을 이익의 조정과 공정한 절차로 보는 '절차적 관점' 등이다. ① 공익에 대한 '총합적 개념'은 벤담Bentham 등의 공리주의와 같이 공익은 최대 다수의 최대 행복과 같다는 관념에 뿌리를 두고 있으며, 특히 경제적 자유주의와 양립할 수 있다. 이 접근방식은 다른 이상적인 개념화와 같이 조작적이지 않다는 장점이 있지만, 모든 이익을 계산할 규범적 방식이 마련될 가능성이 없고 선 the good에 대한 상호주관적인 의미를 찾을 수가 없다는 문제점이 있다. ② 공익에 대한 '다원주의적 개념'은 개념을 담을 수 있는 아주 작은 용기(容器)만을 필요로 한다. 슈버어트Schubert는

---

[307] 합의주의적 공익론은 자유주의의 도덕적 색채가 있어서 공동체주의와 철학적 기반이 다르지만, 공동체주의 이론은 합의주의적 공익관에서 강범위한 정시적 가치를 시닌다. 전통적인 자유주의는 주로 개인의 권리와 동등한 대우 그리고 이러한 권리를 회복하고자 하는 시민들의 역량에 초점을 두는 반면에, 공동체주의는 고유한 정치·문화적 공동체의 전통에 기초한 정체성에서 생성되는 공유의식을 강조한다(Bozeman, 2019).

이러한 학자 집단에 대해 공익을 '집단의 상호작용을 특별히 조정하거나 조절해서 얻는 타협물'을 상징하는 슬로건에 불과하다고 보는 것이라고 한다. 스미스Smith는 공익에 대한 '다원주의적 개념'을 제시하고, 공익에 대한 '규범적 개념'은 소수의 이익을 묵살할 개연성 때문에 권위주의로 나갈 것이라는 이유로 이를 반대하였다고 한다. ③ 공익에 대한 '절차적 개념'은 정치 과정과 공익의 실체를 구분하지 않으며 몇몇 지지자들은 실체를 가진 공익의 존재를 부정한다. 벤과 피터스Benn & Peters는 공익이란 절차상의 원칙이지 실체에 관심을 두지는 않는다고 주장한다. 또한, 공익은 공공정책의 실질적인 목표가 아니라 정치 과정의 한 요소가 되어야 한다고 주장한다. 그러나 이러한 공익에 대한 '절차적 개념'은 일상적인 대화에서 공익이 갖는 의미와 일치하지 않으며, 어떤 법률이나 정책이 '공익적'이기 위해서는 더 많은 중요한 것들이 필요하다고 비판을 받는다. 하지만 집단 갈등과 이익집단의 조정 역할을 강조하는 현실주의적인 많은 정치학자는 '절차적 공익론'에 대한 보다 온건한 견해를 공익 개념으로 쉽게 받아들인다. 이들은 절차적 결과는 공익은 아니지만, 결과를 만드는 건전한 과정은 흡사 공익과 유사하다고 본다[308](Bozeman, 2019).

---

[308] 최송화는 공익이론을 공법적 차원에서 규명하고 있으며, 중요한 몇 가지 중요한 논점을 포함하고 있어 이를 정리해 본다. 우선 법률상의 용어법으로서 '공익' 이외에 '공공이익', '공공복리', '공공복지', '공공성' 등이 사용되고 있다. 법률상으로도 공공성과 공익은 다양한 의미로 사용되고 있다. 공익의 전제가 되는 공공성에 관해서는 국가목적이나 이익과 관련될 때, 국가보다는 하위단위인 지방자치단체의 목적이나 이익과 관련될 때, 일반적인 불특정 다수의 공중과의 관련성을 의미할 때, 때로는 개인적 사안일지라도 그것이 객관적 사회에 영향을 미칠 때는 공공성이 있는 것으로 취급한다. 공익의 개념과 관해서도 오늘날 공익은 반드시 국익만을 의미하지는 않으며 다양한 차원에서 파악할 수 있다고 한다. 국가가 사회의 전 영역을 이끌어 가지만 사회 각 영역의 자율성을 무시하고 국가적 이익을 강요할 수 있는 시대는 지나갔다. 따라서 '공익과 사익의 비교형량' 그리고 '공익과 공익의 비교형량'도 중요하게 되었다. 공익도 공익 판단의 고려범위에 따라 일반 공익과 특수 공익으로 나눌 수 있다.

또한 '공익 판단'은 언제나 정당한 하나의 전제를 발견하는 것이 아니라, 특정한 상황에서의 적절한 공익결정이 중요하다.

우리나라 공법에서는 대체로 '공익'과 '공공복리'를 동일한 개념으로 이해하고, '공공복리'를 '국민 전체 또는 특정 사회구성원 전체의 이익'이라고 정의하고 있다. (참고로 서원우는 독일의 현대적 공익관을 '규준적 공익설', '개인권 확장설', '잠재적 공익설'로 구분하여 설명한다고 한다). 오늘날의 상황이 잠재적(潛在的) 공익관의 등장을 자극하는 것이 사실이지만 규준적(規準的) 의미의 공익에 대한 요구도 강하다. '오류 없는 객관적이고 규준적인 공익' 즉 '보편타당한 공익'이란 존재하는가? 적극적인 의미에서 볼 때 '진정 공익(眞正公益)'의 존재 자체는 논란의 여지가 있을지라도, 소극적인 의미 즉 어떠한 공익결정은 공동체의 보편적 가치에 비추어 받아들일 수 없다는 의미에서 볼 때 고정적인 가치판단으로서의 보편적 공익의 존재는 부인하기 어렵다고 주장한다.

공익은 사익의 대립 개념으로 공익과 사익은 구분된다. 법학의 관점에서 보면 공익은 '법질서가 지향하거나 보호하거나 조장하는 단체적 이익'이다. 직접 또는 간접으로 객관적인 법질서와 관련되는 이익이 공익이라 할 수 있다. 요컨대 공익은 객관적인 법질서의 가치 개념을 형성하고 있는 것이다. 이 점에서 '법질서의 주관적 측면에 중점이 두어져 있는 개인적 이익'으로서의 사익과는 구분된다. 또한, 사회가 분화·발전되고 공공성 역시 여러 사회영역에서 인정될 수 있기 때문에 사회적인 이익 판단에 있어서도 특수화된 공익이 있으면 그보다도 더 일반화된 공익도 있을 수 있다. 공익을 일반화와 특수화의 정도 일반 공익과 특수 공익으로 구분할 수 있다. 이러한 구분은 단일국가 전체와 부분 사이에서만 발견되는 것이 아니라 국제 사회와 개별 국가, 장래 사회의 이익까지 고려한 의미에서의 일반화와 특수화의 구분이 가능하다. 모든 이익은 향유의 주체가 있기 마련인데 공익도 그 향유자 즉 공익의 주체가 있다. 공익의 다양성에 비추어 공익의 주체 역시 다양한 형태로 존재할 수 있다. 공익이 국익의 의미로 이해될 때에는 공익의 주체는 국민 전체로, 공익이 특정 지방자치단체의 이익의 의미로 이해될 때에는 공익의 주체는 지역의 주민 전체가 되고, 때로는 공익의 주체를 명확히 확정할 수 없는 경우도 있을 수 있다. 공익 상호 간의 충돌이 있는 경우에는 정치적·법적 과정에서의 이익 형량이 필요하다.

공익이 무엇인지를 결정하는 '공익 판단'이 중요하다. 공익 판단의 의미와 성격 그리고 내용은 무엇인가? 공익을 객관적인 가치체계로 보는 사람들에게 있어서 공익 판단의 문제는 '인식론적인 문제'로서 '오류 없는 인식'의 대상이 되어야 한다고 할 것이다. 그러나 공익을 객관적인 가치체계로 보지 않는 사람들에게 있어서는 공익과 같은 불확정적인 개념의 내용은 인식되기보다는 '정당하게 결정'되는 것이라고 할 것이다. 전자는 공익을 '인식의 대상'으로, 후자는 '결정(결단)의 대상'으로 보는 것이다. 전자는 규준적 공익관과 연결되고, 후자는 잠재적 공익관과 연결된다. 공익 판단은 입법부·행정부·사법부 모두의 기능과 관련된다. 그러나 그 의미는 다소 상이하다고 할 수 있다. 입법작용과 행정작용에 있어서는 '형성적·결단론적 측면'이 강하고, 사법작용에 있어서는 '인식론적·확인적 측면'이 강하다고 할 수 있다. 공익 판단의 법적 구속성을 구분해 보면 공익 판단의 형태에 따라 다를 수 있다. 법률요건판단에 있어서의 공익 판단은 위법·적법 차원의 문제가 되고, 법률효과 판단에 있어서의 공익 판단은 재량의 문제로서 원칙적으로 당·부당이 문제일 뿐이고 재량권을 벗어날 경우에만 위법의 문제가 발생한다고 할 것이다. 이러한 차이점은 공익 판단의 단계(법규적 요구)의 차이로도 설명할 수 있다. 공익 판단에 법규적 지침이 주어진 경우(위법판단)와 그렇지 않은 경우의 공익 판단의 성격이 다소 다르다는 것이다. 한편 법규가 공익에 적합하도록 할 것만 요구할 뿐 공익 자체의 판단에 아무런 기준을 주지 않고 있는 (모호한) 경우에는 입법 배경에 따라 법적 구속력을 달리해야 할 것이라고 주장한다. 실효적이고 현실적인 공익을 '사실적 공익'이라고 한다면, 공익 핀단에 있어서 사실석 공익이 진정공익에 근사해질수록 건전한 공익 판단을 하는 셈이다. 이를 '사실적 공익의 순화'라고 할 수 있다. 건전한 공익 판단의 조건은 공익 판단의 근거가 되는 사실에 대한 정확한 인식, 진정공익의 발견을 위한 절차 준수 등 논리적이고 건전한 판단과정, 편견이나 왜곡의 배제 등이다.

c) 공익 개념의 한계와 활용

연구자들 대부분은 시장과 시장의 활용을 중요시하지만 동시에 시장이 사회의 중요한 모든 가치를 내포하거나 배분하거나 중재하지는 못한다고 본다. 공공정책에 대해 시장 접근방법을 좋아하는 데는 개인차가 매우 크지만 거의 모든 사람이 시장가치에 완전히 포함되지 않는 정부의 역할과 공공가치의 필요성을 인정한다. 그러나 공익이론은 집단적 의사결정을 신중히 생각하고 촉진하는 실천적인 수단을 제공하지 못한다.[309]

보즈먼은 시장이론과 비교할 때 공익이론은 중요한 한계를 지니고 있다고 본다. ① 공익이론에서는 시장이론에서의 돈이나 가격에 버금가는 가치에 대한 일반적으로 합의된 측정방법이나 대용품이 없다. a) 공익이론은 시장이론과는 달리 가치를 대체할 대체물('가격')을 제공하지 못한다. b) 공익이론은 달성된 가치의 정도를 측정할 수 없는 경우가 종종 있다. 즉 선거인단 투

공익의 절대적 우월을 전제하지 않는 한 공익이라고 해도 사익과의 관계상 일정한 한계를 가질 수밖에 없다. 또한, 공익의 다양성을 인정하는 한 하나의 특수공익은 다른 특수 공익과 충돌할 수 있다. 이와 같이 이익충돌의 상황을 해결하기 위하여 이루어지는 것이 '이익 형량'(또는 이익조절)이다. 이익형량 가운데 하나의 특수 공익과 다른 특수 공익의 사이에는 한 단계 더 일반화된 공익을 모색하는 '공익의 일반화'가 이루어질 수 있다. 그러나 공익과 사익 또는 하나의 특수 공익과 다른 특수 공익 사이에 '충돌이익의 조절'을 위한 몇 가지 필수적인 고려사항이 있다. ① 문제되는 영역, ② 이익의 우선순위(중요성), ③ 보편성과 일반성 - 그러나 귀책사유 또는 비례의 원칙(본질적 부분의 보호) 고려, ④ 상위 목표 차원에서의 이익 상호 간의 이익조절, ⑤ 관련 이익의 정당한 대변, ⑥ 상호보완성의 인정, ⑦ 궁극적인 가치판단으로서의 적절한 균형 유지의 관점, ⑧ 특수공익 간의 충돌(이익조절) : 행정기관 간의 충돌 조정, ⑨ 이상적으로는 진정 이익(공익이든 사익이든) 사이의 이익조절 필요 등이다(최송화, 2002).

309) 공익의 역할에 대해서 김영종은 공익은 '정책 정당화의 기초'(정책 선택의 정당화, 이해 조정의 정당화, 정부 개입 근거의 정당화, 정책평가의 기준 등), '조직 관리의 토대'(조직 설치와 관리), '공직자 행동의 규범' 등의 역할을 한다고 주장한다. 이종수는 정책 과정에 있어서 '정책 정당화의 기반', '정책평가의 기준', '공직자들의 행동규범'으로서의 역할을 한다고 주장한다. 그러나 공익성의 유무와 정도를 측정할 수 있는 설득력 있는 객관적인 지표가 개발되지 않고 있어 논변적 접근에 의존할 수밖에 없다고 한다. 공익을 위한 대리지표(proxy indicators)의 개발과 사용을 추천한다(김영종, 2008 : 이종수, 2012)

표의 일부를 제외하고 '이윤'이나 '부'와 같은 투입과 산출의 인과관계가 분명한 단조지수monotonic index에 해당하는 것이 명확하게 존재하지 않는 것이 일반적이며, '가격균형'이나 '완전경쟁시장'에 버금가는 것도 존재하지 않는다. c) 공공가치에 대한 상호주관적 이해를 위한 수단에도 폭넓은 합의가 되어 있지 않다.

② 매우 쉽게 이해되고 표현되는 '완전경쟁시장 이상'과 '공익 이상'을 비교해 볼 때 공익 이상은 더 모호하며, 전제들을 연역해 나가거나 전제들을 귀납적으로 연결하는 것이 가능하지 않다. 분석적으로 복잡하게 얽혀 있는 공익이론의 숲에서 벗어나는 '하나의 길'은 없다. 공익 이상에서 나와 계산하고 분석하고 행동하는 특별한 길은 공익 이상이 어디에서 출발하는가에 따라 다르다.

공익이론의 분석적인 결점들 때문에 공익이론은 시장에 기반을 둔 가치와 집단적 결정이론과 경쟁하기는 어렵다. 공익이론 대비 시장이론은 분명 도덕적으로 조화되지 않는 것이 아니라, 분석적으로 불일치하는 것이다. 그래서 공익이론을 활용할 몇 가지 가능성을 제시한다. ① 페슬러의 주장에 따라 그 이상을 향유할 수 있다. 많은 사람이 받아들이고 다양하게 사용할 수 있도록 명확하게 표현되지 않는 이상poorly articulated ideal을 갖는다는 것도 가치 있는 일이다. ② 공익이론은 계속 개발할 가치가 있다. 이론적인 개요가 정확하지 않고 정확한 측정방법을 제시할 수 없는 경우에도 이론적인 윤곽이 유익하다면 유익한 접근방법이 된다. ③ 진정한 공익이론이 아니더라도 적어도 그들 이론에 많은 공통점을 지닌 보다 제한적인 중범위 이론middle range theories을 계속 개발할 수 있다. 보즈먼은 공공가치 매핑mapping

모델을 제시한다. ④ 규범적 공익론이나 공익이 최고의 윤리적 목표로 제시되기 때문에 모든 사람이 받아들이기 어렵다면 실제로 적용 가능한 공익이론을 계속 추구할 수 있다. 공익에 대한 '절차주의적이고 합의주의적' 접근방법은 선에 대한 수용 가능한 관념을 형성하는 데 도움이 되는 제도와 절차를 파악하는 것으로 초점을 바꾸는 것이다(Bozeman, 2019).

d) 실용주의적 공익이론

일반적으로 공익은 정치사상에의 두 가지 광범위한 전통이 연관되어 있다. 이들은 '자유주의적 공익관'과 '공동체주의적 공익관'이다.[310] 더글라스B. Douglass는 공익에 대한 공동체적 개념에 대해서 자유주의적 공익관이 역사적으로 우위를 차지한 것은 중세 봉건제도의 붕괴와 뒤이은 왕권의 남용으로부터 자유를 강력하게 요구하는 국민의 자유주의적인 민주적 주장에 의해서 제기되었기 때문이라고 한다. 그러나 공익에 대한 현대적 논의는 그 개념이 모호하게 사용되기 때문에 일반적으로 엇갈린 결과에 부딪쳤다.[311]

---

310) 전자는 공익에 대한 가장 우선적이고 확실한 지배적인 개념은 경제적 자유주의와 시장실패 이론과 일치하는 '공리주의자' 또는 '자유주의적 공리주의'의 전통이다. 경제적 개인주의의 전제에 부합되는 공리주의적 공익은 개인의 이익의 기계적 혹은 수학적 총합에서 직접 유래한다. 이들에 따르면 공동체 또는 공중은 어떤 의미에서 실제로 존재하지 않으며 개인의 이익이나 선호의 합계와는 별개의 어떤 이익이나 선은 있을 수 없다고 본다. 한편 후자는 역사적으로 그렇게 보편화되지는 않은 견해지만 공익을 우리가 알 수 있는 정치공동체를 구성하는 시민들이 공유한 '공동선'으로, 보다 사회적이고 공동체적으로 간주하는 것이다. 이 개념은 아리스토텔레스, 루소 등의 사상가와 관련되어 있으며 공공선의 도덕적이고 형이상학적인 개념에 더 초점을 맞춘다(Bozeman, 2019).

311) 아서 벤틀리(Arthur Bentley)는 공익에 대한 개념의 모호함과 '비과학적인' 특성 때문에 공익을 '유령개념(an idea ghost)'이라고 표현했고, 소라우프(Sorauf)와 슈버어트(Schubert)도 공공정책의 합리적 기준으로서 공익 개념의 비일관성과 무의미성에 대해서 비판했다. 그래도 소라우프는 권력정치에서 소외되고 소리 없이 침묵하는 사람들의 이익을 상징하는 공익의 가치를 인정해서 시민의 갈등을 질서 있게 해결해 주는 민주적 방법으로 수

플래스먼Flathman은 공익에 대해서 포괄적이고 보편적으로 타당한 서술적 의미가 없는 것을 비판했다. 하지만 이성적인 담론이 예상되는 정책 결과와 공동체 가치를 관련시키고, 그 관계를 '공식원리'에 의해서 검증할 때, 공익의 (서술적) 의미는 구체적인 전후 상황에 따라 결정될 수 있다고 주장한다. 이러한 공식원리는 공리주의적 원칙utilitarian principle과 보편화 가능성 원칙universalizability principle을 포함한다. 공리주의적 원칙은 공익추구자가 제안된 정책의 모든 결과를 탐색하는 원칙을 말하고, 보편화 가능성 원칙은 개인 이익을 공동체가 공유하는 가치에서 나온 규칙이나 행동 원리에 따라 일반화하고 종속시키는 원칙을 말한다. 플래스먼의 접근방법은 본질적으로 절차적이지만 공식원리에 의해서 공동체의 가치를 찾는 방법에 의존하기 때문에 공리주의 모델과 같이 총합적이지는 않다(그의 접근방법은 공익에 대한 절차적 해석 이상의 것이다).

미국의 실용주의 철학자 존 듀이John Dewey는 공공선에 대한 자유주의적 총계주의적liberal aggregationist 해석과 고전적인 개념화(공익을 개인 이익의 합을 초월하는 개념으로 보는 입장) 양자에 대한 대안으로 공익에 대한 흥미로운 개념을 제시했다. 듀이는 '공동체 가치의 역할'과 '공익의 상황적 특성'을 강조하는 플래스먼의 입장에 두 가지 중요한 요소를 추가한다. 과학 공동체의 이상적 작동을 모델로 하는 '민주적 사회탐구의 방법'과 이

용 가능한 '최소주의적(minimalist)' 공익 연대를 제안했다. 한편 다른 학자들은 공익이론에 덜 비판적이었으며 민주주의를 발전시키기 위한 공익의 잠재력을 더 인정하는 편이었다. 배리(Barry)는 공익을 '공중을 구성하는 구성원으로서 사람들이 공유하는 이익'이라고 하면서 공익은 시민의 사회적 역할과 지전적으로 관련되어 있다고 주장했다. 구딘(Robert Goodin)은 '① 사람들이 필수적으로 공유하는 이익으로 ② 사람들이 공중의 구성원으로 자신들의 역할에 의해 ③ 협력적인 공적 활동에 의해서 이익이 최대로 증진되거나 혹은 증진될 수 있는 경우에만' 정책이나 활동은 공익적이라고 주장한다(Bozeman, 2019).

과정에서의 '숙의·사회적 학습·관심의 전환'이라는 핵심적 요소를 추가한다. 듀이의 접근방법은 단일한 공익 개념에 초점을 맞추지 않고 '공공가치' 즉 실현되는 공익public interest in action에 초점을 맞추고 있다. ① 듀이의 공익 개념은 본질적으로 다소 절차적이지만 단순한 공리주의적 선호의 총합이나 개인 이익의 기계적 균형에 근거하지 않는다. 듀이의 접근방법은 또한 이익집단 간 투쟁의 결과로 나타나는 공익을 다원론적으로 하나로 통합하는 것도 피한다. 그는 어떤 경우에는 여러 사람의 '연대 활동'이 중요하고도 큰 공익을 창출할 수 있기 때문에 '연대 활동'이 집단의 문제에 조직적으로 관여하고 그 일을 재구성할 필요가 있다고 주장했다. ② 듀이의 공익의 이해는 고전적 의미에서 '공공선'에 대한 선정치적prepolitical 또는 형이상학적 개념을 전제하지 않았다. 그에 의하면 공익은 '사회적 탐구와 민주적 토론 및 숙의'의 작동을 통해 파악되는 것이다. 따라서 공익은 경제적이라기보다 정치적으로 구성되는 것이었다. 듀이의 견해에서 공익은 절대적이거나 보편적이거나 비역사적인 선(善)이 아니다. 연대 활동이 민주적인 공중으로 하여금 집단적으로 확인되고 정당화된 방향으로 나가고자 하는 (간접적인) 사회적 결과를 낳을 때 공익은 각각의 정책과 문제 상황 속에서 구성된다. 따라서 여러 시대와 장소에서 많은 공익이 있는 것처럼 많은 공중이 있을 것이다. 공익이론에 대한 '실용주의적 접근방법'은 '공공가치'에 대한 극히 중요하고 행동주의적 방향을 설정하는 데 매우 적합하고, 공공가치 기준에 발판을 제공한다(Bozeman, 2019).

다) 공공가치론

a) 예비적 검토 : 가치론

공공가치를 파악하기 위해서는 먼저 가치와 가치이론[312] 그리고 집단행동과의 관련성[313] 등을 검토해 보는 것이 유용하다. 여기서는 우선 가치와 가치이론을 검토한다.[314] 우리는 여러 가지의 경우에 여러 가지 판단을 내린다. 여러 가지 판단들은 그 기준 여하에 따라서 여러 가지로 분류할 수 있으며, 판단의 의미를 기준으로 삼을 때는 모든 판단을 사실판단fact judgements과 가치판단value judgements으로 나누어 볼 수 있다. 사실판단은 객관적으로 있는 사실을 사실 그대로 서술하는 판단이다. 그러나 가치판단은 대상에 대한 판단자의 평가적인 태도를 밝히고 있다는 점에서 사실판단과 그 의미가 다르다.[315] 이모티비스트emotivist인 카르납Rudolf Carnap과 에이어A. J. Ayer는 가치판단은 엄밀하게 따지자

---

312) 보즈먼은 가치라는 개념이 정치이론가·경제학자·심리학자·사회학자·철학자 등 다양한 사람들의 관심을 끌고 있으며, 이러한 다양한 관심을 두는 장점은 많은 학문 분야의 지혜가 매우 중요한 개념으로 집중되는 것이라고 보는 반면에, 그 단점은 학문 분야별 특정 통찰력을 가치연구에 끌어들임으로써 학문 분야별 언어의 특수성·가치 개념에 대한 다양한 관심과 상이한 분석적 전통도 거기에 끌어들이는 것이라고 한다. 이것이 가치의 의미와 개념이 어떻게 사용되어야 하는지에 대해 의견이 일치하지 않는 한 가지 이유라고 주장한다 (Bozeman, 2019).

313) 철학은 집단행동을 직접 정당화하는 데 목표를 거의 두지 않지만, 공중도덕을 정당화하는 문제에는 많은 관심을 둔다. 그러나 철학자들이 공중도덕을 정당화하는 데 매우 다른 다양한 접근방법들(의무론과 목적론)을 사용한다(Bozeman, 2019).

314) 가치(론)에 관해서는 깊이 있게 검토한 학자들이나 문헌들이 많지 않기 때문에 차제에 참고삼아 가치(론)를 조금 광범위하고 깊게 다루어 본다.

315) 역사적으로 오랫동안 대부분 철학자는 가치판단도 사실판단의 일종이라고 믿었으며, 일반 상식인들을 사실판단과 가치판단의 차이를 인식하지 못했다. 그러나 20세기에 이르러 명제 또는 발언의 의미를 논리적으로 분석하는 일을 철학의 중요한 임무로 생각하는 학자들이 나타나서 그들의 의미분석의 결론으로서 가치 판단과 사실판단의 논리적 성격의 차이가 크게 논의되기 시작하였다(서울대 출판부, 1997).

면 판단이 아니라고 주장한다. 명령문이나 감탄문 또는 외마디 부르짖음이 그렇듯이 가치판단은 어떤 감정 또는 욕망을 표명하는 발언일 뿐이요, 진정한 의미의 판단이라고 인정할 수 없다는 것이다. 이모티비스트와 정반대의 견해를 취하는 것이 자연론자naturalist이다. 자연론자인 존 듀이John Dewy나 페리R. B. Perry 등은 명령문이나 외마디 부르짖음에도 사실에 관한 지식을 전달하는 판단 기능이 들어 있기에 가치판단이 판단이 아니라는 주장을 부인한다. 이모티비즘emotivism과 자연주의설naturalism에 대해서 절충적인 입장을 취하는 스티븐슨C. L. Stevenson과 일상언어학파인 헤어R. M. Hare는 가치판단은 사실판단에서는 찾아볼 수 없는 의미와 기능을 가졌다고 보고, 예컨대 '도둑질은 악이다'라는 가치판단(도덕판단)을 내리는 사람은 도둑질에 관한 객관적인 사실을 서술하고 있음에 그치는 것이 아니라 어떤 행위에 대한 주체적 신념과 정의적 태도를 천명하고 있다는 것이다.[316]

가치판단의 논리적 성격의 문제는 '가치를 대상으로 하는 학문이 가능하냐?'라는 문제와 관계를 지녔을 뿐만 아니라, '가치의 본성(본질)은 무엇이냐?'는 물음과 관련된다. 우리는 우리 주변의 대부분의 사물에 대해서 가치가 있다고 인정한다. 이러한 물건에 대한 가치는 주로 교환가치와 사용가치로 구분한다. 교

---

316) 이모티비즘(emotivism)을 '정의주의(情意主義)'라고 번역한다. 그래서 에이어의 입장을 정의주의라 한다. 에이어는 평가적 발언에는 서술적(descriptive) 의미가 없고 오직 정의적(emotive) 의미만 있다고 본다. 또한, 일상언어학파인 헤어의 입장을 '규정주의(規定主義, prescriptivism)'라고 한다. 헤어는 평가적 발언에는 서술적(descriptive) 측면과 규정적(prescriptive) 측면이 있음을 인정하는 동시에, 규정적 측면이 평가적 발언의 의미를 구성하는 기본적 측면이라고 주장한다. 규정주의는 언어 자체를 서술적인 '비규정적' 언어와 평가적인 '규정적' 언어로 나누고, 규정적 언어(prescriptive language) 중에는 '명령문'과 '가치판단'이 포함된다고 본다. 규정적 언어 가운데 가장 단순한 구조를 가진 것이 명령문이다. 또한, 가치판단 속에는 도덕적인 것과 비도덕적인 것이 있다. 그래서 도덕적 언어는 규정적 언어의 일종이다(Pojman, 2011 ; 김태길, 1992).

환가치value in exchange는 해당 물건을 가지고 다른 물건과 교환할 수 있는 구매력을 의미하며 일반적으로 가격으로 표시된다. 사용가치value in use는 물건이 인간의 욕망충족 수단이기 때문에 물건의 사용적 측면에서 본 재화의 가치이며 해당 물건의 유용성 또는 효용성을 말한다.[317] 그런데 경제적 가치는 보통 우리들의 생활의 편리를 위해서 제공되기 때문에 도구적 가치instrumental value 또는 수단적 가치라고 한다. 도구적 가치는 그 자체가 목적이기보다는 다른 어떤 목적을 위한 수단으로서의 가치이다. 이에 반하여 본래적 가치intrinsic value 또는 본질적 가치는 그 자체가 귀중하고 그 자체가 목적으로 추구되는 가치이다. 본래적 가치는 도구적 가치의 근원이 되는 가치를 말한다. 철학자들이 '가치란 무엇이냐?'는 물음을 제기할 때는 그들이 염두에 두는 것은 이 본래적 가치의 문제이다.

(본래적) 가치의 본성(본질)에 관한 가장 기본적인 문제는 '가치라는 것이 실재하는 것이냐' 또는 '가치는 가치를 인정하는 주체의 태도 즉 평가evaluation라는 심리작용의 영향을 받아 생기는

---

[317] 경제적 가치를 교환가치와 사용가치의 구분할 경우 사용가치(value in use)는 재화를 사용 또는 소비할 때 재화의 유용성(usefulness) 또는 효용(utility)을 말한다. 사용가치는 일반적으로 효용을 기준으로 하므로 효용 가치와 동일한 개념으로 사용되지만, 양자가 반드시 동일한 것은 아니다. 사용가치를 효용 이외에 객관적인 유용성을 기준으로 측정할 수도 있기 때문이다.

교환가치의 본질을 논하는 학설을 가치론이라고 한다. (경제적) 가치론은 크게 고전학파의 '비용 가치설(cost of production theory)'과 한계효용학파의 '효용가치설(utility-value theory)'이 있다. 효용가치설은 재화의 효용(인간이 느끼는 주관적 중요도)을 교환가치의 본질로 보는 것이다. 이에 반하여 비용가치설은 한 재화의 양(가치)은 그 재화의 생산에 소요되는 다른 재화의 양(비용)과 등가(equivalent)의 관계를 이룬다고 보는 것이다. 이때 비용을 노동량을 기준으로 산출하면 하면 '노동가치설(labour-value theory)'이 된다. 노동가치설은 리카르도(D. Ricardo)에 의해서 제창되었고 마르크스(K. Marx)에 의해서 발진되었다. 효용가치설은 수관적 가치설(subjective value theory)이며, 비용 가치설과 노동가치설은 객관적 가치설(objective value theory)이다(박은태, 1994 ; 인터넷, 경제학사전 ; 인터넷, 두산백과).

것이냐'라는 물음이다. 전자는 '가치 실재론'이고 후자는 '심리학적 가치론'이다. 가치 실재론realistic theory of value은 가치를 '자연적인 성질'로 보거나 '초자연적, 형이상학적 성질'로 본다. 가치 실재론의 가장 소박한 형태는 가치를 일종의 자연적 성질로 보는 것이며(자연주의설), 또 다른 사람들은 가치를 자연을 초월하여 경험에 나타나지 않는 참된 세계(형이상학적 세계)의 특성이라고 보기도 한다. 가치 실재론은 당연히 가치판단을 사실판단의 일종으로 보아야 할 것이다. 심리학적 가치론psychological value theory은 인간의 심리작용이 가치형성의 근원이라고 본다. 페리Ralph B. Perry는 '가치란 어떤 사물이 관심을 끌었다는 사실로 말미암아 그 사물이 갖게 되는 특수한 성질'이라고 규정한다. 가치는 모든 종류의 사물이 관심interest의 주체와의 사이에 맺을 수 있는 일종의 관계relation라고 보는 것이다. 여기서 관심이란 '좋아하거나 싫어하는 상태·행동·태도 또는 경향'을 통틀어 일컫는 것으로서 호오(好惡) 또는 원불원(願不願)의 지향적인 태도를 가리키는 말이다.[318] 오늘날 무어Moore가 대표하는 '실재론'과

---

[318] 보우즈먼은 공공가치를 논의하기 위한 기초로서 가치와 가치이론을 다룬다. 그는 가치의 개념을 두 가지 가정을 전제해서 정의한다. 첫째의 가정은 가치는 평가적 판단 (evaluative judgement)을 나타낸다. 가치뿐만 아니라 선호·욕구·의견·태도 등 많은 개념도 평가적 판단에 포함시킨다. 둘째, 가치에는 인지적이고 감정적인 측면이 동시에 있다는 것이다. 사람들은 평가되는 대상에 대해 의식적으로 생각하고, 그 대상에 대해 적어도 어떠한 정보를 갖고 있으며, 그런 후에 그것에 대하여 감정적 또는 정서적으로 반응한다는 것이다. 좀 더 구체적으로 말해서 가치는 비교적 안정적이고, 행동에 영향을 미칠 강한 잠재력을 가지고 있으며, 변화하고 그렇더라도 깊이 생각한 후에만 변화하고, 자기 정체성을 정의하는 데 도움이 된다고 가정한다. 그래서 '가치'는 '하나의 대상이나 일단의 대상(그 대상은 구체적·심리적·사회적으로 구조화되거나 또는 이 세 가지 모두 결합된 것일 수도 있다)에 대해 인지적 요소와 감정적 요소 양자에 의해 특징지워 지며, 어느 정도 깊이 생각한 후에 이루어지는 복잡하고 광범위한 평가이며, 가치는 개인의 자아에 대한 정의의 일부이기 때문에 쉽게 바뀌지 않으면서, 또한 행동을 이끌어낼 수도 있다'고 정의한다(Bozeman, 2019).

김항규는 가치의 본질을 다음과 같이 규정한다. 첫째. 가치는 관심(interest)과 결부되어 있다. 여기에서의 관심은 욕구나 태도·선호 등과 같은 의미이다. 둘째 가치는 바람직한 것에 대한 관념이다. 가치는 인간이 관심을 두는 생활의 모든 측면에서 바람직한 것에 대한 사람

페리Perry가 대표하는 '심리학적 가치론'이 가장 큰 대립을 이룬다[319],[320] (서울대 출판부, 1997).

들의 관념이다. 가치는 해야 하는 것 또는 있어야 하는 것과 관련되는 관념이다. 호지킨슨(C. Hodgekinson)은 가치를 '좋은 것(good)'과 '옳은 것(right)'의 두 가지로 나누어 설명한다. 셋째 가치 개념은 본래 비교적 분명한 개념이었고 그 사용도 제한적이었으나, 학자들에 의해 점점 더 포괄적으로 사용하게 된 것이다. 가치란 원래 어떤 구체적인 사물의 경제적 또는 준경제적 가치를 의미했지만, 점차 아름다움·진리·옳음·좋음 등과 같은 추상적인 가치들을 의미하게 되었다. 넷째, 가치판단에는 그 판단의 출현을 가능하게 하는 일정한 근거로서의 전제가 있다. 이 근거에는 전통적인 규범, 각종 종교적 교리 및 다양한 이상적인 사상까지 포함될 수 있다(김항규, 2009).

[319] 현대의 가치철학에는 이 밖에도 '신칸트적 가치철학', '현상학적 가치철학' 등이 있을 수 있다. '신칸트적 가치철학'은 '타당성을 가지고 있는 모든 것은 가치이다'라고 하면서 '타당함'과 '가치'를 일치시킨다. '현상학적 가치철학'은 가치 심리주의와 가치 논리주의(신칸트주의) 모두에 반대하여 '가치는 지향적 정감의 작용 속에서 포착되는 객관적 성질'로 규정한다 (Hessen, 2010).

[320] 사제이자 쾰른대학 철학 교수였던 요하네스 헤센(Johannes Hessen)은 종교적 가치까지 포함한 광범위한 가치론을 전개한다. 헤센은 '일반적 가치론'과 '특수 가치론'(윤리학, 미학, 종교철학)을 구분해서 논의한다. 그는 가치란 '어떤 대상의 값어치에 의해서 그 대상이 우리의 가치감정을 제기하는 그러한 성질'이라고 주장한다. 보통 우리는 가치를 욕구를 충족시키는 그 어떤 것으로 정의할 수 있으며, 모든 가치는 일정한 욕구를 만족시키기에 적격인 것이다. 그러나 이 규정은 가치의 본질이 아니라 그 영적 결과를 규정하고 있다고 본다. 그래서 가치를 가지고 있다는 명제를 기준으로 해서 가치판단을 분석해 본다. 가치판단은 존재판단과는 다르다. 존재판단은 대상의 존재에 관계되며, 이는 이중적인 존재 즉 '용재(본질)'과 '현존(실존)'이 관련된다. 그런데 우리는 용재와 현존 이외에 아직도 제3의 계기를 대상에서 구별할 수 있으며 그것이 '가치 존재'이다. 오늘날 철학은 가치와 존재의 분리를 일반적으로 완수하였다. 어떤 대상의 가치 규정은 객관적인 존재 규정들보다도 인식하는 주관에 대해 더 내면적인 관계에 있다. 이를 '주관(주체)의 연관성'이라고 한다. 가치는 언제나 누군가에 대한 가치이다. '가치'는 가치를 느끼는 주관과의 관계에서 사물에 어울리는 그 '사물의 성질'이다. 그런데 여기서 주관연관성은 판단하는 개별적인 주관이 아니라 어떤 보편적 주관(주관 일반)이다.

다른 한편 우리는 가치를 가치 이념(가치의 본질성)의 측면에서 규명할 수도 있다. 우리는 대상들을 세 가지 등급으로 나눌 수 있다. '감성적 대상', '초감성적 대상(형이상학적 대상)', '비감성적 대상(관념적 대상)'들이다. 두 가지 후자들의 징표는 비실재성(현존[실존]이 없는 용재[본질]이다), 무시간성(시간적인 생성과 소멸의 바깥에 있다), 객관성(실재적 질서는 아니더라도 객관적인 질서를 나타낸다)이다. 그리고 마지막 '관념적 대상(비감성적 대상)'의 세계는 주관(주체)과 관련되어 있다. 즉 이 세계는 정신을 통해서, 그리고 정신에 대해서 존립한다. 가치는 관념적 대상의 등급에 속한다. 그것의 존재 방식은 '관념적 존재' 또는 '타당함'의 방식이다. 가치의 정태적·존재론적 관점에서는 가치는 '관념적 존재'이고, 동태적·기능적 관점에서는 가치는 '타당함'이다. 이렇게 가치를 가치 이념 면에서 파악하면, 가치는 '추상적인 관념'으로 존재하고(실재하지는 않는다), 가치는 '객관성'을 가시며(주관 연관성은 있지만, 초개인적 또는 객관적 타당성을 가진다), 가치는 '절대성'을 가진다(평가하는 주관과 관계가 있지만, 정신 일반에 대한 타당성을 의미하는 절대적 타당성을 가진다). 그러나 여기서의 객관성과 절대성은 타당성의 측면이다.

가치의 유형은 몇 가지 기준에 의해서 구분할 수 있다.[321] 첫째, 카플란A. Kaplan은 가치문제가 논의되는 '상황'을 기준으로 해서 가치를 '개인적 맥락', '표준적 맥락', '이상적 맥락'으로 나누어 설명한다. '개인적 맥락personal context'에서의 가치는 특정 정책문제에 대한 해결을 지지하거나 찬성하는 경우와 같이 개인의 입장·선호·욕구 등을 통해 가치를 파악하는 것이다. '표준적 맥락standard context'에서의 가치는 어떤 특정 집단이 어떤 가치를 가지고 있다는 방식으로 표현하는 경우와 같이 가치를 기준이 되는 상황·맥락과 관련하여서 파악한다. 예컨대 '흑백인 혼용 통학버스 제도는 중류층 시민들의 눈에는 나쁜 정책으로 비친다'와 같은 식으로 표현된다. '이상적 맥락ideal context'에서의 가치는 가치판단 기준으로서의 가치로서 개인적 선호나 특정 집단의 가치를 초월한 가치를 의미한다. 사회적 형평성 등 행정의 기본가치는 이상적 가치의 대표적인 예이다(김항규, 2009).

둘째, 호지킨슨Christopher Hodgekinson은 다양한 가치 간의 혼란을 방지하고 가치 갈등의 해소를 위한 근거를 마련해 주기 위해서 가치 유형의 분석 모형을 제시하고 있다. 〈유형Ⅰ〉, 〈유형Ⅱ-A〉, 〈유형Ⅱ-B〉, 〈유형Ⅲ〉 등이다. 그는 우선 가치의 분류기준을 두

요하네스 헤센은 자신의 가치론을 한편으로는 이념적 또는 순수한 가치의 실체화를 피하고, 다른 한편으로는 가치의 현실 연관성을 강조하기(가치만 보고 현실을 무가치하게 만드는 '가치 관념론'과 존재만 보아서 가치를 존재화하는 '가치 실재론' 사이에 진정한 중간을 지키려고 함) 때문에 '제한된 플라톤주의'라고 말한다(Hessen, 2010).

321) 가장 간단한 가치 유형의 분류는 주관적인 것과 객관적인 것이다. 가치에는 '주관적 차원에서 정의되는 가치'와 '객관적 차원에서 정의되는 가치'가 있다. 주관적 차원에서 정의되는 가치란 평가하는 사람의 입장에서 그것에 대해 행해지는 가치판단이다. 그러나 이러한 가치판단은 다른 사람들 사이에서나 또는 동일한 사람의 내부에서도 갈등을 야기하는 수가 있다. 객관적 차원에서 정의된 가치란 좀 더 절대적인 척도로서 가치를 생각하는 것이다. 사람들이 그것을 소망하고 있는가의 여부와는 관계없이 어떤 것은 정당한 것으로 지지되어야 할 것이라고 하거나, 어떤 것은 본래적으로 옳지 않은 것으로서 지지되어서는 아니 된다고 하는 것이다(김항규, 2009).

가지로 정한다. '옳은 것right'과 '좋은 것good'이다. 이들은 바람직한desirable 것과 바라는desired 것으로 구분될 수 있고, 의무론deontological과 가치론axiological으로 구분될 수도 있다. 다시 말하면 옳은 것right – 바람직한desirable 것 – 의무론deontological 간에 연계성이 있고, 좋은 것good – 바라는desired 것 – 가치론axiological 간에 연계성이 있다고 본다. '바라는 것'은 즐거운 것, 유쾌한 것, 좋아하는 것 등을 의미하며 자연적인 선호의 문제와 관련된다. '바람직한 것'은 적절한 것, 도덕적인 것, 의무적인 것 즉 간단히 당위적인 것이다. 이들 가치를 다시 가치판단의 근거ground of value, 심리적 능력psychological faculty, 철학적 지향philosophical orientations, 가치의 수준value level에 따라 구분해 본다. 이들 가치의 유형을 전체적으로 분류해 보면 '옳은 것right'과 관련되는 가치는 〈유형 I〉·〈유형 II-A〉·〈유형 II-B〉의 가치이고, '좋은 것good'과 관련된 가치는 〈유형 III〉의 가치이다. 개별적인 유형에 관해서 설명하면 〈유형 I〉의 가치는 가치의 수준이 초합리적이며 이성을 초월하지만, 원리의 인정에서 나타나는 확신을 내포하고 있다. 〈유형 I〉의 가치는 가치판단의 근거를 '원리principles'에 둔다. 원리는 형이상학적이며, 때로는 윤리적 강령·명령·계율의 형태를 띠기도 한다. 이들 가치는 다른 유형의 가치에 비해서 절대성을 가진다. 〈유형 I〉의 가치는 심리적으로는 의지the will에 호소한다. 그래서 강한 의미에서 의욕적이며 '의욕conation'을 중요시한다. 〈유형 I〉의 가치는 그 철학적 성향에 있어서 형이상학적 내지 초합리적이기 때문에 종교적 체계(정통파 종교 또는 모택동주의나 마르크스레닌주의와 같은 정치적 이데올로기)로 성문화되기도 한다. 또한, SS 친위대나 실존주의처럼 비합리적 또는 반합리적 성향을 띨 수도 있다. 〈유형Ⅱ〉의 가치는 그 가치판단의 근거를 '결과cosequence'에 두거나 '합의concensus'에 둔다. 전자는 현안이 되어 있는 가치판단에 수반되는 합리적 분석에 의해서 '미래의 결과적인 상태'가 바람직하다고 주장되기 때문에 〈유형Ⅱ-A〉로 분류된다. 후자는 가치가 주어진 상황에서 다수의 의지와 일치하는 것이라고 보는 것이며, 이는 '합의'에 근거를 두는 것으로 〈유형Ⅱ-B〉로 분류된다. 〈유형Ⅱ〉의 가치의 전반적인 수준은 합리적rational이고 사회적social이다. 〈유형Ⅱ〉의 가치는 심리적으로는 인간의 추리 능력에 기초하는 것으로서 인간의 이성과 사고 즉 '인지 능력cognition'을 중시한다. 철학적으로는 인도주의·공리주의·실용주의·자유민주주의 등의 관점과 부합되는 가치이다. 〈유형Ⅲ〉의 가치는 가치판단의 근거를 '선호preference'에 둔다. 좋은 것의 근거는 좋아하기 때문이다. 이 가치들은 세계가 있는 그대로이고 그 이상도 아니기 때문에 정당화될 수 있는 원초적인 것(자연적인 사실)이다. 〈유형Ⅲ〉의 가치는 '감정affect', 정서, 느낌을 중요시한다. 이들 가치는 정서적 구조emotional structure에 근거하고 있어서 감정적이고 개별(특수)적이고 직접적이다. 〈유형Ⅲ〉의 가치는 기본적으로 비사회적asocial이고 쾌락주의적hedonistic이며, 논리적 실증주의와 행태주의로 환원되는 것들이다. 극단적인 경우에는 결국 모든 가치를 정의적 선호의 표현이라고 주장할 수 있다. 이들 가치의 철학적 지향은 포스트모더니즘, 행태주의, 실증주의, 쾌락주의와 가깝다(Hodgekinson, 2008).

셋째, 가치에 관한 포괄적인 설명을 제공하는 헤센Johannes Hessen은 가치를 두 가지 관점에서 구분한다. '형식적인 관점'과 '질료적인(실질적인) 관점'이다. '형식적인 관점'에서는 ① '긍정적' 및 '부정적' 가치이다. 긍정적 가치와 부정적 가치(무가치)가 있다. ② '인격 가치'와 '물건 가치'이다. 인격적 가치는 인격적 존재에만 어울리는 가치이고(윤리적 가치가 대표적이다), 물건 가치는 비인격적인 대상들에 부착되는 가치이다. '상품'으로 표현되는 물건들의 가치이다. ③ '자기 가치'와 '도출된 가치'이다. 자기 가치는 모든 다른 가치에서 독립해서 자기의 가치 성격을 갖는다. 이른바 본래적 가치이다. 도출된 가치는 다른 가치와의 연관성 속에서 도출된다. 이른바 도구적 가치이다. 가치를 '실질적인(질료적인) 관점'에서 분류하면 크게는 '감성적 가치'와 '정신적 가치'로 분류할 수 있다.[322] 첫 번째 유형의 '감성적 가치'는 '쾌적 가치(쾌락 가치)', '생명력 가치', '유용성 가치' 등으로 구분한다. ① 쾌적 가치는 쾌락주의적 가치라고도 불린다. 이것은 쾌락 또는 만족의 감정을 일으키기에 적합한 모든 것들(음식, 음료 등)이다. ② 생명력 가치는 그 담지가가 가지고 있는 자연적 의미의 생명이다. 여기에는 생명력, 건강 등이 속한다. 니체는 주지하는 바와 같이 이 가치들을 최고의 것이요 유일한 것으로 보았다. 그는 윤리적 생물주의 또는 자연주의를 변호한다고 할 수 있다. ③ 유용성의 가치는 경제적 가치와 일치한다. 이 가치는 우리의 생활필수품을 충족시키는 데 이바지하는 모든 것(의, 식, 주 등)과 이러한 재산을 생산하는 데 이바지하는 수단을 포괄한다. 이러한 가치는 일반적으로는 도구적 가치로 본다. 두 번째 유형의 '정신적 가치'는 '논리적 가치', '윤리적 가치', '미적 가치', '종교적 가치' 등으로 구분한다. ① '논리적

---

322) 감성적 가치는 하위의 가치로서 감각적이고 물질적이며 주관적·상대적 가치이고, 정신적 가치는 상위의 가치로서 정신적이고 비물질적이며 객관적·절대적 가치이다(Hessen, 2010).

가치'는 두 가지가 관계된다. 그것은 '인식의 기능'과 '인식의 내용'이다.[323] ② '윤리적 가치' 또는 윤리적 선의 가치는 가장 중요한 가치로서 여러 가지 본질적 특성이 있다.[324] ③ 미적 가치 또는 미의 가치[325]는 광의로는 탁월함, 비극성, 사랑스러움 등도 포함한다. ④ 종교적 가치 또는 신성한 것의 가치[326]는 당위가 부착

---

[323] '인식의 기능'과 관련되는 경우에는 우리는 인식, 지(知), 진리의 소유 및 이것의 소유를 향한 노력을 가치로서 고려한다. 이 경우에 논리적 무가치는 무지, 오류, 진리에 대한 부족한 관심, 진리를 향한 노력의 결핍 등이다. 그러나 논리적 가치는 '인식의 내용'에 대해서도 생각할 수 있다. 이때의 논리적 가치는 진(眞)과 위(僞)라는 대립의 쌍 아래 떨어지는 모든 것이다. 모든 참된 판단, 모든 바른 명제는 논리적 가치이다. 여기에서는 '진리 자체'가 가치로서 파악된다. 그러나 가치의 영역은 비이론적인 영역이다. 가치의 영역은 정신의 정서적 측면과 관련된다. 그래서 참된 판단 중 '이론적 영역'은 제외된다. 참된 판단 이를테면 '2의 2배는 4이다'라는 명제는 오성에만 관련되며 논리적-이론적 영역이라고 할 수 있다. 여기서도 근원적인 대립성(진과 위의 이원성)이 지나간다. 그러나 이러한 논리적-이론적 영역은 '가치 질서'라기보다는 '이념(관념)의 질서'로 표시해야 할 것이다(Hessen, 2010).

[324] 윤리적 가치는 첫째, 그것의 담지자가 사물이 아니라 오로지 '인격'이다. 둘째, 언제나 '실재적인 담지자'에게 담지되어 있다(미적 가치는 일종의 가상 현실을 나타낸다). 셋째, '절대적 요구'의 성질을 가지고 있다. '너는 마땅히 해야 한다'라는 것은 이 요구로부터 출발한다. 이 요구는 절대적 의무력을 소유하지 않는 미적 가치와 구별된다. 넷째, '보편성'을 요구한다. 그것은 개별자들에 의해서 뿐만 아니라 모든 인간에 실현되기를 요구한다. 다섯째, '전체성'을 요구한다. 말하자면 윤리적 가치는 우리들의 전체 인생을 지도할 척도로서 우리에게 다가온다. 전체 인생에서 윤리적 가치에 모순되는 어떠한 것도 일어나서는 안 된다는 것이다. 여섯째, 그것이 풍부한 가치 내용을 포함하고 있다 할지라도 그 자체로서는 '형식적'이다. 윤리적인 선은 우리들의 '사랑'에서 또는 우리들의 '가치 존중'에서 나오는 올바른 질서이다. 윤리적 선의 본질은 더 높은 가치를 선호하는 데 있다고 할 수 있다(Hessen, 2010).

[325] 미적 가치의 본질적인 징표는 첫째, 미적인 것은 인격뿐만 아니라 대상 일반(물질, 관념 등 포함)에 부착되어 있다. 둘째, 미적 가치는 본질상 가상에 근거하고 있다. 미적 현실은 가상의 현실이다. 그래서 '행위의 가치'인 윤리적 가치와 달리 '표현의 가치'라고 할 수 있다. 셋째, 미적 가치는 '직관적 소여'이다. 이것은 어떤 개념 또는 대상이 가지는 개념적인 어떤 것이 아니라 우리에게 직접적으로 주어져 있는 직관적으로 체험된 것이다(윤리적 가치는 그것의 가장 깊은 본질에 있어서는 결코 직관적일 수 없다). 이것은 (모든 가치를 파악하게 되는) 보편적인 직관이 아니라 (어떤 방식으로든지 감각적으로 지각하게 되는) 미적 직관이다(Hessen, 2010).

[326] 종교적 가치의 특징은 첫째, 가치이면서 존재 또는 '존재하는 가치'이다. 둘째, 특별한 그리고 특수한 가치의 질이다. 신성한 것은 여타의 가치의 덕택에 살지 않고 '특별한 가치의 질'을 나타낸다. 셋째, 신성한 것의 존재 성격 및 가치 성격이 근거하는 곳은 그것의 '초월성'이다. 넷째, 신성한 것은 초월성을 갖고 있지만 다른 정신적 가치와 어떤 내면적인 관계('토대 정립의 관계')가 존재한다(Hessen, 2010).

되어 있지 않다. 그 이유는 우리가 그것을 실현할 수 없고 실현할 필요도 없기 때문이다. 이 가치는 현실이며, 당위 가치가 아니라 존재의 가치이다. 이 가치는 윤리적 가치와 날카롭게 구분되고 동시에 미적 가치와 가깝다. 이러한 가치들은 서로 차이가 날 뿐만 아니라 서열 순서를 가지고 있다. 또한, 가치는 현실적으로 실현되며, '객관적 과정으로서의 가치실현'은 개별적 인간의 생의 의미 또는 인간사회의 문화 속에서 이루어지고, '주관적인 체험으로서의 가치실현'은 긍정적 또는 부정적인 방향에서 이루어진다.[327]

---

[327] 가치 문제와 관련되는 것이 '당위' 문제이다. 여기서 가치와의 당위의 관계를 밝혀 보면 다음과 같다. 일반적으로 가치와 당위의 본질 관계에 관해서는 당위가 가치의 토대를 세우는 것이 아니라 역으로 가치가 당위의 토대를 세운다고 본다. 그래서 '모든 당위는 가치에 기초를 두지 않으면 안 된다'고 본다. 그러나 당위의 계기가 가치 자체의 본질에 속하는 것인가? 또는 당위의 계기가 그 근거를 가치의 어떤 다른 것에 대한 연관성 속에 가지는 것인가? 에 관해서는 의견이 갈라진다. 하르트만(N. Hartmann)에 의하면 당위의 계기는 가치의 본질에 함께 속한다. 그는 당위를 '이상적인 존재 당위(순수한 존재 당위)', '활동적인 존재 당위', '행동 당위' 등 3가지로 구분한다. '이상적인 존재 당위'는 '그것이 마땅히 존재해야 한다'는 것을 의미한다. '활동적인 존재 당위'는 당위 존재자의 비존재를 주어진 현실 속에서 전제하며, 그것은 이상적인 영역을 떠나서 실재적인 영역으로 뻗쳐 들어가는 것을 의미한다. 그리고 여기서 인식하는 그리고 의욕하는 주관과 마주치면 '행동 당위'가 된다. '행동 당위'는 '그것은 마땅히 행해야 한다'는 것을 의미한다. 하르트만에 의하면 '이상적인 존재 당위'가 기본적인 것인데 이것은 가치 자체의 본질에 속한다고 본다.

셀러(M. Scheler)의 관점은 다르다. 가치는 어떠한 당위 계기도 포함하지 않는다. 그는 당위를 '이상적 당위(관념적 당위)'와 '규범적 당위(의무 당위)'로 구분한다. 전자는 예컨대 '부정은 존재하지 않아야 한다'라는 명제 속에, 후자는 '너는 부정을 행하지 않아야 한다'라는 명제 속에서 그 의미가 나타난다. 그런데 '관념적 당위'는 가치와 실재성의 관계 속에서 본질적으로 그 기초를 확립한다. '관념적 당위'의 존재는 가치가 가능한 실재 존재를 근거로 고찰되는 한에서 '가치에 접근한다'는 견해를 가진다.

가치와 당위에 관한 논의는 특히 윤리적 가치에 관해서 중요하다(미적 가치는 절대적인 의무력이 없는 것이 그 특징이며, 신성(神性)의 가치는 존재와 가치가 일치하는 '존재하는 가치'이기 때문에 당위는 그 의미가 없다). 그런데 우선 도덕적인 것의 본질은 당위가 아니라 가치 속에 있다. 그리고 가치가 실재성에 관계를 맺는 한 당위는 가치의 본질에 속한다고 본다. 결론적으로 자율적인 윤리적 가치가 존재하기 때문에 자율적인 윤리가 존재한다(윤리적 가치의 당위 요구를 설명하기 위하여 초월적인 기관으로 소급할 필요는 없다). 그래서 윤리적 가치에 고유한 의무를 지우는 힘은 그 본질 속에 토대를 가지고 있다. 요컨대 도덕적 당위(도덕적으로 선한 것에 의무를 지우는 힘)는 세 가지 차원을 가진다고 볼 수 있다. 첫 번째 차원은 가치 속에 직접적으로 포함된 당위를 나타낸다. 두 번째의 보다 깊은 차원은 당위에 의해서 제기된 (그것의 품위가 도덕적 결단에 걸려 있는) 인격성에 놓여 있다. 세 번째

b) 공공가치

 이상(理想)으로서 공익은 공공문제를 숙의하는 좋은 출발점을 제공하지만, 그것을 행동으로 옮기기는 데는 구체적인 개념을 필요로 한다. 공공가치는 이러한 목적에 유용하게 사용될 수 있다고 한다. 일반론적으로 공공가치는 공공성과 가치의 결합이라고 할 수 있기 때문에 공공가치를 광범위하고 다양한 차원에서 검토할 수 있을 것이다(앞으로 많은 연구가 필요한 영역이 될 수 있다고 생각한다). 그러나 보즈먼Bozeman은 공공가치를 현실 사회에서 중요하게 고려되는 법률적·정책적 가치에 한정해서 검토한다. 보즈먼은 공공가치를 ① 시민이 당연히 가지는 권리, 혜택, 특권, ② 시민의 사회와 국가에 대한 의무, 시민·사회·국가 상호 간의 의무, ③ 정부나 정책이 근거해야 하는 원칙들에 관한 규범적 합의를 제공하는 것들이라고 주장한다. 또한, 보즈먼이 말하는 공공가치는 '한 국가나 사회의 공공가치'다. 물론 시민들은 자신들의 사리사욕적인 사적 가치와 이와는 다른 공공가치를 가질 수 있다. (그러나 여기서 공공가치가 사적 가치보다 더 이타적이냐 아니냐 하는 것은 정책이나 그 관리와 특별한 관련이 있는 것은 아니다). 오히려 개인적 가치를 주의 깊게 고려하는 것 자체가 중요한 공공가치가 될 수 있다.

 개인적인 공공가치를 포함해서 개인의 가치를 알아내는 것은 실질적으로 큰 어려움은 없다. 그러나 사회의 공공가치를 알아내기는 좀 어렵다. 비록 일반적인 합의가 되어 있는 공공가치를 발견하지는 못하더라도 공공가치를 파악할 수 있는 몇 가지 방

로 가장 깊은 차원은 당위의 배후에 놓여 있는 (당위 속에서 자신을 알리는) 인격적 신의 성스러운 의지도 관련된다(Hessen, 2010).

법을 살펴보면 '직관에 의한 공공가치의 탐색', '다원적 사회에서의 공공가치의 탐색', '학술 문헌에 의한 공공가치의 탐색' 등이 있다.[328] 보즈먼은 공공가치를 경제적 가치와 대조시킨다. 그는 공공가치의 기준을 발견하기 위해서 공공가치 매핑public value mapping, PVM 모델을 제시한다. PVM 접근방법은 '공공가치 실패'를 찾아내고자 하는 것이며, 공공가치 실패는 시장이나 공공부문에서 공공가치 실현에 필요한 재화나 서비스를 제공하지 못할 때 발생한다고 본다. PVM은 (일종의 비용편익 분석과 같은)

---

[328] ① 직관의 역할에 관해서 일부 학자들은 직관은 편견을 강화시키고 진지한 비판적 평가를 약화시키기 때문에 이성적으로 판단하고 평가하는 데 있어서 비판적이다. 그러나 다른 학자들은 직관의 중요성과 가치판단에서 직관을 제거하는 것이 거의 불가능하다고 주장한다. 센(Sen)은 직관이 우리가 혐오스러움을 느끼는 이유를 분명하게 말해 주지는 않지만 혐오스러운 것이 무엇인지를 판단하는 데 특히 영향을 미친다고 주장한다. 가치판단이 감정적인 요소를 포함한다는 견해에 동의한다면 공공가치를 탐색하는 데 가장 좋은 방법 중 하나는 무엇이 혐오스럽고 그러한 반응이 공공가치에 대해 무엇을 의미하는지 판단하는 것이 좋다.

② 매우 차별화되고 다양화된 사회에서는 공공가치에 대해 근본적인 의견의 불일치가 있다. 매디슨(James Madison)은 '상이한 시민계층에서는 상이한 이해관계가 존재한다'고 말한다. 또한, 유럽과 달리 미국에서는 엘리트들 사이에 가치관이나 이념적인 합의조차 많지 않다. 대부분 미국인에 존재하는 몇 가지 합의 중의 하나는 미국인들이 개인적인 권리에 강한 가치를 부여하지만, 공동선에 대해서는 그만큼의 가치를 부여하지 않는다는 것이다. 그리고 대부분의 나라와 비교해서 미국의 정치체제의 장점은 갈등을 수용할 수 있도록 구조화되어 있다는 점이다. 선거가 완벽한 것은 아니지만 다원 사회에서 선거는 공공가치의 지표로 사용할 수밖에 없다. 또한, 시민들의 가치를 파악하기 위한 가장 분명하고 유효한 접근방법은 여론조사이다. 여론조사나 시민의 의견 수렴은 최근 새로운 인터넷과 통신기술의 발달로 점점 더 폭넓게 사용될 수 있을 것이다. 그러나 여론은 종종 공공가치에 관한 의견이기는 하지만, 그 시간적인 지속성이 다르다. 여론은 그 관심사와 향배가 매우 유동적인 반면에, 공공가치는 훨씬 더 안정적이다. 또한, 여론조사가 매우 편리한 방법이지만 간단하게 물어보는 일반적인 접근방법은 의문점도 많다.

③ 최근 많은 행정학 문헌들은 그 관심을 공익의 철학적 논의에서 공공성과 공공가치를 찾는 것으로 옮기기 시작했다. 공공가치란 주제가 공익이론과 양립할 수 있을 뿐만 아니라 공공가치에 관한 연구 활동을 공익에 관한 실용주의적 접근방법과 연계시킨다면 공익이론을 명확히 하고 발전시키는 가장 좋은 지름길 중의 하나이다. 공공가치를 연구하는 행정학자들은 다양한 접근방법을 사용한다. 한 가지 접근방법은 공공가치를 추론하지 않고 공공가치를 있는 그대로 받아들이는 것이다. 앤더슨과 요르겐슨(Anderson & Jorgenson)은 덴마크에서의 공공가치에는 '적법절차', '책임성', '복지제공' 등이 포함되어 있다고 결론짓고 있다. 공공가치가 이렇게 공식인 의사결정에 스며드는가에 초점을 맞추거나 공공관리와 관련하여 공공가치를 검토하기도 한다. 또 다른 하나의 접근방법은 행정학과 정치학 문헌으로부터 공공가치의 목록을 개발하는 것이다. 이러한 문헌에서 분야별(범주별)로 공공가치의 후보들을 추출하는 것이다(Bozeman, 2019).

의사결정의 도구가 아니라 공공가치 (그리고 경제적 가치와의 관련성)에 대한 숙의를 증진하기 위한 틀이라고 주장한다. 공공가치의 실패는 핵심적인 공공가치가 시장이든 공공정책이든 사회적 관계에 반영되지 않을 때 발생한다. 그러나 여기서 나오는 공공가치의 기준은 일단의 표준적인 공공가치 기준은 아니다. 단지 유일하게 주장할 수 있는 것은 이러한 기준이 많은 사회적 의사결정을 지배하고 있는 일반적인 시장실패 기준에 보완적인 도움을 줄 수 있다는 것이다. 보즈먼은 미국의 경우를 중심으로 구체적인 공공가치의 기준을 제시한다. 그는 공공가치의 기준을 '가치 표명과 결집', '합법적 독점', '불완전한 공공정보', '편익의 배분', '공급자 이용 가능성', '시계(視界)', '자원의 대체 가능성 vs. 자원 보존', '인간의 존엄성과 최저생활에 대한 위협' 등으로 제시한다.

첫째는 '가치 표명과 결집 메커니즘'의 문제다. 이 기준은 정치적 과정과 사회적 응집성이 공공가치를 효과적으로 소통하게 하고 실현하는 데 충분해야 한다는 것을 의미한다. 이 기준에 의하면 공공가치의 실패는 정책 결정 과정의 결함 때문에 발생한다. 가치를 표명하고 그것을 결집하지 못할 때 좀 엉성하지만 유익한 방법은 정책의 결과를 표출된 여론의 맥락에서 검토하는 것이다. 여론과 정책결과 사이의 불일치가 있다고 해서 반드시 공공가치 실패는 아니다. 그러나 의원들과 공적 행위자들이 주류와 상충되는 가치를 강하게 대변하는 정치단체들의 선거자금·기부금에 의존한 결과 공공가치와 공공정책의 불일치가 발생하였다고 하면 공공가치 실패가 발생하였다고 할 수 있다(총기 규제). 가치 결집으로 인한 또 다른 공공가치 실패는 가치 결집의 역할을 하는 정치인들이 사회의 핵심 가치들을 대변하지 못할 때 발생한다. 1950년대에는 연방의회의 연공서열제와 비경쟁 지역의 지도자가 결합되어 극단적인 가치관을 가진 소수의 위원장이 시민적 인권과 다른 이슈를 막는 '입법 병목현상'을 초래하였다(남부연합solid south). 공공가치들이 표명되기 어려운 또 다른 이유는 정당의 충원이 일반 대중들보다는 극단적인 후보들로 채워지는 결과로 끝나기 때문이며(Ryden, 1996), 민주당 후보는 보통의 민주당 유권자보다 진보적인 경향을 띠고, 공화당 후보는 보통의 공화당 유권자보다는 보수적인 경향을 띤다고 한다(McClosky, 1964). 의원들은 공공이슈에 대해 많이 배운 전문가들이기 때문에 일반 유권자와 의견이 다를 수 있지만, 사회의 주류와 다른 가치를 지닌 사람들이 만든 정책으로 정치적 충원이 조직적으로 이루어질 때 공공가치가 실패할 가능성이 크다.

둘째는 '합법적인 독점'의 파괴다. 이 기준은 재화와 서비스가 정부 독점에 적합하다고 여겨지는 경우 재화와 서비스의 민간 공급은 합법적 독점을 해친다는 것이다. 어떤 경우에는 재화와 서비스 공급에 대한 정부의 합법적인 독점을 깨뜨림으로써 공공가치가 실패한다(일급우편물). 더 중요한 합법적인 정부 독점과 관련된 문제도 있다. 미국 정부는 외교정책을 독점한다. 제임스 윌슨James Willson은 국가와 타국과의 교섭 관계의 특징을 주권거래soverign transactions라고 표현했다. 그러나 정부 독점의 붕괴 사례는 제스 잭슨Jesse Jackson 목사의 유고슬라비아와의 중재, 지미 카터Jimmy Carter의 이라크에서의 중재 등이다. 불완전한 목섬 때문에 공공가치 실패가 생길 수도 있는 또 다른 예는 치명적인 무력을 사용함에도 불구하고 정부가 배타적인 독점권을 계속 유지할 수 없는 경우이다(자경단원들의 행동vigilante action, 아미쉬Amish 아이들의 살해 등). 이러한 폭력적 행위들이 개인적인 부적응보다는 사회적 관계나 무기 정책의 실패와 관련되는 한 이는 공공가치 실패의 한 측면이라 할 수 있다.

셋째는 '불완전한 공공정보'와 관련된다. 이 기준은 시장실패의 기준처럼 공공가치도 시민들이 잘 판단하게 하는 투명성이 부족할 때 실패할 수 있다는 것이다. 불완전한 정보는 당사자가 이용 가능한 정보의 양 보다는 정보의 균형과 관련된다. 이는 정보의 비대칭성과는 다르다(정보의 비대칭성은 대단히 편파적인 경향을 띤다). 공적 활동과 관련하여 정책결정자와 공무원은 거의 언제나 시민보다 더 많은 정보를 보유한다. 정책 결정이 아주 투명할 경우 시민들은 감시하고 정책 대안에 관해 판단할 수 있다. 그러나 정책 결정이 비밀스럽게 행해지면 '불완전한 공공정보'가 생기게 되고 공공가치 실패의 가능성이 매우 커진다. 불투명한 정책개발의 예는 부시 행정부 제1기 때의 에너지 정책에 관한 논의다(체니 부통령이 주도한 에너지 태스크포스). 에너지 정책 포럼이 반드시 명백한 불법성이 없더라도 불완전한 공공정보라는 공공가치 기준을 침해하였다는 것은 명백하다. 불완전한 정보라는 기준은 PVM 접근방법의 다른 기준처럼 예상되는 공공가치 실패를 확증하기 위해서라기보다 그런 실패 현상이 초래될 수 있다는 경고를 보내기 위해서 사용될 수 있다.

넷째는 '편익의 배분'에 관한 문제이다. 이 기준은 공공재와 서비스는 다른 조건이 동일하다면 무상으로 공정하게 배분되어야 하며, '형평재'를 개인이나 집단들이 차지하게 되면 공공가치를 위반해서 '편익 독차지'가 발생한다는 것이다. 고전적인 시장실패 문제는 외부성 혹은 파급효과이다. 외부성의 비용과 편익은 효율적으로 가격이 형성되는 것을 방해하고, 결국 시장실패를 초래하게 된다. 마찬가지로 공공가치 실패는 모든 주민에게 아낌없이 배분되어야 할 공공영역의 편익이 어떤 이유에서든 배분되지 않을 때 발생한다. 이것은 주민 중 어떤 집단이나 부문이 원래 공공영역에 있는 편익을 빼돌리는 편익 독차지 때문에 발생한다. 미국에서도 연례적인 감기 백신의 불균형한 배분이 일어난다. 지정된 공공토지에 대중들의 접근을 제한하는 것도 편익 독차지이다. 또한, 예상되는 편익 독차지가 논란거리가 되는 예는 공교육에서 제기된다. 미국 공립학교의 인종차별 교육의 역사는 분명히 공공가치 실패를 대표했지만, 오늘날에는 편익 불평등이 공공연한 인종차별보다는 학교 재정의 구조 때문에 당면 과제로 남아 있다. 이와는 반대로 일본에서는 전적으로 단일 학령single schoolage의 아동만으로 구성되는 학군을 농촌 지역에 적어도 하나를 두는데 여기에는 학교 건물을 보수하고 최고의 교사와 교장을 고용하는데 약 20만 달러의 비용을 지출한다고 한다.

다섯째는 '공급자의 이용 가능성'과 관련된 문제이다. 이 기준은 희소한 재화와 서비스 공급의 필요성에 대한 정당한 이익이 있을 때 공급자를 이용할 수 있어야 하며, 공급자를 이용할 수 없거나 공급자가 공공가치가 있는 재화를 외면하기 때문에 필수적인 재화나 서비스가 공급되지 못하면 공급자의 이용 불가능성 때문에 공공가치 실패가 발생한다는 것이다. 이 기준에 의한 공공가치 실패는 핵심 공공가치를 공급할 공급자가 부족할 때 발생할 수 있다. 복지수표가 공무원의 부족이나 전자수표거래 기술의 결함으로 제공되지 않을 수 있다. '공급자 부족provider scarcity'의 일반적인 예는 '정부 공동화hollowing out 현상'이다. 민간 위탁의 증가와 공기업의 매도 때문에 공공가치의 제공이 소홀해질 수 있다. 최근의 공급자 부족의 예는 핵폐기물의 정화이다. 시장에 대한 핵공학자의 공급규제 때문에 시장이 잘 작동하지 않을 수도 있다.

여섯째는 '시계time horizon'의 문제이다. 이 기준은 공공가치는 장기적인 가치이고 적절한 시계를 필요로 하며, 행위가 부적절한 단기적 시계를 기초로 한다면 공공가치의 실패가 있게 된다는 것이다. 시장실패 이론은 장기간에 걸친 시계를 잘 다루지 않는다. 우리는 태어나지 않는 세대를 존중하지만, 경제적 합리성이라는 측면에서는 그러하지 아니한다. 그러나 시계라는 공공가치 기준은 이론과 정책실천에서 잘 알려진 많은 문제와 관련되어 있다. 예컨대 정보경제학은 지식투자에 대한 수익 특히 기초연구에 대한 수익은 예상하지 못하는 방식으로 장기간의 시계에 걸쳐 발생하기 때문에 어려움을 겪는다. 세대 간 형평성 이슈는 사회보장제도(사회보장연금)와 다른 공공복지 투자에 관한 많은 토론의 주제로 등장했다. 시계라는 기준이 특별히 중요하게 다루어지는 또 다른 분야가 환경정책이다. 식품 정책도 환경 이슈와 농업 이슈와 중첩되면서 시계라는 이슈가 공공가치에서 중요하게 다루어지는 정책 분야이다. 유전자 변형 식량 genetically altered food의 공급, 제초제의 개발(라운드 업 제초제)의 부작용 등이 대표적인 예이다.

일곱째는 '자원의 대체 가능성 vs. 자원 보존'의 문제이다. 이

기준은 독특하고 가치 높은 공유자원에 관한 활동은 그 자원을 대체 가능한 것으로 취급하거나, 부적절한 보상을 근거로 그 자원을 위험에 처하게 하기보다는 자원의 독특한 특성을 인식해서 보존해야 한다는 것이다. 자연자원의 보존을 촉진하는 것이 공공의 관심사가 된 것은 비교적 역사가 짧다. 효율적인 시장에 대한 시장실패 모델의 중요한 관심사는 일반적으로 가격이 정해지거나 교환되는 상품이나 자산에 대해 중립적이다. 이것은 시장에 기반을 둔 자원 부족의 해결책을 내놓아 때로는 효율성을 증진하지만, 대개는 공공가치가 높은 공유자원에는 좋지 못한 영향을 미친다. 깨끗한 공기의 부족에 대한 해결책으로 오염배출권 시장이 형성되었지만, 공공가치 목적을 달성을 위한 좋은 수단인가에 대해서는 많은 논란이 있다. 시장실패 모델의 한계점은 생태계의 지속가능성과 관련해서 가장 현저하게 드러난다. 전통적인 경제회계economic accounting는 한계복지에 초점을 두는 경향이 있으며 자원의 대체 가능성에 주목하고, 감소하지만 대체 가능한 자원의 '비가역성'에 대해서는 많은 관심을 두지 않는다. 우선 전통 경제학은 효율성 기준은 잘 다루지만 보전의 문제는 경시한다. 이 경제학은 고갈 가능성이 있는 자산의 대체재를 찾으며 그 자산이 고갈되어 피해가 발생하면 화폐성 자산으로 보상하는 경향이 있다. 위험에 대한 경제적 접근방법은 보상과 대체 가능성 즉 (교환이 안 되는 경우에는) 그에 상응하는 가치를 모색하고 (대체재가 없는 경우에는) 잠재적 대체재를 찾는 전략에 크게 의존한다.[329]

---

[329] 시장실패 모델은 다른 영역에서도 동일한 영향을 미친다. 기업의 전략가들과 보험사정인들이 수용 가능한 손실을 돈으로 계산하는 일은 흔한 일이다. 자동차 제조사들은 연비·강철 성분 기타 등등의 요인과 인간 생명의 손실을 저울질하는 전략적 결정을 한다고 한다. 시

여덟째는 '인간 존엄성과 최저생활에 대한 위협'이다. 인간의 존엄성과 최저생활을 제공하지 못하는 공공가치 실패보다 더 큰 공공가치 실패는 없다. 대표적인 공공가치 실패의 사례는 '인공적 기근', '노예 노동', '정치적 구금' 등이다. 이 기준은 널리 정당화되고 있는 '벨몬트 코드Belmont code'에 따라 사람들 특히 취약자들은 존엄하게 대우받아야 하며 특히 그들의 최저생활이 위협되어서는 안 된다는 것이다. 국가별 상대적 자원은 실패의 정도를 판단할 수 있는 역할을 한다. 최빈국보다는 풍부한 자원을 가진 국가에서 최저생활과 인간의 존엄성을 위협하는 것은 가장 큰 공공가치 실패이다. 최저생활과 관련해서는 기본욕구에 관한 문헌(Pigue 등), 빈곤과 최저생활에 관한 사회적 선택이론(Sen 등) 등이 있다. 롤즈Rawls는 모든 정상인이 원하는 것으로 간주하는 자산을 기본재primary goods로 규정하였다. 보즈먼은 공공가치 기준인 인간 존엄성 및 최저생활과 관련하여 검토할 수 있는 자료로서 연약한 인간을 대상으로 한 '의료실험 대상자'와 관련된 정책을 들고 있다. 벨몬트 보고서에 의한 '과학윤리'는 세 가지 기본적인 윤리원칙을 포함하고 있다. '인간 존중의 원칙', '선의의 원칙', '정의의 원칙' 등이다. ① '인간 존중의 원칙'은 개인적 존엄성과 개인의 자율성을 인정하고 자율성을 행사하기 어려운 사람들을 특별히 보호할 것을 주장한다. 여기에는 조사연구 참여자에 관한 알기 쉬운 정보의 제공이 중요하다. ② '선의의 원칙'은 예상되는 편익을 극대화하고 예상되는 피해의 위험을 최소화함으로써 참여자들을 피해로부터 보호하는 의무

장적 접근방법은 인간 생명의 위험 등을 비용과 이윤에 대비하여 계산한다(연료탱크 폭발, 담배 관련 사망, 유아용 유동식의 유독성 문제)(Bozeman, 2019).

를 말한다. ③ '정의 원칙'은 연구의 편익과 위험이 전체 구성원에게 똑같이 나누어지고, 참여자들이 단지 접근이 편리하다는 이유만으로 선택되어서는 안 된다는 것을 요구한다(Bozeman, 2019).

라) 공공성 관리

보즈먼은 우리가 실용주의적 공익 접근방법이나 공공가치 모델을 수용하든지 또는 다른 어떤 공공가치의 틀을 수용하든지 간에 우리가 공공정책과 공공 관리에 공공가치가 스며들게 하는 것이 중요하다고 주장한다. 공공성 관리는 매우 다른 두 가지 용도로 사용될 수 있다. 하나는 특정한 사람들에 의해서 행해지는 '구체적인 행동'으로 언급될 수 있다. 또 다른 하나는 구체적인 관리 행동보다는 '광범위한 거버넌스'를 의미할 수 있다. 보즈먼은 공공성 관리를 공공관리 행동public-management-as-action과 공공관리체제의 거버넌스public-management-regime governance라는 두 개념에 초점을 맞춘다. 공공성 관리의 가장 기본적인 핵심은 공공관리자 입장에서든 공공관리체제의 견지에서든 간에 공공가치를 정책과 관리에 불어넣고 그에 수반하는 공공가치 실패가 발생하지 않도록 하는 데 초점을 두는 것이다. 이를 위한 몇 가지 구체적인 원칙을 제시한다.

첫째로 공공성 관리는 '공공가치'를 출발점으로 한다. 공공성 관리는 공공가치가 다른 기준과 균형을 이루어야 하는 하나의 기준이 아니라 그것들 보다 우선되어야 한다고 주장한다. 공공성 관리는 공익 관리(실용주의적 공익관은 유용하지만)와 동일하지 않다. 공공가치는 구체적인 내용을 토대로 하고 합의를 이룬다. 공익 관리는 다가갈 수만 있는 데 반하여 공공가치는 실현될 수 있다.

둘째로 공공성 관리는 고객이 아닌 '시민'을 위한 관리이다. 고객지향이라는 공공 관리에 있는 모든 함정적 요소들은 공공성 관리에는 적합하지 않다. 고객은 주권을 갖지 않는다. 그러나 시민을 위한 관리는 개별 시민이 인식하는 사적 이익을 공공 관리에서 가장 중요한 고려사항이라는 것을 의미하지 않으며, 공법에서 구현된 시민에 대한 권리보장은 단지 개인의 이익만을 배려하거나 개개인을 평등하게 대한다기보다는 그러한 것에 대한 하나의 길잡이를 제공하는 것이다.

셋째로 공공성 관리는 '(공·사) 부문에 대해 중립적'이다. 공공성 관리는 민간 위탁이나 민간화와 같은 시장 혹은 준시장적 접근방법을 회피하도록 요구하지 않는다. 시장을 통해 공공의 목적을 달성하는 것이 더 효율적이라면 공공성 관리는 시장의 해결책을 금지할 이유가 없다. 공공성 관리가 가진 관심은 공공가치가 매우 중요하다는 것이다. 그러나 공공성 관리는 공공가치 문제를 해결하는 시장의 해결책에 대해 의구심을 갖는다(명분과는 달리 다른 의도나 목표가 포함되어 있는지 의심한다). 그리고 공공성 관리는 다른 접근방법과 달리 시장에 특권을 주지도 않는다는 것이다.[330]

넷째로 공공성 관리는 '정부의 창도적이고 관리적 능력'을 필요로 한다. 시장 우월주의의 신조가 상당한 손해를 끼쳤지만, 정

---

330) 공공성 관리가 시장 우위가 유지되고 있다는 현실에서 벗어나려는 이유는 시장 접근방법의 근거인 시장 실패이론, 재산권 이론, 주인-대리인 이론 등이 모두 확실한 경험적 검증을 거치지 않거나 모호한 결과를 낳는 가정에 근거하고 있다고 보기 때문이다(Bozeman, 2019).

부의 능력을 약화하는 데 영향을 미친 것만큼 해로운 것은 없었다. 정부가 공공가치를 제공하는 유능한 공급자가 되려면 정부의 일이 명확하고 그 일을 수행할 충분한 능력을 지니고 있어야 한다.[331]

다섯째로 공공성 관리는 공공관리자가 '실질적인 거래비용'이 되지 않도록 요구한다. 공공 관료제에 대한 비판은 부정 지출, 높은 거래비용, 주인-대리인 문제, 거래하는 사유재산이 없기에 정부는 효율적이지 않다는 주장이다. 그러나 정부 관리에 대한 이러한 여러 가지 이론적 비난은 흔히 결함이 있는 것으로 그러한 가정은 검증을 거치지 않은 것이다.[332]

여섯째로 공공성 관리는 '공직 동기 public service motivation'를 강조한다. '정부를 기업처럼 운영하게 하려는' 노력은 귀중한 자원인 공직 동기를 낭비하게 한다. 많은 경험적인 연구는 공공관리자가 공직에 대해 헌신적임을 확인해 주고 있다. '정부에 종사하

---

331) 정부 때리기와 시장 띄우기와 관련된 현상은 공공가치와 관련된 정부기관의 능력을 지속적으로 축소하는 결과를 초래하였다. 무조건적 반정부 주장은 정치적 속임수에 불과하지만 그렇다고 해서 반정부 주장의 영향이 줄어들지 않는다. 정부기관이나 관료제에 대한 공격은 정부기관이 이용할 수 있는 자원을 감소시키고, 결국 정부가 비효율적이라는 반정부 주장이 펼쳤던 원래의 가정을 확인시켜준다. 정치인이 세금 감소와 인력의 감소로 출세하려 하면 정부의 능력 구축은 우선순위가 낮은 수준에 머물거나 심지어 부정적인 결과를 초래한다. 공공성 관리는 관리자의 능력에 대한 주의를 필요로 한다. 공공성 관리는 모든 공공 관리자가 능력을 갖출 것을 필요로 한다. 하지만 정부에 지속인 자원을 공급하지 못하게 담을 쌓는 정치문화에서 그것은 매우 어려운 일이다(Bozeman, 2019).

332) '기술적 효율성'이라는 끊임없는 힘으로 부를 추구하는 기업가가 없기 때문이라는 주장은 소수의 거대한 현대기업을 고려할 때 올바르지 않은 것 같다. (또한, 회사의 주식가격, 성장, 투자 간의 상관관계가 높지 않다는 사실은 기술적 효율성에 관한 연구 결과를 복잡하게 한다). 정부 기관에는 '부정 지출'이 많다는 주장도 정부의 목표가 모호하고, 지출의 생산성에의 기여를 추적하기 어렵다는 전제에 달려 있다. 물론 시장의 실패가 결코 정부의 성공을 의미하지는 않는다. 정부는 원래 다소 비효율적이라고 할 수도 있다. 그러나 공공 관리자들이 직면하는 특별한 도전들도 고려되어야 한다. 정부와 기업에 부가되는 책임성에는 큰 차이가 있다. 그럼에도 불구하고 공공성 관리의 핵심 교훈은 공공관리가 민간부문과 달리 많은 제한을 받고 있고 공공부문의 효율성 달성이 어렵다고 하더라도 그것이 가능하다는 점을 이해하는 것이다(Bozeman, 2019).

는 사람들이 공익과 공공가치에 관해서 자신의 도덕적 관점을 기꺼이 유보한다는 것은 잘못된 가정이다. 실제로 많은 사람은 공익에 관한 자신의 특정한 관점을 실현하고 싶기 때문에 정부에서 일한다. 공직 동기는 정부가 제공하는 작은 보상 중의 하나이다.[333]

일곱째로 공공성 관리는 마지막으로 '공익'을 고려한다. 시장이론이 완전경제이론에서 시작하듯이 공익의 개념은 이상적인 것으로서 공공가치를 추구함으로써 만들어지는 이상이다. 실용주의적 공익은 숙의, 공정성, 공익문제나 공공가치를 추구함으로 시작되는 과정인 '공익의 발견'에 관한 것이다. 공익이론은 공공가치 실패라는 문제에서 출발하고 공공정책(과 시장 또는 준시장적 정책을 포함한 가능한 해결책)을 제기함으로써 공공가치 실패의 문제를 다룬다. 공익의 실용주의적 개념은 공익의 다양한 의미를 허용할 뿐만 아니라 필요로 한다. 그것은 공공성 관리에 있어서는 개방성과 숙의 및 담론을 중시함을 의미한다(Bozeman, 2019).

---

333) 그러나 효과적인 공공관리를 위한 처방으로 관료가 통제받지 않고 자기 특유의 방식대로 자기실현을 하게 해주라는 것은 아니다. 현재의 계층제와 시장의 기풍 속에서 통제할 수 없는 관료집단의 위험성은 거의 없는 것 같다고 본다. 거버넌스에 대한 접근방법으로 계약주의(contractualism)를 지지하는 사람들은 계약을 (공공 관리자들이 공공서비스 제공자의 역할을 거의 하지 않아도 되는) 만병통치약으로 생각한다. 그러나 계약관리자의 역할로서는 공공 관리자가 공공가치를 실현하는 데 있어서 충분하지 않다(Bozeman, 2019).

2) 정책과 관련된 규범적 기준

정책과 관련된 규범적 기준은 넓은 의미에서 공익과 공공가치에 관한 논의를 포함한다. 오히려 공익과 공공가치에 관한 논의가 핵심적일 수 있다. 그러나 공익과 공공가치는 앞에서 별도로 논의했기 때문에 여기서는 공익과 공공가치에 관한 논의를 제외하고 일반적으로 정책학 이론에서 논의되는 정책의 분석 및 평가 기준을 중심으로 논의하려고 한다. 여기에 덧붙여 정책 과정별 윤리이론을 간략하게 첨부하고자 한다.

가) 정책분석 및 평가 기준

정책학 이론에서 논의되는 정책의 분석 및 평가 기준을 중심으로 논의하는 경우에도 정책의 분석과 정책의 평가는 상이한 개념으로 보아 별도로 논의할 수도 있다. 일반적으로 말하면 정책분석은 정책결정 과정에서 정책대안의 선택을 위한 사전평가라고 할 수 있고, 정책평가는 정책집행이 완료된 이후 집행된 정책의 효과에 대한 사후평가이기 때문이다. 그러나 양자는 넓은 의미에서 정책에 대한 규범적 평가(광의)라고 할 수 있고, 상식적인 의미에서는 단순하게 양자 모두를 정책평가라고 표현하는 경우도 있으므로 이들을 합하여 논의해도 큰 무리는 없다고 할 수 있다. 정책 결정에 관한 이론은 의사결정자가 지적인 측면에서 합리적으로 의사결정을 하는지에 따라 크게 '합리모형rational model'과 '인지모형cognitive model'으로 구분한다.[334] 합리모형은 의

---

334) 인지모형은 넓게 보면 '사이버네틱스 모형(cybernetics model)'과 심리학의 '인지과정(cognitive process)에 관한 이론(협의의 인지모형)'을 포함한 모형이지만, 일반적으로 후자에 훨씬 큰 비중을 두고 있기 때문에 이를 인지모형이라고 명명한다고 한다. 사이버네틱스 의

사결정자가 해결해야 할 문제와 자신이 선택한 결과에 대한 완전한 지식을 가지고 목표달성의 극대화(문제해결의 최적해)를 추구하는 것을 전제로 하는 이론이다. 한편, 인지모형은 현실적으로 인간의 불완전한 정보처리 능력 등의 이유 때문에 목표 달성의 극대화가 제약을 받는다는 전제하에서 전개되는 이론이다. 합리모형은 실제 상황에서는 적용할 수 없기 때문에 정책 결정에 관한 이론적인 논의에서 이상적인 준거 기준으로 작용하고 있다(남궁근, 2012).

현실에서의 정책 결정은 '정치적인 요소'와 '분석적인 요소'가 결합된 활동이다. 그러나 정책 결정이 가능한 한 합리적으로 이루어지기 위해서는 분석적인 요소가 강조되어야 하며 합리적인 정책 결정을 위한 규범적 기준이 필요하게 된다. 정책분석의 절차는 정책문제의 분석과 정의(불만족스러운 상태의 규모와 범위 파악), 정책대안의 탐색, 정책대안의 결과 예측, 정책대안의 비교·평가의 과정을 거쳐서 최적 대안의 선택을 하게 된다. 이 과정에서 가장 중요한 것이 정책대안의 결과 예측과 최적 대안을 선택하기 위한 정책대안의 비교평가라고 할 수 있다. 정책대안의 비교평가 기준(선택기준)은 최선의 대안을 선택하기 위하여 우선순위를 정하는 기준이다. 정책대안의 선택기준으로는 일반적으로 '소망성desirability 기준'과 '실현 가능성feasibility 기준'

모형은 인간의 행동을 '정보와 환류를 통한 제어와 조정'이라는 사이버네틱스의 관점에서 설명하려는 의사결정 모형이다. 사이버네틱스 모형은 합리모형과 가장 극단적으로 대립되는 모형으로서 분석적 합리성이란 완전히 존재하지 않는 '습관적 의사결정'을 말한다. 자동 온도조절 장치와 같이 일정한 중요 변수의 유지를 위한 끊임없는 적응에 초점을 두며 대안의 결과 예측에 있어서도 새로운 정보를 얻으면서 새로 추가된 정보에 따라 대안의 결과 예측을 수정해 나감으로써 불확실성을 감소시켜 나간다. 인지모형는 인간의 인지적 능력에 한계가 있기 때문에 합리모형에서와 같은 합리적 의사결정이 이루어질 수 없다는 측면에 초점을 맞춘다(정정길 외, 2012 ; 인터넷, 시사상식사전).

으로 구분한다. '소망성의 평가 기준'은 정책대안이 얼마나 바람직스러운가를 나타내는 것으로 '효과성', '능률성', '공평성'이 가장 중요하다. '실현 가능성의 평가 기준'은 정책대안이 정책으로 채택되고 그 내용이 충실히 집행될 가능성을 의미한다. 정책대안의 실행 가능성은 흔히 정책의 제약조건과 표리관계에 있다 (그래서 실현 가능성을 제약조건이라고도 한다). 정책대안의 실행 가능성은 기술적, 재정적, 행정적, 법적·윤리적, 정치적 실현 가능성으로 구분한다.[335]

소망성의 평가 기준으로서의 효과성effectiveness은 일반적으로 목표달성의 정도를 의미한다. 정책의 효과는 정책목표 달성의 결과로 나타나는 것과 부수적으로 나타나는 것(부수효과)이 있다. 여기서 '목표'는 '산출물'보다 한 단계 다음에 있는(높은) 수준을 의미한다.

효과성 = 달성된 목표/계획된 목표

---

[335] 일반적으로 정책 대안의 선택 기준은 던(W. Dunn)의 정책의 선택 기준을 보완하여 사용하고 있다. 남궁근은 정책대안의 비교평가 기준(선택 기준)을 소망성 기준과 실현가능성 기준으로 구분하고, 소망성 기준에는 효과성, 능률성, 형평성 외에 '대응성(responsiveness)'을 포함시키고 있다. '대응성'은 정책대안이 수혜집단의 요구나 선호·가치를 충족시켜주는 정도를 의미한다(남궁근, 2012).

권기헌은 정책대안의 선택 기준을 소망성 기준과 실현 가능성 기준으로 구분하되, 소망성 기준을 넓게 정의하고 있다. 우선 소망성 기준을 성찰성(reflexivity), 생산성(productivity), 민주성(democracy)으로 구분한다. 성찰성(reflexivity)은 당위성의 차원으로서 존엄, 인권, 정의, 신뢰, 성숙 등을 포함한다. 생산성(productivity)은 효과성, 능률성을 포함한다. 민주성(democracy)은 절차적 민주성과 실체적 민주성으로 구분하고, 절차적 민주성은 절차적 적법성·절차적 타당성을 포함하고, 실체적 민주성은 참여·숙의·합의의 정도를 의미한다 실현가능성 기준은 던(Dunn)과 동일하게 핑시식, 성세석, '사회적', 행정적, 법적, 기술적 실현가능성으로 구분한다. 여기서 '사회적' 실현가능성은 정책대안의 결정과 집행이 사회적으로 인정되고 수용될 가능성을 의미한다. '사회적' 실현가능성은 많은 경우 그 사회의 사회규범과 사회문화적 전통에 의해 크게 영향을 받는다고 한다(권기헌, 2010).

정책대안의 선택 기준으로서의 효과성은 장단점이 있다. 정책목표 달성의 극대화를 도모하기 쉽다는 장점이 있는 반면에 목표를 달성하기 위하여 희생해야 할 정책비용을 고려하지 않는다는 단점이 있다. 효과성 기준은 비용이 아무리 들더라도 목표달성이 중요한 정책의 선택 기준으로서 유용하다(전쟁, 외교정책 등).

소망성의 평가 기준으로서의 능률성은 자원을 얼마나 효율적(능률적)으로 사용했느냐를 나타낸다. 능률성efficiency은 투입input과 산출output의 비율이다.

　　능률성 = 산출/투입 혹은 능률성 = 산출/비용

여기서 '산출'은 어떤 활동이나 작업수행의 직접적인 결과를 의미하고, '투입'은 이러한 활동에 사용되는 인적·물적 자원을 의미한다. 그리고 '비용'은 사회적 총비용에 해당한다. 즉 '비용'은 정책관련자가 직접 지불하는 비용(투입)과 직접적이거나 간접적으로 발생하는 사회적 희생을 포함한다. 그런데 능률성의 개념에는 두 가지가 있다. 위의 공식에서 '산출'을 분자로 할 경우에는 '좁은 의미의 능률성'이라고 부르고, '효과'를 분자를 할 경우 '넓은 의미의 능률성'이라고 부른다. '산출'과 '효과'의 구분은 불명확할 수도 있다. 일반적으로 '효과'는 '산출'보다는 포괄적인 개념으로서 추상적이거나 관찰 가능성이 적은 현상을 포함한다. 그래서 '넓은 의미의 능률성'은 다음과 같이 표시한다.

　　능률성 = 정책대안의 (기대)효과 / 정책대안의 (추진)비용

= 정책효과effect / 정책비용cost

= 편익benefit / 비용cost

정책대안의 선택기준으로서는 일반적으로 '넓은 의미의 능률성'이 사용된다. 넓은 의미의 능률성은 '효율성'이라고도 불리기도 한다. 이것은 사회적 총효과와 사회적 총비용을 비교하는 것이다. 과거에 행정학자들이 사용한 '사회적 능률성'과 비슷한 개념이다(기계적 능률성과 대립된다).

  그런데 '정책비용'의 개념도 여러 가지 기준에 따라 구분할 수 있다. 정책비용은 정책을 추진할 때 희생되는 가치이다. 우선 비용부담자를 기준으로 '좁은 의미의 정책비용'과 '넓은 의미의 정책비용'으로 구분할 수 있다. '좁은 의미의 정책비용'은 '정책부담자(정책담당자)가 부담하는 비용'으로서 정책추진을 위해 정책 활동에 투입하는 인적·물적 자원을 의미한다(투입). '넓은 의미의 정책비용'은 '정책담당자가 아닌 다른 사람들이 부담하는 비용'(정부가 아닌 민간부문에서 부담하는 희생)을 포함한다. 여기서 '정책부담자(정책담당자)가 부담하는 비용'은 정책추진을 위해 정책 활동에 직접 투입되는 '직접비용'과 여러 사업에 공통적으로 투입되는 '간접비용(계산의 어려움)'이 있다. 또한 '정책담당자가 아닌 다른 사람들이 부담하는 비용'은 '정책대상자policy target group가 부담하는 비용'과 정책 내용에서 의도하지 않았던 것이나 '사회의 누군가에 의해서 부담되는 희생(정책의 부작용에 해당)'이 있다. 정책대상자는 정책의 수혜자이거나 관련 당사자이다. '정책대상자가 부담하는 비용'은 유형의 경비와 무형의 경비(피규제자의 자유나 재산권 등의 제약)가 있다.

정책을 결정할 때 '의도하지 않았던 부작용'은 정책 활동에서 나오는 것도 있고 정책의 산출물(건설된 공장)에서 나오는 경우도 있다. '정책에서 나오는 의도하지 않았던 부작용'은 사회적 비용으로 볼 수도 있고, 부의 정책효과로 취급할 수도 있다. 기업이 경영전략을 수립할 때에는 비용과 효과를 내부적인internal 것에 한정하지만, 정부가 정책을 결정할 때에 비용과 효과를 계산할 때는 외부적인external 것도 고려해야 한다.[336] 정책대안의 선택기준으로서의 능률성은 자원의 최적 배분을 도모하는 데 유용하다. 능률성을 이론적으로 뒷받침하는 개념으로서는 파레토 최적Pareto optimality과 칼도-힉스의 기준Kaldor-Hicks criterion 등이 있다.[337] 그러나 파레토 최적이나 칼도-힉스 기준은 모두 정책이 가져오는 정책효과나 정책비용의 배분상태가 바람직한가는 논

---

[336] 일반적으로 능률성의 측정기준으로는 비용효과분석(cost-effectiveness analysis) 또는 비용편익분석(cost-benefit analysis) 즉 B/C ratio가 사용된다. 그러나 이 밖에도 순현재가(NPV : B-C) 또는 내부수익률(IRR)이 사용된다(정정길 외, 2012).

[337] 파레토 최적(Pareto optimum)은 후생경제학의 기본원리로서 능률성 기준을 사회전체적인 자원배분에 적용한 것이다. 파레토 최적이란 하나의 자원분배상태에서 다른 사람에게 손해가 가지 않고서는 어떤 사람에게도 이득이 되는 변화를 만들어내는 것이 불가능한 상황일 때의 배분 상태를 말한다. 반면에 비효율은 파레토 개선(Pareto improvement)이 가능한 상태를 말한다. 여기서 주의할 사항은 파레토 최적은 개인 간의 소득분배가 일단 주어진 것으로 보고 일정한 사회자원으로 개인들의 효용을 극대화하는 재화를 생산하는 경우를 의미한다는 것이다. 아무튼, 어떤 정책의 집행으로 파레토 최적에 도달할 수 있으면 그러한 정책은 효율적인 정책이라고 할 수 있다. 그런데 현실적으로 보면 파레토 최적은 매우 제한적으로 적용될 수밖에 없다. 왜냐하면, 아무도 경제적 피해를 일체 받지 하지 않거나 피해자의 손실을 완벽하게 복구해 줄 수 있는 프로그램을 찾기 어렵기 때문이다. 이러한 한계점을 보완하여 칼도-힉스 기준이라 불리는 '잠재적 파레토(potential Pareto)'의 개념이 사용된다.

칼도-힉스 기준(Kaldor-Hicks criterion)은 어떤 분배 상태가 다른 상태로 이동하면서 어떤 행위자가 희생되더라도 사회 전체에 효용증대가 나타난다면 이를 사회적 후생이 증대된 것으로 판단하는 것이다. 즉 효율이 증대된 행위자가 효율이 감소한 행위자에게 보상(compensation)을 하고도 효용증대가 나타난다면 사회적 후생이 증대된 것으로 보는 것이다. 능률성의 측면에서 순이익(총이익-총비용)이 있고 그 이익을 얻은 집단이 손해를 본 집단에게 보상을 할 수 있다면 그 사회상태는 이전의 사회상태보다 낫다는 것이다. 칼도-힉스 기준은 전통적인 비용 편익분석의 기초이다. 그러나 이 기준은 실질적인 이유 때문에(손실자가 실제로 보상받는 것을 요구하지 않기 때문에) 형평성의 쟁점을 회피하고 있다고 하겠다(남궁근, 2012).

의하지 않는다. 따라서 능률성 기준은 배분의 형평성을 고려하지 못하는 약점이 있다(정책효과나 비용의 배분 상태를 무시한다).

소망성의 평가 기준으로서의 공평성equity은 형평성이라고 부르기도 하며, 사회적으로 가치 있는 자원을 배분하는데 적합한 기준이다.[338] 공평성은 '동일한 경우는 동일하게 취급하고, 서로 다른 경우는 서로 다르게 취급하는 것'을 의미한다. 전자 즉 '동일한 것을 동일하게 취급하는 것'을 수평적 공평성horizontal equity이라고 하고, 후자 즉 '서로 다른 것을 서로 다르게 취급하는 것'을 수직적 공평성vertical equity이라고 한다. 수평적 공평성은 동일한 상황에 있는 사람들을 동일하게 대우하는 것이며, 그 대표적인 예는 동일한 죄에 대한 동일한 처벌, 동일한 투표권, 동일 노동에 대한 동일 임금 등이다. 어떤 의미에서 보면 일정한 기준에서 보아 동일하다면 기계적으로 동일하게 취급하는 기계적 공평성이며, 정책의 수혜를 본 만큼 정책비용을 부담하는 경우처럼 우리가 흔히 말하는 '상식적인 공평성'이다.

'수직적 공평성은 서로 다른 상황에 있는 사람들을 다르게 취급(대우)하는 것이며', 이때 '차이 있는 취급'은 '서로 차이 있는 상황에 있는 사람들을 보다 평등하게 만들기 위하여' 행해지는 것이다. 이를 배분적 정의distributive justice라고도 한다. 수직적 공평성에서는 배분 기준이 중요하며, 배분 기준에 따라 그 의미가

---

[338] 공평성 또는 형평성(equity)은 일반적으로 평등성(equality) 또는 정의(justice)와 같은 뜻으로 사용되고 있다. 이것은 아리스토텔레스의 배분적 정의와 존 롤즈의 정의론의 영향이 크다고 할 수 있다. 물론 공평성 또는 형평성에 관한 논의는 정의에 관한 논의로 볼 수도 있고, 평등에 관한 논의로 볼 수도 있다. 또한 형평성(equity)과 정의(justice)를 거의 같은 뜻으로 사용되지만, 그 의미의 미묘한 차이를 구별하는 학자도 있다(본시 제3부 '정의와 관련된 개념들' 참조). 그러나 엄밀하게 말하면 정의에 관한 이론이 자유주의적 정의론 또는 평등주의적 정의론 등 다양한 이론이 있다고 볼 때는 공평성 또는 형평성은 평등성(equality)의 문제로 보는 것이 타당할 것 같다.

달라진다(필요, 능력, 실적 등). 정책대안의 평가 기준으로서의 공평성은 주로 수직적 공평성이 사용된다. 이는 정책효과나 정책비용이 누구에게 돌아가느냐를 평가한다. 그래서 효과성이나 능률성의 기준과 충돌할 가능성이 있다. 아무튼, 공평성 또는 형평성은 경제적 측면에서는 중요하지 않겠지만 정치적인 측면에서는 중요한 가치의 하나에 해당한다.

소망성 평가 기준 간의 모순충돌이 발생할 수 있다. 이런 경우에 어떤 기준을 적용해야 하는가? 첫째, 가장 바람직한 기준을 먼저 적용하여 정책대안의 우선순위를 정하는 방법이다. 둘째, 모든 기준을 종합하여 단일한 종합 기준을 만드는 방법이다. 특히 두 번째의 방법은 이질적인 정책효과를 통합하는 것과 마찬가지로 실제적으로는 불가능하다. 그러므로 결국 민주주의적 원리에 따라서 국민의 의사를 정확히 반영하여 우선으로 적용할 기준을 정하는 것이 바람직하다. 그러나 여기에도 문제점은 있다(국민들의 이해 부족 또는 시간적 여유 부족, 현재의 기준과 미래의 기준의 혼란, 국민의 의사 파악에는 시간과 경비 소요 등).

실현 가능성의 평가 기준은 정책이 채택되고 그 내용이 충실히 집행될 가능성을 뜻한다. 정책으로서의 채택 가능성과 채택된 후의 집행 가능성이 주요 내용이며, 정책의 집행 가능성이 더 많이 거론된다. 정치적 실현 가능성은 주로 정책으로서의 채택 가능성과 관련되고, 행정적·재정적·기술적 실현 가능성은 채택된 후의 집행 가능성에 초점이 맞추어진다. 실현 가능성의 종류는 흔히 다섯 가지로 나누어진다. ① 기술적 실현 가능성은 현재

이용 가능한 기술로서 그 실현이 가능한 정도를 의미한다.[339] ② 재정적 또는 경제적 실현 가능성은 이용 가능한 재원으로서 정책 또는 정책대안(정책수단)이 실현 가능한지를 의미한다. 예산상의 제약이 가장 문제다. 사회 전체적으로 이용 가능한 자원의 제약까지도 포함할 수도 있다. ③ 행정적 실현 가능성은 정책의 집행에 필요한 집행조직, 집행 요원 및 전문인력 등의 이용 가능성을 의미한다. 특히 행정적 실현 가능성은 정치적 지지가 있으면 그 가능성이 크게 향상된다. ④ 법적·윤리적 실현 가능성은 정책 내용이 타 법률의 내용과 모순되지 않을 가능성을 의미한다. 원래는 법적 제약을 의미하지만, 넓게 보면 법률의 제약에 국한되지 않고 타 정책과의 일관성도 중요하다. 법적 실현 가능성은 윤리적 실현 가능성을 포함하기도 한다. ⑤ 정치적 실현 가능성은 정치체제에 의하여 정책대안이 정책 결정 국면에서 정책으로 채택되고, 이것이 집행될 가능성을 의미한다. 이것은 정치적 측면에서 지원(지지)을 받을 가능성을 의미한다. 정치적 실현 가능성은 강력한 정치세력의 지지에 따라 달라진다. 정치적 실현 가능성은 현존하는 정치세력의 분포가 바람직하지 못하면 정치적 실현 가능성은 비도덕적 비합리적인 성격을 띨 수도 있다.[340] 최선의 정책대안 선택을 위해서는 먼저 정책의 실현

---

339) 그러나 보다 넓은 의미로 사용되기도 한다. 첫째는 정책목표 달성과 정책대안(정책수단) 사이의 인과관계 존재 여부를 의미하는 경우가 있다. 이것은 정책수단의 합목적성 즉 정책수단의 효과성을 의미하며, 정책의 기술적 합리성(technical rationality)이라고도 할 수 있다. 둘째는 후술하는 행정적 실현 가능성의 일부를 의미하는 경우가 있다. 필요한 전문가나 경험 있는 집행자가 없는 경우이며, 이것은 행정을 '기술'의 일부로 보는 사고방식이 배후에 있다(행정적 실현 가능성으로 보는 것이 바람직함)(정정길 외, 2012).

340) 참고로 정치적 합리성과 정치적 실현 가능성은 서로 다른 개념이다. 정치적 합리성은 정치적으로 바람직한 것으로 보아 정치적 가치의 획득을 통해서 달성되는 것이며, 정치적 실현 가능성은 정치세력의 지지 정도를 의미하는 것이다(정정길 외, 2012).

가능성을 검토하여 실현 불가능한 대안을 제외하고, 다음 단계로 실현 가능한 대안 중에서 가장 소망스러운 대안을 선택한다. 소망성 평가 기준 간의 우선 적용 문제는 가치판단의 문제라고 할 수 있다(정정길 외, 2012).

나) 정책 과정별 윤리이론

팝스Gerald M. Pops는 정책과정과 관련해서 윤리적 판단 문제를 논의한다. 팝스는 우선 행정윤리에 대한 관점을 4가지로 분류하여 개인적 윤리personal ethics, 직업적 윤리professional ethics, 조직의 윤리organizational ethics, 정책윤리policy ethics로 구분한다. 이 중 정책윤리를 중요시하며 정책 과정에서의 윤리적 판단과 이슈를 4가지 단계(책임 여부, 압력과 책무의 분류, 대안 중에서의 선택, 결정의 수용과 저항에 대한 전략)로 구분하여 검토한다.

제1단계는 '책임의 문제' 또는 권한의 문제이다. 정책 행위(부작위 포함)에 대한 책임 문제는 공공행정의 윤리적 딜레마의 핵심이다. 여기서는 2가지 – '관여할 기회(재량)'와 '정책 의지the will to act' – 가 중요한 사항이다. 재량에는 '법률적 재량'과 '관리자적 재량'이 있으며, 관리자적 재량은 행정가의 적극적인 추구에서 발생하기 때문에 윤리적 이슈의 대상이 된다. 재량과 관련해서 제기되는 또 다른 중요한 문제는 부작위와 위법적인 조치다. 행정환경은 때때로 행정가에게 명백하고 구체적인 법적 명령을 무시하거나 위반할 기회를 제공한다(예 : 건축법 위반의 일상적 묵과). 이는 정상적인 윤리적인 관점에서 보면 나쁘지만, 법률을 따르는 것이 모순적이거나 위해를 가져 올 때 행정가는 그 조치를 망설이게 되는 경우가 발생한다. 이것은 현실적으로 가능한 문제이지만 여기에 대해서는 법치주의의 윤리적 기조 내에서 근본적인 논의가 있어야 할 것이다.

제2단계는 '경쟁적인 압력과 책무'를 다루는 것이다. 행정가는 먼저 정책 결정과 관련된 요소들(이해당사자와 가치, 압력과 책무 등)을 식별해야 하며, 이들을 행위자 위주로 파악하는 것이 편리하다. 행정가에게 가장 강력한 영향력을 미치는 행위자는 상관·동료·부하직원·이익집단이며, 상당한 영향력을 미치는 행위자는 최고 집행부·입법부·사법부·미디어·고객·친구와 가족·전문가협회 등이다. 이 중에서 최고 집행부·입법부·사법부·미디어 등은 상관을 통해서 간접적으로 의사가 전달된다. 여기서는 어떤 행위자와 그들의 압력이 정책 과정에 포함되느냐 제외되느냐가 가장 중요한 윤리적 문제이다. 특히 전문가와 조직화된 단체의 지지를 받지 못하는 사람들 특히 가난한 사람들의 참여 문제가 중요하다. 또한, 채택되는 절차의 유형뿐만 아니라 공개와 비밀성의 정도를 결정하는 것도 관련되는 윤리적 이슈이다. 이 단계는 행정대상, 그들의 요구와 압력, 그들의 가치를 분석하는 것이다.

제3단계는 '경쟁적인 가치 중에서의 선택'이다. 가치의 선택은 특정적인 사실에 대한 논의와 결과의 예측 등의 판단과 병행되어 진행되지만, 여기서는 가치의 선택만 설명한다. 윤리적 사고의 일부는 정책의 질적 평가 기준을 강조하지만, 또 다른 일부는 절차적 가치를 강조한다. 주요한 것은 '공익이론', '정의론', '효율성', '윤리강령' 등이다. 첫째로 공익이론에서는 정책의 실체나 결과보다는 과정과 관련되는 것이 우세하다고 본다. 행정가의 역할과 책임·과정적 가치의 관점에서 몇 가지 공익이론을 소개하면 간접민주주의overhead democracy, 다원주의pluralism, 조직적 충성organizational loyalty, 전문직업주의professionalism 등이 중요하다. ① '간접민주주의'는 의사결정의 딜레마를 해결할 가이드라인을 선출직 공직자(입법부 또는 행정부)로부터 얻어야 한다는 이론이다. 이 기준은 입헌주의적 가치와 법의 우월성에 의해서 강력히 지지되지만, 삼권분립 중 어느 것을 따를 것인가의 문제와 지체의 문제the problem of delay를 초래한다. ② '다원주의'는 권력과 재량은 위로부터만 나오는 것이 아니라 모든 방향에서 나오며, 횡적이거나 바닥에서도 나온다고 보는 것이다. 이것은 통치는 국민에 의해서 선출된 공식적인 행위자에 의해서만이 아니라 단편화되고 광범위한 행위자(공식 또는 비공식적)에 의해서 이루어진다고 보는 것이다. 여기서는 다양한 이해를 균형화하고 정치적 변수를 판단하는 능력이 문제가 된다. ③ '조직적 충성'은 조직의 직접적인 이익을 위해 봉사하는 것 이상의 공익을 추구할 의무는 없다고 생각하는 것이며, 강한 조직문화와 명확한 조직 경계의 존재를 전제한다. 그러나 이 경우 조직 이기주의가 합법적인 목표를 저해할 수도 있다. ④ '전문직업주의'는 유사한 전문적인 배경을 가진 동료나 타 기관의 지식인들에게 책임감을 느끼는 것이다. 전문직업주의는 단순한 조직에의 기여보다는 고도의 윤리적 국면에서의 행동 능력을 강화시킬 수 있다. 그러나 전문적 요새화나 협소한 시야를 반영할 가능성도 있다. 둘째로 정의론은 이론형성이 방대하고 다양하며, 모든 시대와 사회적 상황에서 도출되었고, 경우에 따라서는 보편적인 법칙을 나타낼 수도 있다. 일반적으로 널리 인정된 이론은 없으나, 의사결정 상황을 분석하거나 어려운 선택을 정당화하기 위한 대안적 비전의 연구로부터 얻은 수 있는 많은 이익이 있다. 평등주의적 철학에 기초해서 정의의 원칙을 제시한 롤즈John Rawls의 정의론이 최근에 와서는 가장 유력했으며, 사회적 형평 이론이 주목할 만하다. 1960년대와 1970년대는 롤즈의 정의론·인본주의적 조직이론과 참여 관리적 규범에 고취되어 평등주의적 관점의 배분적 정의에 입각한 조치를 요구하였다. 이들은 특히 소수자우대정책affirmative action, 참여 관리 등에 큰 영향을 미쳤다. 그 밖에 다른 정의론은 이미 앞에서 검토했다. 셋째로 효율성이론efficiency theory은 지지와 비난 속에서도 가장 널리 사용된 이론이다. 비용효과분석은 정책분석의 기본적인 방법이지만, 다소 과대 평가되고 있으며 정의이론과 책임 이론 등 다른 이론보다 상위이론이라 할 수는 없다. 앤더슨Charles Anderson은 효율성 이론은 정의론이나 정당한 권위에 의하여 인정될 수 있는 정책대안들에 대한 타이브레이커tie-breaker의 역할을 해야 한다고 주장한다. 또한, 이와는 반대로 공리주의를 정의론의 한 형태로 볼 수도 있다. 넷째로 윤리강령과 신념체계가 있다. 신화·철학·과학·문학 등도 많은 원칙을 제공하며, 플라톤에서 마르크스까지의 많은 사상가도 서양 정치철학자의 한 사람에 불과하다. 행정가는 정책형성 과정에서의 한정된 역할을 인정하고 개인적인 신념에 따라 행동하는 것을 삼가하는 경우도 있지만, 이상주의자로서 그들의 사상체계에 따라 조치하는 경우도 있다. 철학적·도덕적·논리적 사상체계의 일차적인 이점은 행정가에게 문제의 규범적 측면을 인식시키는 질문을 일으키게 하는 데 있다.

제4단계는 집행과 평가를 위한 전략개발이다. 참여와 민주적 기법이 존중되는 사회에서는 정책집행 과정이 최소한 정책 결과만큼 중요할 수 있다. 정책집행의 중요한 전략 중의 하나는 윤리적 결정의 기회비용을 줄이는 것이며, 그 방법은 흡수^{cooptation}·비밀주의·가치교환$^{value\ trade\ off}$ 등이다. 정책의 평가에서는 조직 위주냐 또는 객관적이냐 하는 것도 윤리적으로 중요하다(Pavlak 외, 2007).

참고문헌

<국내문헌>

강재륜. (1996). 「사고와 행동」. 서울:일신사.
권기헌. (2010). 「정책분석론」. 서울:박영사.
김남진 외. (2023). 「행정법 II」. 경기:법문사.
김남철. (2023). 「행정법 강론」. 서울:박영사.
김성준 외. (2021). 「행정윤리」. 경기:양성원.
김영종. (2008). 「행정철학 신론」. 서울:형설출판사.
김정오 외 (2020). 「법철학:이론과 쟁점」. 서울:박영사.
김태길. (1992). 「윤리학」. 서울:박영사.
김항규. (2009). 「행정철학」. 서울:대영문화사.
교양교재편찬위원회(편). (1997). 「철학개론」. 서울:서울대학교 출판부.
남궁근. (2012). 「정책학」. 서울:법문사.
도성달. (2012). 「윤리학 그 주제와 논점」. 경기:한국학중앙연구원 출판부.
민경국. (2018). 「국가란 무엇인가」. 서울:북앤피플.
민경국. (2021). 「민경국 교수의 자유론」. 경기:북코리아.
박균성. (2024). 「행정법론(하)」. 서울:박영사.
박동서. (1992), 「한국행정론」. 서울: 법문사.
박은태(편). (1994). 「현대경제학사전」. 서울:경연사.
성낙인. (2020). 「헌법학」. 서울:법문사.
이광종. (1991). 「행정책임론: 책임과 통제」. 서울:대영문화사.
이병철 (2004). 「행정윤리」. 울산:울산대학교 출판부.
이종수. (2012). 「새행정윤리」. 서울:대영문화사.
이택광 외. (2011). 「무엇이 정의인가」. 서울:마티.
이학종, 박헌준. (2000). 「조직행동론」. 경기:법문사.
임의영. (2008). 「행정철학」. 서울:대영문화사.

장은주. (2012). 「정의의 문제들」. 부산:비글 인디북스.

장대홍 (2020). 「보수정신의 탐색」. 서울:비봉출판사.

전상경. (2012). 「정책분석의 정치경제」. 서울:박영사.

정용덕. (2003). 「현대행정학」. 서울:법문사

정정길 외. (2010). 「정책학원론」. 서울:대명출판사.

조기안. (2003). 「미군정기의 정치행정체제: 구조분석 – 조직・법령・자원을 중심으로」. 서울:도서출판 아람.

철학아카데미. (2023). 「처음 읽는 영미 현대철학: 비트겐슈타인부터 제임슨까지, 우리 눈으로 그린 철학지도」. 경기:동녘.

최송화. (2002). 「공익론: 공법적 탐구」. 서울:서울대학교 출판부.

탁양현. (2020) 「자유민주주의 사회민주주의 인민민주주의:대한민국은 자유민주주의 국가다」. 서울:퍼플.

한국정치학회(편). (2008). 「정치학이해의 길잡이: 정치사상」. 경기: 법문사.

한국철학사상연구회(편). (2019). 「현대 정치철학의 네 가지 흐름」. 경기:에디투스.

한희원. (2014). 「정의로의 산책: 정의론」. 서울:도서출판 삼영사.

황경식 외. (2012). 「정의론과 사회윤리」. 서울:철학과현실사.

홍성우. (2011). 「자유주의와 공동체주의 윤리학」. 경기:선학사.

<외국문헌>

Arblaster, Anthony. (2007). 「서구 자유주의 융성과 쇠퇴」. 조기제(역). 경기:나남; The Rise and Decline of Western Liberalism. Oxford: Blackwell Publishing Ltd. 1984.

Ball, Terence et. al.. (2019). 「현대 정치사상의 파노라마」. 경기:아카넷; Political Ideologies and Democratic Ideal. NY: Taylor & Francis Group LLC. 2016.

Bozeman, Barry. (2019). 「공공가치와 공익; 경제적 개인주의의 균형잡기」. 강성철 외(역). 서울: 대영문화사; Public Values and Public Interest: Counterbalancing Economic Individualism. WA: Gorgetown University Press.

Cooper, Terry L.. (1990). 「The Responsible Administrator: An Approach to Ethics for the Administrative Role. San Francisco: JosseyBass Publishers.

Cooper, Terry L.. (2014). 「공직윤리: 책임있는 행정인」. 행정사상과 방법론연구회 (역). 서울:조명문화사; The Responsible Administrator:An Approach to Ethics for the Administrative Role. John Wiley & Sons, Inc.. 2012.

Dryzek, John S. & Dunleavy, Patrick. (2018). 김욱(역). 「민주주의국가이론: 과거 논쟁, 현재 뿌리, 미래 전망」. 서울:명인문화사; Theories of the Democratic State. MacMillan Publishers Ldt. 2009.

Dunleavy, Patrick & O'Leary, Brendan. (1987). 「Theories of the State:The Politics of Liberal Democracy. Hampshire:MacMillan Education Ltd..

Dunn, William N.. (2013). 「정책분석론」. 남궁근 외(역). 경기:법문사; Public Policy Analysis. Pearson Education, Inc. 2012.

Dworkin, Ronald. (2005). 「자유주의적 평등」. 염수균(역). 경기:한길사; Sovereign Virtue. Havard University Press. 2000.

Fleishman, Joel L. et. al. (ed.). (1981). 「Public Duties:The Moral Obligations of Government Officials」. Cambrigde: Havard University Press.

Frankena, William K. (1973). 「Ethics」. New Jersey: Prentice-Hall, Inc..

Flew, Anthony & Vessey, Godfrey. (2006). 「행위와 필연」. 안세권(역). 서울:철학과 현실사; Agency and Necessity. Blackwell. 1987.

Habermas, Jürgen. (2008). 「진리와 정당화: 철학논문집」. 윤형식(역). 경기: 나남; Wahrheit und Rechtfertigung: Philosophische Aufsätze. Frankfrut: Suhrkamp Verlag. 2004.

Hessen, Johaness. (2010). 「철학 교과서: 제2권 가치론」. 이강조(역). 경기:도서출판 서광사; Lehrbuch der Philosophie: Zweiter Band WertLehre. München: Ernst Reinhardt Verlag. 1959.

Heywood, Andrew. (2016). 「현대정치의 이론과 실천; 정치학」. 조현수(역). 서울: 성균관대학교 출판부; Politics. MacMiillan Publishers Ldt. 2013.

Hodgkinson, Christopher. (2008). 「Administrative Philosophy」. UK: Emerald Group Publishing Ltd..

Honneth, Axel. (2022). 「인정투쟁; 사회적 갈등의 도덕적 형식론」. 문성훈 외(역). 경기:사월의 책; Kampf Um Anerkennung. Frankfrut: Suhrkamp Verlag. 1992.

Honneth, Axel. & Fraser, Nancy. (2022). 「분배냐, 인정이냐?; 정치철학적 논쟁」. 김원식 외(역). 경기:사월의 책; Umverteilung oder Anerkennung: Eine politisch-philosophische Kontroverse. Frankfrut: Suhrkamp Verlag. 2003.

Kaufmann, Arthur. (2013). 「법철학」. 김영환(역). 경기: 나남; Rechtphilosophie. München; Verlag C. H. Beck. 1997.

Kymlicka, Will. (2006). 「현대 정치철학의 이해」. 장동진 외(역). 서울: 동명사; Contemporary Political Philosophy. Beverley Slopen Literary Agency. 2002.

Levitt, Steven D. & Dubner, Stephen J.. (2016). 안진환(역). 「괴짜경제학」. 경기: 웅진지식하우스; Freakonomics. William Morris Agency, inc. 2006.

Low, N. P.. (1991). 「Planning, Politics and the State: Political Foundations of Planning Thought」. London: Unwin Hyman.

Mulhall, Stephan & Swift, Adam. (2017). 「자유주의와 공동체주의」. 김해성 외(역). 경기: 한울 아카데미; Liberals and Communitarians. Blackwell Publishers. 1992.

Pojman, Louis P. & Fieser, James. (2011). 「윤리학: 옳고 그름의 발견」. 박찬구 외(역). 서울: 도서출판 울력; Ethics: Discovering Right and Wrong. Cengage Learning. 2009.

Radbruch, Gustav. (2021). 「법철학」. 윤재왕(역). 서울:박영사; Rechtphilosophie. 1932.

Rawls, John. (2003). 「정의론」. 황경식(역). 서울:㈜이화사; A Theory of Justice.

Cambrigde: Havard University Press. 1999.

Pavlak, Thomas J. & Pops, Gerald M.. (2007). 「Administrative Ethics as Justice」. Published online.

Porsyth, Murray & Keens-Soper, Maurice. (ed.). (2013). 「서양 정치사 상사입문: 플라토에서 루소까지」. 부남철(역). 서울: 도서출판 한울; A Guide to the Political Classics: Plato to Roussau. NY: Oxford University Press. 1988.

Porsyth, Murray et. al. (ed.). (1994). 「서양정치사상사입문 2: 해밀턴에서 밀까지」. 부남철(역). 서울: 도서출판 한울; The Political Classics: Hamilton to Mill. NY: Oxford University Press. 1993.

Rawls, John. (2016). 「정치적 자유주의」. 장동진(역). 경기: 동명사; Political Liberalism. Columbia University Press. 2005.

Richter, William L. et. al.. (1990). 「Combating Corruption, Encouraging Ethics」. WA: ASPA.

Ryan, Alan. (2019). 「정치사상사: 헤로도토스에서 현재까지」. 경기: 문학동네; On Politics: A History of Political Thought from Herodotus to the Present. Penguin Books Ltd.. 2012.

Sahakian, William S.. (2010). 「윤리학의 이론과 역사」. 송휘철 외(역). 서울:박영사; Ethics: An Introduction to Theories and Problems. NY:Harper & Row. 1974.

Sandal, Michael J.. (2010). 「정의란 무엇인가」. 경기:김영사; Justice. NY: International Creative Management, Inc. 2009.

Sandel, Michael J. & D'Ambrosio, Paul J.(ed.). (2018). 「마이클 샌델, 중국을 만나다」. 김선욱 외(역). 서울: 미래엔; Encountering China. NY: ICM Partners. 2017.

Saward, Michael. (2018). 「민주주의란 무엇인가」. 강정인 외(역). 서울:까치글방; Democracy. Cambrigde: Polity Press Ltd. 2003.

Seelmann, Kurt. (2010). 「법철학」. 윤재왕(역). 서울: 세창출판사; Rechtphilosophie.

München:Verlag C. H. Beck. 2007.

Sen, Amartya. (2019). 「정의의 아이디어」. 이규원(역). 서울: 지식의 날개; The Idea of Justice. Penguin Books Ltd. 2009.

Smith, Steven B.. (2018). 「정치철학」. 오숙은(역). 경기: 문학동네; Political Philosphy. Yale University Press. 2012.

Thompson, Dennis F.. (1999). 「공직의 윤리」. 황경식 외(역). 서울: 철학과 현실사; Political Ethics and Public Office. Cambrigde: Havard University Press. 1987.

White, Stuart. (2017). 「평등이란 무엇인가」. 강정인 외(역). 서울: 까치글방; Equality. Cambrigde: Polity Press Ltd. 2007.

Zurn, Christopher. (2024). 「악셀 호네트의 인정이론」. 박형신(역). 경기: 한울아카데미; Axel Honneth: A Critical Theory of the Social. Polity Press Ltd., Cambridge. 2015.

찾아보기

ㄱ

가상적 보험 시장 115
가설적 보험 접근법 256
가언명령 400
가역성 403, 462
가중치 전략 263
가치공동체 관계 338
가치교환 481
가치 실재론 447, 449
가치적 유사성 262
가치판단 83, 202, 333, 357, 406, 438, 439, 444, 445, 447, 448, 449, 450, 451, 456, 477
가치 표명 457
각인된 자아 235, 325
간접공리주의 212
간접민주주의 39, 479
감성적 가치 452
강압 41, 199, 280, 285, 290, 418, 419, 420
강제노동 277
강제노역 118
강제의 부재 51, 53
강한 평가 314, 315
개념적 논변 321, 323
개념적 애매성 365
개방성 93, 173, 423, 467
개별 사례의 정의 187
개념화 과정 336
개인권 확장설 438

개인적 관계의 영역 349
개인적 맥락 449
개인적 문제 305
개인적 사적 이익의 침투 412
개인적 야심 389
개인적 윤리 380, 477
개인적 자원 254
개인주의 45, 50, 55, 56, 124, 175, 293, 296, 312, 346, 352, 422, 423, 424, 431, 441, 483
객관적 가치설 446
객관적 정의 182
객관적 조건 351
객관적 차원에서 정의되는 가치 449
객관적 책임 360, 410
갤브레이스 67
거대연합 66
거절된 인정의 형태 337
견제와 균형 39, 62, 216
결과 논변 103, 104
결과론 7, 30, 185, 202, 217, 366, 367, 376, 377, 378, 395, 396, 397
결과의 평등 106, 111, 114
결과적 정의 218, 220
결과주의 202, 203, 204, 219, 376, 415, 416
결과주의 윤리 202
결사체적 민주주의 41, 42
결성론 49, 136, 168
경매 제도 252

경제적 위기 160, 165, 170, 171, 172
경제적 자유 39, 45, 51, 56, 129, 225, 233, 285, 289, 436, 441
경제적 평등 41, 99, 100, 101, 102, 118, 119, 121, 386
경제회계 462
경험기계 208
경화 89
계급 내 갈등 152
계급 없는 사회 98, 142, 232
계급의식 142, 148, 154, 155
계급이 없는 자유로운 사회 127
계급적 기반 151, 152
계몽주의적 기획 308
계약주의 467
계약주의적 정당성 이론 329
계층들 152
계층제적 책임 410, 411
고급 쾌락 205, 206
고무도장 포럼 73
고의적인 행위 195
고전적 마르크시즘 33, 131, 132, 156
고전적 엘리트 이론 34
고전적 전통적 자연법론 198
고전주의적 접근 40
고티에 262, 280
공개담론 184
공격의 부재 51
공공가치 매핑 440, 456
공공관리체제의 거버넌스 464
공공관리 행동 464
공공복리 182, 437
공공선택적 관점 423, 424

공공성 23, 29, 53, 422, 423, 425, 426, 427, 437, 438, 455, 456, 464, 465, 466, 467
공공재 29, 82, 169, 267, 423, 429, 430, 459
공급자 부족 461
공급자 이용 가능성 457
공동선 57, 184, 236, 294, 296, 299, 301, 306, 326, 334, 426, 428, 429, 433, 441, 456
공동선의 정치 184, 236, 296, 299, 306
공동의 가치지향 338
공동체적 가치로서의 공익 431, 432
공동체(주의)적 자유주의 327
공동체주의적 접근방식 236
공리성 202
공무원의 신분상의 의무 420
공무원의 의무와 책임 11, 420
공무원의 직무상 의무 420
공산당 선언 133, 137, 143, 145
공상적 사회주의 128, 129
공생관계 339
공식적 책임 410
공유된 가치 295
공유된 의미들 294
공유지의 비극 30, 279
공익론 28, 433, 435, 436, 437, 440, 483
공익의 식별 384
공익이론 67, 425, 427, 428, 429, 430, 437, 439, 440, 441, 443, 456, 467, 478
공익적 로비 88
공익 추구의 책무 379, 384

489

공익 판단 437, 438
공적 가치 421, 422
공적 이성 239, 240, 242, 243, 244, 246, 248, 269
공적 이성의 모순 243
공적 이성의 한계들 244
공적인 정치적 영역 349
공적 정체성 305
공정으로서의 정의 27, 217, 228, 232, 237, 238, 241, 244
공정한 기회균등의 원칙 219, 224, 225, 226, 237
공중의 선 243
공지성 423
공직 동기 466, 467
공직윤리 359, 380, 484
공직자윤리법 420
공직자의 책무 379, 382, 383, 384, 388
공직자 중심의 윤리 18, 359, 380, 381, 382
공평성 47, 189, 275, 329, 395, 470, 474, 475
공화주의 24, 35, 36, 52, 53, 100, 179, 216, 236, 300, 347, 348
공화주의 이론 35, 216
과부담 문제 86, 87
과소 민주주의 86, 87
과잉 민주주의 86
과정설 430, 431
과정적 공익론 436
과학적 사회주의 129, 133, 145, 147
과즙히 53
관리적 엘리트 34

관성의 가정 66, 67
관용 45, 46, 54, 56, 57, 58, 111, 120, 201, 239, 247, 248, 298, 318, 325, 344, 365
관점적 이원론 10, 350
관행 62, 63, 76, 78, 86, 91, 156, 163, 286, 306, 309, 310, 311, 312, 313, 348, 361, 368, 369, 383, 391, 392, 393, 394, 396, 410, 420
광역적 권리 229
광의의 능력 218
교육적 접근 411
교정적 정의 196
교환가치 215, 445, 446
교환적 정의 196
구성적 공동체관 303, 304
구성적 목적 304, 325
구성적 선 318, 320
구조의 윤리 361, 362, 363
구조적 마르크스주의 33
구조적 접근 411
구조주의 마르크시즘 168
구체적 예산 지정 92
국가공무원법 420, 421
국가 공화국 306
국가독점자본주의 이론 160
국가 반완전주의 298
국가 완전주의 236, 298
국가운영의 구조 11, 60
국가의 상대적 자율성 169
국가의 중립성 57, 70, 233, 245, 246, 281, 306
국가 이익 426, 427

국가파생 이론 168
국가 형태론 35
국민 이익 426
국민주권주의 35, 38, 40, 42
국제노동자협회 133, 144
국지적 신념들 295
국체 35
군왕은 무오류 397
군주국 35, 36
군주론 185, 202, 366, 369, 395, 396
군주의 이익 426
권력구조의 개편 11
권력분립 39, 40, 46, 86, 94, 162, 197, 201, 288, 406
권력으로서의 자유 51
권력이론 353
권리 관계 338, 342, 343
권리의 인정 338
권리의 정치 184, 296, 306
권위 있는 지평 316
권위주의적 국가주의 162
귀속 모델 352
귀족적 전략 104
규범적 공공성 425
규범적 공익론 440
규범적 당위(의무 당위) 454
규범적 옳음에 대한 타당성 332
규정적 언어 374, 445
규정주의 445
규준적 공익설 438
규준적인 공익 438
규칙 공리주의 206, 207, 208, 212
규칙 의무론 367, 377, 400

그람시 33, 41, 151, 156
그린 96, 207, 483
극대화의 원리 204, 211
극소국가 283, 284
근본적으로 현실에서 유리된 주체 302
근본적으로 현실에 처한 주체 302
근본적인 명령 164
금지된 행위 190
급진적 엘리트 이론 34
긍정이론 24, 33
기계론적인 자연관 376
기계적 능률성 472
기능적인 접근 142, 143
기대효용 극대화의 원칙 223
기동전 33
기본권 39, 63, 94, 225, 289
기본소득 257, 258, 259
기본예산 79
기본적 가치 224, 298, 329
기술적 실현 가능성 475
기술적인 충고 419
기술적 효율성 466
기여 105, 111, 144, 151, 165, 166, 174, 196, 209, 218, 268, 322, 362, 363, 393, 419, 429, 435, 466, 479
기초자금공여 257, 258
기회균등의 원칙 48, 106, 219, 224, 225, 226, 237
기회의 평등 48, 100, 105, 106, 107, 108, 109, 110, 111, 112, 116, 117, 127, 259, 297
길버트 410
김영란법 420

491

김영종 439, 482
깨어지기 쉬운 성질 365, 368

ㄴ

낙관주의 67, 176, 405, 413
남부연합 458
내부수익률 473
내부적인 공명 209
내부적 자원 114, 115, 118
넓은 의미의 능률성 471, 472
넓은 의미의 당위 192
넓은 의미의 이성 47
넓은 의미의 정책비용 472
네오 마르크시스트주의 24
네오 마르크시즘 129, 132, 151, 157, 170
노동가치설 170, 215, 446
노동 기풍 120
노동동맹과 소비에트 129
노동자 자주 관리기업 229
노동조합 의식 148, 154
노력-고삐채우기 118
노예 노동 463
노예의 길 285
노예의 역할 141
노예제 생산 135
녹색 민주주의 41
논리적 가치 452, 453
논리적 당위 192
논의윤리(담론윤리) 329, 335
논증의 화용론적 전제조건 330, 333
누저저 틈 85, 86
눈먼 운 255, 256, 257

뉴 코트 93
뉴하모니 128
능력주의 100, 105, 106, 107, 108, 109, 110, 111, 112, 113, 114, 117, 118, 219
능력주의 사회 100
능률성 189, 406, 470, 471, 472, 473, 474, 475
닐슨 232, 233

ㄷ

다수결주의 민주주의 41
다수원칙 투표제 65
다수의 전제 104
다수의 폭정 25, 62
다운스 64, 65
다원주의적 개념 46, 77, 436, 437
다원주의적 관점 423, 424
다윈 95, 428
단순다수 59, 65, 86
단순한 다원주의 239, 242
단일 학령 460
달 62, 70, 78, 87
당위 22, 191, 192, 334, 373, 382, 450, 454, 455, 470
당파적 상호조정 78, 79
대상관계이론 339
대안적인 원인들 419
대안적 접근 40, 41
대의민주주의 39, 40, 48
대의제 62, 84, 105, 164, 416, 417, 424
대지 계급 138
대처 정부 33, 83

대통령중심제 60, 62
대표관료제 75, 76
대표의 장치 241
대항적 헤게모니 프로젝트 156
더글라스 246, 441
더러운 손의 문제 369, 380, 414, 415, 416, 417
덕론 6, 7, 30, 180, 184, 193, 194, 292, 308, 309, 314, 375, 391, 395
덕으로서의 윤리 184, 366, 412
덕 이론 203, 297, 318, 370, 374, 375, 377, 378
덕 중심 이론 374
던리비 24, 34, 61, 67
데카르트 34, 287, 371
도구적 가치 387, 446, 452
도구적인 모형 142, 143
도구적 행위 331
도구주의적 버전의 사회계약 모델 348
도덕법 284, 300, 301, 302, 401, 403
도덕에 의해 형성되지 않는(조작적) 인간관계 308
도덕에 의해 형성된(비조작적) 인간관계 307
도덕적 개별주의 340
도덕적 고안 280
도덕적 '목적격 나' 337
도덕적 무시 344
도덕적 불일치 56, 57, 58
도덕적 영역 349
도덕적 옳음 179, 180, 184, 190, 191, 193
도덕적으로 타당한 유사성 379

도덕적 의무 190, 191, 192, 375, 378
도덕적 자율성 334, 345, 348
도덕적 정향성 316
도덕적 중립성 297
도덕적 책임 409, 410, 417, 418, 419
도덕적 틀 314, 315, 344
도덕적 평등 99, 102, 283
도덕적 폭군 358
도덕 중립적인 행위 190
(도덕화된) 자유 282
독일의 신마르크스주의 168, 169
독존적 개인주의 352
동기부여 109, 113, 116, 119, 120, 415, 416
동기화 위기 170, 175, 176
동등한 참여 10, 350, 351
동시 소비의 과밀 가능성이 있는 재화 29
동원율 67
동인 242, 376
두터운 의무론적 자유주의 350
듀이 52, 372, 404, 433, 442, 443, 445
드라이젝 58, 81

ㄹ

라드브루흐 9, 182, 187
라스키 61
레너 167
레닌 125, 129, 130, 133, 144, 146, 147, 148, 149, 150, 154, 157, 160, 172, 450
레빗 119
레이건 정부 33, 83
레이파르트 41

로마사 논고 396
로스 51, 133, 179, 180, 192, 373, 376, 377, 379
로스바드 51
로어 368
로우 24, 33
로크적 단서 200, 279
롬젝과 두브닉 411
뢰머 259, 260
루소 198, 199, 220, 441, 486
르루 124
린드블룸 77, 78

ㅁ

마르쿠제 34
마르크스-레닌주의 125, 129, 130, 144, 157
마르크스주의적 비판 41
마르크시스트주의 24
마르크시즘 24, 33, 34, 35, 85, 125, 129, 130, 131, 132, 143, 144, 145, 148, 150, 151, 152, 156, 157, 168, 170, 219, 292, 299
마셜과 스위프트 107
마오쩌둥 38
마오쩌둥주의 129
마이클 영 100
마키아벨리적 395
매디슨 61, 456
매튜 422
맥시민 원칙 231, 232
맥피즈 232
메리토크러시 218

명확하게 표현되지 않는 이상 440
모스카 34
모어 124
목적격 나 336, 337
목적론 134, 180, 184, 185, 192, 196, 202, 207, 213, 217, 281, 300, 308, 311, 366, 370, 371, 376, 377, 378, 403, 444
목적론적 당위 192
목적론적 세계관 371
목적론적 윤리 180, 202, 370
목적론적 자유 281
목적의 원리 402
목적 지향적 자유 281, 282
몽상적 수사학 327
몽테스큐 61
무어 206, 207, 373, 379, 382, 384, 389, 447
무연고적 자아 184, 233, 235, 301, 302, 303, 304, 305
무임승차자 29, 30, 82
무정부주의적 공산주의 130
무지의 베일 221, 222, 223, 241, 329, 335
문화적 구조 235
문화적 상대주의 295
문화적 해석 295
물리적 야기 49
물질적 복지 280
물질적 생산력 136, 138
물화 문제 351
미노브룩 회의 357, 407
미드 123, 336, 337, 338, 340, 342, 347, 371

미디어 63, 67, 68, 74, 168, 326, 478
미래지향적 공동체주의 326, 327
미적 가치 453, 454
미헬스 34
민간재 29
민경국 51, 52, 53, 200, 279, 287, 289, 482
민사법상의 책임 421
민주공화국 35, 36
민주적 엘리트 이론 34
민주적 전제주의 79
민주적 평등 226, 230
밀즈 34

ㅂ

바람직한 평등 232
바이어 403
바쿠닌 133, 144
박애 37, 227
박애의 원칙 227
반문화 84
반완전주의 235, 236, 298
반인종차별주의 84
받을 만한 자격 111
발화수반행위 332, 333
발화행위 332
발화효과행위 332
방법론적인 추상 321, 323
배리 427, 434, 441
배분적 정의 189, 196, 379, 391, 474, 480
배신자 카우츠키 160
배심원 정리 104

배제원칙 169
번햄 34
벌린 49, 50, 55
법률적 의무 190
법률적 환상 168
법의 181
법의 지배 33, 46, 47, 53, 83, 87, 216, 285, 287, 288, 412
법적 영역 349
법적 책임 410, 421, 429
법적 평등 99
법적 평화 182
법치주의 23, 25, 26, 288, 478
법칙주의자 180, 373
베른슈타인 129, 130, 146
베이지 49
베이컨 90, 371
베일리 405, 411, 412, 427
벤담 204, 205, 206, 207, 366, 372, 423, 431, 434, 436
벤틀리 61, 72, 76, 431, 441
벨몬트 코드 463
변상책임 421
보상의 원칙 226
보상적 교육 257, 259
보수주의 24, 33, 326
보위 225
보이지 않는 손 48, 68, 73, 283, 428
보즈만 425, 433
보편적 정의 195, 196, 318
보편적 쾌락주의 206
보편화용론 331
보편화 원칙 330, 334, 335

보호적 민주주의 40
보호적 자본주의 157
보호 협회 283
복수정당제 40
복숭아 모델 375
복지국가 자유주의자 94
복지국가적 자본주의 228
복지의 평등 115, 116, 252, 265
복지 쾌락주의 208
복합 사회주의 123
복합적 평등 295
복합평등 320, 323, 324
복합평등론 320
본래적 가치 378, 446, 452
볼셰비키 125, 146, 148, 149, 150
볼테르 51, 52
봉건적 생산 135
부수효과 470
부정의 부정 134
부정의의 교정 원칙 278
부정이론 24, 33
부카린 172
부패방지권익위원회법 420
분권적 통제 126
분배 요구 349
분배적 정의 105, 195, 196, 218, 227, 229, 252, 274, 321
분파들 86, 94, 152
불가피한 운 113, 114, 116, 118
불란서 혁명 37
불비례의 위기 170
불연속적인 정책공동체 74
불완전한 공공정보 457, 459

불완전한 의무 191
불완전한 절차적 정의 219, 220
불충분한 균열 85
브로드 192, 377, 403
블랜카드 429
비개인적 자원 254
비경합성 29
비계급성 155
비교 대안에 관해서 임의적인 축소 280
비교적 접근 267
비대칭성 246, 247, 248, 459
비도덕적 옳음 179
비례대표 59, 65, 66, 81, 86
비밀주의 481
비배제성 29, 82
비사회적 행위 331
비스마르크 96
비용 가치설 446
비용효과분석 473, 480
비용효과 접근방법 384
비인격적인 논리 143, 164
비조직화된 약자들 72
비지배 52, 53, 100, 216
비지배로서의 자유 52, 53, 100
비쾌락주의적 정신상태의 효용 208
비탈길 논변 290
비판사회이론 10, 351, 353, 354
비판이론 5, 9, 10, 24, 33, 34, 130, 169, 328, 349, 350
비판적 서구 마르크스주의 130
비판적 접근 40, 41

ㅅ

사랑, 권리, 사회적 연대 346
사법 소극주의 26
사법 적극주의 26, 77, 92, 93, 94
사법 통제 26, 93
사색하는 생활 194
사생활의 자유 39, 56, 225
사실판단 188, 444, 445, 447
사용가치 215, 445, 446
사용 비용 364
사워드 40
사유재 29, 45, 48, 142, 199, 200, 228, 229, 230, 282, 289, 466
사유재산제적 민주주의 228, 229, 230
사이몬 77
사이버네틱스 모형 468, 469
사익의 집합으로서의 공익 431
사적 재 29
사적 정체성 305, 306
사전적인 46, 228, 257, 422
사회계약론 40, 220
사회민주주의 76, 130, 144, 160, 483
사회병리 354
사회적 기본가치 223, 224, 225, 230, 298
사회적 기본권 39
사회적 능률성 472
사회적 다원주의 63, 85
사회적 맥락 302, 325, 348
사회적 명제 233, 235, 236
사회적 분업 337
사회적 분화의 계급 횡단적 계보 153
사회적 비용 166, 167, 473

사회적 비판이론 10, 349
사회적 생산관계 136
사회적 소비 166, 167
사회적 이동성 109, 110
사회적 자유 10, 347, 348, 349
사회적 종속 351
사회적 총비용 471, 472
사회적 투자 166
사회적 평등 99, 100, 113, 118, 295
사회적 행위 163, 331, 332, 336
사회 정의의 담론 349
사회투쟁 10, 344
사후적 154, 167, 228, 232, 251, 252
살아가는 방식 184, 306, 366
삶의 서사적 통일성 309, 311, 317
삼분법 338
상대적 이동성 110
상부구조 138, 167
상쇄 권력 이론 67
상표 충성심 64
상호 무관심한 합리성 222
상호이득이론 280
상호이익의 원칙 226, 227
상호작용론 336
상호주관적 인정 10, 337, 338, 349, 351, 352
상호주관적 인정의 유형 337
상호주관적 조건 344, 345, 346, 347, 351
상황에 대한 적합성 180, 373, 377
생명력 가치 452
생산수단의 평등주의 101
생시몽 128, 133

497

생태학적 민주주의 41, 42
생활 선 318
생활세계 331, 333
생활세계와 체계 331
생활의 경제적 사실 159
서비스 제공적 관점 423, 424
서사적 역사 311
서사적 자아 311
서술적 유사성 262
서원우 438
선결문제 요구의 오류 207
선관의 능력과 정의감의 능력 240
선망검사 252, 253, 254, 255
선의 기초론 319
선의 완전론 319
선의의 거짓말 367
선천적 소질 112
선출된 독재정 47
선출적 책임성 62
선택에 민감하고 여건에 둔감한 분배 252
선택적 운 114, 118, 255, 256
선택적 유인 82
선한 의도 376, 419
선행의 원리 180, 191, 207, 378, 379
선행 인정 338
선행적 자기확인 338
선험적 접근 262, 267
선험적 제도주의 261, 262, 266
선험적 주체 301, 302
선호 강도 67
선호 과반수 투표제 65
섬너 95
성찰적 자유 10, 347, 348

성취한 성과 218
성페테르부르크의 반란 148
성희롱 368
세계시민적 민주주의 41, 42
셀러 454
소극적 의무 190, 382
소극적 자유 10, 49, 50, 53, 274, 347, 348
소급 416, 454
소득과 부의 재분배 285
소라우프 427, 441
소망 66, 83, 114, 189, 252, 253, 260, 345, 378, 449, 469, 470, 471, 474, 475, 477
소망성 189, 469, 470, 471, 474, 475, 477
소망성 기준 470
소비에트 81, 128, 129, 131, 148, 149, 150, 151, 160
소비에트연방공화국 81, 128
소수자우대정책 480
소수자 존중 405
소수자 할당정책 296
소외 58, 71, 139, 140, 141, 142, 154, 239, 292, 423, 441
소유권리론 97, 277, 278, 280, 283, 289
소질둔감성 113, 114
수동적 대표관료제 75
수목 한계선 위의 바람 412
수정주의자 145, 146, 152
수정주의적 마르크스주의 129, 130
수직적 공평성 189, 474, 475
수탁 관계 364

수평적 공평성 189, 474
수평파 103
숙의 민주주의 41
순수공공재 29
순수 절차적 정의 219, 220, 221
순수한 공직 추구자 64
순현재가 473
순환적 다수현상 42
슈버트 427, 431
슘페터 34, 40, 41
슘페터주의적 접근 40
스미스 137, 264, 287, 431, 437
스코틀랜드 계몽주의 287
스탈린 129, 144, 149, 150, 151, 156
스탈린주의 129, 149, 150
스티글리츠 102, 121
스티븐슨 374, 445
스펜서 95, 100, 101
스피노자 370, 372
습관화된 중용 195
시계 457, 461
시기심 222
시기심이 없고 상호 무관심한 합리성 222
시민권 이론 24, 35, 81, 216
시민 불복종 26, 84, 362
시민성의 의무 243
시민의 관점 103, 241, 423, 425
시민의 도덕적 능력 239
시민적 사적 자유 174, 175
시장 사회주의 123, 130
시장실패 28, 441, 457, 459, 460, 461, 462
시장 영역 111, 349

시정적 정의 195, 196
시지위크 192, 206, 207, 379, 403
시초 경매 114
신고전 자유주의자 95, 97
신다원주의 24, 34, 81, 84, 175
신 마르크시스트 이론 24, 33
신분적 평등 199
신우익 33, 76, 83, 157
신우익 이론 24, 34, 80, 85
신자연법론 198
신자유주의 24, 33, 80, 83, 276, 431
신조합주의 24, 33
신체의 자유 39, 56, 225
신칸트적 가치철학 448
신칸트주의 191, 448
신행정운동 357
신행정학 189
실용주의적 공익이론 441
실재론 441, 447, 449
실정법 181, 182, 197, 198
실존주의적 의무론 377
실질적 논변 322, 323
실질적인 거래비용 466
실천의 덕 194, 195, 372
실천적 담론 333, 334
실체설 430, 431
실체적 존재로서의 공익 431, 432
실현 가능성 기준 470
실현 중심적 비교 261, 262
심리적 상태로서의 내적 자유 51
심리학적 가치론 447, 448
싸르트르 151
써본 164

ㅇ

아도르노 34
아렌트 348
아시아적 생산 135
아우구스티누스 181, 183
아퀴나스 183, 198, 371
악마적 요구자 353
알쑤서 168
앞잡이 70
애커만 257
애플비 405, 411, 412
앤더슨 112, 113, 118, 119, 456, 480
앤더슨식 접근방법 119
앤스콤 376
약속의 이행 396
약한 능력주의 107, 108
약한 평가 315
양심 57, 224, 225, 239, 376, 377, 384, 388, 389, 403, 410, 427
양적 쾌락주의 205, 206
양파 모델 375
어떤 사람이 되는 것 375
어윈 394
억압적인 국가 기구 168
엄격한 옳음 180
업적주의 105, 219, 225
에이어 403, 444, 445
엘리트주의 24, 34, 175, 205, 212, 424
여건 114, 159, 221, 222, 231, 233, 252, 253, 254, 258, 259, 260, 261, 278
여권운동 84

여러 손의 문제 369, 414, 418, 420
여성주의적 비판 41
역량 6, 27, 52, 97, 98, 113, 114, 116, 117, 184, 217, 254, 261, 263, 264, 265, 266, 267, 269, 270, 271, 272, 273, 274, 275, 397, 436
역량의 관점 273
역량의 평등 98, 265, 266, 275
역량 접근 265, 270, 271, 272, 274, 275
역량 중심 이론 6, 97, 113
역량 중심적 접근 27, 98, 217, 261, 263, 265, 266
역사의 유물론적 해석 136
연대 37, 122, 124, 184, 235, 236, 248, 294, 327, 337, 338, 344, 346, 347, 441, 443
연대성 236, 327
연성 마르크스-레닌주의 130
엽관주의 368
영향을 받는 이익 71
오웬 124, 128
오코너 153, 165
오페 169, 173
온정주의 284, 296
올드 코트 93
올슨 82, 89
옳은 것 7, 26, 179, 180, 181, 184, 190, 191, 192, 204, 207, 275, 373, 377, 378, 448, 450
옳음 179, 180, 184, 190, 191, 192, 193, 212, 213, 238, 246, 247, 248, 300, 301, 302, 305, 318, 319, 332, 373, 376, 377, 398, 448

완전주의 235, 236, 296, 298, 299, 348
완전한 의무 191
완전한 자율성 241, 329
완전한 절차적 정의 219, 220
완전한 평등 36, 125, 217, 232
왈도 357
왈러스 394
외부 이익 166, 167
외부적 자원 114, 115
외재적 선호 213, 214
외재적인 선 309, 310
외재적 책임 409, 410
외화 139
요구사항 62, 190, 248, 382
요금재 29
용기 195, 207, 270, 310, 362, 372, 382, 395, 405, 413, 436
우익적 이데올로기 24
우파 5, 23, 24, 81, 82, 113, 224, 232, 233, 290, 291, 327
운명과 비르투 397
운 평등주의 112, 113, 117, 118, 119
원시 공산사회 135
원인 제공 419
원초적 관계 338, 340
원초적 입장 220, 221, 222, 223, 231, 232, 233, 238, 241, 264, 301, 302, 329, 330
원초적 취득의 정의 원칙 278
원칙으로서의 윤리 185, 367
웨버 24, 33, 34, 74
웨스트민스터 유형 86
위계적 모델 417, 418

위기관리의 위기 173
위니캇 339
위임 관계 364
윌다브스키 77
윌슨 367, 406, 409, 458
유가적 역할 375
유도 계획 163
유령개념 441
유로코뮤니즘 160
유물론 136, 145, 149
유물사관 133, 136, 142
유용성 가치 452
유용성의 원리 204, 398
유전자 변형 식량 461
유토피아 54, 58, 124, 128, 130, 284
유형 I 449, 450
유형 II-A 449, 450, 451
유형 II-B 449, 450, 451
유형 III 449, 450, 451
윤리적 가치 346, 347, 452, 453, 454
윤리적 결정 360, 481
윤리적 기준의 변화 365, 368
윤리적 덕 194, 195, 372
윤리적 목적론 376
윤리적 이기주의 202, 366
응분 106, 107, 111, 218
'응용' 인정이론 354
의무론 7, 30, 179, 180, 184, 185, 186, 192, 207, 217, 292, 300, 301, 302, 305, 350, 367, 370, 375, 376, 377, 378, 400, 404, 415, 444, 450
의무론적 당위 192
의무론적 윤리 179, 180, 184, 370,

378

의무적 행위 190
의무 초월적 행위 190, 191
의미론 331
의사소통 행위 331
의사소통행위론 331
의원내각제 60, 62
의존의 문화 290
의지적 책임 418, 419
이기적 선호 213, 214
이기적 할거주의 72
이념적인 국가 기구 168
이데아 370
이데올로기적 상부구조 138
이론의 덕 194, 372
이론적 담론 333
이상적 공리주의 206, 207
이상적 담화 상황 330, 334
이상적 당위(관념적 당위) 454
이상적 맥락 449
이상적인 존재 당위 454
이윤율 하락 170
이윤 짜내기 171
이익집단 33, 62, 63, 66, 67, 74, 78, 82, 84, 85, 87, 88, 92, 93, 423, 424, 430, 433, 437, 443, 478
이익 형량 7, 438, 439
이전에서의 정의 원칙 278
이종수 357, 363, 409, 410, 416, 426, 431, 439, 482
이중국가 명제 166, 167
이타적 공리주의 206
이해충돌방지법 358, 420, 421

이해충돌방지 의무 421
인간과 정책의 도덕적 애매성 412
인간의 존엄 39, 55, 457, 463
인간의 존엄성과 최저생활에 대한 위협 457
인간 이성의 한계 201, 286
인공적 기근 463
인과적 관련성 419
인과적 책임 418, 419
인권 45, 55, 289, 357, 416, 438, 458, 470
인륜성 342, 343, 345, 346, 347
인륜적 태도 346
인륜적 통합 337
인민민주주의 24, 36, 38, 47, 483
인민의 아편 138
인민전선 150
인센티브 101, 106, 113, 119, 120, 121, 286
인식론적·확인적 측면 438
인식의 기능 453
인식의 내용 453
인위적 질서 286, 287
인정 요구 349
인정이론 9, 10, 17, 184, 328, 335, 349, 351, 352, 354, 487
인정 이론적 정의 335
인정투쟁 9, 335, 336, 337, 340, 344, 345, 351, 352, 353, 485
인지모형 468, 469
인지적 측면 374, 377, 394
일반의사 47
일반적 기치른 448
일반적 권리 229

일반적 의무 420
일반적 정의관 223
일반화 54, 163, 187, 329, 334, 336, 337, 340, 416, 438, 439, 442
일반화된 타자 336, 337, 340
일반화할 수 있는 이익 334
일상언어학파 374, 445
일원론적 사회이론 10
입법적 관점 423, 424
잉여가치 101, 133, 141
잉여가치학설사 133

ㅈ

자기가치부여 344
자기 결정 57, 118, 233, 234, 235, 289, 296, 297, 299
자기 소유권 원칙 278
자기완결성 45
자기 자신에 대한 책무 379, 389
자기 정체성 336, 337, 344, 447
자기 존중 342, 345
자기지시성 45
자기충족성 45
자기평가적 '목적격 나' 337
자문 역할 419
자문위원회의 역할 419
자본논리 학파 168, 169
자본론 133
자생적 질서 6, 285, 286, 287
자선에 의해서 조율된 공정성 413
자신감 171, 338, 339
자아의 발견 235
자아의 원천 314

자아 인식 234, 235
자아 형성과정 336
자애 294
자연권 6, 51, 55, 95, 197, 198, 199, 200, 201, 202
자연법 26, 182, 197, 198, 199, 201, 328, 401, 402, 430, 432
자연법론자 198
자연법 사상 26, 198
자연법 이론 198
자연법칙의 원리 402
자연 상태 49, 198, 199, 220, 221, 283
자연 상태의 개인 283
자연 선택 95
자연적 기본가치 224, 230
자연적 의무 190, 382, 383
자연적 자유체제 226, 228
자연적 질서 197, 286
자연주의적 오류 207, 373
자연주의적 윤리설 370, 372, 373
자원기반 접근 270
자원의 대체 가능성 vs. 자원 보존 457, 462
자원의 평등 113, 114, 115, 250, 252, 254, 255, 265, 266, 272
자원 중심적 접근 27, 272
자원평등론 6, 27, 97, 98, 113, 217, 249, 250, 251, 253, 254, 257, 265
자유 기반의 역량 접근 270
자유론 51, 54, 287, 482
자유방임의 종말 48
자유방임적 자본주의 128, 215, 228

자유와 필연 49
자유의 권리 9, 10, 347
자유의 정당화 53, 55
자유적 평등주의 6, 24, 27, 35, 81, 97, 98, 106, 216, 217, 282, 289, 290
자유주의적 공동체주의 327
자유주의적 사회주의 229
자유주의적 완전주의 348
자유주의적 자연법론 198
자유주의적 절차주의 348
자유주의적 평등 6, 52, 98, 226, 236, 254, 297, 484
자유지상주의 6, 24, 27, 35, 97, 118, 193, 200, 216, 217, 233, 276, 277, 280, 281, 282, 283, 284, 289, 290, 291, 303
자율성 46, 55, 56, 57, 68, 76, 161, 163, 168, 169, 232, 235, 239, 241, 249, 301, 314, 321, 329, 334, 340, 342, 345, 347, 348, 350, 376, 401, 437, 463
자율성의 원리 376, 402
잠재적 공익관 438
잠재적 공익설 67, 438
잠재적 집단 67
재능 48, 100, 101, 105, 108, 112, 114, 115, 116, 128, 218, 224, 225, 226, 227, 230, 232, 254, 255, 256, 258, 278, 282, 302, 303, 324
재량 118, 155, 159, 361, 363, 383, 411, 424, 438, 477, 479
재산소유 민주주의 123
재정적 또는 경제적 실현 가능성 476

재정 할당 91
잭슨 368, 458
저급(기초적) 쾌락 205
저소비주의자의 위기 170
적극적 대표관료제 76
적극적 의무 190, 382, 383
적극적 자유 49, 50, 53, 274
적응적 선호 117, 209
적자생존 95
적합성 179, 180, 373, 374, 377, 406
전략적 결정 360, 463
전략적 행위 331, 332
전목적적 선 211
전문가적 책임 411
전문직업주의 479
전위당론 129, 148
전자민주주의 39
전쟁상태 199
전체적 공리주의 206
전통적인 더러운 손의 문제 415
절대적 이동성 110
절대주의적 자연법론 198
절대지대설 88
절차와 과정을 합법화하는 책무 379
절차의 역설 412, 413
절차적 결과로서의 공익 431, 432, 433
절차적 공화국 305, 306, 307
절차적 관점 318, 436
절차적 실천적 추론 318
절차적 정의론 26, 183, 217, 219
절차주의 219, 348, 407, 441
절차주의적 정의 이론 348
절충설 431

절충적 의무론 207
접근 가능성 117, 423
정당 경쟁 62, 63, 65
정당성 개념의 형식적 제한 조건 221
정당성에서의 결함 173
정당성 위기 128, 170, 174, 175, 176
정당한 불평등 225
정보의 보류 367
정부 공동화 461
정부 때리기 466
정서적 유대 338
정서주의 307, 308, 374
정서주의적 문화 307
정서주의적 자아 308
정신적 가치 452, 453
정신적 야기 49
정신적 자유 39, 56
정언명령 400, 404
정언명법 180, 185, 207, 367, 373, 377, 398, 400, 401, 402, 403
정언명법의 최고원리 402
정의부 26, 181
정의 불가능한 실재로서의 선 206, 207
정의성 181
정의에 대한 이차원적 이해 10
정의의 여건 221, 222
정의의 원리 7, 180, 186, 191, 206, 207, 378, 379
정의적 측면 377
정의주의 445
정책 결과의 예측 384
정책비용 189, 471, 472, 473, 474, 475

정책윤리 1, 359, 477
정책의 양면적 효과 412
정책 의지 477
정책 중심의 윤리 18, 359, 380, 381, 421
정책 중심의 접근 30
정체성 모델 351
정치경제학 비판 133
정치적 공화주의 347
정치적 구금 463
정치적 실현 가능성 470, 475, 476
정치적 자유주의 27, 58, 237, 238, 239, 243, 244, 245, 246, 247, 248, 249, 329, 486
정치적 적극주의 92
정치적 정당성 56, 58, 235, 236
정치적 책임 409, 410, 411
정치적 평등 41, 99, 102, 103, 104, 118, 393
정치행정이원론 406, 409
제1인터내셔널 133, 144
제2인터내셔널 144, 146, 147, 148, 150
제3인터내셔널 144
제4인터내셔널 144
제국주의 129, 148, 160, 171, 172
제국주의론 129, 148
제도적 마르크스주의 33
제임스 미드 123
제퍼슨 197
제한된 플라톤주의 449
제한된 합리성 77
조지 101, 102, 121, 440
조직의 윤리 380, 477

505

조직적 게릴라 전쟁 406
조직적 충성 479
존중 논변 103, 104
좁고 엄밀한 의미의 이성 47
좁은 의미에서의 정의 182
좁은 의미의 능률성 471
좁은 의미의 당위 192
좁은 의미의 정책비용 472
종교적 가치 448, 453
종교적 사회주의 130
좋은 것 26, 104, 176, 180, 184, 204,
　　　　209, 359, 373, 399, 448,
　　　　450, 451
좋은 결과의 최대한 산출로서의 윤리
　　　　206, 207
좌익적 이데올로기 24, 80
좌파 5, 23, 24, 34, 84, 113, 121,
　　　133, 144, 224, 232, 291, 327
죄수의 딜레마 게임 82, 83
주격 나 336
주관적 가치설 446
주관적 정의 182
주관적 차원에서 정의되는 가치 449
주권거래 458
주먹구구식 경험 법칙 78
주먹구구식 계산 64
주변 국가 153
주변적 선관념 318
주언 10, 345, 349, 351, 352, 353
주인-대리인 문제 466
주인의 역할 141
준공공재 29
준정부기관 80, 166
준직무범 421

중개인 국가모형 69
중국 특색 사회주의 체제 129
중립성의 윤리 361, 362
중립적 자유 281
중립적 행위 190
중범위 이론 440
중앙집중 통제 126
중용 195, 372, 391
중우정치 25
중위투표자 수렴 현상 65
중재자 모형 132, 142, 143, 160, 161,
　　　　162, 163
중첩적 틈 86
중첩적 합의 238, 239, 240, 241, 242,
　　　　248
즉자 계급 138
지각 모델 352
지대 88, 89, 90, 101, 108, 109, 371,
　　　378
지대 추구 88, 89
지배의 부재 53, 100
지배적 보호 협회 283
지배적 이데올로기 155
지불의사 385
지사 체제 80
지상선 317, 318, 320
지역구 선심 사업 정치 92
지위-권력 접근 119
지위 모델 351
지위의 평등 99, 110, 111, 118
지적 덕 194, 372
지체의 문제 479
지하에 삼새된 비판주의 176

직각론적 윤리설 370, 373
직견적 의무 180
직관주의적 의무론 377
직무범 421
직무상 의무 420
직무전념 의무 421
직업적 윤리 380, 477
직접민주주의 39, 41, 42
진리에 대한 타당성 332
진보 23, 27, 47, 52, 93, 95, 139, 170, 204, 458
진실성 요구에 대한 타당성 332
진정한 자기개발 348
진지전 33
질료적인(실질적인) 관점 452
질서정연한 사회 227, 232, 240, 241, 242, 244, 329
질적 차별화 314, 315, 317, 318, 319
질적 쾌락주의 205, 206
집계적 민주주의 42
집단 순응주의 353
집단적 모델 417, 418
집단적 불의 감정 344
집단적 실존주의 347
집단적 심의 236
집단적 이해와 관련된 투쟁 344
집합적 행동 82
징계책임 421
쪽지예산 91

ㅊ

차등의 원칙 98, 120, 184, 220, 224, 225, 226, 227, 230, 231, 232, 233, 237, 248, 251, 263, 303, 304
차별 39, 84, 86, 106, 107, 108, 127, 135, 155, 160, 199, 207, 212, 225, 232, 289, 314, 315, 317, 318, 319, 320, 323, 341, 353, 357, 456, 460
차별화된 실체 320, 323
차액지대설 88
차원 높은 옳음 180
차원적 공공성 425
차티스트 운동 99
참가 비용 364
참여민주주의 41, 327
참여적 다원주의 87
참여적 전략 104, 105
창조성(창의성) 54
책무 92, 190, 192, 304, 307, 308, 315, 318, 334, 365, 375, 379, 382, 383, 384, 386, 387, 388, 389, 395, 398, 408, 410, 434, 477, 478
책임의 2차 규칙 419
챈들러 404
천부적 능력 218
천성적인 노예 138
철의 삼각 74
철저한 개인주의 352
철학적 목적론 376
철학적 인간학 352, 353
청탁금지법 358, 420
체제이론 164
초과 의무적 행위 190
초기 공화국 306
총독부 공리주의 212

총합적 개념 436
최대 고결의 원리 206
최대 극대화 223
최대 행복의 원리 204, 206, 398
최소국가 97, 283, 284, 288
최소국가론 97, 283, 284, 288
최소 극대화 223
최소승리연합 66
최소주의 윤리 375
최송화 437, 439, 483
최종적인 정당화 335
추론규칙 333
축차적인 서열 224
출발문 이론 253
충분성 단서 200, 279
충분한 정보에 바탕을 둔 선호 210
친구와 동료에 대한 책무 379, 388
친밀한 결사의 자유 110
칭찬과 비난 396, 420

ㅋ

카시넬리 429, 434
카알라일 206
카우츠키 133, 145, 146, 150, 158, 160
카우츠키의 명제 158
카우프만 26, 182, 183, 187
카크란 428, 429, 433
카터 458
카플란 449
칸트적 자유 238, 300
칼도-힉스의 기준 473
칼렉키 171

커나한 410
케네디 434
케인즈 48, 97, 162, 171, 287
켈젠 182
코딩 기계 69
코엔 116, 120
콩도르세 104
쾌락 87, 204, 205, 206, 207, 208, 251, 270, 376, 397, 451, 452
쾌락 계산법 205
쾌적 가치 452
쿠퍼 363, 368, 391, 410
크라인 339
킴리카 24, 34, 213, 230, 236, 239, 249, 280, 281, 289, 295, 303

ㅌ

타이브레이커 480
토대 126, 128, 138, 167, 191, 252, 289, 326, 336, 420, 436, 439, 453, 454, 465
토지 평등주의 100, 101
토크빌 25, 61, 104
톰슨 361, 362, 363, 380, 414
통계적 차별 107
통나무 굴리기 90
통사론 331
통제경제적 국가사회주의 228
통합론 431
투입정치 62, 152
투표거래 92
트로츠키 129, 144, 147, 149, 150
트로츠키주의 129
트로츠키즘 144

특별한 책임의 원칙 250, 252, 253, 255
특수 가치론 448
특수주의적 방법론 321, 323
특수한 정의 195, 196, 223, 237
특수한 정의관 223, 237

ㅍ

파레토 34, 215, 216, 473
파레토 개선 215, 473
파레토 개선 기준 215
파레토 최적 215, 473
파레토 최적상태 215
파레토 효율 215, 216
파레토 효율성 기준 215
파리스 258
파슨즈 164
파시즘 24, 37, 97, 162
파워 엘리트 34
파이너 367, 409, 410, 412
파트너십 경제 123
팔랑주 128
페리 207, 404, 445, 447, 448
페슬러 429, 440
페아벤 339
페이비언 사회주의 130
페이지 64
페인 89, 92, 108, 143, 155, 160, 258
편익의 배분 457, 459
평균적 공리주의 206, 223
평균적 정의 196
평등권 39, 229
평등주의적 경제기획 257
평등한 관심 102

평등한 대우 42, 249
평등한 배려 102, 249, 250, 252, 255
평등한 배려와 존경 249
평등한 자로서 대우 249, 250
평등한 자유의 원칙 223, 224, 237, 281
평등한 중요성의 원칙 250, 252
평등한 출발 48, 111
포괄적 결과 268
포괄적인 정책의 추천 419
포괄적 자유주의 58, 239, 249
포부민감성 113, 114
포이만 190, 374
포지티브섬 게임 163
폭민 47
표준적 맥락 449
표현적 결사의 자유 110
표현적 언어 행위 332
푸리에 128
풀란차스 152, 153, 161, 162, 163, 168
풀뿌리민주주의 40
풍향계 모형 69, 70, 71, 73, 75
프라이버시 46
프랑케나 180, 192, 207, 374, 378, 382, 394
프랑크푸르트 학파 33, 34
프레드릭슨 423, 425
프레이저 10, 118, 349, 350, 351
프로이트 339
프롤레타리아 독재 142, 148
프롬 50
프리드리히와 파이너의 책임 논쟁 367
프리드만 33, 48, 277, 289

플라톤 75, 124, 179, 183, 193, 198, 314, 370, 371, 395, 449, 480
플래스만 427, 429, 430
필립스 326
필연성 49, 149, 168, 169, 192, 198
필요에 따른 분배 219

ㅎ

하르트만 454
하몬 431
하위범주 153
하이에크 6, 16, 33, 48, 83, 277, 285, 286, 287, 288, 289
한계인 176
합당성 239, 244, 369
합당한 다원주의 238, 239, 242, 247, 248
합당한 다원주의라는 사실 239, 247, 248
합당한 불일치 57, 238, 247
합리모형 468, 469
합리성 45, 46, 77, 163, 169, 170, 172, 173, 221, 222, 232, 239, 318, 331, 365, 395, 406, 433, 461, 469, 476
합리성 위기 170, 172, 173
합리적 선택 64, 423, 431
합리적 선호 211
합리적 의사결정 77, 232, 469
합리적 자율성 241
합리적 행위자 64
합리주의적 자연법론 198
합리회 능력 412
합리화의 능력 389, 390

합법성 25, 26, 388, 410
합법적 독점 457, 458
합의 민주주의 41
합의주의적 공익론 436
해방 이데올로기 24
해방적 의도 10
핵심국가 153
햄프셔 54, 394
행동 당위 454
행복 27, 55, 74, 126, 192, 194, 202, 203, 204, 205, 206, 207, 208, 220, 263, 270, 273, 274, 301, 318, 371, 385, 398, 399, 403, 431, 436
행복의 관점 273
행위 공리주의 206, 207
행위 의무론 377
행위 주체성의 자유 274
행위 중심의 이론 374, 376, 378
행위 중심 이론 374, 377, 378
행정법상의 책임 421
행정적 실현 가능성 476
행정적 합리성에서의 결함 173
행정 책임 360, 408, 409, 410, 411
행정통제 360, 408, 410, 411
향수적 수사학 327
허수아비 모형 70, 74, 75
허용 가능한 행위 190
허용 불가능한 행위 190
허용사항 190, 382
허위의식 138, 148, 149
헌법적 관료제 75
헌정주의 24
헤게모니 33, 41, 156

헤겔 133, 134, 136, 139, 145, 292, 335, 336, 337, 338, 342, 345, 347, 349
헤겔식 역사주의 353
헤겔 철학 134, 139
헤센 448, 449, 451
혁명적 마르크스주의 129
현금등록기 70
현대적 기능주의자 접근 132, 164
현대적 도구주의자 모형 132, 158
현상학 191, 410, 448
현상학적 가치철학 448
협동적(감정적) 공동체관 303
협업적 양육 109
협의의 시정적 정의 196
협의의 자원 254
형사법상의 책임 421
형성적·결단론적 측면 438
형식적인 관점 451, 452
형식주의 403
형이상학적 윤리설 197, 370, 372
형평 9, 23, 27, 28, 30, 109, 186, 187, 188, 189, 265, 359, 406, 407, 430, 449, 460, 461, 470, 473, 474, 475, 480
형평성 23, 27, 28, 30, 109, 189, 265, 359, 406, 449, 461, 470, 473, 474, 475
호네트 9, 10, 184, 328, 335, 336, 337, 338, 342, 343, 344, 345, 347, 348, 349, 351, 352, 353, 487
호지킨슨 410, 448, 449
호크하이머 33
혼성제도 59

혼합경제 48, 157, 159
홉스 52, 198, 199, 220, 287, 336, 395, 419
홉하우스 120
화용론 330, 331, 333
화이트 98, 99, 114, 118, 254
확장적 자아-이해 304, 305
확장적 조합주의 66
확정적 언어 행위 332
환경보호적 금욕주의 347
활동적인 존재 당위 454
회고적 공동체주의 326, 327
획득에 관한 노동이론 200, 279
횡단적 틈 86
효과성 67, 87, 189, 410, 470, 471, 475, 476
효용 27, 95, 207, 208, 209, 210, 211, 212, 213, 215, 219, 223, 232, 263, 268, 270, 273, 275, 281, 431, 446, 473
효용가치설 215, 446
효용기반 접근 270
효용이론 215
효율성 23, 27, 28, 30, 62, 89, 102, 106, 107, 215, 277, 288, 308, 359, 363, 393, 462, 466, 472, 478, 480
효율성이론 480
후생경제학 215, 261, 273, 384, 385, 473
후천적 능력 218, 232
흄 287, 372
흡수 80, 132, 161, 165, 329, 481

숫자

2단계 모델 335
2단계 투쟁 152